ENCYCLOPÉDIE

MODERNE.

TOME PREMIER.

A — AL.

IMPRIMERIE DE LACHEVARDIERE FILS,

SUCCESSEUR DE CELLOT,

rue du Colombier, n. 30.

ENCYCLOPÉDIE

MODERNE,

OU

DICTIONNAIRE ABRÉGÉ

DES SCIENCES, DES LETTRES ET DES ARTS,

AVEC L'INDICATION DES OUVRAGES
OÙ LES DIVERS SUJETS SONT DÉVELOPPÉS ET APPROFONDIS,

PAR M. COURTIN,

ANCIEN MAGISTRAT,

ET PAR UNE SOCIÉTÉ DE GENS DE LETTRES.

TOME PREMIER.

A PARIS,

AU BUREAU DE L'ENCYCLOPÉDIE,

RUE NEUVE-SAINT-ROCH, N° 24.

1824.

SIGNATURES

DES AUTEURS DU PREMIER VOLUME.

MM.		MM.	
A. V. A.....	ARNAULT.	M. L........	Lieut.-général comte
A. DE V.....	AUBERT DE VITRY.		LAMARQUE.
B...N.......	BERTON, membre de	L. Séb. L. et M.	L. Séb. LENORMAND et
	l'Institut.		MELLET.
B. DE ST.-V.	BORY DE ST.-VINCENT.	Le Cl M...T...	Le colonel MARBOT.
B...T......	BOUILLET.	M. et A. F.....	MARC et ANDRAL fils.
C...S......	COFFINIÈRES.	M...........	MILLON.
C...N......	COURTIN.	N...T........	NICOLET.
D...T......	DEBRET.	O...........	OUDARD.
D...H.......	DELPECH.	J. P. P........	J. P. PAGÈS.
E. D......	EMMANUEL DUPATY.	J. T. P........	J. T. PARISOT.
E...S.......	EYRIÈS.	PH...........	Anonyme.
F...T......	FALRET.	F. R..........	RATIER.
F...R....	FÉBURIER.	S.............	SAIGEY.
F........	FRANCŒUR.	ST.-A.........	ST.-AMAND.
G........	GARY.	S...R........	SATUR.
H...DE..	Le colonel HORTODE.	J. H. S.......	SCHNITZLER.
F. D'H...T.	Le colonel D'HOLDETOT.	P. F. T.......	TISSOT.
E. J......	ÉLOI JOHANNEAU.	Le Gl Th...T..	Lieut.-général baron
J........	JOURDA.		THIÉBAULT.
L........	LACAUX.	TH...........	THOURET.

N. B. Quelques Rédacteurs, n'ayant inséré dans le premier volume que des articles peu importants, ont désiré n'être nommés que plus tard.

AVIS DE L'ÉDITEUR.

La France, comme tous les peuples de l'Europe civilisée, possédait des *Encyclopédies*, vaste dépôt des connaissances acquises jusqu'à l'époque de leur publication ; mais, comme les autres peuples de l'Europe, la France ne possédait pas un *Dictionnaire* ABRÉGÉ *des sciences, des lettres et des arts.* Faute d'un pareil livre, l'état actuel, et, pour ainsi dire, le budget de l'esprit humain, ne pouvait être connu, apprécié, discuté que par le petit nombre de lecteurs à qui leur opulence permettait l'acquisition d'une immense bibliothèque.

Il fallait donc, comme en Allemagne, comme en Angleterre, mettre l'Encyclopédie à la portée de toutes les fortunes ; il fallait que les citoyens industrieux pussent connaître les conquêtes de l'industrie, que la classe studieuse pût apprécier les progrès des connaissances humaines. Il n'en est pas de la véritable philosophie comme des fausses religions ; Socrate révélait son génie à tous les Grecs ; les prêtres de l'Égypte ne révélaient leurs mystères qu'à leurs plus zélés néophytes : la vérité n'a point de secrets, car elle n'a pas besoin des hommes, et les hommes ont besoin d'elle.

Un autre motif non moins puissant a déterminé

la publication de cet ouvrage. La marche continuelle et progressive des lumières a rendu plusieurs
parties de nos deux grandes Encyclopédies imparfaites, insuffisantes, et presque surannées. Quelle
masse imposante de vérités acquises depuis trente ans
en économie politique, dans la science du gouvernement et de la législation ! La stratégie, perfectionnée par de grands capitaines, a traîné pendant trente
ans la victoire à sa suite ; les nouvelles conquêtes de
l'astronomie prouveraient seules la puissance de l'esprit humain ; la chimie est devenue une science et
la source inépuisable de toutes les créations de l'industrie ; la géographie s'est enrichie d'immenses découvertes ; la physique, d'une foule d'expériences ;
l'histoire naturelle, d'une multitude d'observations ;
la médecine a abandonné le champ des conjectures ;
la chirurgie marche d'un pas assuré sur le terrain
de l'application ; par leur alliance avec les sciences,
les arts industriels ont fait d'incalculables progrès, et
le génie du savant a ennobli la main jadis routinière
de l'ouvrier ; l'histoire du passé s'est ouvert dans l'Orient des routes naguère inconnues ; des tribunes
nationales nous ont rendu l'éloquence antique ; les
arts, rentrés enfin dans la nature et le vrai beau,
ont donné à la France une école digne de la Grèce
et de Rome ; et la lyre des poëtes a trouvé des accords nouveaux pour célébrer les nobles sentiments
et les grandes actions.

Il nous fallait donc un ouvrage qui fût en harmonie

avec les idées acquises, qui fût l'expression complète de l'état actuel de l'esprit humain. Plusieurs routes s'offraient à nous pour atteindre ce but, et nous devons compte à nos lecteurs des motifs qui nous ont fait préférer celle que nous avons suivie.

Il était facile d'extraire des Encyclopédies françaises les articles que les découvertes nouvelles n'avaient point vieillis. Mais d'abord, faits pour un ouvrage plus étendu, il eût fallu les resserrer dans un cadre plus étroit; et quelle main eût osé mutiler les productions de J.-J. Rousseau, de Voltaire, de d'Alembert, de Diderot? D'ailleurs les articles les plus parfaits sont incontestablement ceux de littérature et de philosophie; et toutefois qui ne sait que, familiarisés aujourd'hui avec les langues étrangères, les Français ont fait éprouver, à leur insu, et presque malgré eux, de grandes, d'heureuses modifications à leur système littéraire? Notre littérature sera toujours classique, et parceque nos grands modèles ont tracé la route, et parceque la précision de notre langue ne saurait se prêter au vague idéalisme de la Germanie, ou au fantastique romantisme de l'Angleterre; mais cependant il faut tenir compte de l'influence qu'exercent ces innovations exotiques sur nos productions indigènes, et, sous ce rapport, les meilleurs articles des anciennes Encyclopédies sont incomplets. Il en est ainsi de leur philosophie; l'école écossaise et le kantisme ont influé, même pour ceux qui rejettent leurs systèmes, sur la doctrine de Locke et de Condillac : il faut donc comparer ces systèmes et ces doctrines, et mettre le lecteur à même de juger ces grands débats intellectuels. Enfin la révolution française nous force d'envisager la littérature et la philosophie dans leurs rapports avec l'état des gouvernements et des peuples ; et ce point de vue qui relève la dignité des lettres, n'ayant pas été saisi par les grands talents du dix-huitième siècle, laisse encore incomplet ce qu'ils ont fait de mieux. Ce qu'on a le plus loué, ce qui méritait le plus d'éloges, ce sont les articles de Diderot sur les arts et métiers ; et tous ces articles, écrits avant que le travail fût perfectionné, avant que nos machines fussent inventées, avant que la chimie fût appliquée aux arts, peuvent servir à leur histoire, mais n'en peuvent faire connaître ni les progrès ni l'état actuel.

Une Encyclopédie entièrement neuve était donc nécessaire. Mais il en existe chez les étrangers, et peut-être une traduction eût-elle donné à la France un ouvrage qui manque à sa bibliographie. Le génie de l'homme est cosmopolite ; il prend le bien où il le trouve, et l'orgueil national ne murmure point de ces justes et utiles larcins. Mais toutes les productions étrangères sont dictées par un esprit qui doit nous être étranger : s'approprier nos découvertes, contester nos progrès, dénigrer nos conquêtes, voilà ce que nos voisins appellent du patriotisme, et il entre dans ce sentiment moins d'amour pour leur pays que de haine pour le nôtre. Il faut donc à la

France un ouvrage français; et quand nous aurons recueilli tous ses titres d'honneur, on verra que notre belle patrie est assez riche de sa propre gloire pour faire la part de ses ennemis, et pour imposer silence à ses envieux.

Extraire ce qu'il y a de bien dans les anciennes Encyclopédies, traduire quelque Encyclopédie étrangère, était sans doute une spéculation utile aux intérêts d'un éditeur; mais par cela même elle ne pouvait séduire M. Courtin. C'est un monument qu'il veut élever aux sciences, aux lettres et aux arts, à qui la France doit sa plus belle illustration. Il n'a reculé devant aucun obstacle; ni le nombre des collaborateurs qu'il devait réunir, ni les frais d'une vaste entreprise, n'ont pu ralentir son ardeur. Les difficultés se multipliaient en vain devant ses pas; il les a écartées avec soin, ou surmontées avec zèle : et c'est par notre organe qu'il rend compte à nos souscripteurs du plan qu'il a cru devoir adopter pour cet ouvrage, et des moyens de l'améliorer qui sont encore en son pouvoir.

L'Encyclopédie moderne est une entreprise complètement neuve; ainsi elle tient lieu des deux anciennes Encyclopédies : elle est spécialement consacrée à enregistrer les progrès des sciences, des lettres et des arts pendant le demi-siècle qui vient de s'écouler; ainsi elle continue et complète, pour ainsi dire, les deux anciennes Encyclopédies : de telle sorte que ceux qui auront celles-là ne pourront se passer de celle-ci, et que ceux qui auront celle-ci pourront se passer de celles-là.

Un pareil ouvrage ne pouvait être confié qu'à des écrivains dont l'Europe littéraire connaît les ouvrages et apprécie les talents ; et, parmi ceux qui veulent bien nous consacrer leur nom et leurs travaux, il nous suffira de citer, pour le premier volume, MM. Arnault, l'auteur de *Marius*, de *Blanche*, et de *Germanicus ;* Berton, membre de l'Institut, et à qui nous devons la musique du *Délire*, de *Montano*, de *Virginie ;* Bory de Saint-Vincent, recommandable par ses ouvrages d'histoire naturelle ; Debret, architecte de l'Académie royale de musique, membre de la société philotechnique ; Dupaty, noblement courageux dans son poëme des *Délateurs*, spirituellement gai dans ses pièces de théâtre ; Eyriès, honorablement apprécié par ses écrits sur la géographie ; Feburier, membre de plusieurs sociétés savantes ; Francœur, qui, par ses divers traités de mécanique, de statique, d'astronomie, de mathématiques, a pris une place élevée parmi les savants modernes ; Éloi Johanneau, fondateur de l'Académie celtique, et l'un de nos plus savants antiquaires ; Jourda, membre adjoint de l'Académie de médecine, ancien chirurgien-major de l'ex-garde impériale ; le lieutenant-général comte Lamarque, dont la gloire militaire se rattache à tant d'illustres souvenirs ; Lenormand, à qui les arts et métiers doivent d'utiles découvertes ; Marc, membre de l'Académie de médecine, et qui, par ses écrits de médecine légale, s'est acquis une juste célébrité; Millon, traducteur de la Politique d'Aristote, et professeur de philosophie à l'Académie de Paris; Nicolet, astronome adjoint au bureau des longitudes ; Oudard, ancien conseiller à la cour de cassation; Parisot, ex-officier de marine, connu par d'excellentes traductions d'ouvrages importants; le lieutenant-général baron Thiébault, aussi distingué par ses talents d'administration que par ses talents militaires, et dont les travaux sur la tactique et la stratégie ont été proclamés classiques par M. Carnot; Tissot, traducteur des Bucoliques et successeur de Delille; Thouret, qui, par la publication des *Tableaux historiques*, a associé son nom à celui d'un père honorablement célèbre, etc. , etc. , etc.

L'ordre alphabétique nous force à n'insérer que dans le second volume des articles d'un haut intérêt, et que nous devons à MM. le comte Lanjuinais, pair de France; Étienne, Alex. de Laborde, membres de la Chambre des députés; Benjamin Constant, l'un de nos meilleurs orateurs, et le premier de nos publicistes; Jouy, l'auteur de l'*Ermite*, de la *Vestale* et de *Sylla*; Jay, l'historien du cardinal de Richelieu; Barbier, ancien bibliothécaire du roi, auteur du *Dictionnaire des anonymes*, etc. , etc. , etc.

D'autres écrivains non moins recommandables concourront à la rédaction des volumes suivants: leur nom se trouvera toujours en tête de chaque volume.

Tous ces noms, qui valent des éloges, indiquent
assez les soins de M. Courtin pour offrir à la France
un ouvrage digne d'elle ; il recevra avec reconnaissance les articles que les savants nationaux ou étrangers voudront bien lui envoyer ; et, dès le premier
volume, il doit témoigner sa gratitude pour les renseignements qui, par amour pour les lettres et la
philosophie, lui ont été transmis par MM. Arnao,
avocat au barreau de Madrid et membre de l'Académie de l'histoire de la langue espagnole ; Barbier,
ancien bibliothécaire du roi de France ; Liagno, ancien bibliothécaire du roi de Prusse ; Sarchi, avocat et membre de la faculté de droit à l'université de
Vienne (Autriche).

Tel est le plan que nous nous sommes imposé :
maintenant nous devons compte à nos lecteurs du
mode que nous avons cru devoir adopter pour en
rendre l'exécution plus utile.

Autant que l'ordre des choses nous l'a permis,
nous n'avons inséré que des articles généraux, sous
lesquels venaient nécessairement se placer les articles
particuliers ; des mots collectifs, autour desquels se
groupaient naturellement les idées accessoires. C'est
par cet unique moyen qu'il nous a été donné de
pouvoir resserrer dans un cadre circonscrit l'immense amas des connaissances humaines. Ce plan
avait encore pour le lecteur un grand avantage, il
s'opposait aux répétitions des mêmes idées, et quelquefois des mêmes paroles, dans une foule d'articles

qui, dérivant d'une source commune, appartenant à la même famille, devaient porter la même empreinte. Toutefois il avait aussi un grave inconvénient : le lecteur pouvait chercher et ne pas trouver dans l'ouvrage un article de détail ; cet inconvénient disparaît : une *Table alphabétique*, publiée dans le dernier volume, *indiquera tous les mots particuliers qui peuvent entrer dans une Encyclopédie complète, et renverra aux articles collectifs où ils sont traités dans l'Encyclopédie moderne.* Sans ce moyen, il nous eût été impossible de réduire à un aussi petit nombre de volumes un ouvrage dont chacun peut apprécier l'étendue.

Ainsi que nous l'avons annoncé dans un premier prospectus, nous avons supprimé tous les articles biographiques. Si les hommes n'ont rien fait pour les lettres et les arts, leur biographie est inutile dans un dictionnaire scientifique et littéraire : quand leur nom fait époque dans l'histoire de la science, il se retrouve sous les mots qui traitent des découvertes qu'on leur doit. Par là nous évitons un double emploi : car comment, à l'article biographique *Newton,* ne pas traiter de l'attraction ; et comment, à l'article scientifique *Attraction,* ne point parler de Newton ? Cependant il fallait exposer la marche, les luttes, les progrès, les conquêtes de l'esprit humain ; il fallait un *tableau* rapide *des grandes époques historiques* qui ont modifié en bien ou en mal le génie, les lumières ou la civilisation des états. C'est là le complément de notre ouvrage, c'est là la place des apôtres et des martyrs de la vérité, de ses protecteurs et de ses tyrans. Après avoir apprécié dans l'ouvrage entier l'état actuel des sciences, des lettres et des arts, on verra, non sans quelque intérêt, comment l'esprit humain a accéléré la civilisation des peuples, augmenté le bien-être physique et les jouissances morales de l'homme, et comment aujourd'hui une immensité de découvertes sont devenues notre patrimoine insaisissable et les instruments de nos richesses, de nos lumières et de notre bonheur.

L'ancienne Encyclopédie était précédée d'une table méthodique des connaissances humaines; et la préface de d'Alembert, qui n'en est que le magnifique développement, suffirait seule à la renommée d'un grand philosophe. Cet ordre, s'il n'était pas naturel, était du moins alors nécessaire; il fallait montrer, après Bacon, l'espace immense qu'embrassait l'esprit de l'homme, et révéler ainsi la haute importance de l'Encyclopédie; mais aujourd'hui les lumières se sont étendues, et ce soin serait inutile. Nous aurons aussi une *Table méthodique*, et nous présenterons l'ensemble de toutes les connaissances humaines et l'enchaînement de ses diverses branches; mais comme l'ordre synthétique ne doit point précéder l'analyse dont il n'est que le résultat, car la synthèse n'est que l'analyse réduite à sa plus simple expression, cette table terminera notre ouvrage, dont elle sera pour ainsi dire la substance et le couronnement.

Un dictionnaire composé d'articles épars n'offre

que difficilement un corps complet de doctrines sur un sujet quelconque. Pour remédier à cet inévitable défaut de tous les livres par ordre alphabétique, nous lions par des renvois les articles qui traitent de la même matière, et ceux qui ont entre eux quelque corrélation, et ceux qui offrent quelques rapprochements ou quelques contrastes. Ce soin, tout utile qu'il peut être, ne nous a pas encore paru suffisant; et les articles sont terminés par la *citation des ouvrages où les divers sujets sont développés et approfondis.* Nous n'avons pas besoin d'annoncer que, pour éviter les redites, les articles particuliers n'indiqueront ces ouvrages que lorsqu'il en existera qui traitent spécialement du sujet de l'article, et que c'est sous les mots indicatifs de la science, tels que *astronomie, physique,* etc., etc., que se trouvera la nomenclature critique des divers traités consacrés à chaque partie. Cette dernière portion de notre travail, également importante et neuve, est confiée à M. Barbier, ancien bibliothécaire du roi, dont le public a accueilli avec tant d'intérêt le *Dictionnaire des ouvrages anonymes et pseudonymes.*

Chaque partie étant composée en entier ou entièrement surveillée par un seul écrivain, et tout l'ouvrage étant mis en ordre *sous une direction unique,* on y trouvera constamment un même esprit et une parfaite unité de doctrine. Ce mérite est rare dans les autres dictionnaires, où chaque rédacteur suit un système particulier, sans s'embarrasser s'il est en

harmonie avec les autres articles sur la même matière.

Les ouvrages publiés par souscription sont presque
toujours reçus avec défiance et défaveur ; on craint
de voir leur publication interrompue. Ici, cette crainte
doit être vaine : M. Courtin, en plaçant son nom en
tête de l'Encyclopédie, a éloigné l'idée de toute spéculation mercantile, et ce nom garantit qu'il n'abandonnera le monument qu'il élève qu'après y avoir
posé la dernière pierre.

Nous ne pouvons terminer sans parler de l'esprit
de notre ouvrage. Il ne peut être hostile, parceque la discussion de principes métaphysiques étant
sans application spéciale, doit, pour cela même, être
inoffensive. Toutefois nous devons déclarer que cet
esprit est philosophique, parceque nous ne sommes
pas du nombre de ces hommes à qui il est donné
d'abdiquer le sens commun, et que, selon la profonde
et ingénieuse pensée de saint Augustin, *Qui philo-
sophiam fugiendam putat, nihil vult aliud quàm nos
non amare sapientiam* [1].

[1] De Civitate Dei.

ENCYCLOPÉDIE

MODERNE,

OU

DICTIONNAIRE ABRÉGÉ

DES SCIENCES, DES LETTRES

ET DES ARTS.

A.

A. (*Antiquités.*) Cette lettre, la première des alphabets hébreu, grec et romain, était chez les Grecs une lettre numérale qui valait 1 : de là *alpha* signifie le premier, comme *omega* le dernier. Isidore de Séville prétend que les Romains ne faisaient point usage de ces lettres numérales : *Latini*, dit-il, *numeros ad litteras non computant.* Mais il était évidemment dans l'erreur, puisque les chiffres romains I, V, X, L, C, D, M, sont les lettres I, qui vaut un, parcequ'il figure un doigt ; V, qui vaut cinq, parcequ'il figure les cinq doigts de la main ; X, qui vaut dix, parcequ'il représente deux mains unies ; L, qui vaut cinquante, parcequ'il est la moitié du C, qui est l'initiale de *centum*, et qui se figurait ainsi Ꮆ dans l'origine ; D, qui vaut cinq cents, parcequ'il est la moitié de M, qui est l'initiale de *mille*, et qu'on figurait CIƆ.

1.

Ducange, dans son glossaire, explique au commencement de chaque lettre sa valeur en nombre. On la trouve aussi dans Calepin, et dans Valérius Probus, qui fait partie du recueil des *Grammatici veteres* de Putschius, et des *Autores latini* de Godefroi, in-4°.

Les Grecs regardaient la lettre A comme de mauvais augure dans les sacrifices, et les prêtres commençaient par elle les imprécations qu'ils faisaient au nom des dieux : ce qui vient sans doute de ce qu'elle est l'initiale du mot grec ἀρὰ, *execratio*.

C'est ainsi que chez les Romains A était un signe d'absolution, parceque cette lettre est l'initiale d'*absolvo*, j'absous. Lorsqu'on devait prononcer sur une cause ou sur un crime, on distribuait à chaque opinant trois tessères ou bulletins, sur l'une desquelles était gravé un A, *absolvo*, j'absous ; sur l'autre un C, *condemno*, je condamne ; et sur la troisième une N suivie d'une L, *non liquet*, le fait n'est pas clair. C'est à cet usage que Cicéron fait allusion lorsqu'il appelle l'A *littera salutaris*, la lettre qui sauve.

A servait encore à rejeter une loi proposée dans les comices. Ceux qui s'opposaient à la nouvelle loi se servaient d'une tessère marquée d'un A, qui signifiait *antiquo*, je tiens, je vote pour l'ancienne loi, je refuse ; ou *antiqua sequor, nova non placent*, je tiens à l'ancienne loi, et je rejette la nouvelle. Les acceptants donnaient une tessère sur laquelle on lisait V. R., *uti rogas*, comme vous le demandez.

A, dans le calendrier Julien, est la première des sept lettres dominicales ; c'était chez les Romains la première des lettres nundinales.

On prétend que cette lettre était chez les Égyptiens un hiéroglyphe qui représentait l'ibis ; mais tout ce qu'on a dit à ce sujet, tant pour cette lettre que pour la lettre B, est de pure imagination. Une lettre alphabétique étant la figure d'un son ou d'un mot, et un hiéroglyphe celle d'une personne ou d'une chose sacrée, comme l'indique ce mot lui-même, qui signifie sculpture sacrée, lettre alphabétique et hiéroglyphe impliquent contradiction.   E. J.

A, A, a. (*Grammaire.*) *A*, lettre voyelle, est un sub-stantif masculin invariable ayant plusieurs acceptions.

A, troisième personne du présent de l'indicatif du verbe *avoir*, exprime l'idée principale de possession : *il a du bien, des connaissances.* On dit par extension, *il a des chagrins, des douleurs, des soupçons. A* verbe n'est ja-mais marqué de l'accent grave par lequel nous distinguons la préposition *à.*

Dans ces locutions, *il y a des hommes, il y a des jours qui,* etc., *a* est le même verbe avec une extension plus grande encore. Voici comme l'analyse le démontre : *y* ou là ou dans ce point, *il* ou cette chose, cet être à imaginer, *a des hommes, des jours qui.* Les autres langues disent simplement *des hommes, des jours sont qui,* etc.

A préposition est toujours marqué de l'accent grave. Cette préposition, comme toutes les autres, indique le se-cond terme d'un rapport que quelquefois elle exprime. Sa place est entre deux termes qu'elle lie, et le terme qui la suit se nomme son complément.

Mais la préposition *à* n'est jamais un adverbe, comme l'ont soutenu quelques grammairiens. L'adverbe renferme par sa nature une préposition avec son complément, et par suite présente un sens complet. La préposition *à*, comme toute autre, appelle un complément pour offrir un sens.

Elle concourt à former des expressions adverbiales, *à reculons, à tâtons;* elle prend des adverbes pour complé-ment, *à toujours, à jamais.*

Si elle s'unit sans intermédiaire à la préposition *de,* elle fait partie d'une expression elliptique où son complément est sous-entendu, parcequ'on l'entend sans qu'il soit ex-primé. Ainsi, *à de* si bonnes raisons est pour *à un nombre* de si bonnes raisons. Elle figure encore dans les ellipses suivantes, *il a à manger, donnez-lui à boire,* où l'on dé-couvre aisément le premier terme du rapport qu'elle in-

1.

dique, et qui est *des mets*, *une liqueur*, que ses compléments *manger*, *boire*, font suffisamment concevoir.

Elle forme les composés *au* pour *à le*, *aux* pour *à les*.
Elle s'unit à certains adverbes composés, qui ajoutent ainsi
à leur signification une nouvelle vue de l'esprit, dérivée
toujours de la destination de cette préposition : *s'adonner
à*, pour *se donner à*; *amener*, pour *mener à*; *apporter*,
pour *porter à*.

Enfin elle se substitue à une multitude d'autres prépositions. On s'en convaincra aisément. Elle remplace ainsi
dans, *sur*, *vers*, *avec*, *après*, etc. : *vivre à Paris*, *monter
à cheval*, *venez à moi*, *aimer à la folie*, *pas à pas*, etc.

A, lettre première de presque tous les alphabets, semble
devoir ce rang aux causes indiquées dans cet article.
Lettre numismatique, elle désigne les monnaies grecques
d'Argos et quelquefois d'Athènes ; celles de Rome, sous
les consuls ; celles d'Antioche, d'Aquilée, d'Arles, durant le Bas-Empire ; notre hôtel des monnaies de Paris,
dans nos espèces d'or et d'argent. Lettre lapidaire, elle
exprime, au gré du sens total d'une inscription, *augustus*,
ager, *aiunt*; double, elle désigne plusieurs *augustes*;
triple, *ære*, *argento*, *auro*; simple, devant *miles*, *soldat
jeune*; suivie du *D*, *ante diem*.

Le son dont elle est le signe est consacré dans le dia-
lecte dorien à exprimer l'énergie ; chez les Latins, la douceur ; chez les Italiens, une sorte de mollesse ; les Espagnols semblent l'avoir adopté pour l'emphase et l'osten-
tation. (*Voyez* Alphabet.)   G.

A. (*Musique.*) Cette lettre désigne *la*, qui est la première note du tétracorde hyperboléen ; elle répond maintenant à la sixième note de notre gamme, depuis que
Gui d'Arezzo trouva dans l'hymne de saint Jean, *Ut queant
laxis*, etc., le nom des six premières notes de notre échelle,
qu'il commença par *ut*. Mais l'usage de donner des noms
de lettres aux notes a prévalu ; et, pour mieux désigner
le ton, on en nomme la dominante immédiatement après

la lettre. Ainsi, dans cette manière de désigner le ton, pour celui de *la*, on dit *A-mi-la;* pour celui de *si,* *B-fa-si;* pour celui de *ut*, *C-sol-ut*, etc. Quand on veut prendre l'accord dans un orchestre, on s'accorde sur le *la*.

B.

A et *AB*. (*Antiquités*.) Ces prépositions étant suivies d'un nom substantif exprimaient les charges de la maison des augustes ou des riches Romains, en sous-entendant *servus* ou *minister*. On trouvera dans Gruter, dans Muratori, et dans les grands dictionnaires d'antiquités, les inscriptions et les passages qui font connaître ces différents offices : nous nous bornerons à les expliquer brièvement.

A balneis, était l'intendant des bains. — *A bibliotheca* et *a bibliothecis*, était le bibliothécaire.—*A calida*, était celui qui donnait à boire de l'eau chaude : on sous-entendait *aqua*. —*A cancellis*, était le chancelier. — *A codicillis*, était celui qui gardait les tablettes. —*A cognitionibus*, était le contrôleur : on le nommait encore *recognitor*. — *A commentariis*, était le greffier, celui qui tenait les registres (*commentaria*). — *A commentariis equorum*, était celui qui tenait les registres des cochers ou des chevaux destinés à courir dans le cirque. —*A commentariis fisci asiatici*, était celui qui avait la garde des revenus de l'Asie. —*A commentariis XV virorum S. F.* (*sacris faciundis*), était celui qui tenait les registres des quindécemvirs commis aux choses sacrées. — *A commentariis vehiculorum*, étaient ceux qui exigeaient les charrois (*les corvées*) pour l'entretien des chemins. — *A copiis*, était l'inspecteur des vivres ou des convois. —*A corinthiis*, ou *corinthiarius*, était préposé à la garde des vases de cuivre de Corinthe. — *A cubiculo* et *præpositus cubiculo*, était chargé de veiller à la garde de son maître et à celle de sa chambre. — *A cura amicorum principis*, étaient des affranchis du palais impérial qui prenaient soin des amis du prince. — *A custodia armorum*, était un officier du palais qui gardait les armes de l'empereur.—*A diplomati-*

bus, étaient ceux qui tenaient les registres des chevaux, des voitures accordées par le prince, ou destinées à ses voyages. — *A frumento*, était l'affranchi ou l'esclave qui distribuait le blé à ses compagnons. — *A jano*, était celui qui aidait le portier à garder la porte.— *A jumentis*, était l'officier préposé à l'inspection des écuries du prince. — *A kalendario*, était celui qui plaçait à intérêt l'argent de son maître, et qui le retirait des mains des débiteurs aux *calendes* de chaque mois. — *A lagena*, était l'échanson; cet officier était le même que celui *a potione*, ou en différait bien peu : on lit dans une inscription, A POTIONE. ITEM A LAGUNA, où *laguna* pour *lagena* mérite d'être remarqué; c'est ainsi qu'on lit dans deux endroits de Phèdre *lagona* pour *lagena*. — *A libellis*, était l'officier chargé des requêtes présentées à son maître. — *A libris pontificalibus*, était l'écrivain chargé de transcrire les livres pontificaux. —*A manu*, et *servus a manu*, était le secrétaire qui écrivait les lettres ou les commandements de son maître. —*A marmoribus*, ou *a metallis*, était le contrôleur des marbres ou des métaux employés à quelque ouvrage. — *A memoria*, et *ad memoriam*, ou *magister ad memoriam*, était l'officier qui recevait les *mémoires* présentés à son maître. — *A mundo muliebri*, était la femme chargée du soin de la parure des impératrices, ou de la toilette d'une dame riche. — *A pedibus*, était le valet de pied : il suivait son maître. On l'appelait aussi *ad pedes*, *pedisequus*, et au féminin *pedisequa*. — *A pendice cedri*, était un officier de la maison d'Auguste qui veillait à la garde des cassettes et autres meubles de bois de cèdre. *Pendice* ne se trouve que dans une inscription; je crois que c'est une corruption, par métathèse, du mot grec et latin *pyxide*, boîte, cassette, s'il n'a pas été mal lu par Pignorius, qui cite cette inscription, et qui dit avec raison que c'est une sottise de le faire venir d'*appendix* : on aura dit *picide*, puis par métathèse *pidice*, *pindice*, *pendice*. — *A pugione*, désignait l'officier commis à la garde du poignard (*pugio*) ou du *parazonium.* — *A rationibus,* ou *ratiocinator,* était l'officier chargé des comptes de la maison des augustes : Zonare l'appelle *præfectus fisci.* Ce serait chez nous le *maître des comptes.* — *A sandalio,* était la femme chargée du soin des chaussures de l'impératrice ou des princesses. — *A secretis,* était le secrétaire, qui est appelé *notarius secretorum,* par Vopiscus. — *A studiis,* était celui qui dirigeait le prince dans ses études. — *A suppellectili,* était préposé au soin des meubles et de la vaisselle. — *A veste,* était chargé du soin de la garderobe. — *A voluptatibus,* était l'intendant des plaisirs du prince, des menus-plaisirs. Tibère créa cet office, et le voluptueux auteur du Festin de Trimalcion en fut revêtu sous Néron. — *Ab actis fori,* était le greffier qui rédigeait les actes du barreau, les sentences des juges, et qui appelait les causes. — *Ab actis senatus,* était le greffier ou l'archiviste du sénat. — *Ab admissionibus,* ou *admissionales,* étaient les huissiers qui introduisaient auprès du prince, les introducteurs. — *Ab ægris cubiculariorum,* avaient soin des valets de chambre malades. — *Ab atrio curando,* ou *atrii curandi,* était peut-être l'officier appelé *atriensis,* l'huissier de salle, le majordome : ce mot est dérivé d'*atrium,* vestibule. — *Ab ephemeride,* est un affranchi qui, sans doute, tenait l'*agenda* journalier du prince, ou note de ce qu'il faisait tous les jours. — *Ab epistolis,* était le titre du secrétaire. Narcisse avait cet emploi à la cour de Claude. — *Ab hortulo,* était le jardinier. — *Ab janua,* était le portier. — *Ab ornamentis,* était une charge de la maison d'Auguste qui consistait à contrôler ou inspecter tout ce qui était susceptible d'embellissement.

E. J.

AB, mot hébreu qui signifie *père.* C'est de là que les Chaldéens et les Syriens ont tiré leur *abba,* et les Grecs leur *abbas,* que les latins ont adopté pour exprimer la même idée. La langue française a puisé dans cette source les mots *abbé* et *abbesse,* noms des supérieurs ou supérieures d'une réunion d'individus de l'un ou de l'autre sexe, formant un chapitre, un monastère, ou un couvent.

Ab, nom du onzième mois de l'année ordinaire des Hébreux ; il correspond au cinquième de leur année sainte ou ecclésiastique, et à la lune de juillet. L'histoire de ce peuple raconte que c'est dans ce mois que furent détruits les deux temples de Jérusalem : le premier par les Chaldéens, 584 ans avant Jésus-Christ, et le second, l'an 69 de l'ère chrétienne, par les Romains, sous les ordres de Titus, et que leur grande synagogue d'Alexandrie fut dispersée. On a observé aussi que c'est dans le mois de juillet que les Juifs ont été chassés de France, d'Angleterre et d'Espagne. Les Hébreux font pendant la durée de cette époque des jeûnes destinés à leur rappeler plusieurs événements mémorables.

Ab, nom syriaque du dernier mois d'été pour les chrétiens d'Orient, qui commencent avec ce mois un jeûne de quinze jours en l'honneur de la sainte Vierge.   G.

ABAISSEMENT DU DEGRÉ DES ÉQUATIONS. (*Algèbre.*) A proprement parler, on ne résout les équations des degrés supérieurs qu'en les ramenant à d'autres dont le degré est moins élevé. (*Voyez* l'art. ÉQUATIONS, où on a traité la résolution de celles du 2e, 3e et 4e degrés, et de quelques autres.) Nous nous occuperons ici des procédés applicables à des cas particuliers pour en abaisser le degré.

I. Lorsqu'on connaît une racine $x=a$ d'une équation $x^m+px^{m-1}+qx^{m-2}+\ldots=0$, le premier membre est nécessairement divisible sans reste par $x-a$; et le quotient $x^{m-1}+p'x^{m-2}+\ldots=0$ est du degré $m-1$; ce quotient s'obtient très aisément (*voyez* DIVISION et COMPOSITION DES ÉQUATIONS), et on trouve les autres racines en résolvant une équation d'un degré moindre d'une unité que celui de la proposée.

Si, par exemple, on sait que $x=1$ est racine de l'équation $x^3-7x+6=0$, en divisant par $x-1$, on trouve l'équation du 2e degré $x^2+x-6=0$, d'où on tire $x=2$ et $x=-3$: les trois racines de la proposée sont donc connues.

II. S'il suit de la nature d'un problème que plusieurs des racines inconnues soient liées entre elles par une relation donnée, on peut toujours abaisser le degré de l'équation proposée : l'exemple suivant montre comment on doit gouverner le calcul.

Je suppose qu'on sache, par un moyen quelconque, que deux des racines x et a de l'équation $x^3-37x-84=0$ sont soumises à cette condition $a+2x=1$; outre ces deux équations, on a encore cette relation $a^3-37a-84=0$, qui exprime que a désigne une racine. Éliminons a de cette dernière équation, en substituant pour a sa valeur $1-2x$, tirée de la précédente, nous aurons

$$2x^3-3x^2-17x+30=0, \quad x^3-37x-84=0.$$

Ces équations ne peuvent coexister sans avoir une racine commune ; elles ont donc un facteur commun que le calcul apprend à trouver, et, en effet, on reconnaît que $x+3$ les divise l'une et l'autre. En posant $x+3=0$, on a $x=-3$, et par suite $a=7$; ce sont les deux racines de la proposée qui sont liées par la relation donnée : quant à la 3e, on la trouve bientôt ; il suffit de recourir au premier cas traité ci-dessus. Elle est $x=-4$.

En général, si, entre les racines x, a, b... de l'équation $X=0$, il existe une relation connue, exprimée par l'équation $M=0$, en fonction de x, a, b..., on remplacera x, dans la proposée, par a, b..., et on aura des équations $A=0$, $B=0$..., qui exprimeront que a, b... sont des racines. À l'aide de ces équations, on éliminera (*voyez* ÉLIMINATION) de $M=0$ toutes ces racines a, b..., en sorte qu'il ne reste plus que x dans cette équation. Il devra exister un facteur commun entre cette équation finale en x et la proposée $X=0$, car, sans cela, la relation donnée $M=0$ serait absurde. La méthode du DIVIseur commun (*voyez* ce mot) fera connaître quel est ce facteur, que nous représenterons par $f(x) = 0$. Cette équation étant résolue, on obtiendra celle de nos racines qui a été désignée dans M par la lettre x, et par suite on aura a, b...; en sorte que le problème se trouvera ainsi ramené à la résolution d'équations de moindres degrés que $X = 0$.

III. Les ÉQUATIONS RÉCIPROQUES sont celles dont tous les termes étant transposés dans un membre, et ordonnés suivant les puissances de l'inconnue, ont des coefficients égaux et de même signe pour les termes également distants des extrêmes. La forme générale des équations réciproques est

$$kx^n + px^{n-1} + qx^{n-2} \ldots + qx^2 + px + k = 0 \ (1).$$

Il est d'abord évident que $x = -1$ est racine de cette équation, *quand le degré* n *est impair*, puisqu'en substituant -1 pour x, on a $-k + p - q \ldots + q - p + k$, quantité dont les termes s'entre-détruisent deux à deux, et qui se réduit par conséquent à zéro. En divisant la proposée par $x + 1$, il n'y aura point de reste, et le quotient sera un polynome de degré pair; il suit du fait même de la DIVISION (*voyez* COMPOSITION) que ce quotient forme une équation réciproque : il ne reste donc plus qu'à traiter les *équations réciproques de degré pair*, sous la forme

$$kx^{2m} + px^{2m-1} + qx^{2m-2} \ldots qx^2 + px + k = 0 \ (2).$$

Une propriété de ces équations c'est que, si l est une racine, $\frac{1}{l}$ en est une autre. Il suffit pour s'en convaincre de substituer pour x ces deux quantités, et de remarquer que les deux résultats sont

$$kl^{2m} + pl^{2m-1} \ldots + k, \quad \frac{k}{l^{2m}} + \frac{p}{l^{2m-1}} \ldots + k$$

Or, ce dernier étant multiplié par l^{2m} reproduit tous les termes de l'autre en ordre rétrograde; si donc le premier polynome est $= 0$, le deuxième l'est aussi.

Accouplons deux à deux les termes de l'équation (2) qui ont même coefficient, et divisons tout par x^m (ce qui revient à multiplier par x^{-m}), il viendra

$$k\left(x^m + x^{-m}\right) + p\left(x^{m-1} + x^{-(m-1)}\right) +$$
$$q\left(x^{m-2} + x^{-(m-2)}\right)\dots + t = 0.$$

Comme l'équation (2) a un nombre impair de termes, celui du milieu, de la forme tx^m, est le seul dont le coefficient ne se répète pas, et la dernière équation est terminée par le terme constant t.

Soit posé $x + x^{-1} = z$.
D'où.... $x^2 + x^{-2} = z^2 - 2$.
$$x^3 + x^{-3} = z^3 - 3\left(x + x^{-1}\right).$$
$$x^4 + x^{-4} = z^4 - 4\left(x^2 + x^{-2}\right) - 6.$$
$$x^5 + x^{-5} = z^5 - 5\left(x^3 + x^{-3}\right) - 10\left(x + x^{-1}\right).$$

Ces équations s'obtiennent en élevant la première aux puissances 2, 3, 4, 5...; il est clair qu'elles sont toutes comprises sous la forme

$$x^i + x^{-i} = z^i - i\left(x^{i-2} + x^{-(i-2)}\right)$$
$$- i\frac{i-1}{2}\left(x^{i-4} + x^{-(i-4)}\right) + \dots.$$

Les coefficients sont ceux de la puissance i d'un BI-NOME (*voyez* ce mot), pris avec le signe — : les exposants de x descendent de deux unités dans les divers facteurs binomes successifs; le coefficient Q du terme moyen est le nombre constant qui termine le développement quand i est pair; et, lorsque i est impair, ce dernier terme est $-Q\left(x + x^{-1}\right) = -Qz$.

Il est bien facile maintenant de mettre dans l'équation ci-dessus, pour les binomes qui sont entre parenthèses, leurs valeurs, en commençant par les plus hautes puissances; et on voit qu'en définitive la transformée sera en z du degré m, moitié moindre que celui de la proposée.

Une fois z connu, la première équation (3), ou $x + \frac{1}{x} = z$, donne $x^2 - zx + 1 = 0$, d'où

$$x = \tfrac{1}{2}z \pm \sqrt{(\tfrac{1}{4}z^2 - 1)} \qquad (4).$$

Ainsi, les diverses valeurs de x seront obtenues.

Par exemple, soit proposée l'équation réciproque

$$x^7 - 2x^6 - x^5 - x^4 - x^3 - x^2 - 2x + 1 = 0,$$

on divise d'abord par $x + 1$, et on a

$$x^6 - 3x^5 + 2x^4 - 3x^3 + 2x^2 - 3x + 1 = 0$$

Cette équation réciproque de degré pair reçoit, par le calcul indiqué ci-dessus, la forme

$$(x^3 + x^{-3}) - 3(x^2 + x^{-2}) + 2(x + x^{-1}) - 3 = 0.$$

Introduisant pour ces divers binomes leurs valeurs en z par les équations (3), on obtient

$$z^3 - 3z^2 - z + 3 = 0.$$

C'est l'équation du 3e degré qu'il s'agit de résoudre, au lieu de celle du septième qu'on avait proposée. Dans le cas actuel, le calcul peut être achevé, car cette équation a pour racines (*voyez* Diviseurs commensurables) $z = 1$, -1 et $+3$: d'où on tire, par l'équation (4), les sept racines suivantes de l'équation proposée, x

$$x = \frac{\pm 1 \pm \sqrt{-3}}{2}, \quad x = \frac{3 \pm \sqrt{5}}{2} \text{ et } x = -1. \quad \text{F.}$$

ABANDON. (*Législation maritime.*) *Voyez* Fret.

ABAQUE, *Abacus.* (*Antiquités.*) Ce mot avait plusieurs acceptions.

1. L'*abaque,* en géométrie, était une table couverte de poussière, sur laquelle les géomètres traçaient des figures ou des chiffres: ils les traçaient aussi sur l'abaque avec de la craie.

2. L'*abaque,* en arithmétique ou à calculer, était com-

posé chez les Grecs d'un carré long, évidé, sur lequel étaient tendus des fils auxquels on enfilait des boules. Chaque boule valait une unité ou une dizaine; on les ajoutait en les réunissant, ou les soustrayait en les séparant. Le cabinet de Sainte-Geneviève renferme un abaque qui paraît romain.

L'*abaque*, ou table de Pythagore, était une table de nombres qui servait à faciliter les opérations de l'arithmétique : c'était sans doute notre table de multiplication, qu'on appelle encore *Table de Pythagore*.

3. L'*abaque* à jouer était la table ou échiquier sur laquelle on jouait à différents jeux, soit avec des jetons, *calculi*, soit avec des espèces de dames ou échecs, *latrunculi*.

4. L'*abaque* était encore un buffet ou armoire destiné à porter ou à renfermer les vases dont on se servait dans les repas.

5. L'*abaque*, en architecture, a deux acceptions : Vitruve appelle de ce nom, 1° des plaques de bronze carrées qu'on arrangeait par compartiments, et dont on incrustait les toits des palais et des maisons somptueuses; 2° le couronnement du chapiteau de la colonne. Ce couronnement est carré dans l'ordre toscan, dans l'ordre dorique et dans l'ordre ionique antique, et échancré sur les faces dans le corinthien et dans le composite. Il porte communément le nom de tailloir, parcequ'étant carré il ressemble aux assiettes de bois que l'on nomme ainsi. C'est de là que l'ornement de tête ou la couronne que portaient anciennement les rois d'Angleterre s'appelait l'*abacot*, ou petit abaque, comme si ces rois étaient les colonnes de l'état. C'est de là aussi que, par une continuation de la même figure, la trésorerie d'Angleterre et de Normandie se nommait et que la première se nomme encore l'*échiquier*, comme l'abaque ou la table à calculer et à jouer.

6. L'*abaque* à lire était une table sur laquelle on traçait les lettres pour apprendre à lire aux enfants.   E. J.

ABAT-FOIN. (*Agriculture.*) C'est une espèce de trappe qui, étant ouverte, établit une communication entre l'écurie et le grenier à foin. On doit le disposer de manière à ce qu'il ne puisse donner passage aux exhalaisons des fumiers, qui altéreraient nécessairement les fourrages. D.

ABATIS. (*Fortification.*) Dans l'origine des sociétés, l'homme trouva nécessairement sur le sol qu'il foulait des pierres pour armes ; vaincu, il dut aller se réfugier dans les forêts, et la dépouille des arbres lui donna des armes offensives, telles que la massue, le javelot, l'arc et la flèche ; et des armes défensives dans l'écorce qui lui fournit un bouclier.

L'état de sociabilité avançant toujours, et la guerre étendant ses ravages, des peuplades entières se trouvèrent en présence ; le parti le plus faible se retrancha dans les forêts et s'en fit un abri capable d'égaler les forces du parti dominant et battant la campagne à découvert.

Ainsi furent faites les premières fortifications, avec des abatis d'arbres façonnés, aiguisés et jonchés sur la terre, de manière à braver les insultes de l'attaquant et à supporter ses efforts avec plus de chance et de sécurité.

Toutes les histoires de l'antiquité font mention de ce genre de fortification, qui sert encore dans nos armées.

En ne remontant pas au delà de l'époque historique, nous lisons dans Hérodote qu'à Marathon, Miltiade, adossant sa poignée de braves à un mont, s'utilisant d'un abatis sur sa droite, couvrant sa gauche d'un marais, déjoua les efforts de Datis, commandant les six mille immortels.

Camille, au rapport de Plutarque, venant au secours de l'armée romaine assiégée par les Volsques, trouva ces derniers fortement retranchés derrière des abatis, et ne dut la victoire qu'aux efforts redoublés des Romains.

Au siége d'Alesia, César s'en servit lui-même pour couvrir ses lignes de contrevallation et les mettre hors d'insulte de la part de la nombreuse cavalerie des Gaulois.

Germanicus, pénétrant dans la forêt de Cécia, dit Tacite,

fortifiait journellement ses camps par des abatis à la manière des Germains.

De toutes les fortifications de campagne, les abatis sont, dans un pays couvert, ce qu'il y a de plus prompt, de plus commode et de plus fort. La guerre de la révolution nous en a offert une foule d'exemples. H...DE.

ABAT-JOUR. (*Architecture.*) Baie dont le plafond ou l'appui, et fréquemment l'un et l'autre, sont inclinés de l'extérieur à l'intérieur pour y introduire la lumière.

Il se dit aussi du chapeau sphérique ou conique tronqué qu'on adapte au-dessus d'une lumière pour en diriger les rayons. D...T.

ABATON. (*Antiquités.*) Nom d'un édifice construit par les Rhodiens pour ôter la vue d'un trophée et de deux statues de bronze qu'Artémise, reine de Carie, avait fait élever pour éterniser sa victoire, après qu'elle eut pris la ville de Rhodes. L'une de ces statues représentait cette reine, et battait de verges l'autre, qui représentait la ville de Rhodes captive. Les Rhodiens ayant dans la suite recouvré leur liberté, et n'osant détruire ce monument sacré, construisirent à l'entour un édifice si élevé qu'on ne pouvait voir les deux statues, et défendirent d'y entrer, d'où lui vint le nom grec ἄβατον, où l'on ne va point, où il n'est pas permis d'aller. On donnait par la même raison le nom d'*abaton* au sanctuaire des temples.—ABATOS. On donnait aussi le nom d'*abatos* à une île d'Égypte située au milieu du lac Mœris, où était le tombeau d'Osiris et à un grand rocher, voisin et séparé de l'île de Philé, aux confins de l'Égypte et de l'Éthiopie, où la crue du Nil commençait à se faire sentir, et où l'on révérait également le tombeau d'Osiris, dans un temple qui lui était consacré. Les prêtres seuls avaient le droit d'y entrer. E. J.

ABATTOIR. (*Architecture.*) Établissement dans lequel se fait l'abatage de tous les bestiaux destinés à la consommation et à l'approvisionnement d'une ville.

Un abattoir se compose d'une avant-cour, dans laquelle

sont : un corps de bâtiment consacré à l'administration ;
des parcs, tant pour les bœufs que pour les moutons ;
bouveries, bergeries, échaudoir, triperies, fondoir, re-
eétmisescuries pour les bouchers ; de grandes conserves
d'eau, tant pour l'assainissement que pour les besoins de
chaque partie de l'établissement.

Selon les localités, cet édifice doit être placé intérieurement et proche des murs d'enceinte d'une ville, ou au-
dessous du cours du fleuve qui la traverse :

1° Pour raison de salubrité ;

2° Pour éviter le passage des bestiaux dans l'intérieur.

Au nombre des monuments utiles qui depuis vingt ans
ont été élevés dans Paris, les abattoirs doivent assurément
occuper le premier rang.

Cinq édifices de ce genre, construits avec une sage économie, mais spacieux, ne laissant rien à désirer quant
aux besoins et à la grande disposition de l'établissement,
sont placés à l'extrémité des faubourgs correspondants aux
quartiers les plus populeux. Depuis 1812 et 1813, époque
de leur achèvement, ils ont fait disparaître du centre de
la capitale des tueries infectes que d'anciens usages avaient
concentrées dans les rues les plus étroites.

Les architectes qui ont été chargés de ces monuments
sont, pour l'abattoir du Roule, M. Petit-Radel ; de Ro-
chechouart, M. Poitevin ; de Ménil-Montant, M. Happe ;
de la Salpêtrière, M. Le Loir ; des Invalides, M. Gisors.

D...T.

On retire aujourd'hui un très fort intérêt des sommes
assez considérables qu'il a fallu mettre dehors pour l'é-
rection de cet établissement. Le droit d'abatage que l'on
perçoit est de six francs pour chaque bœuf, taureau ou
vache grasse ; et les autres sortes de bétail doivent aussi,
par chaque tête, une rétribution proportionnelle. Or les
75,000 bœufs nécessaires à la consommation de Paris
donnnent déjà 450,000 francs.

Ces établissements donnent aussi à l'administration une

grande facilité pour faire surveiller l'état de santé des bestiaux que l'on y abat, et pour réprimer la cupidité des bouchers qui pourraient vouloir vendre la viande d'animaux morts de maladie. Une ordonnance de police prescrit que tout animal qui meurt de la sorte dans la bouverie d'un abattoir doit être porté à la ménagerie du muséum d'histoire naturelle, pour servir à la nourriture des carnivores qui y sont rassemblés. J.

ABAT-VENT. (*Architecture.*) Petit toit placé dans des baies de tour ou de clocher, et qui, par l'inclinaison qu'on lui donne du dedans au dehors, sert non seulement à garantir l'intérieur de la pluie ou de la neige, mais encore à rabattre le son des cloches. On le couvre ordinairement en plomb ou en ardoise. D...T.

ABBAYE.—ABBÉ.—ABBESSE. (*Voyez* ORDRES RELIGIEUX.)

ABCISSE. (*Voyez* COORDONNÉES et COURBES.)

ABDICATION. (*Politique.*) Abandon de la puissance souveraine ou des droits de cité. Les princes peuvent seuls abdiquer le pouvoir; des citoyens peuvent seuls abdiquer leur patrie. L'abandon des suprêmes magistratures se nomme *abdication* lorsqu'il est volontaire, *déposition* lorsqu'il est forcé. Si un citoyen renonce volontairement à sa patrie, il l'*abdique;* s'il fuit pour se soustraire à des lois tyranniques, il *émigre;* s'il émigre au moment où le pays peut avoir besoin de ses secours, il *déserte;* s'il va se réunir aux étrangers contre la liberté de ses compatriotes, il devient *ennemi.* Coriolan, le connétable de Bourbon, et tous les émigrés qui leur ressemblent, sont des *transfuges.* L'abandon du pays peut être forcé. Il prend le nom d'*exil* lorsqu'il est temporaire et que la tyrannie s'arrête aux frontières : Athènes, Rome, toutes les républiques ont connu l'ostracisme; aucune n'a poursuivi l'exilé dans le lieu qu'il avait choisi pour refuge. Il prend le nom de *bannissement* lorsque le lieu d'exil est désigné et qu'un pouvoir arbitraire y surveille et tourmente ses victimes; c'est ainsi que l'aristocratie de Venise exilait ses ennemis. Si la puissance qui bannit n'est pas dans la loi, ou si la loi est l'ouvrage d'une faction, le bannissement prend le nom odieux de *proscription*. Ce genre d'exil convient admirablement aux ambitieux qui veulent usurper le trône, ou aux tyrans qui veulent en étendre les prérogatives; c'est celui qu'ont choisi Pisistrate, Sylla, les triumvirs, Tibère, et leurs innombrables imitateurs.

Le contrat qui lie le citoyen et la cité est synallagmatique : si le contrat est violé par la cité, le citoyen l'abdique; s'il est violé par le citoyen, la cité l'exile. Le Romain qui répudiait la république renonçait aux privilèges attachés au titre de citoyen; lorsque Rome répudiait un de ses enfants, elle lui interdisait l'eau et le feu sur tout son territoire. La chétive république de Genève priva J.-J. Rousseau de ses droits de cité; l'immortel philosophe abdiqua son ingrate patrie, et la priva par son absence d'une grande illustration.

Dans les pays qui admettent l'esclavage ou la servitude de la glèbe, le citoyen peut abdiquer sa liberté et devenir esclave volontaire; contrat illégal, dont les Hébreux avaient adouci l'infamie en fixant la durée de ses effets. Certains états ont établi la puissance paternelle sur le modèle du despotisme, afin d'établir la puissance royale sur le type de la puissance paternelle. Alors le père peut abdiquer son fils; cette abdication déshérite comme l'exhérédation, et de plus elle peut exclure l'enfant de sa propre famille.

Le contrat qui lie le peuple et le monarque est aussi synallagmatique; et, lorsqu'il est violé, il y a entre l'abdication et la déposition une corrélation naturelle et nécessaire. C'est ainsi qu'à Venise le sénat décida que les engagements entre le peuple et le prince étaient réciproques, et que le doge Cornaro ne pouvait abdiquer, par la seule raison que le doge Malipiero avait fait décider que le prince ne pouvait être déposé. Toutefois peu d'abdications furent un acte de vertu, peu de princes eurent le courage de s'exiler volontairement du trône et de congédier leurs flatteurs. Peu de peuples aussi eurent la force de déposer la tyrannie et de revendiquer la liberté. Quelques philosophes, ne considérant que les devoirs de la royauté, ont dit qu'abdiquer c'était déserter : les princes, en général, semblent partager cet avis, et borner leurs soins à vivre longuement et à mourir en paix à leur poste. Ceux qui n'ont envisagé que les droits du pouvoir prodiguent l'éloge aux rois qui s'en dépouillent; ceux-là ne tiennent aucun compte des circonstances qui précèdent l'abdication; ils ne voient pas que la main qui laisse échapper le sceptre n'est plus assez forte pour le porter, et que c'est la peur de tomber du trône qui donne le courage d'en descendre.

Pour abdiquer sans crainte et sans faste, il faut plus qu'un roi, il faut un grand homme. Pittacus abdique la souveraineté de Mitylène, «effrayé de voir Périandre devenir le tyran de Corinthe, après en avoir été le père.» Sylla, dont le bonheur insulte à la Providence, abdique sans peur, et s'endort sur son épée brisée dans le sang qu'il a versé.

Les autres abdications sont l'ouvrage de la nécessité ou de la faiblesse. Dioclétien céda le trône aux manœuvres de Galère; et si cet empereur mérita des louanges, c'est moins pour avoir quitté l'empire que pour ne l'avoir pas regretté. Charles-Quint, lassé par la prospérité de ses ennemis, abdiqua son pouvoir avec une fastueuse indifférence qui se démentit bientôt: «Il y a aujourd'hui un an, disait le cardinal de Granvelle, que l'empereur abdiqua.» «Il y a aujourd'hui un an qu'il s'en repent,» répondit Philippe II. Cette réponse est le mot de l'énigme de toutes les abdications. On peut l'appliquer à Christine : à peine descendue du trône, elle le regrette; elle redemande celui de Suède; elle convoite celui de Pologne, et l'assasssinat

de Monaldeschi dans le palais de Fontainebleau prouve
qu'elle conservait encore quelques habitudes du pouvoir.

On prétend que le soin de leur sûreté personnelle interdit l'abdication aux usurpateurs ; on cite le mot de Périandre aux Corinthiens qui le pressaient de quitter le
trône : « Il est aussi dangereux pour un tyran d'en
descendre que d'en tomber ; » et la réponse apocryphe
de Cromwell à sa femme qui le sollicitait d'abdiquer
en faveur de Charles II : « Puisque Stuart veut oublier
ce que j'ai fait à son père, il n'est pas digne de la couronne qu'il me demande. » Dans de pareilles conjonc-
tures, quel monarque est assez insensé pour se déterminer
sous la sauvegarde de quelques exemples trompeurs? Il
faut consulter la nature des temps et l'esprit des peuples :
lorsque la civilisation est avancée, le prince qui abdique
de bonne foi n'a rien à craindre de celui qui lui succède.
Le péril ne vient pas de l'abdication, mais du regret d'avoir
quitté ce pouvoir, et des trames qu'on peut ourdir pour
s'en emparer de nouveau. Malgré les craintes et les ven-
geances qui accompagnent ordinairement les restaura-
tions, Richard Cromwell mourut en paix dans sa patrie.
Les princes légitimes courent dans les pays barbares plus
de risques que les usurpateurs chez les peuples civilisés :
l'abdication de Pierre III fut son arrêt de mort, et Paul Ier
périt pour ne vouloir pas abdiquer.

L'abdication n'est donc que l'abandon du pouvoir qu'on
ne peut plus conserver ; c'est ainsi qu'Auguste abdique le
trône de Pologne sous l'épée de Charles XII, et qu'il y remonte après la mort de son ennemi. C'est quelquefois une
vaine cérémonie ; Stanislas Leczinski, abdiquant deux fois
une couronne qui ne s'était jamais reposée sur sa tête, en
offre un exemple.

Les mots qu'emploie la politique ressemblent à la monnaie ; leur valeur est convenue, et non intrinsèque. On appelle abdication la fuite de Jacques II, chassé d'Angleterre
pr le peuple : Gustave IV abdique, le 14 mars 1809, le

trône de Suède; il avait été déposé le 13. Ce mot pom-
peux d'abdication n'est qu'un voile apparent couvrant une
nécessité cachée de descendre du trône. Il est vrai que, dans
les pays livrés à la superstition, la peur de l'enfer peut
l'emporter sur l'ardeur de régner. Philippe V et Amu-
rath II quittèrent le pouvoir pour vivre avec des moines et
des derviches; mais bientôt le dégoût des derviches et des
moines les replaça sur le trône.

Cependant, l'avant-dernier siècle nous a transmis l'exemple d'une abdication véritable et solennelle. Sous prétexte
d'ôter à ses rois le pouvoir d'opprimer la liberté, l'anar-
chique aristocratie de Pologne leur avait enlevé la puissance de défendre le territoire. Casimir V, ne pouvant lutter
ni contre les ennemis extérieurs, ni contre les factions intérieures, convoque une diète, fait aux palatins un tableau
véhément des dissensions qui ruinent le pays : «Le Mos-
covite, leur dit-il, envahira la Lithuanie, la Prusse s'em-
parera de la grande Pologne, et je crois déjà voir l'Autriche dans Cracovie.» Après cette prophétique apostrophe,
il dépose les insignes de la royauté. Louis, roi de Hollande,
abdique une couronne soutenue sur sa tête par la puissance
alors colossale de l'empereur Napoléon, par la seule raison
que son frère ne lui laisse pas le pouvoir de faire le bonheur des Hollandais. Nous venons de voir le roi de Sardaigne, n'aimant pas assez la liberté pour donner une constitution à ses peuples, n'aimant pas assez le pouvoir absolu
pour le raffermir par d'arbitraires atrocités, abdiquer le
trône et le livrer à son frère.

Ces exemples exceptés, l'abdication n'est que l'avant-
scène d'une déposition; et les princes n'acceptent la première que pour éviter la seconde. La politique et l'histoire
devraient renoncer à ces éloges menteurs prodigués à
l'abandon d'une puissance qu'on ne peut plus conserver. Le siècle a montré trop à nu le positif de la royauté,
pour qu'à l'avenir les hommes se laissent séduire par ce
qu'elle avait d'idéal et de merveilleux. Les abdications de

Pierre III, de Charles IV, de Ferdinand VII, de Gustave IV, du roi de Sardaigne, de Napoléon, de Louis, de Joseph, de Joachim, parlent plus vivement aux yeux que les mensonges des publicistes. Durant vingt ans, le plus obscur citoyen ne pouvait ouvrir sa fenêtre sans voir l'empire, la royauté, la papauté dans la rue; et le temps ne pourra peut-être replacer ces grands pouvoirs politiques dans la région mystérieuse d'où la révolution française les a fait descendre.

Les publicistes distinguent l'abdication de la *résignation*, acte par lequel le prince qui abdique investit de la royauté le successeur qu'il désigne. Napoléon, abandonné par la France, dont il avait opprimé la liberté, par des amis ingrats qu'il avait comblés d'honneurs et de richesses, par la fortune lassée de sa longue prospérité, Napoléon abdique en 1814, et laisse le trône vacant; il résigne en 1815, et transmet la couronne à son fils. Toutefois la distinction des publicistes n'est pas heureuse : car si l'empire est électif, le prince, par son abdication, rend la souveraineté à la nation, dont elle émane, et le successeur règne, non par la force de la résignation, mais en vertu d'une élection nouvelle; si l'empire est héréditaire, le monarque ne peut abdiquer ou résigner qu'en faveur de son successeur légitime, puisque les droits n'appartiennent pas à la personne, mais à la race, et que le prince régnant n'en est que le dépositaire. Toutefois, dans les monarchies héréditaires, l'ordre naturel a été quelquefois interverti; c'est ainsi que, par son abdication, Alphonse, roi de Léon, appela au trône son frère Ramire, au préjudice de son propre fils Ordogno. Au surplus, ce sont là des questions de force et non de droit; elles se décident par le glaive et non par l'équité; et les publicistes qui les ont traitées, ou prennent le fait pour le droit, ou décident par des lois civiles ces grands actes politiques. Pour prendre encore Napoléon pour exemple, ce n'est pas sur deux feuilles de papier, c'est dans la retraite de Moscou que se trouve l'abdication de 1814; c'est dans le

désastre de Waterloo que fut écrite la résignation de 1815;
et pour connaître quels devaient être les effets de ces deux
renonciations, ce n'est pas les actes écrits qu'il faut consulter, mais les résultats inévitables de ces deux grandes
catastrophes militaires.

Les publicistes n'ont pas oublié les formes possibles et
les conditions ordinaires de l'abdication. Ils eussent mieux
fait de dire que la forme en est indifférente; Christine abdique au milieu du sénat; Dioclétien, devant son armée;
Napoléon, par un acte authentique; Stanislas, par une lettre
particulière; Jacques II, par sa fuite; Henri de Valois, en
désertant la Pologne. Si l'abdication pouvait être véritablement volontaire, les conditions de cet acte seraient d'un
haut intérêt : elles sont ou personnelles ou politiques. Le
prince qui descend du trône craint toujours de se trouver
seul à seul avec la vertu; la liberté des citoyens ne lui
suffit point; il ne veut pas lutter par lui-même avec les
difficultés de la vie. Ne pouvant plus commander, il ne
veut pas obéir, et il s'entoure d'un vain simulacre de grandeur, pour que la vérité ne puisse pénétrer jusqu'à lui et
lui reprocher ses fautes ou ses crimes. Il demande, et on
lui accorde le titre de majesté, une fortune au-dessus de
celle des citoyens et quelques flatteurs subalternes; c'est
dans un nuage d'encens qu'on ensevelit ces idoles brisées.
On prétend que, pour être valables, les conditions doivent
être approuvées par l'autorité qui reçoit l'abdication; mais
le sénat de Suède viola toutes les promesses qu'il avait
faites à Christine, et Charles-Emmanuel, oubliant qu'il
devait le jour et le trône à Victor-Amédée, fit arrêter son
vieux père, le laissa languir dans le château de Rivoli, et
l'envoya mourir dans les prisons de Moncalier. Les conditions politiques sont encore moins sacrées; cela doit être
ainsi : l'abdication est une véritable mort politique, et cet
acte ressemble aux testaments des rois; on sait comment
celui de Louis XIV fut cassé par le parlement de Paris.

Sur toutes ces questions l'erreur des publicistes provient de ce qu'ils ont considéré l'abdication comme un contrat civil, et qu'ils l'ont soumise aux mêmes règles. Ils. n'ont pas vu que les tribunaux sont institués pour garantir la foi des actes ordinaires, tandis que le prince régnant est l'unique arbitre du traité qu'il fait avec le prince déchu ; qu'il n'y a pas dans l'état de commun modérateur, de juge suprême entre eux ; qu'il est par conséquent oiseux de poser les conditions d'un contrat dont aucune puissance ne peut ordonner l'exécution, et qui, par la force des choses, est complètement livré à la loyauté ou au caprice du monarque qui, héritant du pouvoir, décide seul et souverainement entre ses propres intérêts et un roi délaissé dont il n'a plus rien à espérer ni à craindre.　　J.-P. P.

ABEILLE. (*Histoire naturelle.*) Pour le vulgaire, qui voit dans la ressemblance extérieure, souvent la plus éloignée, la seule condition nécessaire pour établir l'identité d'espèce, l'abeille est une simple mouche ; pour le naturaliste, c'est un insecte de l'ordre des *hyménoptères*, c'est-à-dire du nombre de ceux qui volent à l'aide de quatre ailes nues, membraneuses, inégales et veinées. Le savant Latreille rangea cet insecte dans la tribu des mellifères ou apiaires, la deuxième de la famille qu'il établit sous le nom d'*anthophiles* (amis des fleurs). En effet, c'est parmi les corolles épanouies et parfumées dont la végétation se pare dans nos bois, dans nos jardins et dans nos prairies, que se plaisent les hyménoptères, auxquelles fut accordée la singulière industrie d'extraire, du pollen, les matériaux d'habitation et de magasins d'abondance que nous savons nous approprier.

Cette famille des apiaires, dont les individus pratiquent un art qui devait nécessairement les conduire à quelque sorte d'état social, ne contient pas seulement ces abeilles que nous avons comprises au nombre de nos domestiques ; beaucoup d'autres espèces réparties dans trois autres genres s'y viennent grouper. Parmi ces genres, on remarque le bourdon, que les campagnards superficiels croient être un

animal sans industrie, parceque, dans l'esprit d'indépendance qui le caractérise, c'est sous terre et loin de
l'homme qu'il va cacher sa propriété, consistant en des
rayons moins considérables, à la vérité, que ceux de l'a-
beille, mais à la composition desquels préside encore
beaucoup d'art.

La nature, qui divisa presque toutes les espèces dont elle
se compose en deux ordres d'individus, les mâles et les femelles, ou qui, plutôt que de priver ces espèces de sexe, en
accorda deux à quelques unes, semble avoir voulu en-
freindre les règles qui présidèrent au reste de l'organisation
spécifique, pour singulariser les antophiles mellifères, et
joindre à l'industrie que ces mellifères lui devaient déjà un
élément nouveau de sociabilité; mais d'une sociabilité bien
étrange, car l'inégalité des conditions en forme nécessairement la base, puisque trois castes, et peut-être même
quatre, y sont anatomiquement caractérisées.

La société des abeilles offre, 1° des neutres divisées en deux
classes, celle des ouvrières et celle des nourrices; 2° des
mâles; 3° une seule femelle pour une population qui s'é-
lève de quinze à trente mille individus. Dans cette quantité, les mâles entrent pour six cents ou mille tout au plus.

Les ouvrières et les femelles sont seules armées d'ai-
guillons; les mâles, qui en sont dépourvus, sont plus gros
que les premières, mais moins que les secondes; ils ont, en
outre, la tête plus arrondie, les yeux alongés et unis au
sommet. Inhabiles au travail, sans utilité dans une république où l'on ne tolère qu'une femelle destinée à la perpé-·
tuer, leur sort est digne de pitié, et l'on ne conçoit guère
dans quelle vue la nature jeta au milieu de tant de petits
citoyens armés et impitoyables des êtres sans défense et
condamnés à devenir des fardeaux pour une multitude capable d'exterminer tout membre du corps social qui ne lui
rapporte rien. La femelle rencontre un de ces mâles, vers
lequel ne l'entraîne aucun penchant particulier; elle s'unit
à lui dans les plaines de l'air; elle ne cesse un instant d'y

demeurer volante pendant la durée d'un acte qui paraît
bien moins être pour elle un plaisir que l'accomplissement
d'un devoir. La femelle se trouve ensuite fécondée pour un
an , et même pour toute sa vie, si l'on s'en rapporte à quelques observateurs ; quant au mâle , il trouve la mort dans
ses tristes amours ; il ne doit point voir sa race ; les organes
sans lesquels la femelle fût demeurée stérile restent en-
gagés dans ceux qui les reçurent , et l'être qui les a perdus
ne survit guère à cette soustraction. Un seul mâle était
donc indispensable où n'existait qu'une femelle , et mille
autres mâles , destinés à ne pas même se douter qu'ils ont
un sexe , deviennent bientôt des objets d'animadversion
pour la multitude , dès que la progéniture de la femelle fécondée vient réclamer les soins des nourrices. Les ouvrières , afin que les provisions destinées à l'éducation des
jeunes ne soient pas consommées par ces mâles , se jettent
avec fureur sur eux , réalisant en quelque sorte la fable de
ces amazones qui égorgeaient leurs époux quand ils les
avaient rendues mères. Nul n'est épargné : le massacre , qui
a lieu ordinairement vers le mois d'août, dure quelquefois
jusqu'à trois jours. Les environs de la ruche sont alors jonchés de cadavres ; il ne reste que la femelle et les neutres
dans la ruche après cette cruelle exécution.

La femelle , qu'on appelle communément reine , parcequ'elle est l'objet du respect général , et pour ainsi dire
d'une sorte de culte , peut être considérée , métaphore à
part , comme la mère de son peuple. Swammerdam , qui en
a fait l'anatomie avec le plus grand soin , a découvert dans
son intérieur deux ovaires alongés , composés d'un grand
nombre d'*oviductes* ou petits sacs remplis d'œufs très difficiles à séparer les uns des autres ; il a compté dans une
seule plus de six cents de ces oviductes pareils , qui , chacun , renfermaient de seize à dix-sept œufs ; tous communi-
quaient à l'orifice par où les œufs doivent sortir successivement , et près duquel existe une poche particulière , dont
l'usage est de retenir les œufs afin qu'ils s'y enduisent d'une

humeur visqueuse, sécrétée par une glande voisine, au moyen de laquelle ils se fixent au fond de l'alvéole destiné à les recevoir.

L'arme commune à la reine et aux neutres est composée de trois filets extrêmement grêles, qu'enferme une sorte de gaîne arrondie en dessus, cannelée et ouverte en dessous; deux pièces écailleuses très déliées, garnies chacune à leur extrémité de dix à seize dentelures, complètent cet appareil situé à l'extrémité postérieure du corps, et vers la base duquel il est probable, mais non prouvé, qu'existe une ampoule vénénifère. Quand l'insecte veut employer son aiguillon, les pièces du fourreau s'écartent après avoir servi de point d'appui aux efforts qu'il a faits pour l'enfoncer, et les dentelures s'opposent souvent à ce qu'il puisse être retiré. Si, dans les mouvements que fait l'abeille pour abandonner le blessé à ses douleurs, l'aiguillon demeure engagé dans la plaie, l'abeille ne survit point à sa victoire. Ainsi, l'emploi de l'organe qui dans les mâles est destiné à donner la vie, et de celui qui dans les ouvrières est fait pour donner la mort, devient toujours funeste à l'animal qui veut s'en servir.

Virgile avait déjà indiqué la différence qui existe parmi les neutres, entre les ouvrières et les nourrices. M. Hubert, auquel nous devons une connaissance parfaitement exacte de l'histoire des abeilles, a vérifié ce que le premier des poëtes de l'antiquité avait dit à ce sujet. La conformation des ouvrières semble leur commander le travail : les mandibules de leur bouche sont en forme de cuillère; leurs jambes postérieures présentent, vers l'extrémité de leur face extérieure, un enfoncement qu'on a comparé à une corbeille, et que bordent des poils disposés en brosse. C'est effectivement dans cette dépression que l'abeille ouvrière met son butin, qui consiste en de petites pelotes qu'elle prépare avec le pollen des étamines. C'est par le moyen d'autres brosses qui revêtent le côté interne du premier article des tarses postérieurs, qu'elle ramasse cette poussière fécondante qui devient, au sortir de la corbeille où elle est transportée, la nourriture des jeunes.

Les nourrices sont plus petites, plus timides, moins exercées au vol que les ouvrières, et vivent avec elles dans une parfaite intelligence; elles quittent rarement le toit domestique pour aller au loin caresser les fleurs; elles se tiennent autour d'une progéniture qu'elles surveillent, et pour laquelle on les voit préparer des aliments divers, selon qu'elles veulent produire des neutres ou des femelles. Effet miraculeux d'une sorte d'hygiène, qui paraît presque incroyable, encore que l'expérience en ait démontré la réalité! Pour se convaincre de l'influence qu'exercent sur ce qu'on nomme le couvain les mets que les nourrices lui préparent, il faut d'abord connaître les travaux des ouvrières, les pontes de leur reine, ainsi que le développement et l'éducation des larves qui sortent des œufs nombreux que la femelle dépose dans les alvéoles.

Les ouvrières recueillent sur les végétaux quatre substances fort différentes, dont une est employée par elles sans paraître avoir éprouvé de modification, et dont trois autres, qui sont la cire, le miel et le pollen, nécessitent une préparation particulière pour être adaptées aux besoins communs. La substance que les abeilles emploient comme elles l'ont ramassée est ce que les anciens avaient appelé la propolis : résineuse, collante, tenace, cette propolis provient des bourgeons, et le peuplier paraît être l'arbre qui en fournit davantage. L'hypocastane, vulgairement appelé marronier d'Inde, en doit aussi donner. Il est employé à fermer les fentes et les trous des parois de l'habitation; cette habitation en est même souvent enduite en entier. La propolis se durcit, et, n'étant point pénétrable à l'eau, met la république à l'abri de toute humidité : c'est encore avec cette substance que l'ouvrière recouvre les corps étrangers qui, introduits dans l'habitation commune, sont trop lourds pour en pouvoir être rejetés à l'aide d'efforts réunis, et dont la présence serait incommode.

Un agriculteur des landes aquitaniques, qui s'occupe essentiellement de l'éducation des abeilles, a recueilli à ce sujet un fait important qu'il nous a communiqué. Ayant une fois rencontré à l'époque où l'on récolte le miel un assez gros bloc de propolis entre deux gâteaux, il eut la curiosité de l'ouvrir, et trouva dans le milieu une petite musaraigne morte depuis fort long-temps, sans qu'on pût deviner comment elle était venue chercher un tel sépulcre. Il est probable qu'égarée dans la ruche, qu'elle venait peut-être dévaster, et tuée de mille coups de dards, les abeilles, après avoir reconnu l'impossibilité de l'extraduire, avaient deviné que, pour se mettre à l'abri de la mauvaise odeur qui devait résulter de sa putréfaction, il fallait la garantir du contact de l'air en lui formant une enveloppe impénétrable.

Lorsque l'habitation commune est bien enduite de cette propolis qui la doit protéger contre les intempéries des saisons, les ouvrières se mettent à l'ouvrage, et commencent à construire leurs gâteaux à l'aide de la cire que nous leur viendrons enlever. On a long-temps cru que cette matière était une préparation de la poussière des étamines opérée par l'estomac d'un insecte qui la dégorgeait, à peu près comme certaines espèces d'hirondelles qui, se nourrissant, au temps de la ponte, de varechs du genre plocamium, rendent par le bec une sorte de gelée de couleur de corne, pour s'en construire des nids fort recherchés dans la cuisine indienne, et qui ne sont que le résultat d'une véritable digestion. Mais un cultivateur de l'Alsace ayant élevé des doutes sur ce mode d'élaboration de la cire, les naturalistes ont porté leurs recherches sur cet objet; ils ont trouvé, sous les anneaux de l'abdomen, des plaques de cire qui se forment là seulement; et quoiqu'on n'ait point encore découvert de communications bien distinctes entre la membrane composée d'innombrables cellules qui sécrète cette cire et le second estomac, où celle-ci subit sa première préparation, on ne révoque plus en doute l'importance du rôle que remplissent les anneaux de l'abdomen dans l'opération.

On a voulu savoir, en outre, quelle matière première était métamorphosée en cire par la combinaison de la digestion des abeilles et du jeu de cette membrane celluleuse qui en forme des plaques circulaires sous le ventre. On croyait que le pollen des fleurs déterminait seul l'existence de cette cire, et l'on a nourri, durant quelque temps, des abeilles privées de leur liberté avec du miel et de l'eau. Après cinq jours de réclusion, ces abeilles ont commencé à édifier des alvéoles; d'autres abeilles auxquelles on n'a présenté que des fleurs avec leur pollen n'avaient rien produit au bout de huit jours. Une livre de sucre raffiné, réduit en sirop et donné pour toute nourriture à des abeilles mises en expérience, leur a fourni la matière de dix à douze gros de cire; un poids égal de cassonade et de sucre d'érable en a donné le double. C'est conséquemment dans la substance sucrée du miel même que se trouve la matière première de la cire.

Aussitôt que les abeilles ont pris possession de leur demeure, les ouvrières vont à la récolte du pollen et du miel, afin de nourrir leurs larves et de leur construire des berceaux appelés cellules, dont l'ensemble constitue ce qu'on nomme un gâteau. C'est lorsque les chatons du noisetier annoncent le retour de la belle saison, et promettent déjà une abondante récolte de poussière fécondante végétale, que les travaux reprennent vigueur. Pendant le printemps, ils durent toute la journée; dans les grandes chaleurs de l'été, ils commencent avec l'aurore, et sont interrompus lorsque le soleil approchant du méridien embrase l'espace, et ne convie pas moins au repos que le silence des nuits. Quand l'abeille a demeuré sur une fleur le temps nécessaire pour faire sa provision, que les poils qui la recouvrent sont chargés de la poussière des étamines dépouillées, elle rassemble cette poussière avec ses brosses, en forme deux petites pelotes dont elle remplit les corbeilles de ses pattes postérieures, et retourne à la ruche avec son butin.

De la cire élaborée par l'ouvrière se forment des gâteaux parallèles entre eux et que sépare un certain espace; de tels espaces sont autant de chemins par lesquels tout citoyen peut circuler dans la cité. Chaque gâteau a deux surfaces que couvre un nombre à peu près égal de cellules hexagones, artistement appliquées les unes contre les autres. Nous ne donnerons point une description minutieuse de ces gâteaux, que tout le monde a vus. Il suffira de dire que, fabriqués diligemment, ils sont l'ouvrage d'une multitude d'abeilles serrées en longs cordons sur la surface qui doit servir de base à leur construction.

On ne peut voir sans admiration la manière dont les fondements d'un gâteau sont jetés. Une ouvrière se détache de la chaîne formée par ses pareilles sur la construction qu'il est question de perfectionner; elle perce la foule, et va placer, après les avoir taillées convenablement, des petites plaques pentagones de cire qu'elle a extraites de celles qu'elle porte en grandes plaques sous les anneaux de son ventre. Amollie en passant par la bouche de l'abeille, et rendue plus ténue par son mélange avec la liqueur dont sa langue est enduite, cette cire sort comme une espèce de ruban coupé, pour s'adapter en plaques servant de base à la nouvelle cellule, qui, bientôt achevée, n'a plus besoin, pour être parfaite, que d'être enduite d'une petite quantité de propolis, par laquelle l'ouvrage se consolide dans le plan que les abeilles ont adopté comme le plus convenable à leurs besoins.

Ces cellules ne sont pas toutes pareilles; les plus petites sont destinées à recevoir les larves des neutres; de plus grandes recevront celles des mâles; une seule, beaucoup plus considérable, sera le berceau de celle que les nourrices destinent à la royauté. Dans quelques ruches nombreuses, où l'on médite sans doute des essaims ou colonies, les neutres construisent quelquefois plusieurs de ces alvéoles privilégiées, dont le nombre est ordinairement de trois ou de quatre, mais dont certaines associations ont offert jusqu'à trente et quarante.

Les cellules royales n'ont pas tout-à-fait la même forme que les autres, et ne diffèrent pas seulement par leur volume, qui comporte une masse de cire capable de fournir à la construction de cent cellules ordinaires, mais par leur situation, qui est ordinairement marginale, c'est-à-dire comme pendante sur l'un des bords inférieurs des gâteaux en manière de stalactites, qui ne tiendraient à la masse que par des espèces de pédicules en cire.

La plus grande partie des cellules sont destinées à recevoir le miel ; on dirait les tonneaux dans un riche cellier, qui, dès qu'on les a remplis, sont fermés hermétiquement avec un couvercle plat, que l'ouvrière a l'art de construire et de souder avec une adresse singulière.

Lorsque la reine fécondée reconnaît qu'on lui a construit des loges afin qu'elle y puisse déposer ses œufs, on la voit examiner soigneusement celles-ci, en y enfonçant d'abord la tête, et en les visitant en tout sens. Après avoir pris cette précaution, elle se retourne, y introduit l'extrémité de l'abdomen, et y dépose un œuf qui se fixe dans le fond au moyen de la matière visqueuse dont il s'est enduit en passant par la poche où se sécrète cette matière, et dont il a été question plus haut. Des reines d'une fécondité imprévue, pressées per le besoin de la ponte, et pour l'usage desquelles les ouvrières n'ont pu préparer assez de cellules, déposent jusqu'à trois œufs dans chacune ; dans ce cas les nourrices ont bien soin de séparer ceux-ci, et les détruiraient plutôt que d'exposer plusieurs larves à se nuire dans leurs développements.

La ponte se fait avec une telle rapidité que plusieurs centaines d'œufs en sont le résultat dans une seule journée de printemps. Cette ponte cesse en automne, où, le pollen nourricier venant à manquer, le miel se trouve nécessaire à la nourriture de la société entière. C'est ainsi qu'ayant tout calculé, la nature prévient l'épuisement des magasins, qui serait la conséquence d'une augmentation de consommation à l'époque où les provisions ne pourraient être renouvelées. La reine d'ailleurs s'engourdit pendant l'hiver.

Les œufs d'où sortiront des larves d'ouvrières sont pondus les premiers, parceque, sans les secours nourriciers de ces ouvrières, les mâles et les femelles ne pourraient se développer, et mourraient de faim dès leur naissance. Ce n'est que deux mois après cette ponte que la femelle dépose les œufs de mâles, et enfin plus tard qu'elle met au jour le petit nombre de ceux d'où sortiront ses pareilles. Tous ces œufs sont respectivement placés dans les alvéoles qui leur conviennent, sans que jamais la mère se trompe et mette au rang des ouvrières des reines ou des mâles, et dans les alvéoles de ces derniers des œufs de neutres. Ils sont ovales, oblongs, un peu courbés, d'un blanc bleuâtre, et longs d'une ligne. Ils éclosent dans l'espace de trois à six jours ; un ver apode, c'est-à-dire sans pieds, en sort blanc, mou, ridé, et se tient courbé au fond de son berceau dans un état d'immobilité complète.

Aussitôt les nourrices accourent, vérifient la naissance en entrant dans la cellule, où elles se tiennent quelques instants, et donnent à la nouvelle larve la nourriture appropriée à son âge et à la caste dont elle doit faire partie. Cette nourriture consiste d'abord dans une espèce de bouillie insipide, épaisse et blanche. A mesure que la larve se développe, la bouillie devient plus sucrée et plus transparente. C'est un mélange de miel et de pollen, où le miel domine à mesure que l'insecte approche de sa première métamorphose. Cette métamorphose a lieu ordinairement six à huit jours après la naissance : la nourrice en connaît l'époque, et cesse d'apporter une nourriture qui deviendrait inutile ; mais pour préserver sa pupille de tout accident, elle la mure dans son alvéole, en lui formant un couvercle qu'on distingue aisément de celui des cellules à miel, parceque le couvercle en est bombé, tandis que celui des magasins est parfaitement plat.

La larve, instantanément emprisonnée, file d'abord autour d'elle une soie très fine, au milieu de laquelle sa forme change ; elle revêt la peau plus dure et tendue d'une nymphe, dans la demi-transparence de laquelle on peut distinguer l'organisation préparatoire de l'animal parfait. C'est au bout de douze jours que la jeune abeille brise les langes qui la tenaient captive ; elle ronge le couvercle de sa prison et s'élève sur ses bords, où, surprise et comme interdite des facultés que lui révèle son nouvel état, elle demeure d'abord immobile : aussitôt des nourrices se pressent autour de la nouvelle compatriote, la nettoient en la léchant comme le font les animaux mammifères ; elles lui donnent son premier repas, et pendant une nuit entière la jeune abeille se tient immobile au milieu de l'atmosphère chaude de la ruche, qui achève d'emporter l'humidité surabondante dont elle était imprégnée.

Après avoir essayé ses ailes, dès la pointe du jour elle part avec des aînées expérimentées, chargées de diriger sa première excursion, et bientôt, initiée à toutes les fonctions d'une bonne ouvrière, elle prend part aux travaux communs.

Les reines, plus robustes, et se développant dans des cellules beaucoup plus considérables que celles de leurs sujettes, y sont solidement murées ; leur prison est tellement renforcée de cire que, pour en rompre les parois, elles ont dû acquérir toutes leurs forces. Comme si, dépositaires de la puissance, elles ne devaient se montrer à leur peuple que majestueuses, et pour ainsi dire surnaturelles, elles ont eu, entre l'instant où elles sortirent de la nymphe et celui où elles sortent de leur cellule, le temps de se sécher, de se lécher elles-mêmes, et de se purifier de toutes les impuretés de l'enfance ; aussi paraissent-elles, au sortir du berceau, resplendissantes de force, en état de faire respecter leur pouvoir, et capables de se livrer aussitôt au vol. Naître et

s'abandonner au vague de l'air en déployant ses ailes ,
sont deux choses simultanées chez l'abeille qui va régner,
et le peuple entier reconnaît sa dominatrice dans les indices d'une si grande supériorité d'instinct.

Mais cette supériorité morale , cette force physique,
cette précieuse faculté de se reproduire et de goûter toutes
les douceurs de la maternité après avoir épuisé les jouissances de l'amour, la reine les doit à son peuple, elle les
tient de ces ouvrières laborieuses qui récoltèrent les matériaux de sa première habitation, de ces soigneuses nourrices
surtout qui préparèrent ses premiers aliments ; aliments de
choix , d'une nature particulière , véritable ambroisie qui
faisait participer les abeilles à la nature divine selon les anciens. Surpris du merveilleux accord et de l'admirable stabilité qu'on reconnaît dans l'ordre social qui les rassemble,
les anciens supposèrent ces animaux doués d'une par-
celle de cette âme universelle dans laquelle ils cherchaient
eux-mêmes la source de leur intelligence. Ainsi , pour des
philosophes de l'antiquité , l'âme des abeilles et la leur
avaient une origine commune.

Cette nourriture préparée pour les nourrissons royaux
donne seule la royauté ; c'est uniquement à elle qu'une larve
doit l'avantage de parvenir à la première dignité. Plus sub-
stantielle que celle dont le reste des abeilles furent alimen-
tées, ses propriétés sont telles qu'elle peut développer dans
la larve d'une ouvrière qui en devait être dépourvue ce sexe
dont aucune ne se soucie, encore qu'il donne la domination.
Ce fait est tellement singulier, et présente si peu de rapport
avec tout ce qui nous est connu, qu'on serait tenté de n'y
point ajouter foi , si les observations les mieux faites, et le
plus souvent répétées par des savants laborieux et dignes
d'une parfaite confiance, n'en avaient démontré la réalité.
En effet, c'est une chose étrange qu'un empire donné par
la volonté de nourrices, qui , ayant la faculté de constituer
physiquement une femelle toute-puissante à leur choix ,
trouvent dans la pâtée qui résulte de leur digestion et

3.

qui se dégorge de leur estomac les titres d'une royauté
légitime. Cependant tel est l'effet de cette pâtée royale,
qu'on a vu, dans des ruches d'où la reine avait été soustraite,
les nourrices choisir dans le couvain des neutres une larve
qui n'eût point encore atteint sa troisième journée, agrandir sa cellule en la fortifiant, lui servir abondamment la
nourriture transformatrice, et en faire une femelle en état
de pondre et de régner, tout aussi féconde et tout aussi
sage que celle qu'on songea sans doute moins à pleurer
qu'à remplacer sans délai. Et dans ce cas, comme la nouvelle cellule royale ne se trouvant pas isolée, des gouttes
de la nourriture qu'on y porte tombent parfois dans les
cellules voisines, les larves qui se trouvent déposées dans
ces cellules avalent de ces gouttes égarées, et participent,
en proportion de ce qu'elles en ont pris, au sexe que cette
nourriture développe. Cette nourriture royale irrégulière-
ment donnée a produit des femelles incomplètes, qui s'étant
unies à des mâles ont produit des œufs ; mais ces œufs ne
donnaient que des individus du sexe de leur père. Sage
précaution de la nature, qui, par cette restriction, mit un
obstacle organique à l'établissement d'une sorte d'aristocratie qui n'eût pas manqué de s'établir où l'ordre social
offrait des chances de domination !

On dirait que ces princes musulmans absolus, dont la
politique consiste, pour éviter toute concurrence, à faire
égorger, lorsqu'ils montent sur le trône, des frères dont ils
redoutent l'ambition et les droits, ont calqué cette politique sur celle des abeilles, où le premier acte de la véritable reine est de se porter dans les cellules où d'autres
femelles ont pu commencer à se développer, et de les exterminer jusqu'à la dernière. Cette manière violente de se réserver l'exercice du pouvoir est souvent imitée par les neutres, qui, dans la crainte de voir les mâles détruire l'égalité,
base unique de toute société raisonnable, ne se bornent pas
à exterminer ceux-ci quand la femelle, commençant à
pondre, démontre leur inutilité, mais tuent dans leurs cel-

lules toutes les larves de mâles qu'elles peuvent reconnaître. Ces cellules sont aussitôt vidées du petit cadavre, nettoyées, réparées, ainsi que celles d'où sont sorties naturellement les jeunes abeilles du couvain, et mises bientôt en état de servir de berceau à quelque nouvelle génération.

De tels massacres ont lieu particulièrement dans ces ruches d'où certains observateurs avaient, par expérience, soustrait toutes les femelles et introduit à leur place l'une de ces ouvrières chez lesquelles des gouttes égarées de la nourriture royale avaient imparfaitement développé le sexe. Accueillie, respectée au moment de la ponte, la reine illégitime n'ayant produit que des œufs de mâles, et rempli conséquemment tous les gâteaux du couvain d'éléments de discorde et d'usurpation, l'on vit les ouvrières, non seulement cesser de nourrir des larves proscrites, mais les tuer et les jeter dehors, à mesure que leur masculinité était reconnue.

Ce serait une question nouvelle et curieuse à examiner que l'origine de la société des abeilles. Cette société est-elle l'état inné de ces animaux? Ne dut-elle pas commencer avec eux, ou commença-t-elle plus tard, en se perfectionnant par degrés, avant de parvenir au mode de stabilité qu'elle a enfin acquis par l'organisation même des individus dont elle se compose? Les différences anatomiques qui distinguent les diverses castes dont se forme cet état social, doivent, au premier coup d'œil, faire supposer que les abeilles ne purent, dès l'origine, faire autrement que de se réunir, afin d'exercer une sorte d'existence commune, puisque, sans cette communauté d'existence, des mâles désarmés, qui sont incapables de pourvoir à leur propre nourriture, et des mulets auxquels tout sexe semble avoir été refusé, ne pouvaient guère se perpétuer.

Cependant il est possible que long-temps l'abeille soit demeurée dans un état sauvage. On en trouve encore qui vivent à peu près solitaires ou réunies en petit nombre dans les creux de quelques rochers écartés, ou dans les trous obscurs des vieux arbres. Comme d'autres apiaires,

les bourdons et les guêpes par exemple, ces abeilles se
construisent quelques rayons grossiers; mais leur association est toujours languissante, et semble l'effet d'un
instinct peu développé. Dans un état de réunion si précaire, les abeilles ont pu remarquer à quel point leur existence comme espèce était menacée; des mâles ne voulant ou ne pouvant rien faire, les femelles plus puissantes,
lasses de travailler pour eux, et réduites à voir périr la
presque totalité de leur progéniture qu'elles ne pouvaient
nourrir, étaient de mauvais éléments de conservation. Les
abeilles mères durent, d'ailleurs, s'apercevoir bientôt de
l'influence qu'exerçait le genre de nourriture donné aux
larves de leur sexe sur le développement des organes de la
reproduction; elles purent concevoir un état social dans
lequel cette nourriture, distribuée avec la mesure convenable, amoindrissant en quelque sorte la presque totalité
de leurs enfants, leur en ferait nécessairement des sujets
subordonnés. C'était imaginer une sorte de castration
dans le berceau, au sortir duquel des êtres privés de la
faculté de se reproduire, sans en éprouver de douleur ni
de regret, purent bientôt reconnaître un si grand avantage
dans cette modification d'eux-mêmes qu'ils la voulurent
étendre à toutes les générations à venir. Dès lors les neutres,
plus nombreux, actifs et laborieux par besoin, poussés
par un instinct fraternel qui tenait aussi de la maternité,
à nourrir leurs pareils, s'emparèrent de l'élection des
chefs, puisque c'est par la nature des soins donnés aux
larves qu'ils étaient les maîtres de développer les organes
caractéristiques de la domination, ou d'anéantir sans re
tour l'influence de ces organes. Ils purent se réserver le
choix de leur reine dès le berceau, puisque l'existence de
celle-ci ne dépend que de cette pâtée royale donnée à la
larve qu'il est question d'élever au trône. Point de dissen-
tion civile ou d'usurpation à redouter. Toutes les larves à
qui la reine donne le jour sont sœurs; aucune n'est plus
qu'une autre l'objet d'une prédilection maternelle, qui,

détruisant l'égalité, fonderait la dynastie ; les nourrices décident seules quelle est celle des larves dont les organes détermineront la puissance future, et, par la plus admirable combinaison de réciprocités, une reine est l'ouvrage de son peuple, comme ce peuple, véritable race royale, est l'ouvrage de sa reine. Harmonie étrange, qui s'est établie sur des réalités de conformation qui assurent son éternelle existence, tandis que la civilisation humaine, fondée jusqu'à ce jour sur des choses hors de nature, conventionnelles, sujettes par force à des changements continuels, ne saurait encore présenter de stabilité. Celle-ci ne pourra jamais sans doute s'établir, comme celle des abeilles, sur la constitution organique des individus ; mais, lorsque des vérités démontrées seules lui serviront de base, elle obtiendra, par d'autres moyens, cet équilibre que les abeilles ont trouvé dans la nature de leurs organes générateurs et de leur estomac.

Les abeilles qui naissent dans la belle saison, ne pouvant plus être contenues dans les ruches, forment des essaims ou colonies qui ne tardent point à quitter le lieu de leur naissance pour aller chercher une nouvelle patrie. Des signes certains annoncent leur départ. La reine se promène avec inquiétude au milieu des ouvrières, qui, cessant de travailler, ne tardent pas à participer à son trouble et produisent un bourdonnement sourd et particulier. Bientôt le signal est donné et l'émigration commence ; l'essaim sort de la ruche et se disperse aussitôt dans l'air ; mais dès que la reine s'arrête sur quelque branche, toutes ses sujettes s'y viennent grouper autour d'elle, et souvent en une masse compacte. C'est alors que l'homme recueille dans une ruche nouvelle, frottée de plantes odoriférantes et de miel, la jeune colonie, qui se hâte d'y construire les gâteaux destinés à nous fournir de la cire et du miel.

Une ruche bien peuplée peut émettre sans s'épuiser jusqu'à trois essaims par an ; chaque essaim peut peser de cinq à six livres, et on en a observé qui en pesaient huit ; le nombre des individus qui les composent est ordinairement de trois à quatre mille ; on assure en avoir vu quelquefois qui allaient à quarante mille.

L'économie rurale s'est emparée des abeilles, et leur fait payer la protection qu'elle leur accorde dans ses ruches artificielles, par le larcin d'une partie des richesses de leurs récoltes. C'est dans l'article suivant qu'il sera question de la manière dont on ravit ces trésors à l'abeille et dont on les approprie à nos besoins.

Les abeilles ont des ennemis dangereux : les principaux sont des larves qui vivent aux dépens de leurs gâteaux, quelques petits mammifères qui viennent ronger ceux-ci ; le mérops ou guêpier, oiseau auquel son plumage sert de cuirasse, et qui vient, sans craindre leurs piqûres, les dévorer jusqu'à l'entrée de leur habitation. Les ours en détruisent aussi beaucoup, et, parmi les reptiles, les crapauds en sont très friands.

Les anciens, croyant tout extraordinaire dans les abeilles, supposèrent que leur multiplication tenait aussi du prodige. C'est ainsi qu'ils imaginèrent qu'on en pouvait produire d'un taureau mort, comme ils pensaient que la moelle alongée d'un homme pourri produisait des serpents, et la chair d'un âne des limaçons. Quelque essaim arrêté sur le cadavre d'un taureau, comme on dit que Samson en avait trouvé un dans la gueule d'un lion, a pu donner lieu à de telles fables.

La chaleur est nécessaire aux abeilles, dont la réunion la développe à un certain degré. L'intérieur des ruches est fort chaud, et pour y renouveler l'air les ouvrières agitent leurs ailes comme autant de ventilateurs pendant leur travail. Elles s'engourdissent dans les hivers rigoureux, et ne sortent point de leur habitation pour aller, durant la mauvaise saison, courir la campagne, où elles savent bien qu'elles n'auraient nulle récolte à faire.

Les mémoires de Réaumur et de M. Hubert, savants laborieux et patients qui se sont occupés spécialement de l'histoire des abeilles, sont les ouvrages qu'il faut consulter sur ces intéressants animaux; ils laissent peu à désirer, nous y renvoyons le lecteur.   B. DE ST. V.

ABEILLES. (*Technologie.*) Le miel et la cire que produisent ces insectes sont employés dans l'économie domestique et dans plusieurs arts; ils sont une source de richesse pour le cultivateur. Nous allons indiquer comment on fait la récolte de ces produits, après que nous aurons exposé la manière de recueillir les essaims et de disposer les ruches pour cet usage.

Pour arrêter un essaim qui s'enfuit, on jette en l'air de l'eau, du sable ou de la terre. Lorsqu'il s'est fixé en un lieu voisin, sur un arbre ou sur un buisson, on place la ruche dessous, et, en secouant la branche, on fait tomber les abeilles et on les y fait entrer.

Mais pour ne pas s'exposer au risque de perdre l'essaim, le cultivateur doit faire lui-même le partage des abeilles en devançant de quelques jours l'époque du départ. Le moment le plus favorable pour cette opération est le commencement du mois de mai, vers les dix heures du matin, parcequ'alors la moitié des ouvrières étant dehors, on en est moins embarrassé, on ne les fatigue pas inutilement, et on est assuré de l'égalité du partage. On dirige contre la porte de la ruche la fumée d'un linge à moitié brûlé. Aussitôt les gardes de service, ayant reconnu le danger, en portent la nouvelle dans toute la ruche, et on ne tarde pas à voir arriver une grande quantité d'abeilles pour le vérifier; il faut alors leur envoyer une nouvelle bouffée de fumée qui les oblige à remonter et à se réunir autour de la mère abeille pour la défendre. On peut alors soulever la ruche sans danger d'être piqué, et, pour plus de sûreté, on passe par-dessous le linge fumant et on le promène pendant une ou deux minutes sur l'extrémité des gâteaux.

On emporte ensuite la ruche à quelque distance des autres, on la renverse sens dessus dessous, et on la recouvre de celle qui est vide et qu'on a eu soin de mouiller. Bientôt les abeilles montent dans la ruche vide, accompagnées de la reine, et, ce passage étant effectué, on n'a plus qu'à séparer les deux ruches et les reporter à leurs places.

Les ouvrières de la nouvelle ruche se mettent aussitôt à l'ouvrage et le poursuivent avec une ardeur incroyable; souvent à la fin de la première journée il y a déjà quatre ou cinq gâteaux commencés, dont celui qui occupe le centre a 15 centimètres de long.

La vieille ruche, privée de femelle, s'occupe sur-le-champ d'en faire une; et comme il y en a toujours plusieurs prêtes à naître à l'époque où l'on opère, elle en est de nouveau pourvue au bout de peu de jours.

On fait ordinairement la ruche en paille, en lui donnant la forme d'un dôme conique, ou bien en osier travaillé à la manière des paniers; dans d'autres endroits c'est un coffre en bois de 5 à 6 décimètres de large sur 8 de hauteur. Dans tous les cas, on la pose sur une plate-forme en pierre ou en bois, un peu élevée au-dessus du terrain afin de la préserver de l'humidité.

Les ruches de forme nouvelle sont plus commodes et d'un service plus facile pour l'extraction du miel et de la cire : qu'on se figure quatre tiroirs sans fond posés exactement les uns sur les autres en forme de parallélipipède vertical et recouverts supérieurement d'une planchette, on aura une idée des ruches nouvelles. Chacun de ces quatre cadres est traversé par des barres horizontales qui servent à soutenir les gâteaux. Cette disposition donne la facilité d'enlever le cadre d'en haut et celui d'en bas sans déranger les intermédiaires où se fait le travail. Ainsi rien de plus aisé que de faire la récolte du miel dans ces sortes de ruches. Lorsque la saison est venue, c'est-à-dire en automne, on commence par briser avec un couteau l'espèce de pâte résineuse avec laquelle les abeilles ont soudé les deux cadres supérieurs et bouché la fente qui les joint. Ensuite, avec un fil de laiton, on coupe à ras tout ce qui se trouve dans la place de ce joint, et on enlève le cadre de dessus. On place une autre planchette sur le second cadre devenu le premier, et on met un nouveau cadre vide en bas : on recueille alors facilement les gâteaux que contient le cadre qu'on a enlevé et qui forment le produit de cette année; on répète la même opération l'année d'après, et ainsi de suite, de sorte que dans l'espace de quatre ans tout est renouvelé.

Cette méthode présente les avantages suivants : on enlève chaque année une portion de miel et de cire sans faire périr les abeilles, ainsi qu'on a la coutume de le faire, ce qui épargne une barbarie inutile et funeste même aux intérêts du cultivateur; on ne court pas le risque d'être piqué, pour peu qu'on s'y prenne avec adresse; enfin, on peut augmenter ou diminuer la capacité de la ruche pour la proportionner à la population des abeilles, qui d'ailleurs s'aperçoivent à peine de la soustraction qu'on leur fait. D'un autre côté, le miel se trouvant dans la partie supérieure, le couvain n'est jamais attaqué, parce que celui-ci se trouve en bas avec le *rouget*, espèce de miel imparfait destiné à la nutrition des jeunes vers. Aussi le miel qu'on retire est-il toujours le plus pur et de la meilleure qualité. (*Voyez* Cire et Miel.)   L. S. L. et M.

ABERRATION. (*Physique.*) On distingue deux sortes d'aberrations en optique, l'aberration de sphéricité et l'aberration de réfrangibilité.

Lorsque des rayons de lumière qui ont été réfractés en passant par divers milieux, ne se réunissent pas au même point, il y a nécessairement une confusion dans les images représentées, et c'est là ce qu'on nomme aberration.

Cette confusion se manifeste si l'on regarde des objets au travers d'un verre lenticulaire dont la courbure est sphérique; les rayons qui le traversent, en se réfractant, ne se réunissent pas en un seul point, mais dans un espace qui a d'autant plus d'étendue que la surface sphérique qui les reçoit est plus grande ; il n'y a que ceux qui traversent une même circonférence concentrique à l'axe qui aboutissent à un même point de cet axe ; ceux qui passent par une plus grande circonférence se réunissent à un point de l'axe plus voisin de la surface réfringente. Or cette surface pouvant être considérée comme si elle était composée d'un nombre infini de circonférences inégales, il y aura sur cet axe un foyer qui sera alongé, tandis qu'il devrait n'être qu'un point ; d'où il résultera une multitude d'images de grandeur inégale, de l'objet observé, qui empêcheront que la plus vive paraisse nette et bien tranchée. On nomme aberration de sphéricité cette différence de points de concours.

Il était important, pour la perfection des lunettes, de chercher à faire converger les rayons en un même point. Descartes, Newton, etc., trouvèrent qu'en donnant aux verres une courbure parabolique ou hyperbolique, le foyer aurait moins d'étendue ; mais les artistes éprouvèrent tant de difficultés à construire des lentilles de cette forme qu'il fallut y renoncer. On verra à l'article lunettes que l'on est parvenu à atténuer cette aberration en multipliant les lentilles et en diminuant l'ouverture des lunettes.

Aberration de réfrangibilité. Il existe une autre aberration qui s'opposerait, bien plus que la première, à la perfection des lunettes ; elle est causée par la différence de réfrangibilité des rayons lumineux.

La lumière blanche est composée d'un assemblage de rayons hétérogènes de diverses couleurs ; Newton en a distingué sept (*Voyez* Lumière), et ces rayons, lorsqu'ils traversent un verre lenticulaire, se réfractent inégalement ; ils forment sur l'axe autant de foyers qu'il y a de couleurs. Les images qui s'y produisent sont plus ou moins superposées et bordées de franges irisées.

Cette dispersion de couleurs est très considérable, et produit une aberration en longueur et en largeur.

Les rayons les moins réfrangibles vont se réunir plus loin que les autres, et forment l'aberration en longueur. Les plus grands recouvrent en partie ceux dont la lumière est la plus vive, et les entourent non seulement d'un nuage, mais d'une sorte de couronne diversement colorée, ce qui forme l'aberration en largeur; les images que l'œil aperçoit alors sont tellement diffuses qu'on a de la peine à reconnaître les objets qu'elles représentent. On a détruit ces deux aberrations en construisant des lunettes achromatiques. (*Voyez* ACHROMATISME et surtout LUN. ACHROM.)

L'ABERRATION, en astronomie, est une illusion d'optique qui nous fait voir les étoiles où elles ne sont réellement pas. Elle a sa cause dans le mouvement progressif de la lumière, combiné avec le mouvement annuel de la terre.

La lumière que lancent les étoiles frappe notre œil, mais elle en est frappée aussi à cause du mouvement rapide de la terre dans son orbite. Les vitesses inégales de la lumière et de la terre nous font éprouver une sensation que nous ne devons pas, d'après les lois de la mécanique, rapporter au point où est le corps lumineux. En effet, si l'on représente par deux lignes le rapport de ces vitesses, et qu'on en construise un parallélogramme, sa diagonale sera l'expression de ces deux vitesses, et notre œil rapportera l'étoile observée dans la direction de cette diagonale, tandis qu'elle sera réellement dans la direction du côté qui représente la vitesse de la lumière.

Or, quelques étoiles fixes semblent décrire des ellipses de 40″ de diamètre; la vitesse de la lumière étant à celle de la terre comme 10315 est à 1, on trouve, en combinant ces deux vitesses, comme nous venons de l'indiquer, qu'une étoile placée au pôle de l'écliptique devrait être vue à 20″ de distance du point où elle est, ou bien se mouvoir dans un orbite de 40″ de diamètre, ce qui s'accorde exactement avec l'observation.

On conçoit d'après cela que les ellipses produites par les mouvements apparents des étoiles placées hors du pôle de l'écliptique, doivent être plus ou moins alongées, et que la quantité de leur aberration augmente ou diminue selon qu'elles s'approchent de l'extrémité du grand ou du petit axe.

Bradley découvrit en 1728 la cause de l'aberration des étoiles.   L.

AB IRATO. (*Législation.*) Par un homme en colère : on applique ces expressions, parmi nous, aux actes dont la colère et la haine ont été le principe et la cause. *Voyez* Donation, Notaire, Testament.

Un testament n'est pas le seul acte qui soit de nature à porter ce déplorable caractère; un acte administratif en peut être entaché, et il rentre souvent dans la classe des actes arbitraires et punissables.

La colère peut aussi dominer une assemblée; le calme, si nécessaire pour délibérer avec maturité sur de grands intérêts, fait place à l'emportement; c'est ainsi qu'au sein des révolutions et des orages politiques tant de lois *ab irato* ont été portées; on ne saurait trop tôt les abroger. (*Voyez* Abrogation, Loi.)   C...n.

ABJURATION. L'abjuration, dans le sens le plus général, est l'acte par lequel on renonce solennellement et avec serment à une chose, à une erreur, surtout à une hérésie.

L'histoire et la jurisprudence nous offrent quatre espèces d'abjuration, *civile, féodale, politique, religieuse.*

1° *Abjuration civile.* Les Romains appelaient abjuration de la chose la dénégation faite, avec faux serment, d'une dette, d'un gage, d'un dépôt. *Abjurare mihi certius est quam dependere* (Cicéron); *j'aime mieux nier avec serment que de payer.* Dans ce sens, l'abjuration est la même chose que le parjure, et l'opposé d'éjuration.

2° *Abjuration féodale.* Les anciennes coutumes d'Angleterre appelaient *abjuration* l'acte par lequel celui qui s'était rendu coupable de félonie jurait de quitter le royaume pour toujours, et par là s'affranchissait de toute peine. Il sortait librement d'Angleterre, en portant à la main une croix appelée *bannière de mère église*. Étrange manière de pourvoir à la sûreté et de faire justice ! Elle fut abolie par le statut 21 de Jacques Ier.

3° *Abjuration politique.* L'Angleterre nous fournit un exemple de cette espèce. Après la révolution de 1688, le parlement, qui avait appelé *abdication* la fuite de Jacques II en France, appela *abjuration* l'acte par lequel tout fonctionnaire civil, militaire ou ecclésiastique, jurait de ne jamais reconnaître l'autorité royale dans la personne du monarque fugitif ou de ses descendants.

4° *Abjuration religieuse.* C'est l'acte par lequel on reconnaît fausse la religion dans laquelle on a vécu, ou bien la doctrine qu'on professait, et qui est condamnée par l'église. On appelle *apostats* ceux qui renoncent à la foi chrétienne. (*Voyez* APOSTASIE.) Nous ne parlerons ici que de la conversion des païens au christianisme, et de celle des protestants au catholicisme; nous ne citerons que les abjurations de quelques personnages célèbres, et nous renvoyons au mot CHRISTIANISME celles des peuples entiers.

On ne peut nier, et l'expérience le prouve, qu'il est bien rare d'embrasser par conviction une religion dont les principes n'ont pas été gravés en nous dès l'enfance. L'intérêt est si souvent la cause d'un tel changement, que l'abjuration excite presque toujours le mépris des honnêtes gens : on lui soupçonne un autre motif que l'amour de la vérité. Mais il faut convenir qu'en général le zèle est pur et désintéressé dans les premiers temps d'une secte nouvelle ; alors les abjurations portent un caractère manifeste d'enthousiasme et de sincérité. La persécution ne les étouffe pas, elle les multiplie; elle affermit la foi, souvent même elle l'inspire. Le courage des martyrs frappe d'abord les imaginations, et finit par subjuguer les consciences. Les cœurs attendris sont bientôt convaincus, et la croyance véritable aux yeux des peuples est celle que sanctifient les supplices : *Sanguis martyrum, semen christianorum.*

En 311, *Constantin-le-Grand*, maître de la Gaule,
se préparait à passer en Italie à la tête de toutes ses forces
pour détrôner l'empereur Maxence. On dit qu'il aperçut
dans les airs une croix lumineuse sur laquelle ces mots
étaient tracés en lettres de feu : *In hoc signo vinces ;
par ce signe tu vaincras.* On ne trouve aucun monument contemporain de ce prétendu miracle. Ce ne fut
point l'apparition d'une croix dans les nuées, mais une
habile politique qui détermina Constantin à se faire chrétien : sa conversion le mit à la tête d'une secte nombreuse
et animée d'un enthousiasme invincible. L'année suivante
il franchit les Alpes, remporta une victoire décisive sous
les murs de Rome, et fit monter avec lui la religion chrétienne sur le trône des Césars.

Chlodovech, que nous nommons *Clovis,* roi des Francs,
nouvellement établi dans le nord de la Gaule, avait pour
voisins et pour ennemis les Visigoths, peuple redoutable
qui occupait la partie méridionale de cette contrée. Afin
de pouvoir leur résister avec plus d'avantage, il recher-
cha l'alliance des Bourguignons, possesseurs de la Gaule
orientale, et demanda la main d'une princesse de leur
sang ; c'est ainsi qu'il épousa Clotilde ou plutôt Chroté-
childe, nièce du roi Gondebaud. Cette princesse, élevée
dans la foi catholique, tâcha de convertir son époux ido-
lâtre. Elle dut à la politique le triomphe de ses pieuses
exhortations. La Gaule était remplie de chrétiens orthodoxes ; les Visigoths professaient l'arianisme : Clovis sentit
que le plus sûr moyen d'affermir et d'étendre sa domination était d'embrasser le christianisme et d'entrer dans la
communion romaine. Il se déclara dans un de ces moments qui décident du sort des empires. Les Allemands
avaient envahi une partie de son territoire ; il leur livre
bataille ; déjà son armée commençait à plier ; il s'écrie :
*Dieu de la reine Clotilde, si vous m'accordez la victoire,
je fais vœu de recevoir le baptême et de n'adorer que
vous.* Ses troupes se rallient, et les Allemands sont enfon-

cés. Clovis fut baptisé à Reims, le 25 décembre 496, par l'évêque saint Remi. *Sicambre,* lui dit ce prélat, *baisse la tête, et désormais adore ce que tu brûlais, et brûle ce que tu adorais.* Saint Remi ajouta à la cérémonie du baptême celle du sacre; mais la fable de la sainte ampoule apportée du ciel par une colombe blanche n'a été inventée que 360 ans après, par Hincmar, évêque de Reims. Trois mille Francs, et un grand nombre de femmes, parmi lesquelles se trouvaient les deux sœurs de Clovis, Alboflède et Lantechilde, se firent baptiser en ce jour mémorable. La conversion de Clovis eut les résultats qu'il s'en était promis. En peu de temps elle rangea sous sa dépendance tous les pays situés entre le Rhin, la mer, la Loire, et le royaume de Bourgogne. Alors la monarchie française fut assise sur des fondements solides. Clovis l'étendit par de nouvelles conquêtes; il marcha contre les Visigoths, et leur enleva les provinces méridionales. Il est remarquable qu'il déploya ses étendards au nom de la religion, et qu'il exhorta ses peuples à exterminer les hérétiques [1].

L'inquisition, ce tribunal à la fois atroce et absurde (car, comme le dit Montesquieu, en fait de religion il faut éviter les lois pénales), l'inquisition, dis-je, admettait à l'égard des hérétiques trois espèces d'abjuration : dans le cas de soupçon léger, *de levi;* dans le cas de soupçon véhément, *de vehementi;* et dans celui de l'hérésie notoire, *de formali.* Chacune de ces espèces était accompagnée de certaines cérémonies, qui avaient lieu dans l'église, en présence de tout le peuple. La France n'a jamais adopté ces distinctions, ni ces diverses solennités. Ses évêques et ses pasteurs puisaient, en gé-

---

[1] Grégoire de Tours ; — *Mémoire sur la politique de Clovis,* par le duc de Nivernois, dans le tome 20 des *Mémoires de l'académie des inscriptions et belles-lettres;* —les livres 4 et 5 de l'*Histoire de l'établissement des Francs dans les Gaules,* par l'abbé Dubos; — le P. Daniel, l'abbé Velly, le président Hénault, etc.

1.   4

néral, les formalités de l'abjuration dans le pontifical romain.

Le jour de Pâques 1531 le parlement de Toulouse fit arrêter un grand nombre de citoyens qu'on soupçonnait d'avoir renoncé à la foi catholique pour embrasser le luthéranisme. Parmi eux se trouvait Jean Boissoné, professeur en droit civil, lequel, par sentence de l'official ou des grands vicaires, fut condamné à faire publiquement abjuration de ses erreurs, avec l'amende de 1,000 livres envers les pauvres et confiscation de sa maison. — Ces abjurations ordonnées par justice se faisaient avec un appareil infamant. Le condamné, vêtu d'une robe grise, la tête nue et rasée, paraissait à genoux, sur un échafaud dressé contre le mur d'une église. L'inquisiteur de la foi, monté dans une chaire, voisine de l'échafaud, prononçait un discours, adressant la parole tantôt au peuple, tantôt au pénitent; après quoi celui-ci abjurait ses erreurs à haute voix, et signait le procès-verbal de son abjuration.

Le grand, le bon Henri IV, né dans la religion protestante, parvint au trône de France le 1er août 1589, par la mort de Henri III. La Ligue et l'Espagne étaient alors toutes-puissantes, et la France faisait des vœux pour que sa religion devînt celle du nouveau monarque. Henri se fit instruire, et assista à plusieurs conférences entre des prélats et des ministres protestants. Voyant que ceux-ci convenaient qu'on pouvait se sauver dans la religion catholique, *Quoi!* dit Henri, *tombez-vous d'accord qu'on puisse se sauver dans la religion de ces messieurs-là?* Les ministres ayant répondu qu'ils n'en doutaient pas, pourvu qu'on y vécût bien, le roi repartit : *La prudence veut donc que je sois de leur religion et non pas de la vôtre, puisque étant de la leur je me sauve selon eux et selon vous; et étant de la vôtre je me sauve bien selon vous, mais non pas selon eux. Or la prudence veut que je suive le plus as-*

suré [1]. Le 25 juillet 1593, à neuf heures du matin, Henri se rendit à l'église de Saint-Denys, où l'archevêque de Bourges, faisant l'office de grand-aumônier, lui demanda : *Qui êtes-vous? — Je suis le roi*, répondit Henri. *— Que demandez-vous ? — Je demande d'être reçu au giron de la sainte église catholique, apostolique et romaine. — Le voulez-vous sincèrement? — Oui, je le veux et le désire*. Et à l'instant, à genoux et tête nue, il fit verbalement sa profession de foi en ces termes : *Je proteste et jure à la face du Tout-Puissant de vivre et mourir en la religion catholique, apostolique et romaine, de la protéger et défendre envers tous, au péril de mon sang et de ma vie, renonçant à toutes hérésies contraires à icelle*. Il remit ensuite par écrit à l'archevêque de Bourges sa profession signée de sa main et ainsi conçue : « Moi, Henri, par la grâce de Dieu, roi de France et de » Navarre, reconnaissant l'église catholique, apostolique » et romaine, être la véritable église de Dieu, maîtresse » de vérité et hors de toute erreur, promets à Dieu et jure » garder, observer et entretenir tout ce qui a été arrêté » et déterminé par les saints canons, conciles et consti- » tutions reçues en ladite église, suivant les instructions » qui m'en ont été données par les prélats et docteurs qui » m'ont assisté, et les articles qui m'ont été lus et donnés » à entendre, et d'obéir aux ordonnances et commande- » ments d'icelle, et me départir, comme de fait je me » dépars, de toutes opinions et erreurs contraires à la » sainte doctrine de ladite église. Promets aussi obédience » au saint-siége apostolique, et à notre saint père le pape, » telle qu'elle lui a été ci-devant rendue par mes prédé- » cesseurs, et ne me départir jamais de ladite religion » catholique, ains d'y persévérer et mourir avec la grâce » de Dieu; ainsi me soit-il en aide. Fait à Saint-Denys, le » 23ᵉ jour de juillet 1593. Signé HENRI. » Alors le roi fut

[1] Péréfixe, *Histoire de Henri IV*, page 211, édition d'Amsterdam, Elzévirs, 1661, petit in-12.

4.

absous par l'archevêque de Bourges; on chanta le *Te Deum*, et on célébra la grand'messe du Saint-Esprit.

Sully explique très bien les motifs et les circonstances de cette abjuration célèbre; il avoue qu'elle fut dictée non seulement par la politique, mais encore par la conviction; en même temps il insinue que cette conviction n'eût pas été acquise si, dans les conférences tenues pour la conversion du roi, les ministres protestants eussent voulu défendre leur croyance. Voici ses propres paroles : « Je » trahirais la vérité, si je laissais seulement soupçonner que » la politique, la menace des catholiques, l'ennui du tra- » vail, l'amour du repos, le désir de s'affranchir de la ty- » rannie des étrangers, le bien du peuple même, quoique » fort louable en soi, soient entrés seuls dans la dernière » résolution du roi. Autant qu'il m'est permis de juger de » l'intérieur d'un prince que je crois avoir mieux connu » que personne, ce fut bien à la vérité par ces motifs que » lui vint l'idée de sa conversion, et j'avoue moi-même » que je ne lui en inspirai point d'autres, fortement per- » suadé, comme je l'ai toujours été, quoique calviniste, » sur l'aveu que j'en ai arraché aux ministres réformés les » plus savants, que Dieu n'est pas moins honoré dans l'é- » glise catholique que dans la protestante; mais, dans la » suite, le roi se sentit amené au point de regarder la reli- » gion catholique comme la plus sûre. Le caractère de » candeur et de sincérité que j'ai toujours remarqué dans » ce prince me fait croire qu'il aurait mal soutenu, pen- » dant tout le reste de sa vie, un pareil déguisement. Au » reste, qu'on ne juge point mal de l'aveu que je fais ici. » Il n'est pas surprenant que Henri, qui n'avait jamais » entendu parler de religion que dans ces conférences et » controverses, se laissât entraîner du côté qu'on avait » soin toujours de rendre victorieux; car tout le monde, » jusqu'aux protestants, je dis plus, jusqu'aux minis- » tres même réformés, employés dans les conférences, » étaient convaincus que le changement de religion du

»roi était absolument nécessaire pour le bien de l'état,
»pour la paix, enfin pour l'utilité même des deux reli-
»gions. Les ministres réformés, ou ne se défendaient
»plus, ou se défendaient si faiblement que l'avantage de-
»meurait toujours du côté de leurs adversaires, ne mur-
»murant point de ce que souvent on se passait d'eux dans
»ces conférences. Quelques uns qui approchaient le plus
»de la personne du roi, et qu'il consultait le plus sur ses
»difficultés, trahirent formellement leur croyance, ou flat-
»tèrent par un embarras concerté la religion qu'on regar-
»dait déjà comme celle du prince [1]. »

Christine, reine de Suède, abdiqua en 1654. Luthé-
rienne, elle avait déjà préparé sur le trône son changement de religion. Elle quitta la Suède, et traversa le Dane-
marck et l'Allemagne, en visitant tous les monastères et
toutes les églises qui se trouvaient sur sa route. Enfin,
après avoir embrassé la religion catholique à Bruxelles,
elle abjura publiquement le luthéranisme à Inspruck, et
prit cette devise assez peu dévote : *Fata viam invenient,
les destins dirigeront ma route.* Cette action fut pour les
catholiques un grand triomphe, comme si elle eût donné
quelque nouveau degré de force à la religion romaine. Les
protestants, au contraire, en ont témoigné, avec aussi peu
de raison, un grand désespoir. Ils ont prétendu que Christine, indifférente pour toutes les religions, n'en avait changé
que par convenance, pour vivre plus à son aise en Italie,
où elle comptait se retirer. Ils citent, comme autant de
preuves de cette indifférence, quelques lettres et quelques
discours de Christine. On assure, par exemple, que les
jésuites de Louvain lui promettant une place auprès de
sainte Brigitte de Suède, elle répondit : *J'aime bien mieux
qu'on me mette entre les sages.* Un certain Nicolas Pal-
lavicini composa un ouvrage intitulé : *La défense de la
providence divine par la grande acquisition qu'a faite*

---

[1] *Mémoires de Sully,* mis en ordre par l'abbé de l'Écluse, livre 5, vers
la fin.

la religion catholique en la personne de la reine de Suède.
Ce traité ne fut pas imprimé, à cause de cinquante-quatre
hérésies qu'on prétendait qui s'y trouvaient. Admirons la
patience qui les a comptées [1].

Turenne, après avoir refusé l'épée de connétable,
parcequ'il ne voulait pas quitter la religion protestante,
dans laquelle il avait été élevé, abjura en 1668, sans
y être excité par la cour, et sans aucun motif humain.
Ce fut pour la conversion de ce grand capitaine que Bossuet composa son livre intitulé, *Exposition de la doc-*
trine de l'église catholique sur les matières de contro-
verse; ouvrage qui passe généralement pour ce qui a été
fait de plus solide contre la réforme.

Sous Louis XIV, on employa pour la conversion des
huguenots un moyen souvent efficace, ce fut l'argent.
Pélisson fut chargé de ce ministère secret. C'est ce même
Pélisson si long-temps calviniste, si connu par ses ouvrages, par une éloquence pleine d'abondance, par son
attachement au surintendant Foucquet, dont il avait été
le premier commis, le favori et la victime. Il eut le bonheur d'être éclairé et de changer de religion dans un temps
où ce changement pouvait le mener aux dignités et à la
fortune. Il prit l'habit ecclésiastique, obtint des bénéfices et une place de maître des requêtes. Louis XIV lui
confia le revenu des abbayes de Saint-Germain et de
Cluny, vers l'année 1677, avec les revenus du tiers des
économats, pour être distribués à ceux qui voudraient
se convertir. Pélisson envoyait l'argent dans les provinces.
On tâchait d'opérer beaucoup de conversions pour peu
d'argent. De petites sommes distribuées à des indigents
enflaient la liste que Pélisson présentait au roi tous les
trois mois, en lui persuadant que tout dans le monde
cédait à sa puissance ou à ses bienfaits [2]. Le prix courant

[1] D'Alembert, *Mémoires sur Christine,* dans ses Mél. de littér., tom. 2.
[2] Voltaire, *Siècle de Louis XIV,* chap. 36.

de ces conversions était de 6 livres par tête; il y en avait
à plus bas prix. La plus chère qu'on ait trouvée, pour
une famille nombreuse, est de 24 livres. Des commis examinaient si chaque quittance était accompagnée d'une abjuration en forme. Les dévots eux-mêmes plaisantaient
de cette éloquence dorée, moins savante, disaient-ils,
que celle de Bossuet, mais bien plus persuasive. D'année
en année on augmenta les fonds destinés à cette corruption religieuse [1]. En 1686, on acheta l'abjuration du
marquis de Belzunce et de la dame Lance-Rambouillet,
pour 2,000 livres de rente. Vivans, ancien brigadier de
cavalerie, vendit la sienne pour une pension de deux
mille écus [2].

Des mesures rigoureuses contre les protestants annon-
cèrent la révocation de l'édit de Nantes; elle fut prononcée par un édit du 22 octobre 1685, mais elle n'eut
lieu qu'après la mort de Colbert, comme le remarque très
bien le président Hénault. On lit dans un discours prononcé par l'archevêque de Reims, à la tête du clergé,
au mois de mai 1700: « Nous protestons, sire, que ce
» n'est point par la violence, mais par la *douceur* et la
» *persuasion* que les évêques veulent les ramener et les
» retenir (les protestants), également résolus à les inviter
» par la force des *instructions* et de la *charité*, et à éloi-
» gner de la participation aux saints mystères ceux qui
» n'ayant pas la robe nuptiale ne peuvent que la profa-
» ner. » Paroles dignes du vertueux et tendre Fénélon!
Ce discours, précédé de tant de lois tyranniques, fut suivi
des ordonnances et jugements rendus, en 1703 et en 1704,
contre les camisards. Nous ne rapporterons pas ces derniers monuments de l'intolérance; nous verrions des abjurations arrachées par les armes et par les supplices; nous

---

[1] *Eclaircissements historiques sur les causes de la révocation de l'édit de
Nantes*, par Rulhière, tom. 1, chap. VII.
[2] *Histoire de Paris*, par Dulaure.

verrions la patrie ensanglantée, la religion outragée se voilant et versant des pleurs. TH.

ABLATIF. (*Voyez* CAS.)

ABLES. (*Histoire naturelle.*) Poisson de la famille des cyprins, vulgairement appelés *poissons blancs*, et dont diverses espèces, fort répandues dans les eaux douces de l'Europe, sont connues sous les noms d'ablette, d'aphie, d'aspe, de meunier, de vaudoise, de véron, de gard et gardon, etc. Leur chair est généralement peu estimée, mais une propriété que quelques unes de leurs espèces partagent avec les argentines rend les ables remarquables entre les poissons dont l'industrie humaine a su tirer parti.

L'ablette, ou l'able proprement dit, a les écailles des parties inférieures du corps d'un brillant argenté, dont l'aspect métallique frappe d'abord les regards. La substance qui produit cet effet est d'un grand usage dans la fabrique des perles fausses, et mérite toute l'attention des chimistes, qui ne l'ont pas suffisamment examinée. Cette substance ne se trouve pas seulement à l'extérieur, elle s'étend encore dans l'intérieur de la poitrine, de l'estomac et des intestins, parties qui en sont entièrement tapissées. Elle passe fort promptement à l'état putride quand il fait chaud, et devient aussitôt phosphorescente. On verra, à l'article Perles, comment cette substance est employée, sous le nom d'essence d'Orient, à l'un des principaux articles de la parure des dames. (*Voyez* PERLES.) B. DE ST.-V.

ABLUTION. (*Religion.*) Nous ne dirons point, avec la hardiesse d'un savant moderne : *Les ablutions sont en morale ce que les talismans sont en médecine.* Il ne faut considérer ici que l'origine de cette cérémonie religieuse chez les anciens, et le but de son institution primitive. Établie d'abord par un motif d'utilité générale, la propreté du corps, tous les peuples la pratiquèrent bientôt ; et comme partout, chez les adorateurs des faux dieux et dans le vrai culte, la purification du corps est le symbole naturel de celle de l'âme, l'usage fut donc de se laver

avant les sacrifices. Profitant de cette coutume si nécessaire à la santé dans les pays chauds, les législateurs et les
théurgistes en ont fait un acte religieux. Jacob, avant d'offrir un sacrifice à Béthel, ordonne à ses serviteurs de se
laver; Moïse prescrivit aux Hébreux un grand nombre d'a-
blutions, et Jésus-Christ les a consacrées par le baptême.
(*Voyez* Baptême.)

Les mahométans ont emprunté cette pratique des juifs:
chez eux l'ablution précède toujours la prière; ils ont à cet
effet des fontaines dans les parvis de toutes les mosquées.
On peut lire dans les *Mœurs des Turcs* comment leurs
dogmes altèrent et dénaturent ce rit extérieur qu'ils multiplient à l'infini, parceque la moindre circonstance,
comme le cri d'un porc, l'approche d'un chien, suffit pour
neutraliser l'effet de l'ablution.

On sait que les païens pratiquaient aussi différentes espèces d'ablutions; s'ils les tenaient des patriarches adorateurs du vrai Dieu, il faut convenir qu'ils en ont pro-
fané l'usage en leur attribuant une vertu que certes elles
ne sauraient avoir.

Énée, tout fumant de carnage, se fait scrupule de toucher ses dieux pénates; il commence d'abord par laver ses
mains, teintes de sang, dans une eau vive.

Les eaux du fleuve avaient-elles la propriété de purifier Turnus de l'horrible massacre qu'il venait de faire
des Troyens? C'est le cas de s'écrier avec un autre poëte:
« *Hommes trop indulgents pour vous-mêmes, pensez-vous*
que des meurtres puissent être effacés par les ondes? »
Le sixième livre de l'Énéide nous parle de plusieurs autres
genres de purifications ablutoires. Horace nous représente
une mère superstitieuse qui, à l'aide de l'ablution, espère
ôter ou rendre à son gré la fièvre au jeune enfant qu'elle
nourrit.

Les Lacédémoniens de Lycurgue plongeaient leurs nou-
veau-nés dans l'Eurotas, coutume qu'on retrouve aussi
chez les Gaulois, nos ancêtres; et ce qui prouve que l'on ne

devrait pas croire entièrement à la vertu des eaux, c'est qu'on ne peut attribuer qu'à cette pratique la difformité corporelle du célèbre Agésilas.

Nous pourrions citer encore divers peuples modernes qui emploient l'eau dans leurs purifications; il en est même, tels que les Parsis et les Indiens, qui croient se purifier avec l'urine de vache. D'autres enfin sont convaincus du pouvoir magique d'une pièce d'or trempée dans l'eau. Mais tous ces exemples ont moins de force que ceux qui nous sont donnés chaque jour par les nations du Nord. Et, en effet, les ablutions juives et celles des Orientaux ne sauraient faire consacrer cet usage : parceque les disciples de Moïse et de Mahomet l'ont adopté, il ne s'ensuit point qu'il doive être universel. Sous des climats aussi brûlants, cette précaution est nécessaire, indispensable pour prévenir les maladies de la peau, et le fléau plus terrible encore de la peste. On sait que les croisés, qui négligèrent les précautions de propreté dans la Palestine, rapportèrent la lèpre en Europe. Notre fameuse expédition d'Égypte fut suivie des mêmes résultats. Déterminés par tous ces motifs, les législateurs hébreux et orientaux ont donc pu rattacher à des principes de religion un acte de propreté personnelle ; il entrait même dans leur politique de le consacrer comme une doctrine, pour que l'exécution en devînt rigoureusement obligatoire.

Mais pourquoi les pleuples du Nord ont-ils adopté cet usage comme le reste de la terre? Pourquoi le Lapon et le Russe, au milieu de leurs glaces éternelles, reconnaissent-ils aussi le grand principe de l'ablution?... Le premier réformateur des Moscovites, Pierre-le-Grand, ne put jamais cependant surmonter la crainte que lui inspirait l'aspect d'une vaste étendue d'eau. Mais il n'en était pas de même de ses sujets, ni des Suédois, leurs dignes rivaux de gloire; d'où l'on doit conclure que les peuples les moins favorisés par le climat pensent au sujet des ablutions comme les nations les plus civilisées.

Il est de mode chez les chrétiens de tourner en ridicule toutes les superstitions païennes; cependant ne leur devons-nous pas la plupart de nos cérémonies expiatoires, l'usage des bains, des purifications, des ablutions, et toutes nos imitations de l'*eau lustrale* des anciens ?

Dans tous les temps et chez tous les peuples, les ablutions religieuses ont été en usage; l'église chrétienne n'a pu donc abolir un rit qui remonte au berceau du monde. Pendant les Rogations, on bénit l'*eau* des puits, des citernes, des fontaines, des rivières et des sources, en priant le Seigneur d'en rendre l'usage salutaire aux fidèles. Pourquoi donc blâmer la crédulité des païens lorsqu'ils consacrent le culte de l'eau, lorsqu'ils peuplent les fleuves de divinités, qu'ils leur adressent leurs vœux et leurs hommages? L'utilité générale de cet élément doit rendre au moins une telle erreur excusable.

Ce qui fait que les *ablutions* n'ont point obtenu l'assentiment de quelques théologiens, c'est que, dans l'Écriture sainte, on compare quelquefois au débordement des ondes le fléau de la colère divine. Cependant les eaux désignent plus souvent les bienfaits de Dieu.

Chez les anciens, parmi les poëtes et les philosophes du paganisme, les eaux sont également prises dans un sens métaphorique et dans deux significations opposées. On connaît la victoire remportée par le dieu de Canope sur celui des Chaldéens; dans le début de sa première olympiade, Pindare fait un éloge magnifique de l'eau.

ABONDANCE. (*Antiquités.*) Divinité allégorique qu'on trouve représentée sur les médailles et sur les monuments, sous la figure d'une belle femme, couronnée d'une guirlande de fleurs, et tenant une ou deux cornes d'Amalthée remplies de toutes sortes de fruits, penchées vers la terre, et un faisceau d'épis. Sur les médailles on place à ses pieds un boisseau d'où sortent des épis et un pavot, symbole d'abondance et de fécondité. Elle est aussi nommée *Ops*, ce qui me fait croire que c'est alors la même divinité sous un autre nom. Ovide dit qu'elle suivit Saturne lorsque Jupiter le détrôna, ce qui doit être vrai, puisque l'abondance était un des attributs de l'âge d'or ou du règne de Saturne, et qu'*Ops* ou *Rhéa* était la femme de ce roi fabuleux du Latium. Mais, sous le nom d'*Abondance*, elle n'avait ni temples ni autels. On l'honorait encore dans le moyen âge, comme une fée, sous le nom de *Dame Abonde* ou *Habonde*.   E. J.

ABONDANCE. (*Economie polit.*) Il y a abondance dans un pays lorsque ses produits agricoles ou industriels dépassent ses besoins. Ce n'est pas le nécessaire, c'est le superflu qui constitue l'abondance. Elle provient de trois sources, l'agriculture, l'industrie, le commerce.

Dans plusieurs utopies l'on a cherché lesquels devaient plutôt parvenir à l'abondance, des peuples chasseurs, pasteurs, ou agricoles. On n'a point vu, 1° que les chasseurs, dévastant les forêts ou les rivières qui les nourrissent, sans avoir la puissance de les repeupler, devaient être incessamment dans la nécessité de périr de faim ou de se changer en peuples pasteurs, la vieille Amérique est la preuve de cette observation; 2° que les pasteurs, dans l'impossibilité de nourrir toujours leurs bestiaux dans les mêmes pâturages, devaient vivre en nomades comme les Tartares, et étaient forcés comme eux, par la stérilité des prairies et l'excès de population, de se changer en peuples agriculteurs ou de se répandre dans les pays nourris par les produits agricoles; 3° que les états exclusivement consacrés à l'agriculture ne pouvaient même arriver à l'abondance. La Chine, qui n'exporte jamais et conserve toujours l'excédant de ses besoins, voit chaque année, malgré sa prévoyance, quelques provinces en proie à la famine, tandis que dans les autres un peuple nu et dans la plus dégoûtante misère ne peut assouvir que sa faim.

Cette dernière observation suffit pour démontrer l'erreur des économistes, qui voyaient l'abondance partout où ils voyaient un superflu dans les produits agricoles. Les gouvernements d'Europe ont imaginé, depuis Colbert, qu'il y avait abondance chez tous les peuples qui vendent à l'étranger ; mais les exportations prouvent seulement qu'il y a un plus grand bénéfice dans les marchés extérieurs : elles peuvent provenir non d'une supériorité de richesses, mais de l'inégalité de misère.

C'est le concours de l'agriculture, de l'industrie et du commerce qui peut seul produire l'abondance. Nous examinerons au mot *Règlements* comment ces trois sources de la richesse publique peuvent être diminuées ou taries, nous verrons au mot *Liberté* comment on peut les vivifier et les accroître.

En Europe, les gouvernements sont aussi embarrassés de l'abondance que de la disette. Pour remédier à l'une et à l'autre, Napoléon avait imaginé les greniers d'abondance. C'était transporter la Chine à Paris. Le gouvernement y trouvait deux bénéfices : il achetait à bon marché dans les années fertiles pour vendre cher dans les temps malheureux, et suivait ainsi l'exemple des accapareurs ; d'un autre côté, en restant le maître de pourvoir aux premiers besoins du peuple, il prévenait ces déplorables rébellions inséparables des jours de disette, et que quelquefois une autorité trop impitoyable a punies de peines cruelles. Il est encore un moyen usité par le pouvoir, mais qui est toujours arbitraire : dans l'abondance, il favorise outre-mesure les exportations ; durant la disette, il donne des primes d'encouragement aux importations. Cette sagesse est elle-même imprévoyante ; les exportations sont si multipliées, qu'une année d'abondance se termine ordinairement par la disette ; et les importations sont si lentes, parceque le commerce va acheter loin du pays qui manque pour avoir meilleur marché, que les denrées arrivent toujours trop tard et en trop petite quantité.

Une science nouvelle, la statistique, a fait aujourd'hui assez de progrès en France pour qu'un ministre qui voudra sortir de l'ornière de la routine puisse facilement

faire en sorte que ce beau pays ne manque jamais du nécessaire, et que le superflu devienne une source inépuisable de richesse. Pour y parvenir, il faut traiter la disette
comme si on était très loin de l'abondance, et l'abondance comme si on était à la veille de la disette. (*Voyez*
Disette.)   J.-P. P.

ABORDAGE. (*Marine.*) Choc de deux bâtiments qui
se heurtent par accident, ou qui s'approchent pour que
leurs équipages puissent combattre corps à corps. On
se sert par extension du mot *abordage* et du verbe
aborder dans divers autres cas. On dit qu'un vaisseau
aborde un quai, une cale, lorsqu'il s'en approche pour
débarquer ou embarquer divers objets. L'*abordage* est un
genre de combat favorable à l'impétuosité française. Les
marins anglais, plus flegmatiques que les nôtres, sont par
là plus propres à soutenir un combat au canon, quelque
long-temps qu'il se prolonge. Le marin français, trop ar-
dent, se trouve bientôt avoir épuisé ses forces. C'est ce qui
a déterminé autrefois les amiraux et capitaines de vaisseaux français à envoyer leurs marins à l'*abordage*. Cette
manière d'attaquer leurs ennemis fut jadis couronnée par
de nombreux succès. Les deux guerres maritimes de la révolution en ont offert aussi quelques exemples. L'un des plus
honorables pour nos armes fut l'enlèvement à l'*abordage* de
la frégate anglaise *l'Embuscade* par la corvette française *la
Bayonnaise*. Un combat à l'*abordage* est terrible. Il exige
beaucoup d'audace. Un capitaine doit donc être bien sûr
de son équipage avant de se décider à tenter une action
aussi vigoureuse. Il ne saurait même y songer s'il n'a,
par de fréquents exercices, habitué ses marins aux divers
mouvements qu'exige un *abordage*, et surtout au manie-
ment des armes dont ils auront à se servir. Tous les marins indistinctement ne vont pas à l'*abordage*. Un équipage
entier ne peut abandonner son bâtiment pour envahir le
bâtiment ennemi, et l'on est obligé de mettre un frein à
l'ardeur française, qui porterait tout le monde, officiers,

matelots et soldats à se précipiter sur leurs ennemis. Des escouades ou divisions destinées à l'*abordage* sont formées à l'avance. Chacun des hommes qui les composent (et ce sont les plus alertes qu'on choisit) est armé d'avance, ou connaît l'arme qu'il doit prendre, en abandonnant le service de l'artillerie ou la manœuvre du bâtiment pour aller à l'*abordage* ou pour repousser l'ennemi, si c'est lui qui tente l'*abordage;* cette dernière action s'appelle défendre l'*abordage.* Les armes dont on se sert communément pour défendre l'*abordage* sont le fusil armé de sa baïonnette et la pique. Les gens qui vont ou, comme on dit plus généralement, qui montent à l'*abordage*, sont armés de pistolets, de sabres et de haches d'armes. (*Voyez* HACHE D'ARMES.) En disant plus haut que deux vaisseaux s'approchaient pour que leurs équipages pussent combattre corps à corps, nous n'avons pas voulu dire qu'ils cherchaient tous deux à se joindre et à s'*aborder;* ce cas est extrêmement rare. Il arrive plus ordinairement, et même presque toujours, qu'un des deux bâtiments cherche à *aborder* l'autre, ce qu'on appelle lui présenter l'*abordage,* tandis que celui-ci met tout en œuvre pour éviter d'être *abordé,* c'est-à-dire, techniquement parlant, refuse l'*abordage.* Lorsque le bâtiment qui veut *aborder* son ennemi est parvenu à le joindre, il faut qu'il tâche de l'accrocher, pour empêcher qu'il ne vienne à bout de s'écarter pendant l'action, et de s'enfuir, emmenant avec lui la partie des assaillants qui seraient passés sur son bord. Un bâtiment en accroche un autre au moyen de forts crochets de fer à plusieurs branches, nommés grappins d'*abordage.* Ces grappins, attachés à une chaîne qui tient elle-même à un fort cordage, sont suspendus au bout des basses vergues, d'où on les lance de manière à accrocher quelque partie du gréement du bâtiment ennemi. Lorsqu'ils tiennent bon, l'on hale sur le cordage, et les deux bâtiments s'approchent et demeurent accrochés tant que les chaînes qui tiennent les grappins ou les objets qu'ils ont saisis ne rompent

pas, ou que les abordés ne parviennent pas à s'en débarrasser. On lance aussi, de dessus les gaillards ou passavants du bâtiment, d'autres grappins plus légers nommés
grappins à main.

Lorsque deux bâtiments sont accrochés de la sorte, ils
s'envoient une dernière décharge pour vider leurs canons ;
puis les sabords se ferment afin d'empêcher que l'ennemi
ne s'introduise par ces ouvertures, et l'on se dispose de
part et d'autre à l'attaque et à la défense. Il n'arrive guère
que l'équipage du bâtiment qui est venu *aborder* l'autre
passe immédiatement à bord de l'ennemi. La difficulté du
passage est très grande, et résulte, 1° de la rentrée des deux
bâtiments, qui, bien que se touchant par le bas, sont séparés, à la hauteur du plat bord, par un espace plus ou
moins large selon le rang des bâtiments ; 2° des mouvements de roulis ; 3° du danger de tomber et d'être écrasé
entre les deux bords ; 4° de la présence sur le bord opposé
d'hommes qui, au lieu de vous tendre la main, vous repoussent à coups de piques et de baïonnettes. Il est donc
nécessaire, avant de s'élancer sur le pont de l'ennemi, de
l'en avoir délogé, sinon entièrement, au moins en partie,
afin d'avoir un point sur lequel le passage puisse s'effectuer
sans trop d'obstacles. C'est par un feu très vif de mous-
queterie, et en lançant, des passavants et du haut des
hunes, des grenades sur le pont de l'ennemi, qu'on parvient à le lui faire évacuer. Ou il l'abandonne tout-à-fait
pour se réfugier dans les entre-ponts, et dans ce cas la conquête du bâtiment devient facile, ou il évacue seulement
un des gaillards et se retranche sur l'autre et sur les passavants. Alors les assaillants se précipitent en foule sur la
partie du pont évacuée, et de là se portent sur l'ennemi.
Celui-ci peut désormais non seulement se défendre avec
intrépidité, mais même chercher à repousser les assaillants sur leur bord, parceque la crainte de tuer leurs
camarades dans la mêlée oblige les matelots restés sur le
bâtiment abordeur à cesser en partie leur feu de mous-

queterie et à ralentir le jet des grenades. En ce moment le combat devient sanglant, la victoire peut être long-temps disputée, mais le plus souvent elle demeure aux assaillants.

L'*abordage* n'a pas lieu seulement entre deux bâtiments de guerre de haut bord ou de bas bord. On voit souvent des embarcations, c'est-à-dire des chaloupes et des canots, venir attaquer (le plus ordinairement par surprise et lors-qu'ils sont à l'ancre) des bâtiments de guerre, tels que cor-vettes, bricks, canonnières, etc., pour les prendre à l'*abor-dage*. Ces tentatives réussissent quelquefois; d'autres fois elles échouent. L'une des attaques de ce genre les plus remarquables des dernières guerres est celle que les An-glais, sous les ordres de Nelson, tentèrent contre la flottille réunie dans la rade de Boulogne, en thermidor de l'an 9 de la république. La bravoure française triom-pha des vaillants efforts des marins anglais. Pas un seul des bâtiments de la flottille républicaine ne tomba en leur pouvoir. Les embarcations de Nelson, au contraire, furent prises, coulées ou mises en fuite après avoir perdu un très grand nombre d'hommes, parmi lesquels plusieurs officiers de marque. Ce célèbre amiral avait été plus heu-reux dans une attaque semblable contre la flottille espagnole dans la rade de Cadix, en 1797.

Lorsque deux bâtiments s'abordent par accident, cet *abordage* cause d'ordinaire à l'un d'eux, et souvent à tous deux, un dommage qui, excepté le cas où ce sont deux bâtiments de l'état, peut donner lieu à une action civile. Le code commercial maritime, art. 218, statue que si l'événement a été purement fortuit, le dommage est sup-porté sans répétition par celui des navires qui l'a éprouvé. S'il y a eu de la faute d'un des capitaines, c'est lui qui paie le dommage. Lorsqu'il y a doute sur les causes de l'abordage, le dommage est réparé à frais communs, et par égale portion, par les navires qui l'ont fait et souffert. Dans les deux derniers cas, il y a lieu à expertise. J.-T. P.

ABOUTIR ou Amboutir. (*Architecture.*) Revêtir d'une feuille de plomb l'extrémité d'une pièce de bois , l'angle d'un toit, ou un membre de moulure sans lui faire perdre sa forme.   D...t.

ABRAXAS ou Abrasax. (*Antiquités.*) Nom d'une divinité des basilidiens , sectaires du commencement du 2ᵉ siècle de l'ère chrétienne. Les sept lettres grecques de ce nom , écrit *abraxas* ou même *abrasax,* par métathèse, étant prises selon leurs valeurs numérales et additionnées , forment 365 , nombre des jours de l'année ou de la révolution du soleil dans le zodiaque, comme on peut s'en convaincre par la valeur numérique de chaque lettre de ce mot dans l'alphabet grec :

$$\text{A B P A }\Xi\text{ A }\Sigma \quad \text{ou} \quad \text{A B P A }\Sigma\text{ A }\Xi$$

| 365 | | 1 | 2 | 100 | 60 | 200 | | 365 | | 1 | 2 | 100 | 200 | 60 |

ce qui , dans les deux orthographes de ce mot factice et symbolique , revient toujours au nombre 365.

Ce nom contenait les noms des sept anges qui présidaient aux sept cieux, avec leurs 365 vertus , une pour chaque jour de l'année. Ces sept anges étaient des émanations de ce dieu. Selon la doctrine des gnostiques , il y avait 365 cieux qui se concentraient tous dans le premier ciel, siège de la divinité représentée par le symbole du soleil. Les basilidiens écrivaient le mot *Abraxas* sur des pierres qu'ils regardaient comme des préservatifs , des amulettes ou des talismans ; et c'est parcequ'on y trouve ce mot souvent écrit qu'on a donné en général le nom d'*Abraxas* ou d'*Abrasax* à tous les amulettes semblables. C'est sans doute aussi à cause du nom de *Mithras* , qu'on y trouve également , que saint Jérôme, et après lui plusieurs auteurs, ont cru que le dieu *Abraxas* n'était autre que *Mithras* , ou le soleil, qui parcourt le zodiaque en 365 jours dans son cours annuel.

Ce nom ne doit donc pas s'écrire autrement que *Abraxas* ou *Abrasax.*

Il existe encore un grand nombre d'amulettes sur lesquels est un Harpocrate assis sur son lotus, le fouet à la main, avec le mot *Abrasax;* quelques unes représentent un homme armé d'une cuirasse, tenant un bouclier d'une main et un fouet de l'autre, avec la tête d'un roi et des pieds de serpent. On voyait autrefois dans le cabinet de Sainte-Geneviève un talisman avec une inscription grecque qui signifie *Iao Abrasax Adonaï saint nom, dignes ou favorables puissances, préservez Vibia Paulina de tout mauvais démon.*

Beausobre a cherché l'étymologie de ce mot, mais c'est peut-être ici l'histoire de la dent d'or. Avant de donner cette étymologie, il faudrait s'assurer s'il y en a une, tandis que tout prouve au contraire que c'est un mot factice ou plutôt un nombre mystérieux exprimé en lettres, comme s'exprimaient tous les nombres possibles chez les anciens peuples, en particulier chez les Hébreux et chez les Grecs. C'est même d'après la valeur numérale qu'avaient les lettres de l'alphabet grec que je suis assuré que ce mot doit s'écrire *abrasax* ou *abraxas,* et non *abracas* ou *abraças.* De ces deux noms je préfère le premier quoiqu'ils aient la même valeur numérale ; et cela par la raison qu'on trouve le nom d'*abracadabra* écrit par un *sigma,* comme ABPACAΞ en lettres grecques ; car c'est incontestablement de ce mot qu'on a formé le mot mystérieux d'*abracadabra* et la figure magique suivante avec les lettres qui le composent ainsi disposées :

```
ABRACADABRA
 ABRACADABR
  ABRACADAB
   ABRACADA
    ABRACAD
     ABRACA
      ABRAC
       ABRA
        ABR
         AB
          A
```

Ce qui me le persuade, c'est 1° qu'on trouve ce dernier
mot dans les anciens manuscrits, écrits en lettres grecques,
ΑΒΡΑϹΑΔΑΒΡΑ, où le C est la figure de l'ancien sigma
grec; c'est 2° que ce mot est évidemment composé du
nom d'*abrasax* et d'*abra*, les quatre premières lettres de
ce nom répétées, en retranchant l'X finale, et ajoutant la
lettre D en place, pour former les onze lettres de chacun
des trois côtés de cette figure magique, qui est celle 1°
d'une pyramide renversée; 2° d'un triangle équilatéral,
symbole des trois personnes égales de la Trinité; 3° du
delta grec Δ, lettre qui a remplacé sans doute pour cela
l'X dans le nom d'*abrasax*.

Je pense donc qu'on a tort d'écrire avec un C latin
ABRACADABRA, qu'il faut l'écrire ABRASADABRA,
avec l'S, pour remplacer le sigma grec ancien; car ce mot
mystérieux perdrait toute sa vertu si on remplaçait ce sigma
par le C latin, puisque cette vertu consiste dans la valeur
numérique des lettres grecques qui le composent. Si les
anciens l'ont écrit avec un C grec en caractères latins,
c'était sans doute pour conserver cette valeur numérique,
qui ne peut être exprimée en caractères latins ni par le C
ni par l'S; ce qui prouve qu'on ferait mieux de ne l'écrire,
comme autrefois, qu'en caractères grecs.

Sérénus Sammonicus, médecin du 2ᵉ siècle, sectateur
de l'hérétique Basilide, qui a composé un poëme latin, en
vers hexamètres, des préceptes de la médecine, marque la
disposition de ces caractères, et indique l'usage de les écrire
sur une plaque, et de les attacher au cou des malades pour
les guérir de leurs maladies. Voici la traduction de ce passage:
«Tu écriras sur une plaque le mot ABRACADABRA, et tu le
répéteras plusieurs fois, en écrivant chaque mot au-dessous
de l'autre, et en en retranchant la dernière lettre, de manière
qu'il forme une pyramide renversée ou un triangle équilatéral. Souviens-toi ensuite de suspendre cette plaque au cou
d'un malade, parcequ'elle guérit la langueur, et qu'elle
chasse les maladies mortelles, par une puissance admirable.»

Les anciens croyaient sans doute, et cela est assez naturel, qu'en suspendant au cou d'un malade le nombre des 365 jours de l'année, on prolongeait ses jours d'autant. Le peuple s'imagine encore aujourd'hui que si l'on faisait telle chose on mourrait dans l'année. Pausanias, parmi nombre d'auteurs anciens, parle de cette croyance superstitieuse : il dit que c'était encore de son temps la croyance, que quiconque aurait osé entrer dans l'enceinte consacrée à Jupiter *Lyceus* serait mort dans l'année ; ce qui provenait sans doute de ce que le surnom de ce dieu était dérivé de λύκος, loup ou soleil, et de ce que *Lycabas*, nom sacré de l'année, était composé du même mot. (*Voyez* ma diss. sur l'origine du nom de l'année en grec, dans les Mém. de l'acad. celt. t. 3, p. 145.)

Des auteurs modernes ont trouvé le même nombre de 365 dans les lettres qui composent le nom de *Belenus* et celui de *Mithras*; mais ces noms n'étant pas factices, c'est-à-dire imaginés pour faire ce nombre, et ayant un sens dans la langue à laquelle ils appartiennent, en outre ne s'écrivant pas exactement de même, comme ces auteurs l'ont supposé pour trouver ce nombre, leur remarque est futile et ne mérite pas la moindre attention.

Parmi les *abraxas* publiés dans les *Miscellanea* de Spon, on lit, pag. 297, sur un jaspe au milieu duquel est un serpent debout, *numen dei abrasses*, pour *numen dei abraxas*. Sur une croix, Jupiter assis tient un foudre d'une main et a son aigle à ses pieds; on lit au revers, *Iao Sabaoth :* d'où l'on voit que les basilidiens étaient à la fois païens et chrétiens. Sur un autre onyx, un dieu, la main gauche élevée, est debout sur une base, entre deux enfants et deux flambeaux, un de chaque côté; on y lit ΔΙΑΦΙΛΑΣΣΕ, et au revers ΣΑΒΑΟΘ, *conserve Sabaoth*. Sur un jaspe on lit ΙΑΩ ΣΑΛΟΜΟΝ ΣΑΒΑΟΘ. Sur un jaspe vert on voit un serpent debout; à l'entour on lit ΙΑΩ CΑΒΑΩ; et au revers, ΜΟΥCΗ (Moïse).

Il existe encore beaucoup d'autres talismans anciens,

tels que des plaques de métal , des pierres gravées , de petites figures chargées de caractères qui offrent le nom de
Jéhova, celui d'un ange ou d'une puissance céleste , tantôt en grec, tantôt en hébreu , tantôt des mots grecs et
hébreux mêlés ensemble , quelquefois même des mots et
des lettres qui n'ont aucun sens. Ce qui est inintelligible a
toujours paru plus mystérieux.   E. J.

ABRÉVIATIONS. (*Antiquités.*) Il y a deux méthodes
d'abréviations: l'une est appelée βραχυγραφία, l'art d'écrire par
abréviations; l'autre, ταχυγραφία, l'art d'écrire promptement.
Les abréviations reçurent différentes formes , et se multiplièrent surtout dans les écritures du moyen âge. Plusieurs
antiquaires ont formé des recueils d'abréviations latines, rangées par ordre alphabétique, et suivies de leur explication ,
en faveur de ceux qui s'appliquent à lire les manuscrits et les
diplômes. On n'a rien de plus étendu ni de plus parfait en
ce genre que le *Lexicon diplomatique* de Walter , qui
contient 225 planches d'abréviations expliquées. On trouvera dans le *Dictionnaire d'antiquités de l'Encyclopédie
méthodique*, une table alphabétique des abréviations les
plus usitées chez les Romains , et une autre des abréviations en usage dans les bulles.   E. J.

ABRICOTIER. (*Histoire naturelle. Botanique.*) Tout le
monde connaît cet arbre et les nombreuses variétés qu'on en
cultive ; mais on ignore en général la première patrie de cet
ornement de nos vergers, qui donne tant de sortes de fruits
délicieux. L'abricotier , dont on a trouvé quelques pieds
sauvages dans les collines du Piémont, paraît originaire
de l'Arménie , d'où le nom de *prunus armeniaca* (prunier
d'Arménie) que lui avait donné Linné en le plaçant dans
un genre dont il est effectivement fort voisin , mais dont les
botanistes d'aujourd'hui ont cru devoir l'extraire pour en
former un genre particulier. Ce genre ne renferme que deux
espèces , l'abricotier commun , souche de tous les abrico-
tiers dont les fruits parent nos desserts, et l'abricotier de
Sibérie , arbre que la culture peut aussi perfectionner , et

qui commence à se répandre daus les jardins de l'Europe.
(*Voyez* Arbres fruitiers.)   B. de St.-V.

ABROGATION. (*Législation.*) Action par laquelle
on révoque ou annulle une loi ; et comme elle est *un
acte de souveraineté* , qu'elle ne peut émaner que d'*un
pouvoir qui est la toute-puissance humaine*, il n'appartient qu'à cette toute-puissance d'abroger la loi qu'elle
a faite.

L'abrogation est expresse ou tacite. La première doit
être littéralement prononcée par une loi nouvelle ; la seconde, dont il faut se garder d'étendre l'influence, résulte
de cette maxime : *Posteriora derogant prioribus.* On peut
considérer encore comme une abrogation tacite l'anéan-
tissement de l'ordre de choses pour lequel la loi avait été
faite.

Enfin l'usage, quand il est général, peut abroger une
loi : telle était l'opinion du chancelier d'Aguesseau [1].

J.-J. Rousseau a prétendu, au contraire, qu'il ne fallait jamais souffrir qu'aucune loi tombât en désuétude ;
qu'on devait l'*abroger* formellement ou la maintenir en
vigueur [2].

D'autres questions d'une haute importance se rattachent
à l'*abrogation* des lois ; nous en renvoyons l'examen aux
mots *Belgique*, *Conquête*, *Législation*, *Traité*. Mais,
dès ce moment, nous devons, sous le rapport de leur *abrogation*, distinguer les lois dites fondamentales ou consti-
tutionnelles, notamment ces *chartes* , augustes contrats
qui lient les peuples aux souverains en fixant leurs droits
et leurs devoirs mutuels, d'avec les lois qu'à l'exemple de
Domat nous appellerons *arbitraires*.

Les premières (et nous n'avons besoin pour établir cette
distinction que d'emprunter les expressions de ce savant
jurisconsulte) , « les premières *sont tellement essentielles
» aux engagements qui forment l'ordre de la société, qu'on*

[1] Tome 9 , page 446 , lettre du 29 octobre 1736.
[2] Sur la Pologne , chap. 10.

»*ne saurait les changer* (et à plus forte raison les abro-
»ger), *sans ruiner les fondements de cet ordre*; les
»secondes peuvent être différemment établies, changées
»et même abolies, sans blesser les principes de l'ordre
»de la société[1]. » (*Voyez* Ab irato, Charte, Constitution.)   C...n.

ABROUTISSEMENT. Se dit des arbres qui ont été
broutés par les bestiaux ou par le gibier.

ABSENCE. — ABSENT. (*Législation.*) On est absent
lorsqu'on est hors de son domicile; mais, dans le sens
de la loi, l'absent est celui dont on n'a pas de nouvelles,
et qui, par cette raison, laisse des doutes sur son existence.

Le droit romain ni l'ancienne législation française ne
contenaient point de dispositions précises sur ce sujet important; les questions qu'il faisait naître étaient abandonnées à l'arbitrage du juge. Les relations du commerce
extérieur, les temps de trouble, des guerres sanglantes
et prolongées, avaient plus que jamais multiplié les ab-
sences; on était donc arrivé au moment où il fallait remplir cette lacune : tel est l'objet que les législateurs se sont
proposé dans le titre 4 du livre 1er du Code civil.

La loi a gradué les précautions qu'elle a prises sur les
différents degrés d'incertitude de la vie ou de la mort de
l'absent. (*Voyez* Absent. — *Mathématiques.*)

La présomption d'absence suffit pour que le ministère
public soit spécialement chargé de veiller aux intérêts de
l'absent.

Après quatre ans, l'absence est constatée par une enquête; le jugement qui la déclare ne peut être rendu
qu'un an après celui qui a ordonné cette enquête; la loi
exige qu'il soit donné à ces différentes décisions la plus
grande publicité.

Si l'absent a laissé une procuration, elle a son effet

---

[1] Traité des lois, chap. 11.

pendant dix années depuis les dernières nouvelles ; l'absence ne peut être déclarée qu'à l'expiration de ce terme.

Quand l'absence est déclarée, les héritiers présomptifs de l'absent peuvent se faire envoyer en possession de ses biens, à la charge de donner caution.

Après trente ans depuis l'envoi en possession provisoire, ou cent ans depuis la naissance de l'absent, les cautions sont déchargées, et l'envoi en possession définitive peut être prononcé.

Si l'absent reparaît, ou si son existence est prouvée après la déclaration d'absence, il recouvre ses biens ; mais la loi l'oblige à laisser aux possesseurs provisoires une portion des revenus, et cette portion est plus ou moins forte suivant la longueur de l'absence ; s'il ne revient qu'après l'envoi en possession définitive, il n'a droit à aucuns revenus, et il est obligé de prendre sa fortune dans l'état où elle se trouve.

Lorsque, pendant son éloignement, le décès de l'absent est prouvé, la succession est ouverte au profit des héritiers les plus proches à cette époque ; la loi n'autorise à réclamer un droit échu à un absent qu'autant que son existence aura été préalablement établie.

Quoique le Code ne se soit pas formellement expliqué sur la faculté ou l'incapacité de l'époux de contracter un nouveau mariage, une jurisprudence constante a établi que la présomption résultante de l'absence la plus longue et de l'âge le plus avancé, fût-il de cent ans, ne doit point être admise comme pouvant suppléer à la preuve du décès de l'un des époux. (*Voyez* MARIAGE, SUCCESSION, TESTAMENT.)

La législation anglaise ne renferme pas de dispositions précises relativement aux absents ; et cependant combien seraient-elles nécessaires chez une nation où les spéculations d'un commerce cosmopolite, les relations avec de nombreuses et riches colonies, le goût des arts, l'amour des découvertes, déplacent sans cesse les citoyens et les entraînent dans des régions lointaines.

En Autriche, la loi veille aux intérêts de l'absent[1]. Sa mort est présumée après trois ans, s'il a été vu grièvement blessé à l'armée, ou exposé sur mer à un danger imminent; hors ce cas d'exception, il faut qu'il se soit écoulé trente ans depuis la disparition, ou quatre-vingts ans depuis la naissance; lorsque la demande de déclaration de mort est formée, il est nommé un curateur à l'absent, dans la personne duquel il est sommé de paraître ou d'indiquer son domicile; après ces formalités, et dans le délai fixé par le tribunal, la déclaration de mort est prononcée, et elle peut étendre ses effets sur le lien matrimonial. Le même code ne permet pas qu'on intente une action contre un homme ayant seulement quitté les états autrichiens, et quoiqu'on connaisse le lieu de sa résidence dans un pays étranger, sans qu'il lui ait été nommé un curateur, et qu'il y ait eu trois citations insérées dans les papiers publics.

Le code prussien[2] renferme des dispositions analogues à celui de l'Autriche, auquel il a servi de modèle; seulement la déclaration de mort ne doit être demandée qu'après soixante-cinq ans, à dater du jour de la naissance, et prononcée que cinq ans après la demande. Cette déclaration peut cependant être rendue après dix années révolues, à dater du jour de la disparition aperçue; quant à l'absent vu blessé à l'armée, il est réputé mort s'il n'est pas rentré, et qu'on n'en ait obtenu aucunes nouvelles un an après la signature du traité de paix.

La législation espagnole[3] ne renferme sur l'absence qu'un petit nombre de dispositions éparses et applicables dans quelques circonstances; c'est ainsi qu'elle ordonne la nomi-

---

[1] Code autrichien, promulgué en 1811.
[2] Publié en 1794.
[3] Code principal, *Partidas del rey don Alonzo*, et la collection espagnole, *Nuevisima recopilacion.*

nation par le juge d'un curateur aux biens abandonnés par l'absent, et qu'elle permet la rupture du lien matrimonial, si l'un des époux a été absent sans donner de ses nouvelles pendant trois ans.

Nous avons pensé que quelques points de législation des principaux peuples de l'Europe, rapprochés des codes français, seraient plus utiles que des détails purement historiques, et tant de fois reproduits dans divers ouvrages.

Il est maintenant facile d'apercevoir toute la supériorité de la loi française sur celle des autres peuples dans la partie qu'elle a non seulement améliorée, mais en quelque sorte créée à l'avantage commun de ceux qui s'absentent de leur famille et de la société entière.

La législation des Hébreux établissait une distinction remarquable entre l'absence volontaire et l'absence involontaire. On peut consulter à cet égard Talmud Maimonide, *Manus fortis*, tit. des successions, chap. 7, *Karo*.

Les conséquences graves et souvent incalculables de l'*absence* d'un monarque que la politique, la guerre et ses chances entraînent et retiennent assez long-temps loin de ses états, appartiennent encore à la législation; on doit rappeler, sous ce rapport, les règnes de Jean II, de Louis IX, de François Ier et de Charles XII, et l'entreprise audacieuse qui menaça le trône de Napoléon à l'instant même où il entrait triomphant dans Moscou. Différentes constitutions en Europe ont, par de sages dispositions, prévu de pareils dangers; nous en parlerons aux mots *Congrès*, *Constitution*, *Diplomatie*, *Politique*. Dans tout corps ou assemblée quelconque, on ne doit point avoir égard aux *absents*, lorsqu'ils ont été dûment convoqués, à moins que l'assemblée ne soit plus en nombre suffisant pour légalement délibérer; dans quelques pays et dans certains cas les absents peuvent charger les présents de tenir leur place, ou donner même leur suffrage par écrit. (*Voyez* ASSEMBLÉE, DÉLIBÉRATION, VOTE.)

Malheur aux favoris qui s'absentent ! c'est pour eux qu'on a raison de dire, l'absent a toujours tort.

Il n'en est pas heureusement ainsi entre les amis ; les liens de la véritable amitié seraient plutôt resserrés que rompus par l'absence ; que d'exilés et de proscrits l'ont éprouvé !

Sur l'absence en matière criminelle, *voyez* CONTUMACE.

C...N.

ABSENT. (*Mathématiques.*) C'est une question qui intéresse la législation, que de savoir jusqu'à quelle durée l'absence doit être prolongée pour qu'un individu puisse être vraisemblablement décédé. Il ne s'agit pas simplement de fixer l'époque du décès probable, ce qui dépendrait des tables de MORTALITÉ (*voyez* ce mot) construites pour des voyageurs, dans des circonstances et des contrées analogues à celles où l'absent est allé ; mais il faut en outre consulter la profession, le caractère, le tempérament de celui-ci, et une foule d'autres causes qui se rattachent nécessairement au sujet. Ainsi, la question est véritablement insoluble, parcequ'elle dépend d'éléments tout-à-fait inconnus. Mais ce qui complique encore plus le problème, c'est l'ordre légal des successions : car, suivant qu'un individu meurt avant un autre, ou lui survit, il arrive quelquefois que l'héritage prend des directions différentes dans des branches collatérales ; en sorte qu'il faut que, si un jour on venait à apprendre avec certitude l'époque du décès, aucun héritier ne se trouvât lésé.

C'est Nicolas Bernoulli qui le premier s'occupa de cette question. Suivant lui, il suffisait, pour qu'on pût réputer l'absent mort, qu'il y eût deux fois plus à parier contre la vie que contre le décès. D'après cette hypothèse, il fallait chercher dans les tables de mortalité le nombre de vivants de l'âge qu'avait l'absent lors de son départ, prendre le tiers de ce nombre, et chercher, dans la même table, à quel âge correspondait ce tiers : cet âge est celui auquel il y a deux fois plus à parier que l'absent est mort qu'il n'y a

à parier qu'il vit. Mais il est encore évident que, dans cet
état de la question, il faudrait consulter des tables de mortalité construites pour les voyageurs qui sont dans le cas
de celui dont il s'agit.

Buffon et Condorcet se sont déclarés contre l'hypothèse
de Bernoulli, et on doit avouer que, malgré les travaux
de ces savants, la question est encore indécise. Il reste
toujours à déterminer avec équité quel est le temps qu'on
doit laisser écouler pour réputer l'absent décédé, d'abord
en exigeant caution des héritiers pour les biens qu'on leur
livrerait, afin qu'en cas de retour l'absent pût rentrer
en possession du capital et des intérêts, et aussi à quelle
époque la caution même devrait être jugée inutile. Si la
justice exige que la propriété de l'absent soit respectée, elle
n'exige pas moins que, si l'absent est réellement mort, ses
héritiers soient saisis. On conçoit combien ces deux conditions sont difficiles à remplir.   F.

ABSOLU. (*Grammaire.*) Ce mot, en grammaire comme
en philosophie, est opposé à relatif. Les mots, en général,
sont employés d'une manière absolue quand, pour être
compris, ils n'ont pas besoin d'être accompagnés d'autres
mots qui les déterminent. Dieu est pris absolument dans
cette phrase, *Dieu aime les hommes;* et relativement dans
cette autre, *Le Dieu des Juifs est tout-puissant.*

Outre cette signification générale, le nom d'*absolu* s'applique spécialement à certaines espèces de mots ou à certaines formes; ainsi l'on distingue:

1° Des cas absolus: ce sont les formes que reçoit le
nom quand il est exempt de toute dépendance antécédente,
quand il n'est gouverné par rien: tels sont, dans les langues
qui ont des cas, le nominatif et le vocatif. On donne alors
le nom de *cas relatifs* aux formes que revêt le nom quand
il est soumis à quelque dépendance; tels sont le génitif, le
datif, l'accusatif, l'ablatif. (*Voyez* CAS.)

2° Des verbes absolus; ce sont ceux qui peuvent être
employés sans complément: *Je dors, je veille,* etc. On

nomme alors *relatifs* les verbes qui , pour former un sens ,
ont besoin d'un complément : *Je vois le ciel.*

3° Des modes absolus ; ce sont ceux dans lesquels le
verbe exprime un fait exempt de toute condition , de toute
dépendance : tel est l'indicatif. On nomme relatifs ceux
dans lesquels le verbe est soumis à quelque dépendance :
tels sont le subjonctif, l'optatif, etc. (*Voyez* Modes.)

4° Des temps absolus ; ce sont ceux qui expriment simplement l'époque du fait exprimé par le verbe , sans aucun
rapport avec un événement soit antérieur , soit postérieur :
Il viendra demain , il est parti. On nomme *temps relatifs*
ceux qui, outre l'époque, soit passée, soit future d'un fait,
indiquent son rapport à quelque autre fait, soit passé , soit
futur aussi : *Il sera venu quand vous partirez ; il était
parti quand vous vîntes.* (*Voyez* Temps.)

Enfin on admet aussi des *propositions absolues,* et l'on
en donne des exemples tels que ceux-ci, *chemin faisant ;
eo consule,* etc. C'est ce que la routine des classes appelle en
latin *ablatif absolu ;* mais on a judicieusement remarqué
que ces locutions ne sont ni des *propositions ,* puisqu'on n'y
trouve ni sujet, ni verbe, ni attribut ; ni *absolues,* puisque,
soit en français , soit en latin , ce sont toujours des expressions elliptiques devant lesquelles on sous-entend une préposition , et qui, par conséquent, sont sous une dépendance. On a proposé de les nommer plus philosophique-
ment *propositions adverbiales.*   B... t.

ABSOLU. *Voyez* Pouvoir absolu.

ABSOLU. (*Philosophie.*) Connaissances absolues. (*Voy.*
Connaissances). Une connaissance est une idée , un jugement. Les connaissances absolues sont des jugements absolus. Comme telles, elles sont indépendantes des circonstances au milieu desquelles nous nous trouvons placés ,
et restent invariables au sein des changements que notre
existence éprouve. L'examen de cette espèce de connaissances formera un des objets particuliers de l'article général auquel nous le renvoyons.   Ph.

ABSOLUTION. (*Législation.*) *Voyez* Jugement.

ABSOLUTION. (*Religion.*) L'absolution se donne en proportion de la faute ou du péché; elle est particulièrement relative à l'état du coupable; c'est le ministre ecclésiastique ou le juge civil qui la prononce; c'est par elle que l'accusé ou le pénitent rentre dans les droits de l'innocence.

Dans le droit canon, l'absolution est un acte juridique par lequel le prêtre, en qualité de juge et comme représentant de Jésus-Christ, remet les péchés à ceux qui, après la confession, paraissent avoir les dispositions requises.

L'absolution, chez les catholiques romains, forme une partie du sacrement de pénitence. (*Voyez* Pénitence.) *Ego te absolvo a peccatis tuis*, telle est, d'après les conciles de Trente et de Florence, la formule de ce sacrement.

Absolue dans l'église romaine, et déprécatoire dans l'église grecque, elle fut en vigueur dans l'église d'Occident jusqu'au 13e siècle.

Les protestants soutiennent que le prêtre, en donnant l'absolution, déclare simplement au pénitent que Dieu lui a remis ses péchés, sans qu'il puisse les lui remettre lui-même, comme délégué de Jésus-Christ; mais cette doctrine est en opposition avec celle de l'église catholique.

Lorsque l'absolution signifie une sentence déliant ou relevant un individu quelconque de l'excommunication qu'il avait encourue, elle rentre dans l'*excommunication*. (*Voy.* ce dernier mot.)

Dans ce sens, l'absolution s'emploie également chez les protestants et les catholiques. Dans l'église réformée d'Écosse, l'assemblée est-elle satisfaite de la pénitence d'une personne, le ministre adressant sa prière au Christ, le conjure de l'agréer et de pardonner; ensuite il prononce l'absolution : le premier arrêt aboli, le pécheur est admis de nouveau à la communion.

Dans le droit canonique, l'absolution a encore une accep-

tion différente ; elle signifie la levée des censures. Il y en
a de deux sortes, lorsqu'il s'agit de relever quelqu'un de
l'excommunication, l'une absolue et sans restriction, l'autre restreinte et sous réserve. Cette dernière est encore de
deux genres : *absolutio ad effectum ; absolutio ad caute-
lam.*

La première a pour motif de rendre celui qui l'obtient
capable de jouir de la communion apostolique. (*Voyez*
Excommunication, Pape, Cour de Rome.) La seconde
n'est en quelque sorte qu'une absolution provisoire.

Dans la chancellerie romaine, absolution *a sacris*, est
la levée d'une irrégularité qu'un ecclésiastique a encourue
pour avoir assisté à un arrêt ou à une exécution capitale.

La prière qui termine chaque nocturne et les heures
canoniales s'appelle aussi *absolution ;* on donne aussi ce
nom aux prières en l'honneur des morts.

Chez les anciens, pour obtenir l'*absolution* des prêtres
ou hiérophantes, il fallait subir une foule d'épreuves et
d'initiations plus redoutables les unes que les autres. Comme
parmi nous, il y avait des pénitences réglées, des ablutions, des purifications, des sacrifices expiatoires, avant que
d'être relevé de ses fautes par une absolution complète.
(*Voyez* Expiation, Résurrection, Sacrifice.) Il est inutile
de signaler les abus qui s'introduisaient dans ces diverses
cérémonies ; le savant auteur d'*Anacharsis* offre sur ce
grave sujet des pages pleines d'éloquence et de philosophie.
On peut encore consulter à cet égard, sans toutefois en
adopter entièrement les principes, l'*Origine de tous les
cultes,* l'*Antiquité dévoilée,* le *Dictionnaire des hérésies,* le *De pœnitentia* du P. Morin, l'*Introduction à l'E-
criture sainte* du P. Lamy, de l'Oratoire.

Nous renvoyons à l'article *Sépulture* les refus d'abso-
lutions ecclésiastiques dans les décès.

Depuis que le tribunal de l'inquisition a été aboli en
France, on ne voit plus se multiplier ces sectes de pé-
nitents qui, pour obtenir l'absolution de fautes sou-

vent imaginaires, se soumettaient aux plus rigoureuses épreuves.

Cependant il n'est encore sorte d'austérités et de rigueurs que ne s'imposent les fanatiques idolâtres de l'Inde ; les vies des premiers solitaires et anachorètes de l'église chrétienne n'offrent rien de plus frappant. Mais, quel que soit l'excès de leur aveuglement, de leur stupide obéissance au culte de leurs divinités mensongères, on préférera toujours les supplices et les tortures physiques dont ces malheureux s'accablent eux-mêmes à ces pratiques féroces des nations du Nord, qui croyaient ne pouvoir mériter l'absolution de leurs crimes que par des sacrifices de victimes humaines.

ABSORBANTS. (*Médecine.*) En général on désigne par ce mot toutes les substances capables d'absorber, de neutraliser un liquide nuisible à l'économie ; mais, dans l'acception la plus propre, les absorbants sont des moyens destinés à se combiner chimiquement avec des acides développés dans les voies digestives.

Lorsqu'on attribuait toutes les maladies à des altérations acides ou alcalines des humeurs, les médecins faisaient des absorbants un usage très étendu; ils employaient comme tels une foule de préparations ayant pour base la magnésie, la chaux ou leurs carbonates ; c'étaient des yeux d'écrevisses, des os de poissons, des écailles d'huîtres, des terres bolaires, des coquilles d'œufs.

Aujourd'hui, les progrès de la chimie ont conduit à substituer ici, comme dans la plupart des cas, les substances simples aux composées, et l'on préfère la magnésie pure ou son carbonate, et la solution aqueuse de chaux qu'on administre de différentes manières.

Les théories médicales actuellement en faveur ont beaucoup restreint la confiance qu'on accordait aux absorbants; on ne les applique plus guère que comme moyens palliatifs, dans les affections qui ne laissent aucun espoir de guérison, et dans lesquelles on doit remédier aux aigreurs très incommodes qui tourmentent les malades.

Les absorbants se prescrivent sous forme solide en pastilles et en masticatoires, et sous forme liquide en tisanes et en potions. Quelquefois aussi on les emploie comme antidotes dans l'empoisonnement par les acides.

Nous rappellerons encore ici qu'on a considéré vicieusement comme absorbants les poudres diverses, la charpie, et les autres corps destinés à s'imprégner et à s'imbiber des liquides qui s'écoulent des plaies et ulcères.   F. R.

ABSORPTION. (*Histoire naturelle.*) *Voyez* NUTRITION.

ABSTENTION DE LIEU. (*Législation.*) Mesure de haute police employée pour soustraire l'offensé aux violences de l'offenseur, et la société au danger que ferait craindre la présence de certains malfaiteurs.

Un arrêt célèbre, rendu le 13 avril 1778 par le parlement de Paris, fit défense aux sieurs Queyssat d'approcher de dix lieues des villes de Castillon et de Bordeaux, pendant la vie du sieur Daumade, sous peine de punition corporelle.

Les déclarations du 8 janvier 1819 et du 1er juillet 1822, les décrets du 19 ventôse an 13 et du 17 juillet 1806, défendent aux forçats libérés de résider dans la ville, faubourgs et banlieue de Paris, ni à la suite de la cour, ni à Versailles, Fontainebleau et autres lieux où il existe des palais royaux, ni dans une ville de guerre, ni à moins de trois myriamètres de la frontière et des côtes, ni dans les ports où des bagnes sont établis.

Lorsque la prescription de la peine portée en matière criminelle est acquise, la loi défend au condamné de résider dans le département où demeure, soit celui sur lequel ou contre la propriété duquel le crime a été commis, soit ses héritiers directs: le gouvernement peut assigner au condamné le lieu de son domicile.

Lorsqu'un individu a frappé un magistrat dans l'exercice de ses fonctions, ou à l'occasion de cet exercice, la loi porte que le coupable peut être condamné à s'éloigner pendant cinq à dix ans du lieu où siége le magistrat, d'un rayon de deux myriamètres, et que cette disposition doit avoir son exécution à dater du jour où le condamné a subi sa peine.

Au surplus, cette mesure, qui est une exception à la liberté individuelle garantie par la charte, ne peut plus aujourd'hui être ordonnée si elle n'est autorisée formellement par une disposition législative. La cour de cassation, appliquant ce principe, a jugé, le 19 février 1807, qu'en faisant défense à Antoine Mazy d'approcher du domicile de la femme Legrand, et en invitant les bons citoyens et le commissaire de police à le surveiller, le tribunal de police avait commis une usurpation de pouvoir.   O.

ABSTINENCE. (*Médecine.*) On entend par ce mot la privation totale d'aliments pendant un certain temps, ou la privation de certains aliments et de certaines boissons, ou enfin toute privation quelconque. Nous n'avons pas à considérer ici l'abstinence sous le rapport religieux. On ne peut douter toutefois qu'il ne soit du fait de la médecine de rechercher dans quelles vues les chefs de certaines sectes philosophiques et les fondateurs de certains ordres monastiques imposaient, les uns à leurs disciples, les autres à leurs religieux, de si grandes austérités dans le régime alimentaire. C'est encore à la médecine qu'il appartient de discuter si les règles diététiques établies par ces maîtres en l'art de la sagesse, et par ces pieux législateurs, étaient réellement de nature à procurer les effets qu'ils s'en étaient promis; ou si, comme le croit Cabanis, l'usage des aliments appelés maigres, les jeûnes fréquents et prolongés, et toutes les pratiques instituées dans le but d'opérer ce qu'on appelait *minutio monachi*, *l'amoindrissement du moine*, remplissent mal l'intention d'éteindre les désirs, et de régler l'imagination, dont les désordres contribuent bien plus que les besoins physiques réels à nourrir des passions profondes et funestes. Mais,

6.

pour ne pas sortir du cercle plus resserré qui nous est tracé dans le plan de ce dictionnaire, nous allons nous borner à faire connaître quelques unes des influences les plus remarquables de l'abstinence en général, et de quelques abstinences en particulier, sur l'homme sain et sur l'homme malade.

La nutrition est une des fonctions incessantes de notre corps; cette continuité de réparation et d'entretien est exigée par la continuité des pertes que subissent nos organes. Si donc notre alimentation devient nulle ou insuffisante, il ne saurait manquer de s'ensuivre inanition, dépérissement et mort. Il serait très inexact de dire que la réparation est en raison de la masse d'aliments que l'on consomme; car on ne se nourrit pas de tout ce que l'on mange, mais seulement de ce que l'on digère. Or, pour que la digestion s'exécute de la manière la plus complète, il faut que la masse des substances ingérées dans l'estomac ne dépasse point une certaine quantité qui n'a rien de fixe, et que modifient de mille façons l'âge, le sexe, les travaux, la manière d'être individuelle, l'habitude et une foule d'autres circonstances. Mais l'homme en santé qui, spontanément ou malgré lui, diminue la quantité de ses aliments, et n'en prend plus autant qu'il en peut digérer avec facilité, éprouve nécessairement une débilitation plus ou moins marquée, selon que le retranchement est plus ou moins considérable. Cet effet sera plus sensible si l'individu est livré à des travaux corporels dont résulte une grande fatigue, ou s'il se trouve à l'âge qui est l'époque d'un rapide accroissement; car tout ce qui augmente l'activité des organes rend les effets de l'abstinence plus marqués. Si les insectes peuvent se passer de toute nourriture quand ils sont à l'état de chrysalide, c'est que l'activité de la vie est alors suspendue chez eux; et l'on en doit dire autant de ce qui a lieu chez les animaux hibernants pendant leur long sommeil hiémal. La soustraction de la nourriture ne peut devenir totale sans causer, et même assez promptement, la mort de l'individu qui est obligé de la souffrir, ou qui se l'impose, car on l'a vue résulter d'un acte de la volonté. Il serait très difficile de déterminer le temps que peut vivre un homme réduit à une privation complète d'aliments et de boissons ; mais nous croyons pouvoir affirmer que la mort produite par cette circonstance n'est pas à beaucoup près aussi affreuse qu'on le suppose ordinairement. L'épisode si célèbre du Dante nous paraît être une belle fiction, mais nous pensons que les tourments du comte Ugolin n'ont pas eu l'horrible énergie que leur prête le poëte, à moins qu'on ne veuille les mettre presque tout entiers sur le compte de l'amour et du désespoir paternels. Nous avons vu, dans le mémorable blocus de Gênes, mourir de faim un nombre considérable des soldats du corps auquel nous étions alors attaché, et nous pouvons dire que ces malheureuses victimes de l'une des grandes nécessités de la guerre sont toutes passées de la vie au trépas de la manière la plus paisible, sans aucune marque de réluctance, sans aucune manifestation d'agonie : souvent ce fut en voulant les éveiller pour leur assigner quelque devoir qu'on s'aperçut qu'il n'y avait plus rien à exiger d'eux, et qu'ils dormaient de l'éternel sommeil.

Ainsi le retranchement d'une partie de la nourriture exactement nécessaire au bon entretien des forces doit nécessairement produire une diminution de ces mêmes forces, et le jeûne absolu, maintenu au-delà d'une certaine durée, amène tout aussi nécessairement leur entière abolition. Mais, pour être exactement vraie, la première partie de cette proposition ne doit s'entendre que des forces corporelles, car les facultés mentales, les aptitudes intellectuelles acquièrent une prédominance marquée par la constante observation d'une frugalité rigoureuse, dont le premier effet est de prévenir l'engourdissement et l'*hébétude* des sens internes.

Les substances animales étant d'une composition analogne à celle de nos parties, s'y assimilent avec plus de promptitude ; elles nous refont en moins de temps, et d'une manière mieux assortie à notre nature, des déperditions de tout genre que nous avons souffertes. Ainsi, l'homme qui se nourrit de viande est redevable à l'usage de cette sorte d'aliment d'une réparation plus sûre, plus prompte et plus marquée de la dépense de forces que lui occasione le travail ; et si, par une circonstance quelconque, il vient à être privé de ce moyen de sustentation, il ne tarde pas à s'apercevoir du désavantage relatif des autres modes de nourriture. Il est bien vrai qu'on voit des hommes qui vivent dans un état de vigueur très remarquable, et suffisent à tous les travaux du pénible métier d'agriculteur, sans autre aliment que des substances végétales et un peu de lait ; mais il convient de faire observer que, pour eux, l'exclusion dont il s'agit n'est point une abstinence, mais un régime, ce qui comporte une très notable différence. Pour déterminer le point où l'abstinence peut être utile, et jusqu'à quel degré on peut sagement la pousser, Hallé et Nysten ont établi qu'en général son effet doit être de faire renaître aux heures des repas le sentiment du besoin, mais qu'elle ne doit pas être portée beaucoup au-delà de ce terme.

Si l'état de santé reçoit parfois quelques dommages des effets d'une abstinence volontaire ou obligée, on peut soutenir en revanche qu'il est très peu de cas de maladie où elle ne soit pas salutaire. Dans les affections aiguës, la nature en impose elle-même la nécessité au sujet malade, par l'éloignement et le dégoût qu'il éprouve d'ordinaire pour toute espèce d'aliment. L'état chronique ne s'accompagne pas aussi communément de cette invincible répugnance, mais il n'en réclame pas moins, dans beaucoup de cas, l'injonction sévère d'une abstinence que les gens du monde et la foule des médecins sont malheureusement portés à regarder comme exagérée. Les succès de la médecine physiologique feront revenir de cette funeste prévention. On reconnaîtra que le médecin qui a préconisé dans son testament l'emploi de la diète et de l'eau, a dit, en cela, une chose très philosophique. Il est bien avéré qu'on a guéri des syphilis profondes sans faire autre chose que de soumettre, pendant un certain temps, les malades au supplice de la faim.

Il existe de nombreux récits d'abstinences prolongées, sans que les individus qui en ont présenté le phénomène aient souffert des dérangements de santé fort considérables. Il ne faut pas admettre trop légèrement la réalité de ces sortes d'histoires, dont la plupart ne sont pas suffisamment constatées. A l'égard de celles qu'il n'est pas possible de révoquer en doute, il convient de remarquer, disent encore Hallé et Nysten, que les sujets qui ont offert des exemples de cette curieuse singularité étaient, le plus ordinairement, des femmes atteintes d'une lésion particulière du système nerveux, et chez qui les fonctions de décomposition étaient dans une inertie pour ainsi dire absolue, comme le prouvaient la sécheresse de la peau, l'absence des évacuations intestinales et de toutes les sécrétions muqueuses, l'absence de la menstruation, celle même de la sécrétion urinaire; ou, si l'urine se sécrétait, elle ne consistait qu'en un liquide limpide, sans couleur, sans odeur, sans saveur, dans lequel on ne pouvait trouver aucune trace sensible d'une matière animale.   J.

ABSTINENCE. *Jeûne, carême, abstème.* (*Religion.*) L'abstinence, en morale, est cette vertu qui consiste à s'abstenir de certaines choses en vue d'un précepte moral ou d'une institution cérémonielle. Le philosophe stoïcien Épictète, dont le Manuel se rapproche tant du christianisme, disait que ces deux mots, *sustine* et *abstine*, renfermaient toute la philosophie.

C'est surtout dans l'histoire de la religion que le mot abstinence occupe une place importante. En style mystique, la mortification des sens est le motif général de l'abstinence. C'est ce qu'avaient senti elles-mêmes la plupart des sectes de l'antiquité, les pythagoriciens, les orphiques, lorsqu'elles pratiquaient tant d'abstinences rigoureuses.

Il y a, en matière d'abstinence, deux excès à éviter et un milieu à suivre. Le premier excès est celui des hérétiques encratites, montanistes, manichéens, qui soutiennent que l'usage de la chair est impur, défendu, pernicieux en lui-même. On connaît à cet égard l'éloquente réfutation de saint Paul. Le deuxième excès est celui de Savinien et des protestants, qui prétendent que l'abstinence de la viande est sans mérite, superstitieuse, judaïque, absurde.

L'église catholique décide que cette abstinence peut être louable, méritoire, commandée même par des motifs légitimes et dans certaines circonstances. Sur la fin du troisième siècle, il parut dans les Gaules et en Espagne une secte d'hérétiques appelés *abstinents* : on croit qu'ils avaient emprunté une partie de leurs opinions des gnostiques et des manichéens.

L'abstinence religieuse accompagnée de deuil et de macérations s'appelle *jeûne*. Cet usage remonte au berceau du monde : quelques théologiens en trouvent même l'origine dans l'histoire de notre premier père. Sans parler de la solennité du jeûne parmi les Juifs, il est constant que presque tous les autres peuples de l'antiquité, les Égyptiens, les Phéniciens, les Assyriens, avaient aussi leurs jeûnes sacrés. Les Grecs adoptèrent les mêmes coutumes. Plus superstitieux que les Grecs, les Romains perfectionnèrent en quelque sorte cette solennité. Numa observait des jeûnes périodiques. On lit dans Tite-Live que les décemvirs ayant consulté, par ordre du sénat, les livres sibyllins au sujet de plusieurs prodiges, ceux-ci déclarèrent que, pour en arrêter les suites, il fallait fixer un jeûne public en l'honneur de Cérès, et l'observer tous les cinq ans. Il y avait aussi à Rome des *jeûnes* réglés en l'honneur de Jupiter. Perse, dans sa deuxième satire (des vœux), parle également des jeûnes des dévots ; il termine ainsi :

Hinc cedo ut admoveam templis, et farre litabo.

Les Chinois ont, de temps immémorial, des jeûnes consacrés dans leur pays pour les préserver des années de stérilité, des inondations, des tremblements de terre et autres désastres. Enfin, les sectateurs de Mahomet suivent religieusement le même usage : ils ont leur *jeûne* ou ramadan, et des dervis qui outrent cette pratique.

Le jeûne, si généralement répandu, s'est donc établi de lui-même, et tous les peuples l'ont adopté comme par un mouvement naturel.

En effet, les hommes affligés de calamités particulières ou publiques se sont livrés à la tristesse et ont négligé d'abord de prendre de la nourriture. Ensuite ils ont regardé comme un acte religieux cette abstinence volontaire : ils ont cru qu'en macérant leur corps quand leur âme était désolée, ils pourraient attendrir leurs dieux ou leurs idoles. Cette idée, s'emparant des peuples, a bientôt fait le tour de la terre : de là le deuil, les vœux, les prières, les sacrifices, les mortifications, le *jeûne* enfin et l'*abstinence*. L'apparition de Jésus-Christ ayant sanctifié le *jeûne*, toutes les sectes chrétiennes embrassèrent cette coutume. Il serait inutile de rappeler à ce sujet les rêves des platoniciens et des Orientaux. Les anciens philosophes, les sectateurs de Pythagore, quelques diciples de Platon, de Zénon, et plusieurs épicuriens eux-mêmes, ont aussi loué et pratiqué l'*abstinence* et le *jeûne*. L'histoire des saints de l'un et de l'autre sexe, celle même des rois et des simples particuliers, nous offrent des exemples merveilleux de *jeûne* et d'*abstinence*.

Il est une époque d'*abstinence,* de pénitence forcée, pendant laquelle chacun est tenu de jeûner quarante jours pour se préparer à la fête de Pâques ; c'est ce que nous appelons *carême*.

Il existe différentes versions sur l'origine des quarante jours du *carême :* serait-ce en mémoire du déluge qui dura quarante jours, ou des quarante années pendant lesquelles les Juifs parcoururent le désert, ou même des quarante

jours qu'obtinrent les Ninivites pour faire pénitence ? ou
bien serait-ce pour perpétuer le souvenir des quarante
jours de *jeûne* qu'observa Moïse en recevant la loi, ou des
quarante jours de jeûne d'Élie ? ou enfin a-t-on voulu consacrer par cet usage le jeûne de quarante jours de Jésus-
Christ ?

L'abstinence du *carême* diffère selon les pays : les grecs
ne s'accordent pas avec les latins ; ils le commencent une
semaine plus tôt. Les bornes de cet article ne nous permettent pas de décrire les différentes espèces de *jeûnes* et
les variations diverses qu'ils ont éprouvées depuis leur origine ; mais, bien qu'on se soit peu à peu relâché de cette
rigoureuse pratique, l'institution du *jeûne* n'en est pas
moins restée sacrée, même chez les peuples modernes. Les
historiens des premiers règnes de notre monarchie citent
à cette occasion plusieurs traits qui prouvent tout le respect de nos aïeux et de leurs contemporains pour une aussi
sainte solennité. Selon Froissart (livre 2, ch. 210), en
1360, lors de l'invasion des Anglais en France, leurs armées et les troupes françaises observaient l'*abstinence* et
le *jeûne* de *carême*.

De nos jours, plus d'un auteur a prétendu que des motifs
de bien public devaient engager les habitants de la capitale et des grandes villes à se relâcher de l'observation du
jeûne du *carême*; mais, comme l'a dit un illustre écrivain,
la remarque est inutile ; car *ce sont les riches qui n'ont
pas la force de faire carême : les pauvres jeûnent toute
l'année.*

Dans un article consacré à l'*abstinence*, nous ne pouvons omettre le mot *abstème* (qui ne boit pas de vin). Horace, dans le vers suivant de son épître à Iccius,

Si forte in medio positorum *abstemius* herbis,

étend cette acception à quelque espèce de mets que ce soit.
Les anciens nous offrent très peu de détails sur ce terme ;
c'est aux querelles théologiques des calvinistes et des lu-

thériens qu'il doit toute sa célébrité. On l'emploie rarement en français. On ne sait pourquoi *Rousseau* s'en est
servi préférablement à celui de nazaréen : c'est sans doute
parcequ'il fut élevé parmi les sectes protestantes. L'homme
en naissant est nécessairement *abstème*. Dans le deuxième
livre de son *Émile,* Rousseau semble faire entendre que
l'eau pure, naturelle et sans mélange, est la boisson convenable à l'enfance et à tous les âges : *Nous serions* (dit-
il, *tous abstèmes, si l'on ne nous eût donné du vin
dans nos jeunes ans ;* et cette opinion est, à très peu
de chose près, celle des auteurs du *Dictionnaire des sciences médicales.*

Chez tous les peuples de l'antiquité, l'*abstinence* du vin
était une des règles sévères que leur imposaient les plus
sages législateurs. Dans la Judée, un des principaux vœux
des nazaréens était de s'en abstenir. Suivant Xénophon,
on n'en donnait point aux jeunes Perses durant tout le
temps qu'ils fréquentaient les écoles. Les Crétois l'interdi-
saient pareillement dans les mêmes circonstances. Enfin,
au rapport de Pline et d'Aulugelle, dans les premiers temps
de la république romaine, toutes les dames devaient être
abstèmes ; et, pour s'assurer si elles observaient cette coutume, c'était une règle de politesse généralement établie
que, chaque fois que des parents ou des amis les venaient
visiter, elles les embrassassent.

On connaît à cet égard la loi de Mahomet et ses ordonnances sévères : c'est à ce genre d'abstinence que les musulmans furent redevables de leurs conquêtes. Leur enthousiasme belliqueux disparut avec leur sobriété. Quels sont,
en effet, les tristes résultats de l'intempérance ? A la suite
d'une partie de débauche, Octave et Antoine s'abandonnent mutuellement les têtes de leurs ennemis ; Alexandre,
dans l'ivresse, immole Clytus et court incendier Persépo-
lis ; le même conquérant expire en voulant vider la coupe
d'Hercule.

Charles XII, Tiraqueau, célèbre jurisconsulte du onzième

siècle, Balzac, émule et contemporain de Voiture, furent de véritables *abstèmes.*

ABSTRACTION. (*Voyez* FACULTÉS INTELLECTUELLES.) En renvoyant cet article particulier à l'article général des facultés de l'âme, auquel il appartient, nous devons cependant ici dire un mot sur la confusion trop ordinaire de l'abstraction et de la généralisation. L'une est nécessaire à l'autre, mais elle n'est pas l'autre. La première est une force qui sépare une idée d'une autre idée ou une idée en ses éléments distincts ; la seconde, une faculté qui rattache plusieurs idées particulières semblables à une généralité commune. L'abstraction divise, la généralisation unit ; ce sont donc deux formes bien distinctes de l'activité de l'âme.   PH.

ABSTRACTION. (*Philosophie, Idéologie.*) Substantif du verbe abstraire ; ôter, séparer : exclusion qu'on donne à une ou à plusieurs idées pour s'occuper particulièrement d'une ou de plusieurs autres ; en philosophie, acte par lequel nous séparons dans un objet chacune de ses parties, qualités ou propriétés, et dans une pensée chacune des idées qu'elle renferme : dans le sens passif, ce mot au pluriel signifie les conceptions d'un esprit qui, au lieu de s'appuyer sur l'observation, ne travaille que sur ses idées.

Comme procédé de l'entendement, l'abstraction est élémentaire ou comparative : élémentaire, si elle se borne à un seul objet physique ou moral ; comparative, lorsque, séparant de plusieurs idées totales ce qu'elles ont de semblable, elle fixe la conception commune et générale qui en est le produit sous un signe matériel. (*Voyez* GENRE.) L'abstraction est le fondement de la connaissance et de la science dans la doctrine des partisans de l'expérience ; dans celle des philosophes rationalistes, qui attribuent à l'entendement des notions primitives et *congénérées,* la science et la connaissance sont constituées par le concours de l'abstraction et des notions. (*Voyez* NOTION.) L'on distingue l'abstraction des sens, par laquelle chacun d'eux perçoit dans un corps la qualité qui lui est analogue ; l'abstraction de la conscience, qui s'exerce sur le principe pensant, et l'abstraction de l'esprit, qui opère principalement par le langage. La première abstraction des sens est naturelle et spontanée ; elle précède la synthèse, qui nous donne la connaissance des corps. Mais l'abstraction ultérieure que nous opérons sur chacune de nos perceptions est due à l'observation, et c'est par elle que nous découvrons dans les qualités des corps les modifications qui sont l'objet des sciences physiques et des arts qui en dérivent : telle est la distinction que nous découvrons entre les qualités premières et les qualités secondes, l'étendue tangible et l'étendue visible ; entre les diverses formes et les diverses couleurs ; entre la force, le timbre, le ton et les voix dans le son ; entre les directions et les inflexions du mouvement, etc. (*Voyez* SENSATIONS.)

L'abstraction de la conscience succède à l'abstraction des sens. Elle nous donne les éléments des sciences morales et métaphysiques : par elle, le moi s'ébranche en sujet sensible, sujet actif et sujet pensant, qui toutefois ne peuvent se manifester dans la conscience l'un sans l'autre ; car, si l'on excepte les impressions purement organiques et les idées qui semblent naître sans attention et spontanément, il n'est point de sentiment sans acte et sans idée, ni d'idée sans acte et sans sentiment. Voilà pourquoi, outre la faculté productrice des idées, que nous divisons en sensation, mémoire, imagination, entendement, jugement, raison, nous trouvons dans toutes les langues des noms de sentiments distingués par la diversité des idées : l'amour de soi, l'amour-propre, la sympathie, la pitié, la bienveillance, l'amitié, l'amour du juste, du vrai, du beau ; et par la tendance que suppose l'amour vers l'objet aimé, les mots de besoins, de désirs, de penchants, de passions, avec leurs divers modes et leurs nuances.

L'esprit s'empare du domaine qui lui est fourni par les

sens et par la conscience ; il démêle, dans chaque perception complexe, les perceptions simples et particulières ; il
leur donne de la permanence en les nommant, il les réunit
en groupe et leur affecte un nom qui lie toute la collection. Par divers points de vue, il décompose ensuite ce
groupe artificiel en éléments qui n'ont point de modèle
extérieur ; et, au moyen de signes qu'il leur impose, il les
prépare à toutes les combinaisons de l'intelligence et de la
pensée. Tel est le caractère de l'abstraction de l'esprit ou
de la réflexion qui pénètre plus ou moins dans l'exercice
spontané des sens et de la conscience.

Jusqu'ici nous avons considéré la faculté d'abstraire
en elle-même ou dans ses instruments ; il nous reste à la
considérer dans la nature des objets qu'elle tire de l'ordre réel pour les faire passer dans l'ordre intellectuel ;
ce second rapport va nous donner lieu de fixer la distinction des sciences d'observation et des sciences de raisonnement, et le caractère des sciences physiques et des sciences morales. Les faits de la nature et les faits de l'esprit
sont d'un ordre entièrement différent : les premiers sont
variables et d'une multiplicité que l'observation peut rarement apprécier ; les seconds restent fixes du moment
qu'ils sont enregistrés, et leur nombre est nécessairement
connu. Pour qu'un fait naturel puisse devenir un fait
intellectuel, il faut donc que le nombre des circonstances
qui l'environnent soit donné et déterminé, que ces circonstances soient invariables, ou du moins que leur variation puisse être appréciée, que le degré d'intensité de leur
action soit susceptible d'être évalué, et que chacun de
ces éléments puisse être amené à un tel état de simplicité qu'il soit représenté par des signes invariables. Alors
en opérant sur les signes, on opère sur les faits, et l'on arrive à des résultats constants, absolus, et d'une évidence
incontestable. Ainsi, considérant les corps comme des unités, nous les soumettons au calcul arithmétique ; les considérant dans leurs dimensions, nous en tirons les construc-

tions géométriques; les degrés du mouvement et ses directions nous donnent la mécanique; le mouvement et les inflexions de la lumière, l'optique; la propagation et l'intensité du son, l'acoustique; l'indication des événements d'après un nombre de causes connu, le calcul des probabilités. Les faits qui se dérobent au contraire à la fixité de l'attention, et qui ne peuvent se prêter à une détermination exacte de signes, ne sauraient passer entièrement du domaine de la nature dans celui de l'esprit; ils ne sauraient tous être évalués en idées précises et déterminées. Ceux-ci ont pour fondement l'analogie, comme dans les sciences morales et politiques et dans presque toutes les branches des sciences physiques; ceux-là ont pour fondement l'abstraction. La limite qui sépare les sciences abstraites des sciences analogiques est donc profondément tracée. Leur identité ne pourrait être que dans une combinaison artificielle de signes, qui, ne pénétrant point au fond des choses, offrirait la précision et la liaison dans les mots et nullement dans les idées : ce serait l'erreur des esprits forts et méditatifs, habiles à manier le raisonnement; c'est celle de Hobbes, de Condillac, de Condorcet.

Un écueil d'un autre genre attend le métaphysicien : s'il se livre aux recherches physiques, rarement il séparera les phénomènes de la pensée de l'activité des organes, et le sentiment physique du sentiment moral; s'il se plaît aux opérations et aux combinaisons de signes, il voudra ramener au langage tous les procédés de l'entendement; s'il est préoccupé de l'indépendance de la pensée, il s'efforcera de l'affranchir des organes de la sensibilité, et n'attachera de réalité qu'aux phénomènes du moi intérieur. Il abstraira et coordonnera ses abstractions selon la diversité de ses études. Il ne méconnaîtra point toutefois l'existence distincte de la sensibilité organique, de la sensibilité morale, de l'intelligence, du langage; mais il s'efforcera de résoudre ces principes en un principe unique, selon les habitudes de son esprit, le cours de ses idées et l'importance qu'il accorde à la nature de leur objet. Il confondra donc les procédés du sens intime et ceux de l'observation physique; il ne remarquera pas que les mouvements de la sensibilité physique sont aveugles ou excités par la connaissance des choses, et que ceux de la sensibilité morale, toujours éclairés, le sont par la connaissance des personnes; que l'intelligence a sa nature propre et ses lois tantôt dépendantes du langage, tantôt indépendantes; qu'il n'y a point d'assimilation entre ces divers principes qu'une attention naïve distingue, et qu'ils ne peuvent être subordonnés à un seul que par un effort de la réflexion. Cette confusion systématique provient, selon nous, de l'omission ou de l'oubli d'une première abstraction de conscience. D'autres erreurs multipliées sont dues à l'abus de l'abstraction de l'esprit, lorsque, s'élevant par degrés dans l'échelle de l'intelligence, on a négligé de faire une exacte revue des faits qui lui servent d'appui, et de vérifier le résultat sur les données de l'observation; deux règles indispensables, même dans les calculs mathématiques, pour assurer l'exactitude des résultats obtenus par l'abstraction.

Pour plus d'éclaircissement et de développement, consultez Locke, *Essai sur l'entendement humain*, liv. 3. — Condillac, *Essai sur l'origine des connaissances humaines*, la *Logique* et l'*Art de penser*. — *Leçons de philosophie* de M. Laromiguière, tom. 2. — *Traité des signes et de l'art de penser* de M. de Gérando. — *Traité de la philosophie de l'esprit humain*, traduit de l'anglais de Dugald Steward, tom. 1. — Les *Discours* mis en tête de la *Logique de Port-Royal*. — Les *Principes logiques* de M. Destutt-Tracy.   S...R.

ABSTRAIT. (*Grammaire.*) On entend par *terme abstrait* tout terme qui désigne une idée abstraite (*voy.* Idée abstraite); dans ce sens, tous les mots qui ne sont pas des noms propres sont des termes abstraits. Mais il est certaines espèces de mots auxquelles on applique plus particulièrement cette dénomination; c'est ainsi que l'on distingue le nom ou substantif abstrait et le verbe abstrait.

1° Le nom abstrait est celui qui n'exprime ni des individus ni des choses entières, mais des qualités, des manières d'être ou d'agir que l'on considère indépendamment
des êtres en qui elles se trouvent, ou qui en sont l'objet :
tels sont ces mots, *amitié*, *crainte*, *vertu*, *sagesse*, etc.

Dans ce sens, nom abstrait est opposé à nom propre et
à nom commun ou appellatif.

2° Le verbe abstrait est celui qui n'exprime que l'idée
d'existence, sans déterminer la manière dont un être existe.
Le verbe *être* est le seul qui porte ce caractère ; tous les
autres verbes expriment l'idée de quelque attribut mêlée à
celle d'existence, et par conséquent sont *concrets* : *j'aime*
est pour *je suis aimant* ; on les nomme, par opposition au
verbe abstrait, *verbes concrets* ou *attributifs*. B.... T.

ABUS. (*Politique.*) L'abus est le mauvais usage que
l'on fait d'une chose d'ailleurs bonne, vraie ou utile.

Les peuples ont souvent dû leur bonheur à la religion,
à la royauté, à la liberté, à la noblesse même ; souvent
aussi les abus de ces choses ont produit le fanatisme, la
tyrannie, la licence populaire, et l'oppression féodale.

La conservation des institutions humaines, sages dans leur
origine, ne put être confiée qu'à des hommes sujets comme
tous les autres aux passions, aux erreurs, et dont l'intérêt
privé ne fut pas toujours d'accord avec l'intérêt général.

De là l'abus de la force ; dans l'ordre social, l'abus de
tout ce que le genre humain avait fondé pour assurer sa
conservation et son bonheur.

Un gouvernement imposé aux hommes au nom des dieux
dut leur paraître sublime. Ils s'inclinèrent avec respect
devant l'interprète de cette puissance invisible qui gouverne
l'univers. Le druide inspiré les trouva dévoués et dociles.
Prêtre, son pouvoir était grand ; homme, son ambition
n'était point satisfaite. Il appela à son secours la superstition et le fanatisme ; on le prit lui-même pour un dieu.
Pour persuader les hommes, il ne pouvait créer la vie,
mais il pouvait donner la mort ; et, mêlées à de vils ani-

maux, des victimes humaines, frappées du couteau sacré, vinrent ensanglanter les autels.

Seuls ils avaient gouverné les hommes, mais des chefs guerriers et des rois voulurent gouverner à leur tour. Il fallut faire alliance et partager le pouvoir. Les rois dirent aux prêtres : Annoncez les dieux aux peuples, et nous vous donnerons une part des dépouilles. Les prêtres répondirent aux rois : Partagez avec nous, et nous dirons aux peuples que les dieux ont fait les rois.

D'autres prêtres, en annonçant d'autres dieux, tinrent le même langage, car ils avaient le même intérêt.

Mais pourquoi, dans les temps modernes, une religion véritable et sainte a-t-elle dû éprouver aussi la cupidité de quelques hommes ? L'intolérance, la superstition, le fanatisme, ont tenté de travestir la pureté de la morale évangélique. On sait ce que Charlemagne, Philippe-Auguste, saint Louis et Philippe-le-Bel ont fait pour réprimer les abus du clergé. « Vous n'avez pas le droit, écrivait au dernier de ces rois l'orgueilleux Boniface VIII, de conférer des bénéfices, car vous nous êtes aussi soumis pour le temporel ; et ceux qui croiront autrement seront réputés hérétiques. » — « Nous en avons le droit, répondit Philippe, et ceux qui croiront autrement seront réputés fous et insensés. »

Tantôt le zèle religieux fait exterminer tous les juifs de l'Alsace ; en vain Louis de Bavière veut les protéger, sa dévote épouse lui fait servir de la viande un jour de jeûne. « Puisque les juifs sont vos frères, lui dit-elle avec indignation, vivez comme les juifs, sans respect pour les lois de l'église. » — Tantôt, abusant de la faiblesse d'un jeune prince, on épouvante l'univers par l'horrible massacre de Saint-Barthélemi.

Ici, Philippe-le-Long chasse les Israélites de France, pour avoir empoisonné les fontaines publiques ; là, Louis XI, aussi superstitieux que cruel, passe un contrat avec la vierge Marie, au sujet du droit et du titre de foi et hommage du comté de Boulogne.

Quel rapport peuvent avoir ces horreurs avec les prin
cipes de l'Évangile et la morale de Jésus-Christ ? Et si l'on
abuse à ce point des choses les plus sacrées , de quoi n'abu-
sera-t-on pas sur la terre ?

Princes et nobles ont-ils fait mieux ? Il fut un temps à
Rome où avec de l'or on se faisait empereur ; qu'était l'autorité du sénat , et celle du peuple lui-même , lorsqu'un
seul homme , dont les largesses avaient séduit le soldat , était
à la fois tribun , proconsul , censeur , grand pontife et
consul , s'il le voulait encore ? lorsque , pouvant à lui seul
accuser , juger , faire traîner au supplice l'innocent et le
coupable , il s'embarrassait peu que sa puissance parût in-
juste et oppressive ?

Sage et économe, un empereur redoutait les soldats avides
qui juraient sa mort et désignaient son successeur parmi
les plus riches. Oppresseur et cruel , les conspirations , les
arrêts du sénat le menaçaient à toute heure. Un tel état de
choses troublait Rome et ne cessait d'épouvanter l'univers.

L'or et la corruption avaient aussi perdu la Grèce , et
depuis long-temps la tribune de Démosthène n'était occupée que par les lâches flatteurs des tyrans. En France,
depuis le supplice de Brunehaut , les maires avaient gouverné sous les rois , mais la famille des Pepin s'éleva , et les
princes furent esclaves. La seconde race tendit à détruire
ce pouvoir immense usurpé par les maires , et à réduire
ces grands vassaux trop indépendants du trône ; mais ,
dans ces débats , rien ne fut fait pour la nation et elle
parut seule rester neutre dans sa propre cause. Long-
temps elle ignora à qui resterait le pouvoir , mais elle
n'était que trop sûre d'être opprimée par le vainqueur ,
quel qu'il fût.

C'était de bonne foi qu'un roi considérait alors son
peuple comme une propriété dont il pouvait user et abuser à
son gré ; et l'ordre de succession sembla toujours établi
moins dans l'intérêt de l'état que pour la seule commodité
de la famille régnante. (MONTESQ.)

7.

Le prince, accoutumé aux abus, dédaigna même souvent jusqu'aux plus simples formalités de la loi, non qu'elles lui parussent dangereuses, mais parcequ'il les croyait indifférentes. Le jugement des Guises eût épouvanté la ligue; leur mort ne fut considérée que comme un assassinat, et leur parti en fut fortifié, comme celui des pr testants par la mort de Coligny.

Cependant le peuple, étranger à ces grandes querelles entre les rois et les nobles, était sans cesse invoqué par les uns et par les autres. C'était à lui que s'adressait le duc de Berry lorsque, l'appelant au secours des gentilshommes armés contre Louis XI, il reprochait, dans ses manif stes, au roi son frère d'avoir des ministres « qui » forçaient les tribunaux à juger non selon la justice, mais » selon leurs volontés. » Le peuple sentit que ces reproches étaient fondés, mais il sentit aussi qu'un maître était plus supportable que cent maîtres, et il prêta son appui au roi, qui terrassa et humilia ses ennemis.

Les abus de toute espèce, dont je ne rappelle qu'un petit nombre, devaient un jour frapper la multitude éclairée. Quand le moment fut venu elle jeta un regard en arrière, et se demanda quel était le sort de l'Europe depuis onze siècles. Elle vit cette belle partie du monde écrasée par l'empire romain, déchirée par les barbares, dévastée par les Normands, en proie à l'anarchie des fiefs, aux malheurs des croisades, aux querelles sanglantes des prêtres, des rois et des orgueilleux patriciens, enfin opprimée par une foule de despotes subalternes, changeant de maîtres sans changer de sort, et désolée également par la torche du fanatisme et le fer des guerriers ambitieux. Dès lors on a osé parler de lois et de réformes. Le mot de liberté a retenti dans les airs. L'Angleterre, la première, a déclaré la guerre aux abus, et elle a abusé de ce qu'elle venait de conquérir. L'anarchie et Cromwell, qui lui a succédé, se sont chargés du soin de la punir. Cette leçon devait servir à la France. Une

révolution a eu lieu. C'était encore les abus qu'il fallait
détruire, et le peuple a encore abusé de ses droits et de sa
liberté.

Cependant quel temps fut plus favorable pour la raison
et la philosophie ? Le fanatisme avait cessé, la superstition était éteinte; plusieurs rois tendaient aux peuples une
main magnanime, et leur disaient eux-mêmes : « Vous
» avez aussi des droits. » La noblesse, impuissante et dés-
armée, ne pouvait plus nuire. On n'a point été satisfait:
ce qu'on devait obtenir par la justice, on a voulu le conquérir par la force ; sous prétexte de poser des limites au
pouvoir, le peuple a pris un pouvoir sans limites.

Puisqu'il est vrai que l'exemple de l'histoire ne nous
a point servi, profitons du moins de notre propre expérience. Sachons bien, et gardons-nous d'oublier, qu'un
mal quelconque n'est pas plus à craindre qu'un bien dont
on abuse. Certes la religion, si consolante et si douce au
cœur des hommes ; la royauté, maintenue dans les limites
qu'impose le bien public, protégeant tous les citoyens et
n'opprimant personne; la noblesse, servant d'intermédiaire
entre le trône et le peuple, assez forte pour comprimer
l'arbitraire, et trop faible pour tyranniser à son tour :
toutes ces choses non seulement sont compatibles avec le
bonheur des nations, mais peuvent encore fonder leur
repos et assurer leur puissance. Mais j'ai dit ce qu'il en
avait été jusqu'à notre temps ; j'ai dit aussi où conduisait
l'abus des forces populaires. Que faut-il en conclure ?
que même dans tout ce qui est juste et bon la modération
est nécessaire. Nous sommes à l'époque du patriotisme et
de la philosophie. Ces deux vertus ont aussi leurs abus.
La première peut conduire à l'égoïsme national, qui n'attache à la patrie qu'en isolant du reste de l'humanité;
l'autre, ennemie de l'intolérance, doit se garder de l'imiter dans ses fureurs, et se rappeler sans cesse que certains hommes, s'ils ne sont pas plus que les autres, sont
du moins autant qu'eux et ont droit aux mêmes égards.

Sachons être fermes pour réclamer nos droits, mais sachons être modérés en les exerçant. Quoi qu'en disent les fanatiques de tous les partis et de toutes les sectes, la modération est forte et puissante, car son empire peut être éternel, quand celui des passions est inconstant et passager comme elles. Défions-nous des hommes, et demandons des institutions; car les hommes ont des caprices, et les choses n'en ont pas. Puis, avec le passé, léguons le présent à la postérité, et disons lui : Si les hommes furent malheureux, c'est qu'ils abusèrent de tout. Ne souffrez pas que d'autres abusent, et vous-mêmes n'abusez de rien.

ABUS (Appel comme d'). (*Législation.*) Ce mot a toujours été spécialement employé pour désigner les entreprises des ecclésiastiques contre la juridiction et les droits des laïques : alors pour arrêter l'abus on en interjette appel.

On a eu deux fois le projet de déférer la connaissance des cas d'abus aux cours royales, mais ils sont restés dans les attributions du conseil d'état.

C'est au mot *Clergé* que nous parlerons des mesures législatives qui nous paraîtraient de nature à concilier la dignité de la religion avec la tranquillité publique et les droits des citoyens. C...N.

ABYDOS ou ABYDUS. (*Antiquités.*) Ville de la Troade, sur l'Hellespont, patrie de Léandre. L'ancre et le poisson sont le symbole ordinaire de ses médailles ; on y voit aussi un masque et un aigle posé. L'ancre et le poisson convenaient bien à une ville maritime placée dans un fond, d'après son nom, qui vient du grec α privatif et βυθὸς fond, gouffre profond, et est une variante de ἄϐυσσος, sans fond, abîme[1]. On en attribuait la fondation aux Milésiens, sous Gygès, roi de Lydie et de toute la Troade. Elle a fait frapper des médailles impériales grecques en l'honneur d'Auguste, de Marc-Aurèle, de Vérus, de Commode,

---

[1] C'est sans doute parcequ'elle était dans un fond, et comme dans un cloaque, que ses habitants avaient la réputation d'être mous et efféminés, et qu'on disait proverbialement : *N'abordez pas sans précaution à Abydos.*

de Sévère, de Caracalla, de Mammée. Sur l'autre rive de l'Hellespont, en Europe, et à l'opposite, était la ville de Sestos, patrie de Héro, amante de Léandre. Il y avait une ville en Égypte nommée aussi *Abydos* : elle est célèbre par l'oracle du dieu Béza, par le temple et le tombeau d'Osiris, et par le palais superbe du roi Memnon, qui en avait fait sa résidence ; c'était la plus grande après Thèbes.   E. J.

ABYSSINIE. (*Géographie.*) Grand pays de l'Afrique orientale au sud de la Nubie. Les limites qui le séparent de cette contrée, de celle des Gallas au sud et au sud-ouest, et du royaume d'Adel au sud-est, varient suivant le sort incertain des armes. Si l'on y comprend les côtes de la mer Rouge à l'est de l'Abyssinie, qui autrefois dépendaient immédiatement de ce royaume, et les provinces occupées par les Gallas, il peut avoir 200 lieues de longueur du 15ᵉ au 7ᵉ degré de latitude nord, sur 230 lieues de largeur du 32ᵉ au 42ᵉ degré de longitude est de Paris. L'Abyssinie forme un plateau doucement incliné au nord-ouest, avec deux grands escarpements, l'un à l'est vers la mer Rouge, l'autre au sud vers l'intérieur de l'Afrique. Les plus hautes cimes sont le Lamalmon, l'Amba-Gédéon, le Samen, le Naméra ; ce n'est que sur ces deux dernières que l'on voit la neige rester un certain temps.

Un grand nombre de rivières considérables arrosent ce pays; la plus célèbre est le Bahr-el-Azreck ou Nil d'Abyssinie, l'Astapus des anciens, qui traverse le lac de Dembea. Ce sont les sources de cette rivière que Bruce a prises pour celles du Nil d'Égypte : elles avaient été découvertes avant lui, en 1618, par le P. Paëz, missionnaire portugais.

L'élévation du sol, l'abondance des pluies pendant certaines saisons, les nombreux courants d'eau, rendent le climat des parties hautes de l'Abyssinie plus tempéré que sa position géographique ne le ferait croire ; mais dans les plaines et les vallées basses, les chaleurs sont étouffantes à l'intérieur du pays. La saison des pluies, qui commence en juin, dure jusqu'en septembre ; elles sont fréquemment accompagnées d'orages affreux, et si abondantes qu'elles font suspendre tous les travaux et même cesser les opérations militaires. Les mois les plus sereins sont ceux de décembre et de janvier. Sur les bords de la mer Rouge, à l'est des montagnes, la saison des pluies commence lorsqu'elle a pris fin dans l'intérieur.

Les voyageurs qui ont visité cette contrée montagneuse ne parlent pas des mines qu'elle doit renfermer ; quelques relations disent néanmoins qu'il s'y en trouve de fer, de cuivre et de plomb ; probablement leur exploitation est très imparfaite. On retire de l'or extrêmement pur du lavage des sables et graviers de quelques fosses peu profondes. On trouve l'or le plus fin au pied de quelques montagnes des provinces occidentales. Dans les plaines situées au bas de la chaîne, on rencontre du sel gemme en cristaux d'une dimension considérable.

De vastes forêts couvrent plusieurs cantons de l'Abyssinie ; on y remarque le cusso, le vouginos, l'érythrine à fruit de corail, le tamarinier, diverses espèces d'acacias épineux, le dattier et d'autres arbres curieux. Le cafier croît spontanément sur quelques montagnes : les plus arides nourrissent des euphorbes ligneuses.

L'on cultive le sorgho ou millet, le froment, l'orge, et le tef, graminée du genre des poa, dont la graine est extrêmement mince et sert à faire des gâteaux. Deux récoltes ont lieu tous les ans, l'une pendant la saison des pluies, en juillet, août ou septembre ; l'autre au printemps : dans quelques endroits la terre donne jusqu'à trois récoltes. L'ensété, espèce de bananier, et la vigne obtiennent aussi les soins des Abyssins, mais ils font peu de vin ; ils aiment mieux une espèce d'hydromel. Les jardins offrent plusieurs espèces d'arbres fruitiers et de légumes ; les champs produisent des plantes oléagineuses inconnues en Europe. On trouve en Abyssinie le cypérus à papier, l'arbre qui donne le baume de Judée, et celui de la myr-

rhe; enfin les campagnes sont embaumées de l'odeur
suave qu'exhalent les roses, les jasmins, les lis, et les
œillets.

Beaucoup de bêtes féroces, entre autres les lions, les
léopards, les panthères, les lynx bottés, les hyènes, in-
festent l'Abyssinie. La girafe, diverses espèces de ga-
zelles, des singes, des sangliers, des buffles, l'éléphant, le rhinocéros à deux cornes, et l'hippopotame, se
trouvent aussi dans ce pays. Quelques voyageurs ont dit
que le zèbre y errait au moins dans les provinces méridionales; ils font aussi mention de l'achkoko, petit animal de la famille des pachydermes. Les bœufs sont très
gros; l'âne et le mulet remplacent le cheval dans cette
région montagneuse; les lacs et les rivières sont remplis
de crocodiles. Les oiseaux aquatiques y sont rares; plusieurs oiseaux singuliers font l'ornement des campagnes
et des forêts; on y voit plusieurs espèces d'aigles et l'autruche. On ne connaît pas bien les sortes de poissons
de cette contrée. Les abeilles y donnent un miel excellent; quelques unes construisent leurs ruches sous terre.
Les sauterelles causent quelquefois des dégâts effroyables;
mais l'insecte le plus funeste est le zemb ou tsaltsalya,
espèce de mouche dont la vue et même le seul bourdonnement répand plus de terreur et de désordre parmi les
animaux que tous les monstres de ces contrées ne pourraient en causer quand ils seraient le double plus nombreux qu'ils ne sont.

Le nom d'Abyssin vient d'Abbas-chi, terme par lequel
les Arabes désignent ce peuple, pour indiquer qu'il est
d'une origine mélangée; les Abyssins ne s'en servent pas
volontiers. Ils sont d'une taille élancée et bien prise; ils
ont les cheveux longs et les traits du visage assez semblables à ceux des Européens; leur teint est bronzé ou d'un
brun foncé; quelques uns l'ont d'un brun olivâtre, d'autres
de la couleur de l'encre pâle. On aperçoit dans leur
physionomie quelques vestiges de celle des nègres. Les

Énaréens , qui habitent dans le sud-ouest , ont le teint le plus clair ; les Chihos , qui vivent sur les côtes de la mer Rouge , sont les plus noirs ; les Hazortas , leurs voisins , sont cuivrés.

Au milieu de l'Abyssinie vivent des peuples barbares presque semblables aux nègres ; ils demeurent dans les cavernes et dans les bois. Ce sont les Agôs , les Founghis, les Gougas , les Gafates et les Gallas , qui occupent actuellement plusieurs provinces de ce pays. Les Falasjas sont une tribu juive qui formait autrefois un état à peu près indépendant.

Les Abyssins s'appellent eux-mêmes dans leurs livres Itiopiavans ou Ethiopiens ; ils se désignent aussi par le nom de leurs provinces , par exemple Amharéens , Tigréens , etc. , ou bien se donnent celui de Cachtams , c'est-à-dire chrétiens : c'est un titre dont ils sont très fiers. Le nom de leur pays est *Manghesta Itiopia* (royaume d'Éthiopie) , ou , en ghéez , *Ag-azi Ag-azian* (pays des hommes libres). Les Grecs les ont nommés Axumites , d'après la ville d'Axum , dans la province de Tigré ; c'est l'ancienne métropole. On les a même appelés Indiens.

La langue ghéez , qui se parle dans le Tigré , et dans laquelle les livres abyssins sont écrits, est regardée comme un idiome dérivé de l'arabe. Son alphabet a de la ressemblance avec celui des Coptes ; il n'est plus en usage que comme langue classique. Le ghéez est difficile à prononcer, mais moins encore que la langue amharique, usitée à la cour depuis le quatorzième siècle , et parlée dans la plupart des provinces. Ces deux langues ont surtout sept consonnes dont un organe européen ne saurait rendre la rudesse. L'amharique offre aussi beaucoup de racines arabiques ; mais on reconnaît dans sa syntaxe des traces d'une origine particulière ; il n'a pas cette variété de formes grammaticales qui est un des caractères des langues asiatiques. Enfin les Gallas et d'autres peuples ont des dialectes et même des idiomes particuliers.

Ces faits semblent indiquer que l'Abyssinie, peuplée d'abord d'habitants indigènes, en reçut ensuite qui lui vinrent de l'Arabie. La chronique des rois d'Axum commence, comme celle de la plupart des peuples, par des fables. A une époque difficile à déterminer, une tribu d'Arabes Couchites, dont il est question dans les livres des Hébreux, s'établit dans les parties septentrionales et maritimes de l'Abyssinie. Les rois de ce pays font remonter leur origine à Ménilehek, fils de Salomon et de la reine de Saba: il portait aussi le nom de David. Ses descendants régnèrent sans interruption jusqu'en 960 de J.-C. Cette période fut la plus brillante de l'Abyssinie ; ses rois avaient porté leurs conquêtes jusque dans une partie de l'Arabie. Axum, leur capitale, était une ville magnifique et faisait un commerce très étendu. Ils reçurent des ambassadeurs des empereurs de Constantinople ; leur puissance dans la mer Rouge les faisait respecter de tous les peuples voisins ; ils sont nommés plusieurs fois par les écrivains grecs et arabes, dont les récits sont en général très conformes, quoique la différence d'orthographe des noms et divers passages obscurs aient jusqu'à présent causé de grandes difficultés lorsqu'on a voulu les concilier.

Cette splendeur s'éclipsa. En 925, Gudit, femme juive, fille des souverains de cette nation, qui occupaient un canton d'Abyssinie, réussit, par ses intrigues, à se faire un parti puissant dans la province dont son mari était gouverneur. Profitant de la mort du roi, décédé après un règne très court, et de la désolation qu'une maladie contagieuse avait répandue dans l'empire, elle surprit la montagne de Damot, fit massacrer tous les princes de la famille royale qui, d'après l'usage, y étaient détenus, détruisit Axum, et transféra le siège du gouvernement dans le Carta. En langue amharique Gudit est nommée *Assaut* (le feu.) Une nouvelle dynastie monta sur le trône: elle professait le judaïsme ; au bout de cinq générations elle s'éteignit; celle qui lui succéda embrassa le christia-

nisme. Cette dynastie zagaïque rendit volontairement la
couronne , en 1268 , à un prince de l'ancienne race salo-
monique , qui s'était conservée dans la province de Choa.
Celle-ci y fixa sa résidence qu'elle transféra ensuite à
Gondar. Elle règne encore aujourd'hui , mais elle ne possède plus la totalité de l'Abyssinie.

Des guerres civiles désolèrent ce pays. Vers la fin du dix-
huitième siècle , elles le bouleversèrent entièrement; les
Gallas en envahirent une partie. L'Abyssinie est aujour-
d'hui divisée en trois états indépendants les uns des autres : le Tigré au nord-est , l'Amhara à l'ouest , les provinces de Choa et d'Effat au sud. Le rejeton de la race
de Salomon végète obscurément à Gondar , dans une province de l'Amhara ; un ras ou vice-roi a la réalité du pouvoir ; un autre ras commande sans contrôle dans le Tigré:
il a dans sa dépendance l'ancienne métropole d'Axum ,
et règne de fait. Sa résidence est à Antalo , dans la vallée
de Chelicut. Les Gallas occupent en maîtres les deux provinces du sud , et , par leurs incursions , tiennent l'Amhara
dans des alarmes continuelles. Leur capitale est Ankober.
Cet état de choses représente assez bien celui de l'Europe
féodale vers le treizième siècle.

A l'est du Tigré , différents territoires sont gouvernés
par des chefs qui tous ne reconnaissent pas également
l'autorité du ras. Enfin la côte d'Abesch , ou la lisière
comprise entre les montagnes et la mer Rouge , et dont la
partie méridionale a été nommée Dankali , est peuplée par
les Hazorta , les Bejah , les Chiho , les Danakil , les Goba
et d'autres hordes barbares , qui n'obéissent qu'à leur
chef indigène. Les ports de Massouah et de Souakem
sont entre les mains des mahométans , commandés aujour-
d'hui par des lieutenants du pacha d'Egypte. Leurs extor-
sions font le plus grand tort aux relations commerciales
de l'Abyssinie de ce côté.

Une partie de cette côte aride et sablonneuse est inhabi-
table à cause du manque d'eau et de l'excès de la chaleur ;

dans la saison des pluies , les lagunes fréquentes le long du rivage se remplissent de même que les puits creusés par les habitants. Des dattiers et d'autres arbres couvrent les îles et les plages. Le fond de la mer , peu profonde , abonde en corail. Un peu de pain , du poisson , du lait de chèvre ou de chameau , rarement la chair de ces animaux , font la nourriture des habitants. Les creux des rochers furent dans les temps anciens et sont encore leurs demeures : c'est de là qu'est venu le nom de Troglodytes , par lequel on les désignait. La misère de ces hommes est si grande qu'ils ne peuvent offrir que de l'eau aux étrangers qui abordent chez eux : sous leur climat brûlant c'est un présent inestimable. Des voyageurs rapportent que les femmes danakil ont la physionomie fort agréable.

L'empereur d'Abyssinie prend le titre de *Neguça Nagast'z Aitiopia* , roi des rois d'Éthiopie ; ce qui l'a fait désigner par quelques voyageurs sous le nom de *Grand Négus*. Certains écrivains l'ont aussi nommé *Prêtre-Jean* , par suite de l'ancienne confusion de l'Inde avec l'Éthiopie. On savait que le monarque de l'Abyssinie était chrétien , et on ne crut pouvoir lui attribuer une dénomination plus convenable que celle qui impliquait des fonctions sacerdotales. Ce nom , qui prit naissance au milieu des ténèbres du moyen âge , est une corruption de *Presta - Kan* , prêtre-roi. Il appartenait à un prince mogol , de la secte des nestoriens ; les relations italiennes le travestirent en *Prêtre-Gianni*. Le premier voyageur qui parla de ce prêtre Jean le plaça dans l'Inde habitée par des nègres. Or , lorsque les Portugais , dans le cours de leurs découvertes , furent arrivés au Congo , ils apprirent des habitants que , très loin derrière eux , vivait dans l'intérieur de l'Afrique un prince chrétien ; il n'en fallut pas davantage pour transformer le Grand-Négus en Prêtre-Jean.

Quoique doués de bonnes qualités , car ils sont affables , prévenants et hospitaliers , et de dispositions heureuses qui se manifestent chez ceux auxquels l'éducation permet de les développer, les Abyssins, entourés de peuples à demi sauvages et dégradés par le gouvernement despotique, languissent dans un état voisin de la barbarie. Leur bravoure n'étant pas dirigée par la tactique ne leur sert qu'à se faire massacrer en plus grand nombre s'ils succombent dans le combat. Vainqueurs, ils se livrent à une extrême férocité, et dans leurs triomphes, peu fréquents, ils portent en trophées les parties sexuelles de leurs ennemis restés sur le champ de bataille. Bruce, voyageur anglais, qui raconte cette coutume atroce, est d'accord sur ce point avec Ludolf. C'est aussi lui qui dit que, dans leurs festins d'apparat, les Abyssins découpent, pour les manger sur-le-champ, des tranches de chair d'un bœuf vivant, dont le sang ruisselle dans le vestibule et dont les mugissements se mêlent aux cris de joie des convives; il ajoute que l'hydromel renforcé d'opium anime la brutale gaieté de ces odieux banquets. Un autre Anglais, M. Salt, qui a visité l'Abyssinie depuis Bruce, affirme que, sur ce point comme sur quelques autres, son compatriote a exagéré les faits. Il convient que les Abyssins mangent de la viande crue qu'ils assaisonnent d'une sauce de sang frais; il convient que cette chair crue est servie pendant que les fibres sont encore palpitantes, mais il assure que l'on commence par séparer la tête du corps de l'animal. Il dit aussi que Bruce s'est trompé en racontant que les grands seigneurs abyssins, par l'effet d'une indolence dédaigneuse, se font mettre par leurs serviteurs les aliments dans la bouche. Du reste, les Abyssins se feraient scrupule de manger avec d'autres qu'avec des chrétiens.

Les maisons des Abyssins sont des cabanes rondes, couvertes d'un toit conique. Ils ont pour vêtement une robe de coton et une espèce de manteau. Les enfants vont nus jusqu'à l'âge de puberté. Quelques tapis de Perse, de la poterie de terre noire, forment leurs principaux objets de luxe. Les arts et les métiers sont en grande partie abandonnés aux étrangers, et surtout aux juifs;

ces derniers sont les seuls forgerons, maçons et couvreurs qu'il y ait dans le pays.

Les rois et les ras ont auprès d'eux des bouffons qui plaisantent tout le monde, comme le faisaient les fous que les princes de l'Europe entretenaient autrefois à leur cour, et qui, de même, disent parfois des vérités.

Chez un peuple vif et gai comme le sont les Abyssins, les mariages, les naissances, en un mot tous les événements importants sont célébrés par des fêtes et des réjouissances. C'est, dit M. Salt, une chose remarquable que la joie et la bonne intelligence qui règnent dans ces réunions ne soient pas troublées par les scènes d'ivresse qu'elles ne manquent jamais de produire. Il est très rare qu'en pareille occasion il s'élève une querelle entre les personnes d'un rang élevé.

Le principal amusement des classes inférieures dans les fêtes qui suivent la fin du carême est le jeu du kersa, qui ressemble beaucoup au mail. De grandes troupes se réunissent; quelquefois des villages entiers se défient réciproquement. Dans ce dernier cas, la partie est vivement disputée, et lorsque les joueurs sont à peu près d'égale force, il faut souvent une journée entière pour la décider. Les vainqueurs retournent chez eux en dansant et en poussant de grands cris, et sont reçus au milieu des acclamations des femmes de leur parti. Souvent on s'échauffe tellement de part et d'autre que les antagonistes s'accablent mutuellement d'injures et s'adressent des menaces terribles; enfin, comme cela n'arrive que trop souvent dans des pays bien plus policés, on en vient aux coups, mais alors même on ne se sert que des crosses avec lesquelles on a joué: toutefois plus d'un combattant est laissé mort sur la place.

Il n'est pas étonnant que les Abyssins, joignant à une imagination vive une grande ignorance, soient en proie aux idées les plus extravagantes et les plus absurdes. Ils croient que la plupart de leurs maladies sont causées par la funeste influence de l'esprit malin. Ils supposent à tous

les ouvriers en fer la faculté de se transformer en hyènes
pendant la nuit et de se repaître alors de chair humaine ,
et sont persuadés que si ces hommes sont blessés durant
leur métamorphose, la plaie se retrouve à la partie corres-
pondante de leur corps lorsqu'ils ont repris leur forme
naturelle. Du reste cette opinion existait chez les Grecs et
les Romains.

Plusieurs usages des Abyssins rappellent ceux du peuple
hébreu avant le règne de Salomon. M. Salt dit qu'il fut
si frappé de cette ressemblance que parfois il avait peine
à ne pas s'imaginer qu'il se trouvait au milieu des Israélites,
et que , reporté à quelques mille ans en arrière , il vivait au
temps où les rois étaient pasteurs et où les princes de la terre,
armés de lances et de frondes , allaient sur des ânes ou des
mulets combattre les Philistins. Les Abyssins nourrissent
contre les Gallas les sentiments de haine invétérée dont
les Israélites étaient animés contre leurs ennemis.

Presque tout le commerce de l'Abyssinie a lieu par
Adoueh , ville du Tigré ; on y apporte de Massouah du
plomb , de l'étain , du cuivre , des feuilles d'or , de petits
tapis de Perse de couleur éclatante , mais à bas prix ; de la
soie écrue , du coton , du velours , du drap de France ,
des maroquins d'Égypte , de la verrerie et de la verro-
terie de Venise ; la plupart de ces marchandises qui viennent d'Europe sont expédiées d'Égypte par mer à Djed-
dah , sur la côte d'Arabie , d'où elles vont à travers le golfe
à Massouah. L'Abyssinie commerce aussi par des caravanes
avec l'Égypte ; mais les marchands sont exposés à mille
périls dans le long trajet par terre qui sépare les deux pays ,
et surtout en traversant la Nubie. L'Abyssinie fournit aux
pays étrangers de l'ivoire , de l'or , enfin des esclaves , cette
marchandise si commune en Afrique.

Le commerce intérieur ne peut que souffrir beaucoup
des troubles continuels du royaume. Cependant Adoueh a
des fabriques de toiles de coton fines et grossières. La matière première est fournie par les territoires que baigne le

Tacazze, ce coton passe pour meilleur que celui que l'on tire de Massouah. Gondar a aussi des manufactures de toile, de qualité inférieure à celle d'Adoueh. Les provinces situées au sud de cette dernière ville abondent principalement en bétail et en grains. On fabrique dans la province de Samen de petits tapis que M. Salt a trouvés bien supérieurs à ce qu'il s'attendait à voir sortir des ateliers de l'Abyssinie. Les habitants d'Axum et des environs sont renommés pour la préparation du parchemin. On façonne le cuivre et le fer dans toute l'étendue du royaume, mais les chaînettes de ce dernier métal les mieux finies viennent des provinces du sud ; on dit qu'elles sont l'ouvrage des Gallas.

Les Abyssins aiment beaucoup les peintures. Les murs de leurs églises en sont couverts : il n'est pas de chef qui ne soit charmé d'avoir un tableau peint sur une des parois de sa salle principale. Les peintres abyssins exagèrent toujours d'une manière étrange les dimensions de l'œil, et représentent constamment le visage de face, excepté lorsque le personnage est un juif ; alors ils le montrent de profil.

Il est difficile d'avoir des données précises sur la population d'un pays gouverné d'une manière si peu régulière. On a évalué le nombre des habitants à 3,500,000. Ce nombre n'offre rien d'improbable ; il est même très faible relativement à la surface du pays. Les revenus des souverains proviennent de la dîme en nature de toutes les productions des domaines, des péages, du tribut payé par les gouverneurs.

Peu de voyageurs européens ont pénétré en Abyssinie. Pierre Covilham, Portugais, y fut envoyé par son gouvernement à la fin du quinzième siècle. On pense qu'il y fut retenu par force ; il y finit ses jours. Les Portugais y envoyèrent ensuite une ambassade pompeuse qui fut suivie de tentatives pour y établir la religion catholique ; il en résulta des guerres qui ne finirent que vers le milieu du dix-septième siècle. Elles engendrèrent une haine profonde contre les chrétiens de l'Europe. Poncet, médecin français, alla en Abyssinie en 1700, pour guérir le roi d'une maladie devant laquelle l'art des docteurs du pays avait échoué ; il réussit, et put quitter le royaume. Des missionnaires, guidés par leur zèle, essayèrent ensuite d'y pénétrer : ils périrent. Enfin en 1769, James Bruce, Écossais, excité par le désir de voir un pays si curieux, y arriva, y fit un long séjour, et en parcourut quelques provinces. Depuis son retour en Europe, jusqu'en 1805, aucun voyageur n'avait obtenu la permission d'entrer en Abyssinie. A cette époque, M. Salt y parvint, et laissa en partant quelques uns de ses compatriotes, pour essayer d'établir des relations commerciales entre cette contrée et sa patrie : il y est retourné en 1809, et en est reparti sans avoir pu effectuer son projet.

Legatio magni Indorum presbyteri Joannis ad Emmanuelem regem Lusitaniæ, etc., 1513, par Dam. A. Goez. Anvers, 1552, 1 vol. in-8^d.

Alvarez (Franc.) *verdadeira informaçion das terras do Preste Joam das Indias.* Lisboa, 1540, in-fol.

Relation do ambaixada gô Joad Bermudes trouxa do imperador da Ethiopia. Lisboa, 1563, in-4°.

De Abyssinorum rebus libri tres, P. N. Godigno. Lugduni, 1615, in-12.

Historia geral de Ethiopia a alta, etc., por Manoel d'Almeyda, abbreviada por Tellez. Coimbra, 1660, in-fol.

Historia geral de Ethiopia, par J. F. dos Santos. Evora, 1609, in-fol.

Relation historique de l'Abyssinie, trad. du portugais de Lobo, par Legrand. Paris, 1728, in-4°.

Relation du révérend patriarche d'Éthiopie, par Mendez, trad. du portugais. Lille, 1633.

Litteræ annuæ patrum soc. Jesu. Gandavi, 1626.

Nuove e curiose lettere dell' Ethiopia. Florence, 1622.

Ludolf. *Historia æthiopica.* Francfort, 1681, in-fol.

— *Commentarius ad historiam.* Francfort, 1691, in-fol.

Poncet. *Voyage en Éthiopie.* (Se trouve dans les *Lettres édifiantes*, t. III, édition de 1781.)

Bruce. *Voyages en Nubie et en Abyssinie*, 5 vol. in-4°. } Sont traduits
Salt. 1er *Voyage*, dans ceux du lord Valentia. } en français.
— 2e *Voyage.* Londres, 1803, in-4°. }

E...s.

ABYSSINS. (*Religion.*) Les Abyssins, avant leur conver-

sion, adoraient les dieux des sabéens, avec lesquels on croit
qu'ils ont une origine commune. Ils ont été appelés au christianisme par Frumentius, que saint Athanase leur donna
pour premier évêque. Leur croyance, dégénérée de la
pureté primitive, se rapproche de celle des protestants ; ils
admettent, comme profession de foi, le symbole de Nicée,
et non celui des apôtres ; ils rejettent la tradition, ne reçoivent comme parole de Dieu que les saintes écritures,
avouent les canons et les constitutions apostoliques, nient
le purgatoire, ne prient pas pour leurs morts, révèrent le
pape, sans croire à sa primauté de droit divin, et traitent
les orthodoxes d'hérétiques.

A l'exemple de quelques premiers chrétiens, les Abyssins observent le samedi ou sabbat aussi religieusement
que le dimanche ; de là leur carême, qui est très rigoureux,
commence dix jours plus tôt que celui de l'église romaine,
avec la même durée, parcequ'ils ne jeûnent ni le samedi
ni le dimanche, et que le samedi saint n'en fait point partie. Ils croient que nos âmes émanent de celle d'Adam,
et ne seront heureuses qu'après la résurrection générale.
Ils honorent la sainte Vierge, en ardents adversaires de Nes-
torius, qui, comme on sait, ne voulait pas qu'on la nommât
la mère de Dieu ; ils invoquent les anges et les saints ; ils
ont en horreur les statues et les bas-reliefs qui les représentent : aussi ne voit-on que leurs images en peinture et la
croix dans leurs temples, où ils n'entrent jamais sans y porter quelque offrande. Ils ont enfin une vénération extraordinaire pour l'archange saint Michel. Leur grande fête est
celle de l'Épiphanie, qu'ils célèbrent tous les ans avec beaucoup de pompe, le 11 janvier. Leur ère date de la 19e année
de Dioclétien, et de la 302e de l'ère vulgaire.

Les moines abyssins n'ont pas la faculté de mendier :
leurs prêtres sont mariés ; ils célèbrent le mystère de l'Eu-
charistie sur une table, et non devant un autel. Ils ne conservent pas le pain sacré, et ne l'exposent jamais à l'adoration.
Ils administrent la communion sous les deux espèces et la

donnent aux enfants. En prononçant l'absolution des fautes, ils frappent le pénitent sur l'épaule avec un rameau d'olivier.

Le patriarche ou prélat suprême a le nom d'*Abuna, notre père*. Ce n'est point lui, mais l'empereur ou *grand négus*, qui a la nomination des évêchés et de tous les bénéfices. A sa mort, le prince s'empare des biens et des revenus du patriarcat. Ce patriarche dépendait autrefois de celui d'Alexandrie, il n'en relève à présent que sous quelques rapports de déférence et d'égards religieux : ainsi le patriarche d'Alexandrie est nommé avant lui dans quelques prières. Tous les sept ans il fait et bénit le chrisme et l'envoie en Abyssinie. Comme lui, le patriarche et l'église des Abyssins sont *jacobites eutychiens*, et honorent les trois saints de cette secte : Dioscore, patriarche d'Alexandrie, successeur de saint Cyrille ; Sévère ; et Jacob ou Jacques, Syrien d'origine, qui contribua beaucoup dans l'Orient à la propagation de la doctrine d'Eutychès. Les *jacobites* appellent *melchites* ou royalistes les catholiques romains, parcequ'ils prétendent que le concile de Chalcédoine ne condamna Eutychès que par l'influence du pouvoir impérial. Le mot *melchi*, en syriaque et en hébreu, signifie *roi*.

Les Abyssins n'observent plus autant qu'autrefois la cérémonie de la circoncision, quoiqu'il ne paraisse pas qu'elle ait jamais eu parmi eux un caractère religieux. Grotius prétend qu'ils avaient pris cet usage des enfants de Céthura, l'une des femmes d'Abraham, qui s'étaient établis en Éthiopie. Hérodote raconte que la circoncision existait chez les Éthiopiens de temps immémorial. Aussi le jésuite espagnol Suarès admet-il les Abyssins à la communion catholique, quoiqu'ils s'obstinent à retenir la circoncision, parcequ'il n'est pas constant qu'ils la regardent comme un article de foi.

Les Abyssins étaient dans une situation prospère et tranquille, quand tout-à-coup des troubles religieux et politiques survinrent pour les diviser. Le parti faible invoqua le secours des Portugais, qui contribuèrent à les pacifier et leur donnèrent un des leurs pour patriarche. C'était un médecin appelé Bermude, qui demanda à l'empereur abyssin un serment d'obéissance au pape, et, sans trop de ménagement pour un prince encore schismatique, l'exigea avec une instance et d'un ton qui déplurent. Il fut chassé : un moment soutenu par ses compatriotes, il ralluma les troubles ; mais, obligé de fuir de l'Éthiopie, il laissa son siége à Oviédo, qui, rappelé par le pape, lui demanda des troupes au lieu de lui obéir, et lui promit la conquête des états de Mosambique et de Sofala à la religion catholique. Les jésuites, entrés avec lui chez les Abyssins, leur donnèrent la première idée des missions ; ils eurent plus de succès. Oviédo mourut sans réaliser ses projets.

Presque en même temps, le sultan Segud envahit l'autorité suprême ; ses violences lui avaient aliéné ses nouveaux sujets. Il sentit la nécessité d'un appui ; les Portugais le lui offrirent par l'organe d'un missionnaire, à condition qu'il favoriserait la religion catholique, et il accepta. La dispute des *deux natures* de Jésus-Christ amena des excès de part et d'autre ; et peut-être Segud sacrifia-t-il avec une aveugle cruauté à l'exaltation des opinions religieuses. La doctrine apostolique dut être adoptée par tous ses sujets, sous peine de la vie. Les troubles furent graves et sanglants. Segud éprouva le besoin d'y mettre un terme : il déféra sans efforts à l'avis des grands, qui soutenaient que la contestation engagée était plus du ressort des théologiens que d'un peuple qui ne la défendait ou ne la repoussait qu'en couvrant de morts les champs de bataille ; et la liberté du culte et des sentiments religieux, admise par ce prince, arrêta l'effusion du sang. L'Abyssinie célébra par des transports de joie le rétablissement de l'ordre et de la paix qui furent les suites de cette tolérance.

La mort de Segud eut lieu peu de temps après, et fit passer la puissance entre les mains de Basilide, qui, épouvanté des souvenirs du passé, exila le patriarche catholi-

que Mendès, refusa de céder aux prières qu'il lui adressa
pour rentrer dans son siége, bien qu'il promît de n'élever
jamais qu'avec les savants de la nation la discussion du
dogme qui avait été la source de tant de maux, et finit par
l'exclure tout-à-fait de ses états, quand il fut instruit que ce
prélat cherchait à lui susciter une guerre avec le vice-roi
des Indes. Cette précaution dissipa toutes les inquiétudes
du prince, et ne permit plus de retour aux dissensions des
sujets.   B...т.

ABYSSINS. (*Histoire naturelle.*) Espèce du genre
homme. (*Voyez* ce mot.)

AC

ACACIA. (*Histoire naturelle.*) Comme les noms vulgaires ne désignent pas toujours les objets qui portent scientifiquement les mêmes noms, l'arbre ordinairement appelé acacia n'est pas celui que les botanistes appellent ainsi.
L'acacia des botanistes est un genre formé aux dépens de
celui des mimeuses de Linné ; la multitude des espèces
assez disparates que celui-ci renfermait a suffisamment mo-
tivé la division qu'on en a faite. Il sera question plus tard
de ces mimeuses (*voyez* ce mot), qui méritent qu'on les
distingue dans les forêts des pays chauds, par l'utilité
qu'on retire de plusieurs d'entre elles.

L'acacia des gens du monde est fort différent ; il appartient au genre robinier (*robinia*). Quoique ce nom de robinier ne soit pas aussi distingué que celui d'acacia, il doit
être préféré, puisqu'il est celui de Jean Robin, professeur
de botanique à Paris, au commencement du dix-septième
siècle, et auquel on doit l'introduction en Europe d'un arbre
qui fait l'ornement de nos promenades et de nos massifs de
verdure, d'un arbre dont les fleurs répandent un parfum si
doux, dont les feuilles sont une excellente nourriture pour
les animaux domestiques, dont le bois n'est pas sans utilité,
et qui réussit dans les mauvais terrains qui semblent repousser toute autre végétation.

Le premier pied d'acacia ou plutôt de robinier qui parvint en Europe fut planté à Bruxelles dans le jardin de l'archiduc, qui fait maintenant partie de l'établissement scientifique créé par le laborieux Dekin, et maintenant si bien dirigé par le savant Drapier. Cet arbre y existe encore ; la foudre l'a cependant plusieurs fois frappé ; il est énorme, au moins par rapport à tous les rejetons qui sont sortis de lui, et qui se sont répandus si promptement dans toute l'Europe. Cet Adam des robiniers est originaire de l'Amérique septentrionale, ainsi que les robiniers roses et visqueux, connus également sous le nom impropre d'acacia.

L'arbre désigné dans certains mystères sous le nom d'acacia ne peut donc être le robinier, car ces mystères, antérieurs à la découverte du nouveau monde, n'en ont rien emprunté. Leur symbole vient des acacias qu'on trouve dans le Levant. C'est probablement le gommier, sorte de mimeuse, qui est le véritable acacia de la franc-maçonnerie. (*Voyez* Mimeuse.) B. de St. V.

ACADÉMIE, ἀκαδημία. (*Antiquités.*) C'était un gymnase avec un jardin ou verger, situé dans le Céramique, un des faubourgs d'Athènes, à six stades et au nord-ouest de la ville. Ce lieu est devenu célèbre par les assemblées que Platon, qui y était né, et ses sectateurs y tenaient pour converser sur des matières philosophiques. Il était rempli d'eaux stagnantes et malsain. Cimon le dessécha, y planta des allées d'arbres et des bosquets, et il devint la promenade des Athéniens les plus distingués, et surtout des philosophes platoniciens, nommés de là *académiques ;* comme le *lycée,* autre gymnase situé au sud-est d'Athènes, était la promenade des philosophes de la secte d'Aristote, appelés péripatéticiens (du grec περιπατέω, *obambulo,* je me promène à l'entour). On appelait l'académie, la promenade d'en bas, ou le gymnase inférieur ; le lycée, la promenade d'en haut, ou le gymnase supérieur. L'académie, faisant partie du Céramique, dont le nom vient de κέραμος, terre de potier, vase de terre, et qui était rempli en effet d'urnes cinéraires, était aussi consacrée aux sépultures : on enterrait dans son verger, comme dans un élysée, ceux qui avaient rendu des services signalés à la patrie.

Le nom d'*académie* vient d'*Académus*, qui découvrit à Castor et Pollux l'endroit où Hélène leur sœur s'était cachée avec Thésée son ravisseur : ils étaient venus, à main armée, la redemander aux Athéniens, qui ayant répondu qu'ils ne savaient où elle était, *Académus*, pour arrêter la guerre qui allait commencer, leur apprit qu'elle était cachée à Aphidna. Ces deux frères allèrent attaquer cette ville, la prirent d'assaut et la rasèrent. Les Lacédémoniens, par reconnaissance de ce service, épargnèrent la maison et les jardins d'Athènes, appelés de son nom *Académie,* toutes les fois qu'ils ravagèrent les faubourgs de cette ville, et comme ils adoraient les Dioscures, ils honorèrent aussi la mémoire d'*Académus ;* mais le farouche Sylla détruisit ses bosquets délicieux, et fit construire, avec les arbres, des machines de guerre pour s'emparer d'Athènes.

Quant au nom d'*Académus* même, il vient du grec ἄκος δῆμος, le remède ou le sauveur du peuple : ce nom est en rapport avec la fable, qui lui attribue d'avoir sauvé sa patrie, avec les surnoms d'*Acos* et de Sauveur (Σωτήρ), donnés à Bacchus. *Académus* était, par conséquent, un surnom de Bacchus, qui était aussi appelé *Sauveur,* et qui était honoré à Athènes d'un culte particulier. Ce passage d'Eupolis, entre bien d'autres, ἐν εὐσκίοις δρυμοῖσιν Ἀκαδήμου θεοῦ, dans les bosquets ombragés du dieu Académus, achève de prouver qu'Académus était en effet un dieu, et non pas seulement un héros.

C'est par conséquent à Bacchus *Académus*, ou *le remède du peuple,* c'est-à-dire au *soleil bienfaisant des signes ascendants,* que l'académie et ses jardins furent consacrés ; comme le *lycée* et son *téménos* ou lucus était consacré à Apollon *Lycéen,* dont le nom vient de λύκος, loup, c'est-à-dire au soleil ravisseur ou destructeur des signes descendants. Ces deux maisons étaient donc deux thèmes célestes, ou les symboles des deux maisons des deux solstices, l'académie du solstice inférieur, le lycée du solstice supérieur : de là la position opposée de ces deux gymnases, et leurs noms de promenade inférieure et de promenade supérieure.

Cicéron voulut faire revivre le nom de l'*académie*; il le donna à sa maison de campagne près de Pouzzole. C'est là qu'il se plaisait à converser avec ses amis sur divers sujets de philosophie, et qu'il composa ses *quæstiones academicæ*, ses livres de la nature des dieux, et ses six livres de la république, qui viennent d'être en grande partie retrouvés si heureusement par M. Angelo Majo, bibliothécaire du Vatican.   E. J.

ACADÉMIE. (*Littérature.*) On désigne par ce mot une réunion de personnes qui professent les belles-lettres, les sciences ou les beaux-arts. Ce terme remonte à une haute antiquité. C'est dans les retraites mystérieuses des jardins d'Académus, si favorables par la fraîcheur de leurs ombrages aux méditations de la philosophie, que le divin Platon, surnommé *le Cygne de l'académie,* établit son école, rassembla ses disciples et professa sa morale sublime. La secte de cet illustre philosophe prit de là le nom de secte *académique.* Les sages qui adoptèrent ses doctrines furent appelés *académiciens.* Ce titre ne désigna pendant long temps que les disciples de Platon, mais il fut donné par la suite à tous ceux qui firent partie des diverses sociétés savantes ou littéraires instituées sous le nom d'académies, pour étendre, à l'exemple de l'école d'Athènes, le domaine des connaissances humaines.

Les anciens, qui exprimaient leurs pensées par des allégories ingénieuses, représentaient l'académie sous les traits d'une femme d'un âge mûr et d'un caractère grave, la tête ceinte d'une couronne d'or et revêtue d'un voile de couleurs variées. De la main droite elle tenait une lyre, avec cette

devise, *Detrahit atque polit*, elle retranche et polit ; et
de la gauche une guirlande entrelacée de laurier, de lierre
et de myrte, plantes poétiques qui faisaient allusion à la
poésie héroïque, lyrique et pastorale : à la guirlande étaient
suspendues deux grenades, symbole d'union. Elle était assise, au milieu d'un pays délicieux, sur un siége orné de
branches d'olivier et de cèdre, emblème de la paix et de
l'immortalité. Des livres étaient entassés à ses pieds, et les
instruments de musique dont elle était entourée annon-
çaient que l'harmonie est nécessaire aux arts.

Plusieurs académies s'établirent dans Athènes et ne
purent égaler la gloire de celle de Platon : ces académies
n'étaient, à proprement parler, que des écoles où Arcésilas, Carnéade, Philon, Antiochus, et d'autres philosophes
moins connus, expliquaient les différents systèmes qu'ils
cherchaient tour à tour à faire prévaloir sur ceux de leurs
prédécesseurs, et qui sont tombés depuis dans un profond
oubli.

Ptolomée Soter, après qu'il se fut assuré par de brillantes victoires la paisible possession de l'Égypte, voulut
unir au titre de conquérant le titre plus glorieux de protecteur des lettres. Il fonda, sous le nom de *Muséon*, la
célèbre académie d'Alexandrie, dans laquelle il réunit
les philosophes et les savants les plus distingués de son
temps, et les chargea de travailler à la recherche des vérités philosophiques et au perfectionnement des arts : c'est
par leurs soins que se forma la fameuse bibliothèque brûlée
depuis par le farouche Omar. Cette académie s'honora
par d'utiles travaux, étendit l'empire des sciences, et servit
de modèle aux académies modernes, soit dans les formes,
soit dans le but admirable de son institution. Elle s'as-
sociait tous les poëtes, tous les philosophes étrangers ;
on venait de toutes les parties de la terre puiser ou déposer dans son sein de nouvelles connaissances ; on s'y en-
richissait mutuellement par l'échange des pensées et des
découvertes. Cette illustre académie fut long-temps le

centre de l'instruction. On y recueillait tous les trésors littéraires épars dans les contrées qu'envahissait la barbarie ; elle hérita vers le temps de la décadence de la Grèce, de la sagesse du portique, de la gloire du lycée, et brilla sur les bords du Nil, comme un phare étincelant, d'où partaient toutes les lumières qui éclairaient alors le monde, et dont les rayons ont traversé les âges et guidé les académies modernes dans la recherche des clartés et des vérités nouvelles.

Rome n'eut point d'académies. Les sciences ne parurent qu'un objet secondaire et de peu d'importance aux yeux des conquérants de l'univers. Virgile le reconnaissait lui-même quand il disait dans l'Énéide que les Romains devaient céder aux autres peuples la gloire des arts, et se borner à la gloire des armes. Les poëtes et les écrivains latins se formèrent à l'école des Grecs. Aucun établissement national ne favorisa leurs progrès, ni sous la république qui les dédaignait, ni sous les tyrans qui les redoutaient. Auguste lui-même ne récompensait dans les poëtes que ses flatteurs ; les réunions des écrivains célèbres chez Mécène pouvaient seules être regardées comme une sorte d'académie, dont le but était moins de propager la gloire des lettres que de goûter, dans les douceurs d'un commerce entièrement épicurien, les jouissances que leur doivent les esprits éclairés et délicats.

Quand le moyen âge commença à repousser les ténèbres dont plusieurs siècles d'ignorance avaient enveloppé l'Europe, la passion de l'instruction devint une mode, et créa une foule de sociétés savantes qui marchèrent simultanément à la recherche des sciences et des arts, oubliés et presque perdus dans les contrées même où ils avaient eu le plus d'éclat. Les Gaules, éclairées par les Romains et par Julien le philosophe, étaient retombées, sous les rois fainéants de la première race et les maires du palais, dans la plus profonde ignorance ; les moines y passaient pour savants lorsqu'ils savaient lire. Ils s'opposaient par politique à l'in-

struction des peuples, ce qui faisait dire à Charlemagne :
« Le clergé veut seul être savant, et rester seul l'inter-
»prète des sciences et des lois. » Cependant ce prince,
digne de vivre dans un siècle moins barbare, tenta de ressusciter les lettres, dont il avait quelque connaissance,
mais dont il retardait l'essor, sans s'en douter, en pré-
férant trop exclusivement, selon les préjugés de cette époque, la littérature sacrée, qui n'est pas la meilleure, à
la littérature profane. Il reprochait à Reibode, archevêque
de Trèves, son admiration pour les poésies de Virgile,
et lui disait *qu'il aimerait mieux posséder l'esprit des
quatre évangélistes que celui des douze livres de l'Énéide.*
Aussi eut-il la prétention d'être un habile théologien, et
ne s'appliqua-t-il qu'à composer quelques cantiques, ce
qui ne l'empêcha pourtant pas de fonder dans son palais
même une académie consacrée à l'étude de la grammaire,
de l'orthographe, de la rhétorique, de la poésie, de l'histoire, de l'astronomie et des mathématiques. Cette académie offrait plus de ressemblance avec notre institut actuel
qu'avec l'université, dont quelques auteurs attribuèrent à
tort la fondation à Charlemagne. Ce prince, qui aimait assez l'égalité pour dire aux nobles ambitieux et paresseux,
« Je vois que vous comptez sur le mérite de vos aïeux,
»mais apprenez qu'ils ont reçu leur récompense, et que
»l'état ne doit rien qu'à ceux qui se rendent capables
»de le servir et de l'honorer par leurs talents, » voulut
effacer toute distinction de rang entre les académiciens,
et exigea que chacun d'eux se choisît un nom purement
littéraire, et qui ne rappelât ni sa dignité ni sa naissance.
Egilbert, le plus spirituel des grands de sa cour, prit mo-
destement le nom d'Homère ; l'archevêque de Mayence
s'appela Damœtus ; Alcuin, Albinus ; Éginard, Callio-
pus ; Adélard, abbé de Corbie, Augustin ; Théodulphe
se nomma Pindare ; et Charlemagne lui-même, sans doute
à cause de son goût pour la composition des cantiques,
se décerna le nom de David. L'académie de Charlemagne

obtint une grande célébrité ; quoiqu'elle ait laissé peu de monuments, elle prépara l'essor des sciences, en répandit le goût, et jeta peut-être les premiers fondements de la langue française, idiome encore grossier, composé d'un mélange barbare du langage des Goths, du latin et du vieux gaulois. L'académie de Charles soumit cette langue à des principes, et en fit une langue régulière, qui devint la langue romance. Charles voulut, contre l'usage de son temps, faire rédiger dans cette langue les hymnes, les prières et les lois ; mais le clergé s'opposa opiniâtrément à cette innovation, qui lui aurait enlevé une partie de son influence, en lui ôtant l'interprétation des lois civiles et divines, et retarda ainsi les heureux résultats que Charles espérait obtenir de la fondation de son académie, dont les travaux utiles, quoique entravés dès leur naissance par l'intérêt personnel des moines, ne furent pas moins la source des premières clartés qui se répandirent sur la France, et la préparèrent à sortir de la barbarie.

Dans le siècle suivant, Alfred-le-Grand, roi d'Angleterre, digne émule du premier législateur français, fonda la fameuse *académie* d'Oxford. Vers la même époque, les Maures d'Espagne, célèbres par leur galanterie, leurs mœurs chevaleresques et leur goût pour la poésie, la musique et les lettres, eurent aussi des académies à Grenade et à Cordoue.

En 1325, la France vit naître à Toulouse, sous le nom d'*académie des Jeux Floraux*, la plus ancienne des académies qui subsistent encore aujourd'hui. Les membres de cette association littéraire prirent le nom de *mainteneurs de la gaie science*. Les prix que l'on décernait dans cette académie, et qui consistaient en fleurs d'or et d'argent, entretenaient l'émulation parmi les troubadours languedociens. Cette société, que Clémence Isaure dota de ses biens et fit son héritière, jouit encore d'une réputation méritée ; et presque tous les jeunes poëtes, en attendant qu'ils soient dignes de se couronner des véritables lauriers du Parnasse,

vont au commencement de leur carrière y disputer la *violette*, le *souci*, l'*amarante*, et l'*églantine*.

La renaissance des lettres au quinzième siècle fit éclore
une foule d'*académies*. C'est en Italie qu'elles furent plus
nombreuses : chaque ville voulut avoir la sienne. Ces académies prirent les noms les plus bizarres ou qui peignaient
le mieux la passion que l'on affectait alors pour les sciences.
Rome eut ses *lincei*, Naples ses *ardenti*, Parme ses *insen-
sati*, et Gênes ses *addormentati*, noms que pourraient
prendre beaucoup d'académiciens modernes. La plus célèbre de ces académies fut celle de la *Crusca* de Florence,
qui a couvert le ridicule de son nom , qui veut dire *son*, et
des attributs qu'elle s'est donnés, par des travaux utiles et
la confection de son dictionnaire, *Vocabolario degli aca-
demici della Crusca*, qui fait encore loi en matière de goût
dans la patrie du Dante, de Bocace et de Pétrarque.

Sous Charles IX , le poëte Ronsard réunit à Saint-Vic-
tor les écrivains dont on admirait alors le génie. Ils formèrent une académie que Charles IX venait souvent présider ; car ce prince eut, comme Denys le tyran et Néron,
avec lesquels il eut tant d'autres traits de ressemblance,
la manie de faire des vers, et n'en fit comme eux que de
mauvais. Cette société, renouvelée soixante ans après par
Desmarets et Chapelain , devint , sous la protection du cardinal de Richelieu , l'*académie française*, et reçut du roi
Louis XIII , en 1635 , des lettres-patentes, que le parlement, qui craignait déjà les progrès des lumières, refusa
de vérifier et d'enregistrer pendant deux ans.

Le chancelier Séguier fut, après la mort de Richelieu,
le protecteur de cette illustre compagnie , qui réunissait
tout ce que la France possédait de génies supérieurs. Elle
dut bientôt une nouvelle splendeur à Louis XIV, qui la re-
créa pour ainsi dire, l'établit au Louvre, et la gouverna des-
potiquement. Ses travaux, qui consistèrent principalement,
comme ceux de l'académie *della Crusca*, dans la confection
d'un dictionnaire français, destiné à fixer le sens et l'applica-

tion des mots de la langue, la rendirent moins célèbre que les talents et la réputation de ses membres. L'académie devint bientôt la pépinière des flatteurs de Louis XIV. Les grands seigneurs eurent l'ambition d'y pénétrer, et d'y remplacer des hommes de génie, ce qui fit dire à Patru « que lorsqu'il se brisait une corde à la lyre, on en remettait une d'argent qui ne rendait aucun son. » Cependant Louis XIV voulut, à l'exemple de Charlemagne, que l'égalité entre les membres fût la première règle de l'académie ; et le cardinal d'Estrées, comme prince de l'église, s'étant fait apporter un fauteuil, le roi en fit donner à tous les académiciens. L'abbé Bignon, pour mettre la compagnie sous la dépendance du ministère et se rendre maître des nominations, offrit de lui accorder des jetons d'or qui auraient pu valoir 1200 francs de rente à chacun des membres ; mais les plus pauvres mêmes, que leurs successeurs actuels n'ont guère imités, donnèrent le noble et inutile exemple de préférer leur indépendance à des pensions. Le mérite ne décida pas toujours du choix des candidats : Molière ne fut point admis parcequ'il était comédien ; Pascal, les deux Rousseau, Diderot et plusieurs autres, furent constamment repoussés ; Corneille même ne fut reçu que lorsqu'il se présenta pour la troisième fois. L'académie a cependant contribué puissamment à la prospérité des lettres ; les prix qu'elle a décernés ont enflammé les jeunes littérateurs, et l'espoir de parvenir dans son sein a sans cesse entretenu l'émulation parmi les écrivains. En 1792 l'académie fut dissoute, et rétablie en 1803, sous la dénomination de *classe de la langue et de la littérature française*, *faisant partie de l'institut ;* depuis 1815 elle a repris son ancien nom. Plusieurs membres furent alors *éliminés* ou *nommés* par *ordonnance*. Sans discuter l'équité de cette mesure, nous nous bornerons à faire observer que Louis XIV même laissa à la mort le droit des éliminations, et à l'académie l'apparence de la liberté dans ses choix. Depuis cette époque, les nominations, faites quelquefois sous l'influence de l'esprit de parti, n'ont pas toujours en l'approbation générale. Le *fauteuil* est regardé comme le *bâton de maréchal* des littérateurs. On a vu souvent donner le bâton à des généraux qui avaient mal fait, mais rarement à des généraux qui n'avaient rien fait. Si l'académie ne revient à cet égard aux principes d'équité de Patru, si elle ne remonte sa lyre qu'avec des cordes d'argent, elle finira par perdre sa considération, sa gloire ; et sa devise, *à l'immortalité,* ne sera plus qu'un vain mot.

Les académies des *sciences,* des *inscriptions et belles-lettres,* de *peinture et de sculpture,* et celle d'*architecture,* dont les noms désignent assez la destination, se sont réunies à l'académie principale, sous le titre de *classes,* et n'en forment plus qu'une seule appelée l'*Institut,* foyer de sciences et de lumière, destiné à renouveler la gloire de la fameuse académie d'Alexandrie, et à la surpasser par ses bienfaits.

Parmi les académies étrangères qui rivalisent avec la nôtre ou marchent du moins sur ses traces, on cite surtout la société royale de Londres, et les académies de Berlin, de Madrid et de Pétersbourg.

On appelait jadis *académie* l'école où l'on apprenait à monter à cheval et d'autres exercices militaires. Ce nom, qui désignait du temps de Platon l'école de la sagesse et de la morale, a été donné aux lieux infâmes où l'on joue sur une carte ou sur un dé sa fortune et son honneur.

Académie, en termes de peinture, est une figure entière dessinée d'après un modèle.

L'opéra a reçu le titre d'académie royale de musique. Autrefois, quand Louis XIV figurait dans les divertissements de sa cour et montait sur le théâtre, les gentilshommes et les demoiselles nobles avaient le privilége de pouvoir chanter l'opéra sans déroger. Ce privilége s'explique aisément.   E. D.

ACADÉMIE DES SCIENCES. — ACADÉMIE DES INSCRIPTIONS ET BELLES-LETTRES. *Voy.* Institut.

ACADÉMIE DE PEINTURE, DE SCULPTURE, etc.

On appelle ainsi une compagnie d'artistes qui se rassemblent, avec l'autorisation et sous la protection du gouvernement, pour s'occuper de tous les objets qui concernent la peinture, la sculpture, etc., et pour en donner des leçons publiques.

L'Italie, que l'on regarde à juste titre comme le berceau de la civilisation moderne, vit naître dans son sein les premiers établissements de ce genre : Rome, Florence, eurent des académies qui servirent de modèles à toutes celles qui se formèrent plus tard chez les autres nations de l'Europe. Le but des fondateurs fut de favoriser le perfectionnement des arts, et d'honorer les hommes qui les cultivaient avec distinction.

Ce fut aussi par les mêmes motifs que Louis XIV créa, en 1648, l'académie royale de peinture et de sculpture. Les artistes qu'on jugea dignes d'en faire partie obtinrent, outre le titre d'académistes et celui de peintres et de sculpteurs du roi, les mêmes avantages et les mêmes priviléges dont jouissaient déjà les membres de l'académie française. Cette faveur était juste, elle était nécessaire pour établir une ligne de démarcation entre ceux qui n'exerçaient qu'une profession mécanique et les artistes proprement dits, que l'on désignait tous à cette époque sous la dénomination générale d'ouvriers et d'artisans. On confondait tellement ces deux classes, que les peintres et les sculpteurs de l'académie se voyaient continuellement en butte aux persécutions du corps des doreurs, estoffeurs et marbriers, qui, sous prétexte de les forcer à se faire passer maîtres, s'arrogeaient le droit de visite dans leurs ateliers, et poussaient l'audace jusqu'à saisir leurs ouvrages, et à en solliciter la confiscation. Plusieurs arrêts rendus par le conseil d'état ne purent faire cesser entièrement ces abus ; les académistes, après plusieurs années de débats, furent obligés de transiger avec le corps de la maîtrise, et d'opérer la jonction des deux corps en un seul, pour parvenir à faire enregistrer les lettres patentes du mois de février 1648, portant approbation des statuts de l'académie. L'arrêt d'enregistrement est du 7 juin 1652.

L'académie, qui avait eu si fort à se plaindre des tracasseries que l'esprit de corps lui avait suscitées, ne sut pas elle-même s'en affranchir. Elle s'était appuyée, dans toutes ses demandes, sur la nécessité d'accorder aux artistes cette noble indépendance, sans laquelle ils ne sauraient rien produire de grand et de digne de la postérité ; mais elle fit voir bientôt qu'elle avait plaidé dans l'intérêt de ses membres plutôt que dans l'intérêt des arts : elle obtint, en 1654, le droit exclusif de l'enseignement, avec défense d'ouvrir des ateliers, de poser le modèle, et de donner des leçons publiques de peinture et de sculpture sans son autorisation ; bien plus, quelques artistes n'avaient pas jugé à propos de solliciter l'honneur d'être admis dans son sein ; on les y contraignit, sous peine d'être abandonnés aux poursuites du corps de la maîtrise ; en un mot, il ne fut plus permis de professer les arts et d'avoir du talent qu'avec l'agrément et sous le bon plaisir de l'académie royale de peinture et de sculpture.

Cette compagnie a conservé son ancienne organisation et une grande partie de ses priviléges jusqu'en 1789, époque de son entière dissolution. Les arts cessèrent alors d'être soumis à un monopole odieux ; chacun put les cultiver avec liberté, et suivre, sans entraves, la carrière où il était appelé par son génie. Les expositions publiques, où les académiciens avaient seuls le droit d'étaler leurs chefs-d'œuvre privilégiés, s'ouvrirent aux ouvrages de tous les artistes sans distinction ; l'ignorance seule en fut exclue : utile concurrence, qui ne pouvait manquer d'exciter une noble émulation parmi les élèves, et d'empêcher les maîtres de se livrer à une orgueilleuse sécurité. On ne tarda pas à en ressentir les heureux effets : des jeunes gens presque inconnus parurent tout à coup avec un éclat qui fit pâlir les vieilles réputations académiques ; formés par les leçons et

par les exemples d'un peintre habile , qu'ils reconnaissent
encore aujourd'hui pour leur maître , ils travaillèrent , de
concert avec lui , à la restauration de notre école , au milieu des dissensions intestines qui désolaient la patrie, et tandis que nos jeunes soldats combattaient avec gloire pour
assurer son indépendance.

Cependant l'horizon politique commençait à s'épurer;
on avait beaucoup détruit , on voulut reconstruire. Le désir
de donner une grande impulsion aux sciences , aux lettres
et aux arts, engagea le gouvernement à réorganiser sur un
plan nouveau les anciennes académies: l'institut fut créé,
et divisé en quatre classes; on plaça dans la dernière l'a-
cadémie de peinture et de sculpture et celle d'architecture, on y joignit une section de musique; et cette classe
ainsi composée porte aujourd'hui le titre d'*académie des
beaux-arts.* Elle compte au nombre de ses attributions la
nomination de ses membres , le jugement des concours, et
le choix des professeurs chargés de la surveillance et de la
direction de l'école. Le mode suivant lequel elle exerce ses
jugements a trouvé plus d'un censeur : on a prétendu , et
ce n'est pas sans raison , qu'il était absurde de soumettre
les ouvrages de peinture , de sculpture et de gravure aux
suffrages des musiciens et des architectes; et qu'il ne l'é-
tait pas moins de faire juger par des peintres , des sculpteurs et des graveurs , les projets d'architecture et les compositions musicales. Mais si ce vice d'organisation peut
causer quelques erreurs, il en est un autre bien plus grave,
bien plus préjudiciable aux arts , puisqu'il tend à les corrompre dans leur source , et à les précipiter dans une fausse
direction , je veux parler du vice de l'enseignement. Ce
sujet mérite , par son importance , d'être traité avec quelque étendue.

J'ai dit que l'académie avait été supprimée en 1789 :
malheureusement l'école ne fut pas comprise dans cette
suppression. L'enseignement resta confié à d'anciens académiciens, qui , pour la plupart , dominés par les préju-

9.

gés de leur jeunesse, et ne pouvant se résoudre à condamner des principes qu'ils avaient professés toute leur
vie, se montrèrent constamment les ennemis déclarés des
nouvelles doctrines, ou du moins ne les approuvèrent
qu'avec de dangereuses restrictions. Placés sous l'influence
de ces vétérans de l'école française dégénérée, les élèves
pouvaient-ils embrasser la réforme avec cette franchise,
cet enthousiasme, je dirai presque ce fanatisme, si nécessaires pour la rendre complète et durable? Non, sans doute.
Le bien s'opéra, mais partiellement et avec lenteur; de
précieuses semences commencèrent à éclore, mais mêlées
à des germes vicieux qui en arrêtèrent le développement;
la routine et le mauvais goût furent comprimés, mais non
pas totalement anéantis; en un mot, la régénération de l'é-
cole était encore récente, et déjà tout semblait annoncer
qu'une nouvelle décadence était prochaine et inévitable.

On m'objectera peut-être que ces fâcheux résultats n'auraient point eu lieu, si le choix des professeurs avait été
fait avec plus de discernement. Ma réponse sera facile.
Quelques circonstances favorables que l'on suppose, on
ne pourra jamais trouver chez une même nation, et à une
même époque, qu'un très petit nombre de peintres et de
sculpteurs tous également distingués par la pureté de
leur goût et par l'excellence de leurs principes: on sera
donc obligé d'admettre, dans le corps chargé de l'enseignement, des hommes d'un talent médiocre; il est même démontré par l'expérience que leur nombre augmentera d'année en année, et l'on pourrait presque calculer le moment où ils s'y trouveront en grande majorité. Ainsi voilà,
comme dans le premier cas, la jeunesse tombée entre des
mains inhabiles et peu capables de guider son inexpé-
rience. La conséquence se présente naturellement; les
mêmes causes produiront les mêmes effets. En vain deux
ou trois artistes, fidèles aux saines doctrines, viendraient,
à de longs intervalles, lui indiquer la route qu'il faut suivre : leur voix, étouffée par celles de leurs nombreux col-

lègues, serait à peine entendue, et leurs sages conseils ne produiraient qu'une impression éphémère sur la génération nouvelle, qui, habituée chaque jour à un autre langage, se trouverait bientôt hors d'état de les comprendre.

Sous quelque point de vue que l'on envisage l'enseignement exercé par un corps académique, il est impossible de ne pas être frappé de ses imperfections. Quoi de plus dangereux, par exemple, pour les jeunes gens qui fréquentent l'école, que la diversité des avis qu'ils reçoivent tour à tour de chacun des professeurs en exercice? Trop peu éclairés pour distinguer le vrai d'avec le faux, ils changent, malgré eux, de direction toutes les fois qu'ils changent de guide. Leur esprit se perd dans un chaos d'idées incohérentes et souvent opposées; ils marchent au hasard, sans but fixe, sans appui; et s'ils finissent, après de longues études, **par** acquérir quelque ombre de talent, c'est un talent sans caractère, sans originalité, où l'on peut remarquer un certain nombre de qualités médiocres, mais qui ne brille par aucune qualité supérieure.

D'un autre côté, comment le professeur pourrait-il prodiguer tous ses soins à un si grand nombre d'élèves à la fois? Quel intérêt veut-on qu'il prenne à leur avancement, lorsque la majeure partie d'entre eux n'appartiennent pas à son école particulière, et que leurs succès ne doivent faire rejaillir sur lui aucune espèce d'honneur? Il faut avoir assisté soi-même aux leçons académiques pour juger jusqu'à quel point elles sont données avec négligence et d'une manière tout-à-fait opposée au vrai système de l'enseignement. C'est presque toujours sans quitter son siége, et sans daigner jeter un seul regard sur le modèle, que le savant académicien, placé dans un des coins de la salle, corrige à la hâte les dessins qu'on vient lui soumettre. Au lieu de comparer la copie à l'original qu'elle doit reproduire, il se contente de la juger d'après l'idée qu'il s'est formée, dans son imagination, de la figure humaine en général. Cependant la nature peut être belle de tant de manières différentes, elle se montre sous des formes et avec des effets si variés, elle présente des nuances si délicates et si difficiles à saisir, qu'il est impossible de la bien connaître et de la rendre avec fidélité et avec finesse, sans l'avoir étudiée d'abord avec une scrupuleuse naïveté. L'élève apprendra par la suite à distinguer ce qu'elle offre de beau ou de défectueux, son goût s'épurera, et, devenu imitateur moins timide, il l'embellira, mais en lui conservant ce caractère de vérité individuelle qui ajoute tant de charme aux productions des arts. Par la méthode opposée, il s'habitue à n'imiter de son modèle que les lignes principales de l'attitude et la disposition de chacune des parties; du reste, appliquant sans discernement à tous les individus le système de formes qu'on lui a démontré, il finit par dessiner une figure comme un architecte dessinerait une colonne, un pilastre, un entablement. Ainsi l'amour du beau et du vrai se perd insensiblement, et l'école se peuple d'une multitude d'artistes praticiens, véritables machines à peindre et à sculpter, dont les ouvrages, dépourvus de goût et de sentiment, tendent à faire redescendre les arts au rang des professions mécaniques.

Les inconvénients que présente le système d'enseignement pratiqué dans les académies, sont si évidents et si multipliés, que l'on pourrait ajouter beaucoup d'autres réflexions à celles qui précèdent; mais, resserré par l'espace, je crois en avoir dit assez pour qu'il me soit permis de conclure que ce système est faux, nuisible aux progrès des arts, et que la retraite lucrative qu'il assure à un certain nombre d'artistes est peut-être le seul avantage qu'il procure et qu'il soit impossible de contester.   D...h.

ACADÉMIE. (*Architecture.*) Monument dans lequel se rassemblent des savants, des gens de lettres ou des professeurs d'arts libéraux, soit pour y traiter de leurs recherches et découvertes, soit pour y enseigner.

L'académie d'architecture fut fondée, sous Louis XIV, et par les soins du grand Colbert, en 1671.

Elle était composée d'architectes célèbres. Le professeur et le secrétaire devaient toujours être pris parmi les architectes particulièrement attachés aux bâtiments du roi : le titre d'académicien était conféré par un brevet.

En 1717, Louis XV, confirmant cette académie, s'en déclara le protecteur et lui donna de nouveaux règlements. Il la forma de trente-deux membres, divisés en deux classes de seize chacune : dans la première devaient être pris le professeur et le secrétaire perpétuel, qui étaient à la nomination du directeur général des bâtiments du roi. Aucun membre de cette classe ne pouvait faire d'entreprises; ceux de la deuxième avaient cette faculté, mais seulement dans les bâtiments de la couronne.

Une place de la première classe devenant vacante, l'académie proposait trois candidats pris dans la deuxième. Le roi sanctionnait la nomination de l'un d'entre eux.

Par suite de vacances dans la deuxième classe, l'académie nommait trois candidats pris hors de son sein, parmi lesquels le roi faisait également son choix. Il fut aussi créé deux classes d'associés libres, douze associés correspondants, dont neuf résidant en pays étranger, et trois en France, mais à cinquante lieues au moins de la capitale.

Les officiers des bâtiments du roi, tels que les intendants, contrôleurs généraux et autres, avaient droit de siéger à l'académie, sans pourtant être architectes. Le premier architecte du roi était directeur de la compagnie. Deux de ses membres étaient professeurs, l'un d'architecture, l'autre de mathématiques, de géométrie, de mécanique et de stéréotomie.

Tous les ans, à la Saint-Louis, on distribuait aux élèves deux médailles d'or : la première donnait le droit d'être pensionnaire de l'académie de France à Rome.

M. Blondel obtint du roi de n'admettre au concours du grand prix que les élèves qui avaient remporté des prix mensuels, et qui, à ce titre, avaient reçu des médailles d'argent.

L'académie d'architecture tenait ses séances au Louvre tous les lundis, depuis trois heures jusqu'à cinq, dans l'appartement dit *le salon de la reine*.

De la fondation de l'institut date l'organisation de l'école des beaux-arts, divisée ainsi qu'il suit :

Première section, école de peinture et sculpture;

Deuxième section, école d'architecture.

Ces deux sections ont pris, par ordonnance du roi du 11 août 1819, le titre d'académie royale des beaux-arts.

État actuel de l'école royale et spéciale d'architecture. Cette école est sous la protection immédiate du roi.

L'enseignement de l'architecture se compose de leçons données dans des cours spéciaux par quatre professeurs : 1° de théorie, 2° d'histoire de l'art, 3° de construction et de mathématiques, 4° de perspective. Ce dernier est commun aux deux sections.

Il y a en outre près de cette section une commission pour l'assister dans les jugements des concours mensuels. Cette commission est composée de vingt membres choisis parmi les architectes les plus distingués; ils sont élus par l'assemblée générale des professeurs de l'école, sur une liste de candidats présentée par la section d'architecture ; il est rendu compte des nominations au ministre de l'intérieur. Les fonctions de la commission sont purement honorifiques, et consistent, dans le jugement à porter, de concert avec les professeurs d'architecture, sur les résultats des différents concours d'émulation : ils jugent aussi le prix départemental ou d'excellence, qui est décerné à celui des élèves qui a réuni le plus de médailles dans le cours de ses études.

Les professeurs des deux sections se réunissent en assemblée générale, pour traiter de toutes les affaires qui intéressent l'école entière, et pour les élections aux places vacantes. Toute communication avec le ministre ne peut se faire que par une délibération prise par les deux sections réunies.

Chacune des deux sections s'assemble séparément toutes les fois que l'exige le service de la partie d'enseignement qui lui est confiée, et prend le titre de commission d'administration.

Un secrétaire archiviste est spécialement attaché à la section d'architecture, pour l'inscription des élèves, pour la rédaction des procès-verbaux des jugements des concours, et pour la conservation des archives de cette partie.

Toutes les élections aux chaires vacantes se font en assemblée générale, au scrutin secret et à la majorité absolue des suffrages. Le résultat en est transmis au ministre, sans l'approbation duquel cette nomination serait annulée. Les élèves d'architecture sont divisés en deux classes qui concourent séparément : la première, formée de cinquante élèves, a seule droit aux médailles ; la deuxième, dite d'aspirants, concourt pour prendre rang dans la première lorsqu'il y a une place vacante. Cette promotion a lieu en faveur des élèves qui ont obtenu le plus de succès dans les divers cours de leur classe.

Concours du grand prix. Les élèves de première classe sont seuls admis au grand prix sur un concours préliminaire, dit d'essai. Le programme de ce concours est donné par l'école et jugé par les huit architectes, membres de l'institut, faisant partie de la troisième section de la classe des beaux-arts, plus le président et le secrétaire perpétuel.

Trente élèves sont admis, sur ce premier concours, à un second, dont le programme est donné par les membres de l'institut ci-dessus désignés.

Huit des concurrents sont reçus et entrent en loge, pour faire la mise au net ou le rendu de leurs esquisses, dont ils ont levé un calque, et qui dès ce moment sont enfermées sous le scellé pour qu'il ne puisse y être fait de changement.

En sortant des loges, les projets des concurrents sont exposés dans les salles de l'école, et livrés à la censure publique.

Le jugement qui décide la question du grand prix est prononcé par les trois sections réunies de la classe des beaux-arts; savoir, quatorze peintres, huit sculpteurs, huit architectes, quatre graveurs, six musiciens, et le secrétaire perpétuel de la classe.

Le premier et le deuxième prix consistent en deux médailles d'or délivrées en séance publique de l'institut; mais l'avantage inappréciable du premier est la pension de Rome accordée à l'élève pendant cinq années.

C'est dans ce sanctuaire des arts que, logé et nourri par la munificence du gouvernement, il se livre plus particulièrement à l'étude de l'antiquité, dont les monuments, quoique en ruines pour la plupart, décèlent encore aux regards déjà exercés la grandeur de ce peuple, qui, après avoir conquis le monde entier par la force de ses armes, le couvrit de ses monuments, témoignages irrécusables de son savoir et de sa magnificence. D...T.

ACADÉMIE ROYALE DE MUSIQUE. C'est le nom que l'on donne au grand Opéra, peut-être parceque c'est une réunion de tous les arts libéraux. La peinture, la musique et la danse sont les parties qui constituent ce spectacle enchanteur. L'opéra prit naissance à Venise; l'abbé Perrin, introducteur des ambassadeurs auprès de Gaston, duc d'Orléans, fut le premier qui tenta ce spectacle à Paris. Il obtint des lettres patentes du roi, le 28 juin 1669, portant privilége pour l'établissement d'*Académies d'opéra en musique et en vers français* dans tout le royaume. Ce théâtre fut pendant quelque temps nommé *Théâtre des arts*; ce dernier titre fut sans doute inspiré par les vers suivants de Voltaire, qui donnent une définition juste de ce bel établissement :

Il faut se rendre à ce palais magique,
Où les beaux vers, la danse, la musique,
L'art de tromper les yeux par les couleurs,
L'art plus heureux de séduire les cœurs,
De cent plaisirs font un plaisir unique. B...N.

ACADÉMIE DE MARINE. Il existait sous ce nom,
avant la révolution, une société savante, composée d'hommes instruits dans les différentes branches de la science
de la marine. Les premiers fondements de cette association furent jetés, en 1752, par quelques officiers de marine et employés supérieurs du port de Brest, qui se réunissaient de temps en temps pour conférer sur des sujets
relatifs à leurs fonctions. Sur leur demande, le ministre
d'alors, M. Rouillé, donna à leur société, avec une organisation régulière, le titre d'*académie de marine*. Dès
sa naissance cette académie se distingua par d'utiles travaux et rendit d'importants services à la marine; mais
la guerre qui éclata en 1756 lui porta un coup funeste
en dispersant ses membres, ce qui engagea le ministre à
arrêter le paiement des fonds assigné à l'académie. Au
retour de la paix, plusieurs officiers d'un mérite éminent
et quelques administrateurs éclairés travaillèrent au rétablissement de cette société. En 1769, le duc de Praslin
la reconstitua sous le titre d'*académie royale de marine*.

Il n'entre pas dans notre plan de faire l'énumération des
travaux de cette académie; les lecteurs curieux de les
connaître peuvent consulter ses mémoires : il suffit d'en citer quelques uns, tels que le perfectionnement des moyens
d'observer à la mer, l'invention du cercle répétiteur, la
confection des cartes marines les plus importantes, la description claire et méthodique de la plupart des arts de la
marine, la traduction des ouvrages de plusieurs savants
étrangers, etc.

La guerre de 1778, quoique peu décisive, montra les
heureux fruits retirés de l'établissement de l'académie de
marine, dont elle n'interrompit pas entièrement les utiles
opérations. Cette académie disparut dans la tourmente
révolutionnaire avec toutes les institutions de l'ancien régime.

Au nombre des causes qui nous firent éprouver tant de
revers dans les deux guerres maritimes que nous eûmes à

soutenir de 1793 à 1814, peut-être faut-il ranger la suppression de l'académie de marine. Le mouvement qu'elle
imprimait aux sciences et aux arts se trouva arrêté; l'émulation qu'elle excitait parmi les officiers de l'armée navale
cessa d'exister; on n'en vit presque plus unir de grandes
connaissances théoriques à l'expérience acquise à la mer;
la pratique seule, c'est-à dire la routine, régna sans partage
pendant vingt années sur nos flottes, et, comme les occa-
sions d'aller à la mer acquérir cette pratique devinrent de
plus en plus rares, l'instruction s'éteignit graduellement
dans le corps de la marine. L'un des moyens les plus sûrs
pour en rallumer le flambeau serait le rétablissement de
l'académie de marine. Huit ans se sont écoulés depuis le
retour de la paix, et l'on a laissé passer l'époque la plus favorable pour ce rétablissement. Toutefois, si les circonstances ne nous engagent pas bientôt dans une nouvelle
guerre maritime, il serait à propos de ne plus différer à
ressusciter une institution aussi utile.

M. Charles Dupin, membre de l'institut, qui a publié,
il y a quelques années, un mémoire sur la nécessité de
rétablir l'académie de marine, s'exprime ainsi : « Quelle
est la partie de la marine qui n'ait plus rien à demander,
soit à la théorie, soit à l'expérience? Est-ce l'art de donner
à nos vaisseaux les formes les plus parfaites, tandis que
les plus simples phénomènes du mouvement des corps flot-
tants sont encore autant d'énigmes pour nous? Est-ce la
disposition militaire de nos vaisseaux, dont tous les marins
habiles se plaignent amèrement? Est ce l'art de manœuvrer nos vaisseaux, cette immense combinaison de tant
d'éléments divers, et pour laquelle nous n'avons pas seulement un manuel uniforme de préceptes, tandis que tous
les temps de la charge d'un fusil ont été calculés et sont
méthodiquement enseignés à nos soldats d'infanterie? Est-
ce enfin l'art d'appliquer les forces de l'homme et de la
nature aux grands travaux de nos ports, quand jusqu'ici,
malgré les meilleures intentions, tant de choses s'y font.

encore avec le plus de temps, d'hommes et d'argent possi
ble ? Puisqu'il nous reste encore tant à faire pour arriver au
but, cherchons donc sans relâche les moyens les plus propres à nous y conduire. Il n'est que deux moyens pour
produire de grandes choses dans un état, c'est de former
la jeunesse et de tirer parti de l'âge mûr. On atteindra
le premier but en fondant des écoles d'après des vues
grandes et libérales ; mais, pour tirer parti des connaissances acquises par l'âge mûr, il est des institutions scientifiques dont l'utilité peut être immédiate et démontrée à
tous les yeux dès l'instant de leur création : ce sont les
académies. Il suffit que le choix des membres soit bien
fait ; leurs travaux parleront pour eux. »

Nous n'entrerons ici dans aucun détail sur le plan qu'il
conviendrait de suivre dans le rétablissement de l'académie de marine. Ce plan est parfaitement exposé dans
le mémoire de M. Dupin que nous venons de citer, et
nous y renvoyons nos lecteurs. Nous terminerons cet article en indiquant quelques travaux dont il importerait
que l'académie de marine s'occupât aussitôt après son
rétablissement. L'un des plus nécessaires serait sans doute
la composition d'un dictionnaire de marine. En même
temps que l'académie fixerait de la sorte notre langue maritime, elle pourrait entreprendre la description complète
des arts de la marine. Les traités particuliers publiés sur
ces arts sont presque tous à refaire. C'est principalement
sur la manœuvre des vaisseaux, la navigation, l'artillerie et
la tactique navale, que nous manquons de bons ouvrages,
et qu'ils seraient le plus utiles, parceque c'est là ce qui
touche le plus immédiatement à l'honneur du pavillon français, et à notre gloire nationale.   J. T. P.

ACADÉMIE. (*Philosophie ancienne.*) On distingue
trois académies, la *première* ou l'*ancienne*, fondée par le
philosophe Platon ; la *seconde*, ou la *moyenne*, par Arcésilas ; et la *troisième* ou la *nouvelle*, par Carnéades : telle
est la division généralement adoptée.

Quelques uns ajoutent une quatrième et une cinquième académie aux trois que nous venons d'indiquer, l'une instituée par Philon, et l'autre par Antiochus.

Première académie. La première académie eut pour fondateur Platon, dont l'école eut beaucoup de célébrité de son vivant, et jeta un grand éclat après sa mort par le nombre et le mérite de ses disciples. (*Voyez* PLATONISME.)

Seconde académie. Arcésilas, auteur de la seconde académie, s'écarta en quelques points de la doctrine de Platon; le fond de son système était de ne rien affirmer, de douter de tout, de contredire dans la dispute tout ce qu'on avançait, soutenant ce qui paraissait le plus probable ou vraisemblable. Il ne voulut pas même admettre cette proposition de Socrate, *Je ne sais autre chose sinon que je ne sais rien,* observant qu'on pouvait faire contre cette maxime l'objection suivante : *L'homme peut donc savoir quelque chose, s'il sait seulement qu'il ne sait rien.* Arcésilas prétendait que nous ne savons pas même si nous ne savons rien ; qu'il n'y a rien de certain; que la nature ne nous a donné aucune règle de vérité; que les sens et l'entendement humain ne peuvent rien saisir de vrai; qu'en toutes choses il se trouvait des raisons opposées d'une force égale; qu'aucune chose n'était plus vraie ni même plus vraisemblable qu'une autre ; que tout était environné de ténèbres, et qu'en conséquence on ne devait rien approuver, ni rien affirmer, et qu'il fallait toujours suspendre son jugement. Ainsi jamais il n'exposait son propre sentiment, ne voulant pas même qu'on en eût; et si quelqu'un voulait déclarer le sien, il le combattait avec beaucoup d'adresse et de subtilité. Quoique Arcésilas ne rejetât pas le titre d'académicien, c'était réellement, à quelques nuances près, un véritable sceptique. Toutefois on peut dire qu'il rétablit le doute socratique, et c'est ce qui lui mérita le titre de réformateur de la première académie.

Arcésilas, qui, lorsqu'il s'agissait de philosopher, ne convenait pas qu'une chose fût plus véritable qu'une autre,

suivait ce qui lui paraissait avoir le plus de probabilité lorsqu'il était question de la conduite de la vie. Comme il fallait
adopter à cet égard des règles qui ne peuvent être établies
sans un *criterium*, ou marque du vrai et du faux, propre
à indiquer le bonheur qui est le but de la vie humaine, il
prétendait que c'est à la probabilité de diriger le choix de
ce que nous devons rechercher ou éviter ; ainsi le bonheur
est le fruit de la prudence, qui consiste à se conduire avec
droiture, c'est-à-dire de manière que nos actions puissent
être justifiées par un motif probable.

Troisième académie. Carnéades, fondateur de la troisième académie, fut, comme Arcésilas, zélé partisan de la
suspension du jugement : cependant il lui donna moins
d'étendue et en restreignit l'usage, convenant qu'il y avait
des vérités, mais soutenant qu'on ne pouvait en avoir la
certitude, et qu'il fallait suspendre son jugement. Cependant, comme en plusieurs circonstances on est obligé de
se déterminer et d'agir, il croyait qu'alors la probabilité
devait suffire. Il permettait donc au sage d'*opiner*, c'est-à-
dire d'affirmer ses sentiments d'après des motifs de probabilité, les seuls qu'il fût en son pouvoir d'acquérir. Mais,
quant à la certitude, il prétendait qu'elle ne pouvait être
le partage d'un être aussi faible, aussi borné que l'homme.

Ainsi, selon Carnéades, tout est incertain ; la vérité n'a
point un caractère immuable qui serve à la faire connaître ; les perceptions, pour ce qui regarde les objets qui
les produisent et qu'elles représentent, sont vraies ou
fausses ; elles annoncent la vérité ou elles trompent. Mais
la vérité reste dans les choses mêmes qui n'entrent point
dans notre esprit ; nous n'en avons qu'une image ou ressemblance, qui d'ordinaire est trompeuse ; nous n'en connaissons aucune marque qui nous aide à distinguer les
perceptions vraies des fausses ; nous ne pouvons en saisir
ni tenir aucune pour vraie. Il en est cependant qui peuvent paraître vraies et être jugées probables, parceque
l'apparence de la probabilité existe ; mais nous n'avons

aucune marque de la certitude, c'est-à-dire que les perceptions vraies, en entrant dans notre esprit, ne sont distinguées par aucune marque si particulière et si sûre qu'en la saisissant nous puissions dire, *cette perception et vraie;* cependant quelques unes nous touchent et nous affectent tellement que nous les tenons pour probables et les jugeons plus vraies que d'autres. Dans le cours de la vie, pour ne pas rester dans l'inaction, il faudra faire usage de ces perceptions probables, à défaut de la certitude. De même, par rapport aux notions, aux dogmes, et à tout ce que nous concevons ou énonçons, on doit penser qu'il n'y a rien qui soit certain ou plus que probable. Tel est le sommaire de la doctrine de Carnéades.

Carnéades ne penchait pas pour le système du fatalisme, adopté par les stoïciens; il professait au contraire la doctrine de la liberté autant qu'un académicien pouvait l'admettre. Ce philosophe, dit Cicéron [1], faisait consister cette liberté dans un mouvement volontaire de l'âme, dont elle est la cause. Mais ce mouvement est-il spontané ou réfléchi? c'est sur quoi Cicéron garde le silence.

Par une conséquence de ses principes, Carnéades ne considérait pas la loi naturelle comme une règle fixe et immuable : il n'y trouvait pas plus de certitude que dans les objets purement spéculatifs; à l'entendre, il n'y a point de justice : s'il y en avait, disait-il, elle serait fondée ou sur le droit positif ou sur le droit naturel. Or, selon sa doctrine, elle n'est fondée ni sur le droit positif, qui varie selon les temps et les lieux, et que chaque peuple accommode à son avantage, ni sur le droit naturel, qui n'est autre chose qu'un penchant que la nature a donné à tous les êtres animés vers ce qui leur est utile; et l'homme ne peut se régler selon ce penchant sans commettre mille injustices; d'où il résulte que le droit naturel ne peut être le fondement de la justice. Par exemple, d'après Carnéades, nuire à son semblable, être cause de sa mort,

[1] De fato, 11.

c'est agir contre la justice. Que fera l'homme juste dans un naufrage? Si un plus faible que lui s'empare d'une planche pour se sauver, ne la lui arrachera-t-il pas pour se sauver lui-même? Ce sera prudence de sa part, autrement sa perte est assurée; au contraire, s'il aime mieux périr que de causer la perte de son compagnon, c'est un fou, un insensé. De là Carnéades concluait qu'il n'y a point de justice; car une vertu qui agit contre la prudence et contre la raison ne peut passer pour juste.

L'école académique ayant pris une nouvelle direction sous Philon et Antiochus, ce changement les fit regarder comme auteurs d'une quatrième et d'une cinquième académie. Ils adoptèrent successivement un langage plus hypothétique, et se montrèrent médiateurs entre les stoïciens et les sceptiques.

Quant à Philon, en continuant à soutenir que les objets réels ne peuvent être connus par cette perception compréhensive que les stoïciens ont érigée en *criterium*, il admit que de leur nature ils sont susceptibles d'être connus.

Ce philosophe avait remarqué qu'une conséquence peut être vraie, quoiqu'elle se rattache à une supposition fausse. Il distinguait trois sortes de vérités: 1° celles qui sont déduites d'une proposition vraie elle-même dans le fait; comme, *s'il fait jour, on jouit de la lumière;* 2° celles qui sont déduites d'une proposition fausse, mais comme conditionnelle seulement; par exemple, *si la terre vole, la terre est ailée;* 3° celles enfin dans lesquelles la conclusion présente non seulement une vérité hypothétique, mais une vérité réelle, malgré le vice de la supposition; comme, *si la terre vole, elle existe.* Philon aurait donc distingué les vérités hypothétiques des vérités de fait, et admis à la fois les unes et les autres.

Antiochus, disciple de Philon, se montrant d'abord académicien très zélé, soutint la doctrine de Carnéades, mais depuis il changea de sentiment; après avoir établi le doute, il se déclara pour la réalité des connaissances humaines.

Antiochus fit passer dans l'académie quelques dogmes
des stoïciens qu'il attribuait à Platon, soutenant que la
doctrine de ces philosophes, loin d'être nouvelle, n'était
qu'une réforme de l'ancienne académie. Il publia en outre
un ouvrage contre Philon son maître, ou plutôt contre lui-
même, puisque cette doctrine qu'il combattait, il l'avait
long-temps enseignée et défendue par de savants écrits.
En cela il montrait combien les hommes sont éloignés de
pouvoir jamais être assurés s'ils peuvent savoir ou non
quelque chose de certain.

De plus, comme il se déclara contre le scepticisme
avec beaucoup d'énergie, Cicéron, sans doute pour cette
raison, le dit plus stoïcien qu'académicien. Toutefois, à
bien saisir l'esprit de la doctrine d'Antiochus, on y trouvera plutôt un véritable éclectique, faisant consister la
réalité des connaissances dans le témoignage des sens,
dans celui de la conscience et dans la véracité des facultés
de l'entendement. Ainsi cette cinquième académie, dont
il fut, dit-on, le fondateur, n'en mérite pas le nom, puisqu'on ne peut la regarder comme ayant maintenu et en-
seigné les principes fondamentaux des académiciens ; on
n'y retrouve en aucune manière l'esprit de ces philosophes
célèbres, mais bien plutôt celui des dogmatistes. En un
mot, ce n'est qu'un mélange de la doctrine des stoïciens,
altérée en plusieurs points, et de celle de l'ancienne académie, à peu près également mutilée ou réformée : ce qui
établit entre ces deux doctrines un rapport, une analogie
assez difficile à saisir et plus apparente que réelle.

D'après l'examen du caractère et de l'esprit particulier
des différentes académies, on peut en conclure, contre ceux
qui en admettent cinq, qu'il n'y en a eu que quatre, plus
ou moins distinctes.

Pour plus amples éclaircissements sur la doctrine des académiciens,
on peut consulter Diogène Laërce ; Sextus Empiricus ; Cicéron, dans ses
Académiques ; saint Augustin, dans son *Traité contre les académiciens*, et
le P. Valence, dans l'ouvrage qu'il a donné sous le titre d'*Academica*. M.

ACAJOU. (*Histoire naturelle.*) Tout le monde possède aujourd'hui des meubles en acajou, et l'on s'inquiète
peu de l'histoire de l'arbre qui produit un bois si précieux. Il est résulté du peu de soin que l'on a mis long-
temps à le connaître, que ce nom d'acajou n'a pas été appliqué par les botanistes eux-mêmes à l'arbre qui le produit véritablement. L'acajou de ceux-ci est le cassuvium de
M. de Jussieu, qui ne s'élève pas à une fort grande hauteur,
et dont le tronc n'est jamais assez considérable pour fournir
aux ateliers de l'ébéniste les pièces de bois considérables
qu'il utilise.

Un fruit singulier, improprement appelé *pomme et noix
d'acajou*, et qui est bien celui du cassuvium, a donné lieu
à cette erreur. On l'apportait des colonies depuis long-
temps parmi diverses raretés, comme celui dont la graine
produisait l'arbre d'où provenait un bois de plus en plus
recherché. On voit souvent de ces fruits, très gros, conser-
vés dans des bouteilles remplies d'esprit-de-vin, et dont
l'orifice est si étroit qu'on ne conçoit guère comment ils y
ont été introduits quand on ne connaît point le procédé
fort simple par lequel on fait mûrir dans un flacon un bour-
geon à fruit introduit après la fécondation de l'ovaire par
les étamines.

Le bois d'acajou provient de l'anacardier, arbre des
Indes dont on connaît deux espèces qui atteignent aux dimensions de nos plus grands chênes.

Plusieurs autres arbres des pays chauds fournissent aussi
dans le commerce du bois que l'on confond avec l'acajou;
tels sont ceux que les botanistes ont appelés *cedrella* et *swi-
tenia*. Ce nom d'acajou paraît au reste n'être que la corruption des mots *caju* et *cazou*, qui, dans les langues de racine
malaie, désignent simplement le bois de tout arbre, employé soit à la charpente, soit à la menuiserie, d'où sont
venus les noms de *caju areng*, qui est une sorte de bois d'é-
bène, de *caju radja*, qui est le canneficier, et de *caju ular*,
qui est un vomiquier employé contre la morsure des ser-

10.

pents, etc. (*Voyez* Ébène, Canneficier, Vomique et Bois.)

B. de St.-V.

ACANTHE. (*Architecture.*) En architecture, les deux espèces d'acanthe ont été particulièrement appropriées, tant par les Grecs que par les Romains, à orner non seulement le chapiteau corinthien, mais encore une infinité de moulures, vases et meubles à leurs usages. (*Voyez* Ordre corinthien.)

D...t.

ACCAPAREMENT. (*Voyez* Monopole.)

ACCÉLÉRATRICE. (*Voyez* Force.)

ACCENSUS. (*Antiquités.*) C'était une espèce d'huissier attaché aux magistrats romains. Il était chargé d'assembler le peuple; il introduisait auprès du préteur, et marchait devant le consul lorsqu'il n'avait point de faisceaux. Il avertissait le magistrat lorsqu'il était neuf heures, midi, et trois heures du soir. Il servait aussi de greffier. On donnait encore le nom d'*accensi* à des soldats armés à la légère, qui combattaient avec des frondes et des pierres. Ce mot a la même étymologie que le précédent, puisque l'*accensus* marchait devant le consul, comme un flambeau pour l'éclairer, et que les *accensi* étaient des soldats qui, comme éclaireurs, servaient à commencer ou *enflammer* le combat; car il ne faut pas confondre *accensi*, qui vient d'*accendo*, avec *accensiti*, enrôlés, enregistrés, qui vient d'*accenseo*. E. J.

ACCENT. (*Grammaire.*) Ce mot exprime en même temps un signe de grammaire et la chose signifiée. L'usage du signe ne sera compris que quand on connaîtra bien la chose signifiée.

L'accent dans la prononciation, c'est, comme l'indique l'étymologie (*accinere*, chanter), cette espèce de chant qui consiste dans le ton plus ou moins élevé, plus ou moins aigu, avec lequel nous prononçons certains mots dans une phrase, ou certaines syllabes dans un même mot. On nomme plus particulièrement *emphase* l'élévation de la voix sur un mot, pour le distinguer au milieu d'une phrase; *accent*, la modification propre à une syllabe. Dans ce sens,

il n'y a pas un mot, de quelque langue que ce soit, qui
n'ait son accent. Mais les langues varient beaucoup sous
ce rapport, les unes, comme la langue française, prononçant presque sur le même ton tous les mots d'une phrase,
ou toutes les syllabes d'un mot; les autres, comme les langues grecque, latine, italienne, etc., marquant l'accent
très fortement et introduisant dans la prononciation une
espèce de chant régulier. Dans les langues où l'accent est
très marqué, il était nécessaire de noter ces modifications
du son par des signes particuliers qui ne se confondissent
pas avec les signes du son même (les lettres), et c'est ce
qui a fait inventer ces *accents* qui portent le même nom que
ce qu'ils expriment. Les Grecs les premiers ont fait usage
de l'accent; mais ils n'ont senti ce besoin que fort tard,
dans un temps où leur mélange avec des nations étrangères
leur faisait craindre que la prononciation ne s'altérât, et
faisait d'ailleurs sentir le besoin d'enseigner par principes ce
que l'on apprenait jusque là par l'usage. C'est à Aristophane
de Bysance, grammairien d'Alexandrie, sous Ptolémée
Évergète, qu'on en attribue l'invention, vers la fin du
troisième siècle avant Jésus-Christ.

Comme les principales inflexions de la voix consistent à
l'élever ou à l'abaisser, ou à l'élever et à l'abaisser tour
à tour sur une seule syllabe, on inventa trois accents : l'aigu (´) pour indiquer la première inflexion; le grave (`)
pour la deuxième; et pour la troisième le circonflexe, formé
de la réunion des deux autres (`´), ce que plus tard on chan-
gea en (^ et ~). On n'attend pas sans doute que nous donnions ici les règles des accents dans les différentes langues; c'est aux grammaires particulières, et plus encore,
pour les langues vivantes, à l'usage qu'il faut recourir.

Nous avons aussi dans notre langue des signes que l'on
nomme *accents*, mais ils n'ont avec ceux des Grecs de commun que le nom. Ils servent, non à marquer la voyelle sur
laquelle la voix doit s'élever ou s'abaisser, mais seulement
à suppléer à la pénurie des lettres, et à distinguer plusieurs

sons qui dans une langue plus complète devraient avoir des voyelles propres. C'est ainsi que les Grecs exprimaient par les voyelles ε et η, ce que nous indiquons par la même voyelle e avec l'accent aigu (é) ou l'accent circonflexe (ê).

B...t.

ACCENTS. (*Antiquités.*) Ils étaient connus chez les Grecs et chez les Romains : Aristophane de Bysance, grammairien qui vivait deux siècles avant Jésus-Christ, passe pour les avoir inventés. (*Voyez* DANSSE DE VILLOISON, dans son *Appendix* à ses *Epistolæ vinarienses*, et THOMAS BURGESS, dans les *Miscellanea critica* de Dawes.) Saint Augustin témoigne aussi que dès le quatrième siècle on voyait des esprits dans les manuscrits grecs de l'ancien Testament. Winckelmann nous apprend qu'on a trouvé dans les manuscrits d'Herculanum, sur quelques lettres, des points et des virgules que nous nommons des *accents,* qu'on ne trouve plus de semblables marques dans les inscriptions faites après le siècle d'Auguste. Les accents étaient marqués sur un vers d'Euripide écrit sur le mur d'une maison qui faisait le coin d'une rue d'Herculanum. (*Voyez* ces inscriptions à cet article, dans le Dictionnaire d'antiquités de l'Encyclopédie méthodique. E. J.

ACCEPTATION. (*Législation.*) C'est l'action de celui qui reçoit volontairement ce qui lui est proposé, offert, donné ou déféré. On connaît en droit beaucoup d'actes qui ne sont parfaits que par l'acceptation. (*Voyez* les mots COMMUNAUTÉ, DÉLÉGATION, DONATION, LEGS, LETTRES DE CHANGE, SUCCESSION.)

ACCERSITORES. (*Antiquités.*) Les Romains donnaient ce nom à des domestiques qu'ils faisaient aller devant eux pour annoncer leur arrivée. *Accersitor* signifie qui va appeler ou querir, qui fait venir, d'*accerso,* mander, appeler, faire venir, envoyer chercher. E. J.

ACCÈS (*théorie des*). (*Voyez* LUMIÈRE.)

ACCESSION. (*Législation.*) Signifie une manière d'acquérir la propriété de certaines choses, qui s'unissent à celles qu'on possédait déjà : aussi la loi a-t-elle consacré ce principe , que la propriété d'une chose , soit mobilière, soit immobilière , donne droit sur tout ce qu'elle produit et sur ce qui s'y unit *accessoirement ,* soit naturellement, soit artificiellement. (*Voyez* ALLUVION.)

ACCESSOIRE. (*Législation.*) Est ce qui accompagne une chose principale , ce qui s'y ajoute , ce qui s'y unit : les accessoires d'une chose ne sont jugés tels que par l'usage qu'on leur donne , et non par leur valeur, qui peut excéder de beaucoup le prix de la chose même. (*Voyez* ACCESSION.)

ACCIDENCE, ACCIDENT. (*Grammaire.*) On donne en grammaire le nom d'*accident* à la partie variable des mots, à ces formes diverses qu'ils reçoivent quelquefois pour exprimer certaines idées accessoires qui modifient le sens de l'idée principale , telles que celles du sexe , du nombre, etc. On nomme *accidence* la propriété de revêtir ces formes accidentelles. Ainsi tous les mots qui ne sont pas invariables ont leurs *accidents.* Les noms ont le genre , le nombre , le cas ; les adjectifs ont en outre le comparatif, le superlatif; les verbes ont, avec le nombre , la personne , le temps , le mode. (*Voyez* chacun de ces mots.) B...T.

ACCIDENT. (*Musique.*) On nomme *accident* en musique les dièses , bémols et bécarres , parceque ces signes, placés devant les notes ,'les altèrent momentanément en les haussant ou les baissant d'un demi-ton. (*Voyez* DIÈSE , BÉMOL , BÉCARRE.) B...N.

ACCIDENTEL. (*Musique.*) On appelle *signes accidentels* les dièses et bémols qui , n'étant point à la clef, se rencontrent dans le courant d'un morceau de musique. B...N.

ACCLAMATION. (*Antiquités.*) Cette manière d'exprimer son consentement était en usage à Athènes pour l'élection de quelques magistrats. On les nommait par acclamation; mais on ne manifestait son choix qu'en élevant les mains sans proférer de paroles. Les sénateurs romains acceptaient une proposition par acclamation, lorsqu'ils se rangeaient tous du côté du proposant, ce qui s'appelait *ire in pedes alicujus*. L'acclamation des barbares s'exprimait par un bruit confus de leurs armes, et en frappant leurs épées sur les boucliers.

Les *acclamations* se faisaient entendre dans les mariages. C'était un heureux présage pour la destinée des époux. Lorsque les empereurs distribuaient un congiaire, le peuple faisait retentir des acclamations, et lui souhaitait de longues années;

Augeat imperium nostri ducis, augeat annos !

dit Ovide.

Les acclamations étaient fort usitées parmi les soldats : 1° lorsqu'ils élisaient un commandant, ils criaient : *Dii te servent, imperator !* 2° Au moment où les armées s'ébranlaient pour combattre, ils criaient : *Victoria !* 3° Après la victoire, ils nommaient leur chef *imperator* par acclamation. 4° Lorsqu'ils accompagnaient un triomphateur au Capitole, ils criaient : *Io triumphe ! io triumphe !* ou bien :

De nostris annis tibi Jupiter augeat annos !

Les acclamations avaient lieu aussi quand les empereurs faisaient leur entrée dans Rome. On louait avec des acclamations répétées, telles que *bene et præclare !* ou *belle et festive, non potest melius !* les auteurs qui lisaient leurs ouvrages dans les écoles, dans des salles de lecture publiques ou particulières. Ils avaient soin d'inviter des auditeurs et des acclamateurs pour les entendre lire ou déclamer leurs compositions. C'était comme dans nos spectacles et dans nos athénées.

L'amphithéâtre retentit des premières acclamations. Ce ne furent d'abord que des cris et des applaudissements confus. Mais, dès le règne d'Auguste, on en fit un concert étudié : les courtisans sont nés avec les cours. Un musicien donnait le ton, et le peuple, faisant deux chœurs, répétait alternativement la formule d'acclamation. Le dernier acteur qui occupait la scène donnait le signal des applaudissements par ces mots, *valete et plaudite.* Lorsque Néron jouait de la lyre sur le théâtre, Sénèque et Burrhus étaient alors les coryphées ou premiers acclamateurs ; de jeunes chevaliers se plaçaient dans différents endroits de l'amphithéâtre, pour répéter les acclamations ; et des soldats gagés à cet effet se mêlaient parmi le peuple, comme les espions dans nos fêtes, afin que le prince entendît un concert unanime d'applaudissements. Ces acclamations chantées, ou plutôt accentuées, durèrent jusqu'au règne de Théodoric.

L'entrée des princes et des hommes recommandables était accompagnée de longues et nombreuses acclamations. Sertorius fut reçu dans l'amphithéâtre avec des applaudissements répétés et de grandes acclamations. Le peuple romain entendant Virgile réciter ses vers sur la scène, fut si touché de leur beauté qu'il se leva d'un commun accord, se tourna du côté du poëte et le salua, comme il faisait à l'arrivée d'Auguste. (*Voyez* Quintilien, *de Orat.,* cap. XIII, n° 3.)

Cet usage passa du théâtre dans le sénat. Les sénateurs exprimaient leur consentement aux volontés de l'empereur par ces formules : *Omnes, omnes, æquum est, justum est.* L'un d'eux prononçait une formule d'acclamation, et tous la répétaient à l'envi. Trebellius (*in Claudio*) nous assure que ces acclamations avaient été répétées jusqu'à soixante-dix fois et même quatre-vingts fois. Brisson et Ferrari en ont recueilli un grand nombre. Les médailles nous en ont aussi conservé, et nous apprennent que le peuple faisait par acclamation des vœux solennels pour la conservation des princes, et les renouvelait tous les cinq, les dix, les vingt ans, etc.

Les acclamations ou plutôt les vociférations furent aussi un témoignage public de la haine ou du mépris. C'est ainsi qu'après la mort de Domitien, le sénat, si soumis auparavant et si vil, se répandit en invectives contre ce tyran, et répéta les acclamations les plus injurieuses, dit Suétone. Lampride nous a transmis quelques formules de ces acclamations dans la vie de Commode, cap. XVII.

L'acclamation ordinaire des Grecs était ἀγαθη τύχη! bonne fortune! Les chrétiens conservèrent l'usage des acclamations dans les églises et dans les conciles. La révolution l'a fait renaître parmi nous, et il a eu une grande influence sur sa marche et sur ses effets.　　　　　　E. J.

ACCOMPAGNEMENT. (*Musique.*) On nomme *accompagnement* les accords dont on accompagne la voix ou quelque instrument. L'art des accompagnateurs est de faire valoir le chant; ils doivent se guider sur la basse et soutenir la partie chantante, sans la couvrir, par des accords indiqués par la marche de cette basse ou par l'harmonie de la partition sur laquelle ils accompagnent.

Accompagnateur. On nomme ainsi celui qui, avec un orgue, un piano, ou tout autre instrument, soutient une ou plusieurs voix dans une église, un théâtre ou un concert. On peut accompagner aussi un instrument qui exécute un solo.

Accompagner, c'est exécuter, en même temps que le chanteur ou l'instrument qui récite, les parties qui soutiennent et suivent la mélodie.　　　　　　B...N.

ACCORD. (*Musique.*) C'est l'union de plusieurs sons entendus simultanément. Le rapprochement des intervalles de douzième et de dix-septième produits par la résonnance du corps sonore harmonique (*voyez* ALIQUOTES) forme un accord composé d'une tierce et d'une quinte; cet accord étant donné par la nature a été nommé *accord parfait;* il est le type, la source de tous les autres, qui ne sont que des renversements, des retardements, des altérations ou des augmentations de l'accord primitif.

Les *accords* se composant d'une réunion de sons musicaux, pour indiquer les rapports respectifs que ces mêmes sons ont entre eux dans la composition de tel ou tel ac-

cord, on les désigne par le titre d'intervalles. Le point de
départ, qui est toujours pris du son le plus grave, et que
l'on nomme *basse*, est désigné par 1 ; et l'octave, qui est
la répétition de la tonique, par 8. Ainsi donc, *l'accord parfait* se composant de 1, —3, —5, —8, si l'on
voulait l'employer sur le ton de *fa* par exemple, la prime,
ou 1, sera *fa*; la tierce, ou 3, sera *la*; la quinte, ou 5,
sera *ut*; et l'octave, ou 8, sera *fa* en haut. Ainsi de même
pour tous les tons.

EXEMPLE DU RENVERSEMENT DE L'ACCORD PRIMITIF.

Accord primitif — 1, —3, —5.
Renversement . . . $\begin{cases} 1, -3, -6. \\ 1, -4, -6. \end{cases}$

(*Voyez*, pour le détail de tous les accords, le *Traité
d'harmonie* de M. le chevalier Berton, membre de l'institut.)   B...N.

ACCORD. (*Grammaire.*) Les mots sont dits *s'accorder*
entre eux quand ils revêtent les mêmes formes accidentelles,
quand ils reçoivent les mêmes changements de genre, de
nombre, de cas, etc. ; ce qui n'a lieu que quand les idées
qu'ils expriment sont tellement unies dans l'esprit qu'elles
doivent subir à la fois les mêmes modifications, que l'on
ne puisse concevoir de changement dans l'une qui ne s'o-
père en même temps dans l'autre. (*Voyez* CONCORDANCE,
SYNTAXE.)   B...T.

ACCORDER les instruments. (*Musique.*) C'est tendre
ou lâcher les cordes; alonger ou raccourcir les tuyaux de
l'orgue, de la flûte, du cor: tendre ou lâcher les peaux des
timbales; en un mot, c'est augmenter ou diminuer la tension des corps sonores jusqu'à ce que toutes les parties de
l'instrument soient au ton qu'elles doivent avoir. B...N.

ACCORDEUR. (*Musique.*) On nomme *accordeurs*
d'orgue ou de piano ceux qui vont dans les églises ou dans
les maisons accorder ces instruments; quand ces accor-

deurs raccommodent aussi ces instruments , ils prennent le titre de *facteurs*. (*Voyez* FACTEURS.) B...N.

ACCOUCHEMENT. (*Médecine.*) On entend par ce mot l'expulsion spontanée du fœtus et de ses dépendances, par les contractions de l'utérus, aidées de celles des muscles abdominaux ; et cette même expulsion , facilitée par les moyens de l'art, ou entièrement opérée par ces mêmes moyens, et devenue , dès lors, une sorte d'extraction. Dans le premier cas , on dit de l'accouchement qu'il est naturel , et l'on donne à cette fonction le nom plus spécial de parturition ; les autres cas sont compris sous le nom d'accouchement artificiel. Celui-ci est appelé manuel ou contre nature, quand le secours de l'art se borne à l'application de la main ; et instrumental ou laborieux , quand la main seule ne peut suffire et qu'il faut se servir d'instruments.

Les causes prochaines de l'accouchement naturel sont donc les contractions spontanées de l'utérus, mais on ne sait pas bien par quoi sont déterminées ces contractions , et il ne résulterait aucune instruction solide et précise de l'exposé de diverses hypothèses qui ont été imaginées à ce sujet. Les signes précurseurs du travail de l'accouchement consistent dans les phénomènes suivants : à la fin du neuvième mois de la grossesse, le plus souvent avant cette époque , le ventre diminue de volume , ses parois se relâchent, la respiration est plus libre, la circulation plus facile ; la femme se sent moins pesante. A ce bien-être de peu de durée succèdent de fréquents besoins d'uriner , de l'engourdissement dans toutes les régions de l'utérus ; la femme ressent du gonflement et de la pesanteur dans les parties sexuelles, lubrifiées alors par un mucus plus ou moins abondant auquel se mêle parfois un peu de sang. Les signes qui font connaître que le travail de la parturition s'accomplit sont en grand nombre et varient selon les phases de ce même travail, distinguées en quatre temps par les auteurs. Nous nous abstiendrons de

faire ici l'exposé de ces signes, parcequ'il serait inintelligible pour des lecteurs dénués de connaissances anatomiques, et ne pourrait servir qu'à leur donner de très
fausses idées. Nous devons, pour la même raison, user
de la même réticence à l'égard du mécanisme de la parturition.

Pour qu'un accouchement puisse avoir lieu naturellement et par les seules forces de la mère, il faut qu'il
y ait à la fois conformation régulière des parties de la
mère et du fœtus, et rapport convenable entre les dimensions de ces parties et celles du fœtus. Il faut encore que le fœtus présente le sommet de la tête ou les
pieds. La présentation des genoux et celle des fesses
n'excluent pas la possibilité de l'accouchement naturel.
Toutes les fois que le fœtus présente une autre partie,
par exemple le visage, un bras, une des régions de
la poitrine, une des régions du ventre, son expulsion ne
peut s'accomplir spontanément, et l'accouchement devient
nécessairement manuel ou instrumental. Il ne suffit pas
que le mode de présentation du fœtus soit favorable à son
expulsion naturelle, il faut de plus que sa position ne con-
trarie pas cette expulsion. Je m'explique : l'enfant pourrait
présenter le sommet de la tête, sans cependant que la
parturition spontanée fût possible. C'est ce qui aurait lieu
par exemple si le grand diamètre de sa tête se trouvait
dans le sens de l'un des petits diamètres du bassin. Pour
jeter une pièce de monnaie dans un tronc, il ne suffit
pas de présenter cette pièce par son bord; il faut aussi
que sa plus grande dimension, c'est-à-dire son diamètre,
soit mise dans le sens de la plus grande dimension de l'ouverture du tronc.

Il peut arriver que toutes les conditions précitées d'un
accouchement naturel ayant lieu, l'on soit néanmoins dans
la nécessité d'en aider ou d'en précipiter la marche, et
de le convertir pour cela en un accouchement artificiel.
Les causes diverses par lesquelles on peut se trouver con-

traint à prendre ce parti sont, une hémorragie abondante, des convulsions, des syncopes, la suspension ou la
cessation des contractions de l'utérus, l'épuisement des
forces de la femme en travail, une hernie menacée d'étran-
glement, un asthme, un anévrisme, le prolapsus du cordon
ombilical.

Les manœuvres avec la main, au nombre desquelles
nous ne comprenons pas le toucher simple, parcequ'il n'a
pour but que de faire reconnaître l'état des choses, et non
d'y changer quoi que ce soit, les manœuvres manuelles,
disons-nous, accomplissent les diverses indications de percer les enveloppes du fœtus, pour procurer la sortie des
eaux qu'elles contiennent, de remédier à une position dé-
favorable de l'enfant, de décoler le placenta implanté sur
l'orifice de l'utérus, de reporter le cordon ombilical dans
l'utérus, d'opérer la version de l'enfant et son extraction
par les pieds, d'aider à la dilatation, à l'épanouissement
des parties de la mère susceptibles d'extension, etc.

L'application des différents instruments dont se sert l'ac-
coucheur a pour but de reconnaître les dimensions des
diamètres du bassin; de corriger une mauvaise position
du fœtus, ce que faisait le Hollandais Roon-Huysen avec
un levier qu'on a beaucoup vanté de son temps, et dont
on ne se sert presque plus aujourd'hui; de tirer sur un
ou plusieurs membres de l'enfant, ce que l'on exécute
avec des lacs et des crochets émoussés; de diminuer le
volume excessif de quelqu'une des grandes cavités du
fœtus, en donnant issue à des fluides qui la remplissent;
de se saisir puissamment de la tête du fœtus, de changer
les rapports désavantageux où elle se peut trouver avec
les divers détroits de la filière osseuse qu'elle doit parcourir, et d'exercer sur elle des efforts de traction par
lesquels on parvient à la dégager. Ces derniers résultats
s'obtiennent avec un instrument porté de nos jours au
plus haut degré de perfection. Cet instrument, appelé
forceps, représente des mains métalliques, qui, n'ayant

presque point d'épaisseur, se glissent l'une après l'autre, de la manière la plus facile, entre les parties de la mère et la tête de l'enfant, et soumettant celle-ci à une légère étreinte, lui font franchir des obstacles dont les seuls efforts de la nature ne fussent jamais parvenus à la dégager. On a vu des femmes qui, délivrées une fois par ce moyen, en réclamaient avec instance le bienfait dans des accouchements subséquents.

Quelquefois la conformation de la mère, ou la grosseur monstrueuse de l'enfant, ou la réunion de ces deux circonstances, rendent l'accouchement impossible même avec le secours des instruments, et ne laissent de ressource que dans la pratique d'opérations chirurgicales dont on a plusieurs fois obtenu d'heureux résultats, mais qui n'en sont pas moins extrêmement graves. L'une de ces opérations consiste dans la section de l'union des os pubis, au moyen de laquelle on obtient un écartement, une diduction des os du bassin, qui agrandit les passages et rend possible l'expulsion ou au moins l'extraction du fœtus. L'autre opération se pratique en incisant la paroi du ventre et l'utérus, et faisant sortir l'enfant de sa prison par cette douloureuse issue. On l'appelle opération *césarienne*, du nom de *Cæsar*, par lequel on désignait chez les Romains les individus venus au monde de cette manière, et qu'on avait, pour cette raison, appliqué à Jules-César. Il faut une certaine intrépidité pour oser administrer un semblable secours, et l'on peut croire que cette hasardeuse ressource n'est pas employée chaque fois qu'il s'en présente une occasion. Mais une chose bien merveilleuse, c'est que des animaux se soient en quelque sorte élevés, pour le fait dont nous parlons, à toute la hauteur de la raison de l'homme, et qu'on en ait vu se déchirer stoïquement eux-mêmes pour accomplir une parturition que des obstacles quelconques rendaient impossible par les voies naturelles. M. Maygrier, l'un des plus célèbres professeurs d'accouchements de Paris, et dont la véracité ne permet aucun doute sur les faits de la certitude desquels il se donne pour garant, M. Maygrier a vu une femelle de cabiai (petit mammifère plus connu sous le nom vulgaire de cochon-d'inde) qui, après avoir enduré pour mettre bas des souffrances aussi longues qu'inutiles, a fini par se pratiquer elle-même l'opération césarienne. La pauvre bête s'est déchirée avec ses dents pour procurer à ses petits un moyen de naître, et cette portée de nouveaux Césars est arrivée à la vie à travers les flancs lacérés de leur courageuse mère.

Les secours manuels ne sont pas les seuls que l'on emploie pour aider les accouchements ; divers moyens de la thérapeutique y sont fréquemment mis en usage avec beaucoup de succès, et l'on retire quelquefois de grands avantages des influences exercées sur le moral de la femme en travail, par les encouragements, les consolations, et la répression de certains écarts de la sensibilité.

Il ne faut pas croire au reste que le nombre des accouchements artificiels soit à celui des accouchements naturels dans une bien grande proportion. Les résultats de la pratique de Samuel Merrimann et de Robert Bland, professeurs d'accouchements à Londres, ne donnent qu'un accouchement artificiel sur quarante-trois ; et la pratique de l'hospice de la Maternité de Paris n'en donne qu'un sur soixante-deux.

Le plus ou moins de convenance qu'il peut y avoir à confier à des femmes un office aussi important que celui de diriger la marche d'une fonction qui s'accompagne quelquefois de très grands dangers, sera discuté à l'article *Sage-femme*.

Les meilleurs traités de l'art des accouchements que nous puissions indiquer à des lecteurs français, sont ceux des professeurs Capuron, Gardien, Maygrier, et le *Mémorial de l'art des accouchements* de madame Boivin. M. Maygrier publie en ce moment, sous le titre de *Nouvelles démonstrations des accouchements*, un ouvrage auquel il joint des planches de la plus belle exécution, et d'une vérité si exacte qu'elles peuvent suffire à donner une connaissance précise des détails dont elles offrent la représentation.   J.

ACCOUCHEMENT. (*Législation.*) L'humanité n'a plus à gémir sur l'exécution de l'édit barbare qui voulait que toute femme ou fille qui n'avait point déclaré sa grossesse et son *accouchement* fût réputée convaincue d'avoir fait périr son enfant. (*Voyez* GROSSESSE, INFANTICIDE.) La loi impose seulement au père ou aux docteurs en médecine ou en chirurgie, sages-femmes, officiers de santé, ou autres personnes qui auraient assisté à l'*accouchement*, le devoir de déclarer la naissance de l'enfant dans un délai de trois jours. (*Voyez* ÉTAT CIVIL, NAISSANCE, LÉGITIMITÉ, MARIAGE.)

Les médecins, les chirurgiens, officiers de santé et sages-femmes, peuvent seuls pratiquer l'art des accouchements; ceux qui exercent cet art sans qualité encourent les peines prononcées par la loi. (*Voyez* CHIRURGIE, MÉDECIN, SAGE-FEMME.)

ACCOUCHEMENT. (*Antiquités.*) Les Grecs appelaient Εἰλείθυια ou Εἰλήθυια, quelquefois même Ἐλευθὼ, d'ελεύθω, qui vient, qui arrive, la déesse qui présidait aux accouchements. Les Romains invoquaient, sous le nom de *Lucina* (dérivé de *lux*), la déesse qui met au jour, ou qui vient au petit jour : c'étaient des surnoms de Junon ou Latone. Ils invoquaient encore les *dii Nixii* ou *Nixi*, dont le nom vient du latin *nixus* ou *nixœ*, efforts ou douleurs d'une femme en travail d'enfant, *niti*, s'efforcer, faire effort pour accoucher : c'étaient trois dieux qu'on invoquait dans les accouchements difficiles; on les représentait accroupis sur les genoux, *nixi genibus*, agenouillés; et *nixus* est le nom de la constellation qui représente Hercule dans cette posture, laquelle est en effet le symbole de l'effort qu'on fait pour se lever ou accoucher; de là la cérémonie religieuse qui a encore lieu après l'accouchement, dite *les relevailles*. Festus dit qu'on voyait au Capitole, devant la chapelle de Minerve, trois statues agenouillées, et dans la posture d'accoucheuses. Mais les Romains invoquaient plus particulièrement encore les déesses *Prosa* ou *Prorsa* et

1   11

Postverta, qui veillaient à la manière dont l'enfant se présentait au sortir de l'utérus.

Les Grecs croyaient aussi apporter du soulagement aux femmes en travail en mettant dans leurs mains des palmes, symboles de victoire. Latone, étant sur le point d'accoucher d'Apollon, prit des palmes dans ses deux mains pour apaiser les douleurs qu'elle ressentait. L'hymne à Apollon, attribué à Homère, dit que sa mère accoucha de ce dieu sur les bords du fleuve Inopus, auprès d'un palmier.

On croyait, au moyen âge, que Marie avait conçu par l'oreille, et par suite que les enfants bâtards venaient au monde par l'oreille gauche : c'est d'après cette croyance populaire que Rabelais (liv. I, chap. VI) fait une allusion maligne au second mariage de Louis XII avec Anne de Bretagne, regardé comme illégitime, à cause du premier qu'il avait contracté avec Jeanne de France, en disant que Gargantua sortit *par l'aureille senestre* de Gargamelle : c'est aussi de cette croyance ridicule que vient le nom de *mariage du côté gauche*, donné à une union illégitime, ou regardée comme telle, et la prose qu'on chantait à l'église :

Gaude, Virgo, mater Christi,
Quæ per aurem concepisti.

Sur un des vitraux qui étaient dans la salle du quinzième siècle de l'ancien musée national des Petits-Augustins, on voit d'un côté la Vierge à genoux qui lit ses heures, de l'autre Gabriel, et dans un coin de la chambre le Saint-Esprit, du bec duquel part un rayon qui va droit à l'oreille de la mère de Dieu pour y déposer un embryon fort bien dessiné. Mais cette croyance remonte plus haut; on attribue à saint Ephrem, ou à saint Grégoire de Néocésarée ou le Thaumaturge, la prose que nous venons de citer. Dans les anciennes prières de l'église on chantait du temps d'Agobard, *Le Verbe est entré par l'oreille de la Vierge;* dans le bréviaire des maronites on lit également,

Le Verbe du Père est entré par l'oreille de la femme bénie. Saint Augustin et le pape Félix attestent que *la Vierge devint enceinte par l'oreille.* Enfin, *Jeschu* dit, au sujet de la conception de Marie : *Je suis entré en elle par le sommet de la tête.* (*Voyez* Voltaire, Dict. phil., au mot GÉNÉALOGIE.)   E. J.

ACCOUPLEMENT. (*Histoire naturelle.*) Acte au moyen duquel deux êtres de sexe différent procèdent à la création ou plutôt au développement d'un troisième destiné à perpétuer l'espèce. On sent que des animaux privés de sexe, et peut-être il en existe, ou munis des deux sexes, au point que la participation mutuelle de deux individus ne soit pas nécessaire pour en former un troisième; on sent, disons-nous, que de tels animaux n'auraient pas besoin de s'accoupler pour se reproduire.

Le mode d'accouplement varie en raison de l'organisation des êtres à qui la nature en indique la nécessité par un attrait irrésistible. C'est au mot génération qu'il sera question des divers modes du rapprochement reproducteur. Il suffit de remarquer ici que, dans les plantes, on appelle fécondation le moyen qu'emploie la nature pour rendre la femelle féconde par l'effet de la poussière des étamines, véritable véhicule mâle dont se saupoudrent les organes femelles.

Il est cependant quelques végétaux qui pratiquent en quelque sorte un accouplement véritable; la valisniérie, par exemple, semble s'animer au moment où les chaleurs printanières pénétrant les eaux qu'elle habite, y portent ces feux de l'amour que ressentent à peu près toutes les créatures, même celles que les profondeurs de l'onde semblent vouloir dérober à l'influence du jour. Au moyen de longues vrilles qu'elle déroule, la valisniérie mâle, flottant à la surface des étangs et des canaux, va chercher la valisniérie femelle qui rampait obscurément sur l'humide limon; quand les vrilles, qui font ici l'office des bras, l'ont saisie, elles se roulent de nouveau sur elles-mêmes pour

ramener au jour les femelles, avec lesquelles on voit les
mâles s'entrelacer pour répandre sur les pistils un pollen
générateur.

Nous avons observé et fait connaître, plus exactement
qu'on ne l'avait fait jusqu'ici, une famille entière d'êtres
mixtes, regardés trop légèrement comme les derniers des
végétaux, et chez lesquels s'observe un mode d'accouplement plus animal encore, s'il est permis de s'exprimer ainsi,
que celui que nous venons de décrire. (*Voyez* GÉNÉRATION
et CONJUGÉES.)   B. DE ST.-V.

ACCOUPLEMENT. (*Architecture.*) Se dit de deux
colonnes ou pilastres qui supportent un même entablement,
et sont à moindre distance que l'entre-colonnement prescrit
par les règles de l'architecture.   D...T.

ACCROISSEMENT. (*Histoire naturelle.*) Série successive des phénomènes par lesquels passent les corps, soit
bruts, soit organisés, pour augmenter en masse et en étendue, et pour parvenir au degré de développement qui leur
est spécifiquement assigné. On sent que de tels phénomènes doivent présenter des différences très notables suivant qu'on les observe dans les êtres dont l'organisation
n'est pas la même.

Chez des êtres organisés, l'accroissement est renfermé
dans les limites qu'il ne lui est pas donné d'outre-passer,
et qui varient selon la durée de l'existence de chaque être,
ou selon le rôle qu'il doit remplir au milieu de l'univers
dont il fait partie.

Chez les êtres inorganisés, au contraire, l'accroissement
est indéterminé: la durée n'y a point de bornes fixes; il
est abandonné aux chances du hasard, ainsi qu'à l'action
des agents chimiques et physiques.

Dans les premiers, l'accroissement est un résultat de la
vie; dans les seconds, il n'est que l'effet de la juxta-position.
(*Voyez* VIE et JUXTA-POSITION.)   B. DE ST.-V.

ACCROISSEMENT (Droit d'). (*Législation.*) C'est le
droit en vertu duquel un héritier ou un légataire acquiert

la portion de son cohéritier ou colégataire renonçant ou incapable.

ACCRUES. (*Agriculture.*) S'emploie quelquefois
comme synonyme d'alluvions.

ACCRUS. (*Agriculture.*) Ce sont des rejetons produits
par les racines des arbres. La prescription de trente ans
s'étend aux accrus, et reconnaît comme acquis au propriétaire d'un arbre le terrain sur lequel des accrus ont végété
pendant cet espace de temps.

ACCUSATIF. (*Voyez* Cas.)

ACCUSATION. (*Législation.*) *Mise en accusation,
accusateur, accusé.*

Accusation, action publique intentée et suivie pour
l'application de la peine contre un ou plusieurs individus
par le procureur-général du roi, sur laquelle un arrêt de
la cour royale a ordonné leur mise en accusation et leur
traduction devant la cour d'assises, après qu'il a été reconnu, 1° qu'ils n'ont pas détruit les charges portées contre
eux ; 2° que le fait qui leur est imputé est de nature à
entraîner l'une des peines portées par nos lois, depuis la
plus grave jusqu'à l'une des peines infamantes inclusive-
ment.

C'est s'exprimer improprement que de donner le nom
d'*accusation* soit aux dénonciations et aux plaintes, soit
aux premières poursuites, qui ne sont que des actes de la
police judiciaire. On est et l'on reste simplement *inculpé*
lorsque les dénonciations, les plaintes, les informations
ne fournissent ni indices, ni présomptions; on n'est encore que *prévenu* lorsque, après les mandats d'amener, de
dépôt et d'arrrêt, et les premiers interrogatoires, la cour
royale n'a encore reçu aucun réquisitoire, ni rien prononcé. Enfin le prévenu ne devient *accusé* que lorsque,
sur le réquisitoire du procureur-général, la cour royale
a ordonné sa mise en accusation et sa traduction devant la
cour d'assises.

Avant l'arrêt de mise en accusation, les magistrats chargés de la première instruction examinent dans la chambre du conseil, au nombre de trois juges au moins, si le fait est de nature à être puni de peines afflictives ou infamantes, et si la prévention contre la personne poursuivie est suffisamment établie. Lorsque les juges ou l'un d'eux sont de cet avis, ils décernent une ordonnance de prise de corps. Le procès est ensuite envoyé au procureur-général près la cour royale, et, s'il y a lieu, celui-ci requiert la mise en accusation du prévenu.

Pendant ce temps, la partie civile [1] et le prévenu peuvent fournir tels mémoires qu'ils estiment convenables. Le prévenu peut soutenir que le fait qui lui est imputé n'est défendu par aucune loi, ou qu'antérieurement il a été condamné ou amnistié par le même fait [2], ou que la cour royale ayant antérieurement décidé qu'il n'y avait pas lieu à l'en accuser, il n'est survenu aucune nouvelle charge contre lui [3]. Il peut soutenir que le crime a été effacé par le pardon du roi [4], ou qu'il en a été acquitté [5], ou qu'il en a été absous [6], ou que le crime est prescrit [7]. Il peut soutenir, sur le fond de l'accusation, qu'il n'existe aucune charge contre lui ; il peut enfin donner telles explications et fournir telles pièces qu'il croira utiles pour sa justification. Toutes ces exceptions, tous ces moyens, il pourra les reproduire à toutes les solennités du procès.

Aussitôt que la première instruction est transmise au procureur-général, il en fait son rapport à la cour royale.

La cour peut ordonner une instruction plus ample et se faire apporter les pièces servant à conviction, jusque là restées au greffe du tribunal de première instance.

Enfin, lorsque l'instruction est complète, la cour passe

---

[1] *Voyez* PARTIE CIVILE.
[2] *Voyez* AMNISTIE.
[3] *Voyez* ci-après.
[4] *Voyez* GRACE.
[5] *Voyez* ACQUITTEMENT.
[6] *Voyez* JUGEMENT (sur l'absolution).
[7] *Voyez* PRESCRIPTION.

à l'examen du procès en la chambre du conseil. Le greffier fait lecture de toutes les pièces en présence du procureur-général ; elles sont laissées sur le bureau, ainsi que les mémoires des parties. Le procureur-général dépose son réquisitoire écrit et signé, et se retire ainsi que le greffier.

Si la cour n'aperçoit aucune trace d'un délit prévu par la loi, ou si elle ne trouve pas des indices suffisants de culpabilité, elle ordonne la mise en liberté du prévenu ; ce qui est exécuté sur-le-champ, s'il n'est retenu pour une autre cause.

Dans ce cas, il ne peut plus être recherché à raison du même fait, à moins qu'il ne survienne de nouvelles charges. Ces nouvelles charges sont des déclarations de témoins, des pièces et procès-verbaux, qui n'ayant pu être soumis à l'examen de la cour royale, sont cependant de nature, soit à fortifier les preuves que la cour aurait trouvées trop faibles, soit à donner aux faits de nouveaux développements utiles à la manifestation de la vérité.

En ce cas, on procède de nouveau contre le prévenu, et l'on remet en question s'il y a lieu de prononcer l'accusation.

Si le fait est qualifié crime par la loi, et que la cour trouve des charges suffisantes pour motiver la mise en accusation, elle ordonnera le renvoi du prévenu à la cour d'assises ; et si le crime est mal qualifié dans l'ordonnance de prise de corps, elle l'annulera et en décernera une nouvelle.

Un ou plusieurs prévenus peuvent être accusés d'être auteurs ou complices du même crime, ainsi que de plusieurs crimes et délits connexes. Les délits sont connexes, soit lorsqu'ils ont été commis en même temps par plusieurs personnes réunies, soit lorsqu'ils ont été commis par différentes personnes, même en différents temps et en divers lieux, mais par suite d'un concert formé à l'avance entre elles, soit lorsque les coupables ont commis les uns pour se procurer les moyens de commettre les autres, pour en faciliter, pour en consommer l'exécution, ou pour en assurer l'impunité.

L'arrêt de mise en accusation doit être signé par chacun des juges, au nombre de cinq au moins. Il y est fait mention, à peine de nullité, tant de la réquisition du ministère public que du nom de chacun des juges : l'ordonnance de prise de corps y est insérée.

Aussitôt le procureur-général rédige un acte d'accusation, où il expose, 1° la nature du crime qui forme la base de l'accusation ; 2° le fait et les circonstances qui peuvent aggraver ou diminuer la peine. Le prévenu y est dénommé et clairement désigné ; il est terminé par le résumé suivant : *En conséquence N... est accusé d'avoir commis tel meurtre, tel vol, ou tel autre crime, avec telle ou telle circonstance.*

Jusqu'ici nous n'avons qu'une procédure secrète, une instruction lue et écoutée sans solennité, sans confrontation, sans débats, en l'absence du prévenu et des témoins, où la loi ne veut et ne doit rien voir que d'imparfait, et dont il ne peut sortir, même dans les cas les plus graves, que des indices suffisants, mais non jamais des preuves de culpabilité. Un procureur-général commettrait donc une faute très grave, il ferait même injure à l'accusé, qu'il doit présumer innocent, et qui peut-être sera acquitté, s'il avançait dans son acte d'accusation que d'une procédure aussi informe il résulte que tels ou tels faits sont *prouvés*.

Je remarque une faute de même nature dans un arrêt rendu par une cour royale en la chambre du conseil, qui décida que tel prévenu devait être mis en liberté parceque le crime n'était pas *suffisamment établi*. Ce n'est qu'au jury du jugement, après l'examen le plus solennel et le plus approfondi, qu'il appartient de déclarer que le crime est ou n'est pas *suffisamment* établi, ou, en d'autres termes, que l'accusé est ou n'est pas coupable [1].

L'instruction, qui fut secrète jusqu'à l'arrêt de mise

[1] Cet arrêt fut annulé par la cour de cassation le 27 février 1812.

en accusation, sera désormais manifestée par l'acte d'accusation et les débats qui le suivront, mais à l'égard des accusés seulement, et dans le seul intérêt de l'accusation. Quant aux personnes qui n'ont été qu'inculpées, et contre qui aucun mandat d'amener ou d'arrêt n'a été délivré; quant à celles contre qui il a été déclaré qu'il n'y avait pas lieu à accusation, s'il n'est pas survenu de nouvelles charges, la justice est satisfaite ; le procès leur est devenu étranger. Pour eux il doit rester secret, parce que pour eux il est considéré comme non avenu. Un procureur-général commettrait donc une faute non moins grave s'il les impliquait dans son acte d'accusation, qui est fait pour être lu et discuté lors d'un débat public où ils ne seraient pas admis à se justifier. Un procureur-général ne doit pas oublier qu'il n'est pas investi de plus de pouvoir qu'il n'en faut pour le but que la loi s'est proposé ; que notre sûreté, l'opinion même de cette sûreté, notre réputation, notre honneur, sont choses considérables, et qu'il doit défendre lui-même au besoin.

L'arrêt et l'acte d'accusation doivent être signifiés à l'accusé ; il lui en est laissé copie. L'accusé est de suite transféré de la maison d'arrêt du tribunal d'arrondissement dans la maison de justice de la cour d'assises du département. Le procureur-général en donne avis au maire du lieu où l'accusé avait son domicile, s'il est connu, ainsi qu'au maire du lieu où le crime a été commis. Le procès et les pièces de conviction sont de même transmis sans délai au greffe de cette cour.

Dans les 24 heures, l'accusé est interrogé par le président ou par le juge qu'il a délégué. Il est interpellé de déclarer le choix qu'il a fait d'un conseil pour l'aider dans sa défense, sinon le juge lui en désigne un sur-le-champ, à peine de nullité. Ce conseil ne peut être pris que parmi les avocats ou avoués de la cour royale ou de son ressort. Ceux-ci peuvent néanmoins obtenir du garde-des-sceaux la permission de plaider hors du ressort de la cour royale ou du département où ils sont inscrits. L'accusé peut aussi obtenir du président la permission de prendre pour conseil un de ses parents ou amis : à Paris l'ordre des avocats a pourvu par des mesures non moins généreuses qu'efficaces à ce qu'un accusé ne reste pas indéfendu.

L'accusé doit de plus être averti qu'il peut demander la nullité de l'arrêt de mise en accusation dans les cinq jours suivants, et qu'après l'expiration de ce délai il n'y serait plus recevable. Si l'avis n'a pas été donné et constaté, l'accusé conserve le droit de former cette demande, même après l'arrêt définitif. Le procureur-général a le même droit, dans le même délai, à compter de l'interrogatoire et sous la même peine de déchéance.

En déclarant l'un ou l'autre leur intention d'attaquer cet arrêt, ils doivent énoncer l'objet de leur demande, qui ne peut être formée que dans les cas suivants : 1° pour tout moyen d'incompétence, et notamment si le fait n'est pas qualifié crime par la loi ; 2° si l'officier public n'a pas été entendu ; 3° si l'arrêt n'a pas été rendu par le nombre de juges fixé par la loi. La cour de cassation est tenue de prononcer sur cette demande, toutes affaires cessantes.

Le conseil donné ou choisi peut communiquer avec l'accusé et prendre connaissance des pièces du procès sans déplacement et sans retarder l'instruction ; il peut encore faire prendre, aux frais de l'accusé, copie de telles pièces qu'il croira utiles à sa défense. Il n'est délivré gratuitement à tous les accusés qu'une seule copie des procès-verbaux constatant le crime, et des déclarations des témoins.

On peut joindre et soumettre aux mêmes débats plusieurs actes d'accusation dressés contre différents accusés à raison du même crime ; et lorsque l'acte d'accusation contient plusieurs crimes non connexes, on peut aussi ordonner que les accusés ne seront mis en jugement que sur l'un ou quelques uns de ces crimes.

L'accusé a reçu copie de la liste des témoins que le

procureur-général veut faire entendre contre lui : il a de même fait délivrer au procureur-général copie de la liste des témoins qu'il veut produire pour appuyer sa défense. Enfin on lui a notifié la liste des jurés.

En cet état, l'accusé comparaît, libre et sans fers, devant la cour d'assises, d'abord pour concourir à la formation du tableau des douze jurés qui le jugeront, et pour être procédé de suite avec lui à l'examen et au jugement des différents chefs d'accusation.

C'est ici, à proprement parler, que commence l'accusation ; les actes antérieurs n'en sont que les préliminaires, le libelle et les motifs.

Ces actes ont lieu dans les cas ordinaires. Mais observons que l'article 33 de la charte constitutionnelle porte que la chambre des pairs connaît des crimes de haute trahison et des attentats à la sûreté de l'état qui seront définis par la loi, et qu'aucune loi n'a encore donné cette définition, et que la cour des pairs n'a été mise en action que dans quelques circonstances particulières. Toutes les fois donc que des crimes de cette nature sont déférés au procureur-général, il ne peut, sous prétexte de cet article, requérir ni suspension ni renvoi. Au contraire, il devrait s'empresser de requérir non la suspension ou le renvoi, mais l'annulation de toutes poursuites contre un membre de la chambre des pairs, lequel ne peut être arrêté que de l'autorité de cette chambre et jugé par elle.

Il ne pourrait non plus laisser subsister ni poursuites ni mandats, hors le cas de flagrant délit en matière criminelle, contre un membre de la chambre des députés pendant le cours de la session.

Il n'appartient qu'à la chambre des députés d'accuser les ministres et de les traduire devant la chambre des pairs, qui seule a le droit de les juger. Ils ne peuvent être accusés que pour fait de trahison ou de concussion. Des lois particulières doivent aussi spécifier cette nature de délits et en déterminer la poursuite.

Si un crime était imputé à un tribunal entier, correctionnel, de commerce ou de première instance, ou individuellement à un ou plusieurs membres des cours royales, conseillers, auditeurs, avocats-généraux, substituts, pour avoir été commis par eux *dans l'exercice de leurs fonctions,* la connaissance de ce crime étant réservée à la cour de cassation, le procureur-général et la cour royale seraient tenus de s'abstenir. Un tel crime doit être dénoncé ou au garde-des-sceaux, ministre de la justice, qui transmet, s'il y a lieu, la dénonciation au procureur-général près la cour de cassation, ou dénoncé directement à la cour de cassation, mais seulement lorsque les personnes lésées demanderont à prendre le tribunal ou le juge à partie : cette dénonciation peut aussi être faite incidemment à une affaire pendante à la cour de cassation.

Le premier président de cette cour désigne l'un de ses membres pour l'audition des témoins, et tous les autres actes d'instruction étant terminés, le premier président décerne, s'il y a lieu, le mandat de dépôt, le procureur-général dénonce le prévenu à l'une des sections de la cour, celle-ci délibère sur la mise en accusation en séance non publique ; les juges doivent être en nombre impair. La mise en accusation est prononcée à la majorité des voix, et l'accusé transféré dans la maison de justice de la cour d'assises, qui est désignée par la cour de cassation. Cette instruction est commune aux complices, lors même qu'ils n'exerceraient point de fonctions judiciaires ; elle ne peut être attaquée quant à la forme.

Si un crime de même nature est imputé à un juge de paix, à un juge faisant partie d'un tribunal de commerce, à un officier de police judiciaire, à un membre de tribunal correctionnel ou de première instance, ou à un officier du ministère public près l'un de ces tribunaux, les fonctions ordinairement dévolues au juge d'instruction et au procureur du roi sont immédiatement remplies par le premier président et le procureur-général près la cour royale, ou

par tels autres officiers qu'ils ont respectivement ou spécialement désignés ; et pour le surplus de la procédure on
suit les dispositions générales.

Il en est de même lorsque l'un d'eux est dénoncé pour
avoir commis un crime *hors de ses fonctions.*

Enfin , si c'est un membre de la cour royale , ou un
officier exerçant près d'elle le ministère public, qui est dénoncé pour avoir commis un crime *hors de ses fonctions* ,
l'officier qui a reçu les dénonciations et les plaintes est tenu
d'en envoyer de suite des copies au garde - des - sceaux ,
ministre de la justice , sans que l'instruction soit retardée ,
et lui envoie pareillement une copie des pièces. Le garde-
des-sceaux les transmet à la cour de cassation , qui renvoie
l'affaire , s'il y a lieu, à un juge d'instruction pris hors du
ressort de la cour à laquelle appartient le membre inculpé.
Et s'il s'agit de prononcer la mise en accusation, le renvoi
est fait à une autre cour royale.

Tels sont les actes et les arrêts des cours royales, pres-
crits par le code d'instruction criminelle de 1808 , sous le
titre *Justice,* qui doivent précéder la comparution de l'accusé devant la cour d'assises.

Nous renvoyons le lecteur aux mots , *Procureur-géné-*
ral, Cour royale, Cour d'assises, et *Jury de jugement.*
Nous dirons aussi, sous le titre *Grand Jury anglais,* ou
Jury d'accusation, comment l'accusation était admise en
France avant le code, et enfin comment nous estimons
que cette partie importante de notre législation pourrait
être améliorée.

Les lois des autres nations de l'Europe sur la matière
des accusations sont nées soit des constitutions des empereurs romains, soit de quelques usages locaux , soit de
quelques statuts spéciaux. et ne pourraient donner lieu qu'à
des remarques plus curieuses qu'utiles.   O.

ACÉPHALE. (*Médecine.*) Les médecins appellent acéphale le fœtus qui n'a point de tête, et qui, par cette circonstance, ne peut vivre que dans le sein de sa mère, et

meurt aussitôt ou presque aussitôt que finit pour lui cette
existence parasite. Les Grecs employaient aussi ce mot
dans le sens figuré : ils appelaient *mythos aképhalos* un
discours sans exorde, un récit sans préambule ; *biblion
aképhalon*, un livre auquel manquait le commencement ;
airesis aképhalé, une secte dont on ne connaissait plus le
fondateur.

La monstruosité pour la désignation de laquelle les médecins ont emprunté ce mot de la langue grecque est la
plus importante de toutes celles qui ont lieu par défaut, et
ne laisse pas de se présenter assez fréquemment. Elle s'observe à des degrés variables, car tel individu chez qui elle
existe peut n'avoir de moins que l'encéphale (*le cerveau*),
ou même seulement quelques portions de sa masse ; tandis
que chez tel autre il manque de plus le cou, quelquefois
même la partie supérieure de la poitrine et les bras, et
quelquefois aussi la totalité de la poitrine. On n'avait autrefois pour exprimer ces divers états que le mot qui sert
de texte au présent article ; mais le professeur Chaussier,
qui s'est toujours efforcé de donner au langage de la
science toute la précision du savoir qui le distingue, a créé
les mots *anencéphale* et *anencéphalie* pour désigner la
monstruosité par défaut qui consiste seulement dans l'absence d'une partie de la masse du cerveau. Les mots *acéphale* et *acéphalie* ne sont dès lors plus applicables que dans
les cas où la tête manque tout entière, c'est-à-dire avec la
face et les organes dont cette partie est le siége ; soit, du
reste, que le cou, la poitrine et les bras aient ou n'aient
pas reçu leur ordinaire évolution.

La cause prochaine de ce genre de monstruosités est le
manque primitif ou la destruction accidentelle d'un ou
de plusieurs des centres nerveux, de chacun desquels les
parties absentes auraient dû respectivement recevoir leur
innervation. Car les nerfs, outre qu'ils sont les organes par
lesquels l'animal reçoit les sensations et exerce les mouvements volontaires, ont de plus pour usage de présider

au développement , à la nutrition et à l'accroissement des parties animées, phénomènes qui , sans eux , deviendraient impossibles. On voit donc toujours les acéphales manquer des parties tant externes qu'internes qui reçoivent leurs nerfs des centres nerveux dont le siége est dans les parties desquelles le fœtus se trouve privé. Il serait difficile de faire entendre bien clairement à des lecteurs qui n'ont aucune connaissance anatomique ce que sont ces centres nerveux ; mais il faut cependant que les personnes dépourvues de ces connaissances, qui tiendraient à se rendre à peu près compte de la manière dont ont lieu les monstruosités qui nous occupent , fassent en sorte de se représenter que toutes les parties de notre corps sont pénétrées , vivifiées , animées par des filets nerveux très déliés et multipliés à l'infini ; que ces filets naissent de rameaux plus considérables, et que l'origine première de cette espèce d'arbre est, d'une part, dans les couches les plus inférieures de la masse pulpeuse qui remplit le crâne , et , d'une autre part , dans de nombreux renflements d'une sorte de cordon également pulpeux, qui parcourt un long canal creusé dans toute la longueur de l'épine du dos, depuis l'occiput jusqu'au coccyx. Maintenant, supposons que , chez un fœtus , il y ait défaut de la partie supérieure du cerveau, celle qui , à partir à peu près du niveau des sourcils et du bord supérieur de l'oreille, occupe toute la voûte du crâne ; voici à quels résultats cette absence donnera lieu. La portion du cerveau que nous venons d'indiquer ne donnant naissance à aucun nerf, les organes des sens ne se seront pas moins développés, et le fœtus n'aura pas moins des yeux, des oreilles, les appareils de l'odorat et du goût, et ceux de la déglutition et de la voix. L'état incomplet de la masse cérébrale n'aura nui qu'au développement de la voûte du crâne , dont les os divers manqueront ou seront à peine ébauchés. Les téguments, appliqués presque immédiatement sur la base du crâne, donneront aux yeux l'apparence d'être élevés au-dessus de la tête. C'est aux fœtus chez

lesquels se remarque cette espèce de monstruosité que
convient la dénomination d'anencéphales. Ceux-là peuvent
exister quelque temps hors du sein de leurs mères ; on en a
vu prolonger leur vie un à deux jours au-delà du moment
de leur naissance. Ils ne manquent, en effet, que de la
portion nerveuse encéphalique qui préside à l'intelligence,
et ils ont, au contraire, le bulbe supérieur de la moelle
épinière, duquel émanent les nerfs des appareils digestifs
et respiratoires. On se demande alors pourquoi la vie extra-
utérine de ces monstres n'acquiert pas une plus longue durée. A cela les physiologistes répondent qu'il paraît qu'à
mesure que l'on s'éloigne de l'instant de la conception, les
systèmes nerveux *organiques* sont de plus en plus mis sous
la subordination des systèmes nerveux *intellectuels,* c'est-
à-dire du cerveau proprement dit.

Une telle explication n'est guère propre à satisfaire; on
pourrait même répliquer en disant qu'elle est contredite
par certains faits. « Il est des enfants, dit Cabanis (*Rapports
du physique et du moral de l'homme,* tom. I, p. 141),
chez lesquels l'état du cerveau empêche entièrement la
pensée. Ils n'en vivent pas moins sains et vigoureux :
ils digèrent bien ; tous leurs autres organes se développent; et les déterminations instinctives qui tiennent à
la nature humaine générale se manifestent chez eux à
peu près aux époques et suivant les lois ordinaires. Il
n'y a pas long-temps que j'eus l'occasion d'observer un de
ces automates. Sa stupidité tenait à la petitesse extrême et
à la mauvaise conformation de la tête, qui n'avait jamais eu
de sutures. Il était sourd de naissance. Quoiqu'il eût les
yeux en assez bon état, et qu'il parût recevoir quelques
impressions de la lumière, il n'avait aucune idée des distances. Cependant il était d'ailleurs très sain et très fort.
Il mangeait avec avidité ; quand on ne lui donnait pas bien
vite un morceau après l'autre, il entrait dans une violente
agitation. Il aimait à empoigner ce qui lui tombait sous la
main, particulièrement les corps animés, dont la douce

chaleur, et, je crois, aussi les émanations paraissaient lui être agréables. Les organes de la génération étaient chez lui dans une activité précoce ; et l'on avait des preuves fréquentes qu'ils excitaient fortement son atten tion. »

Si, par une cause quelconque, le nerf ethmoïdal, dans lequel réside le sens de l'odorat, est resté sans se développer, tout l'appareil olfactif participe à ce défaut d'évolution : l'os ethmoïde manque ; la place qui lui est assignée entre les orbites reste inoccupée ; les deux cavités ne sont séparées par rien ; les yeux se rapprochent, se confondent ; il n'y a qu'un seul appareil palpébral. L'animal qui offre cette difformité est désigné par les noms de *cyclope* ou de *monopse*.

L'acéphalie est la monstruosité par défaut la plus grande possible, celle où le fœtus est privé de la tête entière, et même parfois de toute la moitié supérieure du tronc, et restreint par conséquent à sa moitié inférieure et aux membres abdominaux. On ne voit jamais, et les explications données plus haut supposent clairement qu'il n'existe pas d'acéphales chez qui la tête soit la seule partie qui fasse défaut. Toujours ce manque de la tête s'accompagne de celui de quelqu'un des viscères des autres cavités. Les organes respiratoires et le cœur manquent souvent. Il en est de même du foie et de la rate ; mais l'absence de l'estomac est beaucoup plus rare, et, quand son évolution a éprouvé des empêchements, on trouve au moins toujours quelque portion du canal intestinal. Les organes génitaux existent constamment.

Le résultat des observations les plus nombreuses a établi un fait qui n'est peut-être contredit par aucun exemple bien avéré, c'est que, chez tous les monstres anencéphales ou acéphales, on remarque, à la surface du corps incomplet, des vestiges, des inégalités, et comme des débris qui révèlent que, dans les premières phases de son existence intra-utérine, ce corps a dû être pourvu de quelques autres

1. 12

parties que celles avec lesquelles il se présente à l'instant de la naissance.

L'acéphalie s'observe plus fréquemment chez les jumeaux. La moitié des observations font mention de cette circonstance ; celles qui ne l'indiquent pas sont incomplètes , et aucune d'elles n'établit la circonstance opposée. On n'a pas aussi bien remarqué , pour les anencéphales , dans quelle proportion ces monstres sont avec les jumeaux.

Les cas de l'une et de l'autre monstruosité sont des plus nombreux. On en trouve des milliers d'exemples dans les divers recueils destinés à conserver les faits de cette espèce. Il est même peu de praticiens qui n'aient pas eu quelque occasion d'observer la dernière.

La cause première de ces bizarreries, très improprement appelées des jeux de la nature (car la nature ne joue pas, et suit dans ses écarts les mêmes lois qui donnent lieu à ses phénomènes réguliers) , a beaucoup occupé la sagacité des physiologistes. On peut réduire à trois hypothèses tous les modes d'explication par lesquels on a cherché à faire tomber un peu de jour sur ces mystérieuses singularités. Dans la première de ces suppositionss, on les attribue à l'influence de l'imagination de la mère sur le fruit qui se développe dans son sein; dans la seconde , elles sont imputées à des tares, à des conditions défectueuses , dont on se figure que le germe a pu être primordialement affecté; dans la troisième , à des altérations accidentelles qu'il aura subies en se développant. Nous n'avons pas , à coup sûr, la prétention de concilier de tels dissentiments et de faire cesser une semblable controverse; mais le lecteur peut pressentir, et beaucoup d'hommes, dont le sentiment est d'un grand poids, ont déclaré que la dernière de ces opinions offre un degré de vraisemblance qui paraît voisin de la démonstration , tandis qu'il s'élève contre les deux autres une foule d'objections bien difficiles pour ne pas dire impossibles à résoudre.

Les écrits les plus instructifs sur cette matière sont

un mémoire de M. le professeur Béclard, inséré dans les bulletins de la faculté de médecine, et l'article Monstruosités, de MM. Chaussier et Adelon, dans le grand Dictionnaire des sciences médicales. A la suite de l'article Monstres, de ce même Dictionnaire, est un index bibliographique très étendu, et qui ne laisse rien à désirer relativement à l'indication des sources où l'on peut puiser sur ce sujet, que nous avons à peine effleuré, une très vaste érudition.   J.

ACÉPHALE. (*Histoire naturelle.*) C'est-à-dire *qui n'a pas de tête.* Et qui croirait que des êtres organisés vivants pussent se passer de tête pour exister? Cependant il en est une multitude, et la moitié des animaux sont peut-être privés d'une partie sans laquelle le vulgaire ne conçoit pas qu'on puisse agir. Nous disons la moitié, parceque, outre les nombreuses tribus d'acéphales avérés que Linné confondait dans son immense classe des vers, et que les naturalistes en ont aujourd'hui distinguées, ces myriades d'animalcules dont le microscope démontre l'existence, se meuvent, se recherchent, se fuient, jugent et exercent d'autres facultés, encore qu'ils n'aient pas de tête. Il en est qui n'ont pas même de partie antérieure déterminée, comme on le verra quand il sera question des genres *protée* et *volvoce.*

M. de Lamarck employa, dans la première édition de son précieux ouvrage intitulé *Histoire des animaux sans vertèbres,* le nom d'acéphales pour caractériser un ordre de mollusques dans lesquels on ne reconnaît pas de tête distincte. Cet ordre était loin de renfermer tous les êtres auxquels son nom eût pu convenir; il a donc été aujourd'hui appelé des *conchifères,* et renferme la plupart des coquilles à deux valves : en effet, qui n'a pas remarqué que la moule et l'huître n'offrent rien qui rappelle l'idée d'une tête, tandis que les univalves, dont les limaçons nous présentent un exemple vulgaire, en sont générale, ment munis? Aussi notre savant ami le baron de Férussac

les appelle-t-il, par opposition, acéphales. (*Voyez* Coquilles.)

Dans le langage ordinaire on a restreint la signification
du mot acéphale aux petits des animaux d'ordre supérieur
qui manquent de tête, ou d'une partie des organes qui
constituent l'ensemble de cette partie; de tels acéphales
ne sauraient vivre, dès que leur naissance les prive des secours nutritifs qu'ils devaient à leur mère. L'illustre Geoffroy de Saint-Hilaire s'est sérieusement occupé de ces
acéphales; il a porté le plus grand jour dans leur histoire,
et rendu parfaitement raison des règles qui déterminent
les causes de l'acéphalie.

Les acéphales, qui ont été l'objet des belles recherches
de ce savant professeur, sont généralement regardés comme
des monstres; en effet, dans l'acception rigoureuse de ce
mot, qui suppose des êtres bizarres et hors des règles de la
forme habituelle à leur espèce, les acéphales sont des produits monstrueux; mais ces produits monstrueux ne sont
pas pour cela hors des lois qui président à une organisation
régulière: car les lois imposées à la matière vivante ne sont
pas capricieuses; elles sont le résultat des propriétés de
cette matière même qui, placée dans telle ou telle circonstance, s'organise selon les éléments variés qui l'y poussent,
et dont les moindres changements peuvent déterminer un
mode d'organisation nouveau. Peut-être les acéphales,
comme tous les autres monstres, ne sont-ils que des espèces
nouvelles qui ne sauraient vivre, et conséquemment se perpétuer, que parceque des organes indispensables à leur existence viennent à leur manquer. En effet, on voit des
monstres par excès vivre, se reproduire et perpétuer leur
monstruosité. Les monstres en moins paraissent au contraire condamnés à finir dès qu'ils ont vu le jour. C'est
au mot *Monstre* que, nous occupant de toutes les aberrations organiques, nous tracerons l'abrégé de l'histoire des
acéphales, d'après les lumineuses idées de M. Geoffroy.

B. de St.-V.

ACETABULARII. (*Antiquités.*) C'étaient des joueurs de gobelets que les Grecs nommaient ψηφοπαίκται. Leur nom venait des *acetabula*, vases ou cornets sous lesquels ils cachaient des jetons ou des petites pierres. Sextus Empiricus en parle (*advers. mathem.* 11), et Sénèque aussi (*epist.* 45). L'*acetabulum* était non seulement un cornet des joueurs de gobelets, mais un petit vase dans lequel on mettait du vinaigre, du sel ou du poivre, et une mesure de capacité pour les liquides et pour les grains. C'est de l'usage qu'on en faisait principalement pour y mettre du vinaigre, *acetum*, que vient son nom.   E. J.

ACÉTATES. (*Chimie.*) Sels résultant de la combinaison de l'acide acétique avec les bases salifiables. L'odeur de vinaigre qu'ils répandent lorsqu'on les met en contact avec un acide puissant les fait aisément reconnaître. Ils sont tous plus ou moins solubles dans l'eau : par la distillation, outre plusieurs gaz permanents, les uns donnent beaucoup d'acide acétique et quelques traces d'esprit pyro-acétique; les autres, peu d'acide et beaucoup d'esprit.

L'*acétate neutre de plomb*, ou *sel de saturne*, s'obtient en traitant à chaud l'oxyde jaune de plomb par le vinaigre, puis faisant cristalliser. Ses usages sont importants; on l'emploie comme médicament : c'est un bon réactif pour découvrir la présence de l'acide sulfurique dans un liquide; il sert avec l'alun à préparer l'acétate d'alumine, qui entre comme mordant dans la teinture des toiles. Bouilli avec le double de son poids d'oxyde de plomb (litharge), il donne le sous-acétate de plomb nécessaire à la fabrication du blanc de céruse.

En versant peu à peu une dissolution de potasse de commerce dans un excès de vinaigre distillé, on obtient l'*acétate de potasse*, le plus déliquescent de tous les sels connus, employé en pharmacie comme fondant.

L'*esprit de Mindérérus* est un acétate d'ammoniaque.

L'*acétate de fer* au maximum d'oxydation, servant à la

teinture en noir, se forme directement par la digestion de la tournure de fer dans du vinaigre exposé à l'air atmosphérique.

Si l'on étend du marc de raisin sur des planches de cuivre, on obtient, au bout de quelques semaines, une couche de vert-de-gris. Cette substance, dissoute à chaud dans du vinaigre, se change par la cristallisation en acétate de deutoxyde de cuivre, appelé *verdet*, et employé pour le lavis des plans.   S.

ACÉTATES. (*Technologie.*) Plusieurs de ces sels sont employés dans les arts ou dans la médecine : ce seront les seuls dont nous indiquerons ici la fabrication.

L'acétate d'alumine est très employé dans la teinture, et surtout dans la confection des toiles peintes; il remplace souvent, et avec avantage, l'alun ordinaire. On l'obtient par la double décomposition de l'alun et de l'acétate de plomb, qu'on mêle à l'état de dissolution dans l'eau. Le sulfate de plomb qui se forme ne tarde pas à se précipiter, et l'acétate d'alumine reste en dissolution dans la liqueur.

L'acétate d'ammoniaque, employé en médecine, était autrefois connu sous le nom d'*esprit de Mindérérus*. On le prépare en saturant de l'acide acétique par du carbonate d'ammoniaque; il cristallise en prismes assez volumineux.

L'acétate de cuivre se fabrique à Montpellier. On fait dissoudre du vert-de-gris dans du vinaigre distillé; on décante et on concentre convenablement la dissolution, qu'on laisse ensuite exposée pendant quelques jours à une douce chaleur dans des pots de terre vernissée, nommés *oulas*. Là le sel cristallise autour de petits bâtons arrangés en pyramide quadrangulaire dans ces pots, et on obtient de cette manière de belles grappes formées par des cristaux d'acétate de cuivre, qu'on fait sécher pour les répandre ensuite dans le commerce, sous le nom de *verdet cristallisé, vert en grappes* ou *cristaux de Vénus*. Chaque grappe pèse environ deux ou trois kilogrammes.

L'acétate de cuivre est employé dans la teinture, la peinture, et pour la fabrication du vinaigre radical [1].

L'usage de l'acétate de fer se répand de plus en plus chez les teinturiers, où il remplace le sulfate de fer pour la production du noir. On le prépare aisément en versant de l'acide pyro-ligneux purifié sur de la tournure ou des copeaux de fer. La dissolution se fait dans un tonneau, qui prend en conséquence le nom de *tonneau noir*.

L'acétate de plomb, appelé encore quelquefois *sel de saturne, sucre de saturne,* est devenu depuis quelques années l'objet d'importantes fabrications, par suite de la grande extension qu'ont prise les manufactures de toiles peintes, auxquelles il fournit la base du mordant le plus employé. Ce sont les fabricants d'acide pyro-ligneux qui le préparent en grand, en faisant dissoudre de la litharge dans de l'acide acétique à l'aide d'une douce chaleur. On verse ensuite la dissolution dans des terrines ou cristallisoirs, où elle se prend en cristaux, que l'on retire et que l'on fait sécher dans une étuve modérément chauffée, pour ne pas faire effleurir le sel. On met ces cristaux dans des barils bien secs, et on les expédie dans le commerce.

Les trois acétates suivants, savoir celui de mercure, celui de potasse et celui de soude, ne sont guère employés qu'en médecine, et ils sont préparés dans les pharmacies. Ils étaient connus autrefois sous les noms de *terre foliée mercurielle, terre foliée végétale,* et *terre foliée minérale,* parcequ'ils se présentent sous la forme de petits feuillets ou de paillettes légères. On peut les obtenir en combinant directement l'acide acétique avec chacun des oxydes qui en forment la base. L'acétate de mercure s'obtient cependant plus promptement par la double décomposition du nitrate de mercure et de l'acétate de soude. L. S. L. et M.

ACHAT. (*Législation.*) C'est un contrat par lequel on acquiert la propriété d'une chose quelconque, moyen-

---

[1] *Voyez,* pour plus de détails, le *Manuel du fabricant de vert-de-gris et de verdet cristallisé,* par M. Le Normand, in-8°, 1813.

nant un prix convenu. Le mot *achat* est corrélatif du mot *vente :* ces deux expressions désignent le même contrat ; la première, par rapport à celui auquel la propriété est transmise ; la seconde, par rapport à celui qui transmet la propriété. (*Voyez* VENTE.)

ACHE, *apium.* (*Antiquités.*) Comme cette plante était consacrée aux cérémonies des funérailles, qu'on en mettait des couronnes sur les morts et les tombeaux, et que les jeux néméens étaient relatifs à la mort d'Archémorus, on y couronnait d'ache verte les vainqueurs. Suidas parle de ces couronnes funèbres, et dit que l'ache était destinée au deuil et aux larmes ; d'où venait l'expression populaire, *il n'a plus besoin que d'ache,* en parlant d'un malade désespéré. On donne deux origines à l'usage de couronner d'ache les vainqueurs des jeux néméens. L'une est prise des *némées,* juments consacrées à Junon, qui donnèrent leur nom à cette forêt où elles se nourrirent d'ache. Selon d'autres, Danaüs, maître de cette contrée, proposa des courses aux amants de ses filles, et les promit aux vainqueurs. Le terme de la course fut une borne couronnée d'ache ; le vainqueur l'ayant atteinte s'en couronna lui-même, pour preuve de sa victoire. Les vainqueurs des jeux isthmiques étaient aussi couronnés avec de l'ache ; mais on la choisissait desséchée, pour la distinguer de celle qui servait de prix aux jeux néméens.

E. J.

ACHÉMÉNIS, ou mieux *Achæmenis.* (*Antiquités.*) Plante à laquelle on attribuait la vertu de jeter la terreur dans les armées et de les mettre en fuite. (*Voyez* Pline.) Son nom est le même que celui d'*Achæmenes,* fils d'Égée, qui donna le sien, dit on, à une partie de la Perse, sans doute à la partie méridionale ou inférieure, symbole des enfers dans les thèmes célestes des anciens. Mais ce doit être plutôt *Achæmenes,* dont les uns font un frère de Xercès, les autres un premier roi de Perse, très riche, qui eut cet honneur, si ce n'est pas le même personnage mythologique, et le même que Plutus, dieu des richesses, ou Pluton, dieu des enfers. De là, dans les poëtes, dans Horace et dans Lucain par exemple, *Achœmenius*, Perse (Persan); *Achœmenii* et *Achœmenidœ*, les Perses; *Achœmenia*, la Perse. Tous ces noms, ainsi que celui d'*Achœmenides*, compagnon d'Ulysse, qui en est dérivé, et celui d'*Achéron*, fleuve des enfers, viennent du grec ἄχος, douleur, chagrin; ce qui prouve que la plante *achœmenis* devait être le même symbole que l'ache, qui était consacrée au deuil et aux larmes, et qui servait à couronner les vainqueurs.   E. J.

ACHÉRON. (*Antiquités.*) Fleuve de la Thesprotie, qui prenait sa source au marais d'*Achéruse*, et tombait, près d'Ambracie, dans le golfe Adriatique. Son eau était amère et malsaine, et il coulait long-temps sous terre; ce qui l'a fait regarder comme un fleuve des enfers, ainsi qu'un autre fleuve du même nom en Italie, dans le pays des Brutiens. Leur nom est composé d'ἄχεος ῥόος, fleuve de douleur. On en a fait l'adjectif *achérontique*. On attribuait à Tagès, devin étrusque, quinze volumes, qu'on nommait *Achérontiques*. Les Étrusques les gardaient avec autant de soin que les Romains les livres *sibyllins*, ou attribués à la *sibylle* de Cumes. (*Voyez* ACHÉRUSE.)

                                E. J.

ACHÉRUSE. (*Antiquités.*) Lac d'Égypte, près de Memphis, environné de belles campagnes qui étaient par conséquent le même symbole que celles des champs-élysées. Les Égyptiens venaient déposer leurs morts sur le rivage; là des juges examinaient la vie qu'ils avaient menée. Selon les bonnes ou mauvaises actions des défunts, on faisait passer leurs corps dans une barque, ou on les jetait à la voirie. Dans ces belles campagnes étaient un temple consacré à Hécate la Ténébreuse, et deux marais, appelés le Cocyte et le Léthé. Il y avait aussi dans la Thesprotie un lac d'*Achéruse*, d'où sortait le fleuve *Achéron;* ce qui devait être en effet, puisque ce lac est le symbole de l'amphora céleste, et le fleuve celui du fleuve du verseau qui sort de l'amphora, qu'*Achéruse* a la même étymologie qu'*Achéron*, et vient également d'ἄχος. (*Voyez* ACHÉRON.) C'est de là qu'on appelait *Achérusiade* une péninsule près d'Héraclée-du-Pont, par laquelle Hercule passa pour descendre aux enfers. Xénophon dit qu'on montrait encore de son temps des marques de cette descente; tant les peuples aiment le merveilleux et à prendre des symboles et des allégories pour des réalités. Le malheur, c'est qu'ils s'égorgent pour ces rêveries ingénieuses, et qu'il faut que le sage paraisse y croire, s'il ne veut pas être la victime de leur aveugle crédulité.

E. J.

ACHROMATISME. (*Physique.*) On nomme achromatisme la destruction des couleurs étrangères que l'on aperçoit dans l'image d'un objet lorsqu'on le regarde à travers un verre lenticulaire.

On a vu à l'article ABERRATION DE RÉFRANGIBILITÉ, que les rayons dont la lumière est composée sont différemment réfrangibles, et qu'après avoir traversé un verre convergent ils forment plusieurs images de diverses couleurs qui se recouvrent en partie et rendent méconnaissables les objets qu'elles représentent.

Si tous les corps diaphanes, comparés entre eux, avaient des puissances réfringentes et dispersives proportionnelles, il serait impossible d'achromatiser la lumière convergente, puisque le corps employé à compenser la dispersion qu'un autre a produite compenserait aussi sa réfraction; il n'y aurait plus par conséquent de convergence. Mais si la proportionnalité que nous avons supposée n'existait pas, et que l'on trouvât, par exemple, deux substances diaphanes qui eussent des pouvoirs dispersifs égaux et des pouvoirs réfringents inégaux, on pourrait avec la plus réfringente construire une lentille convergente, avec l'autre une lentille divergente, et les opposer de manière à compenser mutuellement leurs effets. Par ce moyen, toute la dispersion serait détruite, puisque nous l'avons supposée égale dans les deux lentilles. Il n'en serait pas de même de la réfraction qui était prédominante dans la première : il en restera un excédant, qui fera converger les rayons, et ils ne seront plus dispersés.

Newton et plusieurs savants se mirent à la recherche des substances qui auraient pu remplir ces conditions ; leurs expériences à ce sujet n'ayant pas été faites avec assez de soin, ils furent conduits à des résultats erronés, et en conclurent qu'il était impossible de construire des objectifs achromatiques. Mais Euler, considérant que la réfraction était réalisée dans la construction de l'œil, puisque cet organe a la propriété de réfracter les rayons sans altérer leur couleur, soupçonna la possibilité d'imiter la nature. Dollond, opticien anglais, s'empara de cette idée, et trouva qu'en employant le cristal artificiel (flintglass) et le verre ordinaire (crownglass) , dont les réfractions moyennes étaient 160—155, et les dispersions comme 15—10, on pouvait, en disposant convenablement la courbure des objectifs, atteindre le but qu'on se proposait, et son procédé nous a donné les lunettes achromatiques. (*Voyez*, pour cette construction, LUNETTES ACHROMATIQUES.)   L.

ACIDE. (*Chimie.*) Avant d'exposer ce que l'on a entendu par cette dénomination, l'idée qu'on y attache aujourd'hui, et le vague qui en résulte pour la classification chimique, il faut faire connaître les substances auxquelles on donne communément ce nom. Il importe seulement de savoir ici que les acides, ordinairement aigres, rougissent les couleurs bleues végétales, et s'unissent à d'autres corps nommés *bases salifiables*, pour former des composés qui portent le nom générique de *sels*. Les acides sont formés de deux, de trois ou de quatre éléments ; les acides binaires appartiennent ordinairement à la nature inorganique, les acides ternaires aux végétaux, et les acides quaternaires aux substances animales. Suivons cet ordre.

ACIDES MINÉRAUX.

Acides antimonique et *antimonieux* (antimoine et oxygène). Le premier s'obtient en chauffant fortement de l'antimoine en poudre avec un excès d'oxyde rouge de mercure ; le second, en traitant l'antimoine par l'acide nitrique d'abord faible, puis concentré. Celui-là est jaunâtre, et celui-ci blanc.

Acides arsénique et *arsénieux* (arsenic et oxygène). Le second, appelé *mort-aux-rats*, se trouve en cristaux dans la nature, et se fait en grillant à l'air les mines qui contiennent de l'arsenic. En le traitant à chaud par les acides nitrique et hydro-chlorique, on forme le premier. Tous deux sont blancs, très vénéneux. L'acide arsénique exposé à la chaleur se liquéfie d'abord, puis se partage en oxygène et en acide arsénieux qui est volatil.

Acide carbonique, gazeux, incolore, non respirable. Il est formé de carbone et d'un volume d'oxygène égal au sien. Il se produit dans la combustion de toutes les matières végétales et animales ; mais, pour l'avoir pur, on l'extrait du carbonate de chaux, sur lequel on verse de l'acide hydro-chlorique étendu d'eau ; le gaz acide carbonique se dégage alors en produisant une vive effervescence. On peut l'obtenir en dissolution dans l'eau ; mais, pour en faire entrer une quantité sensible, il faut le comprimer fortement.

Acides chlorique et *chlorique oxygéné.* L'acide sulfurique, versé dans une dissolution de chlorate de baryte, produit un précipité de sulfate de baryte et une dissolution d'acide chlorique. On obtient l'acide chlorique oxygéné au moyen du chlorate oxygéné de potasse que l'on distille avec de l'acide sulfurique faible. Sa vapeur condensée contient de l'eau, et en outre des traces d'acide sulfurique et d'acide hydro-chlorique, qu'il est aisé de chasser par quelques gouttes d'eau de baryte, et un peu d'oxyde d'argent. Ces deux acides ne peuvent être obtenus sans eau. Sur deux volumes de chlore, le premier contient cinq et le second sept volumes d'oxygène.

Acide chromique (chrome et oxygène). Dissolvant le chromate jaune de baryte dans un peu d'acide nitrique faible, précipitant avec beaucoup de précaution la baryte par de l'acide sulfurique étendu d'eau, filtrant, et chauffant légèrement la liqueur, pour en chasser l'eau et l'acide nitrique, on obtiendra pour résidu une matière rouge qui est l'acide chromique. Il est sans usages.

Acide columbique ou *tantalique*, s'extrait de la pierre appelée *tantalite :* il est blanc, insipide, infusible, et sans usages.

Acide fluorique. Il existe dans la nature une pierre assez abondante, connue sous le nom de *chaux fluatée*, et dont on ignore la véritable composition. Si on chauffe dans une cornue de plomb un mélange de chaux fluatée pulvérisée et d'acide sulfurique concentré, il se dégagera des vapeurs d'acide fluorique, que l'on pourra condenser dans un récipient adapté au col de la cornue. Cet acide agit avec une énergie extrême sur les tissus organiques, sa vapeur même est très dangereuse. On peut l'employer avantageusement dans la gravure sur le verre; pour cela, on recouvre ce dernier d'un vernis qu'on fait sécher, on y grave avec un burin, et en pénétrant jusqu'à la surface du verre, le dessin qu'on veut obtenir, puis, l'exposant à la vapeur d'acide fluorique, que l'on produit en chauffant légèrement du fluate de chaux avec de l'acide sulfurique dans une boîte de plomb, le verre est corrodé dans les traits seulement où le vernis a été enlevé. Lorsque l'acide fluorique se combine ainsi avec la silice, qui fait partie du verre, il donne lieu à un gaz particulier connu sous le nom d'*acide fluorique silicé*, lequel, par le contact de l'eau, se transforme subitement en fluate de silice insoluble. L'acide fluorique se combine encore avec l'acide borique, et produit un gaz nommé *acide fluo-borique*, qui est de tous les gaz le plus soluble dans l'eau. Tous les phénomènes dus aux com-

binaisons de l'acide fluorique peuvent s'expliquer dans les
deux hypothèses qui consistent à regarder cet acide comme
un composé de *fluor* et d'hydrogène, ou comme un composé de *fluor* et d'oxygène inséparable d'une certaine quantité d'eau. Dans le premier cas, la chaux fluatée est un fluo-
rure de calcium, et dans le second, un fluate de chaux.

Acide hydro - sulfurique, ou *hydrogène sulfuré*, gazeux, incolore, ayant une odeur insupportable. Le chlore
et l'iode, en raison de leur grande affinité pour l'hydrogène, le décomposent à froid. Il est très utile pour précipiter à l'état de sulfure les métaux dissous dans les acides.
Pour l'obtenir, on met dans un matras du sulfure d'antimoine en poudre, on y verse de l'acide hydro-chlorique,
et on chauffe légèrement; il se produit un chlorure d'antimoine et de l'acide hydro-sulfurique, qui se dégage à l'état
de gaz. Cet acide contient précisément son volume d'hydrogène, ou en poids 100 de soufre et 6,13 d'hydrogène.

Acide hydro - chlorique ou *muriatique*, gaz incolore,
inaltérable par la chaleur. L'eau en peut dissoudre quatre
à cinq cents fois son volume. Mêlé à l'acide nitrique, il
constitue l'eau régale, ou acide hydro-chloro-nitrique. On
l'obtient en versant sur du sel marin ou chlorure de so-
dium, de l'acide sulfurique du commerce; il en résulte
du sulfate de soude et du gaz hydro-chlorique qui se dégage. Un volume de cet acide contient un demi-volume
de chlore et un demi-volume d'hydrogène.

Acide hydro-sélénique, ou *hydrogène sélénié*. Sa préparation, au moyen du séléniure de fer et de l'acide hydro-chlorique, est en tout semblable à celle de l'hydrogène
sulfuré. Cet acide est gazeux et sans couleur : son action
sur l'économie animale est des plus délétères. L'eau en
dissout une assez grande quantité. Lorsqu'on fait passer
un courant de cet acide dans une dissolution métallique,
il arrive presque toujours que le métal en est précipité à
l'état d'un séléniure plus ou moins brunâtre.

Acide hydriodique, gaz sans couleur, très sapide, d'une

odeur très piquante. Le chlore lui enlève son hydrogène, et l'on voit apparaître les vapeurs violettes de l'iode. Les métaux le décomposent aussi : il en résulte un iodure et de l'hydrogène qui se dégage. L'eau l'absorbe rapidement. On l'obtient en chauffant dans un tube huit parties d'iode et une partie de phosphore humecté. Il renferme un demi-volume de vapeur d'iode et un demi-volume d'hydrogène, réunis en un volume.

Acide iodique. Il se forme lorsqu'on met le gaz oxyde de chlore en contact avec l'iode : de leur réaction naît de l'acide iodique et du chlorure d'iode, qu'on expulse au moyen d'une douce chaleur. L'acide iodique devient solide par l'évaporation de son eau. Liquide, il attaque la plupart des métaux, même l'or et le platine. Il se décompose à une faible chaleur : il est formé d'un volume de vapeur d'iode et de deux volumes et demi d'oxygène.

Acides molybdique et *molybdeux.* Le premier s'obtient en traitant le sulfure de molybdène par l'acide nitrique, et le second en faisant bouillir dans l'eau une partie de molybdène en poudre avec deux parties d'acide molybdique : l'un est blanc-grisâtre, et l'autre bleu.

Acides nitrique, nitreux et *hypo-nitreux.* Ils résultent tous trois de la combinaison de l'azote avec diverses proportions d'oxygène. Sur deux volumes d'azote, le premier contient cinq volumes d'oxygène, le second quatre, et le dernier trois. Par analogie avec les autres acides, on devrait les appeler *acides azotique, azoteux,* etc. ; mais leurs noms sont dérivés du mot nitre, substance d'où l'on extrait le premier de ces acides. Le nitre (ou salpêtre) est une combinaison d'acide nitrique et de potasse : aidé de la chaleur, l'acide sulfurique qu'on a versé dessus s'empare de la potasse, chasse l'acide nitrique ; et ce dernier, sous forme de vapeurs blanches et épaisses, vient se condenser dans un récipient qu'on a soin de refroidir à l'extérieur. On le distille ensuite pour le purifier. Sa liquidité paraît tenir à une certaine quantité d'eau dont on ne peut le débarrasser entièrement, à moins de le combiner avec une base salifiable. Il est blanc à l'état de pureté; mais accompagné d'une petite quantité d'acide nitreux, il se trouve coloré en jaune, en vert, ou en d'autres couleurs intermédiaires. Cet acide nitreux se forme sous l'influence de la lumière, et d'autant plus promptement que l'acide nitrique est plus concentré. Une chaleur modérée produit le même effet; mais à une température rouge, l'acide nitrique est complètement transformé en acide nitreux et en oxygène.

L'acide nitrique méritait à juste titre le nom d'eau-forte que les artisans lui avaient donné : c'est un des plus violents poisons que l'on connaisse : il est peu de matières végétales et animales qui puissent résister à son action corrosive. La plupart des métaux lui enlèvent de son oxygène pour passer à l'état d'oxyde ou à celui d'acide. Dans le premier cas, l'oxyde se combine avec une portion de l'acide non décomposé, pour former un nitrate; dans le second cas, le nouvel acide reste isolé. Le bore, le carbone, le phosphore à froid, le soufre et le sélénium à chaud, décomposent encore l'acide nitrique pour former les principaux acides dont ils sont les radicaux. Dans toutes ces transformations, il y a dégagement d'azote, ou d'oxyde d'azote, ou de l'un et de l'autre, provenant de la portion d'acide nitrique décomposée.

Mélangé avec l'acide hydro-chlorique, il constitue ce que l'on appelait autrefois l'*eau régale*, parceque cette liqueur est capable de dissoudre l'or, qui, selon la manière de voir des alchimistes, était le roi des métaux. Le platine est aussi soluble dans l'eau régale.

Si, au lieu de faire agir l'acide sulfurique sur un nitrate pour en expulser l'acide nitrique, on se contente de calciner ce sel préalablement desséché, il y aura, pour l'ordinaire, dégagement d'oxygène et d'acide nitreux, provenant de la décomposition de l'acide nitrique. On choisit de préférence le nitrate de plomb sec et neutre, et l'on condense, dans un récipient adapté au col de la cornue qui le contient,

l'acide nitreux qui apparaît sous forme de vapeurs ruti-
lantes et fort épaisses. De 28°, température à laquelle il
entre en ébullition, jusqu'à 0°, sa couleur passe du rouge
au jaune fauve; il est presque incolore à — 10°, et
à — 20° il est tout à-fait sans couleur. Versé et agité dans
une grande quantité d'eau, il se transforme subitement en
acide nitrique, qui reste dans la liqueur, et en deutoxyde
d'azote, qui s'échappe sous forme de gaz; mais lorsque la
quantité d'eau est très petite par rapport à celle de l'acide
qu'on y verse, celui-ci ne laisse dégager que peu ou point
de deutoxyde d'azote; il passe alors à un vert très foncé.
L'acide nitreux se forme encore instantanément par le
contact du deutoxyde d'azote avec l'oxygène de l'air. (*Voyez*
Oxydes d'azote.)

Lorsqu'on verse de l'acide nitreux sur une base salifiable,
telle que la potasse par exemple, il se forme, non pas une
combinaison directe de l'acide avec la potasse, comme on
l'avait cru jusqu'ici, mais un double composé d'acide nitrique et de potasse d'une part, de potasse et d'acide hypo-
nitreux d'autre part; l'acide nitreux s'est donc partagé en
acide nitrique et en acide hypo-nitreux. Celui-ci ne peut
s'obtenir isolément. (*Voyez* Nitrites.)

*Acides phosphorique, phosphatique, phosphoreux et
hypo-phosphoreux.* Ces acides contiennent, pour la même
quantité de phosphore, des quantités d'oxygène qui sont
entre elles comme les nombres 10, 9, 6 et 3. L'acide phosphorique s'obtient en brûlant du phosphore à l'air; alors
il est blanc, solide, et s'empare de l'eau avec une avidité
remarquable. L'acide nitrique, chauffé avec du phosphore,
cède de son oxygène à ce dernier, pour former de l'acide
phosphorique liquide. Enfin, le phosphate de baryte dissous dans l'acide nitrique peut être ensuite décomposé
par l'acide sulfurique, qui forme un sulfate de baryte
insoluble, et ne laisse dans la liqueur que de l'eau, de
l'acide nitrique et de l'acide phosphorique; par l'évaporation, on chasse une bonne partie de l'eau et tout l'a-

1.   13

cide nitrique. De ces trois procédés, le dernier est le plus économique.

L'acide phosphatique se produit par la combustion lente du phosphore dans un air humide. L'eau qu'il contient toujours lui donne l'aspect d'un liquide visqueux et incolore. Qu'on élève sa température, aussitôt il se transforme en acide phosphorique et en hydrogène phosphoré, ces deux produits provenant de l'acide phosphatique et des éléments (hydrogène et oxygène) de l'eau.

Il existe une combinaison de chlore et de phosphore qui, mise dans l'eau, la décompose, et produit de l'acide hydro-chlorique et de l'acide phosphoreux, l'hydrogène de l'eau se combinant avec le chlore, son oxygène avec le phosphore. Par une évaporation convenablement ménagée, l'acide hydro-chlorique et une grande partie de l'eau se dégagent, puis l'acide phosphoreux se prend en masse cristalline par refroidissement.

Enfin, toutes les fois qu'on délaie dans l'eau une combinaison de phosphore et d'alcali (telle que la baryte), l'eau est décomposée; il en résulte de l'hydrogène phosphoré qui se dégage, un précipité de phosphate de baryte, et une dissolution d'hypo-phosphite de baryte. En précipitant cette dernière substance par l'acide sulfurique, il ne restera dans la liqueur que l'acide hypo-phosphoreux, lequel ne peut être obtenu sans eau, et dont une faible chaleur même entraîne la décomposition.

Acide sélénique. Se forme immédiatement en brûlant le sélénium à l'air. Il est sans odeur, très soluble dans l'eau, où il cristallise en forme d'étoiles.

Acides sulfurique, hypo-sulfurique, sulfureux, et *hypo-sulfureux.* Ils résultent de la combinaison de 100 parties de soufre, avec 150, 125, 100 et 50 parties d'oxygène, ou à fort peu près. Le soufre brûlé à l'air ne produit jamais qu'un gaz particulier que tout le monde connaît, c'est l'acide sulfureux. Mais cet acide, à l'état gazeux et humide, ou dissous dans l'eau, étant mis en contact avec l'acide

nitreux, lui enlève une partie de son oxygène pour se transformer en acide sulfurique; il y a dégagement de deutoxyde
d'azote provenant de l'acide nitreux décomposé, et formation subite d'une foule de cristaux blancs, composés d'a-
cide sulfurique, d'eau et d'acide nitreux. Si l'on verse
une certaine quantité d'eau sur cette cristallisation, l'acide
nitreux s'échappe, et l'acide sulfurique reste seul en dissolution dans la liqueur. C'est sur ce fait qu'est fondée l'importante fabrication de l'acide sulfurique, fabrication dont
le perfectionnement a produit en grande partie celui des
arts industriels.

Dans un fourneau qui communique avec la partie inférieure d'une grande chambre de plomb, dont le sol est recouvert d'eau, on calcine ensemble une certaine quantité
de nitrate de potasse et dix ou douze fois son poids de soufre.
Le soufre se partage en deux parties, l'une décompose l'a-
cide nitrique du sel pour se transformer en acide sulfurique
et s'unir à la potasse; l'autre s'empare de l'oxygène de l'air,
devient acide sulfureux, passe dans la chambre de plomb
avec le deutoxyde d'azote provenant de la décomposition
de l'acide nitrique; et ce dernier gaz ne s'est pas plus tôt
transformé en acide nitreux, au moyen de l'oxygène de
l'air, que l'acide sulfureux en décompose une portion pour
passer à l'état d'acide sulfurique, s'unit avec l'autre portion et une certaine quantité de vapeur aqueuse; et le
composé cristallin qui en résulte se précipitant dans l'eau,
celle-ci retient l'acide sulfurique, et rend à l'acide nitreux
sa liberté. Le même phénomène se reproduisant aussi
long-temps qu'il y a de l'acide sulfureux, du deutoxyde
d'azote, de l'oxygène et de l'eau en présence, il est évident
que ce liquide se chargera de plus en plus d'acide sulfurique; mais il faut arrêter l'opération quand on s'aperçoit
qu'il n'y a plus d'avantages à la laisser se prolonger : ce
cas arrive toutes les fois que l'eau de la chambre contenant
déjà beaucoup d'acide, la vapeur aqueuse n'est plus assez
abondante, ou ne se reproduit pas assez vite pour que la

formation des cristaux marche avec rapidité; aussi l'acide sulfureux et l'acide nitreux, parfaitement secs, ne réagissent point l'un sur l'autre. Cette première opération terminée, on fait couler la liqueur acide dans de grandes chaudières de plomb; là, par un feu modéré, elle subit une première évaporation qui en chasse beaucoup d'eau, et le peu d'acide sulfureux qu'elle avait dissous. On distribue ensuite la liqueur dans des cornues de verre ou de grès, où une chaleur plus intense lui fait acquérir son dernier degré de concentration, et chasse en même temps l'acide nitrique qu'elle contenait.

Cette liqueur est l'acide sulfurique du commerce. Outre l'eau indispensable à l'existence de l'acide, elle contient un peu de sulfate de plomb, et la plupart des impuretés de l'eau qu'on a employée. Pour la purifier, on lui fait subir, dans les laboratoires, une ou plusieurs distillations. La préparation de l'acide sulfurique, telle que nous venons de la décrire, n'est sans doute pas la plus économique. Les perfectionnements dont elle est susceptible sont : 1° la production de deux courants, l'un d'acide sulfureux, et l'autre d'acide nitreux, qui afflueraient dans la chambre, et diminueraient la perte de ces gaz par un renouvellement moins fréquent de l'air de la chambre; 2° la formation de chambres d'une grande superficie et d'une petite élévation, lesquelles pourraient être formées de briques recouvertes à l'intérieur d'un mastic inattaquable par les acides; 3° enfin, la substitution de cornues de platine aux cornues ordinaires. Le premier et le dernier de ces moyens ont déjà été tentés avec succès.

Il reste à faire connaître les propriétés principales de l'acide sulfurique, et la manière dont il se comporte à l'égard des autres corps. Liquide, blanc, inodore, sa consistance est celle de l'huile; violent, caustique, il désorganise la plupart des substances végétales et animales; il s'empare des vapeurs d'eau contenues dans l'atmosphère. A une haute température il forme, avec l'hydrogène, de l'eau et du gaz sulfureux ou du soufre. Vers 150°, le charbon et le phosphore lui enlèvent une partie de son oxygène pour former, l'un de l'acide carbonique, l'autre de l'acide phosphorique ou phosphoreux. Chauffé avec du soufre, il ne produit jamais que du gaz sulfureux. Si on le verse sur le fer et le zinc, son eau est décomposée ; il y a dégagement d'hydrogène et formation d'un sulfate. Entre 100 et 200 degrés, tous les métaux s'oxydent aux dépens d'une partie de l'acide, laquelle se change en acide sulfureux, et s'unissent à une autre portion non décomposée ; il n'y a d'exception que pour l'or, le platine, et d'autres métaux très rares, pour ceux-là mêmes sur lesquels l'acide nitrique n'a pas d'action.

Nous avons vu l'acide sulfureux se former directement par la combustion du soufre dans l'air. Mais pour l'avoir sans mélange d'aucun autre gaz, on chauffe dans une cornue de l'acide sulfurique et du mercure ; celui-ci en s'oxydant ramène une portion de l'acide sulfurique à l'état d'acide sulfureux, et se combine avec l'autre portion pour former un sulfate de mercure. L'acide sulfureux dégagé est reçu, au moyen d'un tube recourbé, sous une cloche pleine de mercure. Il ne faudrait pas lui faire traverser de l'eau, si on voulait l'avoir à l'état gazeux, car ce liquide est capable d'en dissoudre près de quarante fois son volume. L'acide sulfureux contient précisément un volume d'oxygène égal au sien, c'est-à-dire qu'en faisant brûler du soufre dans l'air, le volume de celui-ci n'en est point altéré.

Si l'on fait passer un courant de gaz acide sulfureux dans une eau tenant en suspension de l'oxyde noir de manganèse, il se forme une dissolution parfaitement neutre de sulfate et d'hypo-sulfate de manganèse, celui-ci ayant cédé une portion de son oxygène pour transformer l'acide sulfureux en acide sulfurique d'une part, et en acide hypo-sulfurique de l'autre. Versant ensuite de la baryte, elle se substitue à l'oxyde de manganèse qui se précipite ; en sorte que l'on a un sulfate et un hypo-sulfate de baryte. L'hypo-

sulfate seul reste dissous; mais si on fait passer dans le
liquide un courant de gaz acide carbonique, il se formera
un carbonate de baryte insoluble, et l'eau ne retiendra
plus que l'acide hypo-sulfurique. On pourra évaporer une
partie de l'eau, soit sous la machine pneumatique, soit à
une faible chaleur; mais lorsque la concentration a atteint
une certaine limite, ou que la chaleur approche de cent
degrés, l'acide hypo-sulfurique se décompose de lui-même
en acide sulfurique qui reste dans l'eau, et en acide sulfureux qui s'en échappe.

Quant à l'acide hypo-sulfureux, il n'existe qu'en combinaison avec les bases; c'est l'analogue de l'acide hypo-nitreux. Rendez-le libre d'une manière quelconque, et il se
transformera en soufre et en acide sulfureux.

Acide tungstique. Prenez de la pierre appelée *wolfram*,
pulvérisez-la, chauffez-la dans une fiole avec de l'acide
hydro-chlorique; vous dissoudrez ainsi le fer et le manganèse que la pierre contenait. Sur le résidu lavé par décantation, versez de l'ammoniaque, qui dissoudra l'acide
tungstique seulement; filtrez la liqueur, puis versez-y un
excès d'acide hydro-chlorique; une belle poudre jaune
s'en précipitera : c'est l'acide tungstique, qui, pour être
pur, n'a besoin que d'être lavé. Il est sans usages.

ACIDES VÉGÉTAUX.

Acide acétique. C'est de tous les acides végétaux celui
qu'on rencontre le plus fréquemment dans la nature, et
que l'art produit le plus facilement. Le vin aigri en contient
une quantité notable, mais pendant long-temps on l'avait
regardé comme un acide moins oxygéné : il portait le nom
d'acide *acéteux.* Généralement on retire l'acide acétique
des produits de la distillation du bois qui sert à faire le
charbon. On met le bois dans un vaste cylindre de tôle, ou
dans un trou pratiqué en terre. Un tube métallique adapté
à ce cylindre est le seul canal par où puissent s'échapper

les produits gazeux ; on les condense par le froid, et l'on
fait rentrer les gaz permanents sous le foyer même, pour
mettre à profit la chaleur qu'ils ont conservée. Le liquide
qui se dépose dans le tube est de l'acide acétique mélangé
d'eau et de goudron. Celui-ci est séparé par décantation.
En neutralisant l'acide par de la chaux, une nouvelle
quantité de goudron apparaît à la surface du liquide. On
décante de nouveau et on concentre la liqueur. En y versant du sulfate de soude, il se produit de l'acétate de soude,
qui reste dissous, et un précipité de sulfate de chaux. L'a-
cétate de soude se prend par la concentration en une
masse cristalline très impure ; on lui fait éprouver la fusion
ignée pour détruire les dernières traces de goudron. On
le remet dans l'eau, où il cristallise. Sur ces cristaux, sensiblement purs, on verse de l'acide sulfurique ; de là du
sulfate de soude qui cristallise, et de l'acide acétique liquide;
on décante et on distille cet acide pour lui donner le dernier degré de pureté. S'il y restait un peu d'acide sulfureux,
il faudrait s'en emparer au moyen de la baryte. En ex-
trayant l'acide acétique de l'acétate de cuivre, on l'obtient
encore plus concentré : il porte alors le nom de *vinaigre
radical.* Cette opération se fait par la calcination dans des
cornues de grès ; une portion de l'acide acétique se décompose ainsi qu'une portion de l'oxyde de cuivre, et de là résultent de l'acide carbonique, de l'eau, de l'hydrogène
carboné, et un peu d'esprit pyro-acétique. Tout le reste de
l'acide acétique, uni à l'eau, se dégage sous la forme de
vapeurs épaisses, en entraînant avec lui quelques atomes
d'acétate de cuivre qui le colorent en vert. Il faut pour
l'en débarrasser le distiller de nouveau. L'acide acétique ne peut être obtenu sans eau, et c'est vraisemblablement la cause pour laquelle il est volatil. Le plus concentré en contient une quantité telle que l'oxygène de
l'acide est égal à l'oxygène de l'eau. A l'état sec, tel qu'il
existe en combinaison avec les bases, il est formé de
trois volumes d'oxygène sur six d'hydrogène et quatre de

vapeur carboneuse; et, dans les acétates qui en résultent, l'oxygène de l'acide est encore égal à l'oxygène de la base. Si on calcine un acétate à base très alcaline, l'acide est presque complètement décomposé; il se transforme en une nouvelle matière liquide, appelée *esprit pyro-acétique*, et qui brûle avec une flamme bleue.

Acide benzoïque. Se trouve dans quelques baumes, et principalement dans le benjoin (ou benzoin, d'où il tire son nom). Qu'on chauffe modérément cette dernière substance dans un vase surmonté d'un long cône de carton percé seulement à son sommet, l'acide benzoïque se volatilisera et s'attachera aux parois intérieures du cône en feuillets blancs d'une extrême minceur. On le purifie en séparant, par l'acide nitrique, la gomme qui lui donne son odeur. On se procure encore l'acide benzoïque en faisant bouillir dans l'eau quatre parties de benjoin avec une partie de chaux éteinte; on filtre la liqueur, et l'on obtient un benzoate calcaire qu'on décompose par l'acide muriatique. L'acide benzoïque, très peu soluble dans l'eau, y cristallise. Ses dissolvants sont l'alcool et l'acide nitrique. Enfin il résulte de la combinaison d'un volume de vapeur carboneuse avec un volume d'oxygène et quatre volumes d'hydrogène.

Acide camphorique. N'existe point dans la nature, et se forme lorsqu'on traite à chaud le camphre par une grande quantité d'acide nitrique.

Acide citrique. Se rencontre dans les citrons, les oranges et la plupart des fruits acides. On exprime le jus du citron, et on y jette de la craie; on décompose ensuite par l'acide sulfurique le citrate de chaux insoluble qui s'est formé. L'acide citrique cristallise. On l'emploie pour faire les limonades. Sa composition est la suivante: un volume d'oxygène, un d'hydrogène, et deux de vapeur carboneuse.

Acide ellagique. S'extrait de la solution de noix de galle (d'où il tire son nom par le renversement des lettres, et la terminaison *ique*) , ou plutôt du dépôt qui s'y forme. Cet acide est insoluble dans la plupart des liquides, tels que l'eau , l'alcool , etc. Sans usages.

Acide fungique. Se trouve dans la plupart des champignons. Son nom vient de *fungus.* Sans usages.

Acide gallique. Il provient de la noix de galle. Il est très difficile de le séparer du tannin , avec lequel il entre toujours en combinaison. Pour l'obtenir à l'état de pureté, on renferme une dissolution de noix de galle pendant deux mois ; on lave le précipité qui se forme , on le dissout dans l'alcool, et on le décolore par le charbon : après avoir filtré , puis évaporé , l'acide gallique cristallise en lames blanches et soyeuses. Sa dissolution dans l'eau se colore promptement à l'air ; ses combinaisons avec les bases salifiables changent de couleur, même pendant l'opération , parceque son hydrogène est brûlé en partie par l'oxygène de l'air. Sa composition est un volume d'oxygène, deux d'hydrogène , et quatre de vapeur carboneuse.

Acide igasurique. Dans quelques plantes du genre strychnos , comme la fève de Saint-Ignace , la noix vomique et le bois de couleuvre, en combinaison avec la strychnine. Son nom est tiré du mot malais, qui désigne la fève de Saint-Ignace.

Acide kinique. Uni à la chaux dans le quinquina.

Acide laccique. Dans la gomme-laque.

Acide malique. Se rencontre dans presque tous les fruits , surtout dans les pommes , les groseilles , les framboises , etc. On l'extrait ordinairement de la joubarbe , dont on exprime le jus : celui-ci est un malate acide de chaux , dont on neutralise l'excès d'acide par une nouvelle quantité de chaux ; on lave le précipité qui se forme , et on le fait cristalliser dans l'alcool faible. On verse sur ces cristaux du nitrate de plomb ; de là un malate de plomb , qu'il est facile de décomposer par un courant d'hydrogène sulfuré. L'acide malique cristallise assez difficilement.

Acide méconique. Ne se trouve que dans l'opium (de *meconium*, suc de pavot).

Acide mellitique. Combiné avec l'alumine dans la pierre de miel ou mellite.

Acide ménispermique. Dans le *menispernum cocculus.*

Acide morique. Combiné avec la chaux en petits grains, sur l'écorce du mûrier blanc (de *morus*, mûrier).

Acide mucique ou *saccho-lactique* ou *sachlactique.* S'obtient en traitant par l'acide nitrique quelques substances, telles que la gomme, la manne grasse et le sucre de lait; sous forme de poudre blanche, croquant sous les dents; peu soluble dans l'eau, insoluble dans l'alcool. (Mucique vient de *mucus*, et sachlactique de *saccharum lactis*, sucre de lait.)

Acide nancéique. Se développe dans les substances acescentes; on le retire particulièrement du jus de betterave aigri (de *Nanceium*, Nancy, ville où M. Braconnot en a fait la découverte).

Acide oxalique. Il se trouve combiné avec la potasse dans plusieurs plantes et principalement dans les genres *rumex* et *oxalis.* On exprime le jus de la plante pour avoir le sel d'oseille ou oxalate de potasse. En y versant de l'acétate de plomb, il se précipite un oxalate de plomb que l'on décompose par l'hydrogène sulfuré. L'acide oxalique se dégage et cristallise. Traitées par l'acide nitrique, les matières végétales, et surtout l'amidon, le donnent aussi. On chauffe l'amidon avec l'acide nitrique jusqu'à ce qu'il ne se dégage plus de deutoxyde d'azote; on laisse cristalliser l'acide oxalique qui s'est formé, et on le retire. On chauffe de nouveau, après avoir ajouté de l'acide nitrique. En fractionnant ainsi les produits on soustrait l'acide oxalique à l'action décomposante de l'acide nitrique.

On peut considérer l'acide oxalique comme un composé d'acide carbonique et d'hydrogène. Car les oxalates d'argent, de cuivre et de mercure, dont le poids égale celui de l'acide et de l'oxyde employés à leur formation, donnent par la calcination de l'acide carbonique, de l'eau, et un résidu métallique. L'eau proviendrait de l'hydrogène de l'acide combiné avec l'oxygène de l'oxyde. Les oxalates de plomb et de zinc desséchés perdent l'eau dont on vient de parler, et leur poids ne représente plus celui de l'acide et de l'oxyde employés ; par la calcination ils donnent de l'acide carbonique, de l'oxyde de carbone, et un oxyde métallique moins oxygéné que celui de l'oxalate. Par conséquent, une partie de l'oxygène de l'oxyde métallique, et ce qui manque à l'oxyde de carbone pour former de l'acide carbonique, a été employé pour faire avec l'hydrogène de l'acide l'eau qui a disparu pendant la dessiccation du sel.

Tous ces phénomènes pourraient encore s'expliquer dans l'hypothèse où l'acide oxalique serait un acide carboneux (qui a plus d'oxygène que l'oxyde de carbone, et moins que l'acide carbonique) inséparable d'une certaine quantité d'eau. La première hypothèse est la plus probable ; et, d'après M. Dulong, l'acide oxalique, composé d'acide carbonique et d'hydrogène, serait un hydracide qui formerait de l'eau avec l'oxygène des bases salifiables, et laisserait son radical acide carbonique combiné avec un métal à l'état naturel. De pareils composés, tout-à-fait extraordinaires, qui cependant ont leur analogue dans les cyanures, devraient porter le nom de *carbonides,* pour les distinguer des carbonates, qui réveillent l'idée d'un acide combiné avec un oxyde. (*Voyez* la fin de cet article.)

Acide subérique. S'obtient par l'action de l'acide nitrique sur le liége (de *suber,* liége).

Acide succinique. Se retire du succin par la distillation. Pour le purifier on le combine avec la potasse, puis on traite ce sel par le charbon et par l'alcool. On peut former aussi directement le succinate d'ammoniaque. Ces deux sels sont utiles pour séparer l'un de l'autre les oxydes de fer et de manganèse.

Acide tartrique ou *tartarique.* Pendant la fermentation du vin, il se dépose une substance solide qu'on ap-

pelle crème de tartre, et qui est du tartrate acide de
potasse. Pour en extraire l'acide tartrique, on dissout le
tartre dans l'eau bouillante; on y verse de la chaux pour
précipiter l'excès d'acide, puis du muriate de chaux qui
décompose le tartrate de potasse. On lave à grande eau
le tartrate de chaux qui s'est formé. On déplace l'acide
tartrique de ce sel par l'acide sulfurique faible, et on le
fait cristalliser. Il se compose de cinq volumes d'oxygène,
cinq d'hydrogène, et huit de vapeur de carbone. L'acide
nitrique, aidé de la chaleur, le transforme aisément en
acide oxalique.

ACIDES ANIMAUX.

Cyanogène et *acide hydro-cyanique* ou *prussique* ou
chyazique. Le cyanogène résulte de la combinaison du
carbone avec l'azote, et l'acide hydro-cyanique est formé
d'hydrogène et de cyanogène. Pour obtenir l'un et l'autre,
prenez du bleu de Prusse, qui peut être considéré comme
une combinaison d'acide hydro-cyanique et de deux oxydes de fer, réduisez-le en poudre très fine, et faites-le
bouillir dans l'eau avec la moitié de son poids d'oxyde
rouge de mercure. L'acide hydro-cyanique abandonnera
les oxydes de fer pour se combiner avec celui de mercure;
mais l'hydrogène qui fait partie de l'acide formera de
l'eau avec l'oxygène du mercure, et celui-ci à l'état naturel restera combiné avec le cyanogène. Filtrez la liqueur, faites la refroidir, et le cyanure de mercure cris-
tallisera.

Si on calcine le cyanure de mercure bien desséché,
le cyanogène s'en dégagera sous forme de gaz permanent
que l'on recueillera sur le mercure. Ce gaz a une densité
presque double de celle de l'air; son odeur est extrêmement vive et pénétrante. Il rougit les couleurs bleues végétales. Il supporte, sans s'altérer, une chaleur très considérable; mais, par le contact d'un corps en ignition,
il brûle avec une flamme violette : son carbone combiné

avec l'oxygène de l'air pour former de l'acide carbonique, et son azote libre, sont les produits de cette combustion. Dissous dans l'eau, qui en prend quatre fois et demie son volume, il finit à la longue par s'altérer. L'alcool le dissout aisément. Un volume de cyanogène résulte de la combinaison d'un pareil volume d'azote et de deux volumes de vapeur de carbone.

Quant à l'acide hydro-cyanique, on l'obtient par la réaction des acides hydro-chlorique et hydro-sulfurique sur le cyanure de mercure; il en résulte un chlorure ou un sulfure de mercure, et des vapeurs d'acide hydro-cyanique que l'on condense par le refroidissement. Un volume de cette vapeur se compose d'un demi-volume de cyanogène et d'un demi-volume d'hydrogène. L'acide hydro-cyanique est liquide, sans couleur; sa saveur fraîche devient âcre; son odeur est forte et insupportable. Il rougit faiblement les couleurs bleues végétales. Il bout à 26°, et se congèle à 15° sous zéro. Abandonné à lui-même, il ne tarde pas à se décomposer comme le cyanogène; il prend feu aisément, est peu soluble dans l'eau, et très soluble dans l'alcool. Son action sur l'économie animale est des plus terribles. D'après les expériences de M. Magendie, une goutte de cet acide mise sur la langue ou sur les yeux, ou dans la veine jugulaire d'un chien vigoureux, suffit pour lui donner instantanément la mort.

Acide chloro-cyanique. Il se forme lorsqu'on fait passer un excès de chlore gazeux dans une dissolution d'acide hydro-cyanique. Par cette opération, l'hydrogène de ce dernier acide se combine avec une portion de chlore, pour former de l'acide hydro-chlorique qui reste dissous; une autre portion de chlore se combine avec le cyanogène et forme l'acide chloro-cyanique. Lorsqu'on chauffe la liqueur dans le dessein de le volatiliser, il se forme un gaz permanent qui n'est plus qu'un mélange d'acide carbonique et de vapeur d'acide chloro-cyanique. Si on veut l'obtenir pur, il faut le réduire en vapeur, sous la machine pneumatique, dans un flacon renversé sur un bain de mercure et plein de ce métal ; quand le flacon ne renferme plus que de la vapeur d'acide chloro-cyanique, on fait rentrer l'air dans la machine, et le mercure, en se précipitant dans le flacon, y condense la vapeur. Dans cet état, l'acide chloro-cyanique est incolore, et son odeur est extrêmement vive. Un volume de sa vapeur est formé d'un demi-volume de cyanogène et d'un demi-volume de chlore. Ainsi, le chlore et l'hydrogène, d'ailleurs si différents par l'ensemble de leurs propriétés, jouent absolument le même rôle, l'un dans l'acide chloro-cyanique, et l'autre dans l'acide hydro-cyanique.

Acide hydro-cyanique ferruré ou *chyazique ferruré.* (*Voyez* Bleu de Prusse.)

Acide amniotique. Ne s'est encore trouvé que dans les eaux de l'amnios de la vache. En évaporant ces eaux, et traitant le résidu par l'alcool bouillant, l'acide s'y dissout, et se dépose ensuite par le refroidissement. Solide, blanc, inodore, sans usages.

Acide butirique. Le beurre contient un principe odorant auquel il doit ses propriétés distinctives ; c'est l'acide butirique. Mis dans l'alcool, il produit un composé éthéré, qui a l'odeur des pommes de reinette.

Acide caséique. Il se forme dans le lait caillé ou caséum, abandonné à la fermentation putride. Lavant, faisant digérer le tout dans de l'alcool jusqu'à ce que la gomme s'en soit séparée, évaporant, versant sur le résidu une dissolution de carbonate de plomb, puis faisant passer dans la liqueur un courant d'hydrogène sulfuré, il ne restera en dissolution que les acides acétique et caséique : le premier sera expulsé par la chaleur, et l'acide caséique se prendra en masse d'un aspect mielleux, jaunâtre, d'une saveur amère. Le caséate d'ammoniaque a le goût de fromage. (*Voyez* Fromage.)

Acide cholestérique. S'obtient en traitant par l'acide nitrique la matière grasse des calculs biliaires de l'homme.

Il est jaunâtre, et donne sa couleur aux sels qu'il forme. (De χολή, bile, et στερεὸς, solide.)

Acide delphinique. Dans l'huile de dauphin.

Acide formique. Extrait de la *formica rufa*; a beaucoup de ressemblance avec l'acide acétique.

Acide lactique. Se forme dans le lait aigri que l'on traite successivement par la chaux, par l'acide oxalique, l'alcool, le carbonate de plomb et l'hydrogène sulfuré. L'acide lactique ainsi obtenu est brun et ne cristallise pas. Il a la propriété de dissoudre le zinc et le fer.

Acide margarique (de *margarita*, perle, à cause qu'il présente l'éclat de la nacre de perle). Insoluble dans l'eau, très soluble dans l'alcool. Pour le former, on fait chauffer ensemble dans l'eau cinq parties de graisse de porc et trois parties d'hydrate de potasse. Quand la pâte savonneuse qui se forme se dissout complètement dans l'eau, on décante la liqueur, et on fait bouillir la masse restante avec une nouvelle quantité d'eau. Le tout se prend en gelée par le refroidissement. On délaie cette gelée dans de l'eau froide, et il se dépose une matière nacrée qui est un sur-margarate de potasse. On décompose ce sel par l'acide muriatique faible, et on dissout l'acide margarique dans l'alcool, pour lui faire acquérir son dernier degré de pureté. (*Voyez* Savon.)

Acide oléique. Se forme en même temps que l'acide margarique, lorsqu'on traite une graisse par la potasse et l'eau. Il reste dans la liqueur uni à cet alcali; on la concentre, on lave le résidu, on y verse de l'acide tartrique qui précipite en grumeaux l'acide oléique et le peu d'acide margarique qui restait. Pour chasser ce dernier, on recommence toutes les opérations précédentes. L'acide oléique, peu soluble dans l'eau, et soluble dans l'alcool, a l'aspect et la consistance d'une huile jaunâtre. Il se solidifie à six degrés en aiguilles blanches. (*Voyez* Savon.)

Acide purpurique, ainsi nommé parceque la plupart des sels qu'il forme sont de couleur de pourpre. Il

est produit par l'action de l'acide nitrique sur l'acide urique. En versant de l'ammoniaque dans la liqueur, elle se
colore en pourpre, et laisse déposer un purpurate d'ammoniaque; on transforme ce dernier en purpurate de potasse, et on décompose celui-ci par l'acide sulfurique.
L'acide purpurique qu'on obtient alors est pulvérulent,
jaunâtre, inodore.

Acide rosacique. Se dépose dans l'urine des fiévreux.

Acide sébacique Il se forme par la distillation du suif.
On lave, à plusieurs reprises, les produits par l'eau bouillante, refroidissant et décantant à chaque fois; on y verse
ensuite de l'acétate de plomb, qui donne lieu à un précipité
de sébate de plomb; enfin on décompose ce dernier par
l'acide sulfurique. L'acide sébacique, inodore, presque
sans saveur, est fusible comme les graisses.

Acide urique. S'extrait de l'urine, en traitant le résidu
qui s'y forme, et à chaud, par une dissolution de potasse
caustique, puis filtrant et versant dans la liqueur de l'acide
hydro-chlorique pour neutraliser l'alcali. L'acide urique
se précipite en paillettes blanches et brillantes, sans odeur
et sans saveur. En le distillant dans l'eau, on produit l'a-
cide pyro-urique, qu'on neutralise par le sous-acétate de
plomb, et qu'on précipite ensuite par l'hydrogène sulfuré.

OBSERVATIONS.

Du mot ἄκις, pointe, les Latins ont formé l'adjectif
acidus; et l'on a donné le nom d'*acide* à toutes les substances qui offraient une saveur aigre ou piquante. Ainsi
cette dénomination fut d'abord appliquée au vin aigri,
et aux sucs d'un grand nombre de fruits. De temps immémorial on a donc connu les acides acétique, citrique, etc.; mais on ne les avait point à l'état de pureté,
on ne soupçonnait pas même qu'ils fussent autres que les
liqueurs qui les contenaient. Par cela seul qu'ils connaissaient le soufre, les anciens avaient aperçu l'acide sulfureux; mais il faut aller jusqu'au commencement du trei-

zième siècle pour voir s'opérer la découverte du premier acide que la nature n'ait pas offert elle-même. C'est vers 1225 que la découverte de l'acide nitrique fut faite par Raimond Lulle. Celle de l'acide sulfurique date de la fin du quinzième siècle ; on l'attribue à Basile Valentin. Glauber retira l'acide muriatique du sel marin. En calcinant le calcaire, Vanhelmont entrevit l'acide carbonique ; et Homberg fit quelques expériences sur le borax, d'où il dégagea l'acide borique. Enfin, pendant long-temps on n'admit que trois acides essentiellement distincts ; savoir, l'acide vitriolique (acide sulfurique), le plus puissant de tous ; l'acide nitreux (nitrique) ; et l'acide marin ou muriatique (hydrochlorique), le plus faible. Cependant, depuis Stahl jusqu'à la révolution chimique, le nombre des acides fut considérablement augmenté. Margraff découvrit l'acide phosphorique, Bergmann l'acide oxalique ; mais c'est surtout aux travaux de Schéele que la science fut redevable de ses nouvelles acquisitions : on lui doit la connaissance des acides fluorique, hydro-sulfurique, hydro-cyanique, d'un grand nombre d'acides végétaux, et de plusieurs acides métalliques.

Lors de la découverte de l'oxygène, on fut obligé de modifier toutes les idées que l'on s'était formées sur la composition des acides et des corps brûlés en général. Les acides devinrent des substances composées, dans lesquelles l'oxygène était le principe acidifiant, et l'élément avec lequel il se trouvait combiné, le *radical* de l'acide. Lorsque le même radical était commun à deux acides, le plus oxygéné prenait la terminaison *ique*, et le moins oxygéné la terminaison *eux*; de là les expressions *acide sulfurique*, *acide sulfureux*, etc. Les caractères des acides furent de rougir les couleurs bleues végétales, d'avoir une saveur aigre, de se combiner avec tous les alcalis, de les neutraliser et d'être neutralisés par eux, c'est-à-dire de perdre les uns et les autres leurs propriétés distinctives, en donnant naissance à un nouveau composé : celui-ci fut désigné par le nom de *sel*, et l'acception de ce mot irrévocable-

1.   14

ment fixée. Les acides pouvaient encore former des sels avec presque toutes les terres et la plupart des oxydes métalliques ou des métaux oxygénés.

Cette théorie était appuyée par des preuves qui semblaient devoir la rendre immuable. On avait trouvé de l'oxygène dans tous les acides connus alors : les acides les plus puissants en contenaient la plus grande quantité; et les corps combustibles, en s'oxygénant de plus en plus, finissaient par s'acidifier. Cependant Berthollet ayant fait remarquer que l'hydrogène sulfuré rougissait les couleurs bleues végétales, et saturait les bases salifiables, il en concluait que ce corps devait être rangé dans la classe des acides, bien qu'ils ne contînt que de l'hydrogène et du soufre. La découverte du chlore, de l'iode, du sélénium et du cyanogène, et par suite celle des acides hydro-chlorique, hydriodique, hydro-sélénique, hydro-cyanique, a pleinement confirmé cette importante observation, que l'hydrogène, aussi bien que l'oxygène, jouissait de la propriété acidifiante. Il fallut donc former deux classes d'acides, les *oxacides* et les *hydracides*, les premiers ayant l'oxygène et les seconds l'hydrogène pour principe acidifiant.

On en était là lorsque Davy, en 1807, annonça la décomposition des alcalis, que l'on avait toujours regardés comme des corps simples : ce n'était plus que des oxydes. Ainsi les acides se combinaient avec des oxydes métalliques et des oxydes alcalins pour former des sels. Restaient les substances terreuses avec lesquelles les acides entraient en combinaison et donnaient naissance à des produits tout-à-fait analogues. On crut devoir regarder par analogie les terres comme des oxydes dont on parviendrait tôt ou tard à opérer la décomposition. Alors les acides furent définis « des corps formés d'un radical et d'oxygène ou d'hydrogène, et capables de se combiner avec les oxydes métalliques, alcalins et terreux, connus sous la dénomination générale de *bases salifiables*, de les neutraliser et d'en être neutralisés plus ou moins. »

Cependant le nombre des acides allait toujours en augmentant. Une analyse perfectionnée déterminait la nature et les proportions de leurs éléments avec une précision inconnue jusqu'alors. Mais les acides végétaux n'offrirent point une composition toujours en harmonie avec les lois des proportions définies; il en fut de même des acides extraits des animaux. Dans les uns et les autres, composés ordinairement d'oxygène, d'hydrogène, de carbone, et quelquefois d'azote, on ne vit point d'élément jouer le rôle de l'unité, comme le radical dans les acides binaires. L'oxygène même ne parut plus comme le principe acidifiant par excellence.

De plus, on avait l'exemple d'une base salifiable très énergique, l'ammoniaque, dans laquelle n'entrait point d'oxygène; et celui d'un acide qui ne contenait ni l'un ni l'autre des principes acidifiants, l'acide chloro-cyanique. En vain, pour expliquer ces anomalies et d'autres semblables, quelques chimistes ont supposé que l'azote et le chlore renfermaient de l'oxygène : les analogies fondées sur des faits dont l'explication est arbitraire ne peuvent plus appuyer les systèmes destinés à nous conduire dans l'étude de la nature.

On n'avait point encore de bases salifiables composées de plus de deux éléments analogues aux acides tirés de la nature organique. Sertuerner annonça leur existence dès l'année 1805; mais on ne s'occupa de cette belle découverte que onze ans après. Ces nouvelles substances renferment de l'oxygène, de l'hydrogène et du carbone, dans des proportions qui n'ont pas encore été déterminées. Il a donc fallu étendre la dénomination de bases salifiables à des corps dont la composition est tout-à-fait semblable à celle des acides végétaux.

Depuis quelque temps on avait remarqué qu'en plongeant dans la dissolution aqueuse d'un sel les extrémités ou pôles d'une pile voltaïque, les éléments du sel se quittaient, et se rendaient, l'acide au pôle positif, et la base

14.

au pôle négatif ; l'un s'étant chargé d'électricité négative, l'autre d'électricité positive. L'acide fut en conséquence appelé l'*élément négatif*, et la base l'*élément positif* du composé salin. Ce fait, au premier abord, parut très propre à caractériser les acides et les bases ; mais on ne tarda pas à s'apercevoir que, lorsque la pile est énergique, ou l'acide et la base facilement décomposables, ceux-ci se décomposaient en effet ; et l'on avait au pôle négatif le radical de la base seulement, et au pôle positif l'oxygène de celle-ci uni à l'acide s'il n'était pas au maximum d'oxygénation. Enfin on apprit que toutes les fois que l'oxygène pouvait se dégager de ses combinaisons par l'intermède de la pile, cet élément se portait toujours au pôle positif ; que d'autres éléments se rendaient au pôle positif lorsqu'ils entraient dans certains composés, et au pôle négatif lorsqu'ils faisaient partie d'autres composés ; en sorte qu'ils étaient électro-négatifs par rapport à une série de corps, et électro-positifs par rapport à tous les autres. Les éléments matériels se trouvaient par là former une chaîne ; ceux qui étaient placés à l'une des extrémités avaient le plus de tendance à jouer le rôle d'acide, et ceux de l'autre extrémité une plus grande tendance à jouer le rôle de base, sauf néanmoins de nombreuses anomalies. Dès lors les propriétés acide et alcaline ne purent plus être attribuées exclusivement à l'oxygène et à l'hydrogène ; elles résultèrent naturellement tout à la fois et des radicaux de l'acide et de la base, et du principe qui semblait les mettre dans le cas de manifester des propriétés si opposées.

En continuant ces recherches avec beaucoup de sagacité, Berzelius fut porté à placer au rang des acides, non seulement de certains oxides métalliques, tels que ceux d'antimoine, de tellure, de molybdène, de titane, de tantale, d'urane, mais encore des terres, comme la silice et l'alumine. Ainsi les mêmes corps furent tantôt acides et tantôt bases salifiables. Il fut même permis de considérer

des sels dans lesquels l'acide et la base auraient un radical
commun ; le prétendu deutoxyde de fer fut érigé en ferrate
de fer, l'oxyde au maximum y jouant le rôle d'acide, et
l'oxyde au minimum celui de base. L'acide nitreux fut un
composé d'acide nitrique et d'acide hypo-nitreux, etc.
L'exemple des éléments de l'acide carbonique combiné
avec des métaux à l'état naturel (*voyez* ACIDE OXALIQUE),
et l'acide oxalique considéré comme un hydracide, enfin
le radical composé dans l'acide hydro-cyanique, et peut-
être aussi dans beaucoup d'acides du règne végétal et du
règne animal, ont permis d'élever des doutes sur la nature
des acides qui ne pouvaient être obtenus sans eau. Ne
pourrait-on pas les considérer comme des hydracides
dans lesquels l'hydrogène de l'eau qu'on y suppose serait
le principe acidifiant, et le radical l'acide sec tel qu'on
le conçoit ordinairement joint à l'oxygène de cet eau ?
Tous les phénomènes d'ailleurs qui se passent lors de la
formation des sels ne seraient pas moins aisés à expliquer
dans cette nouvelle hypothèse que dans l'ancienne. Bien
que celle-ci soit la plus probable, l'autre ne mérite pas
moins d'être prise en considération : car, lorsqu'un même
fait admet plusieurs explications, il ne faut pas donner un
assentiment exclusif à l'une d'elles ; la nature ne se jouant
que trop souvent de nos systèmes. C'est ainsi qu'en partant de la connaissance des plus puissants acides et des plus
fortes bases, les anciens chimistes avaient dû en former
deux classes de corps bien distincts, possédant des caractères évidemment opposés. La découverte, continuellement répétée, de nouveaux acides et de nouvelles bases,
offrit d'abord des rapprochements entre eux ; bientôt il
n'y eut plus que des nuances, et les deux classes finirent
par avoir un point de commun, et par se fondre l'une
dans l'autre. Ainsi le caractère tiré de la saveur aigre
manque totalement dans plusieurs acides, et dans beaucoup
il est presque nul. Un grand nombre sont insolubles ou peu
solubles. Il y en a qui ne rougissent point les couleurs

bleues végétales, ou qui n'agissent sur elles que d'une manière insensible. Plusieurs ne s'unissent point aux bases
pour former des sels : exemple, les acides nitreux et
phosphatique. Peut-être même n'y a-t-il point d'hydro-
chlorates, point d'hydro-sulfates, mais seulement des
chlorures, des sulfures. Les acides se portent au pôle
positif d'une pile, et les bases au pôle négatif; mais ils s'y
décomposent souvent, et d'ailleurs tous les corps qui ne
sont point rangés dans l'une ou l'autre de ces classes se
comportent de la même manière. Il semble, en un mot,
que la distinction entre les acides et les bases est illusoire,
ou qu'elle ne pourra être établie d'une manière positive
que lorsqu'on sera parvenu à connaître les forces qui produisent les combinaisons chimiques. (*Voyez* AFFINITÉS.)

Il n'y a point d'ouvrages spéciaux sur les acides. Voyez la *Chimie de
Thénard*, celle de *Thompson*, celle de *Berzelius*, les *Annales de chimie*,
le *Traité chimique de l'air et du feu*, par Schéele, et l'*Essai sur le phlo-
gistique et la constitution des acides*, par Kirwan.   S.

ACIDES. (*Technologie.*) Les acides sont de tous les
produits chimiques ceux qui donnent lieu aux fabrications
les plus étendues. Employés dans une foule de circonstances, et surtout dans les opérations des grandes manufactures, ils forment une branche de commerce considérable. Ceux dont les arts font la plus grande consommation
sont l'acide acétique, l'acide hydro-chlorique, l'acide
nitrique, et l'acide sulfurique.

Comme la force des acides n'est pas proportionnelle à
leur densité, l'aréomètre ne peut servir à mesurer leur
énergie ; cependant il est un grand nombre de cas où l'on
a besoin d'évaluer cette force, soit pour apprécier leur
valeur, soit pour les employer à doses convenables dans
les opérations de fabrique. On prend, à cet effet, pour
terme de comparaison l'acide sulfurique à 66°, c'est-à-
dire porté au plus haut degré de concentration, et on
convient que sa force sera représentée par 100°. Cela
posé, si l'on veut évaluer la force d'un autre acide, tel

que l'acide acétique, on éprouve combien ce dernier peut saturer de carbonate de soude comparativement à l'acide sulfurique ; et si l'on trouve, par exemple, qu'il ne peut saturer que la moitié de ce que peut faire l'acide sulfurique, on dit qu'il est à 50° ; si c'étaient les trois quarts, il serait à 75° ; le quart, à 25°, et ainsi de suite.

Après ces notions générales, nous allons décrire la fabrication des acides qui se préparent dans les manufactures.

Acide acétique. Cet acide fait la base du vinaigre ordinaire ; ses usages sont très multipliés dans les arts et surtout dans l'économie domestique, où il sert comme assaisonnement et comme anti-septique. On le prépare de deux manières différentes : on le produit par la fermentation de toutes les liqueurs vineuses en général, ou bien on l'extrait du bois à l'aide de la chaleur. Dans ce dernier cas il prend le nom d'acide pyro-ligneux. (*Voyez* VINAIGRIER et CARBONISATION DU BOIS.)

Acide-hydrochlorique. Connu dans le commerce sous les noms d'*acide muriatique, acide marin, esprit de sel,* cet acide se prépare en grand dans les ateliers des fabricants de soude. Pendant long-temps on a négligé de le recueillir, et les fabricants, pour se débarrasser de celui qui se formait pendant la décomposition du sel marin, étaient obligés de le lancer à l'état de gaz dans de vastes souterrains, où des courants d'eau le condensaient. Cette précaution était nécessaire pour éviter de brûler la végétation des campagnes environnantes, ainsi que cela était arrivé lorsque des brouillards ramenaient sur la terre le gaz acide hydro-chlorique émané des fabriques.

Maintenant que les usages de cet acide se sont étendus et que la valeur en est augmentée, les fabricants ont modifié leurs appareils de manière à pouvoir le recueillir entièrement, et ils se sont procuré ainsi un double avantage, en supprimant la source de ces vapeurs délétères et en recueillant un produit de plus.

Les manufacturiers, pour se procurer le sulfate de soude nécessaire à la fabrication de la soude factice, décomposent le sel marin ou hydro-chlorate de soude par l'acide sulfurique. Le résultat de cette réaction est, outre le sulfate de soude cherché, un dégagement considérable de gaz acide hydro-chlorique qu'il s'agit aussi de recueillir. Pour cet effet, l'opération se pratique dans de grands cylindres de fonte posés par paires dans des foyers de forme et de grandeur convenables. Le gaz qui se dégage pendant cette espèce de distillation sort de chaque cylindre par un tuyau recourbé qui communique avec le condensateur. L'appareil de condensation est formé d'un certain nombre de grandes bouteilles dites *bonbonnes*, à moitié pleines d'eau pure et communiquant les unes avec les autres. Le gaz se condense dans l'eau, qui se charge des deux cinquièmes de son poids; on entretient la chaleur pendant tout le temps de la distillation, et, quand elle est terminée, on délute l'appareil pour retirer le sulfate de soude produit. On tire aussi, à l'aide de siphons de verre, tout l'acide hydro-chlorique qui se trouve dans les *bonbonnes*, communément à 23 degrés, et on le reçoit dans de grosses bouteilles en grès, de 60 litres, emballées dans des paniers d'osier. C'est dans cet état qu'on le verse dans le commerce, où il est employé principalement à faire le chlore et l'eau régale, à extraire la gélatine des os, à préparer le muriate d'étain pour les teintures, à décaper les métaux, etc.

Acide nitrique. Cet acide est, après le vinaigre, celui dont la fabrication est la plus ancienne. Son origine remonte jusqu'à Raimond Lulle, célèbre alchimiste, qui le découvrit en distillant un mélange de salpêtre et d'argile, et on a long-temps suivi ce même procédé pour se le procurer en grand. Mais aujourd'hui on prépare l'acide nitrique en décomposant le salpêtre ou nitrate de potasse par l'acide sulfurique. L'opération se fait dans un appareil semblable et de la même manière que pour l'acide hydro-chlorique. L'acide ainsi obtenu n'est pas assez pur pour certains usages; mais il est facile de le purifier en le distillant dans des cornues de verre.

Le sulfate de potasse qui se forme par la décomposition du nitrate de potasse par l'acide sulfurique est employé ultérieurement à faire l'alun. L'acide nitrique lui-même sert pour la fabrication des acides sulfurique oxalique et plusieurs autres; il sert à dissoudre le mercure pour le sécrétage des poils dans la chapellerie, à dissoudre les métaux, à graver sur le cuivre, à former l'eau régale, à la fabrication du précipité rouge, et de la liqueur d'essai des bijoutiers; enfin il est employé dans la teinture, dans la dorure, dans l'essai des monnaies et pour le départ de l'or. Il est encore connu dans le commerce sous le nom d'*eau-forte*.

Acide sulfurique. Cet acide, qu'on appelait autrefois *huile de vitriol*, est celui dont l'emploi est le plus considérable; il sert en effet à obtenir presque tous les autres, en les dégageant de leurs combinaisons : c'est ainsi que l'on prépare en grand les acides *nitrique, hydro-chlorique, hydro-sulfurique, tartarique, acétique, citrique*, etc. Il sert pour la fabrication des aluns, des couperoses vertes ou bleues, des sulfates de zinc, de potasse, de soude; il entre dans la préparation de l'éther sulfurique, du phosphore, des eaux de vie et esprits produits par la saccharification de la fécule; il sert à gonfler les peaux dans le tannage, à décaper les métaux, et à reconnaître la nature de beaucoup de substances par sa puissante qualité de réactif.

On le préparait d'une manière très imparfaite il y a une quarantaine d'années; le procédé le plus en usage alors consistait à lancer dans une chambre doublée de plomb intérieurement, et d'une capacité de cinq à dix mille pieds cubes, un chariot en fer qui portait une capsule en fonte pleine de soufre enflammé, et dont la combustion était aidée par un mélange de douze, quinze et même vingt pour cent de nitre. Quand on supposait la combustion achevée, et l'acide formé suffisamment condensé dans quelques pouces d'eau qui couvraient le fond de la chambre, on retirait le chariot pour vider le résidu de la combustion; on rechargeait la capsule de soufre et de nitre, et l'on recommençait plusieurs fois l'opération. On retirait ensuite l'acide sulfurique de la chambre, et on le concentrait dans des cornues de verre en en séparant l'eau par la distillation.

On a, depuis peu de temps, considérablement amélioré ce procédé. La fabrication se fait maintenant dans de vastes chambres de plomb de vingt mille pieds cubes de capacité. La combustion du soufre a lieu sur un plateau, dans un cylindre fixe de plomb, posé sur un foyer, et la formation de l'acide sulfurique est activée par deux jets continus de gaz nitreux et de vapeur d'eau qu'on fait arriver dans la chambre. Les premières cent livres de soufre qu'on a mises dans le cylindre étant brûlées, on laisse condenser la vapeur en tenant la chambre exactement close. On l'ouvre ensuite pour renouveler l'air de l'intérieur, et pour recommencer une autre opération; ce qu'on fait deux ou trois fois par vingt-quatre heures. Le fond de la chambre doit être constamment recouvert d'une couche de liquide, et chaque jour on fait écouler une certaine quantité de cette liqueur acide, qui doit marquer 40° à l'aréomètre. C'est de l'acide sulfurique faible qu'il faut concentrer, en le portant jusqu'à 66°.

La concentration se commence dans des chaudières de plomb, et est poussée jusqu'à ce que l'acide marque 50°. Au-delà, la chaleur pourrait faire fondre la chaudière. On sort alors l'acide pour le faire couler dans une chaudière de platine inattaquable par l'acide comme le plomb, mais, de plus, infusible : c'est là qu'on achève la concentration, et l'acide est versé ensuite par un siphon de platine dans des dames-jeannes en grès, fermées avec un bouchon en grès, recouvert de terre glaise. Toutes ces précautions, et beaucoup d'autres qu'il serait trop long de détailler, sont absolument indispensables, à cause de l'action extrêmement corrosive avec laquelle cet acide attaque la plupart des substances.

Acide citrique. Le nom de cet acide indique assez son origine : on le trouve non seulement dans les citrons, mais encore dans les oranges, les cédrats, les limons, et autres fruits de cette espèce. Toutefois ce n'est que du citron qu'on l'extrait pour le besoin des fabriques.

On abandonne le jus de citron à lui-même pendant quelque temps, afin que la fermentation qui se développe en sépare le mucilage et autres matières qui en troublent la transparence et la pureté. On le décante ensuite dans une cuve de bois blanc, où l'on verse peu à peu de la craie; il se dépose du citrate de chaux, matière saline qu'on lave avec soin, et qu'on décompose ensuite par l'acide sulfurique faible, pour en séparer la chaux. Il se forme, en effet, du sulfate de chaux qui se précipite, et l'acide citrique reste en dissolution dans la liqueur. On décante, on filtre et on évapore la dissolution pour l'amener à cristalliser. Les cristaux que l'on obtient par le refroidissement sont rhomboïdes; si l'on veut qu'ils deviennent bien blancs, il faut les redissoudre et les faire cristalliser plusieurs fois.

Cent soixante livres de suc de citron produisent dix livres d'acide citrique blanc.

L'acide citrique sert à faire la *limonade sèche :* c'est une poudre qui se prépare en faisant un mélange exact de demi-once d'acide en cristaux et d'une livre de sucre, le tout pulvérisé très fin. On aromatise cette poudre avec cinq à six gouttes d'essence de citron, versée sur un morceau de sucre que l'on broie ensuite pour l'ajouter au reste.

L'acide citrique a aussi la propriété d'enlever les taches d'encre et de rouille; de blanchir et de durcir le suif; enfin il est employé en teinture pour aviver les couleurs.

Acide oxalique. Depuis quelques années on consomme beaucoup d'acide oxalique dans les fabriques de toiles peintes; on s'en sert pour l'avivage de quelques couleurs, et pour détruire les taches de rouille.

On l'extrait du sel d'oseille contenu dans l'*oxalis* et dans le *rumex acetosella*, plantes qui croissent en abondance dans la Suisse, et y sont l'objet d'une exploitation particulière. On peut aussi le préparer par le procédé qu'a donné Bergmann, et qui consiste à traiter le sucre par l'acide nitrique; ce qui le change immédiatement en acide oxalique. Il s'en forme aussi pendant la fabrication de l'acide sulfurique.

L'*acide tartrique* s'extrait du tartre de la même manière que l'acide citrique de citron. Cet acide a beaucoup d'analogie avec les deux précédents, et il sert à peu près aux mêmes usages.

L'*acide carbonique* entre dans la composition de certaines eaux minérales artificielles.

L'*acide fluorique* est employé dans la gravure sur verre.

L'*acide hydro-sulfurique* est quelquefois employé pour donner des bains sulfureux, de même que le suivant.

L'*acide sulfureux* sert au blanchiment, à muter les vins, et à arrêter la fermentation des liqueurs spiritueuses, qu'il empêche de tourner à l'aigre.　　L. Séb. L. et M.

ACIER. (*Antiquités.*) Les anciens ont connu l'art de convertir le fer en acier; les Grecs le nommaient *chalybs* (χάλυψ, ϐος), et les Latins *acies*, d'où nous avons fait *acier*. Aristote (*Meteor.*, l. 4, c. 6) dit que « le fer forgé, travaillé même, peut se liquéfier de nouveau, et de nouveau se durcir, et que c'est par la réitération de ce procédé qu'on le conduit à l'état d'acier. » Les scories du fer se précipitent dans la fusion; elles restent au fond des fourneaux, et les fers qui en sont débarrassés de cette manière prennent le nom d'acier. Il ne faut pas pousser trop loin cet affinage, parceque la matière qu'on traite ainsi se détruit et perd beaucoup de son poids. Mais il n'en est pas moins vrai que, moins il reste d'impuretés, plus l'acier est parfait. » E. J.

ACIER. (*Chimie.*) *Voyez* CARBURE.

ACIER. (*Technologie.*) L'acier doit les propriétés qui le distinguent du fer, et qui le rendent plus précieux, à quelques millièmes de carbone qui entrent dans sa composition. Tous les aciers que l'on trouve dans le commerce peuvent se rapporter à trois espèces : *l'acier naturel* ou *acier de forge*, *l'acier poule* ou *acier cémenté*, et *l'acier fondu*.

L'acier naturel se retire de la fonte du fer dans les fourneaux d'affinerie ; on l'extrait aussi directement du minerai de fer dans les forges catalanes : dans l'un et l'autre cas on obtient un acier qui a beaucoup de corps, mais qui est inégal et impur, étant mêlé de parties ferreuses qui ne sont pas aciérées. On se sert de cet acier pour les ouvrages les plus communs, parcequ'il est à bas prix. On tirait autrefois tous les aciers naturels de l'Allemagne, et surtout de la Syrie ; maintenant les aciers français qui sortent des usines de la Bérardière, de Saint-Étienne, de Bèze, de Rives, de Paris, etc., sont aussi estimés que les aciers naturels de l'étranger.

L'acier cémenté est ainsi nommé, parcequ'on le prépare en faisant *cémenter* le fer, c'est-à-dire en exposant ce métal à une haute température dans des caisses de tôle ou de fonte, et dans un cément composé de charbon pulvérisé, de suie, ou d'autres matières susceptibles de se transformer en charbon. Cette qualité d'acier est plus estimée que l'acier naturel ; et pendant long-temps les Suédois, mais surtout les Anglais, ont été en possession de nous fournir cet acier, fabriqué exclusivement avec le fer de Suède, qui est d'excellente qualité. Nos fabriques françaises donnent aujourd'hui des aciers qui rivalisent avec ceux-là : tels sont les aciers d'Amboise, de Toulouse, de Givet, etc.

L'*acier fondu* est celui qu'on obtient en liquéfiant le fer ou la fonte, ou l'acier naturel, ou l'acier de cémentation, soit seuls, soit avec d'autres matières, en coulant cette fonte dans des moules, et en la forgeant ensuite.

L'acier fondu est le plus beau, le plus égal, le plus plein et le plus homogène des trois espèces connues; il prend à la trempe dans l'eau une grande dureté et beaucoup de ténacité; il est susceptible de prendre un superbe poli noir.

Jusqu'à ces derniers temps on a tiré d'Angleterre tout l'acier fondu que l'on employait dans les arts. Les deux variétés les plus fines et les plus renommées, l'*acier marschall* et l'*acier huntzmann*, n'y sont cependant fabriquées qu'avec de la fonte et des rognures d'acier cémenté. Des Français industrieux viennent d'établir en France ce genre de fabrication; les usines de la Bérardière fournissent à présent au commerce des aciers fondus qui ne le cèdent en rien aux meilleurs aciers connus.

Les usages de l'acier se retrouvent dans presque tous les arts, soit sous la forme d'outils, soit comme matière première. Mais quant à ses emplois principaux on pourra consulter les articles Aiguilles, Armes blanches, Bijouterie d'acier, Coutellerie, Faux, Limes, Ressorts, Scies, etc.

Il est une espèce d'acier qui nous vient des Indes sous le nom de *Wootz*, et dont la fabrication n'est connue que depuis peu de temps. (*Voyez* Alliage.)

Voyez l'*Art de convertir le fer forgé en acier*, par Réaumur, de l'académie des sciences, in-4°, 1820; le *Mémoire sur l'acier*, par J.-J. Perrot couronné par la société des arts de Genève, 1779; et *la Sidérotechnie ou l'Art de traiter les minerais de fer*, par Hassenfratz, 4 vol. in-4°, 1812.

L. Seb. L. et M.

AÇORES. (*Géographie.*) Archipel de l'Océan atlantique, situé à 280 lieues de la côte occidentale de l'Europe. Il s'étend des 37° à 39° 45′ de latitude nord, et de 25° 21′ à 31° 21′ de longitude ouest. Il est composé de

neuf îles placées du sud-est au nord-est, et formant
trois groupes ; savoir : Saint-Michel et Sainte-Marie à
l'est; Terceira, Pico, Fayal, Graciosa et Saint-George,
plus à l'ouest et au centre ; enfin, plus au nord-ouest,
Florès et Corvo.

L'aspect général des Açores indique une origine volca-
nique. On n'aperçoit que des rochers qui ont subi l'action
du feu, des pierres ponces, des laves, des scories, des
cratères de volcans éteints, des cavernes remplies de
soufre et de stalactites vitrifiées. Le sol est souvent fendu
par de larges crevasses. Les côtes sont généralement
escarpées. Toutes ces îles sont hérissées de montagnes ;
le pic, qui s'élève à 1250 toises au-dessus du niveau de
la mer, et qui a donné son nom à l'île où il est situé, est
la plus haute de l'archipel. Les sources minérales et ther-
males sont nombreuses dans les Açores; on y rencontre
plusieurs lacs.

La mer qui l'entoure renferme probablement plus d'un
volcan semblable à ceux qui ont existé sur la terre ferme ;
celle-ci n'en a que deux, l'un à Saint-George, l'autre à
Pico ; leurs éruptions ne sont pas fréquentes. Les volcans
souterrains, au contraire, avertissent plus souvent de
leur existence. A la suite d'un tremblement de terre, qui,
en 1757, bouleversa Saint-George, on vit sortir dix-
huit îles de la mer à 300 toises de la côte. En 1638, en
1720, en 1811, des îles se sont élevées du sein des eaux
dans les parages voisins de Saint-Michel. Leur apparition
fut précédée de tremblements de terre, la mer bouillonna
avec violence, une colonne de feu, de fumée, de cendre
et de pierres ponces s'élança dans les airs ; enfin on
aperçut un îlot. Quelques mois après la mer engloutit l'île
nouvelle.

Malgré les tremblements de terre et les violents coups
de vent auxquels les Açores sont sujettes, leur séjour est
agréable. L'air y est sain et la température plus douce
que dans les pays de l'Europe situés sous la même lati-

tude. La chaleur de l'été est tempérée par les brises de
mer ; l'hiver n'est marqué que par un temps couvert,
des pluies et des ouragans. Rarement la neige et la glace
se montrent sur les plus hautes montagnes. Le sol, quoique
peu profond, est fertile, et généralement bien arrosé par
des ruisseaux limpides. Le hêtre, le chêne, le myrte
et d'autres arbres y font l'ornement des forêts. On y
cultive également les plantes de la zone tempérée et une
partie de celles de la zone torride. Quelques arbres fruitiers de l'Europe n'y ont pas réussi, mais les olives, les
figues, les oranges, les citrons, le raisin, y abondent.
Plusieurs de ces fruits et le vin forment une branche considérable de commerce. Le grain suffit à la consommation des habitants, et on en exporte, ainsi que du bétail,
de la volaille, de l'orseille et de grosses toiles. La mer,
autour de cet archipel, est très poissonneuse. Autrefois
on y faisait même la pêche de la baleine.

Cet archipel appartient au Portugal. Le gouverneur
général réside dans la ville d'Angra, capitale de Terceira,
qui a le meilleur port de ces îles. Leur population s'élève
à 200,000 âmes. Les habitants sont tous blancs, à l'exception d'un petit nombre de nègres employés comme domestiques. Les hommes sont grands, bien faits, robustes,
d'une physionomie agréable. Les femmes sont plus petites,
ont l'air enjoué, les yeux vifs et la voix douce. Les Aço-
riens sont actifs et laborieux; mais, manquant de moyens
d'instruction, leur ignorance est grande. On leur repro-
che du goût pour la chicane. Les moines, très nombreux,
jouissent de beaucoup de crédit.

Les Açores ont pu fournir des colons au Brésil et même
à quelques provinces du Portugal, où ils se distinguent
par leur ardeur pour le travail. Cette qualité ne brille pas
chez les *morgados* ou propriétaires de biens substitués,
qui forment dans l'archipel une classe distincte; elle a
peu de commerce avec les autres. Riche, mais négligée à
l'excès dans ses vêtements, et laissant l'intérieur de sa

maison dans un dénuement honteux, le morgado borne
ses jouissances à dormir, à manger et à amasser; il en-
fouit la plus grande partie de son revenu; ce n'est qu'à
l'instant de sa mort qu'il découvre à son héritier le lieu
ou il a caché son trésor. Presque toujours dépourvu d'é-
ducation, il laisse aussi ses enfants croupir dans l'ignorance.

L'histoire de la découverte des Açores est enveloppée
de beaucoup d'obscurité. On les voit figurées sur des cartes
manuscrites du quatorzième siècle; ainsi dès cette époque
elles étaient confusément connues, entre autres Corvo et
Saint-George. Ce fut en 1432 que Gonzalo-Velho Cabral
aborda l'île Sainte-Marie, les autres furent trouvées successivement jusqu'en 1450. On les prit d'abord pour les
Antilles, ou îles en avant des Indes de Marco Polo. Elles
étaient inhabitées. Elles commencèrent à être peuplées
en 1449. En 1466 la duchesse de Bourgogne y envoya
une colonie de Flamands, ce qui aussi leur fait donner le
nom d'îles Flamandes; les Anglais leur appliquent celui
de *Western-Islands* (îles occidentales).

On prétend que les premiers colons trouvèrent dans
l'île de Corvo une statue équestre, qui, selon les uns,
avait le doigt dirigé vers l'ouest, et, selon d'autres, faisait
signe aux voyageurs de retourner sur leurs pas. On ajoute
que la vue de cette statue enhardit Christophe Colomb à
tenter la découverte qui a immortalisé son nom.

Barros. *Historia das Indias*, decada primeira.

Murr. *Geschichte des Ritters*, M. Behaim, Nuremberg, 1778, in-8°.

Cordegro. *Historia das islas sujettas o Portugal*.

Mason. *Notice sur l'île Saint-Michel*. (Transactions philosophiques,
tome LXVIII.)

Hebbe. *Description de l'île Fayal et des autres Açores* (en suédois),
Stockholm, 1802, in-8°, traduite en français par J.-B. B. Eyriès, à la
suite du Voyage de Mawe au Brésil.

Webster. *Description of the Island Saint-Michael*, Boston, 1821, in-8°,
traduite dans les Nouvelles Annales des Voyages de MM. Eyriès et Malte-
Brun.   E...s.

ACOTYLEDONES. (*Histoire naturelle.*) *Voyez* COTY-
LÉDONS, GERMINATION et FAMILLES NATURELLES DES PLANTES.

ACOUSTIQUE. (*Physique.*) Nom qu'on donne à la
partie de la physique qui traite de la production, de la
propagation et de la comparaison des sons. (*Voyez* SONS,
THÉORIE DES.)

ACOUSTIQUE. (*Musique.*) Doctrine ou théorie de
l'appréciation des sons. (*Voyez* SON.)

ACQUÊT. (*Législation.*) Ce mot désigne les objets acquis par le fait du propriétaire, et les distingue des objets
échus.

La loi ne considère aujourd'hui ni la nature ni l'origine
des biens pour en régler la succession, sauf l'exception
tirée de l'établissement des majorats. Dans le cas de communauté entre époux, ou de toute autre espèce d'association, il importe beaucoup, pour le partage des biens, de
reconnaître les acquêts à des règles sûres. (*Voyez* COMMU-
NAUTÉ.)

ACQUIESCEMENT. (*Législation.*) C'est le consentement à faire une chose qui n'était pas obligatoire, ou à
laisser exécuter un acte contre lequel on aurait pu proposer des moyens propres à en empêcher, suspendre ou modifier l'effet.

L'acquiescement produit des effets divers, suivant les
circonstances dans lesquelles il intervient.

Ainsi, quand une partie fait une proposition, et que
l'autre y acquiesce, il se forme entre elles un contrat sur
ce qui était l'objet de la proposition.

Lorsqu'on acquiesce à une demande judiciaire, le procès est terminé par la décision du tribunal, qui donne acte
de l'acquiescement, et ne fait ainsi que sanctionner l'espèce de condamnation volontaire que la partie défende-
resse s'est imposée à elle-même.

Quelquefois, après avoir cherché à repousser une récla-
mation portée en justice, on acquiesce au jugement qui
l'a accueillie.

Dans ce cas, l'effet de l'acquiescement est d'attribuer l'autorité de la chose souverainement jugée à la décision sur laquelle cet acquiescement est intervenu, et d'inter- dire désormais tout moyen de la faire réformer ou an- nuler. On conçoit que, pour attribuer un tel effet à l'ac- quiescement, il faut que cet acquiescement soit formel.

Il est des matières d'une telle importance que l'acquies- cement de la partie ne peut la rendre non recevable à prendre les voies qui lui sont ouvertes pour faire réformer le jugement rendu contre elle.

Ainsi, en matière criminelle, la partie condamnée peut toujours être relevée de l'acquiescement par elle donné à sa condamnation, parceque la société tout entière est intéressée à ce qu'aucun de ses membres ne subisse une peine qu'il n'aurait pas méritée ou qui ne serait pas pro- noncée par la loi.

C'est aussi un point certain en jurisprudence, que l'ac- quiescement donné à un jugement qui statue sur une ques- tion d'état ne rend pas non recevable à attaquer ce ju- gement.   C...s.

ACQUISITION. (*Législation.*) C'est l'action par la- quelle on devient propriétaire d'une chose quelconque. Ce mot se dit aussi de la chose même qu'on a acquise.

L'*acquéreur* est celui qui acquiert à titre onéreux.

ACQUIT. (*Législation.*) On désigne ainsi tout acte par lequel on déclare avoir reçu le montant d'une obli- gation.

Les mots *pour acquit,* revêtus de la signature du porteur d'un billet à ordre, constatent que le paiement en a été effectué entre ses mains.

Payer *en l'acquit* d'un tiers, c'est acquitter la dette à laquelle ce tiers se trouvait personnellement obligé.

L'*acquit à caution* est un certificat délivré au bureau des douanes ou des droits-réunis pour faire passer librement des marchandises au lieu de leur destination.

D'après la loi du 22 août 1791, il n'est dû aucun droit

15.

d'entrée ni de sortie pour les marchandises expédiées par mer, d'un port de France à un autre, en passant par l'étranger : mais elles sont déclarées, vérifiées, et expédiées sous *acquit à caution*, contenant soumission de rapporter, dans un délai fixé, suivant la distance des lieux, un certificat de l'arrivée ou du passage des marchandises au bureau désigné, ou de payer le double droit de sortie.

C...s.

ACQUITTEMENT. (*Législation.*) (*Voyez* JUGEMENT.)

ACROSTICHE. (*Antiquités.*) Les Grecs ont connu cet abus de l'esprit qui consiste à composer des poëmes dont toutes les lettres initiales de chaque vers ou de chaque mot des vers forment un ou plusieurs mots : telles sont deux épigrammes du chapitre xxviii du premier livre de l'Anthologie grecque, auxquelles nous renvoyons le lecteur. Ce mot vient du grec ἀκρόστιχον, *ordinum aut versuum summitates*, d'ἄκρος, *summus*, *extremus*, et στίχος, *ordo*, *versus*.

E. J.

ACROSTICHE. (*Littérature.*) C'est un petit poëme qui tient au parnasse un rang distingué entre la *charade*, l'*énigme*, le *logogriphe*, les *bouts-rimés*, et autres niaiseries littéraires. L'acrostiche se compose d'autant de vers qu'il y a de lettres dans le nom qu'on a pris pour sujet. Chaque vers doit commencer par une des lettres de ce nom, prises de suite. Ainsi, pour faire un acrostiche sur le mot *Nicolas*, le premier vers commencera par un *N*, le second par un *I*, etc., de manière que le nom entier se trouve inscrit à la gauche du poëme. Quand on veut doubler la difficulté, et par conséquent le mérite de l'ouvrage, on redouble l'acrostiche, c'est-à-dire qu'on place une seconde fois le nom à l'hémistiche; c'est atteindre le sublime du genre. L'acrostiche se consacre ordinairement à la louange d'un grand roi, d'un prince, d'un protecteur, d'un bon-papa, ou d'une maîtresse. Ce poëme était jadis exclusivement à l'usage de la flatterie et de la galanterie. Dans le temps où l'on faisait un cas particulier des titres,

des cordons et des parchemins, les acrostiches étaient fort
à la mode ; les abbés et les marquis se livraient surtout à
ce genre de poésie. L'acrostiche était alors un poëme de
cour ou de ruelle ; tout l'esprit s'y trouve au commencement des vers, comme dans les *bouts-rimés* il est à la fin.
Le goût a fait justice de ces puérilités misérables, reléguées
maintenant dans la province, dans le Marais, et chez les
galants du faubourg Saint-Germain.   E. D.

ACROTÈRES. (*Architecture.*) Du grec ἀκρωτήριον. Vitruve nomme ainsi les piédestaux ou socles qui, placés sur
le sommet et les extrémités inférieures d'un fronton, portaient des figures ou des antéfixes.

On nomme aussi acrotères les piédestaux distribués
dans la balustrade qui couronne un monument.   D...T.

ACTA DIURNA, ou simplement DIURNA. (*Antiquités.*)
C'étaient chez les Romains les registres ou journaux dans
lesquels on écrivait chaque jour les actes du peuple romain. Tacite les distingue soigneusement des annales destinées à conserver la mémoire des faits dignes du pinceau
de l'histoire. Les actes du sénat étaient aussi appelés *acta*
ou *commentarii*, et en grec ὑπομνήματα : ils contenaient un
abrégé de tout ce qui se disait ou se faisait dans les assemblées. On appelait celui qui était commis à leur rédaction,
ab actis senatus.   E. J.

ACTE. (*Législation.*) C'est, en général, tout ce qui se
dit, se fait ou s'écrit ; et, dans un sens restreint, c'est un
écrit qui constate qu'une chose a été dite, faite ou convenue : acte et action semblent synonymes, puisqu'ils dérivent du mot *actum;* ils sont cependant différents, car
ou l'action procède de l'acte, ou l'acte de l'action.

Les actes se divisent d'abord en actes *authentiques* et en
actes *privés.*

Un acte est dit *authentique*, d'après l'étymologie grecque, parcequ'il a un auteur certain, et par conséquent une
autorité. Les actes authentiques appartiennent à l'une des
quatres classes suivantes : 1° les actes législatifs et ceux qui

émanent du pouvoir exécutif ou gouvernement ; 2° les actes judiciaires ; 3° les actes administratifs ; 4° enfin les actes reçus par les notaires.

On pourrait encore diviser en deux grandes classes les actes authentiques ; savoir : 1° tous ceux qui sont relatifs à des intérêts purement civils ; 2° ceux qui tendent à constater et punir les contraventions, les délits et les crimes.

La loi accorde aux actes authentiques le privilége de faire pleine foi de ce qu'ils contiennent, jusqu'à inscription de faux.

Les actes *privés* sont tous des écrits faits par des particuliers, sans le ministère d'aucun fonctionnaire ou officier public. Tous actes peuvent être faits de cette manière, et ils ne sont assujettis à aucune forme, sauf les exceptions relatives à ceux qui doivent être notariés. La loi refuse aux actes privés le privilége qu'elle accorde aux actes authentiques. Quand des écritures privées ont la forme d'un acte, elles ne produisent qu'une apparence ou un commencement de preuve. Celui à qui on oppose cet acte est obligé d'avouer ou de désavouer sa signature, et si elle est déniée, on est admis à en faire la vérification par tous les genres de preuves.

Nous examinerons au mot *Langue* ce qui est relatif à celle dans laquelle les actes doivent être écrits, et les questions importantes que ce sujet fait naître, en prenant en considération la situation politique de chaque peuple. (*Voyez* Accusation, État civil, Notoriété.)   G...n.

ACTEUR. (*Antiquités.*) La tragédie, de τράγος, et ὠδὴ *le chant du bouc*, ne consistait, dans son origine, qu'en un simple chœur qui chantait des hymnes à l'honneur de Bacchus. Thespis y joignit un personnage qui récitait quelque aventure mythologique. Eschyle trouvant que le rôle d'un acteur seul était trop froid, en introduisit un second pour animer le drame par le dialogue, et leur donna pour chaussure le cothurne élevé, qui devint l'attribut distinctif des acteurs tragiques. Ils étaient avant lui barbouillés de lie en l'honneur de Bacchus. Sophocle pensa que les deux acteurs d'Eschyle ne suffisaient pas pour donner de la vivacité à l'action et jeter de la variété dans les incidents, il ajouta un troisième interlocuteur. Son exemple fut suivi constamment dans les tragédies, où l'on voit rarement plus de trois acteurs dans la même scène. Horace en fait même un précepte dans son art poétique :

...Nec quarta loqui persona laboret.

Il fut cependant mal observé dans les comédies, où, pour augmenter l'intérêt, on introduisit plus de trois personnages. Chez les Grecs, les rôles de *tyrans* étaient si odieux que les premiers acteurs ne s'en chargeaient jamais : ils étaient abandonnés aux acteurs subalternes.

Aulugelle nous apprend que chez le même peuple les femmes ne paraissaient pas sur les théâtres pour déclamer : elles y dansaient seulement. Ils pensaient sans doute que la faiblesse de leur voix et la grandeur des théâtres les rendaient peu propres à y déclamer. Elles étaient remplacées par des eunuques, dont la voix grêle a beaucoup de ressemblance avec la leur.   E. J.

ACTEUR. (*Art dramatique.*) Dans le sens général, personnage en action. *Acteur*, dans le sens relatif, homme qui joue dans une pièce de théâtre. Cette dénomination s'applique également à l'homme qui joue la tragédie et à celui qui joue la comédie; à l'homme qui déclame et à celui qui chante.

La nature n'est pas moins avare de grands acteurs que de grands poètes. On n'est pas grand acteur sans réunir au plus haut degré les qualités les plus rares du cœur et de l'esprit, sans posséder la sensibilité la plus profonde et l'intelligence la plus étendue. Pour peindre par le geste et par la voix les passions humaines, il faut, ce me semble, autant de génie que pour les exprimer par le discours.

L'art de l'acteur est aussi ancien que l'art dramatique. Les premières tragédies furent improvisées par les acteurs eux-mêmes.

L'art de l'acteur consiste à paraître ce qu'on n'est pas. De là l'application qui a été faite du mot *hypocrite*, qui en grec veut dire *comédien*, aux hommes qui, dans la société, en imposent par de faux dehors.

La condition civile des acteurs a varié suivant les temps et suivant les lieux. En Grèce, ils jouissaient non seulement de tous les droits de citoyen, mais ils étaient aptes à remplir les places les plus honorables. Aristodème fut envoyé en ambassade par les Athéniens à Philippe, roi de Macédoine.

A Rome, il n'en était pas ainsi. Non seulement le Romain qui montait sur le théâtre perdait ses droits de citoyen, mais il était chassé de sa tribu, et privé du droit de suffrage dans les assemblées publiques.

Les causes de cette contradiction sont faciles à trouver. L'art du théâtre, né en Grèce à l'occasion des fêtes de Bacchus, et pratiqué, dès l'origine, par des hommes de condition libre, était recommandé à l'estime par cette double considération. En Italie, au contraire, il avait été inventé par des hommes de la classe infime, par des histrions étrusques, par des paysans d'Atella. Là aussi il participa à la condition de ses inventeurs. Mais l'infamie qui s'attachait à Rome aux acteurs tenait moins à leur art qu'à l'abjection des premiers hommes qui l'avaient exercé. Nous verrons qu'il y a eu des exceptions.

Chez les peuples modernes, on retrouve les mêmes contradictions. En Angleterre, les acteurs ont été traités de tout temps comme ils l'étaient en Grèce. En France, ils ont été traités long-temps comme ils l'étaient à Rome. En Angleterre, les grands de la nation se firent un honneur de suivre le convoi funèbre de mistriss Odlefields et de Garrick. En France, la sépulture fut refusée à mademoiselle Lecouvreur; et Molière lui-même fut exilé plus de cent ans dans le coin le plus obscur d'un cimetière. A quoi attribuer l'établissement de ce préjugé en France, où l'art dramatique créé par les *confrères de la passion*, semble lié à la religion? Ce qu'il y a de bizarre, c'est qu'il s'est fortifié à mesure que le théâtre s'est épuré.

Les plus grands acteurs de l'antiquité sont Polus et Théodore chez les Grecs, et chez les Romains, Ésopus et Roscius.

L'expression de Théodore était si conforme à la nature qu'on l'eût pris pour le personnage même. Polus avait atteint la perfection de l'art: il réunissait les qualités morales aux avantages physiques, et l'organe le plus parfait à l'intelligence la plus étendue, au sentiment le plus juste et le plus profond. Chargé du rôle d'Électre dans la tragédie de Sophocle, il imagina de substituer à l'urne qui semblait contenir les cendres d'Oreste, celle qui renfermait les cendres de son propre fils. Les accents que ces tristes restes lui arrachèrent furent aussi vrais que la douleur qu'ils avaient réveillée. Ce n'était plus une imitation de la nature, c'était la nature même.

Le Romain Ésopus fut doué de la même faculté. Il s'identifiait tellement avec son personnage que, jouant le rôle d'Atrée, il assomma d'un coup de son sceptre un malheureux qui s'offrit étourdiment à lui et qu'il prit pour son frère. Il était aimé tendrement de Cicéron, dont il provoqua le rappel par le talent avec lequel il fit application à l'exil de ce grand homme d'un passage du Télamon proscrit.

Cicéron disait de lui *qu'il n'avait pas moins bien joué son rôle dans la république que sur le théâtre.*

Ésopus ne jouait que la tragédie; Roscius, au contraire, ne jouait que la comédie, et il y excella. Cicéron, qui aimait beaucoup aussi cet acteur, disait de Roscius *qu'il lui plaisait tant sur le théâtre qu'il n'aurait jamais dû en descendre, et qu'il avait tant de vertu et de probité qu'il n'aurait jamais dû y monter.*

Les acteurs peuvent se diviser en trois classes, acteurs déclamants, acteurs chantants, et acteurs gesticulants ou pantomimes. Ces trois divisions répondent à nos trois genres de spectacles dramatiques. (*Voyez*, pour ce qui concerne particulièrement les acteurs de chacun de ces genres, les articles Déclamation, Chant, Pantomime et Danse.)

A. V. A.

ACTIF. (*Législation.*) Ce terme est employé dans le langage des lois et du commerce pour désigner ce que possède un individu ou une société, par opposition au mot *passif*, qui indique les charges ou obligations dont on est grevé. Ainsi, en parlant d'une succession, d'une communauté, d'une association commerciale, on dit que sa véritable situation est fixée par la balance de l'*actif* et du *passif*.

ACTIF. (*Grammaire.*) *Voyez* Verbe.

ACTION. (*Art militaire.*) Lutte entre deux corps de troupes qui, suivant l'espèce de leurs armes, se chargent, se choquent, ou tirent l'un sur l'autre.

Une action générale entre deux armées ou entre la majeure partie de ces armées se nomme bataille. (*Voyez* Bataille.)

Une action partielle est un combat. Il y a cependant des combats plus sanglants et qui ont des conséquences plus importantes que certaines actions qu'on a décorées du nom imposant de bataille. (*Voyez* Combat.)

Une action entre de petites fractions d'armées se nomme escarmouche. (*Voyez* Escarmouche.)

Une action entre deux individus est un duel. Ce genre d'action était fréquent dans les guerres de l'antiquité, et dans le moyen âge, où, bardés de toutes pièces, des chefs s'élançaient en avant de leurs troupes, et décidaient quelquefois la querelle par un combat singulier. Nos armes, nos mœurs, et surtout la composition de nos armées, ont proscrit cet usage à la guerre. (*Voyez* Duel.)

Action d'éclat. Les Français, toujours audacieux, intelligents, enthousiastes, se sont distingués par des faits mémorables, par des *actions d'éclat ;* mais l'histoire entière de la monarchie n'en cite pas autant que les vingt dernières années de la guerre de la révolution, qui n'ont, pour ainsi dire, été qu'une longue bataille. Alors la carrière s'est ouverte pour tous, toutes les mains ont pu saisir les palmes, et la gloire est devenue plébéienne. Sous la république, les actions d'éclat étaient récompensées par un fusil d'honneur, par un sabre d'honneur; et plus d'un de ces fusils, plus d'un de ces sabres, repose dans la demeure modeste de l'artisan et la chaumière du laboureur. Sous l'empire, l'avancement, des titres, des dotations, et surtout la croix de la Légion d'honneur, étaient la récompense des actions d'éclat. (*Voyez* Récompenses militaires.) M. L.

ACTION INTELLECTUELLE. (*Philosophie.*) *Voyez* Activité intellectuelle. Toute action est le développement d'une force. Toute action intellectuelle est le développement de l'activité de l'âme dirigée sur les faits de l'intelligence ou les idées. La première action de cette espèce qui se produit en nous est un mouvement dans lequel nous avons pour but de saisir une idée et de la retenir sous nos yeux pendant une durée plus ou moins longue. A cet acte succède celui qui distingue une idée devenue fixe de toutes celles qui se groupent autour d'elle. La distinction est suivie de la décomposition, et la décomposition de la recomposition. Comparer, généraliser, raisonner, sont d'autres actes intellectuels qui viennent après les précédents. L'esprit procède légitimement à ces opérations diverses quand il suit, en les faisant, l'ordre successif que nous venons de marquer. Il n'a plus de méthode, ou n'en a qu'une fausse, quand il s'en écarte. P.

ACTION. (*Psychologie morale.*) Suivant que les actions de l'homme produisent tel ou tel résultat, ont été déterminées par tel ou tel motif, et sont ou ne sont pas conformes soit aux règles de la prudence, soit à celles de la raison morale, elles revêtent certains caractères, et reçoivent des qualifications différentes. (*Voyez* Intention.) T. J.

ACTION. (*Mécanique.*) On entend par ce mot l'effort que fait un corps qui se meut actuellement pour en mouvoir un autre; et comme cette communication de mouve-

ment est, par sa nature, impossible à expliquer, on se
borne à la mesurer par ses effets. (*Voyez* Choc des corps,
Quantité de mouvement, Force.) Le mécanicien ne se
sert du mot *action* que pour désigner le mouvement qu'un
corps produit dans un autre corps, ou celui qu'il y produirait réellement si aucune cause ne s'y opposait.

Quantité d'action. Maupertuis, dans les Mémoires de
l'académie des sciences de Paris, en 1744, et dans ceux
de l'académie de Berlin, pour 1746, appelle *quantité d'action d'un corps, le produit de sa masse par sa vitesse et par
l'espace qu'il décrit.* Des considérations abstraites, fondées
sur la doctrine des *causes finales*, avaient conduit ce philosophe à penser que la nature doit agir par des moyens
d'économie, qui ne lui permettent de dépenser ses forces
qu'en moindre quantité possible. Suivant lui, *la quantité
d'action dépensée est toujours au minimum.* Appliquant
ces idées à diverses circonstances de mouvement, telles
que la réflexion et la réfraction de la lumière, Maupertuis
est en effet parvenu aux résultats qu'on était accoutumé à
obtenir par d'autres procédés, et il fit de la proposition
qu'on vient d'énoncer *un principe fondamental de la mécanique,* susceptible d'être appliqué aux problèmes du
mouvement des corps.

Lagrange, dans sa *Mécanique céleste*, publiée en 1784,
revint sur cette proposition, et non seulement il démontra
qu'elle était vraie toutes les fois que le principe des *forces
vives* l'était, sans se servir des raisons métaphysiques sur
lesquelles Maupertuis l'avait établie, mais il fit voir que
l'un et l'autre de ces théorèmes n'étaient que des conséquences des équations générales du *mouvement* (voyez ce
mot), et ne constituaient pas des *principes de mécanique:*
ce ne sont que des résultats que le calcul déduit de ces
équations, en montrant les cas où ils ont lieu; et bien que,
dans certains problèmes, ces propositions conduisent facil-
lement aux solutions, elles ne constituent que de simples
théorèmes de mécanique.

C'est en vertu du théorème de la moindre action qu'on reconnaît que lorsqu'un point mobile, qui n'est sollicité par aucune force accélératrice, est assujetti à se mouvoir sur une surface courbe quelconque, la ligne qu'il y parcourt, en vertu de l'impulsion qui lui a donné le mouvement, est la plus courte qu'on puisse tracer sur cette surface, depuis le point du départ jusqu'au point d'arrivée.

Lorsque le point mobile obéit librement à l'action des forces accélératrices qui le sollicitent, et que ces forces sont telles que l'équation des forces vives a lieu, qu'on fasse le produit de la vitesse en chaque point par l'élément d'arc décrit, et l'intégrale prise dans des limites données sera un minimum.

S'il s'agit d'un système de corps mus par des formes accélératrices pour lesquelles l'équation des forces vives subsiste, on multipliera la masse de chaque mobile par sa vitesse et par l'élément de sa trajectoire; on prendra la somme de ces produits pour tous les corps, et on intégrera entre les limites fixées par deux positions données du système; l'intégrale sera un minimum.

Tel est l'énoncé général du principe de la moindre action. Consultez à ce sujet la *Mécanique* de M. Poisson, tome Ier, page 460, et tome II, p. 304.   F.

ACTION. (*Législation.*) La plupart des jurisconsultes qui ont écrit sur le droit romain définissent l'*action* «le droit que nous avons de poursuivre en justice ce qui nous est dû ou ce qui nous appartient.» Cette définition est celle que donne Justinien dans ses Institutes[1]. Toutefois, elle nous paraît incomplète; car, dans le langage des lois, si l'on appelle *action* le droit qu'on a de poursuivre en justice ce qui nous est dû ou ce qui nous appartient, on qualifie aussi de la même manière la poursuite dirigée devant les tribunaux par celui qui peut n'avoir aucun droit. De telle sorte que l'action, considérée comme un droit, peut appartenir à celui qui ne s'est pas encore pourvu en justice;

[1] Liv. IV, tit. VI. Celse, au Dig., c. III, *de act. et oblig.*

tandis que, d'un autre côté, une action peut être portée devant les tribunaux à la requête de celui qui n'avait aucun droit à exercer.

Si l'on considère le but des actions en général, on les divise en deux classes bien distinctes. Les unes ont pour résultat d'obtenir une condamnation dans l'intérêt privé de la partie qui s'est pourvue en justice ; tandis que les autres tendent à faire prononcer l'application d'une peine plus ou moins grave à un fait que la loi qualifie contravention, délit ou crime. Les premières, que chacun peut exercer à ses risques et périls, sont les actions civiles.

Une première division s'opère entre les actions civiles. Ainsi, nous appelons actions *immobilières* les actions qui tendent à la revendication d'un immeuble : nous désignons au contraire sous le nom d'actions *mobilières* celles qui ont pour objet des sommes exigibles ou des effets mobiliers. Cette première division des actions est indiquée par la division même des biens en meubles et immeubles : mais si l'on considère la nature du droit à exercer et la qualité de la personne contre laquelle l'action est dirigée, on est obligé d'admettre une division nouvelle. L'action est-elle la poursuite d'un engagement personnel, est-elle dirigée contre celui qui a contracté l'engagement ou contre ses héritiers, c'est une action *personnelle*.

Au contraire, l'obligation repose-t-elle sur un immeuble, et l'action est-elle dirigée contre le tiers détenteur de cet immeuble, quoiqu'il n'ait contracté lui-même aucun engagement personnel, elle prend alors le nom d'action *réelle*.

Enfin, celui contre qui la poursuite est dirigée se trouve-t-il à la fois obligé dans sa personne et dans ses biens, l'action est *mixte*.

La plupart des actions portées devant les tribunaux sont de cette dernière nature; car il n'existe d'action réelle proprement dite que l'action *hypothécaire*, dirigée contre le tiers détenteur d'un immeuble qui se trouvait affecté à l'acquittement d'une obligation, entre les mains du précédent propriétaire; et l'action personnelle a toujours elle-même quelque chose de réel dans son exécution, puisqu'on ne fait condamner la personne du débiteur que pour atteindre les biens meubles ou immeubles qu'il possède. On indiquera au mot *Compétence* devant quels tribunaux doivent être portées ces diverses espèces d'actions, et au mot *Prescription* le délai dans lequel elles doivent être exercées à peine de déchéance.

L'action civile, en réparation du dommage causé par un crime, par un délit ou par une contravention, appartient à tous ceux qui ont souffert de ce dommage. (*Voyez* PARTIE CIVILE.)

La poursuite de l'action publique n'appartient qu'aux magistrats institués à cet effet. (*Voyez* PROCUREUR DU ROI et PROCUREUR-GÉNÉRAL.)

Dans plusieurs états d'Allemagne où la législation romaine forme le droit commun, on a conservé les divisions et les qualifications des diverses actions telles qu'on les trouve dans les lois du Digeste et du Code.

En Angleterre, l'action publique (*action populas*) appartient aux simples particuliers comme aux magistrats, lorsqu'il s'agit de la violation d'une loi pénale. La plupart des actions ont leur désignation particulière : ainsi on appelle *action trove*, celle qui est dirigée par le propriétaire d'un objet perdu contre celui qui l'a trouvé ; *action assumpsit*, l'action intentée contre celui qui s'est obligé à faire une chose, ou à payer une somme d'argent.

Il y a quelques actions qu'on ne peut intenter sans avoir rempli certaines formalités; par exemple, on ne peut en Angleterre actionner un juge de paix sans l'avoir averti préalablement un mois à l'avance.

Action de compagnie. C'est une part dans les fonds et l'intérêt d'une compagnie formée pour une entreprise quelconque. L'action est d'ordinaire accordée pour une mise de fonds. Elle peut être aussi attribuée à celui qui n'a apporté dans une société que son travail ou son industrie. Certaines actions ont un cours public à la bourse. Telles sont les actions de la banque de France, et les actions des ponts et des canaux.

L'intérêt des sociétés anonymes se divise par actions ; elles ne peuvent être établies qu'avec l'autorisation du gouvernement. (*Voyez* Société.) C...s.

ACTIAQUE (l'ère). (*Antiquités.*) Tire son origine et son nom de la bataille d'*Actium*, qui rendit Auguste maître de l'Égypte et de tout l'empire romain. Elle commença chez les Romains avec la seizième année de l'ère julienne, c'est-à-dire au premier janvier de l'an 724 de Rome. En Égypte, où elle fut adoptée la même année et se maintint jusqu'au règne de Dioclétien, elle commença avec le mois thoth, ou le 29 août, et le 1er septembre chez les Grecs d'Antioche, qui la nommaient aussi l'*ère d'Antioche*. Ce fut à l'époque de la bataille d'Actium que les Égyptiens travaillèrent à la réformation de leur calendrier, sur le modèle de la correction julienne. On donnait le surnom d'*Actiaque* (*actiacus, actius* ou *acteus*) à Apollon, parcequ'il était honoré d'un culte particulier sur le promontoire d'*Actium*. Ce dieu paraît sur les médailles d'Auguste avec un habillement de femme et une lyre dans la main. Auguste lui bâtit un nouveau temple et renouvela les jeux actiaques en son honneur, après la victoire navale qu'il remporta sur Marc-Antoine près d'*Actium*, parcequ'il crut en être redevable à ce dieu, qu'il honora toujours depuis plus que tous les autres dieux, ce qui explique pourquoi il est souvent désigné sous le nom d'Apollon dans Virgile et dans Horace, et représenté sous ses attributs sur les monuments. On célébrait dans l'origine les jeux et fêtes actiaques tous les trois ans.

Actiaque iliacis celebramus littora ludis.
Æneid. l. III, v. 280.

Ils étaient quinquennaux, selon Suidas, à l'instar des

jeux olympiques. Il y avait des combats d'athlètes, des courses de chevaux, des combats sur la mer, et des danses. On y tuait un *bœuf;* ce qui me paraît fournir l'origine de la cérémonie du *Bucentaure,* conservée chez les Vénitiens jusqu'à nos jours. Ce bœuf était ensuite abandonné aux mouches, qui s'envolaient et ne revenaient plus, après s'être abreuvées de son sang.   E. J.

ACTIVITÉ. (*Philosophie.*) *Activité intellectuelle.* Avant de nous occuper de l'objet spécial de cet article, qui est de rechercher la nature, les formes et la loi de l'activité de l'âme dans son rapport avec les idées, il convient de présenter quelques observations qui semblent nécessaires pour éclaircir le sujet auquel nous passerons ensuite.

A son entrée dans la vie, l'âme éprouve quelque plaisir ou quelque peine, elle sent. Sent-elle sans avoir conscience de sa sensation ? L'expérience ne nous l'apprend pas ; aucune induction ne nous porte à le supposer, et l'idée que nous avons de notre sensibilité ne s'accorde pas avec celle d'une sensibilité qui agirait en nous à notre insu ; car sentir, pour nous, c'est savoir que nous sentons. Cette conscience ou connaissance intime que nous avons de nos manières de sentir est obscure ou claire, spontanée ou réfléchie. Dans ces deux cas, nous savons que nous sommes, nous distinguons notre moi de ce qui n'est pas lui : le moi se dégage à ses propres yeux du non-moi ; mais à la première vue qu'il a de lui-même, il s'aperçoit à peine, ne doute pas de lui, mais ne se sait pas bien ; pour mieux se savoir, il a besoin d'un moment de réflexion. Quand à cette intuition première qu'il a de lui-même il joint un regard attentif, il se saisit plus nettement, s'abstrait avec plus de pureté du sein des choses, se reconnaît et se proclame une personne avec plus de confiance.

Dès que l'âme a cette conscience claire d'elle-même, elle trouve qu'elle se possède, qu'elle peut se diriger et qu'elle peut soumettre ses idées à un travail volontaire et méthodique.

1.   16

C'est dans ses opérations sur les idées que nous allons observer l'activité de l'âme, qui, de cette fonction spéciale qu'elle remplit, peut prendre le nom d'activité intellectuelle.

Pour l'analyser avec exactitude, commençons par déterminer la nature et l'état du sujet sur lequel elle déploie son action.

Qu'est-ce qu'une idée ? qu'est-ce qu'avoir une idée ? N'est-ce pas savoir qu'un objet est tel ou tel, l'apercevoir sous quelque point de vue, juger qu'il a certaines qualités? L'idée n'est donc qu'un jugement. J'entends l'idée complète et totale, telle qu'elle nous est donnée primitivement par la nature : car celle que nous devons à l'art d'abstraire et de parler, et qui n'embrasse pas en même temps l'objet et ses qualités, le sujet et l'attribut, mais se rapporte seulement à l'un ou à l'autre, n'est pas un jugement, parcequ'elle n'est pas totale : partielle, elle n'est qu'un élément, qu'une fraction du jugement. Mais l'idée naturelle, qui est toujours concrète, est un vrai jugement.

Lorsque l'esprit porte pour la première fois sur ses idées un regard attentif, il les trouve obscures. Elles sont obscures parcequ'elles sont légères et fugitives, et que, dans leur continuelle instabilité, elles ne cessent d'apparaître et de disparaître sans faire sur la vue aucune impression précise et durable ; elles le sont parceque, au milieu du mouvement rapide et irrégulier qui les emporte, elles se mêlent entre elles et forment mille groupes mobiles, variables, souvent bizarres et toujours confus ; elles le sont encore parcequ'une exacte analyse n'a pas parcouru et séparé avec ordre leurs points de vue partiels, et répandu successivement la lumière sur toutes les faces qu'elles présentent ; elles le sont enfin parceque chacune d'elles en particulier n'offre aux yeux qu'un ensemble vague, un tout mal composé.

Impatient des ténèbres répandues devant ses yeux, l'esprit, qui a besoin de clarté, s'agite et cherche à s'éclairer.

Son activité se dirige sur les idées obscures, et, par une combinaison heureusement variée de mouvements divers, elle parvient à les produire à la lumière. Elle s'attache d'abord à saisir, d'une prise vive et ferme, celle qui parmi toutes les autres doit devenir l'objet spécial de sa réflexion. Elle la retire de l'espèce de tourbillon qui l'entraîne, la retient sous ses regards, et se la rend présente pendant un certain temps. Quand elle a déployé cette puissance d'application, elle fait un nouvel effort pour la dégager du milieu de cette foule d'objets avec lesquels elle la voit toujours prête à se confondre, lui donne une place à part, et la détermine par d'exactes distinctions. Cependant elle n'aperçoit pas encore les éléments qui s'y trouvent compris; pour les reconnaître, elle les analyse et les dispose dans un ordre successif. Mais, en terminant cette décomposition, elle sent que, partie de l'unité, elle n'est parvenue dans sa marche qu'à une pluralité désunie; et cependant c'est à l'unité qu'elle a besoin de revenir pour la retrouver, non pas telle qu'elle l'a laissée au point de départ, mais telle que doit la faire le travail. Elle quitte alors la forme de l'analyse pour prendre celle de la synthèse; elle compose ou plutôt elle recompose l'idée qu'elle a décomposée; elle recueille les idées partielles qu'elle en a successivement abstraites, les réunit dans un point de vue commun, et reproduit l'unité, un instant détruite et bientôt reformée. Cette unité reproduite est un jugement clair dans son ensemble et ses parties.

C'est ainsi que l'activité intellectuelle opère, par des actes d'application, de distinction, d'analyse et de synthèse, l'admirable phénomène de l'éclaircissement.

Tant que les idées n'ont pas été éclaircies, l'esprit ne peut saisir ni leurs ressemblances ni leurs différences; mais dès qu'il les a fait passer de l'obscurité à la lumière, il lui est facile de remarquer les rapports qui les unissent, parcequ'il peut les comparer l'une à l'autre. La comparaison est l'attention dirigée à la fois sur deux termes, se par-

tageant entre eux, se doublant en quelque sorte pour les
rapprocher, et rendre sensibles dans le rapprochement les
points par lesquels ils se conviennent ou se repoussent.
C'est une nouvelle forme que prend l'activité, pour disposer
avec ordre les jugements éclaircis, et remplacer par un
arrangement régulier l'association informe qu'ils composaient dans leur confusion première.

Après avoir comparé les idées, elle généralise celles
qui, par leur nature, sont susceptibles de cette opération;
car il en est qui ne la comportent pas et qui *s'universa-
lisent* au lieu de *se généraliser*. (*Voyez* CONNAISSANCES
NÉCESSAIRES.)

Généraliser, c'est représenter par une idée abstraite une
collection d'idées particulières éclaircies, comparées et
trouvées semblables; c'est faire de cette idée un type qui
réunisse en lui les caractères communs à chacune d'elles.
Pour généraliser, l'esprit prend dans la collection des idées
particulières auxquelles il destine une généralité, celle qui,
parmi toutes, peut le mieux servir à les représenter, la dégage de tous les traits qui lui sont propres, la réduit à
ceux qui se trouvent dans toutes les autres, et la rend
ainsi leur image fidèle en tout ce qu'elles ont de semblable.

Quand, par ce travail plusieurs fois répété, il s'est mis
en possession de plusieurs idées générales, il peut à leur
tour les comparer entre elles, et, s'il les juge semblables,
s'élever à une généralité supérieure qui les représente
de la même manière que chacune d'elles représente une
collection d'idées particulières. Et rien ne l'empêche, en
continuant la même marche, d'arriver, par une progression
successive et ascendante, à une généralité suprême, qui
soit la grande unité, le premier principe de telle ou telle
science.

La généralisation est légitime, quand l'idée à laquelle
elle nous conduit ne représente pas plus d'idées qu'elle
n'en doit représenter, et des idées sans ressemblance entre
elles, sans clarté, sans vérité en elles-mêmes. Car une

idée générale qui a trop d'extension, qui s'étend à des idées diverses et opposées, obscures et fausses, est inexacte et vicieuse. Il faut donc, pour bien généraliser, avoir soin de reconnaître la vérité des jugements particuliers, de les éclaircir, de les comparer, et de ne rattacher à une même généralité que ceux qui sont susceptibles d'être fidèlement représentés par un type commun.

Quand l'intelligence est pourvue de principes qu'elle doit, soit à la généralisation, soit à un procédé particulier que j'appelle universalisation (*voyez* CONNAISSANCES NÉCESSAIRES), le raisonnement est possible, et l'activité intellectuelle reparaît sous une forme nouvelle pour le réaliser. Elle le réalise en montrant qu'une proposition particulière contenue dans un principe est vrai de la vérité de ce principe, ou que d'un principe posé se déduit une conclusion dont la certitude est la même que celle du jugement qui la renferme.

Qu'elle procède de la proposition particulière au principe, ou du principe à la conclusion, elle varie sa marche, mais raisonne toujours; toujours elle travaille à saisir le rapport d'une vérité principale à une vérité subordonnée, par le moyen de plusieurs vérités intermédiaires contenues dans la première, contenant la deuxième, et se contenant l'une l'autre. En sorte que si la vérité subordonnée est renfermée dans les vérités moyennes, celles-ci graduellement l'une dans l'autre, et finalement dans la vérité principale, le raisonnement est parfaitement légitime. Cette légitimité lui vient de l'exactitude que met l'attention à reconnaître et à saisir les rapports du contenant au contenu, qui doivent lier toutes les idées dont elle parcourt la série plus ou moins étendue.

C'est, je pense, au raisonnement que finit la succession variée des développements intellectuels auxquels se livre l'activité de l'âme.

Ainsi, pour résumer, elle éclaircit et compare les idées, généralise, et raisonne.

Après avoir exposé dans leur ordre les formes diverses qu'elle revêt, ce serait laisser la question incomplète que de ne pas rechercher la loi qu'elle suit dans la production de ses actes. Quelle est donc la marche constante selon laquelle procède l'esprit, lorsqu'il se replie sur lui-même et réfléchit avec suite et méthode ? Il ne commence pas par raisonner ou généraliser, pour comparer ensuite, et enfin éclaircir les idées sur lesquelles son attention se porte; il répugne à un contre-sens pareil : mais il les éclaircit afin de les comparer, les compare pour saisir leurs rapports, saisit leurs rapports pour ramener à une généralité commune celles qu'il a jugées semblables. Il fait de chaque généralité une image, une unité qui les représente en ce qu'elles ont de semblable. Aperçoit-il entre toutes ces unités une grande analogie, il les rattache à une idée plus générale, unité supérieure, qu'il place à leur égard dans le rapport où elles sont elles-mêmes avec les idées particulières ; et si, par une comparaison nouvelle, il reconnaît entre plusieurs généralités supérieures de légitimes ressemblances, il leur donne à leur tour une représentation commune dans l'unité suprême qui les domine et les embrasse toutes. En sorte qu'il est visible que l'activité intellectuelle procède des particularités aux généralités, de ces généralités à des généralités plus hautes, et de celles-ci à d'autres qui les surpassent, et enfin à la généralité souveraine : en d'autres termes, qu'elle va des vérités de détails à des vérités plus étendues, de celles-ci à d'autres plus étendues encore, et finalement à des principes, à un principe ; et, pour traduire la même pensée par une expression plus précise, elle tend à réduire graduellement à une seule et vaste unité scientifique la pluralité des connaissances qui par leur nature peuvent se rapporter à un centre commun.

L'unité scientifique est donc l'objet de ses efforts ; elle y aspire par une action continuelle, et ne prend de repos qu'après l'avoir atteinte. Chercher et saisir l'unité scientifique est sa loi constante ; ce n'est pas cependant sa loi tout entière.

Car lorsqu'elle possède des principes ou des unités scientifiques, elle les pénètre de toute la force de sa logique et en déduit une foule d'idées qu'elle y trouve enfermées ; en sorte qu'elle ne s'arrête pas à la théorie, mais qu'elle passe aux applications qui s'en déduisent, et que pour satisfaire tous ses besoins, elle fait servir la spéculation à la pratique.

Ainsi, chercher l'unité scientifique et s'en servir, faire la science et l'appliquer, systématiser et raisonner, telle est la loi complète de l'activité intellectuelle.

Or, cette loi, quoiqu'elle ait pour but, non le bien, mais le vrai, a cependant en elle quelques caractères de la loi morale. Elle est obligatoire jusqu'à un certain point ; en donnant à l'esprit pour fin de ses travaux la science et ses conséquences, elle lui propose quelque chose de si raisonnable et de si juste, qu'elle lui impose comme un devoir l'étude et la recherche de la vérité. L'homme de génie est le héros de ce devoir. Ses laborieuses méditations sont un dévouement, et l'élévation de sa pensée a de la dignité morale. L'homme d'un esprit lâche et paresseux, qui par sa faute ne remplit pas cette obligation de la science, se manque à lui-même et se dégrade ; il est presque vicieux. Cette loi intellectuelle a sa sanction comme elle a son obligation. Rémunératoire ou pénale selon qu'elle se voit accomplie ou violée, elle a des plaisirs pour celui qu'anime l'amour de l'étude et de la vérité, et des peines pour celui qui aime mieux languir dans les ténèbres que de s'élever à la lumière par le travail et l'action. Celui-ci souffre du mal de l'ignorance et de l'erreur, celui-là goûte la joie de la science ; et tandis que l'un expie, par un mécontentement intérieur et un ennui vague et sans fin, la faiblesse volontaire de son intelligence, l'autre trouve le prix de ses efforts dans le sentiment du succès et de la possession de la vérité ; il est heureux de ses travaux et de ses progrès comme il le serait d'une bonne action.   Ph.

ACTIVITÉ. (*Psychologie, morale.*) Disposition naturelle ou acquise qui nous porte habituellement à l'action ;
se dit proprement des personnes, et ne s'applique aux
choses que métaphoriquement. L'activité ne doit pas être
confondue avec la mobilité : celle-ci est une agitation sans
objet, une détermination instinctive de l'enfance, qui a
son but dans l'ordre des causes naturelles, dans le développement physique par le mouvement, et dans le développement intellectuel par l'instruction expérimentale des
sens. L'activité, selon l'acception vulgaire, est une qualité dont les éléments sont la promptitude du jugement,
l'énergie de la volonté, la facilité des mouvements organiques. De ces trois éléments, le principal est l'énergie de
la volonté, qui anime les travaux des hommes, produit,
emploie, distribue les richesses matérielles et intellectuelles, et fonde le bonheur physique et moral des particuliers et des nations.

Dans l'acception philosophique, l'activité est le premier
attribut de la nature humaine. L'âme est sensible par ses
qualités ; elle est active par ses facultés. Je sens mon activité dans la spontanéité des mouvements de mon corps et
des actes de ma pensée ; je la connais par l'exercice de
mes opérations ; je la conçois par la distinction du sentiment et de la volonté. Je suis passif dans le sentiment,
car souvent je sens malgré moi ; mais je ne puis ni penser
ni agir sans le vouloir, sans m'attribuer mes actions et mes
pensées. L'activité est donc distincte de la sensibilité, et
elle l'est essentiellement du mouvement ; car le principe
de mon activité est en moi, et les corps n'ont point en eux
le principe du mouvement qui les remue. Je cherche ce
principe d'un corps à l'autre, et ne le trouvant nulle part,
j'en conclus qu'il est hors de la matière. Je vois la liberté
dans l'homme, et la fatalité dans l'univers.

Tout s'enchaîne dans le système moral de l'humanité.
Si l'activité sert de fondement à la liberté, la liberté sert
de fondement à la moralité, qui constitue la règle et la rai-

son sociale de l'homme. Quand les passions , qui sont les forces aveugles de la nature , offusquent la raison et surmontent la liberté, l'homme perd la conscience de son activité personnelle. Il la perd sous un autre rapport , lorsque par intérêt , par faiblesse , par vanité , par ambition , il se rend esclave d'une autre volonté : alors il fait abnégation de lui-même ; il n'est plus un agent moral. L'obéissance passive , dit Platon , est l'abdication de la raison. Ici expire , avec la liberté morale , l'activité ; ici l'homme, dégradé de ses nobles facultés, n'est loué que pour ses qualités molles et passives. La générosité , la fierté , les élans d'une âme libre et élevée , y sont proscrits ou flétris par la dérision : une aveugle docilité, une honteuse soumission, y tiennent lieu de devoirs ; les vertus y sont des vertus de convention , et la politique y justifie la perversité de ses maximes par celle de la nature humaine , dont elle étouffe les plus louables dispositions.

Pour l'animal, la vie consite à sentir et agir ; l'homme y joint la pensée, par laquelle il s'attache à la recherche de la vérité, ou à remplir les différents emplois que la société lui impose. Sous le premier rapport , la vie humaine est appelée *contemplative*, elle est appelée *active* sous le second , sans doute parceque la contemplation ne manifeste point au dehors son activité. Hume et Kant observent que les esprits méditatifs anéantissent facilement la réalité des objets extérieurs, et ils conseillent de la recréer en rappelant la volonté à l'action et au mouvement de la vie extérieure. Platon place la vertu dans la vie contemplative; Cicéron , dans la vie active : l'une et l'autre nous paraissent conformes à notre destination. Si l'exercice de nos facultés actives est dans l'ordre de nos devoirs, l'exercice de nos facultés intellectuelles est dans la dignité de notre nature. Les productions du génie ont toujours été la gloire des peuples, la source des bonnes lois, la lumière des bons gouvernements. Il est faux que la pureté des mœurs , le maintien des lois , la sûreté des états , soient intéressés à réprimer ou à comprimer l'essor des facultés de la raison ; livrées à leur activité naturelle, elles s'élèvent et tendent toujours à l'honnêteté, selon la judicieuse pensée de Cicéron ; elles ne dégradent les esprits que lorsque, envahies par les images d'une molle sensualité ou d'une mystique sensibilité, elles rétrécissent les sentiments et énervent les caractères. C'est alors que les arts de l'imagination corrompent les mœurs en les polissant, et qu'ils abaissent la raison en l'égarant sur des contrastes choquants ou ridicules ; c'est le crime des talents frivoles et de cette littérature licencieuse que Rousseau a justement frappée de sa généreuse indignation. Mais la civilisation n'est point la politesse, et les lumières de la raison ne sont point des dons de l'imagination. Ceux-ci peuvent briller dans cet état de mollesse et de frivolité qui annonce la décadence des peuples ; l'histoire dépose de cette vérité : celles-là annoncent la maturité ou le réveil des peuples, la vigueur des âmes, et la prospérité des institutions.   S...ʀ.

A D

ADDITION. (*Mathématiques.*) Opération qui a pour but de réunir plusieurs quantités en une seule. Ajouter des nombres ou des lignes, ou des surfaces, etc., c'est former une grandeur composée de l'agrégation de toutes celles qu'on a proposées. Le résultat de l'addition prend le nom de *somme*.

L'addition de deux nombres exprimés par un seul chiffre se fait en enlevant successivement à l'un de ses nombres les unités dont il est composé, pour les joindre à l'autre : on voit par exemple que 7 plus 3 équivaut à 8 plus 2, puis à 9 plus 1, et enfin à 10. Cette opération est si aisée, et l'esprit acquiert bientôt une telle habitude de la faire, qu'il trouve de suite que 7 et 3 font 10. Mais quand les nombres ont plusieurs chiffres, l'addition se fait séparément sur chacune des espèces d'unités qu'ils renferment : en sorte qu'on ajoute

tous les chiffres du premier rang à droite (unités), puis tous
ceux du deuxième rang (dizaines), puis ceux du troisième
(centaines), etc., en reportant toutefois à l'un de ces ordres, comme unités simples, les dizaines obtenues dans la
somme des chiffres de l'ordre à droite. Pour exécuter com-
modément ce calcul, on a coutume d'écrire les quantités
l'une sous l'autre, de manière à faire correspondre les chiffres de même ordre dans une colonne verticale. Les exemples suivants montrent comment le calcul est gouverné :

$$
\begin{array}{rr}
30445 & 304,45 \\
2729 & 27,29 \\
1243 & 1,243 \\
228 & 1,7 \\
\underline{17} & \overline{334,683} \\
\overline{34662} &
\end{array}
$$

Dans le premier, la colonne des unités 5, 9, 3, 8 et 7 donne
32 pour somme ; on pose 2, et on *retient* les trois dizaines,
qui s'ajoutent, comme unités simples, à la colonne des
dizaines : celle-ci est donc formée de la *retenue* 3 et de 4,
2, 4, 2, 1, ce qui donne 16 ; on pose le chiffre 6 des unités de cette somme aux dizaines, et on retient 1, qu'on
ajoute aux chiffres de la colonne des centaines ; et ainsi
de suite. Tout cela est fort simple, et cette marche explique assez pourquoi l'opération doit être commencée par
la droite.

Dans le second exemple, où les nombres sont accompagnés de *fractions décimales* (*voyez* ce mot), on a soin de
faire correspondre verticalement les virgules qui séparent
ces fractions des entiers, afin de placer dans une même
colonne les chiffres qui expriment des unités de même espèce ; l'addition se fait ensuite à la manière ordinaire : la
première colonne à droite ne contient que le seul chiffre 3
qu'on pose au même rang ; la suivante 5, 9 et 4 produit 18 ;
on écrit le 8 et on retient 1, etc. ; la virgule se place au

même rang que dans les nombres proposés, et l'opération est terminée.

Pour ajouter des fractions, on les réduit au même *dénominateur* (*voyez* ce mot), puis on additionne les *numérateurs* pour former le numérateur de la somme cherchée; ainsi $\frac{2}{7}$ plus $\frac{4}{7}$ plus $\frac{5}{7}$ font $\frac{11}{7}$, ou l'entier et $\frac{4}{7}$. Le dénominateur, qui a pour objet de spécifier la grandeur des unités constitutives de la fraction, reste pour affecter la somme.

L'addition des nombres complexes se fait en rangeant dans une même colonne chaque chiffre de même ordre, comme dans l'opération ordinaire faite sur les nombres entiers. Dans le premier des exemples suivants, la colonne à droite, qui représente des pouces, contient 11 plus 3 plus 8, qui font 22, ou 12 plus 10, savoir 1 pied et 10 pouces; on pose 10 sous la colonne, et on retient une unité pour la joindre à la colonne suivante, formée de 4, 5, 4 pieds, et de la retenue 1, en tout 14, ou 12 plus 2; on pose 2 et on retient 12 pieds ou 2 toises pour joindre à la colonne des unités de toises, etc. Il est clair que la connaissance du mode de subdivision de l'unité principale est indispensable pour faire les calculs des nombres *complexes* (*voyez* ce mot): ainsi il faut savoir qu'on est convenu de diviser la toise en 6 pieds, le pied en 12 pouces; la livre en 16 onces, l'once en 8 gros, le gros en 72 grains. Nous avons donné ici un second exemple d'addition de ces dernières quantités.

34 toises 4 pieds 11 pouces.	54 livres 14 onces 5 gros 44 grains.
122 . . . 5 . . 3	8 . . . 8 . . . 6 . . . 50
7 . . . 4 . . . 8	115 . . . 10 . . . 4 . . . 7
165 . . . 2 . . 3 10	19 . . . . 7 . . . 6 . . . 54
	198 . . . 9 . . . 7 . . . 11

Quant à l'*addition algébrique*, elle se réduit à écrire les monomes qu'on veut ajouter à la suite les uns des autres, en conservant à chacun le signe dont il est affecté. Ainsi, pour ajouter a avec b, on écrit $a+b$; la somme de $a-b$

et de $c-d$ est $a-b+c-d$. On sent bien qu'ici l'addition n'est qu'indiquée, et que lorsqu'on connaîtra les valeurs numériques représentées par les lettres, il restera encore à effectuer des additions et soustractions; mais l'algèbre ne peut pousser le calcul au-delà de cette indication. (*Voy.* ALGÈBRE.) Seulement quand il y a des termes formés des mêmes lettres affectées des mêmes exposants, on opère une *réduction* en ajoutant ou retranchant les coefficients, selon que le *signe* qui affecte ces termes est semblable ou différent. Ainsi $4a^2+3a^2$ se réduisent à $7a^2$ en ajoutant 4 avec 3; de même

$$3ab-5c^2d+8c^2d=3ab+3c^2d \ ;$$
$$5a^3-4a^2b-2a^2b=5a^3-6a^2b \ ;$$
$$5a^3-8b^2+6b^2=5a^3-2b^2.$$

Ces exemples montrent comment les signes se composent dans la réduction des termes entre eux. Les deux exemples qui suivent suffiront pour éclaircir toutes les difficultés.

$$
\begin{array}{ll}
3a^2-2bc+4c^2-8d^2 & 6a^2-5bc+d\sqrt{m} \\
-8a^2+7bc\ 5c^2 & -7a^2+3bc-2d\sqrt{m} \\
3a^2-4bc+4d^2 & +\ a^2+b^2-d\ \imath \\
\hline
-2a^2+bc-c^2-4d^2 & b^2-2bc \qquad \text{F.}
\end{array}
$$

ADEPTE. (*Voyez* ALCHIMIE.)

ADHÉSION. (*Physique.*) Lorsque deux corps sont mis en contact, ils montrent une tendance à s'attacher l'un à l'autre. Cette propriété se nomme *adhésion*. On ne la distingue de la cohésion que parcequ'elle s'exerce sur des corps hétérogènes. Pour la rendre sensible, il faut poser deux plaques polies, de nature différente, l'une sur l'autre, de manière à ce qu'elles se touchent par le plus grand nombre de points possible. En les détachant dans une direction perpendiculaires aux faces qui sont en contact, afin de rompre l'adhésion de toutes les molécules à la fois, on éprouve une petite résistance ; elle est plus forte si, pour les superposer, on les fait glisser avec frottement l'une sur l'autre ; et ce qu'il y a de remarquable, c'est que la force d'adhésion s'accroît à mesure que les corps restent plus longtemps unis. On peut évaluer à l'aide de petits poids l'effort qu'il faut employer pour les séparer.

L'adhésion s'exerce entre les solides et les liquides. Le plateau d'une balance qui repose sur un liquide ne s'en détache que lorsqu'on ajoute des poids à l'autre plateau. Dans cette expérience, on n'a pas la mesure exacte de la force d'adhésion, puisque le plateau emporte une couche de liquide : il ne se détache donc pas de lui ; mais il sépare cette couche de celle qui était immédiatement au-dessous d'elle. Il n'en est pas de même si, au lieu de faire cette expérience avec de l'eau, de l'alcool, de l'huile, etc., on emploie du mercure ou des métaux en fusion, qui, à cause de leur poids et de leur force de cohésion, ne mouillent pas certains corps; le plateau, pour se détacher, exigera une force que l'on pourra mesurer.

On conçoit maintenant pourquoi les corps sont susceptibles d'être mouillés par certains liquides, ou bien pourquoi ils retiennent à leur surface des couches d'eau, d'alcool, etc., malgré la pesanteur qui agit sur ces couches.

C'est encore l'adhésion qui occasione, en partie, l'ascension des liquides dans les tubes capillaires, entre des plaques très rapprochées, etc. (*Voy.* TUBES CAPILLAIRES.)

Les gaz mis en contact avec des solides ou des liquides sont susceptibles de contracter adhésion avec eux : ainsi l'air s'attache à la surface de tous les corps ; il pénètre dans leurs moindres fissures, et y est maintenu non seulement par la pression atmosphérique, mais encore par la force d'adhésion. Placés dans le vide, ce n'est qu'à une haute température qu'ils s'en dégagent entièrement.

L'adhésion n'est, à proprement parler, que l'effet d'une tendance à l'agrégation ou à l'affinité ; les molécules des corps hétérogènes en contact s'agrégeraient entre elles ou se combineraient, si leur cohésion ou toute autre cause ne s'y opposait point. (*Voyez* AGRÉGATION et AFFINITÉ.) L.

ADHÉSION. (*Législation.*) Ce mot signifie l'acceptation d'une proposition qui nous est faite, ou l'approbation d'un acte dans lequel nous n'avons pas été parties.

Dans le premier cas, l'adhésion forme le contrat, puisqu'il y a dès lors consentement respectif sur la chose qui en est l'objet.

Dans le second cas, l'objet de l'adhésion est de rendre un acte obligatoire pour celui qui n'y avait pas figuré, et auquel il ne pouvait jusqu'alors être opposé.

ADJACENT. (*Mathématiques.*) Un angle est dit adjacent à une droite lorsque cette ligne forme l'un de ses côtés : deux angles sont adjacents à une droite quand cette ligne est un côté commun à ces angles. F.

ADJECTIF. (*Grammaire.*) L'un des éléments essentiels du discours.

Nature de l'adjectif. Il est destiné à exprimer une qualité ou une manière d'être, comme rapportée à son sujet. Ce mot vient d'*adjicere, ajouter*, et veut dire *qui sert à ajouter*, parcequ'en effet il ajoute au nom l'idée d'une qualité qu'on n'y remarquait pas. S'il est vrai que l'adjectif ne désigne que des idées de qualités, c'est-à-dire d'objets qui ne peuvent exister par eux-mêmes, il forme évidemment une classe essentiellement distincte du nom ou substantif, qui désigne des idées d'êtres conçus comme existant par eux-mêmes et sans aucune dépendance; et l'on voit ce que l'on doit penser de l'opinion de quelques grammairiens qui en font une espèce de nom sous la dénomination de *nom adjectif*, en l'opposant au *nom substantif*.

Fonctions de l'adjectif. La qualité exprimée par l'adjectif peut être considérée comme actuellement aperçue dans le sujet, et peut lui être rapportée par un jugement exprès, ou bien l'association peut avoir été antérieurement formée, de manière qu'on n'ait qu'à la rappeler comme un fait déjà connu : de là deux fonctions différentes de l'adjectif. Dans le premier cas, il est attribut et est nécessairement séparé du sujet par un verbe : *Dieu* est *tout-puissant*. Dans le second, il est immédiatement joint au nom : n'offensez pas un *Dieu tout-puissant*.

Division des adjectifs. Il peut y avoir autant d'espèces d'adjectifs qu'il y a de manières différentes dont l'idée des choses peut être modifiée dans notre esprit. Or les choses, les idées que nous en avons, les noms que nous leur donnons, peuvent être modifiés de deux manières, soit dans leur compréhension, c'est-à-dire dans leurs qualités, soit dans leur étendue, c'est-à-dire dans leur nombre: nous pouvons concevoir les êtres comme possédant telle ou telle qualité ; exemple, *ce papier est blanc* ; ou comme étant *un* ou *plusieurs*, isolés ou réunis ; exemple, *un homme*. De là deux espèces d'adjectifs essentiellement différentes : l'une contient les adjectifs qualificatifs (que Beauzée appelle *physiques*, parcequ'ils désignent des qualités physiquement ou réellement existantes dans les êtres); ce sont tous les adjectifs proprement dits, *blanc*, *noir*, *bon*, etc. : l'autre contient les adjectifs *déterminatifs* ou *définitifs* (que Beauzée appelle *métaphysiques*, parcequ'ils dépendent uniquement des vues de l'esprit ; que M. de Sacy appelle *circonstanciels*, parcequ'ils expriment des circonstances extérieures) ; ce sont les articles, les noms de nombre. (*Voyez* Article.) On pourrait admettre une troisième classe, celle des adjectifs mixtes, à la fois déterminatifs et qualificatifs ; ce sont ceux qui, exprimant des qualités propres à certains individus, déterminent par là même les individus dont on parle; tels sont les adjectifs que l'on nomme si faussement *pronoms possessifs*, *mon*, *ton*, *son*, *le mien*, et que l'on a plus justement appelés *adjectifs pronominaux*.

Chacune de ces classes peut encore se subdiviser. (Pour les différentes espèces d'adjectifs déterminatifs, *voyez* Ar-

TICLE.) La classe des adjectifs qualificatifs renferme au nombre de ses espèces le participe, dont on a fait si improprement un des éléments essentiels du discours. Le participe n'exprime, comme l'adjectif, qu'une qualité, une manière d'être du sujet; comme l'adjectif, il remplit les fonctions d'attribut ou se joint immédiatement au nom; s'il s'en distingue, c'est parceque l'adjectif proprement dit exprime une qualité considérée comme inhérente à une substance ou comme permanente, telle que la *couleur*, la *douceur*, la *dureté*, etc., tandis que le participe exprime un état, une manière d'être transitoire, et causée par quelque action étrangère, comme on le voit dans les exemples *colorié*, *adouci*, *endurci*, etc.

Syntaxe des adjectifs. En considérant l'adjectif selon ses rapports avec les autres mots, et selon la manière dont on l'emploie dans le discours, nous verrons naître de sa nature même certaines règles fondamentales. D'abord, puisqu'il n'exprime que des qualités qui n'ont aucune existence indépendante, et qui toujours sont attachées à une substance, l'adjectif ne devra jamais être seul dans le discours; il sera toujours accompagné de l'expression de la substance; et en effet, dans aucune proposition il n'y a d'adjectif sans substantif. Si cette règle semble subir quelque violation, comme dans cet exemple, *les méchants seront punis*, ces violations ne sont qu'apparentes, et devant l'adjectif est placé, dans l'esprit de celui qui parle et de celui qui entend, un nom trop familier, trop facile à suppléer pour qu'il soit nécessaire de l'exprimer. En second lieu, puisque la qualité est toujours engagée dans le sujet, et en est une partie inséparable, elle semble participer à toutes les modifications du sujet; elle semble diminuer ou augmenter avec lui. De même l'adjectif dans les langues devra suivre toutes les vicissitudes et revêtir toutes les formes du substantif auquel il se rapporte; être masculin ou féminin si le nom désigne un mâle ou une femelle, ou une substance que l'on ait assimilée au sexe

masculin ou féminin ; prendre la terminaison du pluriel
si le nom désigne plusieurs personnes, etc. ; c'est ce qui
a lieu en effet dans la plupart des langues, où l'adjectif
s'accorde avec le substantif en *genre*, en *nombre* et en
cas. Dans quelques langues cependant, dans l'anglais, le
persan, le turc, l'adjectif ne subit aucune modification
et reste invariable, quel que soit le nombre ou le genre
du substantif : on en peut donner une raison assez plau-
sible. En effet, quoiqu'il soit vrai que la qualité est une
partie inséparable de la substance, elle ne change pourtant pas de nature, quel que soit le sujet auquel elle appartient : le rouge, le blanc, le noir, ne diffèrent en rien
vus dans un homme ou dans une femme ; les cheveux
sont toujours *noirs* de la même manière, quel que soit le
sexe de celui qui les porte. Il en est de même pour le
nombre et les modifications de l'idée de substance, qui
donnent lieu aux cas. La blancheur du lis est la même dans
tous les lis ; elle est la même, que le lis soit sujet, comme
dans cette phrase, *les lis blancs sont agréables à l'œil*, ou
qu'il soit le terme d'une action ou régime, comme dans,
cueillir des lis blancs. Les langues dans lesquelles l'adjectif
reste invariable sont donc jusqu'à un certain point plus
philosophiques ; elles ont mieux abstrait la qualité de la
substance. Quelques langues enfin semblent avoir pris un
parti mitoyen ; chez elles l'adjectif est invariable quand il
est attribut, variable quand il est immédiatement joint au
sujet ; et cette bizarrerie apparente peut encore facilement
s'expliquer.

 Outre les modifications que subit l'adjectif par l'effet de
son étroite liaison avec le substantif, il en est qui lui sont
propres. Une qualité peut être portée dans une substance
à un plus haut degré que dans une autre ou que dans toutes
les autres ; il fallait des formes propres à exprimer ces divers degrés d'intensité. Nous voyons, en effet, que toutes
les langues ont une manière d'exprimer la supériorité soit
relative, soit absolue, les unes par un changement dans

la terminaison, les autres par l'emploi d'un nouveau mot.
Comme la supériorité n'est connue que par la comparaison de plusieurs choses entre elles, on nomme *comparatif*
la forme affectée à l'expression de la supériorité d'une
chose sur une autre. On nomme *superlatif* la forme
consacrée à l'expression de la supériorité universelle.
Mais on peut aussi remarquer qu'une qualité est portée à
un haut degré ou manque au contraire presque totalement dans un individu, sans faire de comparaison expresse. Pour exprimer ce nouveau point de vue, les langues ont des *diminutifs*, des *augmentatifs*. (*Voyez* ces
mots.)

Construction. Reste à considérer la place qu'occupe
l'adjectif, la manière dont on le construit dans la phrase.
Ici la grammaire générale, c'est-à-dire la raison appliquée
aux signes, ne semble rien exiger impérieusement : aussi
voyons-nous les langues faire pleinement usage de la liberté
qui leur est laissée sur ce point ; les unes, comme l'anglais,
mettent toujours l'adjectif avant le substantif; les autres,
comme le grec et le latin, l'en séparent et l'en éloignent
tantôt plus, tantôt moins. Peu de langues sont plus capricieuses, sous ce rapport, que la langue française : tantôt
elle laisse une liberté absolue ; tantôt elle ordonne de mettre
certains adjectifs avant, d'autres après le substantif; tantôt
elle nous condamne, sous peine du ridicule, à mettre le
même adjectif quelquefois avant, quelquefois après. Qui
dirait indifféremment, *un grand homme* ou *un homme
grand, un galant homme* ou *un homme galant?* Les
grammaires particulières sont pleines de bizarreries de ce
genre, qui font le désespoir des étrangers, et que l'usage
seul peut apprendre. B... T.

ADJUDANT. (*Art militaire.*) Ce mot signifie *aide*. Il
est en usage dans les armées de plusieurs puissances de
l'Europe, pour désigner un officier qui en aide un autre.

Il y a dans l'armée française plusieurs espèces d'*adjudants. L'adjudant major* et l'*adjudant sous-officier*

17.

dans l'intérieur des corps, et l'*adjudant de place* à l'état major des places. Le grade d'*adjudant major* est donné à un lieutenant qui prend rang immédiatement après les capitaines, commande les lieutenants et sous-lieutenants, et au bout de dix-huit mois d'exercice devient *capitaine adjudant major*, et concourt pour le commandement d'une compagnie.

Il y a un *adjudant major* dans chaque bataillon d'infanterie, et deux par chaque régiment de cavalerie de quatre escadrons. (*Voyez* la loi du 12 septembre 1791.) Il suit partout le chef de bataillon, ou le colonel (dans la cavalerie), qui s'en sert comme d'un aide-de-camp pour porter les ordres.

Les *adjudants majors* commandent le service parmi les officiers d'après leur tour, vont au rapport, reçoivent les ordres, les font connaître au corps, rassemblent les hommes de service, surveillent les consignes, l'instruction et les distributions, etc.; enfin ils sont chargés des détails de la police générale et du service commun à toutes les compagnies, mais ils sont étrangers à leur administration et à leur police intérieure.

L'*adjudant sous-officier*, d'après la loi du 14 germinal an 3, doit être choisi parmi les sergents ou maréchaux-des logis; il est le premier et le chef de tous les sous-officiers du régiment. Il y en a autant que d'*adjudants majors*, sous les ordres desquels ils sont pour les seconder. Il a l'autorité et l'inspection immédiate sur tous les sous-officiers, non seulement pour tout ce qui a rapport au service et à la discipline, mais encore pour leur tenue, leur conduite privée et leur instruction. L'*adjudant sous-officier* désigne à tour de rôle les sous-officiers de service, inspecte les gardes, réunit tous les rapports et les situations, surveille les corps-de-garde et les prisons, conduit aux distributions, etc., enfin est la cheville ouvrière de tout ce qui concerne les détails du service.

Ne pouvant entrer ici dans tous les détails des fonctions

des *adjudants majors* et *adjudants sous-officiers*, voyez le règlement du 13 mai 1818.

Les *adjudants de place* sont des capitaines ou lieutenants que leur âge ou leurs blessures empêchent de servir à la guerre sans les rendre incapables d'un service moins pénible. Ils sont chargés dans les places de guerre des détails du service, ou sont détachés pour commander des citadelles, forts ou châteaux. (*Voyez* l'ordonnance du 1er mai 1768.)

Adjudant commandant. Titre qui a remplacé celui d'*adjudant-général*, et qui n'est plus en usage dans l'armée française depuis 1815; il a été lui-même remplacé par celui de colonel d'état major. Leurs fonctions étaient les mêmes. (*Voyez* ÉTAT MAJOR.) F. D'H...T.

ADJUDICATION. (*Législation*) On nomme ainsi la vente d'un objet mobilier ou immobilier faite publiquement, soit en justice, soit devant un officier public ou ministériel.

Les adjudications qui ont lieu administrativement ne sont pas assujetties aux mêmes formes que celles faites en justice; quelquefois on y procède sur des soumissions cachetées, d'autres fois aux enchères, suivant la nature du marché qui en est l'objet. Les adjudications se font au rabais, ou au plus offrant et dernier enchérisseur. Il serait peut-être à désirer qu'une loi fixât à cet égard un mode de procéder uniforme, comme dans les adjudications faites en justice; car on ne doit rien laisser à l'arbitraire dans toutes les circonstances où l'intérêt public peut être compromis.

La loi civile, essentiellement protectrice de la propriété, n'a dû permettre d'y porter atteinte qu'avec beaucoup de précautions et de formalités.

S'il s'agit de la vente d'objets mobiliers saisis, il y est procédé par le ministère d'un commissaire-priseur ou d'un huissier, après qu'elle a été annoncée, au moins un jour à l'avance, par les journaux et par des placards affichés,

Le code de procédure exige plus de délais et de formalités pour l'adjudication des barques, chaloupes et autres bâtiments de rivière, ainsi que pour celle de la vaisselle d'argent, des bagues et joyaux, de la valeur de 3oo francs au moins.

Dans tous les cas l'adjudication doit être faite au plus offrant, et au comptant. Faute de paiement, l'effet est revendu sur-le-champ, aux risques et périls de l'adjudicataire, qui demeure garant de la différence du prix, si le prix de la seconde adjudication est inférieur au prix de celle qui lui avait été consentie. Les commissaires-priseurs et huissiers qui procèdent à la vente sont personnellement responsables du prix de l'adjudication.

Les formalités sont encore plus nombreuses lorsqu'il s'agit de l'adjudication d'un immeuble, parceque le législateur s'est proposé le double but de rendre ces poursuites plus rares en les hérissant de beaucoup de difficultés, et de faire porter l'immeuble à sa véritable valeur en donnant toute la publicité possible aux divers actes qui précèdent l'adjudication. (*Voyez* Saisie immobilière.)

Le code de commerce prescrit les formalités à observer pour l'adjudication des navires saisis. Il veut qu'en matière de faillite la vente des marchandises puisse avoir lieu soit par adjudication publique aux enchères, soit par l'intermédiaire des courtiers, soit à l'amiable.

Les lois pénales contiennent des dispositions contre ceux qui troublent la liberté des enchères et cherchent à écarter les enchérisseurs.

Nous renvoyons au mot *Forêts* ce qui concerne l'adjudication des coupes de bois.

D'après l'ancien droit autrichien, l'adjudication de l'immeuble saisi devait avoir lieu au prix de l'estimation en faveur du créancier poursuivant. Cette disposition était toute dans l'intérêt du débiteur, qui ne courait pas ainsi le risque d'être dépouillé de sa propriété à vil prix ; mais elle devait être plus d'une fois onéreuse au créancier, qui dirige des poursuites pour obtenir son paiement, et non pour devenir adjudicataire d'un immeuble.

Aujourd'hui l'adjudication a lieu en faveur du plus offrant et dernier enchérisseur, après trois enchères consécutives, à moins qu'à la première ou à la seconde enchère le prix offert égale ou surpasse celui de l'estimation.

Une telle disposition n'est consacrée par nos lois que lorsqu'il s'agit d'une adjudication volontaire dans laquelle des mineurs sont intéressés ; mais il n'y a pas d'estimation préalable dans une poursuite en expropriation forcée, et l'adjudication a toujours lieu au prix offert par le dernier enchérisseur, après l'accomplissement des formalités prescrites.   C...s.

ADMINISTRATION. (*Politique.*) Administrer veut dire *assister* et *régir*; ce mot s'applique spécialement à toute régie qui exige la protection de certaines personnes et la gestion de leurs affaires.

Nous ne pouvons traiter ici que de l'administration publique. Quelle que soit la forme du corps politique, sa puissance se compose de trois éléments, le pouvoir qui dispense les lois générales, celui qui les fait exécuter par la généralité des citoyens, et celui qui, selon les différentes divisions du pouvoir et des territoires, rend l'exécution des lois plus facile et plus profitable à chaque localité. Montesquieu a fait de l'ordre judiciaire un pouvoir séparé et indépendant : cependant l'administration de la justice n'est qu'une partie de l'administration publique ; et si ce publiciste parlementaire, au lieu de vivre sous l'empire des cours souveraines, eût vécu sous la liberté des communes de France avant la féodalité ou après leur affranchissement, il eût reconnu que non seulement l'ordre judiciaire, mais que tout l'ordre administratif jouissait et devait jouir, pour le bonheur des citoyens, d'une véritable indépendance politique.

Dans les républiques de la Grèce, dans les républiques italiennes, dans les cités des Gaules, dans les villes du

moyen âge, on trouve partout la puissance législative qui
pose les règles d'administration publique, et le pouvoir
exécutif ou gouvernement chargé de l'administration générale; mais les localités se sont constamment administrées
par elles-mêmes. C'est par des magistrats temporaires et
de leur choix qu'elles percevaient les impôts, dispensaient
la justice; elles veillaient à l'ordre intérieur par une police
paternelle et par des milices communales. Le pouvoir législatif ne s'adressait qu'à la généralité des citoyens de
l'état; le pouvoir exécutif ne s'adressait aussi qu'à la généralité des individus dont les localités se composaient.
C'est ainsi que la tyrannie ne pouvait exister ni dans la loi
ni dans le gouvernement, parceque ni l'une ni l'autre ne
pouvaient atteindre un citoyen isolé, et que celui-ci, quelque puissant, quelque obscur qu'il pût être, ne pouvait
être protégé ou puni que par les magistrats qu'il avait élus
et qui avaient besoin d'être justes pour obtenir la conservation de leur dignité. Les derniers vestiges de cette administration ont été détruits en France par l'ordonnance de
Moulins et par l'édit de 1692; les pays d'état, dès long-
temps dénaturés dans leur essence même, n'en offraient
plus qu'une image mensongère.

Si les intérêts locaux ne peuvent être protégés que par
des administrations locales, les administrations locales ne
doivent s'occuper que des intérêts locaux. L'ordre public
appartient au gouvernement, et cet ordre ne peut être
troublé par les sociétés municipales; elles unissent les
citoyens entre eux sans les séparer de l'état; elles dis-
tribuent avec justice et allègent par conséquent la rigueur des lois, le fardeau des impôts et le poids de l'o-
béissance. Mais l'administration publique doit, tant qu'elle
est juste, trouver dans les administrations locales toujours un appui et jamais un obstacle. Aussi le gouvernement est-il sans cesse intervenu dans les gestions municipales; et sa présence y était nécessaire, soit comme protectrice des citoyens que des magistrats poursuivaient

injustement, soit comme protectrice de la société à qui les communes refusaient les redevances ou l'appui indispensables à son existence : les préfets dans les provinces romaines ; les *missi dominici*, sous nos anciennes dynasties ; et, plus tard, les procureurs du roi dans l'ordre judiciaire, les intendants dans l'ordre civil, et les gouverneurs dans l'ordre militaire, avaient eu cette unique et salutaire mission.

Mais les meilleures institutions se dénaturent. Le pouvoir exécutif, permanent en tous lieux et presque toujours héréditaire, finit partout par usurper la puissance législative, et alors il devient le despotisme ; il usurpe ensuite l'administration des localités, et n'est plus alors qu'arbitraire et tyrannie. Du moment où le citoyen n'est plus protégé au sein de sa famille et dans le foyer domestique par des magistrats de son choix ; du moment où il se trouve isolé, sans appui, sans garantie, face à face avec les mandataires du pouvoir suprême, qui, sous prétexte de la sûreté publique, peuvent nuire à sa sûreté privée, qui, sous prétexte des intérêts publics, peuvent attenter à ses intérêts particuliers, le pays cesse d'être régi pour le bien commun ; il est gouverné, mais il n'est plus administré ; l'administration a disparu sous les envahissements du gouvernement.

Ces mots suffisent pour indiquer qu'il est impossible de traiter ici de l'administration proprement dite ; celle des intérêts généraux sera développée à l'article *Gouvernement*, celle des intérêts privés et locaux aux articles *Communes*, *Départements*, *Tribunaux*, *Gardes nationales*, *Armée*, *Perception des impôts*, qui ne sont plus aujourd'hui que de grandes divisions du gouvernement, et nous nous bornerons à l'exposé rapide de quelques théories et des principales applications de l'administration.

L'administration publique a pour objet l'indépendance du territoire et la prospérité de l'état : l'administration locale se propose la sûreté des individus et le bien-être des

familles. Or l'indépendance de la cité et du citoyen repose
sur la force ; et l'élément de la fortune publique et privée ,
c'est l'économie. Combiner la force et l'économie, c'est donc
chercher un système d'administration. Le pays assez sage
pour donner au pouvoir la puissance de protéger la liberté,
et assez économe pour ne pas lui donner les moyens de
l'opprimer , sera le mieux gouverné. Malheureusement la
théorie et la pratique n'ont jamais envisagé l'administration
que sous un point de vue. Sparte se proposa l'indépendance politique , mais le Spartiate était sans garantie pour
sa liberté individuelle et ne vivait que de brouet noir.
Athènes protégeait l'indépendance et la richesse individuelles ; mais quand la cité était attaquée , les citoyens se sau-
vaient sur des vaisseaux. Les Suisses sont trop économes ,
aussi leur république sans force ne vit que parcequ'on la
laisse vivre , et leurs républicains se vendent à tous les rois
de l'Europe. Les Vénitiens furent trop prodigues , aussi le
sénat se servait de leurs impôts pour envahir leur liberté ,
et ces rois de la Méditerranée n'étaient que des esclaves
muets dans leurs lagunes.

Les publicistes ont été frappés de l'illégalité lorsqu'elle
était placée dans le gouvernement même ; ils ont curieu-
sement décrit ses diverses espèces et ses différentes variétés ; despotisme , tyrannie , pouvoir absolu, puissance
arbitraire , ils n'ont rien oublié. Cet abus est le plus insolent,
c'est le moins funeste. Les sultans font étrangler quelques
pachas, mais ceux qui craignent de l'être se révoltent ; ils
font étrangler quelques ministres , mais combien les visirs,
les ulémas , les janissaires ont-ils étranglé de sultans ?

Quand la haine frappe , elle éveille la vengeance. Tout
gouvernement qui descend lui-même dans l'arène en sort
blessé, même lorsqu'il en sort vainqueur ; et quand il cite
les innocents sur la place de Tyburn, il se fait ajourner sur
la place de Whitehall. On dit que l'histoire des rois
est le martyrologe des peuples, mais les rois y figurent
aussi comme martyrs, et depuis assez long-temps pour

n'avoir plus la témérité d'avouer les inimitiés personnelles et de frapper leurs ennemis à visage découvert.

Aussi n'est-ce point dans le gouvernement qu'il faut avec les publicistes chercher l'arbitraire, c'est dans l'administration; c'est là qu'il réside voilé par une apparence fallacieuse de justice et de légalité. Lorsqu'on menace le citoyen dans sa personne, on le livre à des juges amovibles qui frappent pour éviter leur disgrâce, ou à des juges inamovibles qui frappent pour obtenir la faveur; ou si les tribunaux ordinaires s'arrêtent devant la voix publique, on organise les cours d'exception avec ces hommes que rien ne peut arrêter. Lorsqu'on ne veut troubler que la tranquillité personnelle, l'espionnage vient porter l'épouvante dans le foyer domestique : on ne peut le fuir, faute de passe-port; on ne peut l'éviter, grâce à une mise en surveillance. Lorsque le citoyen est attaqué dans sa fortune, l'oppresseur, le juge, l'exécuteur de la sentence, n'est-ce pas encore l'administration? Ainsi l'individu, toujours seul, isolé, sans garantie, se débat sans cesse contre l'administration, et celle-ci, sûre de la victoire, borne tous ses soins à placer le masque de la justice sur le visage de l'iniquité.

Depuis vingt siècles le genre humain a perdu ses titres : en Orient, il se débat avec une violence effroyable pour changer de tyrans et de despotes; en Occident, l'esclavage, la servitude de la glèbe, la sujétion nobiliaire, et l'oppression de l'administration le tenaient à la chaîne. Cependant une ère nouvelle commença pour l'Europe avec la révolution d'Angleterre : la liberté publique put échapper à l'administration par des élections qu'elle influence difficilement; la liberté individuelle garantit, par une loyale organisation du jury, la sûreté, la vie et l'honneur des citoyens. Les États-Unis nous offrirent ensuite la constitution anglaise perfectionnée. L'Europe fut attentive et jalouse. La France voulut la première jouir des garanties publiques, bienfait unique de l'ordre social : l'assemblée constituante ferma la porte du passé, mais ne sut pas ouvrir celle de l'avenir ; l'anarchie pénétra par l'issue qu'on avait ouverte à la liberté, et l'anarchie fit peur. Napoléon profita de cette épouvante, et lui-même à son tour crut faire du pouvoir, et ne fit que du despotisme.

Tibère l'avait placé dans le sénat, il perdit les pouvoirs politiques ; Caligula l'avait placé dans l'armée, et s'il affermit l'empire, il perdit les empereurs. Dioclétien, plus habile, le plaça dans l'administration ; il était le moteur, les fonctionnaires étaient les rouages, et les peuples la matière passive et inerte que broyait la machine politique. La Chine, qui a une forme de gouvernement administrative, s'est trouvée par cela même séquestrée de toutes les nations. La Russie l'adopta pour se civiliser ; cela seul fait juger de l'état de barbarie où elle était plongée lorsqu'elle a été forcée de recourir à ce moyen pour prendre rang parmi les peuples.

Napoléon crut que, pour arrêter la révolution, il fallait faire rétrograder le genre humain. Il voulut transporter la Chine en Europe, et il infiltra le gouvernement dans toutes les branches de l'administration. Pour citer un exemple, il donnait un ordre au ministre, qui le donnait au préfet, qui le donnait au maire, qui le donnait à l'adjoint, qui le donnait au garde-champêtre ; cet obscur fonctionnaire était l'empereur même, organe de sa volonté, dépositaire de sa force. Quel recours avait le citoyen contre le garde-champêtre ? Est-ce la plainte qu'il portait à l'adjoint, qui la transmettait au maire, qui la transmettait au sous-préfet, ainsi de suite jusqu'à l'empereur ? Mais qui ne voit que l'ordre n'avait pour juge que celui-là même qui l'avait donné ? Il en était ainsi dans toutes les divisions de l'administration ; et la police veillait encore à ce que les fonctionnaires fussent diligents : c'était un vaste réseau dont une seule main placée sur le trône faisait mouvoir tous les fils : et, comme le tissu de l'araignée, y toucher, c'était réveiller le maître.

La plupart des publicistes ont peu et mal fait connaître

l'administration : les uns voulaient qu'on fît un pouvoir séparé du pouvoir judiciaire ; les autres ne réclamaient l'indépendance que pour les municipalités. Le temps est un
grand maître ; il nous a montré ce que le génie ne pouvait
entrevoir.

Le gouvernement doit diriger, surveiller, réprimer l'administration ; mais il ne doit pas administrer, parce qu'a-
lors il n'y a ni liberté ni garantie; puisqu'il n'y a plus d'arbitre entre l'administrateur qui prévarique et l'administré
qui se plaint des prévarications. *J'en appelle à Philippe à
jeun* est le cri d'un esclave courageux, mais sans droits politiques; *Sire, il y a des juges à Berlin* est le cri d'un sujet
à qui il reste des garanties. Le premier mot serait admirable sur le continent, le second tout simple en Angleterre.

Les hommes qui ont le plus écrit sur l'administration
sont les économistes, et on leur doit des vérités utiles ;
mais ils n'ont traité qu'une partie de ce vaste sujet : l'économie est leur devise, et l'ordre social qui coûte le moins
cher leur semble le meilleur. La théorie des gouvernements à bon marché est excellente lorsque la liberté y
trouve ses garanties. Le despotisme coûte peu, mais il
ne produit rien; la liberté est parfois périlleuse et prodigue, mais elle est productive. Voyez la France : en 1789,
elle fait une révolution pour ne pouvoir payer soixante-
huit millions ; aujourd'hui elle paie un milliard, et si on
lui laisse la paix et la liberté, elle ne trouvera pas le fardeau intolérable.

Les principes de l'administration sont encore à poser.
Le ministère veut qu'elle soit forte, afin que le pouvoir
puisse opprimer la liberté; l'opposition veut qu'elle soit
douce et faible, afin que la liberté puisse asservir le pouvoir : un fonctionnaire la met à l'encan, il veut faire fortune ; un économiste la met au rabais, il ne veut pas
qu'on le ruine. Mais tout cela n'est pas de l'administration. Nous verrons ailleurs que si le gouvernement veut administrer par ses agents, il faut que tous ses agents soient

responsables sans autorisation, et justiciables d'un tribunal complètement indépendant. Mais l'intérêt des fonctionnaires fait croire que les ministres ne proposeront jamais ce mode, et que l'administration sera tôt ou tard, par la force des choses, entièrement indépendante du gouvernement. Il n'y a pas à balancer entre le système de la responsabilité des administrateurs et celui de l'indépendance de l'administration. Si les hommes ne donnent pas le premier, le temps donnera le second.

Lorsque, dans les états représentatifs, le système électoral ne fait sortir de l'urne que le nom des administrateurs, il s'établit alors une *administration par ordonnances*, et l'état social recule vers le pouvoir absolu. Les ministres, n'ayant devant eux que des représentants à la fois fonctionnaires et députés, asservissent la voix du député, par la possibilité de destituer le fonctionnaire : les votes servent à conquérir les places, ils servent à les conserver; l'avarice et l'orgueil trafiquent de la conscience et de l'honneur. C'est, sinon la pire, du moins la plus corrompue des administrations, parceque le droit d'en régler l'usage est départi aux hommes qui, profitant des abus, ne peuvent s'en plaindre.

Lorsque le système d'élection donne à un parti une majorité incontestée, alors le parti maître du pouvoir législatif veut qu'on administre par des lois, parceque ces lois sont son ouvrage, qu'il peut les imprégner de ses haines et les teindre de ses passions. Ainsi qu'un ministère croit se cacher derrière des ordonnances, un parti pense faire croire à la justice, parcequ'il organise à son profit une *administration légale*, comme si les plus funestes mesures, comme si les coups d'état ne pouvaient être couverts d'un vernis de légalité, comme si la majorité dominante ne pouvait pas légaliser toutes les iniquités de l'arbitraire ! La législation est alors une longue conspiration contre le bien public ; car, lorsque les législateurs sont intéressés au mal, le mal se commet par des lois : les confiscations, les proscriptions, les assassinats de Tibère, cette effroyable série de forfaits qui signale l'administration de Séjan, tout fut fait par des lois.

Enfin de nos jours les publicistes demandent une *administration constitutionnelle*. Nous ne pouvons nous occuper ici de cette question, parceque, pour juger d'une administration constitutionnelle, il faut d'abord apprécier la *constitution.* (*Voyez* ce mot.)   J.-P. P.

ADMINISTRATION DE LA MARINE. (*Voyez* Ports).

ADMINISTRATION MILITAIRE. *Voyez* Militaire (*Administration*).

ADOLESCENCE. (*Médecine.*) Phase de la vie de l'homme comprise entre l'enfance et la jeunesse. Ses époques de commencement et de terminaison ne se laissent point assigner d'une manière exacte : un de nos poëtes a parlé d'un moment de l'existence des jeunes sujets ,

> Qui, n'étant plus l'enfance,
> N'est pourtant pas encor l'adolescence.

La même incertitude règne sur le point précis qui doit séparer l'âge dont nous nous occupons de celui qui lui succède. En consultant les données étymologiques, l'on trouve que le verbe latin *adolescere* signifie *croître, pousser, grandir*; la fin de l'adolescence ne doit être marquée, dès lors, que par celle de l'accroissement. Mais il reste encore la première partie de la difficulté, savoir l'indication positive de l'instant auquel il convient d'en placer le début. Il est incontestable que le caractère distinctif de l'adolescence consiste dans l'évolution des organes de la faculté génératrice. Aussitôt donc que l'on voit cette évolution commencer ou devenir imminente, on peut dire que l'enfance n'est plus, que l'existence individuelle a fini, que la vie de l'espèce commence, que les rapports sexuels touchent au moment de devenir possibles , et l'on ne court aucun risque de se tromper en saluant du nom d'adolescent le sujet chez qui se manifestent les signes avant-coureurs de ces mystérieux et importants phénomènes. C'est donc faire l'histoire de l'adolescence que de décrire toutes les circonstances physiques et morales auxquelles se reconnaissent l'inauguration, les progrès et le perfectionnement de la puberté.

Dans l'un et l'autre sexe, l'approche de cette grande révolution a coutume de s'annoncer par une espèce d'éloignement et de dédain pour les amusements de la première enfance. Confondus jusqu'à ce moment par la similitude de leurs goûts, le petit garçon et la petite fille commencent à se distinguer l'un de l'autre par la différence de leurs inclinations. Il s'établit chez le premier une énergie de l'appareil circulatoire, une force de cohésion et de ressort de la fibre musculaire, d'où résulte dans ses mouvements une sorte d'emportement et de fougue; de là cette préférence qu'il manque rarement d'accorder aux jeux les plus fatigants et aux plus rudes exercices. Chez la petite fille, au contraire, moins d'impétuosité dans le cours du sang, moins de contractilité dans les puissances motrices, comportent un maintien plus calme et plus posé, et font choisir des divertissements où ne se déploie ni la même vivacité ni la même turbulence. Jusqu'alors les traits de l'un et de l'autre avaient eu quelque chose de si parfaitement identique qu'un échange de leurs habits eût suffi pour déguiser leurs sexes; mais on va voir bientôt celui des deux visages où doivent s'esquisser prochainement les premières indications du caractère viril perdre peu à peu l'expression de la timidité, tandis qu'elle deviendra sur l'autre plus prononcée et plus remarquable. Les rôles de ces deux jeunes êtres avaient été les mêmes pendant leurs premières années; ils commencent à devenir distincts, et dès lors il ne peut plus exister la même conformité entre leurs physionomies. Celle du jeune adolescent prend une apparence non équivoque de force et de hardiesse; celle de la jeune fille exprime déjà visiblement sa faiblesse relative, et la réserve qu'elle lui impose, et l'instinct des pudi-

bondes appréhensions. Du reste, les organes générateurs
sortent chez tous deux de l'état d'inactivité et de sommeil
dans lequel ils étaient restés comme ensevelis jusqu'à cette
époque. Ils s'ombragent de villosités, rares d'abord et pu-
bescentes, mais bientôt après touffues et d'une plus ferme
végétation. La jeune vierge subit avec effroi l'établissement
de la fonction menstruelle ; il faut que les explications et
les caresses de sa mère dissipent la frayeur que lui imprime
la nouveauté de cet inquiétant phénomène. Sur la table inclinée de sa poitrine s'élèvent deux organes semi-globu-
leux, présentant au plus haut degré le double intérêt d'un
charme ineffable et de la plus touchante utilité. Dans l'un
et l'autre sexe, les rapports sympathiques des appareils
reproducteurs avec les organes de la voix font éprouver à
celle-ci de notables altérations. Des sons rauques et dis-
cordants forment une transition désagréable entre le faus-
set argentin de l'enfance, et le timbre harmonieux de l'âge
qui vient après elle.

Telles sont les principales circonstances physiques au milieu desquelles s'établit la grande modification d'existence
que désigne le mot de puberté. Si l'on examine les mutations
qui surviennent en même temps dans l'état moral, on verra
les sujets qui s'approchent de l'époque où doit s'opérer cette
espèce de métamorphose renoncer, comme nous l'avons
dit plus haut, aux jouets et aux passe-temps qui jusqu'a-
lors avaient été en possession de leur plaire par-dessus
tout. Leur esprit semble être occupé d'un objet nouveau,
qui ne s'offre à lui que d'une manière vague et indéter-
minée, et de la nature duquel il ne peut se former que les
plus confuses idées; mais moins il offre de prise à leur
intelligence, plus elle fait d'efforts pour s'en rendre raison.
De là cette attention furtive mais profonde pour toutes les
circonstances de l'union sexuelle des animaux, et de la
multiplication qui en est le résultat; de là cette exactitude
à recueillir les propos indiscrets ou téméraires qui échappent à l'inadvertance, ou que profère à dessein l'impru-

dente envie de procurer de hâtifs et dangereux éclaircissements; de là aussi cette propension à vivre dans la
société des domestiques, pour entendre d'eux les équivoques impertinentes et les refrains saugrenus, de l'assemblage desquels l'enfant se compose une espèce de logogriphe dont son inquiète rêverie devine d'abord quelques syllabes, et dont ses sens ne tardent pas à lui apprendre le mot.

L'adolescence, observée à son terme moyen et vers la
fin de sa durée, est l'âge des mouvements généreux, des
dispositions aimantes et des affectueux sentiments : c'est
l'époque la plus heureuse de l'existence de l'homme, le
printemps, la fleur de sa vie, la saison des enchantements,
des illusions, des vastes désirs et des espérances sans
bornes; mais de funestes écarts peuvent en marquer le
cours, et la rendre féconde en toutes sortes de maux.
Souvent l'adolescent, enchanté de la découverte d'une
faculté nouvelle, et s'imaginant que ce sens qui vient
d'éclore devra, comme les autres, se perfectionner par
l'exercice, s'abandonne sans retenue à l'exigence factice
de sens précocement titillés; trop heureux si ces profu-
sions anticipées ont lieu du moins selon le vœu de la
nature, et si l'acte qu'elle préparait n'est pas remplacé
par un funeste équivalent. Le premier de ces excès, et le
second bien plus encore, ont pour suite inévitable l'éner-
vation du corps et de l'âme, dans un degré nécessairement
relatif à celui de l'abus qui y donne lieu. Les détériorations
imprimées par des désordres de ce genre à la vigueur
native ne se réparent jamais entièrement; et si l'individu
qui s'y est exposé parvient ensuite, à force de modération
et de régime, à se retrouver dans un état satisfaisant d'é-
nergie physique et d'aptitude intellectuelle, il ne devra
pas moins se regarder comme un être déchu, et qui s'est
déshérité lui-même d'une partie des dons que la nature
s'était plu à lui assigner.

Quelquefois la métamorphose subie par les sujets pu-
bères semble exercer moins d'influence sur les organes

de la génération que sur la sensibilité morale; au lieu d'être agités par l'érotisme charnel, ils éprouvent un besoin vague d'attachement, de culte et d'adoration, qui s'empare de leur âme, la subjugue, la charme et la tourmente. Ils sont rêveurs, silencieux, mélancoliques; il leur échappe souvent des pleurs sans motif, et des soupirs sans objet. La solitude a pour eux un attrait irrésistible; elle leur procure un état de bien-être porté quelquefois jusqu'au ravissement et à l'extase. Dans l'ignorance de la source première d'une semblable disposition, ces êtres intéressants l'ont souvent prise pour une vocation religieuse. Beaucoup de jeunes vierges ont été vouées au cloître par une impulsion qui, mieux comprise, les en aurait tenues éloignées.

Considérée sous le rapport purement médical, l'adolescence, ou, pour parler d'une manière plus exacte, la puberté, opère fréquemment la solution de certaines maladies de l'enfance, parmi lesquelles il faut surtout remarquer la diathèse scrofuleuse. « Dans le premier âge, la tendance générale des humeurs les porte vers la tête; à mesure que l'adolescence approche ou se développe, cette première direction s'affaiblit, et la poitrine devient de plus en plus le terme principal des congestions. » Cabanis, à qui nous empruntons cette dernière remarque, dit aussi, plus loin dans le même paragraphe : « L'adolescence, en faisant refluer dans le sang un nouveau principe extrêmement actif, augmente beaucoup encore les qualités stimulantes de ce fluide. » Il en résulte que l'âge dont nous parlons dispose aux hémorrhagies nasales, aux angines du larynx et du pharynx, et aux phlegmasies de l'appareil respiratoire. Les femmes, indépendamment de ces affections, ont encore à redouter celles qui se rapportent à l'établissement du flux menstruel.   J.

ADOPTION. (*Antiquités.*) Chez les Grecs, ceux qui n'avaient point d'enfants légitimes pouvaient adopter leurs fils naturels ou des enfants étrangers, avec le consentement de leurs pères et mères. Celui qui était adopté par un Athénien était revêtu du droit de bourgeoisie, qui donnait seul le droit d'hériter. Son nom était ensuite inscrit dans les registres de la tribu du père qui l'avait adopté. Les enfants adoptifs n'étaient enregistrés qu'aux fêtes appelées *Thargélies*, dans le mois *thargélion*, qui était le onzième, par conséquent à la fin de l'année, au moment de commencer une nouvelle vie. On offrait dans ces fêtes des sacrifices en l'honneur d'Apollon et de Diane, pour les prémices ; et on regardait sans doute comme des prémices qu'on leur offrait les enfants qu'on adoptait. On ne pouvait à Sparte adopter quelqu'un qu'en présence du roi ; sans doute aussi parcequ'il représentait le dieu auquel on offrait les enfants adoptés. Ces enfants jouissaient de tous les droits, priviléges et immunités de leur nouveau père ; mais ils étaient en même temps chargés de remplir tous ses engagements.

Chez les Romains, celui qui était adopté quittait ses noms propres et prenait le prénom, le nom et le surnom de son nouveau père, en y ajoutant quelquefois un des siens, qu'il alongeait par une nouvelle terminaison en *anus :* par exemple, *T. Pomponius Atticus,* adopté par *Q. Cæcilius,* s'appela *Q. Cæcilius Pomponianus Atticus.*

Chez les Gaulois, l'adoption par les armes consistait à armer de pied en cap un jeune homme dans une assemblée publique. On trouve, sous les rois de France de la première race, deux autres sortes d'adoption : l'une, qui avait lieu aussi chez les Grecs du Bas-Empire, en recevant les cheveux de l'enfant qu'on adoptait ; l'autre, en touchant la barbe de l'adopté ; ce qui était un même symbole. (*Voyez* Adolescents.)   E. J.

ADOPTION. (*Législation.*) Acte solennel, revêtu du sceau de l'autorité publique, par lequel on choisit pour son enfant celui qui ne l'est pas naturellement ; acte de consolation pour celui qui adopte, et de bienfaisance envers celui qui est adopté.

Quelque contrée que l'on parcoure avec l'histoire ancienne, on y trouve l'adoption établie; les Romains l'ont également accueillie, encouragée et protégée. L'empereur Adrien a même prétendu que les enfants adoptifs devaient être préférés aux enfants naturels, parcequ'on choisissait les premiers, et que le hasard donnait les seconds. Cette institution avait été connue en France sous les rois de la première race, mais l'usage s'en était perdu sous ceux de la seconde; on avait même craint, dans la suite, de l'introduire dans notre législation, car on ne peut considérer comme de véritables adoptions celles que déterminaient l'orgueil et la vanité.

La révolution française, qui donna l'essor aux grandes pensées et aux sentiments généreux, dut nous rendre une institution qui tendait à multiplier et resserrer les liens de bienveillance entre les hommes : aussi l'une de nos assemblées législatives, en 1792, fit entrer l'adoption dans le plan de nos lois civiles; mais elle ne fut pas organisée, et resta dans la nudité d'un simple principe. Il y avait dans cette partie de notre législation un vice que la jurisprudence n'avait pu détruire; mais une loi transitoire de l'an XI régla les formes de l'adoption et ses effets antérieurs au code civil : ce code a enfin consacré l'adoption, non telle qu'elle existait chez les anciens ni même à Rome, mais telle qu'elle convenait à nos mœurs et à notre caractère. L'impartialité qui préside à la rédaction d'un ouvrage éminemment européen nous fait un devoir de rappeler ici que le code prussien fut une des sources auxquelles nos législateurs ont puisé ce qui concernait l'adoption; nouvel exemple de cette espèce d'enseignement mutuel d'un ordre supérieur qui multiplie les rapports des peuples entre eux, les met à portée de se communiquer les principes qui, dans l'intérêt de l'humanité tout entière, doivent préparer et finir par assurer le triomphe des vérités incontestables et universelles.

La loi a établi trois sortes d'adoption : l'adoption ordinaire, la rémunératoire, et la testamentaire.

Les personnes de l'un et l'autre sexe peuvent adopter.

L'adoptant doit être âgé de cinquante ans et sans enfants ni descendants légitimes; il faut que l'adopté soit majeur, moins âgé de quinze ans que l'adoptant, et qu'il en ait reçu pendant six ans des soins et des secours non interrompus. Le consentement du conjoint de l'adoptant, s'il est marié, et celui des père et mère de l'adopté sont indispensables : nul ne peut être adopté par plusieurs, si ce n'est par deux époux.

Celui qui a sauvé la vie à une personne dans un combat, ou en la retirant des flammes ou des flots, peut être adopté par elle; et la loi s'empresse d'accueillir ce témoignage d'une juste reconnaissance, en aplanissant toutes les difficultés et en se bornant à exiger que l'adoptant soit majeur et plus âgé que l'adopté.

L'adoption faite par testament n'est permise qu'en faveur d'un mineur dont l'adoptant a été pendant cinq ans le tuteur officieux. Dans cette espèce d'adoption le consentement de l'autre époux n'est plus nécessaire.

Les formes de l'adoption augmentent encore la difficulté que présente la réunion de ces conditions; les tribunaux sont chargés de vérifier si elles ont été remplies, et de soumettre à un sévère examen la moralité et les moyens de l'adoptant. La loi veut encore que les procédures soient secrètes, les décisions rendues sans énonciation de motifs; qu'enfin tout ce qui s'est passé entre l'adoptant et l'adopté ne devienne public qu'à l'instant où l'adoption est accomplie.

L'adoption confère le nom de l'adoptant à l'adopté, en l'ajoutant au nom propre de ce dernier; elle opère une sorte d'affinité civile qui fait prohiber le mariage dans les cas prévus par la loi. L'adopté acquiert, mais seulement sur la succession de l'adoptant, les mêmes droits que ceux d'enfant légitime. Il n'en reste pas moins dans sa famille naturelle; il y jouit des mêmes droits; il y a les mêmes devoirs à remplir, ce qui n'empêche pas qu'entre

lui et l'adoptant il n'y ait obligation de se fournir mutuellement et au besoin des aliments.

Les lois anglaises ne renferment pas de dispositions relatives à l'adoption.

Le code autrichien, sans rien prescrire sur l'âge de
chacun des deux contractants, exige seulement que l'a-
doptant ait dix-huit ans de plus que l'adopté; le consentement du père de ce dernier suffit. L'adopté conserve
tous ses droits dans sa famille naturelle; il reste noble malgré son entrée dans une famille dite roturière. Mais si l'individu de cette classe est adopté par un noble, il ne peut
être anobli que par une faveur spéciale du monarque;
l'acte d'adoption est soumis à l'approbation de l'autorité
administrative de la province, et transcrit sur les registres
du tribunal.

En Prusse, l'adoption ne produit aucun empêchement
de mariage entre l'adopté et les parents de l'adoptant; le
mari peut adopter sans le consentement de son épouse,
mais ce code refuse à celle-ci le même avantage; il ne s'oppose pas à ce que l'adoption soit révoquée avec l'agrément
des parties intéressées, et sous la sanction des tribunaux.

Les lois espagnoles consacrent les deux espèces d'adoption qui existaient à Rome, l'adoption proprement dite et
l'adrogation; l'adoption pour les fils de famille, et l'adrogation pour les enfants orphelins ou émancipés.

Les rapports qui existent entre l'adoption et la tutelle
officieuse exigent que nous donnions de suite une juste
idée de cette dernière.

La tutelle officieuse est un contrat de bienfaisance par
lequel on s'oblige de nourrir et élever gratuitement un
mineur, de le mettre en état de gagner sa vie, et par lequel encore on se charge d'administrer gratuitement sa
personne et ses biens. On n'en trouve le modèle ni chez
les anciens, ni dans les lois romaines, ni dans la législation
d'aucun peuple de l'Europe; les Français ont donc, sans
nul partage, le mérite de cette création législative.

Il faut que celui qui se propose pour tuteur officieux ait plus de cinquante ans, qu'il n'ait ni enfants ni descendants légitimes, et que l'autre conjoint y consente : cette tutelle rend l'adoption plus facile, puisqu'on peut adopter un mineur après cinq ans écoulés depuis la tutelle.

Tel est l'ensemble de cette loi d'adoption si morale, si philosophique, et supérieure encore à celle qui régit les autres peuples ; cette loi toute paternelle, qui, sans mutation de famille, sans incertitude sur le sort du contrat, sans détriment pour la population, a pour objet de consoler les mariages stériles et les célibataires infirmes, et d'ouvrir pour eux et pour de jeunes enfants, plus souvent sans appui, une nouvelle source de félicité réciproque.

Comment se fait-il donc que cette belle institution, dont les citoyens s'empressèrent de profiter lorsque le principe en fut posé par l'assemblée législative, soit presque tombée en désuétude depuis la promulgation de notre code ?

Les causes qui peuvent rendre les adoptions rares nous paraissent consister principalement dans l'âge que doit avoir l'adopté. Est-ce en effet auprès d'un jeune homme parvenu à la majorité, alors en proie à des passions violentes, ou prêt à former un établissement qui le rendra lui-même père de famille, qu'un vieillard ira chercher les consolations que nécessite son état de souffrance ou de caducité ?

Les formes de l'adoption ne sont-elles pas aussi trop compliquées ? Que de formalités dans nos lois ne semblent établies que dans l'intérêt du fisc ! La législation des peuples voisins ne présente pas cet inconvénient. Les lois relatives à l'adoption ne devraient-elles pas être aussi simples que la nature qu'elle représente ? Le bien, pour se faire, a souvent besoin d'être indiqué ; mais il faut en faciliter la réalisation ; les obstacles peuvent tarir la source de la bienfaisance. Ces observations et ces doutes, que nous ne présentons qu'avec une extrême réserve, n'altèrent en rien le respect que commandent de bonnes lois et la reconnaissance que nous devons aux auteurs de notre code civil.

Nous arrêtant à ce qui est, et nous attachant à n'offrir aux lecteurs que d'utiles résultats, nous n'avons pas cru devoir entrer dans aucun détail sur tant d'autres espèces d'adoption qui depuis long-temps ne sont plus en usage : nous ne rappelons l'adoption des villes et l'adoption d'orphelins que parcequ'elles offrent un intérêt véritablement national.

L'adoption des villes était un acte par lequel les officiers municipaux d'une ville adoptaient l'habitant d'une autre cité, l'admettaient au nombre de leurs concitoyens, l'autorisaient à en porter le titre, lui conféraient tous les honneurs, droits, priviléges et immunités dont ils jouissaient eux-mêmes. C'est par suite de ce genre d'adoption que le maréchal de Richelieu, après avoir délivré la ville de Gênes de l'oppression des impériaux, en 1747, fut admis au nombre des nobles de la république, et que du Belloy, après sa tragédie du siége de Calais, fut adopté par les officiers municipaux de cette ville.

L'adoption d'orphelins par les chefs de quelques établissements de bienfaisance a existé en France, y a même été protégée, et maintenue par différentes lettres-patentes ; mais combien cette idée s'est agrandie depuis la révolution ! Des lois ont adopté, au nom de la nation française, les enfants de divers citoyens ; et par un décret du 16 frimaire an XIV, Napoléon, en adoptant tous les enfants des généraux, officiers et soldats français morts à la bataille d'Austerlitz, ordonna qu'ils fussent entretenus et élevés à ses frais.   C...N.

ADORATION. (*Religion.*) *Voyez* CULTE.

ADORATION. (*Antiquités.*) Elle consistait, chez les anciens, à porter la main droite à la bouche, à se couvrir la tête comme les prêtres quand ils sacrifiaient, et à tourner une fois sur soi-même, en commençant par le côté droit. Ils craignaient de souiller les images des dieux en les baisant ; c'est pourquoi ils se contentaient de baiser leurs mains , et ensuite de les tendre aux divinités , comme font encore les amants parmi nous : *In adorando*, dit Pline (l. XXVIII, c. 11) , *dextram ad osculum referimus.* Les empereurs offraient leur pourpre à baiser aux personnes qu'ils voulaient honorer, c'est-à-dire que ceux qui étaient admis à les saluer touchaient leur manteau de pourpre , et baisaient ensuite la main qui avait touché le manteau impérial : c'est ce qu'on appelait *l'adoration de la pourpre ;* et c'est sans doute ce que fit l'Hémorroïsse en touchant la robe du Sauveur. Trébellius Pollion dit que Zénobie se faisait adorer à la manière des Perses ; qu'on se prosternait devant elle , et que l'on baisait la terre après l'avoir baisée avec le front. Dioclétien offrait ses pieds à baiser aux courtisans qui venaient le saluer. Sous Charlemagne et son fils, les grands qui s'adressaient à l'empereur lui baisaient de même les pieds. C'est donc certainement à l'exemple de ces empereurs, à la puissance desquels ils prétendent avoir succédé en succédant à leur titre de souverain pontife , que les papes offrent encore aujourd'hui leurs pieds à baiser aux fidèles.

ADOS. (*Agriculture.*) Ce mot s'emploie dans deux acceptions peu différentes.

Il désigne une disposition que l'on donne à la terre, à l'imitation des collines, pour hâter la maturité des fruits qu'on y cultive. Elle consiste à adosser la terre à une muraille , ou à l'élever en monticule de manière à ce qu'elle présente au soleil du midi une surface inclinée qui puisse ainsi en recevoir l'influence fécondante.

On fait encore des ados dans les terres fortes et argileuses pour faciliter l'écoulement des eaux pluviales, et on les exécute avec la charrue en adossant les sillons deux à deux, de manière à établir dans un même sens de nombreuses rigoles qui aboutissent à des réservoirs inférieurs. D.

ADOUCISSANTS. (*Médecine.*) On donne ce nom à tous

les moyens propres à diminuer l'irritation, la chaleur et la tension des parties; ils appartiennent tantôt à la classe des aliments, tantôt à celle des médicaments, et ces derniers se divisent en internes et en externes.

Les mucilages, les gommes, les fécules, les huiles, les pulpes mucoso-sucrées, le lait, les gelées végétales ou animales, sont considérés comme jouissant de la propriété adoucissante, et conséquemment employés avec succès dans les maladies inflammatoires, et dans un grand nombre d'affections nerveuses, soit qu'on les administre à l'intérieur en tisanes, en potions, en bols, soit qu'on les réserve pour des applications externes sous forme de cataplasmes, d'injections, de fomentations, de bains.

Les adoucissants alimentaires formeront le régime habituel des individus doués d'une constitution sèche et irritable; on doit les prescrire dans les saisons chaudes et sèches, dans les maladies aiguës et dans la convalescence. Les adoucissants ont beaucoup de rapport avec les émollients, les tempérants, les calmants.   F. R.

ADRESSES. *Voyez* Députés, Pairs et Pétitions.

ADRIANEUM ou HADRIANI MOLES. (*Antiquités.*) Aujourd'hui le *Château Saint-Ange* à Rome. Hadrien, voyant que le tombeau d'Auguste (Dion, LXIX) était rempli et qu'on ne pouvait plus y enterrer aucun empereur, fit bâtir le monument appelé *Adrianeum*. Le mausolée d'Auguste était placé auprès du grand Champ-de-Mars; de même Hadrien éleva le sien vis-à-vis du petit Champ-de-Mars, auquel il le joignit par un pont. Ce monument avait, comme celui d'Auguste, la forme d'un carré, au milieu duquel s'élevait une tour ronde. Hadrien y fut enterré, ainsi que tous les Antonins. Pertinax y fit porter le corps de Commode, et l'on y déposa aussi celui de Vérus. Lorsqu'Aurélien eut enfermé le Champ-de-Mars dans l'enceinte de Rome, le mausolée d'Hadrien s'en trouva si voisin qu'il devint une espèce de citadelle vers le temps d'Honorius ou de Bélisaire. Il doit son nom actuel de *Château Saint-*

Ange à une apparition de l'archange saint Michel au haut de ce tombeau. On sait que ce saint avait une chapelle au milieu de presque tous nos anciens cimetières, et qu'on le représentait pesant les âmes dans une balance. C'est à une apparition semblable que le mont Saint-Michel, en France, doit son nom. Ce mont et celui de *Tombelaine*, qui en est voisin, étaient regardés comme deux tombelles, ou deux tombeaux ; ce qui les a fait nommer, dans le moyen âge, *ad duas tumbas*.   E. J.

ADULTÈRE. (*Législation.*) C'est de la part de celui des deux individus qui s'en est rendu coupable la violation du contrat sacré qui les unit par les liens du mariage.

La famille existe avant le corps social, et l'homme privé avant le citoyen ; les mœurs domestiques sont donc la source des mœurs publiques ; le caractère de ces dernières décide de la durée et de la prospérité des empires ; mais l'adultère détruit les uns et les autres : or, s'il est vrai que le mariage soit de toutes les institutions la plus féconde en résultats éminemment sociaux, un crime qui tend à le pervertir et à le dégrader doit mériter toute la rigueur des lois.

La législation pénale de l'adultère présente, chez les divers peuples de la terre et dans les différents âges de la société, une grande variété de dispositions. Le plus grand nombre des châtiments qu'elles indiquent sont horribles, immoraux ou bizarres ; ils annoncent plus de barbarie que d'innocence dans les mœurs. Nous n'en placerons point sous les yeux des lecteurs le dégoûtant tableau ; de pareils détails ne rentrent point dans le plan d'un ouvrage qui ne doit rien renfermer que de substantiel, de positif et d'utile. Il nous suffira de faire observer que toutes ces législations révèlent la gravité qu'on attachait au crime d'adultère.

Avant la révolution, une femme adultère était le plus souvent condamnée à être enfermée dans un *couvent* pour y demeurer, en habit séculier, l'espace de deux années, pendant lesquelles son mari pouvait la voir et la reprendre si bon lui semblait; et s'il n'y consentait pas, ou qu'il vînt à décéder pendant ce temps, on ordonnait qu'elle serait rasée, voilée et vêtue comme les autres *religieuses* et filles de la communauté, pour y rester sa vie durant, et y vivre selon la règle de la maison. Étrange moyen de conversion, qui remplaçait la persuasion par la violence, et traînait en esclave aux pieds de l'Éternel un cœur dont l'hommage ne peut lui être agréable qu'autant qu'il est volontaire !

Lorsque la femme adultère était pauvre, le mari pouvait demander et le tribunal ordonner qu'elle fût renfermée dans un *hôpital* au lieu d'un *couvent*, pour y être traitée conformément aux règlements faits contre les *femmes débauchées* ; comme si la différence des fortunes devait entraîner des nuances dans les peines ! Cette inégalité dans la punition la plaçait du moins dans une situation plus en rapport avec son immoralité. La jurisprudence de tous les parlements du royaume n'était pas uniforme sur l'adultère ; d'anciens arrêts ont condamné la femme à être, malgré l'*indulgence de son mari*, tantôt *fustigée* sur la place publique, tantôt *fouettée nue* par la supérieure du couvent. Ne pouvait-on punir une atteinte aux mœurs que par la violation des règles de la pudeur ? La peine prononcée contre le complice était arbitraire, puisqu'on trouve des exemples d'amende honorable, de bannissement et de galère. Ces peines dépendaient des circonstances qui accompagnaient le crime, et de la qualité des personnes.

Le code pénal de 1791 avait gardé le silence sur l'adultère ; les dispositions du nouveau code ont rempli cette lacune. Le législateur a considéré l'adultère comme une infraction aux mœurs moins publique que la prostitution érigée en métier, mais presque aussi coupable ; il a pensé que si elle ne supposait pas des habitudes aussi dépravées, elle présentait la violation de plus de devoirs. Nous verrons bientôt comment il s'est cru forcé de faire descendre dans la classe des délits ce qu'il n'était pas en sa puissance de mettre au rang des crimes.

Notre nouveau code pénal a donc compris parmi les atteintes aux mœurs la violation de la foi conjugale ; mais il a considéré l'adultère de la femme comme un plus grand délit.

La loi n'accorde qu'au mari le droit d'accuser sa femme d'adultère ; mais elle lui refuse cette action s'il a été déjà condamné pour un pareil délit. La poursuite à exercer dans le même cas contre le mari ne peut également avoir lieu que sur la plainte de la femme, et cette plainte n'est accueillie par la justice qu'autant qu'il aurait entretenu sa concubine dans la maison conjugale. La femme convaincue d'adultère est condamnée à un emprisonnement de trois mois au moins, et de deux ans au plus ; le mari reste le maître d'arrêter l'effet de cette condamnation en consentant à reprendre sa femme ; le complice de cette dernière est passible de la même peine.

L'outrage fait au mari est une de ces provocations violentes qui ont paru devoir appeler l'indulgence de la loi pénale ; aussi déclare-t-elle excusable le meurtre commis par l'époux sur son épouse, ainsi que sur le complice, *à l'instant où il les surprend en flagrant délit dans la maison conjugale :* il en est de même en Espagne.

La loi civile comprend l'adultère au rang des causes de séparation de corps. (*Voyez* MARIAGE, DIVORCE, SÉPARATION DE CORPS.)

Malgré les dispositions encore assez sévères de nos lois, les adultères n'en sont pas moins nombreux. Quelle peut donc être la cause de cette démoralisation ? Nous remarquerons d'abord qu'à la honte de la morale l'opinion semble excuser ce que la loi doit punir ; une espèce d'intérêt accompagne le coupable, les railleries poursuivent la victime. La contradiction entre l'opinion et la loi est même devenue si évidente, que plusieurs condamnations à un emprisonnement, prononcées contre des femmes adultères, n'ont pas reçu leur exécution.

Nous apercevons une autre cause dans un luxe corrupteur au-dessus des facultés des femmes qui s'y livrent. Les moyens de subvenir à de folles dépenses s'échappent, mais le crime et l'inconduite en offrent de nouveaux, et on les saisit avec une aveugle cupidité. La cause en est encore dans la conduite d'hommes élevés en dignité, qui, *par leur exemple, corrompent tous ceux que l'autorité leur soumet, et répandent leurs mœurs en distribuant leurs grâces* [1].

Pour prévenir l'adultère, de nouvelles lois seraient insuffisantes, parcequ'elles n'agiraient pas sur l'opinion, et qu'elles auraient peu d'influence sur les mœurs. Nous ne parlons que de lois particulières; car, au moyen d'institutions en harmonie avec les principes éminemment moraux d'une monarchie constitutionnelle, on peut régénérer les mœurs. Ce n'est pas à ce genre de gouvernement qu'on doit appliquer ce passage de Montesquieu : — « L'hon- » neur, principe des monarchies, permet la *galanterie,* » lorsqu'elle est unie à l'idée du sentiment du cœur ou à » l'idée de conquête; et c'est la vraie raison pour laquelle » les mœurs ne sont jamais si pures dans les monarchies » que dans les gouvernements républicains [2]. »

L'adultère est, chez les différents peuples de l'Europe, comme en France, devenu un simple délit, moins encore contre la société que contre l'époux blessé dans ses plus douces affections : ce délit n'y entraîne généralement que des peines correctionnelles, des condamnations pécuniaires, et donne en même temps lieu au divorce, ou à la séparation de corps.

Nous ne croyons devoir rappeler à cet égard que quelques points de la jurisprudence anglaise. Si le mari veut une indemnité, elle lui est accordée par la cour du banc du roi, et cette indemnité, proportionnée à l'offense, enlève quelquefois au séducteur les deux tiers de sa fortune;

---

1 Massillon, *Petit Carême*, des exemples des grands.
2 *Esprit des lois*, liv. IV, chap. 11.

un domestique convaincu d'adultère avec une lady est taxé à cinq mille guinées ; et comme il possède rarement cette somme, il est déporté à Botany-Bay. Lorsque le mari n'a pour objet que d'être séparé de sa coupable épouse, il s'adresse à la cour ecclésiastique ; mais, dans l'un et l'autre cas, malheur à l'époux s'il n'est pas irréprochable sous le double rapport de sa conduite personnelle et du soin avec lequel il a dû surveiller celle de son épouse. Dans le cours des débats judiciaires, l'Anglaise infidèle est obligée d'entendre, et souvent dans les termes les plus obscènes, le détail minutieux de ses honteux plaisirs : les cours anglaises veulent qu'on ne leur laisse rien à deviner : c'est l'époux outragé qui fournit aux journalistes tous les renseignements de nature à établir l'*évidence de son malheur*. Un libraire publie ensuite tous les détails du procès, en y joignant des gravures qui ressemblent beaucoup aux tailles-douces des Contes de La Fontaine. Les Anglais prétendent que ce *scandale* et *l'énormité des indemnités* tendent à diminuer le nombre des adultères. Montesquieu semblait avoir adopté une pareille opinion lorsqu'il disait : « La loi romaine qui voulait que l'accusation de l'adultère »fût publique est admirable pour maintenir la pureté des »mœurs ; elle intimidait les femmes, elle intimidait aussi »ceux qui devaient veiller sur elles [1]. »

Les Allemands, plus encore que les Français, annoncent assez combien ils redoutent cette publicité, puisqu'ils cherchent constamment à ensevelir dans le sein des familles de si pénibles discussions. (*Voyez* LÉGISLATION, MŒURS.)   C...N.

ADVERBE. (*Grammaire*) 1. *Nature de l'adverbe.* Si l'on ne consulte que l'étymologie et la routine, on définira l'adverbe un mot qui se place ordinairement auprès du verbe (*ad verbum*) ; et l'on n'aura fait connaître qu'une circonstance extérieure du mot ; et l'on sera sur-le-champ

---

1 *Esprit des lois*, liv. V, chap. VII.

démenti par mille exemples dans lesquels il est évident qu'il ne tombe que sur l'adjectif, et l'on sera forcé, comme toutes les fois que l'on viole la raison, de recourir à des distinctions ridicules et à des lois d'exception.

Si, au contraire, on interroge la pensée, si l'on observe quelle est précisément l'idée que nous donne un adverbe, quand il s'en rencontre dans une phrase, on reconnaîtra, avec tous les grammairiens philosophes, que c'est un mot abrégé et mixte qui équivaut à une préposition suivie de son complément; qu'est-ce en effet qu'agir *sagement?* c'est agir *avec sagesse.*

L'adverbe n'est donc pas, comme on le répète partout, un élément essentiel du langage; il n'est lui-même qu'un mot composé. Une pareille assertion a-t-elle besoin de confirmation, et sent-on quelque difficulté à séparer des éléments que les mots et nos habitudes semblent avoir confondus en une seule idée? Que l'on consulte des langues différentes, on y verra les mêmes idées rendues ici par un adverbe, là par un nom et une préposition (*dextrorsum, sinistrorsum*, à droite, à gauche); que l'on consulte sa propre langue, et on y verra les grammairiens discuter encore sur certains mots (*en avant, en arrière*, etc.), les uns les prenant pour des adverbes, les autres pour des noms avec leur préposition; on se sentira soi-même embarrassé sur la nature de certains mots. *Aujourd'hui, dorénavant*, semblent bien légitimement en possession du nom d'adverbe; écrivez-les *au-jour-d'hui, d'or-en-avant*, et vous serez étonné d'y voir clairement des prépositions suivies de compléments, et même assez complexes. Dans les cas même où cette composition semble mieux déguisée, l'analyse et l'histoire des langues nous forcent à faire la séparation de la préposition et du régime; tous nos adverbes en *ment* sont-ils autre chose qu'un adjectif joint à l'ablatif latin *mente*, qui lui-même est pour *avec un esprit, une disposition*, que l'adjectif que l'on y joint vient déterminer? Et ce n'est pas là une hypothèse gratuite : nous trouvons

1. 19

la même formule dans l'italien, qui a hérité immédiatement
du latin. Nous voyons dans notre langue le soin que l'on a
pris de faire accorder l'adjectif avec ce substantif *mente*,
qui, en latin, est féminin: on dit *blanchement*, et non
blancment. Bien plus, nous trouvons chez les Latins, et
surtout dans les derniers siècles, de nombreux exemples
où le mot *ment* est joint à l'adjectif pour exprimer vague-
ment *d'une manière*...

   2. *Fonctions de l'adverbe.* Si l'adverbe n'est que
l'expression abrégée d'un nom et d'une préposition, il
semble que l'on en connaisse suffisamment les fonctions
dès qu'on connaît celles de ses deux éléments. Il n'en est
pourtant pas ainsi; car l'adverbe ne se met pas indifféremment pour tout nom et toute préposition. Dans cet
exemple, *La fertilité de la terre est entretenue par le soleil,* quel adverbe substituer à ces mots, *de la terre, par
le soleil?* En prenant plusieurs exemples de ce genre, on
s'assurera, 1° que jamais l'adverbe ne s'emploie après un
nom, et que, par conséquent, il ne s'ajoute jamais qu'à
l'attribut, ce qui l'a fait nommer par quelques grammairiens *sur-attribut, sur-adjectif;* 2° que, même après un
adjectif ou un participe, on ne peut pas toujours le substituer au nom et à la préposition. Reste à déterminer dans
quel cas on l'emploie après l'attribut. En procédant, comme
nous l'avons fait, par voie d'exclusion, on découvrira que
l'adverbe ne s'emploie jamais quand le nom, complément
de la préposition, exprime une substance ou une personne;
que l'on ne peut, par exemple, tourner par l'adverbe *avec
de l'or, de pain, avec Cicéron,* dans les expressions *fait
avec de l'or, se nourrir de pain, se plaire avec Cicéron;* qu'enfin cette formule n'est permise et usitée que
quand la préposition et le nom expriment une idée abstraite, telle que celles de qualité, de manière; ou quelque
circonstance en quelque sorte métaphysique, telle que celles
du temps, du lieu, de la quantité: qu'ainsi l'on dit agis-
sez *sagement,* pour avec sagesse; allez *là,* pour dans ce

lieu. Beauzée limite encore plus le domaine de l'adverbe par une remarque pleine de finesse. Lors même que l'idée jointe à l'attribut par une préposition est une idée abstraite, dit-il, on emploiera plutôt le nom s'il s'agit d'un acte, l'adverbe s'il s'agit d'une habitude que l'on oppose à un acte ; exemple : *Un auteur qui n'écrit pas élégamment peut quelquefois rendre sa pensée avec élégance.* Quoi qu'il en soit de cette dernière opinion, l'adverbe peut toujours être considéré comme remplissant vis-à-vis de l'adjectif la même fonction que celui-ci remplit vis-à-vis du substantif, comme exprimant une modification de la qualité qui déjà modifie le sujet. C'est le signe d'une abstraction formée elle-même sur une abstraction. Cette règle n'est cependant pas sans exception : en arabe, selon M. de Sacy, il n'est aucun nom, aucun adjectif, aucun verbe qui ne puisse devenir adverbe. En grec, tous les noms de lieu, au moyen de certaines terminaisons, deviennent autant d'adverbes ; en latin, il en est à peu près de même, puisque devant ces noms on sous-entend toujours la préposition.

Lors même que l'on est d'accord sur la nature des idées que l'adverbe abrège en une seule expression, on élève sur les fonctions de ce mot une dernière question : on demande si c'est le verbe ou l'attribut qu'il sert à modifier ? Court de Gébelin s'est prononcé pour la première opinion. Si par verbe on entend l'attribut joint à la copule, l'adverbe modifie le verbe ; ce qui devient bien évident dans des phrases telles que celle-ci, *Je souffre beaucoup.* Mais si on fait complètement l'analyse, et que l'on dise, *Je suis très souffrant,* on ne peut douter que ce ne soit l'attribut seul qui est modifié ; car il n'y a pas de plus ou de moins dans l'existence.

3. *Idées accessoires de l'adverbe.* L'adverbe, par la nature même de ses fonctions, semble devoir être invariable, car une qualité, un lieu, un temps, ne changent pas, quel que soit le nombre, le sexe des personnes ; aussi n'est-il suscep-

19.

tible d'aucune modification de genre : la seule variation qu'il puisse subir naît des idées accessoires de quantité qui peuvent s'y joindre. Une manière d'être, quand elle est exprimée par un adverbe, comme quand elle l'est par un adjectif, est susceptible de degrés; considérée soit en elle-même, soit dans ses rapports avec la même qualité dans d'autres substances, elle peut être plus ou moins intense. Ces idées accessoires l'expriment ou par de nouveaux adverbes qui se sur-ajoutent aux premiers, comme, dans notre langue, *très bien;* ou par des formes nouvelles que reçoit l'adverbe, et que l'on nomme ses degrés de comparaison, comme en latin, en grec, en allemand, etc.

4. *Division des adverbes.* En admettant que l'adverbe ne s'emploie que pour l'expression d'idées abstraites, il n'y en aura que quatre classes : adverbes de qualité, de quantité, de temps et de lieu ; car ce sont là les quatre formes qui s'appliquent à toutes nos pensées. Quant à la détermination des mots qui appartiennent à chacune de ces classes, cette recherche est du domaine de la grammaire particulière. Mais s'il est admis que l'adverbe n'est pas un élément essentiel du discours, que ce n'est qu'une expression abrégée que l'on emploie pour plus de commodité, qu'importe que l'on appelle tel mot adverbe ou locution adverbiale? l'idée que nous donne le mot *aujourd'hui* change-t-elle, soit que l'on en réunisse soit que l'on en sépare les éléments ?

5. *Construction de l'adverbe.* Dans l'usage, la place de l'adverbe est aussi variable que celle des autres parties du discours ; mais, en faisant la construction logique, il ne pourrait être placé qu'après l'attribut qu'il modifie, comme l'attribut lui-même ne peut être placé qu'après le sujet qu'il qualifie. Mais l'adverbe n'est pas toujours exprimé à part; et, de même que l'on confond en un seul mot la préposition avec son complément, l'esprit s'élevant sans cesse, avec le secours des signes, à des idées de plus en plus

composées, s'empare de l'adverbe comme d'un élément simple, et le fait entrer dans la composition d'un grand nombre de verbes : les langues grecque, latine et allemande construisent très souvent l'adverbe et la préposition de cette manière, et c'est là ce qui fait leur richesse.   B...T.

ADYTUM. (*Architecture.*) Du grec ἄδυτον, lieu secret et retiré. C'était, chez les anciens, la partie obscure du sanctuaire, dans laquelle les prêtres seuls pouvaient pénétrer, et d'où ils rendaient les oracles.

Comme la plupart des temples grecs ou romains n'offrent pas d'exemple d'une double pièce dans leur enceinte, ne pourrions-nous pas penser qu'ils entendaient par *adytum* le piédestal sur lequel était posée la statue de la divinité, et dans lequel était pratiquée une ouverture secrète, ainsi qu'on le remarque encore dans le grand temple de Pæstum et dans celui de Neptune à Ostie.   D...T.

Æ

ÆDES. (*Antiquités.*) C'était un édifice sacré, une chapelle, tandis que par *templum*, temple, les Romains entendaient non seulement le temple proprement dit, c'est-à-dire l'édifice consacré et ses dépendances, mais le *lucus*, ou bois sacré qui l'environnait. On comptait un grand nombre d'*ædes* dans les différents quartiers ou régions de Rome. Voici les principaux monuments de ce nom; ils en feront connaître le culte ancien. *Ædes aii locutii.* — *Apollinis.* — *Bellonæ :* il y avait au devant une petite place avec la *colonne de la guerre.* C'était auprès de cette colonne que se plaçait le consul lorsqu'il lançait un javelot du côté du peuple ou du roi auquel il déclarait la guerre par cette cérémonie :

> Hinc solet hasta manu belli prænuntia mitti
> In regem et gentes, cum placet arma capi.
>
> OVID., fast. VI, 205.

C'est à cet usage que fait allusion le mot latin *bellum*,

la guerre, formé du grec δέλος, javelot, trait, flèche, ainsi que le nom de la déesse de la guerre, *Bellone*, qui en est dérivé, et celui de *Pallas*, qui est évidemment formé du grec πάλλω, *pello*, *vibro*.

Ædes bonæ Deæ était sur le sommet du mont Aventin, dans le même emplacement où est aujourd'hui l'église de *Sainte-Marie du mont Aventin* : ainsi le culte de cette sainte a remplacé celui de la bonne déesse et lui a succédé ; c'est sans doute pour cela qu'on appelle encore sainte Marie *la bonne dame*, la bonne vierge. L'*Ædes bonæ Deæ subsaxanæ* était au bas du rocher, *saxum*, du mont Aventin, comme l'indique le surnom de *subsaxanæ*. — *Ædes boni eventus*. — *Camenarum*, hors de la porte *Capena*, qui en prit, dit-on, le nom de porte *Camena*.

Ædes Carmentæ, près du Tibre, au bas du Capitole, dans l'endroit où l'on croyait que *Carmentæ*, mère d'Évandre, avait fixé son séjour.

Ædes Carnæ.—*Castoris et Pollucis.*—*Cereris.*—*Concordiæ in area Vulcani.* — *Cybelis.*—*Ditis Patris*, dans le grand cirque, parceque Pluton est toujours représenté dans un char à quatre chevaux. *Ædes Fauni.* — *Fidii divi.* — *Floræ.* — *Fortunæ.* — *Furiarum*, au-delà du Tibre, dans la quatorzième région. — *Ædes Herculis.* — *Honoris et Virtutis.* — *Jovis.* — *Isidis.*—*Isidis Athenodoriæ.*—*Isidis et Serapidis.*—*Junonis.*—*Juturnæ.*

Ædes Juventutis, dans l'enceinte du grand cirque : tous les enfants qui prenaient la toge ou la robe virile devaient y porter une pièce de monnaie ; de là son nom.

Ædes Larium. — *Larium permarinum.* — *Libertatis.* — *Lunæ.* — *Martis.* — *Matutæ.* — *Mentis.* — *Mephitis.*—*Mercurii.* — *Minervæ.* — *Neptuni.* — *Nympharum.*

Ædes Opis : César y déposa 157,500,000 livres de notre monnaie ; ce qui prouve qu'*Ops* était la déesse des richesses, *opes*.

Ædes Orci. — *Penatium.* — *Pietatis.* — *Portumni.* — *Rubiginis.* — *Salutis.*

Ædes Sangi, c'est-à-dire d'Hercule *sangus*, ou plutôt *sancus*, de *sancio*, qui sanctionne les alliances, le même par conséquent que *Dius fidius* et *Jupiter lapis*.

Ædes Saturni.—Serapidis.—Solis.—Spei.—Telluris. — Tempestatis. — Vejovis. — Veneris. — Vertumni. — Vestæ. — Victoriæ.

Ædicula, étant le diminutif d'*ædes*, était aussi un édifice sacré, mais plus petit. Voici ceux qui existaient à Rome : *Ædicula Capraria. — Dianæ. — Fidei. — Isidis et Serapidis. — Martis. — Mercurii. — Minervæ. — Musarum.—Nympharum. — Streniæ ou Strenuæ. —Veneris placidæ. — Vertumni. — Victoriæ virginis in Palatino.—Jovis, Junonis, Minervæ in Capitolio :* c'étaient trois petits temples ou chapelles que Tarquin avait fait vœu d'élever sur le Capitole, et qui furent renfermés ensuite dans l'enceinte du grand temple qui était consacré à ces trois divinités.

Æditimus ou *Ædituus*, était le prêtre chargé du soin d'une *ædes* ou d'une *ædicula*. *Ædituus* ou *ædituenus*, qu'on a dit aussi, vient d'*ædituo* ou *ædituor*, être chargé de la garde d'une *ædes*, composé d'*ædes tucor*. *Æditimus*, qui vient d'*ædilimor* ou *ædilumor*, qu'on trouve dans *Nonius*, pour garder un temple, me paraît composé d'*ædes* et *timeo :* le contraire de *timeo* est *temero*, profaner ; il vient du grec τιμάω, *colo, honoro,* τιμὴ, *honor, reverentia, cultus.*   E. J.

ÆDICULE. (*Architecture.*) Petit temple, du latin *ædiculum*, confondu souvent avec *templum* par Cicéron, Tite Live, Aurélius Victor.

Il différait de celui-ci en ce que, bien que dédié à une divinité, il n'était point consacré par les augures, tel que le temple du dieu Ridicule, monument construit en briques sur la voie Appia, près de la grotte Égérie.

On appelait encore ainsi la niche où une statue était placée, probablement parceque sa décoration lui donnait l'aspect d'un petit temple.   D...T.

ÆGILOPS. (*Histoire naturelle.*) Genre de plante de la grande famille des graminées, sans utilité pour l'homme, sans élégance, et dont trois ou quatre espèces végètent éparses dans les champs des parties méridionales et chaudes de l'Europe. Dédaignée de tout le monde, si ce n'est du botaniste, aux yeux duquel il n'existe point de végétaux méprisables, l'histoire de l'ægilops présente cependant une étrange singularité. Un savant, qui inspira à notre enfance le goût des sciences naturelles, et qui avait été compagnon d'études de M. de Secondat, fils du grand Montesquieu, M. Latapie, ancien professeur de botanique à Bordeaux, nous a fait part d'une expérience qu'il a tentée sur l'ægilops ; elle mérite toute l'attention des philosophes, des historiens et des agriculteurs. Il avait, dans un voyage en Sicile, recueilli des graines de l'espèce d'ægilops scientifiquement appelée *ovata.* De retour dans sa patrie, M. Latapie sema sa graminée, qui réussit parfaitement ; ayant remarqué que la plante, dans un terrain substantiel, beaucoup plus gras que celui sur lequel il l'avait récoltée, avait pris un accroissement considérable, il en cultiva des graines prises sur ces pieds agrandis par la culture, une à une, et séparées dans des pots de fleurs remplis d'excellente terre. Il eut des individus plus grands encore ; et, continuant ainsi ses semis, il finit par obtenir de véritable froment de la plus belle qualité. Il se garda bien de conclure qu'une transmutation s'était opérée, mais il pensa que l'ægilops était la plante dont le blé est provenu. En effet, les anciennes traditions placent l'origine des céréales dans la belle vallée d'Enna, située dans la Sicile, cette antique Tinacrie, berceau de l'agriculture, empire de Cérès, où cette divinité initia Triptolème à ses secrets. Cette fable n'eut peut-être d'autre origine que la métamorphose de l'ægilops, et l'on verra au mot *Céréales* que la véritable patrie du blé n'est pas connue. Nous avions d'abord, dans nos *Essais sur les îles Fortunées*, traité un peu légèrement l'observation de M. Latapie ; nous avons depuis appris à juger plus mûrement, et nous invitons les savants à répéter une expérience dont les résultats peuvent être fort curieux.   B. DE ST.-V.

AÉROLITHES. (*Histoire naturelle.*) Aussi appelées *bolides, météorolithes, pierres tombées du ciel,* et *uranolithes.* C'est à ce dernier mot que sera traitée l'histoire de ces roches singulières, sur lesquelles on n'a guère d'idées justes que depuis le commencement de ce siècle.
                    B. DE ST.-V.

AÉROSTAT. (*Physique.*) Tout corps plongé dans un fluide perd une quantité de son poids égale à celle du fluide qu'il déplace. D'après ce principe, un corps plus léger qu'un égal volume d'air atmosphérique doit s'élever dans celui-ci jusqu'à ce qu'il parvienne dans des couches dont la densité fasse équilibre à son poids, l'air devenant toujours plus rare à mesure qu'on s'élève. (*Voyez* ATMOSPHÈRE.) C'est sur ce principe qu'est fondée la construction des ballons aérostatiques.

On renferme du gaz hydrogène dans une grande poche sphérique de taffetas enduit de gomme élastique dissoute à chaud dans l'huile de térébenthine. Ce gaz, qui, sous la même pression, pèse treize fois moins que l'air atmosphérique, a une force ascensionnelle proportionnée au poids d'un volume d'air égal au sien, et peut enlever, indépendamment de son enveloppe, une nacelle contenant des hommes et d'autres objets d'un certain poids, pourvu que le ballon ait des dimensions suffisantes.

Lorsqu'on veut faire une ascension, il faut, 1° s'assurer que le taffetas est imperméable au gaz; 2° emporter quelques sacs remplis de sable pour lester le ballon, et s'en défaire peu à peu afin de pouvoir s'élever, avec la précaution néanmoins d'en conserver une partie, que l'on jette aux approches de la terre pour éviter le choc que l'accélération de la vitesse occasionerait; on peut d'ailleurs se munir d'une ancre, la jeter quand on est assez à portée, et choisir le lieu où l'on veut mettre pied à terre; 3° ne pas enfler totalement le ballon, parceque, à mesure qu'on s'élève, l'hydrogène étant moins comprimé par l'air atmosphérique se dilate, et pourrait, par sa force expansive, déchirer le ballon si l'ascension était trop rapide; 4° enfin pratiquer une soupape au pôle supérieur du ballon, que l'aéronaute puisse, à l'aide d'une corde, ouvrir et fermer à volonté, afin de faire sortir du gaz, soit qu'il veuille, par ce moyen, descendre ou modérer la force ascensionnelle du ballon.

Le premier ballon fut lancé par Montgolfier, en 1782; il l'avait enflé avec de l'air atmosphérique dilaté par la chaleur.

Pilâtre de Rosier fut le premier qui osa s'exposer à faire un voyage aérien à ballon perdu. Plusieurs autres physiciens l'imitèrent, et l'on distingue parmi ceux-ci MM. Gay-Lussac et Biot, qui constatèrent l'état électrique de l'air et la permanence du pouvoir magnétique à de grandes hauteurs. M. Gay-Lussac, dans une ascension où il était seul, s'éleva à environ 7,000 mètres, et y puisa de l'air atmosphérique, qu'il trouva composé des mêmes éléments que celui que nous respirons. C'est la plus forte ascension connue depuis l'invention des ballons.   L.

A F

AFFAISSEMENT. (*Agriculture.*) Les marais, les terrains nouvellement desséchés, les terres récemment remuées ou transportées, sont sujets à des affaissements, dont le cultivateur doit tenir compte dans ses travaux. Rozier a remarqué qu'une terre remuée par les labours et les binages s'affaisse, par le repos, d'environ un pouce par pied. Cet affaissement peut d'ailleurs varier avec la nature des terrains, toutes circonstances égales d'ailleurs.   D.

AFFANURES. (*Agriculture.*) Déchets de récoltes abandonnés aux ouvriers. (*Voyez* GLANEURS.)

AFFICHES. (*Législation.*) C'est l'apposition d'une ou

de plusieurs copies ou exemplaires imprimés d'un acte de l'autorité législative, administrative ou judiciaire, dans un lieu public à portée de la vue, pour lui donner un caractère légal de publicité.

Aux époques les plus reculées de l'histoire, les législateurs des divers peuples avaient pensé que c'est surtout en les exposant à leurs yeux qu'on peut graver dans le cœur et dans la mémoire des hommes les préceptes qui doivent servir de règle à leur conduite.

En France, l'usage d'afficher les actes du gouvernement et de l'autorité publique a subsisté pendant plusieurs siècles. Charlemagne, Louis-le-Débonnaire et plusieurs de leurs successeurs prescrivirent la publication et l'affiche de leurs édits et ordonnances ; cet usage a même été renouvelé à une époque récente, par un décret du 9 novembre 1789, et par la constitution de 1791.

Aujourd'hui la promulgation des lois a lieu par leur insertion au bulletin ; mais les ordonnances et règlements de police ne sont obligatoires que par l'affiche qui en est faite dans les lieux où ils doivent recevoir leur exécution.

Les particuliers peuvent aussi employer ce moyen de publicité quand leurs intérêts l'exigent. Une loi de la révolution voulait que les affiches particulières fussent imprimées sur des papiers de couleur, pour les distinguer des affiches des actes de l'autorité ; aujourd'hui on exige seulement qu'elles soient soumises au timbre proportionnel, d'après la loi du 9 vendémiaire an vi.

La formalité de l'affiche est exigée par nos lois relativement aux actes civils et judiciaires qui intéressent ou peuvent intéresser des tiers. Ainsi les actes de publication de mariage, les arrêts d'adoption, les jugements prononçant une interdiction ou la nomination d'un conseil judiciaire, les jugements de séparation de biens, les actes de société commerciale, sont soumis à la formalité de l'affiche.

Le code pénal ordonne l'affiche par extrait de tout arrêt portant condamnation à des peines afflictives et infaman-

tes. L'affiche ayant pour objet de donner de la publicité
à la condamnation peut être considérée comme une aggra-
vation de peine. Aussi est - ce un point constant en jurisprudence que les juges ne peuvent l'ordonner hors des cas
formellement prévus par la loi. L'affiche d'un placard sédi-
tieux est au nombre des délits prévus par les lois répres-
sives des délits de la presse.   C...s.

AFFILIATION. (*Politique.*) Introduction dans la famille. Dans le droit civil, c'est une espèce d'adoption anciennement en usage dans quelques provinces de France;
dans l'acception commune, ce mot désigne la réception
d'un individu dans une société quelconque. Nous nous bornerons ici à l'affiliation proprement dite, celle par laquelle
les ordres monastiques recevaient des séculiers à la participation de leurs prières.

Lorsque la religion est le but réel de la communauté,
l'affiliation est avouée. C'est publiquement qu'on s'affiliait
à ces quatre ordres qui regorgeaient de richesses, et qu'on
appelait *mendiants;* on portait même un emblème de cette
adoption : les augustins donnaient une ceinture de cuir,
les carmes un scapulaire, les dominicains un rosaire, les
franciscains un cordon. Le gouvernement pouvait se plaindre de ce qu'il y avait d'impolitique dans ces affiliations;
la philosophie pouvait attaquer ce qu'elles cachaient de
superstitieux et d'immoral, et toutefois leur publicité était
la preuve de leur bonne foi.

Mais si la religion n'est que le moyen adroit, et si le pouvoir terrestre est le but véritable de la communauté, alors
l'affiliation est mystérieuse et désavouée. On veut se faire
des appuis, soit pour résister à la puissance, soit pour la diriger, soit pour l'envahir; par conséquent on ne doit en-
rôler que des personnages qui, par leurs emplois et leur
fortune, puissent servir d'instrument à l'ambitieuse communauté, ou la couvrir de leur protection. L'affiliation
doit alors être cachée sous un voile impénétrable, afin
que, toujours inconnus, les séides de la société puissent

se montrer avec plus d'audace, tromper avec plus de fruit, ou frapper avec moins de crainte.

Les jésuites sont les seuls qui mirent en pratique ces affiliations ; ils sont aussi les seuls qui aient tendu avec constance, sans relâche et par toutes les voies, à l'envahissement des pouvoirs politiques. De là leurs efforts pour s'emparer exclusivement de l'instruction de la jeunesse et de la direction des consciences ; ils décréditaient les modestes et pieux travaux du clergé par la pompe de leurs fréquentes missions ; ils transigeaient avec la foi, et pliaient la morale évangélique au gré des gens du monde et selon la corruption des gens de cour. La conscience de leurs affiliés n'était que le point d'appui du levier de leur ambition : mais l'ombre ne put long-temps cacher leurs desseins, et la justice du monde civilisé mit enfin au grand jour ce noir mystère d'iniquité.

Leur système de prosélytisme parmi les gens du monde était connu depuis long-temps. Pasquier avait signalé leurs affiliés sous le titre de jésuites de la *petite observance*. Grotius, défenseur zélé du pouvoir royal, ne put voir sans effroi « cette puissance sacerdotale qui menaçait les trônes en admettant dans la religion jusqu'à des hommes mariés, qui ne faisaient d'autre vœu que celui d'obéissance passive au général des jésuites. » La société repoussa cette accusation, et le philosophe Bayle ne la crut pas assez prouvée ; mais bientôt leur procès révéla qu'il existait des jésuites du *tiers-ordre* en Italie, de *robe-courte* en France. Le vertueux La Chalotais dénonça « ces jésuites inconnus, vivant dans leur famille ; » l'avocat général Castillon, « ces espions cachés au milieu du monde et s'ignorant les uns les autres ; » le sage Joly de Fleury, « ces hommes de toutes les conditions, papes, rois, princes, évêques, ministres et magistrats, pensant devoir leur état et leur puissance aux desseins occultes et coupables de la société. » Dans le nombre immense de leurs séides, on plaçait cet infâme chancelier Duprat, qui avait détruit les libertés de l'église

gallicane par le concordat, l'indépendance de la magis-
trature par la vénalité des charges, et dont le fils amena
du concile de Trente et établit publiquement en France
les premiers jésuites, pour lesquels il fonda le collège de
Clermont. Burnet avait cité ce malheureux Jacques II, que
l'ambition jésuitique égara dans le labyrinthe du pouvoir
absolu, où il perdit sa gloire, son trône et sa dynastie. On
connaît cet infortuné don Sébastien, qui disparut à la bataille d'Alcacer, et dont un prétendu ermite, conduit par
un jésuite se disant évêque de Garde, vint bientôt réclamer la couronne.

La publicité de leurs procès et l'évidence des preuves
ne permirent plus aux jésuites de nier ces affiliations sécu-
lières. Ils prétendirent que l'objet en était tout religieux.
L'affilié s'obligeait à révéler son affiliation au chef des jésuites de sa résidence, et, s'il changeait de demeure, à
se faire reconnaître au chef de son nouveau domicile; à
n'entreprendre aucune affaire d'intérêt ou de famille sans
en prévenir les jésuites; à favoriser l'ordre de tout son pouvoir; à dénoncer tout ce qu'il pourrait découvrir dans la vie
civile; à ne jamais renoncer à son affiliation; enfin, par
un article secret, il s'engageait à faire servir toute sa puissance personnelle à l'agrandissement des intérêts temporels de la société.

Les ordres religieux ne portent dans le monde l'esprit
de prosélytisme que par ambition. Celle des jésuites fut
funeste; elle coûta le trône à leurs affiliés Jacques II et
don Sébastien; elle causa l'assassinat de Henri IV et de
Joseph Ier. Un pays assez malheureux pour posséder des
cloîtres doit, s'il veut être en paix, forcer les moines à ne
pas en franchir le seuil. La religion peut les retenir au dedans; la politique seule les conduit au dehors.

Nous ne dirons rien de ces superstitieuses affiliations par
lesquelles on s'engageait à mourir dans l'habit d'un ordre
religieux. Un des mignons de Henri III s'affubla d'un froc
de capucin, comme s'il voulait aller en masque en para-

dis, espérant qu'on lui en ouvrirait les portes parcequ'on ne le reconnaîtrait pas.

Pour les rites et les cérémonies de l'affiliation, *voyez* MYS-TÈRES; et SOCIÉTÉS SECRÈTES pour les affiliations politi-ques, leur but apparent et leur tendance cachée. J. P. P.

AFFINAGE. (*Agriculture.*) C'est l'opération qui a pour but de diviser la terre et de la soumettre par là même plus parfaitement à l'accès de l'eau et à l'influence de l'air et de la lumière. C'est en multipliant les binages, et en faisant entrer en assolement les cultures qui, comme les pommes de terre, exigent le plus de préparations de ce genre, qu'on affine les terres.   D.

AFFINEUR. (*Technologie.*) Dans les arts, on donne le nom d'affinage à l'opération par laquelle on purifie di-verses substances, telles que le fer et les autres métaux; mais on désigne particulièrement sous le nom d'affineur l'ouvrier qui s'occupe de l'épuration de l'or et de l'argent. Son travail a pour but de rendre ces métaux parfaitement malléables, en les séparant des matières étrangères qui en altèrent les qualités; cette opération leur donne plus de ténacité et de ductilité, et les rend susceptibles de former sous le marteau du batteur d'or ces feuilles si légères, et à la filière du tireur d'or ces fils si déliés qui entrent dans la composition des étoffes les plus riches.

Les matières d'or et d'argent se trouvant presque con-stamment mélangées de cuivre, d'étain et même de plomb, on commence par les débarrasser de ces derniers métaux, afin qu'il ne reste plus qu'un alliage d'or et d'argent, qu'on sépare ensuite par une opération subséquente. L'alliage impur est donc mis d'abord dans un creuset avec un vingtième de nitre, et exposé à une chaleur suffisante pour fondre le métal, décomposer le nitre, et oxyder les métaux étrangers, qui se séparent sous forme de scories au-dessus du bain métallique : cette opération se nomme la poussée; on laisse refroidir, et on retire le culot d'or et d'argent qui se trouve au fond du creuset.

Ce culot est de nouveau fondu, et ensuite versé par petit filet dans de l'eau, où il se réduit en grenaille. On traite cette grenaille par de l'acide nitrique dans des vases de platine; l'argent se dissout, et l'or reste au fond des vases sous forme de poussière ou de petites masses d'un brun jaunâtre. On fait fondre cet or dans des creusets où l'on met un peu de nitre, et l'on obtient ainsi ce qu'on appelle or de départ.

Pour retirer l'argent contenu dans les dissolutions, on y plonge des plaques de cuivre rouge décapé; l'argent se dépose peu à peu sous forme d'une mousse cristalline; on n'a plus qu'à le fondre avec un peu de nitre et de borax pour le réduire en lingot.

Lorsque l'alliage qu'il s'agit d'affiner contient plus du quart de son poids d'or, l'acide ne peut pas l'attaquer; on est obligé d'y ajouter de l'argent en quantité suffisante pour que l'or ne forme plus que le quart de l'alliage : cette opération se nomme *inquartation*.

L'argent de départ obtenu par le procédé ci-dessus contient encore un millième d'or. M. Dizé, affineur des monnaies, a trouvé le moyen d'extraire ce millième en substituant, dans sa méthode d'affinage, l'emploi de l'acide sulfurique à celui de l'acide nitrique. L. Séb. L. et M.

AFFINITÉ. (*Chimie.*) Lorsque deux corps sont mis en contact, quoique la pesanteur ne provoque aucun déplacement, que la température soit uniforme, la lumière également répartie, en un mot que rien ne paraisse capable de troubler l'équilibre ou le repos du système, il arrive souvent que les deux corps, par une action réciproque et comme volontaire, donnent naissance à des êtres nouveaux, au milieu de circonstances plus ou moins remarquables; bien plus, le même corps, si on vient à modifier l'action qu'exercent sur lui les agents naturels, comme l'électricité, le calorique, la lumière, se transforme aussi très souvent en des produits nouveaux. Enfin il arrive parfois qu'un corps abandonné à lui-même, quand rien ne change autour de lui, acquiert des propriétés, prend des formes nouvelles : ces changements dans la constitution intime des corps sont dus à une force ou à des forces désignées par le nom général d'*affinité*, dont on cherche à expliquer la nature et le mode d'action par l'interprétation de leurs effets. D'anciens philosophes attribuèrent ces transformations, si fréquentes dans le règne minéral, et perpétuelles dans les végétaux et les animaux, à l'action d'un être particulier répandu dans tout l'univers (*mens agitat molem*). Suivant les autres, il n'y avait qu'une seule matière capable de prendre par elle-même des formes variées à l'infini. Aristote et ses partisans firent découler tous les phénomènes naturels du jeu de quatre éléments, dont les combinaisons, dues à des forces inhérentes à leur nature, donnaient naissance à tous les corps composés.

On attribue à Mayow les premières observations sur les combinaisons des corps ; il remarqua celles qui s'opéraient entre les acides et les alcalis, et conçut l'existence d'une force capable de les produire. Cette force, par laquelle les corps s'unissaient entre eux, fut désignée par le mot d'*affinité* (alliance) ; ainsi l'on disait que deux substances qui s'unissaient fortement avaient l'une pour l'autre une grande affinité, ou qu'il existait entre elles une grande force d'affinité. L'idée la plus naturelle qui se présentait pour estimer le degré d'affinité de deux corps était de chercher à la vaincre par une autre force de même espèce. Ainsi, voulait-on savoir lequel des deux corps A et B avait le plus d'affinité pour un troisième X, on formait le composé AX, et l'on faisait agir sur lui le corps B : si ce dernier avait la puissance de déplacer A, en formant le composé BX, on en concluait que B avait pour X plus d'affinité que n'en avait A ; dans le cas contraire, on tirait une conséquence opposée. Geoffroy établit sur ce principe les premières tables d'affinité ; elles parurent en 1718. Chaque substance était placée tour à tour à

1.   20

la tête d'un tableau, sur lequel étaient inscrites toutes les autres par ordre de leur plus grande affinité pour la première. Limbourg, Rouelle le jeune, y firent des corrections. Gellert donna aussi des tables d'affinité, fondées, non pas, comme celles de Geoffroy, sur les décompositions chimiques, mais sur la facilité plus ou moins grande avec laquelle les corps se combinent, et sur la stabilité de leurs produits. Enfin Bergmann, en 1775, puis en 1783, développa la théorie des affinités, et forma de nouvelles tables, copiées quelquefois, il est vrai, sur celles de Gellert, tout en suivant la méthode de Geoffroy. Considérant toujours les combinaisons comme le résultat d'une force unique, indépendante des circonstances qui semblaient devoir au moins modifier ses effets, Bergmann distingua l'affinité immédiate d'un corps pour un autre lorsque ceux-ci sont libres tous les deux, de l'affinité de ces mêmes corps lorsque l'un d'eux seulement entre déjà dans une combinaison, enfin de leur affinité lorsqu'ils entrent l'un et l'autre dans des composés différents. La première fut une affinité *simple* ou élémentaire, la seconde une affinité *élective*, et la troisième une affinité *complexe*. L'affinité simple est bien la véritable, mais il est impossible de la mesurer directement. Par l'affinité élective, un corps détruit un composé pour s'emparer de l'un de ses éléments; elle peut donner la mesure de la première. Quand deux sels sont en contact, il y a quatre affinités en action. Deux tendent à maintenir en combinaison l'acide du premier sel avec sa base, et l'acide du second sel avec sa base : ce sont les *affinités quiescentes*. Deux agissent en sens contraire, l'affinité de l'acide du premier sel pour la base du second, et l'affinité de l'acide de celui-ci pour la base du premier : ce sont les *affinités divellentes*. S'il n'y a point décomposition réciproque, c'est parceque les premières l'emportent sur les secondes ; et si, au contraire, la décomposition a lieu, celles-ci ont vaincu les premières. Les phénomènes dus à de pareilles actions combinées devaient offrir la confirmation de l'ordre établi dans les affinités électives.

Berthollet combattit victorieusement cette théorie. « L'affinité, selon lui, est une force qui tend toujours à réunir, et jamais à décomposer. Mais il est difficile, pour ne pas dire impossible, de la séparer de tout ce qui n'est pas elle; car à l'affinité, qui, si elle agissait seule, produirait la combinaison intime de deux corps, s'opposent la cohésion, qui tend à maintenir ensemble les atomes de chacun de ces corps, et l'élasticité, par laquelle ils se repoussent. La liquidité même des deux corps ne permet pas à l'affinité d'avoir tout son effet, puisque les liquides ne sont pas dépourvus de cohésion. Qu'on atténue, qu'on détruise même ces deux forces perturbatrices, en dissolvant les solides et les gaz dans un liquide tel que l'eau, l'affinité réciproque des substances dissoutes sera encore contrariée par leurs propres affinités pour le liquide. Bien plus, continue l'illustre chimiste, les corps n'agissent pas en vertu de leurs affinités seulement, mais encore par leur quantité, puisqu'en faisant varier celle-ci, les résultats de l'affinité ne sont plus les mêmes. Pour déterminer les affinités relatives de deux substances sur une troisième, il faudrait les mettre en présence, toutes dans un état de liberté absolue, et voir en quelle proportion cette troisième se partagerait avec des quantités déterminées des deux autres. Si ces quantités étaient entre elles, par exemple, comme 1 est à 2, lorsque le partage se fait également, on en pourrait conclure que les affinités correspondantes sont entre elles en raison inverse, comme 2 est à 1.

» En considérant la neutralisation d'un sel comme le point où l'acide et la base qui le forment ont des actions égales et opposées sur un troisième corps, sur les couleurs bleues végétales par exemple, on peut dire que deux acides ont pour la même base des affinités qui sont en raison inverse des quantités de ces acides nécessaires pour saturer une

même portion de la base, puisque, dans l'un et l'autre
des sels neutres qui en résultent, les acides exercent sur
une couleur bleue soumise à leur action un effet qui est
justement compensé par l'action contraire de la base. On
pourrait donc regarder les affinités comme inversement
proportionnelles aux quantités, aux *masses* qu'il faudrait
prendre de chaque acide pour neutraliser la même quantité d'une base, ou aux masses de chaque base nécessaires à la saturation d'une même portion d'acide. Et,
dans tous les cas, l'action chimique serait proportionnelle
à la saturation ; en sorte que l'acide qui saturerait deux
portions de base aurait une action double de celle d'un
autre acide qui, pris en quantité égale, ne saturerait
qu'une seule portion de base. Enfin, la *capacité de saturation* à laquelle l'affinité est proportionnelle ayant été
déterminée, pour chaque corps, à un certain degré de saturation, il serait possible que les capacités ne fussent plus
dans les mêmes rapports à un autre degré de saturation.
(*Voyez* Sel.)

» Quand un sel est dissous dans l'eau, si on vient à y
verser un acide dans l'intention d'expulser celui du sel,
ou une base pour la substituer à l'autre, tant que la dissolution se maintient parfaite, les trois corps dissous agissent l'un sur l'autre en proportion de leurs affinités et de
leurs masses. S'il y a deux acides et une base, celle-ci se
partage entre les deux acides; et s'il y a deux bases et
un acide, ce dernier agit sur les deux premières ; et,
dans l'un et l'autre cas, en vertu des masses et des affinités mises en jeu. On voit par là, continue Berthollet,
qu'il n'y a point d'expulsion ; car, quelque grande que
soit la force d'affinité de l'un des acides pour la base commune, et quelle que soit la faiblesse de l'autre acide, si
ce dernier est en quantité suffisante, son action chimique
pourra l'emporter sur celle du puissant acide, parceque
sa masse suppléera à la force d'affinité qui lui manque.
S'il arrive qu'il y ait séparation, elle ne sera pas l'effet

d'une prétendue affinité élective, mais celui des forces
étrangères déjà signalées plus haut. La précipitation d'une
des substances devra être attribuée à la force de cohésion
qui surmonte l'action du dissolvant. La cristallisation sera
une précipitation lente. Le dégagement d'un des corps à
l'état de fluide élastique sera dû à la force répulsive du
calorique, force que le dissolvant n'a pu vaincre. Il res ·
tera néanmoins dans le liquide une portion du corps
éliminé; portion compatible avec la force de cohésion
ou d'élasticité d'une part, et d'autre part avec l'action du
liquide et des corps dissous. Dans cette dissolution, les
actions chimiques seront toujours proportionnelles aux
affinités et aux masses; ce qui sera précipité ou vola-
tilisé devra être considéré comme soustrait à la combinaison par des forces étrangères à l'affinité, quoique pro-
voquées par elle. Les déplacements de certaines substances par d'autres substances n'indiquent donc pas leurs
forces d'affinité respectives; les affinités électives n'existent donc point réellement, et leurs tables ne peuvent
donner qu'une fausse idée de l'affinité proprement dite.
Ce n'est pas qu'on ne puisse comprendre sous le nom
général d'affinité toute la puissance chimique qu'un corps
exerce sur un autre dans des circonstances données; mais
alors il faut éviter de la considérer comme une force constante qui produirait les compositions et les décompositions chimiques. »

Berthollet, il faut l'avouer, a complètement renversé la
théorie des affinités électives, au moins telle qu'on la con-
cevait alors. Un grand pas qu'il a fait faire à la science,
c'est de lui avoir ôté cette prétendue perfection qui, représentant par des nombres invariables les forces des éléments
matériels, devait mettre en état de calculer d'avance tous
les phénomènes chimiques. Ce n'est pas qu'il ne crût qu'a-
près avoir observé et mesuré les effets de toutes les forces
qui concourent à la produire, on ne parvînt un jour à découvrir la force véritable de l'affinité, et à prévoir les mou-

vements infiniment petits des atomes, comme on avait déterminé ceux des corps planétaires. Mais la capacité de saturation ne semble pas être la véritable mesure de l'affinité,
comme il l'avait admis. Ainsi, après tous les travaux de
tant d'illustres chimistes, on était encore à se demander
quelle était la nature de cette force, et les lois en vertu
desquelles s'exerçait son action.

Les phénomènes de la pile voltaïque commençaient à
fixer l'attention des savants. La théorie de Lavoisier sur
la combustion éprouva plus d'un échec par les belles expériences de Davy sur le dégagement de chaleur et de
lumière produit dans le vide même, par la combinaison des
fluides électriques. On crut pouvoir ramener à cette cause
unique tous les phénomènes de combustion. En outre,
d'après les nombreuses observations de MM. Hisinger et
Berzelius sur la correspondance des phénomènes chimiques
et électriques, on n'hésita pas à prononcer sur la nature
de l'affinité. Qu'on charge deux substances l'une d'électricité positive, l'autre d'électricité négative, et qu'on les
abandonne à elles-mêmes, aussitôt elles se précipiteront
l'une vers l'autre par l'effet attractif de leurs électricités ;
il y aura neutralisation de celles-ci et combinaison des substances. Cette neutralisation des électricités produira la
chaleur que l'on observe à la suite de toute combinaison chimique, de la même manière et par la même raison
que ces fluides produisent de la chaleur par leur réunion,
indépendamment de toute combinaison. La lumière qui
accompagne quelquefois ces phénomènes ne sera qu'une
modification dans les effets des mêmes causes. Si l'on considère en outre que les éléments matériels ont plus de
tendance à se charger d'une certaine électricité que d'une
autre, en soumettant un composé de ces éléments à l'action d'une pile voltaïque, l'un d'eux, plus apte à prendre
l'électricité positive, se portera au pôle négatif, attiré
par celui-ci, tandis que l'autre, chargé d'électricité négative, se rendra au pôle positif de la pile. L'électricité

pourra donc tout à la fois provoquer et détruire les combinaisons.

On savait déjà que l'étincelle électrique allume plusieurs corps, tels que l'hydrogène, l'éther, etc.; Davy avait décomposé les alcalis par la pile; mais Berzelius et Hisinger ont trouvé cette loi importante, qu'un composé, soumis à l'action d'un courant électrique, se partage toujours en deux parties, dont l'une se rend à l'un des pôles, et l'autre à l'autre pôle. L'oxygène et les acides vont au pôle positif, et sont par conséquent électro-négatifs; les combustibles et les bases salifiables vont au pôle négatif, en montrant ainsi leur vertu électro-positive. En allant des plus électro-négatifs aux plus électro-positifs, la série des corps élémentaires est la suivante : oxygène, combustibles non métalliques, métaux acidifiables, métaux non acidifiables, radicaux des terres, radicaux des alcalis. Les oxydes et les acides se suivent à fort peu près comme leurs radicaux. L'oxygène est toujours électro-négatif, les alcalis toujours électro-positifs; mais les substances intermédiaires sont électro-négatives par rapport à ceux qui les suivent, et électro-positives en présence de ceux qui les précèdent dans la série.

On retrouve une confirmation frappante de cette théorie dans les précipitations des métaux en dissolution, par d'autres métaux à l'état naturel. (*Voyez* SEL.) Cependant il s'en faut de beaucoup qu'elle soit à l'abri de toute objection. Lorsque les éléments qui doivent se combiner sont amenés en contact, ils perdent par cela même leurs électricités. Quelle est alors la force qui maintient leur combinaison? On ne peut l'attribuer à la pesanteur universelle; elle est trop faible. Est-ce l'effet d'une force particulière aux atomes, comme la polarisation électrique? Dans ce cas, la cause active de la combinaison serait une électricité libre qui se neutraliserait au moment même de la combinaison; mais la permanence de celle-ci serait due à un développement d'électricité produit par le contact des éléments du composé. Au reste, on ne peut former là-dessus que des conjectures plus ou moins heureuses, mais dont aucune n'est capable de rendre raison de tous les phénomènes attribués à l'affinité. Cela tient en grande partie à la nouveauté de la théorie électro-chimique, qui n'a pu encore appeler à son secours tous les faits destinés à l'établir solidement. En outre, l'affinité, qui réunit les éléments de natures différentes, et la cohésion, qui maintient la liaison des particules homogènes, n'ont-elles rien de commun entre elles? L'étude de la première peut-elle se séparer de celle de la seconde, et la connaissance de l'une n'entraînerait-elle pas celle de l'autre? De même que la lumière et la chaleur sont des modifications d'une seule substance, l'affinité et la cohésion ne seraient-elles pas des effets variés d'une même force?

Voyez les auteurs cités, et principalement Berthollet dans sa *Statique chimique*, et Berzelius dans sa *Théorie des proportions chimiques.*　　S.

AFFINITÉ. (*Histoire naturelle.*) Force qui s'exerce sur les molécules des corps et les tient unies entre elles. C'est en parlant de la matière que nous traiterons des affinités, qui sont les conséquences d'une loi de son organisation. (*Voyez* MATIÈRE.)　　　　　B. DE ST.-V.

AFFIRMATION. (*Voyez* SERMENT.)

AFFOURCHER. (*Marine.*) Manière d'établir un vaisseau au mouillage sur deux ancres dont les câbles font un angle, c'est-à-dire une espèce de fourche. La seconde ancre, qu'on emploie pour *affourcher*, est ordinairement plus légère que la première; on l'appelle *ancre d'affourche.*

AFFRANCHIS, *liberti.* (*Antiquités.*) Les esclaves des Romains ayant été mis en liberté par l'affranchissement, *manumissi*, jouissaient d'une partie des droits des citoyens; ils prenaient les noms et les prénoms de leurs patrons, et étaient compris dans leurs familles. On pouvait remettre sous le joug de la servitude ceux qui se montraient ingrats envers leurs anciens maîtres. Les affranchis

portaient à Athènes le nom de *bâtards*, νόθοι, parcequ'ils
tenaient, à l'égard des citoyens libres, le même rang que
les enfants naturels à l'égard des fils légitimes, et que la
plupart des esclaves, en effet, étaient les bâtards des
hommes libres, nés dans la maison de leurs maîtres, et
de là nommés *vernæ* chez les Romains.   E. J.

AFFRANCHISSEMENT. (*Antiquités.*) Les Romains
en distinguaient de trois sortes : 1°*Manumissio per vin-
dictam*, l'affranchissement par la baguette ; d'où l'on disait *vindicare in libertatem* pour affranchir. C'était le
plus solennel. Le maître tenait son esclave par la main,
ensuite il le laissait aller, *manumittebatur*, d'où est venu
le mot *manumissio*, affranchissement ; il lui donnait en
même temps un léger soufflet, qui était le signal de la
liberté. Cet usage ancien rappelle le soufflet qui se donne
encore dans le sacrement de la confirmation, et prouve
que ce mystérieux soufflet y est un symbole de l'affranchissement du démon ou de l'enfer. L'esclave était ensuite conduit par son maître au consul ou au préteur,
qui le frappait légèrement (comme Mercure, qui délivrait
de même avec son caducée les âmes des enfers) avec sa
vindicta ou baguette, en prononçant la formule : *Aio te
liberum esse more Quiritum*, Je dis, ou déclare, que tu es
libre à la manière des citoyens romains. Ce mot *Quiritum*,
mis ici en place de *Romanorum*, en fait bien sentir la
force et la différence. On l'inscrivait sur le rôle des affranchis ; il se faisait raser la tête, et la couvrait avec le
bonnet appelé *pileus*, symbole célèbre de la liberté chez
les Romains et chez les Français. *Vindicare*, délivrer,
affranchir, que les uns font venir du nom de l'esclave
Vindicius, qui fut affranchi pour avoir découvert la conspiration des fils de Brutus, et qui n'est autre que Mercure;
les autres de *vindicta*, baguette d'affranchissement, ne
vient ni de l'un ni de l'autre : il vient de *vindex*, ven-
geur, qui vient lui-même de *vinctum dico*, en sous-entendant *liberum*, celui qui déclare libre un captif.

2° *Manumissio per epistolam et inter amicos*, l'affranchissement par lettre et entre amis. Cet affranchissement avait lieu lorsqu'un maître, ayant invité ses amis à un repas, admettait son esclave à sa table et l'y faisait asseoir en sa présence.

3° *Manumissio per testamentum*, l'affranchissement par testament. Quand un testateur ordonnait à ses héritiers de donner la liberté à tel esclave qu'il désignait par ces mots, *Davus, servus meus, liber esto*, que Davus, mon esclave, soit libre, il l'affranchissait *per testamentum*, et ces affranchis étaient appelés *orcini*, d'*orcus*, enfer, comme s'ils revenaient de ce séjour d'esclavage, comme s'ils étaient *in peculio Proserpinæ et* ORCI *familiæ numerati*, ainsi que le dit Apulée : ce qui confirme l'origine que nous avons donnée plus haut du soufflet symbolique de la confirmation.   E. J.

AFFRANCHISSEMENT. (*Politique.*) Acte par lequel on rend un esclave à la liberté. Les pays qui ont admis l'esclavage ne l'ont jamais considéré que comme un acte de force. A Rome, le captif s'appelait *manucaptus ;* l'affranchi, *manumissus.* (*Voyez* ESCLAVAGE.)

L'affranchissement est la conséquence nécessaire de l'esclavage. Lorsque le nombre des esclaves est supérieur à celui des citoyens, une révolution peut changer les citoyens en esclaves et les esclaves en citoyens ; aussi, pour éviter les grandes commotions politiques, les législateurs ont ils presque toujours favorisé l'affranchissement. Chez les Hébreux, on avait limité le temps de la servitude ; à Athènes, l'esclave qui pouvait la payer forçait son maître à lui rendre la liberté. La captivité des Ilotes était perpétuelle ; mais lorsqu'ils se trouvaient trop nombreux les Spartiates en massacraient une partie. Rome républicaine accueillit l'affranchissement avec faveur, quoique avec prudence : on faisait subir à l'esclave une longue épreuve de liberté. Lorsque celui qu'on affranchissait avait commis quelque faute, il prenait le nom de *libertus dedi-*

titius, et une faute nouvelle le replongeait dans la servitude. Les affranchis se nommaient *liberti;* les fils d'affranchis, *libertini*. A la troisième génération, ils s'appelaient *ingenui;* alors l'origine était légalement oubliée, et une race d'affranchis se confondait avec les citoyens romains. Rome aristocratique détruisit, sous le censeur Appius, l'intervalle qui séparait l'affranchissement de la liberté : lorsque les citoyens ne furent plus que les clients serviles des patriciens, les affranchis valaient au moins des hommes libres; aussi les fit-on jouir sur-le-champ des droits de citoyen, et furent-ils admis aux petites magistratures. Durant les guerres civiles, quelques uns s'ouvrirent même le sénat, et le consul Pison ne les en chassa qu'avec peine. On ne doit pas s'étonner que les empereurs, qui prenaient les Romains pour des esclaves, aient pris les affranchis pour des Romains. Octave les appela deux fois à la guerre; sous ses successeurs, des hommes marqués encore de la flétrissure des fers gouvernèrent Rome et le monde. Ce patriciat jadis si tyrannique, qui s'était si lâchement prosterné devant Auguste et Tibère, fut surpris de se voir devancé par Félix et Pallas dans le chemin de la servitude. Dès que les affranchis furent les favoris des empereurs, la noblesse romaine brigua la faveur des affranchis : c'étaient des esclaves à genoux devant des esclaves. Le sénat offrit la préture à Pallas, qui ne daigna pas même la briguer; le censeur Soranus proposa de décerner une récompense nationale de 400,000 écus à cet affranchi, riche déjà de 150 millions; et un descendant des Cornéliens, L. Scipion, voulait qu'on remerçiât les dieux de ce que cet esclave ne dédaignait pas d'être ministre de l'empereur et le second tyran du monde. Ces lâches servilités s'appelaient faire la cour; on se perdait d'honneur pour obtenir des honneurs : c'est ainsi que dans les monarchies on voit les grands d'un état briguer un coup d'œil d'une courtisane royale : quand la dignité s'avilit, l'infamie s'élève.

Il résulte de ce que nous venons de dire sur la manumission romaine que la république, plus sage, ne donnait d'abord aux affranchis que des droits civils, tandis que l'empire, moins prudent, les précipita dans l'ordre politique. Singulière destinée du peuple roi, lorsque la corruption eut flétri ses vertus antiques ! L'empire fut gouverné à Rome par des affranchis, à Constantinople par des eunuques ; et les descendants des maîtres du monde, passant sans résistance et tour à tour sous le joug des esclaves, des castrats et des barbares, ne méritèrent pas même cette pitié qu'inspirent de nobles ruines.

On retrouve l'esclavage dans tous les états modernes ; mais les gouvernements ont été plus habiles à profiter de l'affranchissement. Lorsque le christianisme pénétra dans les Gaules, les prêtres, fidèles à l'esprit de leur institution, et ne voulant former qu'un peuple de frères, déclarèrent la servitude contraire à l'Évangile : ces missionnaires prêchaient pour la liberté ; ils firent de nombreux prosélytes. Les affranchis furent de zélés chrétiens, et alors du moins la voix du ciel favorisa le bonheur de la terre. Mais lorsque le christianisme, montant sur le trône ensanglanté de Clovis, permit aux prêtres de posséder des terres, s'ils condamnèrent encore l'esclavage, ils permirent la servitude de la glèbe, et eux-mêmes possédèrent des serfs tributaires, qu'ils appelaient fiscalins. (*Voyez* Servitude.)

Nous verrons à l'article *Féodalité* comment les seigneurs profitèrent de cette oligarchique anarchie pour détruire le pouvoir royal et l'influence que le sacerdoce avait exercée sur la politique. Aussi les rois et les prêtres se hâtèrent de ruiner la féodalité par la base, en mettant un terme à la servitude. La ruse fut leur premier moyen : ils permirent aux serfs de se vouer au prince ou à l'église par l'offrande d'un denier : ils devenaient alors serviteurs du roi ou de Dieu, et le seigneur ne pouvait les poursuivre. Lorsque les serfs n'usaient point de cette faculté, le prince ou l'église les prenait sous sa protection par une lettre missive, espèce de charte d'affranchissement individuel.

Toutefois ces affranchissements s'exécutaient avec lenteur ; quelques prêtres essayèrent de la révolte. Ils déployèrent la bannière de l'église, sous laquelle se rangèrent tous les serfs ; ils firent entendre les cris de liberté autour de ces châteaux où depuis deux cents ans la tyrannie s'était fortifiée.

La troisième dynastie seconda le peuple et les prêtres. Avec le peu de puissance législative qui lui restait encore, Henri Ier commence l'ouvrage en instituant la trève de Dieu ; mais les séditions suivent cette première tentative. Les seigneurs se liguent avec l'Angleterre, et commencent cette guerre qui ne finit que sous Charles VII. Philippe Ier les détourne de leurs propres intérêts par les croisades, guerres déplorables, qui cependant furent utiles à la France, puisqu'elles ruinèrent la féodalité, en forçant les seigneurs à vendre leurs biens. Enfin, sous Louis-le-Gros, l'abbé Suger osa porter la hache à ce gothique édifice ; il commença les affranchissements des communes ; il rétablit les *missi dominici* qui parcouraient les seigneuries, en renvoyant aux assises du roi tous ceux à qui les seigneurs refusaient justice ; il imagina les *cas royaux*, jugés par quatre baillis nommés par le prince, et qui portèrent un coup mortel aux justices seigneuriales, comme les prêtres avaient imaginé les *cas ecclésiastiques*, si funestes à la justice civile. Il faut se rappeler que le clergé n'avait jamais reconnu l'esclavage, et observer qu'il fut heureux que Suger ait le premier fait affranchir les communes, parcequ'il brisa les fers de tous les habitants, sans distinguer entre les serfs qui avaient été citoyens et les serfs qui avaient été esclaves ; par là, ces derniers recouvrèrent enfin leur liberté. Louis-le-Jeune publia le droit romain, destiné par les prêtres à ruiner le droit féodal ; les seigneurs se révoltèrent de nouveau, et il ne fallut rien moins que le courage de Philippe-Auguste et la prudence de Louis VIII pour déjouer leurs tentatives.

Enfin saint Louis parut. Timide dans la vie privée, hardi dans la vie politique, il feignit de reconnaître tous les droits des seigneurs, et les sapa dans leurs fondements; il s'attribua la puissance législative; il plaça la ruine de la féodalité dans ses *Établissements*, et la ruine de la puissance ultramontaine dans sa *Pragmatique*. Il détruisit les justices seigneuriales, par les appels qu'il réservait à ses juges; il fonda, sous le nom de confréries, les corporations d'arts et métiers, et continua les affranchissements. Vers cette époque, les seigneurs, voyant que les communes affranchies jetaient dans la classe des citoyens un peuple nouveau, ne voulurent pas rester *francs* à côté de ces autres *francs*, dont ils avaient depuis si long-temps usurpé les immunités; ils se dirent nobles, et appelèrent noblesse l'agrégation de tous les seigneurs féodaux. Philippe-le-Hardi conçut le projet de les ruiner sous leur nouveau titre : il imagina des lettres d'anoblissement; et comme les nobles ne voulaient pas se confondre avec les citoyens, il porta les citoyens dans la noblesse. Il déclara le domaine du roi inaliénable, et les apanages réversibles à la couronne; par là le prince ne pouvait plus s'appauvrir. Chaque tentative des rois suscitait une révolte des nobles. Philippe-le-Bel leur résista, s'empara du droit de justice, multiplia les anoblissements, permit aux roturiers d'acheter des fiefs, défendit les duels à perpétuité, détruisit les guerres privées, et, appuyé des états généraux, publia l'ordonnance de la réformation du royaume. J'achève le tableau par la charte d'affranchissement de Louis X : cet acte ne s'applique qu'aux habitants des campagnes, car les villes étaient déjà affranchies. « Comme, selon le droit de nature, dit ce prince, chacun doit être franc, et que notre royaume est appelé le royaume des Francs, nous voulons que la chose soit en vérité conforme au nom. »

Les lois romaines avaient déclaré l'esclavage un droit contre nature ; les prêtres l'avaient proclamé contraire à l'Évangile ; nos rois avaient décidé que la liberté personnelle était au-dessus de la puissance royale. La soif des richesses vint renverser toutes ces idées généreuses. L'esclavage peupla nos colonies, et les sophismes religieux et politiques ne manquèrent point pour légitimer cet infâme abus de la force. On employait, pour la servitude des noirs, les mêmes raisons que les mahométans emploient pour la captivité des chrétiens. L'avarice est mauvaise conseillère ; elle accueillit avec joie la *traite des nègres*, elle multiplia les esclaves pour multiplier les productions ; elle s'interdit l'affranchissement pour ne point perdre le prix des noirs. Mais quand le despotisme ferme toutes les portes légales, la liberté les brise. A l'aspect de la révolution française, Saint-Domingue fit entendre le premier cri de l'indépendance naturelle : les noirs et les blancs y levèrent les uns contre les autres un étendard ensanglanté ; la torche funèbre, promenant l'incendie, éclaira long-temps les mornes silencieuses de Saint-Domingue ; long-temps l'acharnement des deux partis trempa, avec une fureur égale, dans des flots de sang humain les débris du despotisme expirant et les prémices de la liberté naissante. Mais enfin l'indépendance triompha, et la révolte fit ce qu'une loi sur les affranchissements aurait pu prévenir.   J.-P. P.

AFFRÈTEMENT. (*Législation*.) C'est la convention faite pour le louage d'un vaisseau. On l'appelle aussi *charte-partie* et *nolis* ou *nolissement*.

On désigne le bailleur du navire par le nom de *fréteur*, et le locataire par celui d'*affréteur*. (*Voyez* NAVIRE, FRET.)

AFGHANISTAN. (*Géographie*.) Ce pays de l'Asie forme un grand état, dont les bornes ne peuvent se déterminer avec exactitude, parceque, parmi les provinces qui en font partie, quelques unes ne reconnaissent que faiblement l'autorité du souverain. Considéré dans son plus vaste développement, l'Afghanistan s'étend de 57° à 70°

de longitude est, et de 24° à 37° de latitude nord. Il est
borné au nord par des montagnes qui le séparent de la
Boukharie et du Tibet, à l'est par le pays de Seykhs et
l'Hindoustan, au sud par la mer d'Arabie, à l'ouest par
des déserts et la Perse. Sa longueur est à peu près de 320
lieues, sa largeur de 260, et sa surface de 83,000 lieues
carrées. Elle offre généralement des montagnes considérables et dont quelques unes s'élèvent à une grande hauteur; au sud-est et au sud-ouest on voit quelques plaines
étendues. L'Hindoukouh, branche des monts Himalaya,
et le Paropamise, qui couvrent les parties septentrionales
de l'Afghanistan, le Kouhi-Soliman dans l'est, ont leurs
cimes constamment couvertes de neige; entre ces colosses
et leurs ramifications, qui s'abaissent vers le sud et le
sud-ouest, s'étendent des vallées qui se prolongent dans
les mêmes directions, et qui s'ouvrent beaucoup de ce
dernier côté. On rencontre dans l'ouest des plaines immenses qui se terminent à des déserts.

Au fond de ces vallées coulent un nombre infini de torrents et de rivières; les plus considérables sont le Caboul,
qui se dirige à l'est vers le Sindh, et l'Hilmend ou Eti-
mander, dont le cours à l'ouest vers la Perse se termine
dans un lac sur les confins d'un désert. L'Oxus des anciens,
ou Amou-Déria, traverse le nord de l'Afghanistan; le Sindh
borne ce pays à l'est. On dérive de tous les courants d'eau
des canaux d'irrigation. Le Loukh dans l'ouest, qui reçoit
l'Hilmend, est le lac le plus étendu. Au centre du pays
on remarque l'Abistandeh, qui est un lac salé.

Le climat est tempéré dans le pays haut, et même âpre
et froid dans les montagnes. On ressent une grande chaleur dans les plaines; elle est étouffante dans quelques
vallées et dans les lieux sablonneux. Les vents de l'ouest
sont dominants; les habitants ont observé qu'ils sont
chauds, et ceux de l'est froids; ils disent aussi que ceux-
ci apportent des nuages, et que les premiers répandent
l'humidité sur la terre. Le vent du nord commence vers

le milieu de l'été, et se fait sentir avec force pendant près
de quatre mois. On remarque dans la marche des vents
une certaine analogie avec les moussons de la mer des
Indes. Le seïmoum, ce vent pestilentiel, redouté avec tant
de raison des voyageurs, passe quelquefois sur les parties
chaudes de cette contrée, heureusement il ne dure pas
long-temps. Du reste, on peut dire que l'Afghanistan est
un pays sec, et peu sujet à la pluie, aux nuages ou aux
brouillards. La différence de température entre le jour et
la nuit est généralement très grande; cependant le climat
est sain, autant qu'on en peut juger par la taille, la force
et l'activité des habitants.

Les animaux sauvages ne doivent pas être rares dans un
pays si montagneux; les léopards, les loups, les hyènes,
les chacals, les renards, les ours, multiplient facilement au
milieu des forêts dont les hauteurs sont couvertes : on dit
même qu'on y a vu des lions et des tigres, ce qui ne paraît cependant pas très certain. Des sangliers, des ânes
sauvages, diverses espèces de cerfs, fréquentent aussi la
contrée haute et boisée; les antilopes ne se montrent que
dans les plaines. Enfin, on trouve, dans les vallées, des hérissons, des porcs-épics, des mangoustes, des furets, des
chiens sauvages, et même des singes.

Quelques races de chevaux sont fort belles; les ânes
sont grands et robustes; on élève beaucoup de mulets;
on se sert de ces deux animaux pour le transport des ba-
gages, moins cependant que des chameaux et des dromadaires. On attelle les bœufs à la charrue; ils ont une
bosse sur le dos; on les fait venir de l'Hindoustan. On rencontre quelques buffles dans les cantons qui abondent en
pâturages humides.

Les moutons font la richesse principale des tribus qui
mènent la vie pastorale : on en voit beaucoup de la variété
dont la queue n'est qu'un large morceau de graisse. Les
chèvres sont communes dans tout le pays; quelques races
ont les cornes fort longues et singulièrement contournées,

Les chiens de l'Afghanistan sont très beaux ; les tribus pastorales prennent grand soin d'en améliorer les races. On voit beaucoup de chats à longs poils, dont on exporte une quantité considérable dans les pays voisins.

Des aigles, des faucons, et d'autres oiseaux de proie, nichent dans les montagnes dont le pays est hérissé. Les oiseaux aquatiques et ceux des marais, et une infinité d'autres espèces, tels que les pigeons, les tourterelles, les moineaux, sont très communs ; il y a même des perroquets dans les provinces orientales.

Les serpents ne sont ni nombreux, ni dangereux ; les scorpions sont plus effrayants que nuisibles. Les rivières ne sont pas très poisonneuses ; on trouve assez fréquemment des tortues.

Quelquefois les ravages causés par des nuées de sauterelles ont occasioné des famines dans certaines provinces. Les bois renferment beaucoup d'abeilles.

On rencontre dans l'Afghanistan plusieurs espèces des grands végétaux d'Europe ; la plupart de nos arbres fruitiers y croissent sauvages ; les habitants les cultivent dans leurs vergers et leurs jardins. Les montagnes sont ombragées par des pins, notamment par le pin pignon ; des chênes, entre autres le chêne à glands doux ; des cyprès gigantesques, des noyers, des bouleaux, des érables. Dans les plaines croissent le mûrier, le tamarisc, plusieurs saules, entre lesquels on distingue le saule pleureur.

La quantité d'arbrisseaux et de fleurs que la nature a départie à ce pays est prodigieuse ; ils embellissent les jardins, les collines, les plaines et le bord des rivières.

On ramasse de l'or dans les ruisseaux qui coulent des flancs de l'Hindoukouh. Le lapis lazuli compose des rochers entiers dans les montagnes du nord ; l'Afghanistan a des mines de fer, de plomb, d'antimoine : on extrait de l'alun, de l'argile de plusieurs cantons, et l'on ramasse le sel qui se forme à diverses sources salées.

Les provinces de l'Afghanistan sont, à l'ouest, le Korassan, dont une partie est à la Perse; le Sedjistan, le Gar-
jestan et le Dahestan : au nord, le Caboulistan, Ghizni et
Pechaouer; au sud-ouest, Candahar; au sud, le Mekran,
le Beloutchistan et ses dépendances. Ces derniers pays
se sont rendus indépendants. Le Cachemyr a été enlevé
aux Afghans par les Seykhs.

La population de l'Afghanistan est évaluée à 10,200,000
habitants ; savoir, 4,300,000 Afghans, 1,400,000 Belout-
chi, 1,200,000 Tatars, 1,500,000 Tadjik et Parsis,
500,000 Hindous, 300,000 Arabes et autres.

Les Afghans ou Agouans ont reçu ce nom des Persans
ils se donnent à eux-mêmes celui de Pouchtou, et au pluriel Pouchtaneh, que les Berdourani, leur tribu la plus
orientale, prononcent Pekhtaneh ; ce qui a donné lieu à la
dénomination de Petan ou Patan, sous laquelle les Afghans
se sont fait connaître et redouter dans l'Hindoustan. Les
Arabes les nomment Solimani, soit parcequ'ils habitent
plus particulièrement la chaîne du Soliman-Kouh, soit
d'après le chef qui régnait sur eux à l'époque à laquelle
les Arabes les connurent.

La patrie primitive des Afghans est dans la branche
méridionale du Paropamise ou Hindou-Kouh : c'est de
là qu'ils se sont répandus vers l'est jusqu'au Pendjab ;
vers l'ouest jusque dans la Perse orientale. Mais de même
que toutes les peuplades grossières qui n'avaient pas encore une écriture particulière à l'époque où elles embrassèrent l'islamisme, et qui plus tard adoptèrent les caractères arabes, les Afghans ont perdu la véritable tradition
de leur origine. Ils en ont plus tard fabriqué une puisée
dans les écritures hébraïques et dans le Koran ; et, mêlant
ensemble ces documents, ils se sont donnés comme les
descendants des dix tribus d'Israël restées en captivité.
L'illustre William Jones, homme très instruit, mais absolument dépourvu de critique, ne manqua pas de saisir
avidement cette fable, la trouva vraisemblable, et la

répandit dans le monde, parcequ'il ajouta faussement à
son assertion que, dans un dictionnaire afghan, il avait
trouvé une ressemblance manifeste entre cette langue et le
chaldéen. Toutefois il s'est bien gardé de citer la moindre
preuve de cette analogie ; ce qui n'a pas empêché de faire
regarder et proclamer par toute l'Europe les Afghans
comme issus des Juifs [1].

Les auteurs arméniens modernes (car les anciens n'en
savent absolument rien) ont voulu faire dériver les Afghans
des Albaniens de l'antiquité. Voici d'où cette idée leur est
venue. Les Arméniens ne prononcent pas la lettre *l*, et lui
substituent un *gh* ou un *kh* : par exemple, au lieu de Ti-
flis, ils disent et écrivent *Teflkhis;* au lieu de Salomon,
Sokhoman; au lieu de Luc, *Khuc;* enfin, au lieu d'Albanie, *Akhbanie* ou *Akhvanie.* Ils ajoutent à cette corruption du nom, que Tchinghis-Khan ou son successeur avait
chassé les Albaniens de leur ancienne patrie, et les avait
contraints à demeurer dans des cabanes mobiles, avec lesquelles ils s'approchèrent graduellement de la Perse, et
enfin arrivèrent dans les environs de Candahar, où ils se
fixèrent. Cette fable se répandit dans le temps que Mir-
Veils et son fils Mir-Mahmoud firent une incursion en Perse,
à la tête des Afghans, parceque ce fut alors que les Arméniens les connurent pour la première fois. Reineggs, homme
bien moins instruit que William Jones, mais d'une imagination aussi déréglée, s'empara de ce conte arménien
comme d'une trouvaille précieuse, et alla encore plus loin.
En donnant les Afghans pour une tribu d'Arméniens, il
prétendit que ces deux peuples se ressemblent beaucoup
par les mœurs, les usages, l'extérieur, ce qui est faux ;

---

[1] Quoique M. Elphinstone ait réfuté cette fable, on la trouve répétée
dans le *Periodical Account of the Baptist missionary society* (Bristol, 1817).
M. Vater a extrait ces rapports dans ses *Analekten der Sprachkunde* (1er cahier, 1820), et en parlant des Afghans, il dit : «Si un peuple descend des
dix tribus, il est vraisemblable que ce sont les Afghans plutôt que toute
autre nation.» Combien on regrette qu'un philologue si docte et si profond ait contribué à confirmer cette erreur !

et qu'ils ont l'un et l'autre la coutume de faire cuire une fois l'an du pain blanc sans levain, qu'ils marquent d'une croix.

La langue afghane est le meilleur argument que l'on puisse opposer à ces fables et à ces fausses suppositions; elle prouve que, ni dans les mots, ni dans sa grammaire, elle n'offre la moindre ressemblance avec l'hébreu, le chaldéen, l'arabe, ni avec aucune autre langue sémitique. Les mots arabes introduits par l'islamisme et par l'instruction que le peuple puisait dans le Koran ne peuvent pas plus être pris en considération sur ce point que pour le turc qui se parle à Constantinople. La comparaison des mots afghans avec les langues et les dialectes indo-germaniques fait voir, de la manière la plus claire, que les Afghans appartiennent à la souche indo-germanique, et peuvent être considérés comme un anneau de cette grande chaîne de peuples qui s'étend des bords du Gange aux îles Britanniques, et que par conséquent ils sont restés à leur ancienne place.

Les Afghans sont divisés en oulous ou tribus qui se subdivisent en une infinité de branches. Chacune a son chef: tous sont subordonnés au chef ou khan de la tribu, choisi par le peuple dans la famille la plus ancienne; quelquefois il est nommé et destitué par le roi, suivant le bon plaisir de celui-ci, et remplacé par un parent du monarque. On prend en considération, dans les deux cas, le droit de primogéniture, mais beaucoup plus l'âge, l'expérience et le caractère: cet ordre de succession variable occasione des brigues, des dissensions et des querelles fréquentes.

Les khans, assistés des chefs des subdivisions, gouvernent leurs tribus: ces assemblées se nomment *djergas*; dans les cas d'urgence, les khans agissent sans les consulter. Cette forme d'administration rappelle le gouvernement féodal et tous les troubles qu'il enfante. On a observé que les Afghans sont beaucoup plus attachés à leur tribu qu'à la personne de leur chef. Les Afghans de l'ouest sont beaucoup plus unis entre eux que ceux de l'est;

ceux-ci sont presque toujours en guerre les uns contre les autres.

Le Koran est la loi générale du royaume pour les affaires civiles. La coutume afghane, ou le pouchtouvoulli, est suivie dans les causes criminelles. L'opinion que c'est un droit et un devoir pour chacun de se faire lui-même justice existe encore chez ce peuple : les prêtres ou mollahs ont beau prêcher contre cette pratique, ils ne peuvent la détruire. Dans quelques tribus, les chefs et les anciens tâchent d'arranger les disputes par la persuasion ; s'ils n'en peuvent venir à bout, ils laissent à l'offensé le soin de poursuivre sa vengeance ; dans la plupart, au contraire, on force les parties récalcitrantes à se soumettre à la décision des anciens ; cependant on ne cherche généralement qu'à réconcilier ensemble les deux parties et à prévenir les troubles.

Les Dourani forment la tribu la plus puissante, la plus nombreuse, la plus riche et la plus civilisée ; elle habite dans l'ouest du royaume, ainsi que les Ghildji, les Câker et d'autres moins nombreuses. Dans l'est, on remarque les Berdourani, les Youssoufzi, les Chirâni, les Viziri, et les tribus de Peichaouer et de Daman.

Une division qui abandonne son oulous peut être adoptée par une autre. Les règles de l'hospitalité des Afghans leur prescrivent de traiter, dans ces circonstances, les étrangers avec un soin particulier ; la tribu à laquelle ces nouveaux venus se joignent leur assigne des terres. Leur chef siège dans le principal djerga : sa horde conserve son gouvernement intérieur ; elle jouit des mêmes droits que les autres bandes de l'oulous, et quoiqu'elle garde le nom de la tribu dont elle tire son origine, elle cesse toute relation et toute liaison avec elle ; quelquefois elle y retourne. Si cette tribu et celle par laquelle la bande a été adoptée se font la guerre, celle-ci, chez les Afghans de l'ouest, reste neutre ; chez ceux de l'est, elle doit aider la tribu primitive.

Les individus qui désertent leur tribu sans vendre leurs terres sont, dans plusieurs cas, reçus au nombre des membres de l'oulous qu'ils joignent ; on leur donne même des terres : mais ceux qui vendent leurs terres et abandonnent leur tribu par pauvreté sont placés dans une classe particulière ; on les appelle *hemsahya*. Ils ne siègent pas dans les djergas ; la bande à laquelle ils appartiennent, et les personnes auxquelles ils se sont attachés, soignent leurs intérêts. Chacun se fait un point d'honneur de protéger ses hemsahya. Dans quelques oulous, il y a autant d'hemsahya que de membres de la tribu ; ils sont peu nombreux, au contraire, dans celles qui sont éloignées des grandes routes ; ordinairement ils n'ont pas de propriété territoriale.

Cet assemblage de petites républiques compose la nation afghane, et l'ensemble forme un état sous l'autorité d'un souverain commun.

Le roi est le chef naturel de la tribu des Dourani. Son autorité s'est graduellement étendue sur les autres ; il veille à la sûreté commune : il lève sur chaque oulous la quantité de troupes et d'argent fixée pour la défense commune. Cependant, malgré cette réunion sous un chef unique, la nation est rarement animée par un même esprit ; chaque oulous est plus attachée à ses intérêts particuliers qu'à ceux de l'état. Le roi ne fait donc pas tout ce qu'il veut ; mais dans les provinces peuplées par les Tadjik et autres peuples différents des Afghans, de même que dans les villes, ce pouvoir est absolu : ainsi le monarque est à même de percevoir des revenus et de lever des troupes sans être obligé de recourir aux oulous. Il résulte de cet ordre de choses que les intérêts du roi et ceux de la nation sont en quelque sorte distincts. D'ailleurs les opinions sur sa puissance légale sont très partagées : le roi, les courtisans et les mollahs soutiennent qu'il est revêtu de toute l'autorité exercée par les despotes de l'Asie, tandis que les membres des tribus ne le

regardent que comme un monarque jouissant de prérogatives limitées. On conçoit , d'après cet exposé , que l'action de son pouvoir , très forte dans les villes et dans les
cantons qui les entourent , n'est que précaire chez les tribus les plus voisines , et devient nulle chez les plus éloignées. Cette forme de gouvernement est favorable aux désordres , mais d'un autre côté elle met un frein au pouvoir absolu : et les Afghans sont fiers de n'être pas , comme
le reste des Asiatiques , soumis aux caprices d'un despote.
Malgré les guerres civiles qui ont désolé l'Afghanistan , ce
pays offre des marques visibles d'une prospérité toujours
croissante , excepté dans les villes et les territoires qui les
environnent , parceque c'est là que se livrent les combats
entre les compétiteurs à la couronne , et que tout est abandonné au pillage de leurs armées.

Les Afghans professent l'islamisme ; ils sont sunnites ,
et très tolérants en matière de religion. Il y a parmi eux
des juifs et des parsis. Les riches ont plusieurs femmes
qu'ils tiennent étroitement renfermées ; celles des pauvres
font l'ouvrage de la maison ; celles des habitants de la
campagne travaillent dehors sans être voilées , et reçoivent
les étrangers quand le mari est absent. On vante leur
chasteté , surtout celle des épouses des bergers.

L'Afghanistan est le seul pays de l'Asie où l'on observe
quelque trace du sentiment que les habitants de l'Europe
occidentale ont appelé amour : on l'y trouve principalement chez les gens de la campagne ; quelquefois il se
glisse même chez les grands. Beaucoup de chansons et
de contes sont consacrés à l'amour ; le langage en est
passionné au plus haut degré.

L'éducation n'est pas entièrement négligée : chaque
village et chaque camp a son maître d'école , auquel on
assigne le revenu d'un champ , et qui perçoit une rétribution de ses disciples. Il exerce souvent les fonctions
sacerdotales ; quelquefois il a chez lui les jeunes gens
qu'il instruit. Plusieurs villes ont des colléges où l'on

forme les mollahs : quand ceux-ci veulent approfondir l'étude de la théologie et de la jurisprudence, ils vont à Boukhara. Cependant Peichaouer paraît être la ville la plus lettrée de ces contrées ; plusieurs jeunes gens y viennent même de Boukara pour étudier la médecine, l'histoire, la poésie, et tout ce qui complète l'éducation d'un homme qui se destine aux professions savantes.

On regarde comme une œuvre agréable à Dieu la fondation d'établissements destinés à propager l'instruction. Indépendamment des colléges royaux, chaque village a un fonds pour subvenir à l'entretien des étudiants : ces bonnes intentions ont eu l'inconvénient de remplir le pays de mollahs à moitié savants, qui, bien loin de favoriser, retardent les progrès de la science.

Le pechtou est, comme on l'a vu plus haut, un rameau du grand arbre des langues indo-germanique ; il a emprunté de l'arabe, par le canal du persan, les mots relatifs à la religion, à l'administration et aux sciences. Les Afghans se servent de l'alphabet persan, et emploient ordinairement le caractère nichkhi. Comme leur langue a quelques sons que les lettres persanes ne représentent pas, ils les expriment en ajoutant des points ou d'autres signes à la lettre qui s'en rapproche le plus.

Le pechtou, quoique rude, est une langue mâle ; il ne déplaît pas à une oreille accoutumée aux idiomes de l'Orient. Les dialectes de l'est et de l'ouest diffèrent et par la prononciation et par les mots. Aucun des auteurs pechtous les plus fameux n'a plus de cent ans d'antiquité ; et M. Elphinstone, de qui l'on tient tous ces détails intéressants, ne pense pas qu'aucun des livres écrits dans cette langue ait plus de deux cents ans d'existence. La littérature de ce pays dérive de celle de la Perse. Les compositions poétiques des Afghans ressemblent à celles de leurs modèles, mais sont moins châtiées et bien plus simples. Ce voyageur connaissait jusqu'à neuf poëtes

afghans , indépendamment des traducteurs qui avaient fait passer dans leur langue les œuvres des Persans.

Parmi les poëtes afghans , on ne doit pas oublier Ahmed-châh , souverain du pays. Cet exemple de monarques lettrés n'est pas rare dans l'Orient. Ahmed-châh fit un livre d'odes en pechtou : le khan Ouloum les a accompagnées d'un commentaire volumineux. Ahmed-châh composa aussi des poëmes en persan.

Les auteurs en prose sont principalement des théologiens et des légistes ; quelques uns aussi ont écrit le récit de certaines périodes de leur histoire : mais le persan continue à être employé dans la plupart des grandes compositions. Les rois de l'Afghanistan ont tous été les protecteurs des lettres.

Comme tous les Orientaux, les Afghans sont très superstitieux ; ils croient aux revenants , aux rêves , aux devins , à l'astrologie , et à toutes les rêveries du même genre : ils ont grande confiance au pouvoir des talismans.

Quoique très hospitaliers , les Afghans sont des brigands déterminés qui détroussent les voyageurs sans aucun scrupule. Une partie de la nation , surtout dans l'ouest, est nomade ; celle qui habite la partie orientale du pays préfère le séjour des maisons à celui des tentes. Les Afghans ne sont pas si grands fumeurs que les Persans ; en revanche , ils prennent beaucoup de tabac en poudre. Ils sont très sociables , ils aiment à entendre des contes et des romances. Ils sont passionnés pour la chasse ; ils ont des courses de chevaux. Un de leurs amusements est de ficher en terre une cheville , et de tâcher de l'abattre ou de l'enfoncer avec la pointe de leur lance. Ils tirent au but avec le fusil et les flèches. Ils ne connaissent pas les jeux de carte , et font peu d'usage des dés : ils ont d'autres passetemps sédentaires qui nous sembleraient bien puérils , par exemple les billes , la savate , les osselets , le saut à cloche-pied. Les Afghans occidentaux ont un goût décidé pour la danse.

Le costume des hommes offre des différences ; celui des
provinces occidentales paraît être l'habillement primitif de
toute la nation. Il consiste en une paire de larges pantalons en toile de coton de couleur foncée ; une chemise
(*camiss*), qui a la forme d'une blouse, mais à manches
plus amples, et qui descend un peu au-dessous du genou ;
un bonnet, composé d'une calotte en drap de couleur
éclatante ou en brocart d'or, et de côtés relevés en soie
ou en satin noir ; ils ont de plus des demi-bottes de cuir
brun, boutonnées ou lacées jusqu'au mollet. Ils s'enveloppent, pendant la plus grande partie de l'année, d'un
grand manteau de peau de mouton bien tannée, avec la
laine en dedans, ou bien de feutre doux et moelleux : ce
vêtement se place sur les épaules, avec les manches pen-
dantes, et tombe jusqu'à la cheville. Dans les villes et les
parties du pays les plus civilisées, on s'habille généralement à la persane ; et sur la frontière orientale, on suit
la mode de l'Hindoustan.

Les femmes ont une chemise semblable à celle des
hommes, mais plus longue ; elle est de toile plus fine et
généralement peinte ou brodée en fleurs de soie ; dans
l'ouest, elle est quelquefois toute de soie. Les pantalons sont
en couleur, plus justes que ceux des hommes. Le bonnet
est en soie de couleur brillante, brodé en or ; il couvre
rarement le front ou les oreilles. Enfin elles ont un voile
uni ou imprimé, qui leur sert à cacher leur visage quand
un étranger approche. Dans l'ouest, les femmes entourent
souvent leur bonnet d'un mouchoir de soie noir ; elles partagent leurs cheveux, et en font deux tresses qu'elles fixent
derrière la tête ; elles l'ornent de cordons de sequins de
Venise, et de chaînes d'or et d'argent, qui, après en avoir
fait le tour, retombent près des oreilles. Elles ont des pen-
deloques, des anneaux aux doigts, et d'autres à la cloison
du nez. Les jeunes filles se distinguent des femmes mariées
par leurs cheveux épars et par des pantalons blancs.

On ne voyage qu'à cheval, les femmes mêmes ne font pas

usage des palanquins ; celles du roi sont portées sur des
éléphants, d'autres dans des espèces de litières. Le roi s'en
sert aussi ; cette voiture, que l'on nomme *nalki*, lui est particulière. Quelques nobles ont le droit d'aller en djampan,
sorte de petit palanquin avec un dessus en voûte. Le bagage
des voyageurs est porté à dos de dromadaires ou de mulets.

On ne sait ce que c'est que la poste. Le roi envoie ses
dépêches, comme en Perse, par des *tchoppers* ou cour-
riers à cheval. Ceux-ci ne se chargent pas des lettres des
particuliers, qui se servent de *cossids* ou messagers à pied
qui vont très vite, et quelquefois parcourent soixante-dix
lieues en quatre jours.

L'esclavage a lieu dans l'Afghanistan, de même que dans
tous les pays mahométans. La plupart des esclaves sont nés
dans la maison. On reçoit des Abyssins et des nègres par
l'Arabie ; les Béloutchi vendent des Persans et d'autres
peuples qu'ils ont pris dans leurs excursions : beaucoup de
Cáfirs sont achetés de leurs compatriotes ou des Youssoufzi :
ceux-ci sont les seuls parmi les Afghans qui fassent ce
trafic ; il y est en horreur. On emploie les esclaves, ou
comme domestiques, ou à la culture des terres : on en a
le plus grand soin ; ils mangent à la table de leurs maîtres :
rarement on les bat.

Quand les Afghans affranchissent leurs esclaves, c'est
toujours gratuitement ; ils regarderaient comme une honte
de leur rendre la liberté à prix d'argent.

Les Afghans sont grands et robustes, et généralement
maigres, quoique musculeux. Ils ont le nez aquilin, les pom-
mettes des joues saillantes, le visage long, la barbe et les
cheveux ordinairement noirs, quelquefois bruns, rarement
rouges. Ils se rasent le milieu de la tête, et laissent croître
le reste de la chevelure : leur barbe est longue et touffue.
Ceux de l'est ont le teint presque aussi brun que celui des
Hindous ; ceux de l'ouest l'ont beaucoup moins foncé ; quelques uns sont très blancs : leur physionomie annonce généralement la vigueur et la santé.

Leurs manières sont franches et ouvertes ; ils ont un air mâle et décidé, uni à une certaine simplicité bien éloignée de la faiblesse. Ils gesticulent beaucoup, mais avec gravité. Les Persans les accusent d'ignorance et de grossièreté ; mais s'ils ne sont pas aussi polis que leurs voisins occidentaux, et si leur peu de communications habituelles avec les étrangers rétrécit leurs idées sur quelques objets, on ne peut leur refuser de la prudence, du bon sens et de la pénétration ; ils montrent même un degré de curiosité bien éloignée de l'apathie naturelle aux Hindous.

On peut compter sur leur bonne foi ; ils ont une activité remarquable ; d'un autre côté, ils sont avides, fiers de leur origine, vindicatifs et obstinés. Ces défauts ne balancent pas leurs bonnes qualités, auxquelles il faut ajouter leur respect pour les vieillards.

Il est rare qu'un Afghan fasse le commerce ou exerce une profession mécanique. La plupart des marchands sont Tadjik, Hindous ou Persans. Il y a des fabriques de toiles de coton, de cuir et de tapis. On envoie au dehors des chevaux, du tabac, de la garance et de l'assa-fœtida. Le pays étant dépourvu de rivières navigables, et peu favorable au roulage, le transport des marchandises a lieu par des bêtes de somme et se fait par caravanes ; elles vont dans l'Hindoustan, le Pendjab, le Thibet, la Boukharie et la Perse. La position intermédiaire de l'Afghanistan, relativement à ces pays, y rend le commerce de transit très actif ; il fournit aux uns ce qu'il tire des autres. Les soies et les tapis de la Perse, les châles de Cachemyr, les mousselines, les toiles de coton, l'indigo et le sucre de l'Inde ; la laque, le vernis, les étoffes de soie de la Chine ; des drogues, des épiceries, une quantité d'autres marchandises, même de celles qui proviennent des manufactures de l'Europe, sont apportées dans l'Afghanistan, soit pour être consommées dans le royaume, soit pour être transportées ailleurs.

L'organisation des Afghans en tribus rappelle ce qu'on lit de celles des Perses dans les écrivains de l'antiquité ;

elle doit exister depuis très long-temps. Mais quoique ce peuple n'ait pas cessé d'habiter une partie des pays qu'il occupe, son nom n'est cité que fort tard dans l'histoire. A une époque très reculée l'on voit les Paropamisades qui habitaient des contrées montagneuses situées entre la Perse et l'Inde ; Alexandre eut beaucoup de peine à les vaincre. Enfin, au septième siècle, il est question des Afghans dans les écrivains orientaux pour avoir embrassé l'islamisme ; cependant quelques uns étaient encore païens deux siècles plus tard. Vers cette époque les khans de Boukhara conquirent quelques portions de l'Afghanistan et les firent gouverner par un officier qui demeurait à Ghizni. Un de ces officiers se déclare indépendant et fonde l'empire des Ghiznevides. Il est détruit par un Afghan. L'histoire de ce peuple est ensuite enveloppée dans l'obscurité jusqu'à l'invasion de Tamerlan. Dans l'intervalle, des princes patans avaient régné à Delhy dans l'Hindoustan, et l'un d'eux avait chassé de Ghizni les successeurs de Tchinghiz-Khan. Pendant que les différentes provinces de l'Afghanistan passaient tour à tour sous la domination des souverains de la Perse et de l'Inde, les tribus afghanes, retranchées dans leurs montagnes, conservaient leur indépendance. Les Dourani vivaient au milieu de celles du nord. Au commencement du dix-septième siècle, tyrannisés par les Ouzbek, ils convinrent de payer un tribut à la Perse pour prix de la protection qu'elle leur promettait. En 1708, profitant de la faiblesse d'un état que l'indolence de ses souverains entraînait vers sa ruine, ils se révoltèrent. En 1716, ils envahirent la Perse, remplirent le royaume de trouble et de confusion, et s'emparèrent du gouvernement. Vaincus en 1728 par le farouche Nadir-châh, ils ne tardèrent pas à s'insurger de nouveau. Il les soumit ; mais, charmé de leur bravoure, il les récompensa par des concessions de terres, et leur montra beaucoup de confiance. Ce sentiment fut, dit-on, une des causes qui contribuèrent à le faire massacrer par les Persans au mois de juin 1747.

Le lendemain de cet événement , une bataille sanglante fut livrée entre les Afghans et les Ouzbek commandés par Ahmed-châh d'un côté , et les Persans de l'autre. L'issue en fut indécise. Ahmed-châh se hâta de gagner Candahar , s'empara des trésors de Nadir-châh , se fit proclamer roi au mois d'octobre , et fut le fondateur de la dynastie qui règne encore. Ses successeurs n'ont pas gardé toutes ses conquêtes ; elles s'étendirent à une grande distance à l'est du Sindh , et jusqu'aux rivages de la mer.

Quoique le pouvoir souverain soit héréditaire dans la maison des Seddozy , le droit de succession n'est pas réglé d'une manière fixe , et déjà plusieurs révolutions ont fait passer et repasser la puissance d'une main à l'autre.

Le titre du roi est *châhi dourri dourrân* , mais on ne l'emploie que dans les traités de paix et autres actes publics ; ordinairement on le qualifie simplement de *châh* ou *padichâh* (roi). La cour est désignée par le nom de *Derri-Khané* , ce qui signifie *la Porte* comme en Turquie.

Le roi se fait aider dans le gouvernement de l'état par un visir et des ministres. Quelques emplois étaient héréditaires ; le monarque a fait bien des mécontents en contrevenant à cet usage. On évalue les revenus du royaume à trois crores de roupies ou soixante-quinze millions ; ils proviennent principalement d'un impôt foncier, ou d'une contribution équivalente. L'armée se monte à deux cent mille hommes , et consiste principalement en cavalerie ; l'artillerie est peu nombreuse.

L'Afghanistan renferme plusieurs villes remarquables. On se contentera de citer les plus célèbres.

Candahar fut fameuse dès les temps les plus reculés ; c'est l'*Alexandria ad Paropamisum* des anciens. Les Mille et une nuits font souvent mention et de cette cité et de ses rois , ce qui indique qu'elle a constamment joué un rôle important. Elle est située sur l'Hilmend , dans une plaine. Forte par sa position et par les ouvrages dont l'art a su l'entourer , grande et peuplée , elle n'est pas moins intéressante par son commerce et par la fertilité de ses environs. Les rois y ont quelquefois résidé. Elle est dans le territoire occupé principalement par les Dourani. Les grands personnages de cette tribu ont à Candahar des maisons que l'on dit être vastes et élégantes. Cette ville renferme beaucoup de caravanserails et de mosquées. L'on voit près du palais le tombeau d'Ahmed-châh, objet de vénération pour tous les Dourani, et asile inviolable pour quiconque s'y réfugie.

Ghizni, dans le territoire des Ghildji, fut dans le onzième siècle la capitale de l'empire des Ghiznevides, qui s'étendait des rives du Tigre à celles du Gange, et des bords du Jaxartes aux côtes du golfe persique. Ce n'est plus qu'une ville de cinq cents maisons, indépendamment de ses faubourgs qui ne sont pas murés. Elle est sur une hauteur baignée par le Dilen. On voit, dans ses environs, quelques restes de son ancienne grandeur; mais rien ne montre plus la magnificence des palais des monarques ghiznevides, ni celle des mosquées, des bains et des caravanserails, ornements de la capitale de l'Orient. Seulement, à une lieue de distance, subsiste encore le tombeau du fameux sultan Mahmoud; il est vaste et fort simple. Les musulmans nomment Ghizni la Médine de l'Inde, à cause de la grande quantité de tombeaux de saints personnages qui s'y trouvent.

Caboul, au nord de Ghizni, n'est pas très grande, mais est jolie, quoique les rues soient étroites comme dans tout l'Orient. Les maisons sont généralement en pierres brutes, en terre ou en briques crues. Le palais du roi est dans une espèce de citadelle sur une colline au nord de la ville. Le séjour du roi, et son grand commerce, la rendent très vivante; elle est partagée en deux par une rivière qui porte son nom, et entourée de jardins et de vergers. Beaucoup de poëtes persans et hindous ont célébré les charmes du climat et les beautés pittoresques des environs de Caboul. L'abondance de ses

belles fleurs est passée en proverbe , et ses fruits se
transportent jusque dans les parties les plus reculées de
l'Inde.

Péchaouer, dans l'Afghanistan oriental, est la résidence
d'hiver des rois. Cette ville est dans une plaine vaste,
fertile , et bornée de tous côtés par des montagnes , excepté
vers l'est. La rivière de Caboul l'arrose, et reçoit deux
ruisseaux, qui sont bordés de saules et de mûriers entre-
mêlés avec les maisons. Bâtie sur une surface inégale,
Péchaouer a des rues étroites et mal pavées. Aucun édifice
ne mérite d'être remarqué. Sa population est de 100,000
âmes. Ses environs sont délicieux.

Balkh, dans le Turkestan, dont une partie appartient
à la Boukharie, fut connue des Grecs par l'expédition
d'Alexandre sous le nom de Bactra. On suppose qu'elle
avait été auparavant la résidence de Cyrus. Les Orientaux
la nomment par distinction *Om-oul-Beled* (la mère des
pays). Cette antique métropole est bien déchue de sa
splendeur; ses murs renferment plus de ruines que de
maisons habitées; un quart seulement de son étendue est
peuplé. Les Ouzbek sont plus nombreux dans son territoire
que les Afghans.

Hérat ou Héri, dans le Korassan, province dont la
Perse possède une portion, est une des villes les plus anciennes et les plus célèbres de l'Orient. Elle donna son
nom à un pays considérable du temps d'Alexandre: plus
tard elle fut la capitale de l'empire transmis par Tamerlan
à ses fils; elle passa ensuite aux Persans, sur lesquels elle
fut prise par les Afghans. C'est la ville la plus magnifique
du royaume ; sa grande mosquée est surmontée de dômes
et de minarets ornés , comme en Perse, de tuiles vernissées.
On estime sa population à 100,000 hommes, la plupart
Persans d'origine. Elle est sur l'Aroïs: il s'y fait un très
gros commerce; on y fabrique des tapis. Ses environs sont
extrêmement fertiles.

Histoire de Timur-Bec, connu sous le nom du grand Tamerlan , par Che-

1.   22

reffedin-Ali, traduite du persan par Petis de la Croix. Paris, 1722, 4 vol. in-12.

Voyage du Bengale à Saint-Pétersbourg, à travers les provinces septentrionales de l'Inde, le Kachemyr, la Perse, etc., par G. Forster, traduit de l'anglais, avec des notes par M. Langlès. Paris, 1802, 3 vol. in-8°.

Ueber die Sprache und den Ursprung der Aghuan oder Afghanen, von J. Klaproth. Saint-Pétersbourg, 1810, in-4° (réimprimé avec des changements dans l'*Asia polyglotta* du même auteur). Paris, 1823.

An account of the Kingdom of Caubul and its depenpencies in Persia, Tartary and India comprising a view of the Afghan nation, and an History of the Doorance monarchy, by Mountstuart Elphinstone. London, 1815, 1 vol. in-4°.

E...s.

AFRIQUE. (*Antiquités.*) L'Afrique est représentée sur les médailles par une femme coiffée avec la dépouille d'un éléphant dont la trompe avance au-dessus du front; on voit auprès d'elle un scorpion et un cheval, ou un cheval ailé, ou un serpent, ou un lion, ou des montagnes. Sa fertilité lui a fait donner encore pour symboles des paniers et des bouquets d'épis. Son nom latin *Africa* vient du latin *apricus, a, um*, exposé à l'ardeur du soleil, d'où *apricari*, s'exposer et se chauffer au soleil; adjectif composé du grec α augmentatif, et φρύγω, *torreo, torrefacio, sicco, frico*, φρύγιος, *aridus, torridus, qui torret vel fricat, Phrygius*. De là il suit que le nom de l'*Afrique* et celui de la *Phrygie* sont un seul et même mot qui signifie *pays de feu;* ce qui vient sans doute de ce que, de même que l'Afrique est au sud de la Méditerranée, la Phrygie est au midi du Pont-Euxin.

Les anciens ont souvent confondu l'Afrique avec la Libye, et la Phrygie avec l'Asie, comme ils confondirent l'Asie avec l'Éthiopie, et l'Europe avec la Celtique et la Scythie, en prenant la partie pour le tout, soit par ignorance de la géographie, soit par un langage propre aux poëtes, leurs premiers géographes et leurs premiers historiens. Je vais le prouver.

1° Il est certain qu'ils ont souvent entendu l'Asie et même l'Éthiopie par la Phrygie; c'est pour cela qu'ils ont dit qu'*Ésope*, dont le nom n'est qu'une variante d'*Æ-*

thiops, nom composé d'αἶθος, *niger*, αἴθω, *uro*, et ὄψ, *vultus*, était *Phrygien*. 2° Ils ont quelquefois entendu l'Afrique par l'Asie. La terre fut successivement divisée en deux, trois et quatre parties, et d'abord en deux, selon Varron, Pline et Salluste. « *Ut omnis natura*, dit Varron, *in cælum et terram divisa est, sic cælum in regiones, terra in Asiam et Europam. Asia enim jacet ad meridiem et austrum, Europa ad septentriones et aquilonem.* » Les anciens plaçaient donc l'Asie au sud ; et voilà pourquoi le nom de l'Asie, qui vient d'ἀσίη ou ἀσία, *limosa*, a une signification analogue à celui de la *Libye*, qui vient de λίβος, *stilla*, λείβω, *fundo*, *libo*, λειβάζω, *stillo*, *defluo*, et est si souvent confondue avec la Libye, avec l'Éthiopie, et avec l'Afrique même tout entière. Ceux qui partageaient la terre en deux parties réunissaient l'Afrique à l'Europe ; ceux qui la partageaient en quatre faisaient de l'Égypte une partie distincte de l'Afrique. 3° Enfin il est certain que les Grecs n'appelaient l'Afrique que la Libye, « *Africam Græci Libyam appellavére*, dit Pline ; de là le vent que les Latins appelaient *africus*, *austro-africus*, et qui souffle en effet *inter africum et austrum*, les Grecs l'appelaient λίψ, λιβός (radical de *Libya*), et λιβόνοτος, *libonotus*, comme on le voit sur une base de marbre de la Villa-Albani à douze pans, sur laquelle on lit les noms des douze vents en grec et en latin ; comme le prouve même le nom actuel de ce vent dans la Méditerranée, *le lébèche*, qui vient évidemment de *Libya* ou λίψ, λιβός. La Libye des Grecs était donc l'Afrique des Romains.   E. J.

AFRIQUE. (*Géographie.*) Cette partie du monde, citée dans l'histoire depuis les temps les plus reculés, ne nous est encore que très imparfaitement connue. Elle forme une grande péninsule, ne tient au nord-est à l'ancien continent que par l'isthme de Suez, et de tous les autres côtés est baignée par la mer ; au nord par la Méditerranée, à l'ouest et au sud par l'océan Atlantique, au sud-est par la mer des Indes, à l'est par le golfe Arabique. Coupée par l'équateur en deux parties égales, elle s'étend de 37° 5' de latitude nord à 34° 50' de latitude sud, et de 19° 50' de longitude ouest à 49° de longitude est; sa longueur est donc de 1820 lieues, sa largeur de 1650, et sa surface de 1,750,000 lieues carrées. Cette immense étendue n'offre pas de ces coupures profondes dans les terres qui, facilitant les communications par eau, sont un des grands véhicules de la civilisation; en effet, on ne remarque sur la côte du nord que des baies pompeusement décorées du nom de golfes de Cabès, de la Syrte, des Arabes. La côte occidentale forme, vers 3° au nord de la ligne, un enfoncement qui se prolonge à l'est sur une étendue de près de 400 lieues, c'est le golfe de Guinée; mais il est entièrement ouvert au sud et à l'ouest, et ne contribue nullement à rapprocher les uns des autres les habitants de ses rivages.

Depuis plus de trois siècles les Européens ont reconnu et décrit successivement les côtes de l'Afrique; ils n'ont pu parvenir à une distance considérable dans son intérieur. On est donc réduit, sur un grand nombre de points relatifs à sa géographie, à de pures conjectures: aussi les hypothèses des écrivains qui ont traité ce sujet se sont-elles tellement multipliées que leur simple analyse excéderait les limites que nous nous sommes prescrites; bornons-nous donc à l'exposition des faits connus et à la mention des systèmes les plus probables.

On sait que l'Atlas se prolonge de l'ouest à l'est dans la partie occidentale du nord de l'Afrique; ses ramifications, en s'abaissant vers l'est, se rapprochent de la côte sur quelques points, puis se prolongent dans l'intérieur, toujours vers l'orient, par des plateaux qui se rattachent à d'autres hauteurs bordant du sud au nord la côte du golfe Arabique. Ces dernières montagnes se relèvent considérablement à l'entrée de ce bras de mer, s'étendent dans le sud-ouest en Abyssinie, où elles forment le Lamalmon, le Samen, les monts de Géès et d'Amid-Amid; à l'est, elles abou-

tissent au cap Bab-el-Mandeb , redouté des navigateurs ; et
plus à l'est encore, leur dernière saillie est le cap Guardafui,
extrémité de l'Afrique vers l'orient. Les géographes indiquent la chaîne des monts Lupata comme s'avançant du cap
Guardafui vers le sud, en longeant à une certaine distance
la côte orientale, et arrivant aux monts Nieuwe-Veldt,
qui occupent l'extrémité méridionale de l'Afrique, et forment des plateaux qui se terminent au célèbre cap de
Bonne-Espérance. On suppose que, dans l'ouest, des montagnes règnent à une certaine distance de la côte, en allant
au nord, jusqu'à 3° au-dessus de l'équateur. On place un
peu plus haut, dans le centre, les monts Al-Komri, ou de
la Lune, que l'on fait communiquer avec les montagnes
d'Abyssinie : on ignore si leurs ramifications dans l'ouest
atteignent aux monts de Kong, qui, sous le dixième parallèle
nord, paraissent s'élever à une grande hauteur ; leurs rameaux s'abaissent, en s'approchant de la mer, dans le sud
ouest ; ils y forment cependant des caps escarpés, tels que
celui de Sierra-Léone. D'après le rapport des indigènes,
les monts Kong ont la cime blanche ; ce qui indiquerait la
présence de neiges perpétuelles. Or, sous ce parallèle,
ce phénomène, qui n'a rien d'improbable, indiquerait une
hauteur de plus de 2000 toises au-dessus du niveau de la
mer. Au nord du cap Sierra-Léone, la côte s'éloigne des
montagnes, qui, vers le 15° degré, s'abaissent au niveau
du grand désert. À l'est, elles ont une plaine immense dont
l'étendue est inconnue.

L'on ne connaît guère mieux les fleuves que les montagnes de l'Afrique. Le Nil, si célèbre dans l'antiquité, de
même que de nos jours, a ses embouchures à l'extrémité
nord-est de l'Afrique dans la Méditerranée, par 31° 25' de
latitude. De ce point jusqu'à 18°, il offre le phénomène
singulier de ne pas recevoir un seul affluent. Le Tacazze est
le premier qui lui apporte, à droite, le tribut de ses eaux ;
le Bahr-el-Azrek est le second : tous deux viennent de
l'Abyssinie. Le premier a été pris à tort par quelques

voyageurs pour le bras principal du Nil des anciens, ou Bahr-el-Abiad; celui-ci est encore grossi du même côté par le Maleg; son cours a été suivi en remontant jusqu'à 10° de latitude nord. On place ses sources dans les monts de la Lune; la vraie position de cette chaîne est inconnue.

Le long de la côte septentrionale on ne voit que des embouchures de fleuves peu considérables qui viennent de l'Atlas. Il en est de même de la côte occidentale jusqu'à 16° de latitude nord, où l'on trouve le Sénégal; et successivement, en allant au sud, la Gambie, le Rio-Grande, et d'autres moins importants. On sait, par le rapport d'un voyageur moderne, qu'ils ont leurs sources fort près les uns des autres, dans un groupe de montagnes sous le dixième parallèle, et que, poussées dans différentes directions par les chaînes des montagnes, leurs eaux finissent par suivre la pente du terrain vers l'océan Atlantique. Les monts qui probablement courent de l'ouest à l'est, parallèlement à la côte septentrionale du golfe de Guinée, donnent naissance à beaucoup de fleuves, dont les embouchures sont connues et marquées avec précision sur les cartes, depuis Sierra-Léone jusqu'à 7° à l'ouest de Paris : leurs cours, au-delà d'une petite distance, sont inconnus; la masse d'eau de leur embouchure n'est pas très forte. Il n'en est pas ainsi du Rio-Formoso; ce fleuve, ainsi que le Calbar, le Gabon, le Coanza, le Zaïre et l'Avongo, apportent à l'Océan un si grand volume d'eau que l'on a pu supposer que leurs sources se trouvaient à une distance immense dans l'intérieur. On en a remonté un seul assez haut pour reconnaître que cette conjecture, au moins pour ce qui les concernait, paraissait peu fondée. Le reste de la côte a été si peu visité que l'on ignore quelle est la force des fleuves qui arrivent à la mer. A 27° de latitude sud, on trouve le Vis-Revier, qui vient du nord-ouest, on ne sait de quel point; plus bas, l'Orange-Revier, qui sort des montagnes du centre de l'Afrique méridionale. Depuis ce fleuve, et ensuite à l'est du cap de Bonne-Espérance, jusqu'au 27ᵉ degré sud, les fleuves qui arrivent à la mer ont été suivis jusqu'à leur source; l'on ignore celle du Méquinès, du Zambèze ou Coanza, et de tous ceux qui baignent la côte jusqu'au cap Guardafui; beaucoup sont insignifiants.

Dans l'intérieur de l'Afrique, le Niger a long-temps occupé et occupe encore les méditations des géographes. Quoique l'on ne sache pas précisément où est sa source, on a lieu de penser qu'elle n'est pas éloignée de celles du Sénégal, de la Gambie et du Rio Grande. Il coule d'occident en orient; son cours est connu avec assez de certitude jusqu'au méridien de Paris. Que devient-il ensuite? Chacun forme des hypothèses sur ce sujet; ce n'est pas le lieu de s'en occuper.

On sait qu'il existe un grand lac en Afrique; celui de Dembea, en Abyssinie. On parle d'un lac Maravi, vers le sud-est, au-delà de l'équateur. On a reconnu que le Niger traverse le lac de Dibbi; on a', d'après le témoignage des géographes anciens et des Arabes, supposé que ce fleuve arrivait au Bahr-el-Soudan, qui était le *Libya* ou le *Nuba-Palus;* que c'était même une mer intérieure, et que différentes rivières y arrivaient de plusieurs côtés.

Un des traits qui caractérisent particulièrement l'Afrique est ce vaste désert de sable qui occupe une si grande partie de sa surface dans le nord; on en trouve plusieurs autres, soit sur différentes portions des côtes, soit dans l'intérieur.

L'Afrique ayant près des deux tiers de son étendue située sous la zone torride, cette circonstance, jointe à la grande quantité des sables qui réfléchissent les rayons du soleil, y entretient une chaleur et une aridité dont les effets sont fréquemment funestes aux Européens. Aux ardeurs du printemps succèdent les pluies d'été, qui, tombant avec violence pendant plus de trois mois, ne leur sont pas moins pernicieuses. Ces torrents d'eau du ciel font gonfler les fleuves, facilitent la navigation de quelques uns, et remplissent leur lit d'un limon gras qu'ils déposent sur les terres où ils passent: ils forment fréquemment à leur embouchure, ou dans les pays plats qu'ils arrosent, des marécages pestilentiels. L'Afrique, à ses deux extrémités du nord et du sud, jouit d'un climat plus tempéré et plus salubre. Presque partout les vents qui arrivent de l'intérieur vers les côtes sont d'une ardeur et d'une sécheresse excessives. Le seimoum ou samiel, vent qui tue et suffoque les malheureux qui ne peuvent s'en préserver, étend ses ravages dans plusieurs parties de l'Afrique; il se fait sentir même au-delà de la Méditerranée sur les contrées méridionales du continent européen, où ses effets, moins désastreux, affectent désagréablement les hommes et les animaux. Les ouragans sont communs dans certaines saisons sur divers points des côtes.

Par une suite du peu de progrès que l'on a fait dans l'intérieur de l'Afrique, on est peu instruit de la nature de ses montagnes. On a pensé qu'elles se composaient de plateaux successifs, s'élevant par étages les uns au-dessus des autres, et laissant entre eux des vallées ou des plaines. Quant à leur composition, l'on a reconnu du granit dans le nord-est et dans le sud; du mica, du schiste, du porphyre, de la siénite, de la serpentine, dans les montagnes du nord-est; du marbre dans ces mêmes chaînes, et plus loin dans l'ouest; du grès et du calcaire dans les monts du nord-est, dans la chaîne de l'Atlas, dans l'ouest et au sud. Le sel gemme abonde des deux côtés de l'Atlas dans plusieurs cantons du désert; on en tire d'un grand nombre de petits lacs; il y en a aussi dans le sud. Le sable du désert, tantôt mobile, tantôt aggloméré en masse, renferme quelquefois des troncs d'arbres entiers.

L'or est le métal le plus abondant en Afrique, notamment dans la partie centrale et vers le sud-est. On dit qu'il y a de l'argent dans le nord, au sud-est et au sud-ouest. L'Atlas occidental, les montagnes du sud-ouest, et celles de l'est, fournissent du cuivre. Le fer se trouve dans plusieurs endroits; le plomb est rare. Diverses pierres précieuses, entre autres les émeraudes, se rencontrent dans cette partie du monde.

Le nord de l'Afrique, en-deçà de l'Atlas, et le sud de ce continent, produisent plusieurs végétaux d'Europe; les céréales et les fruits de la zone tempérée y réussissent. On y cultive la vigne; le dattier, le lotus, sont particuliers à la région du nord. La végétation est presque nulle dont les déserts de sable; celui du nord n'offre que des plantes chétives, épineuses, peu feuillées: mais au milieu de cet océan de sable se trouvent çà et là comme des îles en terre ferme, où, grâce à l'humidité que procurent des sources d'eau vive, les végétaux ombragent le sol échauffé par les rayons d'un soleil vertical; ce sont les Oasis, dont les anciens ont vanté la fertilité. Le mimosa, qui produit la gomme, forme des forêts considérables dans cette contrée. Sous la zone torride se déploient plusieurs espèces de palmiers, le tamarinier et beaucoup de mimosa, des euphorbes gigantesques, le monstrueux baobab; à l'est des montagnes, le chi ou arbre à beurre. L'on cultive le sorgho ou millet, et le riz; dans quelques cantons, le bananier, la canne à sucre, les orangers et les citronniers. Des graminées s'élèvent à plusieurs pieds de hauteur, et fournissent des fourrages abondants: quand l'excès de la chaleur les fait sécher, on y met le feu pour en débarrasser le terrain. Dans la zone tempérée du sud, on admire diverses espèces de protées, de géranium, de bruyères, de liliacées, et d'autres plantes qui font l'ornement de nos jardins.

Les anciens disaient que l'Afrique enfantait toujours quelques monstres nouveaux. Quoique l'on n'y voie plus des serpents de la dimension gigantesque de ceux que les Romains ont décrits, il en existe encore de monstrueux dans cette partie du monde, et d'autres de moindre dimension: les lézards y fourmillent; le plus redoutable est le crocodile, qui infeste la plupart des rivières; quelques tortues en dévorent un bon nombre à l'instant de leur naissance. On y rencontre aussi des caméléons; les saute-

relles sont un des fléaux de cette contrée ; des fourmis,
insectes non moins formidables ; des nuées de cousins, de
moucherons et de mouches extrêmement incommodes ;
des araignées, des scorpions, des mille-pieds, enfin le ver
de Guinée, qui s'insinue sous la peau de l'homme, sont aussi
au nombre des inconvénients qui résultent de l'extrême
chaleur. On pêche du corail le long de la côte baignée par
la Méditerranée, ainsi que des éponges, et diverses productions marines très curieuses. Plusieurs parages sont très
poissonneux.

L'autruche habite les confins des déserts et les plaines
voisines ; la pintade, la grue de Numidie, l'oiseau couronné, le marabou, qui donne un duvet si élégant, les calaos
au bec monstreux, le secrétaire, qui semble réunir les caractères des oiseaux de proie et des échassiers, l'ibis, vénéré
par les anciens Égyptiens, la perruche à collier, le perro-
quet gris, le pélican, la spatule, les aigrettes, qui fournissent
de si jolis ornements de tête, sont les plus remarquables des
oiseaux indigènes de l'Afrique, où l'on en trouve une infinité d'autres qui brillent autant par leur ramage que par
l'éclat et la diversité des couleurs de leur plumage.

Le lion fait retentir de ses rugissements toutes les contrées de cette partie du monde, depuis les rives de la Méditerranée jusqu'aux solitudes voisines du cap de Bonne-
Espérance ; la panthère, le léopard, le lynx, les hyènes, le
chacal, répandent également la terreur parmi les troupeaux
d'animaux paisibles : ce sont les antilopes, dont les nombreuses espèces parcourent d'un pied léger toute la surface du continent ; les moutons, dont les uns ont, au lieu
de queues, de larges pelotes de graisse, et dont les autres
perdent par l'effet de la chaleur leur laine, qui est rem-
placée par du poil. Le bœuf du Cap, ou cafre, a un caractère de férocité qui ne permet pas de le dompter ; le bœuf
domestique se trouve partout où il trouve de la nourriture.
L'Afrique est la patrie de ces chevaux barbes admirables
par l'élégance des formes et la vitesse à la course ; l'âne y

acquiert une taille et une force inconnues en Europe. Dans
le sud, le zèbre et le couagga offrent leur pelage rayé avec
une régularité qui semble un effet de l'art. La plupart des
fleuves nourrissent le pesant hippopotame ; le rhinocéros
à deux cornes est commun dans toute la partie du sud et
de l'est, qui est aussi la patrie de la girafe au cou d'une
longueur si extraordinaire. Le chameau et le dromadaire
aident aux Africains à traverser le désert, qui serait impra-
ticable sans leur secours. Les forêts sont remplies de plusieurs espèces de singes, de chauve-souris, d'écureuils ;
des rats, des hérissons, des porcs-épics, des lièvres, des
civettes, de singulières musaraignes, des taupes, le daman,
le pangolin, couvert d'écailles et dépourvu de dents, l'oryc-
térope, qui vit également de fourmis, l'ichneumon, ennemi
du crocodile, se trouvent en Afrique. L'ours n'habite que
les cavernes de l'Atlas ; l'éléphant paît dans les campagnes,
depuis la limite méridionale du désert jusqu'au cap de
Bonne-Espérance.

On ne peut marquer avec précision les limites des divers
pays que renferme l'Afrique. On remarque dans le nord
l'Égypte, la Barbarie, Maroc ; dans l'ouest, le Sahara ou
grand désert, la Sénégambie, la Guinée, le Congo ; dans
le sud, le pays du Cap, la Cafrerie ; dans l'est, Mozam-
bique, le Zanguebar, l'Abyssinie et la Nubie ; dans le
centre, la Nigritie.

On rattache à l'Afrique plusieurs îles isolées ou réu-
nies en archipel ; dans l'océan Atlantique, au nord, les
Açores, Madère, les Canaries ; à l'ouest, les îles du cap
Vert ; sous l'équateur, les îles de la Guinée ; au sud, Sainte-
Hélène, l'Ascension, et quelques autres ; dans la mer des
Indes, Madagascar, Bourbon, l'Ile-de-France et Rodrigue,
les Comorres et les Amirantes, les Sechelles et Socotora.

Il est difficile de dire quelque chose de positif sur la population de l'Afrique. Les calculs les plus raisonnables la
portent à 70,000,000 d'âmes, nombre bien chétif relativement à la vaste étendue de ce continent. Deux races

distinctes et une variété de l'espèce humaine habitent l'A-
frique : les Maures dans le nord ; les Nègres dans toute la
partie du centre , d'une mer à l'autre ; les Cafres dans le sud-
est. Ces hommes parlent une multitude d'idiomes qu'il est
presque impossible de classer , faute de connaissances suffisantes ; quelques uns semblent ne renfermer que des sons
à peine articulés, des cris, des sifflements qui rappellent
ceux des animaux. On peut distinguer le copte en Égypte,
le berber et ses dialectes dans toute la Barbarie et en
Nubie. Les peuples qui habitent ces régions et celles de l'est
entendent plus ou moins l'arabe ; il est la langue du commerce ; ses caractères sont les seuls dont on fasse usage ,
excepté en Égypte et en Abyssinie , où il y a aussi une
autre écriture. Le gheez se parle en Abyssinie ; l'yolof,
le mandingue, le foulah , chez les Nègres de l'ouest et du
centre ; le fantin dans la Guinée ; le congo dans le pays de
ce nom ; l'ambounda , depuis cette contrée jusqu'en Mo-
zambique ; le cafre et le hottentot dans le sud ; le madé-
casse à Madagascar , où l'on retrouve l'arabe, ainsi que
dans les archipels , au nord de cette grande île et sur la
côte de l'est.

La religion chrétienne n'est professée par les indigènes
qu'en Égypte et en Abyssinie. Les Européens l'ont introduite avec leurs différents langages dans les lieux où ils
ont formé leurs établissements. Le mahométisme domine
chez une partie des Égyptiens, dans toute la Barbarie et
à Maroc chez les tribus nomades du désert, en Nubie,
dans plusieurs royaumes de la Sénégambie, de la Nigritie et de la Guinée, dans les archipels de l'est et dans
plusieurs portions de Madagascar. On trouve quelques juifs
en Barbarie, à Maroc, en Égypte, en Abyssinie, en Nubie. La plupart des peuples nègres et cafres ne connaissent
d'autre culte qu'un fétichisme grossier.

Autrefois plusieurs parties de l'Afrique connurent la civilisation ; elle était sans doute fort imparfaite, mais au
moins elle tendait à maintenir l'ordre ; elle a partout dé-

généré. On ne rencontre presque partout que des esclaves nombreux obéissant aux caprices bizarres et souvent sanguinaires d'un despote. Quelques peuplades sont indépendantes, mais dans toute l'étendue du continent la force établit le droit; ce ne sont généralement que des guerres de peuple à peuple pour y prendre des esclaves.

Le commerce des hommes noirs a de tout temps été très actif en Afrique; le monarque vend ses sujets ou enlève ceux du voisin pour en faire le trafic. Ces esclaves sont transportés à des distances immenses de chez eux avant de s'arrêter chez le maître qui les gardera. Les autres marchandises que l'on tire de l'Afrique sont l'ivoire, l'or, les plumes d'autruche, la gomme, différentes drogues. La côte du nord fournit des grains à différentes parties de l'Europe.

Les anciens désignèrent d'abord par le nom d'Afrique une petite portion de la côte de Barbarie au sud du cap Bon. Les Grecs donnèrent à cette partie du monde le nom de Libye. Long-temps on considéra l'Égypte comme appartenant à l'Asie. Dès les temps les plus anciens, les tentatives de découvertes eurent principalement l'Afrique pour objet. On n'est pas sûr que des navigateurs, à une époque très reculée, n'en aient pas fait le tour par mer; cette connaissance, si on l'avait acquise, se perdit. A peine les écrivains de l'antiquité décrivent-ils les côtes de l'ouest avec quelque précision, un peu au-delà du tropique du cancer; du côté de l'est, ils donnent des notions jusqu'au cinquième degré au sud de l'équateur. L'intérieur leur était bien mieux connu; nous n'en savons pas encore assez pour retrouver avec certitude tous les points dont ils parlent.

Les modernes, après beaucoup de tentatives successives, arrivèrent au cap de Bonne-Espérance. Il fut découvert en 1483 par Barthélemi Diaz, Portugais. En 1498, Vasco de Gama le doubla pour aller aux Indes, où le premier il arriva par mer.

Les Portugais, les Français, les Anglais, les Danois et
les Hollandais ont, par les établissements qu'ils ont formés
sur différents points des côtes de l'Afrique, contribué à
nous faire acquérir sur cette partie du monde les notions
que nous possédons. Le voile qui couvre l'intérieur n'a pas
encore été soulevé. Plusieurs voyageurs ont essayé d'y pénétrer par différentes voies : Ledyard, Hornemann, Ritchie,
Houghton, Mungo-Park, Tuckey, et beaucoup d'autres,
ont péri victimes de leur zèle ; d'autres, tels que Bowdich,
Mollien, ont été plus heureux, ils ont revu l'Europe, mais
sans avoir pu aller bien avant dans l'Afrique. Enfin nous
sommes redevables de quelques lumières à des Européens
qu'un sort malheureux a jetés sur les plages inhospitalières
du Sahara, et que la providence a sauvés des horreurs
d'une affreuse captivité ; Brisson, Saugnier, Follie, Riley,
Adams, Cochelet, en racontant leurs infortunes, ont mêlé
à leurs récits les renseignements qu'il avaient obtenus des
Maures. Cette masse de notices, qui ne suffit pas pour nous
instruire, est propre à enflammer la curiosité, et fait désirer
ardemment que des voyageurs plus heureux parviennent
enfin à fixer les incertitudes des géographes.

Hérodote, Strabon, Ptolémée. — *Relations de voyages modernes.* —
Edrisii Africæ, edente Hartmann. Gottingue, 1796, in 8°. — *L'Afrique*
de Jean Léon. — *L'Afrique* de Marmol. Heeren. *Idéen über die Politik,*
etc., *der vornehmsten Völker.* (2 ter. th. Africæ.)   E...s.

A G

AGAME. (*Histoire naturelle.*) Dans son acception rigoureuse ce mot signifie *qui ne s'accouple point,* et, par
extension, *privé de sexe.* Il est effectivement des êtres qui
ne présentent aucune trace de sexe, et qui conséquemment ne sauraient s'accoupler.

Quelques botanistes avaient à tort étendu cette dénomination à tous les végétaux compris par Linnée dans la
vingt-quatrième classe de son système sexuel, qui renferme,

sous le nom de cryptogamie, les plantes qui, n'ayant pas de fleurs apparentes, semblent vouloir nous dérober leurs noces mystérieuses. Des observations mieux faites ont démontré des sexes dans les mousses et dans les fougères, qui font partie de cette vingt-quatrième classe, si nombreuse, si obscure, mais dont l'étude dédommage l'observateur des peines qu'il se donne pour la connaître par la découverte d'une quantité de faits nouveaux. Aujourd'hui les diverses familles qu'on a établies parmi les champignons, les lichens, et les algues aquatiques, sont les seules cryptogames qui soient réputées agames, encore que plusieurs d'entre elles présentent des propagules, organes destinés à perpétuer leur espèce par une sorte de semis.

Parmi les animaux, les hydres, connus généralement depuis Trembley et Réaumur sous le nom de polypes d'eau douce, la plupart des radiaires, et tous les infusoires, paraissent être agames. Quelque soin que nous ayons apporté à saisir les traces de leurs amours ou de leur union, nous n'avons rien observé qui ait pu nous autoriser à leur supposer des organes générateurs. On sait que tous, coupés par morceaux, loin de trouver la mort dans leur lacération, transmettent toute leur existence à chacun de leurs morceaux, qui deviennent des animaux aussi complets que celui dont ils ont été détachés. On sait que plusieurs se divisent naturellement, et que chaque division forme bientôt un être parfait. Nous en avons vu se multiplier par des dédoublements successifs. On pourrait les appeler *tomipares,* c'est-à-dire *qui se multiplient par coupures.*

Il est possible que la plupart des animaux anciennement nommés acéphales par Lamarck, c'est-à-dire des conchifères, soient entièrement agames; du moins on n'a rien observé chez eux qui indiquât un sexe, et la manière dont ils se reproduisent est encore un mystère. Le microscope nous a encore refusé la découverte de leur mode de reproduction; car tout ce qu'on a dit sur la présence d'une multitude d'embryons dans un état laiteux, où sont les huîtres durant un certain temps de l'année, est absolument faux; on a pris pour de petites huîtres des animaux fort différents, d'une tout autre classe.

On a encore appelé agame un genre de sauriens dont les espèces sont, comme le caméléon, sujettes à changer de couleur, mais parfaitement munies de sexe, malgré le nom commun qui les désigne et qui peut en donner une fausse idée.   B. DE ST. V.

AGAPES. (*Religion.*) C'est le nom qu'on donnait aux repas que les premiers chrétiens faisaient en commun dans les églises. Quelques auteurs ont pensé que les agapes étaient commémoratives de la cène; d'autres, que cette coutume était empruntée du paganisme. Fauste le manichéen est du nombre de ceux qui lui donnent cette origine.

On ne saurait dire précisément quel était l'objet des agapes; le baiser de paix qui se donnait à la fin de ces repas, et le nom d'agapes lui-même, qui, en grec, signifie *amour*, peuvent faire penser qu'elles étaient un moyen d'entretenir ou d'étendre la fraternité parmi les chrétiens; on peut aussi les considérer comme une institution de bienfaisance. Les riches, dans les commencements, faisaient tous les jours de ces festins; et saint Augustin dit quelque part, en réponse aux accusations de Fauste: *Agapes nostræ pauperes pascunt, sive frugibus, sive carnibus.* On trouve dans la Vie des saints que plusieurs d'entre eux faisaient des agapes dans la vue de nourrir les pauvres.

Considérées comme institution de bienfaisance et d'hospitalité, il paraît que les agapes ne tardèrent point à se corrompre. Saint Paul, dans son épître aux Corinthiens, se plaint de ce que les agapes ne se font plus en commun, que chacun y apporte ce qu'il doit manger, et qu'ainsi les uns s'en vont rassasiés quand les autres éprouvent encore le besoin de la faim.

Indépendamment de tout motif spécial et déterminé, l'usage des agapes se présente encore comme l'effet naturel

de l'isolement des premiers chrétiens au milieu de la société dans laquelle ils vivaient. Toutefois les païens ne manquèrent pas d'incriminer ces réunions et de les présenter
comme servant d'abri aux désordres les plus scandaleux ;
leurs imputations se fondaient surtout sur le baiser de paix
qui se donnait indifféremment entre les deux sexes, et sur
l'usage de se placer sur des lits pendant le temps du repas.
Il paraît que leurs accusations n'étaient point entièrement
dénuées de fondement, puisque saint Pierre, en parlant
des agapes, dit de quelques faux docteurs, *qu'ils n'aiment que leurs plaisirs, et que leurs festins sont de pures
débauches.* Soit donc pour remédier à des désordres réels,
soit aussi pour ôter tout prétexte aux attaques des païens,
on ordonna que le baiser de paix se donnerait séparément
entre les individus de chaque sexe, et qu'on ne dresserait
plus de lits dans le lieu des agapes. Enfin les abus continuant
à s'introduire dans ces réunions, on fut obligé de les abolir.
Ce fut le concile de Carthage qui les condamna en 397.

D'après les épîtres de saint Pierre et de saint Paul, et
les décisions des conciles, autorités peu suspectes à l'égard
des agapes, lorsqu'elles se prononcent contre elles, on ne
peut douter que de graves désordres ne se soient introduits dans ces festins. Néanmoins on ne doit pas s'en rapporter au témoignage des païens quant à la nature et à
l'étendue de ces désordres, attendu les puissants et nombreux intérêts qui, parmi eux, se trouvaient menacés par
les progrès du christianisme.

Toute secte naissante est exposée aux persécutions, à
la calomnie surtout, qui est la plus facile et la plus efficace
de toutes celles dont on puisse faire usage contre des réformateurs. Plus est grande la différence qui existe entre
les doctrines d'une secte nouvelle et les idées et les mœurs
au milieu desquelles elle s'annonce, plus cette différence
lui est avantageuse ; c'est-à-dire, plus elle la rapproche des
besoins et de la tendance de la nature humaine, plus aussi
sont actives les attaques dirigées contre elle ; or le chris-

tianisme réunissait tous les caractères auxquels s'attache la persécution. Au luxe, à la dépravation dont ils étaient entourés, les premiers chrétiens opposaient le mépris des richesses, une vie simple et austère; aux usurpations les plus inouïes sur les droits de l'humanité, ils opposaient le dogme et la pratique de l'égalité absolue; enfin à l'action brutale et capricieuse de la force matérielle qui alors réglait tout, ou plutôt décidait de tout, ils opposaient la résistance passive d'une force morale, invariable, inflexible, qui même au milieu des tortures les plaçait en ce qu'ils avaient de plus cher hors des atteintes de leurs bourreaux.

Tel était le christianisme dans ses commencements, et tel il devait être pour triompher. Ce serait une grave erreur que de juger du fondement des accusations dirigées contre les premiers chrétiens d'après ce que nous savons de leurs successeurs. Il faut considérer les temps, les circonstances que cette religion a traversés, les révolutions qu'elle a subies; en procédant ainsi, on trouvera que l'on doit repousser les imputations odieuses dont on l'a chargée dans les premiers temps de son existence, et se défier des apologies dont elle a été l'objet dans la suite.   St. A.

AGARIC. (*Histoire naturelle.*) Genre de champignons. L'agaric du vulgaire et des boutiques n'est pas celui des savants; il appartient au genre bolet, et donne l'amadou. (*Voyez* CHAMPIGNON.)   B. DE ST. V.

AGATE. (*Histoire naturelle.*) Substance quartzeuse, translucide, étincelante sous le briquet, rayant facilement le verre, et ornée de couleurs vives et variées. Comme le quartz, elle a pour base la silice.

Les agates ne se rencontrent point dans les terrains appelés *primitifs* par les géologues. Leurs gisements ordinaires sont les terrains *secondaires* et les terrains *volcaniques*. On les trouve aussi en rognons isolés dans la pâte des roches trappéennes ou amygdaloïdes (*voyez* ROCHES); et sous la forme de cailloux roulés, dans les terrains de transport (*voyez* TERRAINS).

Les agates prennent différents noms, suivant la diversité de leurs couleurs. Lorsqu'elles affectent la belle nuance du rouge cerise, on les appelle *cornalines;* la couleur orangée, plus ou moins foncée, leur fait donner le nom de *sardoines ;* sont-elles colorées en vert tendre par l'oxyde du nickel, elles reçoivent le nom de *prases* ou de *chryso-prases;* enfin on les nomme *calcédoines* lorsqu'elle sont nébuleuses, blanchâtres, laiteuses ou bleuâtres; cette dernière variété cristallise souvent en rhomboïdes.

L'agate se rencontre ordinairement en concrétions cylindriques, coniques, sphéroïdales ou mamelonnées; d'autres fois en boules pleines de quartz-hyalin (cristal de roche) de diverses nuances; sciées alors transversalement, elles représentent des espèces de bastions que leur régularité a souvent fait rechercher pour les collections, et qui leur a valu le nom de *périgones.* On trouve aussi l'agate en boules creuses dont les parois sont tapissées de cristaux coloriés, ou remplies d'une substance terreuse, ou renfermant un noyau solide de craie; cette variété est désignée sous le nom de *géode,* et gît ordinairement dans une terre argileuse; d'autres fois ces boules creuses sont remplies d'eau. (*Voyez* ENHYDRE.) On a donné le nom d'*onyx* (du mot grec ὄνυξ ongle) à une variété d'agate dont la couleur approche de celle de l'ongle. Maintenant on désigne sous ce nom celles qui sont recherchées pour la régularité de leurs zones, tantôt droites et parallèles, tantôt ondulées, ou enfin orbiculaires et concentriques, et par la vivacité des couleurs qui les distinguent. Cette variété, sous la main du graveur, sert à former les plus beaux camées. D'autres fois la disposition des zones donne à cette pierre une grande ressemblance avec la prunelle de l'œil, et lui fait prendre le nom d'agate œillée.

On a recherché long temps les agates appelées *herborisées* et *mousseuses*, parcequ'elles semblent renfermer de petites plantes ou des mousses que l'on a reconnues être l'effet de la cristallisation de plusieurs métaux à l'état d'oxydes, tels que le fer ou le manganèse, et qui, dissous dans un fluide, ont pénétré lentement ces agates lors de leur formation.

Les minéralogistes donnent le nom de *quartz agate pyromaque* à la pierre à fusil ou à briquet, et celui de *quartz agate molaire* à la pierre meulière. Cette dernière appartient à la formation d'eau douce; on la rencontre en masses criblées de cavités ordinairement remplies par de l'argile jaune ferrugineuse.

Les agates ont tant d'analogie avec les *silex*, qu'à l'exception de la finesse de leur pâte, elles en ont les caractères extérieurs les plus marqués : comme les silex, elles se présentent en globes isolés; comme les silex, leur cassure est ordinairement terne; enfin, comme les silex, elles sont recouvertes d'une couche blanchâtre et raboteuse comme si elles avaient subi une *ignition* considérable. Celles dont le grain est très fin ont une enveloppe dont la couleur brune, rougeâtre ou jaunâtre est due à la présence du fer.   B. de St.-V.

AGATE. (*Technologie.*) L'agate est une pierre précieuse de l'espèce du silex, qui se taille, se scie, se polit et se grave plus ou moins facilement, selon le degré de dureté qu'elle possède, et qui, en général, est assez grand. On l'emploie à plusieurs usages; on en fait des vases, des bagues, des cachets, des manches de couteaux et de fourchettes, des chapelets, des cassolettes, des boîtes, des salières, de petits mortiers, et quantités d'autres bijoux.

Les agates présentent naturellement des veines transparentes ou translucides, entremêlées de veines opaques, dont les unes sont blanches, et les autres nuancées de diverses couleurs. L'art est parvenu à décolorer ces pierres, comme aussi à les enrichir de nouvelles nuances. Le procédé le plus efficace pour les blanchir consiste à les plonger dans de l'acide hydro-chlorique, que l'on porte au degré de l'ébullition pour rendre son action plus vive et plus complète.

La coloration des agates paraissait présenter plus de difficultés; la texture serrée et compacte de ces pierres semblait s'opposer à l'introduction de la matière colorante; mais on a levé cet obstacle de deux manières différentes. Par le premier procédé, que l'on doit aux Indiens, on fait bouillir les agates dans de l'huile d'abord, et ensuite dans de l'acide sulfurique; l'ébullition chasse l'air contenu dans les pores; l'huile s'y introduit, et, brûlée bientôt après par l'acide sulfurique, elle développe une belle couleur noire qui règne dans les veines opaques, tandis que les veines translucides restent sans altération, et que d'autres passent à une blancheur plus éclatante.

M. Clément a fait sur les agates des expériences qui l'ont conduit au procédé suivant. On met sous le récipient de la machine pneumatique un vase contenant de l'huile chaude et les pierres qu'il s'agit de colorer; on fait le vide; des bulles d'air se dégagent à l'instant des pores des agates, même de celles qui paraissent les plus pleines et les plus unies; on rend l'air; on reprend les agates, qui sont alors pénétrées d'huile, et on les met dans de l'acide sulfurique concentré qui pénètre également la pierre, brûle l'huile, et dépose le charbon jusqu'à deux millimètres de profondeur. Dans ce cas-là encore, ce sont les veines opaques qui se trouvent colorées, parcequ'il paraît qu'elles sont les plus poreuses, tandis que les autres veines, étant infiniment plus serrées, s'opposent à l'introduction de toute couleur.

Les agates sont taillées et travaillées de même que les autres pierres précieuses par les lapidaires, et elles sont montées et mises en œuvre par les bijoutiers joailliers. (*Voyez* ces mots.)

On fait des agates artificielles qui imitent celles que la nature nous présente. (*Voyez* Pierres précieuses artificielles.)   L. Séb. L. et M.

AGAVE. (*Histoire naturelle.*) Genre de plante de la famille des broméliacées, c'est-à-dire voisin des ananas, que l'aspect singulier des espèces qui le composent a fait souvent confondre avec les aloès, et dont on cultive plusieurs dans les serres ou dans les orangeries de l'Europe ; d'autres croissent même en pleine terre dans nos provinces méridionales. La plus remarquable, celle que l'homme rapprocha de lui par l'utilité qu'elle lui présentait, est l'américaine, l'*agava americana* des botanistes, vulgairement nommée *pite* ou *pitte* dans les colonies, où ses feuilles, après un rouissage, donnent un fil grossier, mais très propre à faire des cordages pour les embarcations : on en fait aussi des hamacs, des filets, des lignes de pêche ; et plusieurs hordes barbares s'en servent pour coudre leurs vêtements ou tisser des étoffes végétales qui reçoivent fort bien les couleurs qu'on leur imprime.

L'agave d'Amérique donne déjà aux campagnes où il est cultivé un aspect particulier et exotique. Depuis Perpignan, dans la Catalogne, dans le royaume de Valence, le long de la Méditerranée, et dans toute l'Andalousie, dès le revers de la Sierra-Morena, on en forme des haies impénétrables ; et ce genre de clôture embellit les champs et les propriétés qu'elle circonscrit. Les routes des parties les plus chaudes de l'Espagne en sont souvent bordées, et l'on a vu, dans certains combats, des soldats se croire inexpugnables, comme dans une citadelle, derrière des agaves pressés. En plusieurs endroits, les conquérants du pays furent dans la nécessité, afin d'y pouvoir circuler librement, de faire arracher, à cinquante toises de leurs communications, des végétaux qui les rendaient si dangereuses, en mettant les embuscades à l'abri de toute tentative de riposte.

Nul végétal ne présente une rapidité d'accroissement aussi extraordinaire que l'agave, formé de feuilles radicales, longues, coriaces, armées de dents déchirantes et de pointes dures ; on dirait un artichaut ouvert, gigantesque, dont chaque feuille atteindrait de cinq à sept pieds de long. Du centre de cet amas de feuillage glauque sort, quand la plante a deux ou trois ans, une sorte de hampe de la figure d'une asperge qui commencerait à poindre, et qui, croissant à vue d'œil, atteint jusqu'à vingt-cinq pieds de hauteur en six ou huit jours : nous en avons vu même prendre tout leur développement en trois fois vingt-quatre heures; et, dans ce cas, rare à la vérité, la croissance étant d'environ une ligne par minute, on pouvait aisément en distinguer la singulière rapidité. L'extrémité de cette hampe se charge de fleurs réunies en paquets, et dont la disposition générale est celle d'un élégant candelabre.

B. DE ST.-V.

AGE DU MONDE. (*Antiquités.*) Les chronologistes divisent le temps qui s'est écoulé, selon les écrivains sacrés, depuis la création du monde jusqu'au Messie, en sept âges. Mais ce qui prouve que ces calculs sont chimériques, c'est 1° qu'ils diffèrent entre eux pour l'âge du monde, depuis Adam jusqu'à la naissance de Jésus-Christ, de trois mille trois cent soixante-huit ans; c'est 2° qu'il n'y a pas de chronologie à établir lorsque l'on court le risque de prendre des allégories pour des réalités. «Il faut avouer, disent les auteurs de l'*Histoire universelle* (voy. la préface, t. 1er), qu'il n'y a point d'exacte uniformité dans les supputations des juifs, et que le texte hébreu, le *Pentateuque samaritain* et les *Septante* diffèrent beaucoup entre eux... Ainsi, par exemple, l'intervalle depuis la sortie d'Égypte jusqu'à la fondation du temple de Salomon est expressément dit avoir été de quatre cent quatre-vingts ans, dans le 1er livre des Rois, c. 6, v, 1; au lieu que, dans le livre des Juges, la somme de tous les nombres particuliers monte environ à cinq cent quatre-vingt-douze ans.» Voyez *ibid.*, la table des années du monde jusqu'à la naissance de Jésus-Christ, suivant le calcul de cent dix chronologistes, dont le premier compte depuis la création jusqu'à l'ère chrétienne six mille neuf cent quatre-vingt-quatre ans, et le dernier trois mille six cent seize années seulement, ce qui fait, comme je l'ai dit, une légère différence de trois mille trois cent soixante-huit ans !   E. J.

AGES (les quatre). (*Antiquités.*) L'âge d'or, l'âge d'argent, l'âge d'airain, l'âge de fer, sont les quatre âges du monde qui suivirent la formation de l'homme, suivant les poëtes. Ils ont placé l'âge d'or sous le règne de Saturne, pendant lequel on vit régner sur la terre la liberté, et avec la liberté l'abondance, l'innocence et la justice. « Alors, disent-ils, la terre, sans avoir besoin d'être cultivée, produisait d'elle-même tout ce qui est nécessaire et utile à la vie; des fleuves de lait et de miel coulaient de toutes parts. » Les âges suivants, dont on peut voir la description dans Ovide et dans Virgile, vont toujours en empirant; et c'est sans doute d'après cette allégorie qu'Horace a dit, et qu'on croit encore, que les hommes vont de même en empirant toujours, que nous ne valons pas nos pères, et que nos descendants seront encore pires que nous. J'ai fait voir, dans les notes sur mon *Retour de l'âge d'or*, que les quatre âges du monde étaient une allégorie des quatre âges du soleil ou des quatre saisons de l'année; que l'âge d'or était l'hiver, l'âge d'argent le printemps, l'âge d'airain l'été, l'âge de fer l'automne; j'y renvoie le lecteur pour les preuves : le passage du chapitre 18 du livre 1er des *Saturnales* de Macrobe sur les quatre âges du dieu soleil achèvera de le convaincre.

« Les images ou statues de Bacchus le représentent tantôt sous la forme d'un enfant, tantôt sous celle d'un jeune homme, d'autres fois avec la barbe d'un homme fait, et enfin avec les rides de la vieillesse, comme les Napolitains en Campanie peignent le dieu qu'ils honorent sous le nom d'*Hébon*. Ces différences d'âge sont relatives au soleil, qui semble être un tendre enfant au solstice d'hiver, tel que le représentent les Égyptiens à certain jour où ils tirent du fond de leur sanctuaire son image enfantine; parceque, le jour étant alors le plus court, ce dieu semble n'être encore qu'un faible enfant. Prenant ensuite des accroissements, il arrive à l'équinoxe de printemps sous la forme d'un jeune homme vigoureux, dont ses images empruntent alors les traits : puis il parvient à sa maturité, désignée par la barbe touffue qu'il porte dans les images qui le représentent au solstice d'été, lorsque le jour a pris tous les accroissements dont il est susceptible. Enfin il décroît ensuite insensiblement, et arrive à sa vieillesse, retracée par l'état de décrépitude où il est peint dans les images. »   E. J.

AGES. (*Médecine.*) Tout s'altère, tout meurt autour de nous. Les ouvrages de la nature, comme ceux des hommes, ont leurs périodes d'accroissement et de décrépitude. La terre elle même nous offre partout, dans les débris qui la couvrent, les traces des révolutions qui ont bouleversé sa surface. Cependant, au milieu de ces révolutions perpétuelles, la matière ne périt pas ; elle ne fait que changer de forme, soit que, constituant les corps inorganiques, elle reste impérieusement soumise à la loi de l'inertie, soit que, soustraite momentanément à l'empire des lois physiques, elle devienne organisée et vivante. Mais les corps inorganiques prolongeraient indéfiniment leur existence, si des causes purement accidentelles n'y mettaient un terme. Produits de combinaisons chimiques, ils ne peuvent être détruits que par l'influence de nouvelles affinités, ou par une violence extérieure qui divise leurs molécules. Chez les êtres organisés au contraire, la durée de l'existence est circonscrite dans de certaines limites, variables pour chaque espèce. Les uns naissent et meurent dans l'espace d'un jour ; les autres semblent braver les siècles. C'est surtout parmi les végétaux que l'on rencontre ces exemples d'une vie éphémère ou d'une extrême longévité.

Parmi les animaux, l'homme est un de ceux dont la vie se prolonge le plus long-temps. Mais trop souvent il abrège le terme que la nature semble avoir assigné à son existence. Si le perfectionnement de la civilisation a éloigné de l'homme une foule de causes de destruction, la civilisation en a créé d'autres non moins actives. Au sein de nos villes populeuses, combien d'artisans succombent prématuré-

ment, épuisés par des travaux excessifs ou meurtriers!
Dans les classes les plus riches, combien font de victimes
et les passions dévorantes, et la pesante oisiveté! Dans les
classes moyennes, où les travaux sont généralement pro-
portionnés aux forces des individus, où les passions moins
excitées sont moins violentes, et les excès plus rares, les
douceurs de la vie semblent en assurer la longue durée.
C'est l'*aurea mediocritas* d'Horace.

Les climats ont une grande influence sur la durée de
la vie humaine. C'est sous les zones tempérées qu'elle
est généralement la plus longue. Le Groënlandais, relégué
sous le pôle glacial, l'Africain, brûlé par le soleil, ont
également une vieillesse prématurée. Les premiers Européens qui débarquèrent en Amérique trouvèrent peu de
vieillards parmi les naturels du pays. Des miasmes destruc-
teurs s'exhalaient de cette terre marécageuse, que les eaux
semblaient encore disputer à l'homme.

C'est une idée répandue chez différents peuples, et
que l'on retrouve également sur les bords du Gange, du
Jourdain et de l'Orénoque, qu'il fut un temps où la vie de
l'homme était beaucoup plus longue. Au commencement
du monde, disent les Indiens, les hommes vivaient près
de quatre-vingt mille ans, et ils étaient remplis de sain-
teté; ils dégénèrent de plus en plus, et il viendra un temps
où les hommes n'auront que trois pieds de haut, ne vivront
que six ans, et se marieront à l'âge de cinq mois... Ainsi,
comme le vieillard d'Horace, les hommes sont détracteurs
du temps présent, et, remontant dans les siècles passés,
ils rêvent les chimères de l'âge d'or.

L'homme, considéré tel que nous le connaissons maintenant, présente dans la durée de sa vie plusieurs époques
ou périodes qui prennent chacune le nom d'*âges*. La division la plus ancienne et la plus naturelle est celle qui partage la vie en quatre âges, savoir, l'enfance, la jeunesse,
l'âge adulte, et la vieillesse.

Ces différents âges ont été considérés tour à tour sous

divers points de vue par les poëtes, les métaphysiciens, les moralistes, les médecins. Nous ne reproduirons point ici le tableau des âges, tel qu'il a été si souvent et si éloquemment tracé, depuis Horace jusqu'à Pope et Boileau, depuis Cicéron jusqu'à Locke et Rousseau.

Nous allons spécialement examiner les quatre âges de l'homme sous le rapport anatomique, physiologique, pathologique et hygiénique.

I. L'enfance a été subdivisée par M. Hallé en deux périodes. La première enfance (*infantia*) comprend les sept années qui suivent la naissance; la seconde (*pueritia*) s'étend depuis l'âge de sept ans jusqu'aux premiers signes de puberté.

Enfermé pendant sept mois dans le sein de sa mère, et désigné pendant ce temps sous le nom de fœtus, l'enfant s'est peu à peu développé. Ce n'était d'abord qu'une masse à peine perceptible, ne pesant qu'un grain le dixième jour de sa formation, et, le trentième, comparé par Aristote à une fourmi sous le rapport de la forme et du volume. Peu à peu cette masse pulpeuse, homogène, s'organise. Le cœur, le cerveau apparaissent, et autour de ces deux grands centres de la vie toutes les autres parties se forment successivement. Au bout de neuf mois l'organisation est achevée; l'enfant naît à la lumière; l'air se précipite alors dans les poumons, et la respiration s'établit pour ne plus finir qu'avec la vie. La première contraction des muscles inspirateurs semble être un de ces phénomènes instinctifs dont l'économie nous offre tant d'exemples, et qui porteraient à admettre, dans beaucoup de cas, l'archée de Vanhelmont ou l'âme sensitive de Stahl. Admirable organisation, dans laquelle les phénomènes indépendants de la volonté sont ceux dont la précision est la plus grande!

En même temps que la respiration s'établit, le sang noir du fœtus, soumis à l'influence bienfaisante de l'air, acquiert les propriétés du sang artériel, et devient propre à porter à tous les organes l'excitation et la vie. Le foie, très déve-

loppé chez le fœtus, co mmence dès ce moment à être moins
prédominant. L'ossification n'est point encore achevée ; les
muscles sont très grêles. Cependant, par une sage prévoyance de la nature, les parties du système locomoteur,
qui devaient servir à garantir les organes intérieurs ou à
les aider dans leurs fonctions, sont déjà très développées.
Ainsi les côtes sont bien formées, de même que les muscles
qui les meuvent. Dans la colonne vertébrale toutes les parties qui concourent à protéger la moelle présentent une
ossification complète ; celles au contraire qui doivent donner attache aux muscles sont encore très peu prononcées.
Les parois du crâne sont encore à la vérité en partie carti-
lagineuses ; mais par leur grande élasticité elles opposent
une puissante résistance aux violences extérieures.

Vers l'âge de sept mois le travail de la première dentition commence, et continue à s'effectuer jusqu'à deux ans.
Pendant ce temps les fonctions de la vie animale se développent et ne cessent de prendre une activité de plus en
plus grande jusqu'à l'âge de sept ans. La quantité de notions que l'homme acquiert pendant cette période de son
existence est vraiment prodigieuse, et il ne serait peut-être
pas déraisonnable d'avancer que l'homme apprend plus de
choses depuis sa naissance jusqu'à l'âge de huit ou neuf
ans que dans le reste de sa vie.

A sept ans la seconde dentition commence. Alors la première éducation que l'enfant a reçue de la nature est à
peu près achevée, et l'on peut commencer à exercer sa
mémoire. Pourquoi dès ce moment ne chercherait-on pas
à confier à sa mémoire une foule de faits choisis dans les
sciences naturelles ? Plus tard il n'aura plus qu'à coordon-
ner ces faits isolés, et de leur ensemble naîtra la science.

A peine l'enfant a-t-il vu le jour que de nombreuses
maladies menacent sa fragile existence. Immédiatement
après sa naissance se montrent l'asphyxie, le muguet,
l'ictère, l'endurcissement du tissu cellulaire, etc. De graves
accidents résultent souvent alors de la rétention du méco-

nium. D'autres enfants apportent en naissant les traces déplorables d'une syphilis héréditaire; d'autres sont déjà phthisiques, etc.

Depuis sept mois jusqu'à deux ans, pendant le travail de la première dentition, l'on observe surtout des convulsions, des assoupissements apoplectiques, de funestes diarrhées.

C'est depuis deux ans jusqu'à sept ans que se manifestent le plus ordinairement la petite-vérole, la rougeole, le croup, la coqueluche, les différentes espèces de gourmes et de teignes, etc. Alors la nutrition est souvent viciée. De là le rachitisme, le carreau, etc. Ces dernières maladies appartiennent aussi à la seconde enfance.

Une observation bien entendue des règles de l'hygiène est un des plus sûrs moyens de conserver la santé de l'enfant naissant. La plume éloquente de Rousseau a signalé les avantages de l'allaitement maternel, et les graves inconvénients du maillot. L'on doit éviter l'air humide et renfermé, la malpropreté, les vêtements trop serrés, les aliments grossiers et indigestes. L'usage intempestif des bains froids, employé d'après un précepte de Rousseau mal interprété, a fait de nombreuses victimes. De tristes déformations du tronc et des membres sont le résultat d'une station ou d'une marche prématurée. Mais d'un autre côté on doit gêner le moins possible les mouvements de l'enfant. Sans adopter dans toute son étendue l'opinion de Buffon, qui, renchérissant sur les idées d'Helvétius, a avancé qu'un homme n'a peut-être beaucoup plus d'esprit qu'un autre que pour avoir fait dans sa première enfance un plus grand et plus prompt usage de ses mains, nous pensons que l'exercice libre des diverses parties doit avoir la plus heureuse influence sur le développement précoce du physique et du moral.

II. Le développement des organes génitaux, le changement opéré dans la voix, marquent la fin de l'enfance et le commencement de l'adolescence. Toute l'économie subit alors une grande révolution. Dans les deux sexes, la poitrine acquiert une plus grande capacité, et tous les sens plus de perfection. Le système glanduleux perd de sa prédominance, et les maladies qui s'y rattachaient deviennent moins fréquentes. Chez la femme, l'établissement de la menstruation rend l'époque de la puberté beaucoup plus orageuse que chez l'homme. Cette époque varie d'ailleurs beaucoup suivant les climats. Ainsi dans les Indes orientales les filles sont nubiles dès l'âge de huit ans, tandis que dans les pays très froids l'apparition des menstrues a lieu plus tard que dans nos climats tempérés.

Parlerai-je des prodigieux changements que subissent alors et les facultés intellectuelles et les dispositions morales? Esquisserai-je le tableau des passions qui arrachent le jeune homme à ce repos enfantin où languissaient son esprit et son corps? Bien ou mal dirigées, ces passions peuvent devenir également la source ou de son bonheur ou de son malheur: mais cet intéressant sujet a été épuisé par nos grands écrivains, et nous renvoyons à leurs ouvrages.

En même temps que plusieurs systèmes d'organes se développent, ils deviennent le siége de nombreuses maladies. C'est pendant la jeunesse que l'état pléthorique prédispose aux inflammations et aux hémorrhagies actives. C'est alors que se manifeste surtout la phthisie pulmonaire, déplorable affection qui moissonne dans sa fleur une partie de l'espèce humaine. Alors apparaissent une foule d'affections nerveuses qui se modifient à l'infini dans les deux sexes, en raison de leur tempérament, des habitudes de leur vie, de leur mode d'éducation, etc.

Si à l'époque de la puberté des maladies nouvelles se manifestent, il en disparaît d'autres qui étaient le partage de l'enfance; telles sont surtout les différentes affections scrophuleuses, les convulsions, l'épilepsie, etc.

Dans la jeunesse, les stimulants hygiéniques et thérapeutiques sont plus nuisibles que dans aucune autre période de la vie. La médecine morale est souvent la plus utile de toutes pour combattre les différentes affections nerveuses, qui reconnaissent le plus ordinairement pour cause ou la mauvaise direction des idées ou l'excès des passions.

III. L'âge adulte commence vers la vingt-sixième année, et se prolonge plus ou moins selon les individus. La texture des organes subit encore pendant cet âge d'importantes modifications. Les muscles se dessinent plus fortement à travers les téguments. Les os, dont l'accroissement en hauteur est terminé, croissent en épaisseur jusque vers l'âge de quarante ans. La poitrine continue, pendant les premières années, à être le siége d'une fluxion sanguine habituelle. Mais peu à peu ce sont les viscères abdominaux vers lesquels se dirige l'exubérance vitale. Alors l'exhalation de la graisse augmente notablement, soit au-dessous de la peau, soit dans la cavité de l'abdomen.

L'homme, parvenu à l'âge adulte, a acquis toute la plénitude de ses facultés physiques et intellectuelles. Son imagination n'est plus aussi vive; mais ses pensées sont plus fortes, son jugement plus solide. L'expérience des hommes et des choses l'a désabusé des rêves brillants de la jeunesse. C'est alors qu'il exécute les grands travaux du corps et de l'esprit : trop heureux s'il n'a pas remplacé les passions de l'âge précédent par des passions plus funestes ! trop heureux si l'ambition, la jalousie, la cupidité, ne tourmentent pas son cœur et ne lui inspirent pas des forfaits !

L'âge adulte a aussi des maladies qui lui sont propres. Jusque vers l'âge de trente-six ans les maladies du poumon sont encore redoutables. Plus tard, les affections du foie et des autres viscères abdominaux deviennent prédominantes. Alors se montrent les anévrysmes, les névralgies, le rhumatisme, la goutte, les dartres, etc. Après quarante ans, les apoplexies commencent à devenir fréquentes; les affections cancéreuses se déclarent. Enfin, vers l'âge de 45 à 50 ans, la cessation du flux menstruel est une époque fatale qu'une foule de maladies précèdent, accompagnent ou suivent.

IV. Dès l'âge de soixante ans l'homme commence à décroître. Les muscles, moins énergiques, n'ont plus assez de force pour soutenir le tronc, que le poids des viscères abdominaux tend à porter en avant; de là la station courbée des vieillards. Les articulations, plus roides, se prêtent moins facilement aux mouvements. Les organes des sens perdent de leur perfection; la peau, moins souple, est le siége d'un tact moins fin; les nerfs auditifs s'émoussent. Le cristallin épaissi intercepte le passage des rayons lumineux; la rétine, devenue insensible, n'en transmet plus l'impression au cerveau. Le cœur, dont les battements sont plus rares, envoie aux organes un sang moins riche et moins excitant. Les fonctions digestives sont lentes, pénibles; peu d'aliments suffisent au vieillard, et, comme l'a dit Hippocrate, il supporte le jeûne plus facilement qu'à aucune autre époque de la vie.

A mesure que le physique se détériore chez le vieillard, ses facultés intellectuelles et morales perdent aussi leur énergie. Sa mémoire, encore fidèle à lui rappeler ce qu'il a appris dans sa jeunesse, ne conserve plus l'impression des événements de la veille; ses pensées ne se lient plus qu'avec effort: il revient peu à peu vers une nouvelle enfance. Mais tandis que l'enfant recherche le mouvement et les sensations variées, le vieillard, au contraire, aspire surtout à une sorte d'immobilité physique et morale.

Il est des hommes qui, en vertu d'une faiblesse originelle ou acquise, offrent déjà tous les traits de la vieillesse au milieu de l'âge adulte. Il est au contraire d'autres êtres privilégiés qui parviennent jusqu'à un âge très avancé sans présenter à peine quelque trace d'aucune dégradation physique ou morale. Exercer modérément le corps et l'esprit; user de tout, mais n'abuser de rien; chercher les douces émotions, mais se garantir des passions violentes, tel est le plus sûr moyen d'éloigner les infirmités de la vieillesse et de prolonger la vie. Tel fut surtout le secret de l'heureux Fontenelle, qui, né avec une constitution faible, poussa jusqu'à près de cent ans sa débile existence. M. et A... F.

AGES. (*Législation.*) Époques de la vie où l'on devient capable d'exercer certains droits civils ou politiques.

La loi exige quarante ans pour être législateur, trente pour exercer les fonctions de juge conseiller dans les cours royales, de juré et le droit d'élection, vingt-cinq pour les juges, et vingt-deux au moins pour remplir les fonctions du ministère public près les tribunaux.

Pour contracter mariage, l'homme doit avoir dix-huit ans, la femme quinze ans révolus.

A l'âge de vingt-cinq ans accomplis, l'homme peut se marier sans le consentement de ses ascendants; la femme le peut à vingt-un : mais l'un et l'autre sont obligés de leur faire les sommations exigées par la loi.

Pour adopter, il faut être âgé de cinquante ans, et en avoir quinze au moins de plus que l'individu qu'on se propose d'adopter.

Le tuteur officieux doit avoir cinquante ans, l'enfant moins de quinze. L'homme âgé de soixante-cinq ans peut refuser une tutelle. Celui qui en a accepté une peut, à soixante-dix, s'en faire décharger.

La majorité est fixée à vingt-un ans pour les deux sexes; jusqu'à cette époque l'enfant demeure sous la puissance paternelle, et son père peut obtenir du président du tribunal l'ordre de le faire détenir pendant un mois s'il a des sujets de mécontentement. A 18 ans révolus, il peut quitter la maison paternelle pour enrôlement volontaire.

A seize ans, le mineur peut tester ; à quinze, il peut être émancipé par son père, ou par sa mère à défaut de père ; et à dix-huit, par un conseil de famille.

Les témoins doivent être majeurs; les enfants au-dessous de quinze ans ne sont entendus que par forme de déclaration, sans serment.

Le premier jour de la soixante-dixième année de son âge

1.   24

affranchit le débiteur non stellionataire des suites de la contrainte par corps.

Si plusieurs personnes âgées de moins de quinze ans périssent ensemble, la plus âgée est présumée avoir survécu ; si elles ont plus de soixante ans, la présomption est pour la moins âgée. Dans tous les autres cas, la présomption de survie suit l'ordre de la nature : si ceux qui périssent étaient de sexes différents, l'homme est censé avoir survécu à égalité d'âge, ou si la différence n'excède pas une année.

L'âge influe sur la peine à appliquer à l'homme accusé d'un délit ou d'un crime. S'il n'a point atteint sa seizième année, sur la déclaration du jury qu'il n'a point agi avec discernement il est acquitté ; sauf à lui faire subir, s'il y a lieu, une détention limitée dans une maison de correction. Dans le cas contraire, la peine qu'il subit est toujours correctionnelle ; mais elle peut être de vingt ans.

A soixante-dix ans, l'individu dans le cas d'être condamné aux travaux forcés ou à la déportation ne l'est qu'à la réclusion. S'il subissait déjà l'une de ces peines, il est, à soixante-dix ans accomplis, renfermé dans une maison de force pour le temps à expirer de sa peine.   C...N.

AGENCES. (*Economie politique.*) Administration de certaines affaires ou des affaires de certains individus. Ce mot a long-temps appartenu à la police ecclésiastique et à la diplomatie.

Agences ecclésiastiques. Le clergé de France avait deux sortes de réunions. Dans l'une, appelée *assemblée du contrat*, il renouvelait, après les décisions relatives à la foi ou à la discipline, le contrat par lequel il s'était engagé à payer à l'état des subsides et décimes. Il nommait ensuite deux *agents généraux* chargés de surveiller la levée et l'emploi de ces dons volontaires, d'empêcher qu'il fût porté atteinte aux priviléges du sacerdoce, et enfin de proposer au gouvernement tout ce qui pouvait accroître la splendeur de la religion. La seconde réunion, connue sous

le nom d'*assemblée des comptes*, entendait les rapports des
agents généraux, et vérifiait la recette et l'emploi des
dons gratuits. Ces agents, qui se disaient chargés des intérêts de l'église gallicane, n'exerçaient, comme on voit,
que des fonctions subalternes; aussi n'étaient-ils pris ordinairement que dans le second ordre du clergé. Leurs
fonctions duraient cinq ans et leur donnaient le *privilége
de présence;* c'est-à-dire que, vivant à la cour, ils étaient
censés présents à leurs bénéfices et en percevaient les revenus. Ces agences ont été détruites par la révolution, qui,
en assujettissant les biens du clergé aux impôts ordinaires,
les a rendues inutiles. Toutefois le spirituel paraissait être
le motif dominant de ces assemblées et de ces agents : ce
motif subsiste toujours, et l'intérêt de l'église semblerait
demander que le clergé de France fît pour la foi dépouillée
des biens terrestres ce qu'il faisait jadis pour ses biens
temporels unis à ses priviléges politiques.

Agences diplomatiques. La diplomatie reconnaissait
aussi de nombreuses agences. Les grandes puissances ac-
créditaient des agents auprès des petits princes, à qui ils ne
pensaient pas devoir les honneurs de l'ambassade; et les
petits princes en envoyaient aux grandes puissances, auprès
desquelles leur pauvreté ne leur permettait pas d'entretenir
des ambassadeurs. Aujourd'hui ces agents, facteurs, rési-
dents, consuls, n'ont qu'une mission spéciale. Ils sont sous
la protection du droit des gens; mais, ne représentant point
leurs souverains, ils ne jouissent point des priviléges attachés aux ambassadeurs. Les gouvernements envoient cependant des agents non accrédités même dans des pays
où ils ont des ambassadeurs: ce sont des espions *inco-
gnito*, chargés de surveiller les diplomates avoués. Ici l'espionnage n'est que honteux; mais il peut devenir funeste
lorsqu'on adresse ces agents publics ou secrets aux puissances qui ne sont pas encore assez affermies pour qu'on
veuille les reconnaître. Alors les titres diplomatiques ne
sont qu'une protection qu'on accorde aux inimitiés exté-

rieures ; et l'on ouvre un laboratoire inviolable aux discordes et aux conspirations. (*Voyez* DIPLOMATIE.)

Agences d'affaires. Dans l'ordre civil il existe aujourd'hui un nombre infini d'agences. On peut les diviser en *publiques* et en *particulières.* Je donne le nom de publiques à celles dont l'existence est reconnue et sanctionnée par le gouvernement. Elles prennent ordinairement le nom d'assurances ; on distingue les assurances maritimes, commerciales, d'épargne et de prévoyance, contre l'incendie, sur la vie, etc., etc. Celles-ci offrent des chances qu'il est possible d'évaluer, parceque leurs données sont fixes et leur base connue ; ainsi nous traiterons au mot *Assurances* de leurs promesses apparentes et de leurs résultats réels et véritables.

Il n'en est pas ainsi des agences particulières, plus spécialement connues sous le titre d'*agences d'affaires.* Il en est qui offrent une garantie vraie et assurée dans la moralité des chefs de l'établissement, dans les capitaux qu'ils consacrent au succès de leur entreprise, dans l'économie des frais administratifs, dans la régularité de leur gestion, dans la prudence des placements et des spéculations, dans le zèle à poursuivre les affaires dont on est chargé ; mais il en est d'autres qui n'offrent aucune sécurité, parcequ'elles n'ont pour objet unique que le bénéfice de l'agent, et qu'elles ne sont que de véritables impôts levés sur la crédulité publique. Elles n'ont qu'un intérêt particulier, malgré le plâtrage d'intérêt général dont on a soin de les recrépir. Il est impossible de traiter avec fruit des agences particulières, 1° parcequ'elles sont susceptibles d'autant de combinaisons qu'il est d'objets sur lesquels on peut spéculer et de manières de capter la confiance ; 2° parce que les chances dépendant en entier de la loyauté, de la capacité et de la volonté de l'agent, il est impossible de les évaluer ; 3° parceque la seule garantie qu'elles offrent est la moralité des agents, et qu'ainsi tout se réduit à une question personnelle que les clients peuvent seuls résoudre.

Aussi les agences d'affaires, n'étant soumises à aucune règle fixe et connue, ont donné lieu à des plaintes multipliées. Il serait à désirer qu'une loi s'occupât de cette intéressante question ; mais il est à craindre qu'en voulant donner des garanties au public elle ne viole sa confiance, et ne porte atteinte à la liberté du commerce et de l'industrie. (*Voyez* AGENTS DE CHANGE.) J.-P. P.

AGENTS DE CHANGE. (*Économie politique.*) Ce sont les seules personnes qui aient qualité pour négocier soit les effets publics français ou étrangers, soit tout autre effet susceptible d'être coté. Autrefois ils avaient le titre de *conseillers du roi, agents de banque, change, commerce et finances,* et ils étaient au nombre de cent seize, répartis dans les principales villes de France. Lorsque le faste et les guerres de Louis XIV eurent ruiné les finances, tantôt on supprima les agents titulaires et on en créa de nouveaux afin d'obtenir le prix de ces nouveaux offices, tantôt on doubla leur nombre, et tantôt on augmenta le prix de leur charge. C'est en 1705, 1708 et 1714 que le corps des agents de change a éprouvé les plus notables variations : l'édit de 1723 avait réglé leur nombre, leurs attributions et leurs droits.

Aujourd'hui leur nombre est fixé à soixante pour la bourse de Paris, et tout individu qui empièterait sur les fonctions qui leur sont attribuées serait passible d'une amende dont le *minimum* est le douzième et le *maximum* le sixième du cautionnement des agents de change. Ce cautionnement, qui est de 125,000 fr., est affecté aux condamnations qui pourraient être prononcées pour abus commis dans l'exercice de leurs fonctions.

La compagnie des agents de change nomme tous les ans, à la majorité des suffrages et au scrutin secret, la chambre syndicale composée d'un syndic et de six adjoints : cette chambre, revêtue d'un pouvoir discrétionnaire, exerce sa surveillance sur la compagnie tout entière : elle peut censurer ou suspendre les agents de change, mais elle n'a le droit que de provoquer leur destitution.

Les agents de change doivent tenir des livres, et coter sur un carnet chacune de leurs opérations, mais ils doivent le secret à leurs clients ; à moins qu'ils ne soient autorisés à les nommer, soit par eux-mêmes, soit par la nature de la négociation. Leurs droits sont fixés d'un huitième à un quart pour cent pour chaque opération ; et, comme ils en sont personnellement responsables, ils devraient avoir en leurs mains les effets ou les sommes qui peuvent en garantir la livraison ou le paiement. Cette précaution serait d'autant plus nécessaire aujourd'hui que la cour royale de Paris, se fondant sur l'absence des règlements, a refusé aux agents de change le droit de poursuivre leurs clients pour les différences provenant des jeux de bourse. Cet arrêt, qui semble lui même réglémentaire, et par conséquent un empiétement sur la puissance législative ou sur les droits du gouvernement, sert à faire sentir plus vivement l'absence d'un règlement qui, prévoyant tous les cas, n'en abandonne aucun à la discrétion de l'autorité judiciaire.

Les opérations des agents de change ont pour objet les fonds créés par le gouvernement français ou les gouvernements étrangers, tels que les *cinq pour cent consolidés,* les *reconnaissances de liquidation,* les *annuités,* les *bons royaux,* les *fonds d'Angleterre et d'Autriche,* les *rentes d'Espagne,* de *Naples* et de *Sicile.* C'est ce qu'on appelle les *fonds publics.* Nous traiterons de leur émission au mot *Crédit public ;* des garanties qu'ils offrent et du degré d'assurance de leur remboursement, au mot *Amortissement ;* de la manière de les transférer, au mot *Bourse ;* des jeux connus sur les divers fonds aux mots *Agiotage* et *Jeux de bourse.*

Les agents de change peuvent négocier encore les *actions de la banque* de France, les *obligations* des villes de Paris et de Bordeaux, les *actions des ponts et des canaux,* celles des *compagnies d'assurances maritimes, générales-maritimes, commerciales,* contre l'incendie, *géné-*

rales contre l'*incendie*, du *phénix*, *sur la vie*, *générales sur la vie*, des *dépôts et consignations*, *d'épargne et
de prévoyance*, et enfin de la *caisse syndicale des boulangers*. Tous ces divers établissements autorisés par le gouvernement, et dont les statuts sont connus et publiés,
offrent dans les diverses négociations des chances de gain
ou de perte qu'il est possible d'apprécier et dont nous traiterons au mot *Assurances*. Pour le change de l'argent étranger nous renvoyons aux mots *Agio* et *Change*. Les agents de
change peuvent encore négocier tous les effets de commerce,
et nous les envisagerons sous ce rapport au mot *Bourse*.

Toute opération est de *placement* ou de *spéculation*, à
la *hausse* ou à la *baisse*, au *comptant* ou à *terme*. Les
marchés à terme sont ou *fermes*, c'est-à-dire passés au
cours du jour, mais ne devant être livrés ou payés que fin
du mois courant ou prochain ; ou à *prime*, c'est-à-dire
(pour les *primes d'achat*) qu'en cas de baisse on demeure
le maître de ne point retirer les effets achetés, en préve-
nant le vendeur le dernier jour du mois à trois heures précises, et en perdant la somme qu'on a donnée comme
prime ; et qu'en cas de hausse, on a le droit d'en exiger la
livraison au prix convenu, soit au terme, soit par antici-
pation : mais alors on est tenu de prévenir le vendeur trois
jours d'avance et de payer un escompte. Ici le vendeur est
le seul engagé ; mais dans les *primes de vente* c'est l'acheteur qui s'engage, c'est-à-dire que, moyennant la prime
convenue, il est tenu de recevoir les rentes à lui vendues,
au jour indiqué et pour le prix stipulé : cette opération,
peu usitée, est l'inverse de la précédente.

Toutes ces diverses opérations se font au *cours* de la
bourse ; ce cours est *bas*, *haut* et *moyen* dans le même
jour. Le cours moyen est une moyenne proportionnelle
entre le plus haut et le plus bas ; il sert de type pour les
marchés au comptant, et de régulateur pour les spéculations à terme ou à prime ; car il est une des bases des probabilités de hausse et de baisse.

Les opérations de *placement*, c'est-à-dire l'acquisition de rentes au comptant faite par un individu qui veut placer sur les effets publics des fonds qu'il possède, sont des opérations semblables à l'achat d'une terre ou d'une maison; ici les agents de change font à peu près l'office de notaires. Il en est de même des spéculations à terme ou à prime, lorsque le vendeur peut livrer et que l'acheteur peut payer les effets sur lesquels on opère.

Malheureusement, à côté de ces capitalistes et de ces rentiers, se trouvent des hommes qui, n'ayant ni des effets à livrer ni de l'argent pour les payer, assiégent la bourse, non pour opérer, mais pour jouer sur les fonds publics. Ceci sort du domaine des placements et des spéculations, et rentre dans celui des *jeux de bourse:* nous verrons à ce mot comment, à l'aide des *reports*, ils trouvent le moyen de perpétuer leur jeu jusqu'à ce que leur ruine soit tellement évidente qu'ils soient dans la nécessité de disparaître; comment, pour retarder cette ruine, ils savent *convertir de hausse en baisse et de baisse en hausse* leurs opérations malheureuses; et comment enfin, par l'intermédiaire des *coulissiers*, ils passent, d'heure à heure ou de jour à jour, des marchés presque toujours sans garantie pécuniaire et souvent sans responsabilité morale.

Il n'est pas inutile de faire observer que toute opération de bourse est assimilée à une opération commerciale, et qu'ainsi celui qui souscrit ou fait souscrire pour son compte, par un agent de change, des engagements de livrer ou de payer, est justiciable du tribunal de commerce et passible de la contrainte par corps.

De ces diverses observations il résulte que les opérations faites par les individus qui veulent réellement acheter ou vendre peuvent être lucratives, sont utiles pour le crédit public, et honnêtes aux yeux des moralistes; que les spéculations, au contraire, imaginées par les agioteurs, qui ne peuvent ni livrer ce qu'ils vendent ni payer ce qu'ils achètent, sont plus chanceuses que la loterie et les jeux de hasard, sont la source de tous ces bruits mensongers qui influent toujours sur le cours de la bourse et souvent sur la marche du gouvernement et la tranquillité publique, et enfin sont une des causes de la ruine et du désespoir des familles.

Ces dernières spéculations sont immenses, comparées aux opérations réelles. On peut gagner, et cette possibilité suffit pour que des gens qui n'ont rien à perdre tentent cette chance de gain. Des citoyens peu sages exposent aussi leur fortune à ces jeux de hasard. Si, comme nous l'avons déjà observé, les agents de change font dans les opérations réelles l'office de notaires, ils jouent dans ces spéculations fictives un rôle analogue à celui du gouvernement dans les loteries : ils négocient si souvent les mêmes effets que le véritable bénéfice leur demeure. C'est le chandelier dans les jeux de société ; il reste à celui-ci trois millions par an : c'est donner d'avance une idée du jeu de la bourse de Paris.

Si l'on considère les agents de change comme chargés du courtage des lettres de change et des effets privés, il semble étonnant que les gouvernements, en se réservant le droit de les nommer, aient pour ainsi dire forcé le commerce à se servir d'intermédiaires qui ne sont pas de son choix ; qu'on ait obtenu de ces agents un cautionnement si considérable que, pour pallier cette exigence, il a fallu leur accorder le droit de transmettre leur office à leur gré ; et qu'enfin pour les offices non transmis on n'exige que la présentation de la chambre syndicale, lorsqu'il était si facile de faire intervenir les négociants dans l'élection de leurs mandataires, en laissant aux chambres de commerce le droit qu'elles possédaient de présenter des candidats.

Des ordonnances ont décidé qu'ils avaient seuls le droit de justifier devant les tribunaux et les arbitres la vérité des négociations, achats et ventes. Cette disposition, si elle était suivie, serait un attentat grave porté au droit de propriété et aux règles posées par les lois sur le droit d'acheter et de vendre : l'on doit porter la même décision de

la contrainte imposée aux négocians de se servir de leur
intermédiaire, à peine d'amende.

Le monopole des bourses, confié ainsi à des compagnies d'agents de change, est une véritable gêne pour le
commerce, surtout à Paris, ou les spéculations sur les fonds
publics sont trop nombreuses et trop lucratives pour leur
laisser le temps de se livrer avec quelque soin et quelque
zèle aux négociations privées. La fiscalité détériore tout ce
qu'elle touche : après avoir tiré des agents de change des
sommes énormes, elle s'est aperçue qu'ils ne suffisaient
pas aux besoins du commerce, et elle a été, dit-on, tentée
d'augmenter leur nombre ; ce qui ne remédierait à rien,
puisque les nouveaux suivraient les traces des anciens et
s'adonneraient de même aux opérations de hausse et de
baisse. Elle voulait, dit-on encore, créer des courtiers de
change ; ce qui serait une spoliation, puisque l'office des
agents de change diminuerait de valeur, qu'on leur a con-
cédé un privilége exclusif, et qu'on ne peut y porter atteinte sans ajouter un abus privé à un abus public.

Il nous est impossible de fixer aucune règle précise sur
la responsabilité des agents de change ; car, lorsque les
ordonnances faites pour le fisc viennent se mêler aux lois
faites pour la justice, rien n'est fixe ni reconnu. C'est ainsi
que la loi leur défend de signer des effets de change, et
que des arrêtés les rendent responsables de la dernière
signature des effets qu'ils négocient ; c'est ainsi que la loi
punit par la prison et l'amende les paris sur la hausse et la
baisse, et que la bourse de Paris ne roule guère que sur
ces jeux déguisés. On nous demandera peut-être auxquels
il faut s'en rapporter de ces règlemens ou de ces lois : nous
répondrons que les lois devraient l'emporter sur les règlemens, avec d'autant plus de raison que ces lois sont postérieures et abrogent ce qui les précède ; mais, dans ce
conflit de mesures justes et de mesures fiscales, il en est
autrement, et le fisc l'emporte sur la justice.

Voyez le *Code de commerce ;* la *Loi* du 29 ventôse an xi; les *arrêtés* du

13 germinal an ix, du 27 prairial an x; la *Loi* du 28 avril 1816; le *Règlement général pour la compagnie des agents de change*; la *Législation commerciale*, par E. Vincens; des *Fonds publics en France*, par J. Bresson, etc., etc.   J.-P. P.

AGGLOMÉRAT. (*Histoire naturelle.*) Les agglomérats diffèrent des agrégats en ce qu'ils présentent la réunion de plusieurs substances formées à diverses époques et long-temps séparées, qu'un ciment quartzeux ou calcaire déposé par les eaux a resserrées en masses plus ou moins considérables: tels sont les grès, sables marins rapprochés par un gluten calcaire, et qui forment, à Fontainebleau et à Orsay, des bancs que l'on exploite en cubes qui servent à paver les rues de Paris; tels sont encore les poudingues et les brèches, agates coulées ou brisées, liées entre elles par un gluten siliceux. Quelquefois ces agglomérats sont formés à la fois de silex arrondis et anguleux.

Les agrégats sont la réunion de plusieurs substances diverses agglutinées ensemble à l'époque de la formation. Il faut, pour l'étude de la minéralogie et de la géologie, bien saisir d'abord la différence qui existe entre la valeur de ces deux mots.   B. DE ST.-V.

AGGLUTINATIFS. (*Médecine.*) Ce sont des substances emplastiques capables d'adhérer fortement à la peau, et qu'on emploie le plus ordinairement pour maintenir rapprochées les lèvres des plaies, afin d'en favoriser la réunion. Ces emplâtres, dont la composition varie suivant le but que se propose le praticien, sont formés de cire, de résine et de poix, auxquelles on joint quelquefois d'autres médicaments; tels sont les emplâtres de diachylon gommé d'André de la Croix; ou bien c'est seulement de la colle de poisson aromatisée, dont on enduit une étoffe de soie, et qu'on débite sous le nom de taffetas d'Angleterre; ou bien encore c'est la gomme ammoniaque dissoute dans le vinaigre, et qu'on étend sur de la toile.

Pour se servir des emplâtres agglutinatifs, on les coupe en bandelettes de longueur et de largeur proportionnées à

la forme de la plaie ; après les avoir chauffées légèrement,
on fixe une de leurs extrémités sur la lèvre la moins mobile
de la division, puis on pousse vers elle la lèvre opposée,
et l'on applique par-dessus l'autre bout de la bandelette,
de manière à opérer le rapprochement le plus exact possible. Le nombre des bandelettes est en raison de l'étendue
de la plaie ; et l'on a soin de laisser entre chacune d'elles
un petit espace pour permettre l'issue des liquides. Il ne
faut pas moins de précaution lorsqu'il s'agit de renouveler
les bandelettes agglutinatives, de peur de déchirer la cica-
trice encore délicate. Pour éviter cet accident, il faut lever
d'abord les deux extrémités, et détacher le centre en dernier lieu, sans exercer de traction brusque.

L'emplâtre agglutinatif appelé taffetas d'Angleterre ne
s'emploie que pour les plaies superficielles ; on l'humecte
pour l'appliquer comme pour l'enlever : il a l'inconvénient
de durcir en séchant, et de causer par là de la gêne et de
la douleur.

Les agglutinatifs sont encore utiles pour fermer les plaies
qui pénètrent dans les cavités séreuses ou articulaires, ou
les ouvertures de foyers purulents ; on s'en sert également
pour maintenir différentes pièces d'appareil. En Angleterre,
ils sont fort en usage pour le pansement des ulcères ; et
cette méthode de traitement, transportée en France, a
offert des résultats assez heureux pour que beaucoup de
chirurgiens aient cru devoir l'adopter.

F. R.

AGIO. (*Économie politique.*) Différence de valeur entre l'argent courant et l'argent de banque : différence de
valeur entre l'argent du pays et l'argent d'une nation étrangère ; cet agio s'appelle aussi change. Lorsque cette différence est telle qu'il est possible de réaliser des bénéfices
par le change de ces diverses espèces, les spéculateurs
achètent pour changer, et l'agio compose leur gain.

Lorsqu'on emprunte sur des effets de commerce, ou qu'on
veut les faire renouveler, l'agiotage a trouvé le moyen de

placer entre l'intérêt de la somme empruntée et les droits de courtage un agio qui déguise l'usure. On suppose que c'est un droit prélevé sur les profits que la somme prêtée doit procurer au marchand qui emprunte, et un dédommagement du gain qu'aurait procuré cette somme dans le commerce du marchand qui prête. C'est un mot étranger naturalisé pour déguiser une action qu'on ne voulait pas qualifier. A l'intérêt convenu il faut ajouter l'agio et le courtage, et le courtage et l'agio se renouvellent toutes les fois qu'on veut faire renouveler les effets qu'on a souscrits.

J.-P. P.

AGIOTAGE. (*Economie politique.*) A côté du travail qui fait parvenir à la richesse se trouve, chez les peuples corrompus par un excès de civilisation, un moyen funeste de s'enrichir, toujours désavoué par la morale, et quelquefois toléré par la politique : c'est l'*agiotage.*

Il s'exerce avec une infatigable rapacité sur les valeurs réelles et sur les valeurs fictives. Le régent l'introduisit en France avec la banque de Law ; et, fort de la protection du pouvoir, il semblait orgueilleux de sa publicité. La cour, les parlements, le clergé, séduits par le fameux système, se livraient à l'agiotage avec un zèle scandaleux : bientôt une hideuse banqueroute dessilla les yeux les plus aveuglés, et la pudeur publique fit justice de ce moyen honteux d'envahir les richesses. Dès lors l'agiotage fut signalé comme un infâme et vil trafic ; mais, par cela même qu'il devint clandestin, il fut plus usuraire et plus oppresseur.

La révolution française bouleversa l'ordre social ; et l'agiotage eût encore multiplié les chances de fortune et de ruine si la convention n'eût rendu les richesses périlleuses pour leurs possesseurs. Le directoire essaya de recomposer la société ; mais les hommes d'un esprit vaste, d'une haute vertu, d'un caractère digne des temps antiques, étaient alors en minorité ; et un gouvernement corrupteur et corrompu ne put réunir qu'une société corrompue et corruptrice. Il serait difficile de peindre, surtout après le

18 fructidor, la scandaleuse apparition de la France di-
rectoriale, et cette tourbe d'enrichis qui, passés subitement de l'excès de la misère à l'excès du luxe, jouissaient
gauchement d'immenses trésors, dont ils avouaient de
bonne foi la source honteuse. Gouvernés et gouvernants
étonnaient par un faste dont ils étaient eux-mêmes étonnés.
Noblement dédaignés par la sévère austérité des mœurs ré-
publicaines, les salons, que les bonnes manières, la politesse orgueilleuse et l'urbanité corrompue de l'ancien régime avaient laissés déserts, furent subitement envahis par
tous les agioteurs de cette déplorable époque. Ils devinrent
le rendez-vous de toutes les *bandes noires :* l'un avait agioté
sur les châteaux, l'autre sur les domaines ; celui-ci sur le
papier-monnaie, celui-là sur l'emprunt forcé ; les fournitures, le *maximum*, la subsistance des armées, la famine
du peuple, tout avait été la proie de l'agiotage. Un tel désordre social ne pouvait durer : l'immoralité publique est
toujours passagère ; les nations ont aussi leur pudeur ; et
sous le consulat ces scandaleuses fortunes furent obligées
de voiler la turpitude de leur origine.

L'empire constitua la société politique : la société financière chercha dès lors à s'organiser. Celle-là était toute de
gloire, celle-ci voulut paraître toute d'honneur ; et les
moyens honteux de fortune furent scrupuleusement rejetés lorsqu'ils étaient publics. Dès ce moment la France
adopta les manières anglaises ; elle ne renonça point à l'a-
giotage, parceque les hommes ne renoncent jamais à aucun mode de fortune ; mais elle le mêla dans toutes les
affaires avec une adresse réelle et une grande apparence
de moralité : elle le fondit dans toutes les branches de l'industrie, et quelquefois avec tant de bonheur qu'il semble
faire corps avec tous les travaux honnêtes, et n'en être
qu'une dépendance naturelle. A l'aspect de cette harpie
rapace, se ruant sur tous les producteurs pour leur enlever
la plupart des chances du gain qu'ils devraient légitimement
attendre de leurs produits, une vertu trop morose pourrait

dire que de nos jours tout est agiotage en France ; mais des
injures, même contre l'agiotage, seraient inutiles, et il
sera plus profitable de le suivre sur toutes les routes de
l'industrie humaine et de l'y voir enlever au talent le
fruit de ses longues méditations, et au travail le juste sa-
laire de ses veilles et de ses sueurs.

Les richesses ont des sources réelles et des sources fictives. Les premières sont l'industrie agricole, l'industrie
manufacturière, et l'industrie commerciale : nous verrons
ailleurs qu'elles sont stériles par elles-memes, et que le
travail peut seul les féconder. Mère de toutes les industries,
et plus pauvre que ses filles, l'agriculture reçoit de l'agiotage une atteinte mortelle. Elle en est dévorée par trois
moyens principaux, l'usure, les accaparements, et les importations. Les profits agricoles arrivent à peine à cinq pour
cent, et par conséquent l'intérêt légal est presque usuraire
pour l'agriculteur. Cependant, toujours la nécessité d'a-
méliorer, et quelquefois le désir d'agrandir sa propriété,
forcent le propriétaire à des emprunts; et comme les gens
qui vivent de la terre ne prêtent guère, il doit recourir
aux gens qui vivent de l'argent. Il se livre alors aux agioteurs, et se trouve dans la nécessité de faire face avec des
produits agricoles, toujours variables et toujours au-dessous
de cinq pour cent, à un intérêt exorbitant et qui suit une
progression croissante et continue. Peu d'annnées suffisent
pour qu'un emprunt de dix mille francs consomme la ruine
du possesseur d'un domaine de cent mille livres. La monstruosité de ce trafic ne peut guère être appréciée que dans
les campagnes. Que le prêt consiste en argent, en denrées, en marchandises, il est toujours également funeste à
l'emprunteur. Quelquefois même l'agiotage se place sous
une protection légale : on prête à l'agriculteur dont on
convoite la propriété une somme justement assez forte pour
que, rapidement doublée par l'usure, elle ne puisse être
facilement rendue; et comme l'agioteur est ordinairement
le seul prêteur du canton, il exproprie en hâte, et se fait

adjuger à vil prix le domaine convoité. Les contrats à réméré, surtout dans les départements pauvres, sont presque toujours un moyen également légal, également honteux de dépouiller les propriétaires : le laboureur n'y voit
qu'un emprunt dont il compense les intérêts avec le revenu
de la propriété qu'il cède ; mais le terme fixé arrive, il ne
peut rembourser, et il s'aperçoit trop tard que son acte
d'emprunt était un véritable contrat de vente.

L'accaparement des denrées, au moment des récoltes,
se fait toujours à vil prix, parcequ'il a lieu dans un temps
d'abondance et au comptant. On les vend ensuite très cher
dans la morte saison, hors des marchés, à crédit, et payables ainsi que l'intérêt en denrées de même nature à la
récolte prochaine. Grâce à ces achats à la baisse et à ces
ventes à la hausse, peu d'années suffisent à l'agioteur villageois pour devenir l'usufruitier de tout son village.

Les importations n'ont lieu que dans les années de stérilité locale : les propriétaires espèrent en vain alors une
hausse dans les prix ; des denrées arrivent d'un département voisin qu'a favorisé l'abondance. Ces importations,
dues, non au commerce mais à l'agiotage, ne produisent
aucune baisse ; on les vend comme dans le cas d'accaparement : l'ouvrier n'y gagne rien ; il y perd au contraire,
parceque l'agriculteur, ne pouvant échanger ses récoltes
contre de l'argent, le laisse sans travail, et ses terres sans
améliorations.

C'est ainsi que l'agiotage local ronge et dévore les propriétés rurales, la substance du laboureur et la sueur de
l'artisan. Mais lorsque l'agioteur, ayant rapidement multiplié ses capitaux par ces dilapidations subalternes, vient,
par des accaparements et des importations plus considérables, bouleverser le taux légitime des échanges de tout
un pays, et, placé sous la sauvegarde de la liberté du commerce, exercer le monopole de tous les marchés, et tenir
à ses ordres, sous les clefs de ses greniers, l'abondance ou
la famine, la révolte ou la tranquillité, alors l'ordre public

exigerait des règlements salutaires qui manquent à toutes les législations de l'Europe, l'Angleterre exceptée ; et les soulèvements dont l'histoire dépose, et les troubles dont nous avons été les témoins, signalent ou l'absence des lois ou l'impuissance des législateurs.

L'agiotage est bien plus exorbitant pour l'industrie manufacturière et commerciale : mais ici les emprunts s'opèrent dans les villes financières ; on y trouve concurrence d'agioteurs, et du moins, de tous les maux, on peut choisir le moindre. Le gain est d'ailleurs moins limité, et l'agiotage, réparti sur plusieurs opérations entreprises avec les capitaux empruntés, semble moins exorbitant et moins onéreux. Mais par cela seul que ces deux belles industries sont la proie des agioteurs, il faut que l'emprunteur vende à des taux élevés, ce qui ruine le consommateur ; ou qu'il se borne à un gain si médiocre qu'il ne peut couvrir ses pertes, ce qui amène les nombreuses faillites dont nous sommes journellement spectateurs.

Qu'est-ce toutefois que l'agiotage qui s'exerce sur les valeurs réelles, comparé à celui qu'on ne cesse d'exercer sur les valeurs fictives ? Qui ne se rappelle le scandaleux trafic du gouvernement, des fonctionnaires et des citoyens, sur les assignats et les mandats ? Qui ne sait que de nos jours les bons royaux, dont l'émission n'est ni limitée par la loi ni soumise à une surveillance indépendante du ministère, pourraient ouvrir la porte d'un nouvel abus ? Qui ne voit journellement les agioteurs envahir la bourse, vendre sans pouvoir livrer, acheter sans pouvoir payer, exploiter l'escroquerie d'heure à heure, de jour à jour, de mois à mois ? L'un, novice encore, ne s'exerce que sur des sommes modestes ; l'autre, plus aguerri, ose, la bourse vide, opérer sur des millions : et, comme si l'heure des marchés publics ne suffisait pas à leur voracité financière, quand le parquet est fermé, ils vont spéculer dans la *coulisse ;* lorsque la bourse se ferme, ces *boxeurs* de la finance se cramponnent dans la rue, et vont spéculer dans

1. 25

le *ruisseau ;* le soir, la nuit, ils ouvrent encore des tripots de jeu et de pari, car le jour ne suffit pas à ce rapace agiotage, à moins qu'il ne commence la veille pour ne finir que le lendemain.

Quel est le peuple dont la morale ne serait corrompue par un pareil trafic? Et que serait-ce encore si nous osions le poursuivre dans les marchés, les fournitures, les soumissions, car il n'est point de porte qu'il ne se soit ouverte, et de barrière qu'il n'ait franchie? Mais si nous ne pouvons surveiller l'agiotage sur les routes publiques, du moins nous est-il permis d'envisager son influence sur le crédit particulier. Et d'abord le papier du négociant n'est point de l'argent et ne peut être échangé au pair, il faut nécessairement qu'un intérêt, un bénéfice détermine à courir les risques de l'échange. Cet obstacle se lève toujours de bonne foi, souvent même avec un rare désintéressement, chez les banquiers, les capitalistes, les négociants : mais dans le trafic clandestin dont nous traitons, qui évalue les risques? qui fixe la prime qui doit les couvrir? ce n'est pas la loi, c'est l'agioteur. Il y a mieux : malgré cette prime, on ne veut point de la signature isolée de l'emprunteur ; il est forcé de chercher des endosseurs, et ceux-ci exigent encore un autre agio ! Qui ne voit que ces usures accumulées ruinent le commerçant? qui ne voit encore que les agioteurs lui ont prêté non de l'argent, mais une simple garantie? car les endosseurs n'y sont que pour leur signature ; et le prêteur, qui par la sienne donne une valeur à la lettre de change, la rejette dans le commerce, et en retire le montant qui lui sert à une spéculation nouvelle. Ici s'offre un abus plus singulier : à l'intérêt, aux diverses signatures, on veut ajouter d'autres garanties, et l'on demande des valeurs en nantissement ; l'emprunteur cède le gage, et, dans l'impossibilité d'en échanger la valeur contre de l'argent, il ajoute aux pertes qu'il a faites lors de l'emprunt les pertes qu'il fait plus tard par l'abandon à vil prix du nantissement qu'il a cédé.

Arrêtons-nous , c'est assez marcher dans la boue. Quelques écrivains ont pensé que l'agiotage était un moyen
actif de circulation et augmentait les richesses. Il y a
mutation et non augmentation , car avec l'agiotage il n'y
a pas de profit pour l'un qu'il n'y ait perte pour l'autre :
l'agiotage est comme les priviléges politiques , il ne produit
rien , et souvent empêche qu'on ne produise ; il ne vit point
par lui-même , mais de la substance de l'industrie à laquelle
il s'attache. Plus on voit des banqueroutes , plus l'agiotage
a de succès : sa prospérité croît en raison directe du malheur des temps , car alors l'industrie est forcée de se livrer
à lui , et , profitant des calamités publiques , il ne capitule
pas avec elle , il veut qu'elle se rende à discrétion.

Quand la politique favorise les agioteurs, elle finit par
devenir elle-même un agiotage. Le gouvernement directorial en offre la preuve ; quand les agioteurs républicains
ne trouvèrent plus rien à vendre , ils vendirent la république. (*Voyez* BANQUE, COMMERCE, JEUX DE BOURSE, JEUX
PUBLICS, INDUSTRIE, LETTRES DE CHANGE, LOTERIE, MON-
NAIES, PAPIER-MONNAIE, USURE.)   J.-P. P.

AGRAIRES (Lois). (*Législation*.) Les personnes peu
instruites , quand on parle des lois agraires , s'imaginent
que ces lois avaient pour but l'annihilation complète du
droit de propriété et un partage général des terres , qui devait en dépouiller les anciens possesseurs. C'est en attribuant aux Gracques le projet de ce nivellement absolu des
propriétés foncières , projet dont l'injustice et la folie sau-
tent aux yeux , que la multitude, qui lit peu et ne conserve
qu'un souvenir imparfait de ce qu'elle a lu, se fait un
épouvantail de ces noms célèbres. Avec ces préventions ,
on est tout étonné d'apprendre que les lois proposées par
ces tribuns de Rome étaient fondées sur un principe de
justice ; qu'elles étaient presque aussi anciennes que le
peuple romain lui-même ; qu'elles avaient été en vigueur
sous les rois , et que si la satire latine [1] s'est crue auto-

---

[1] Quis tulerit Gracchos de seditione querentes ?   JUVÉNAL.

25.

risée à faire du nom de Gracchus le synonyme de chef de
sédition , ce n'est pas dans l'objet même des lois agraires
qu'elle a pu puiser le droit de diffamer ce nom.

Dans le droit public des Romains , celui de conquête
emportait la confiscation de tout ou de partie du territoire conquis. On en vendait d'ordinaire une moitié pour
indemniser l'état des frais de la guerre : l'autre moitié était
réunie au domaine public. On laissait en commun une partie de cette portion domaniale ; le reste était ensuite distribué aux pauvres citoyens , soit gratuitement , soit pour
un cens modique.

Après l'abolition de la royauté , les patriciens , qui rem-
plissaient toutes les charges publiques, n'eurent pas de peine
à s'approprier la plus grande partie de ces terres conquises.
Enlevant les bornes de celles qu'on avait laissées en commun , ils réunissaient à leurs propriétés les terrains à leur
convenance , ou se les faisaient adjuger à vil prix , sous des
noms empruntés.

Ce furent donc les patriciens qui violèrent les lois , en
enlevant injustement au peuple les ressources et les récompenses qu'elles lui accordaient. Leur avarice et leur
cupidité fondaient leur fortune sur l'usurpation et la fraude:
une loi qui , en ordonnant à tous la restitution des biens
usurpés , eût prévenu de nouveaux envahissements , n'eût
été qu'un acte de justice.

Ce fut un patricien consulaire , Spurius Cassius Viscel-
linus , qui proposa le premier , vers l'an de Rome 268 , la
recherche et le partage entre les pauvres citoyens des
terres usurpées (*lex agraria*). Les propriétés des sénateurs et des patriciens consistaient en majeure partie
dans ces possessions d'origine illégale. Les successions ,
les partages , les ventes , les avaient fait passer de main en
main dans différentes familles. On reprochait à Sp. Cassius de troubler la paix publique en proposant des recherches qui ne pouvaient manquer de susciter une multitude
de procès et de porter le désordre dans la société. On

invoquait la prescription, l'intérêt des possesseurs de bonne foi. C'était un motif d'amnistie pour le passé ; mais ce n'en était pas un pour sanctionner au profit des patriciens un privilége pour de nouvelles usurpations. La jalousie des tribuns du peuple conspirant avec l'intérêt des détenteurs contre Sp. Cassius, non seulement son entreprise échoua, mais, accusé d'avoir voulu usurper lui-même le pouvoir souverain, il fut condamné à mort par le peuple, dont sa générosité ou son ambition avait épousé la cause, et il fut précipité de la roche tarpéienne.

Les tribuns s'étant emparés du projet de ce malheureux patricien, le sénat, qui en redoutait le succès, y opposa la ruse. Il fut décidé par un sénatus-consulte que dix commissaires seraient nommés par les consuls pour faire une recherche exacte des terres qui avaient originairement appartenu au public, qu'une partie de ses terres serait vendue au profit du trésor, une autre distribuée aux plus pauvres citoyens, et une dernière portion affermée pour cinq ans à sa véritable valeur. Le produit de ces fermages était destiné à fournir le blé et leur paye aux soldats plébéiens. Ce sénatus-consulte avait été rendu sur l'avis d'Appius Claudius, l'un des sénateurs les plus zélés pour les prérogatives de son ordre, mais ami de la justice, et qui ne croyait pas, à ce qu'il paraît, la prescription assez ancienne pour couvrir d'odieuses usurpations. Il espérait au surplus que le peuple, satisfait de voir assurer sa paye et sa nourriture sous les armes, mettrait peu d'intérêt à recouvrer les terres usurpées. Il avait attribué au sénat la désignation des commissaires ; le sénat en chargea les consuls, dans l'espoir qu'ils trouveraient les moyens de l'éluder.

Cet espoir fut accompli : le sénatus-consulte resta sans exécution, et fut pendant plus d'un siècle le sujet de querelles perpétuelles entre le sénat et le peuple.

Enfin, l'an de Rome 377, Licinius Stolon, plébéien, gendre du patricien Fabius Ambustus, aidé de son beaupère et du tribun du peuple Lucius Sextius, voulant faire entrer les plébéiens en partage du consulat, jusqu'alors l'apanage exclusif des patriciens, et gagner le peuple, qui paraissait peu jaloux de cet honneur, imagina de lui proposer à la fois, et comme inséparables, trois lois, dont la première admettait les plébéiens à l'une des deux places de consuls, la seconde était une nouvelle loi agraire, et la troisième réglait le paiement des dettes à l'avantage des débiteurs.

Jugeant dangereuse et impossible la recherche exacte et la restitution des terres usurpées, il se borna par sa loi agraire (*lex licinia*) à statuer pour l'avenir que personne ne pourrait posséder plus de 500 arpents en terres conquises, et que l'excédant serait distribué ou affermé à vil prix aux pauvres citoyens, à raison de sept arpents au moins pour chacun. Le nombre d'esclaves ou de valets que l'on pourrait attacher à chaque culture était restreint par la loi; elle fixait également un maximum proportionné pour les têtes de bétail que l'on pourrait faire paître sur les communaux. Une amende de dix mille as ou sous romains devait punir les infracteurs. Le premier qui subit cette amende fut Licinius, l'auteur même de la loi: il fut reconnu possesseur de plus de 1000 arpents. En vain avait-il cherché à éluder sa propre loi en faisant passer 500 arpents sur la tête de son fils mineur, qu'il avait émancipé à cet effet; l'émancipation fut déclarée frauduleuse, et Licinius condamné.

La loi agraire, quelque temps observée, ne tarda pas à être oubliée. Deux siècles d'usurpations continuelles dévorèrent les petites propriétés, et Tibérius Gracchus voyageant en Italie ne rencontrait partout, au lieu de cultivateurs, propriétaires et citoyens qui eussent fourni comme autrefois à l'état des défenseurs et des contribuables, que de vastes terres couvertes d'un vil troupeau d'esclaves inutiles à la république. Ce fut ce spectacle affligeant qui, au rapport de Plutarque et d'après le récit de Caïus, frère de Tibérius, inspira à ce tribun le projet de faire revivre la loi agraire licinienne. La nouvelle loi sempronia , ainsi nommée du nom de son auteur, Tibérius Sempronius Gracchus , fut proposée vers l'an de Rome 620, c'est-à-dire 243 ans après la promulgation de la loi licinia. Il fallait que la cupidité , impatiente de tout frein , eût fait à Rome de terribles progrès , puisque dans toutes les tentatives faites pour rétablir les lois agraires , on voit les riches violateurs de ces lois aussi irrités du projet de mettre un terme à leurs usurpations et d'en prévenir de nouvelles que de la demande d'une restitution. Les efforts successifs des deux Gracchus , Tibérius et Caïus , réunirent contre eux tous ceux que l'intérêt armait contre les lois agraires. D'imprudentes tentatives contre l'autorité du sénat et des patriciens ne firent qu'accroître le nombre et la haine de leurs ennemis. Ils succombèrent , et leurs lois furent abolies. Le tribun Spurius Thorius fit convertir l'obligation de partager les terres usurpées en une redevance imposée aux usurpateurs , et qu'ils cessèrent bientôt de payer.

Cependant les conquêtes toujours croissantes des Romains augmentaient sans cesse l'étendue des terres affermées au profit du fisc. C'était le revenu provenant de ces domaines qui fournissait à la solde des troupes et aux autres dépenses publiques.

L'an de Rome 690 , cinquante-sept ans après la mort du dernier des Gracques, Publius Servilius Rullus , tribun du peuple , imagina un nouveau projet de loi agraire , à l'aide duquel il espérait s'emparer avec ses partisans du gouvernement de l'état. Il proposait que sur les trente-cinq tribus on en tirât dix-sept au sort , lesquelles , à la majorité de neuf d'entre elles , nommeraient des décemvirs pour vendre les biens-fonds incorporés au domaine public depuis le consulat de L. Sylla et de Q. Pompéius , ainsi que les forêts de l'Italie. Ces commissaires devaient employer le produit des ventes à l'acquisition des biens situés en Italie , et que l'on partagerait entre les pauvres citoyens.

Les décemvirs étaient autorisés à y établir de nouvelles

colonies, particulièrement Capoue, et à en partager le territoire entre les colons. Le pouvoir de ces décemvirs devait être absolu, et Rullus s'attribuait la présidence de l'assemblée qui procéderait à leur élection. Leurs ordonnances, pendant cinq ans, étaient déclarées sans appel : Rullus les investissait des prérogatives consulaires et du pouvoir de choisir deux cents chevaliers pour faire exécuter ces ordonnances dans les provinces.

Cicéron combattit ce projet avec toute son éloquence, d'abord dans le sénat et ensuite au forum, et prononça trois discours contre Servilius Rullus et sa loi agraire. Il n'eut pas de peine à dévoiler les intentions réelles de ce factieux, et tout ce qu'elles renfermaient de dangereux pour l'état. Une particularité très remarquable, c'est le respect que le grand orateur, non moins grand comme homme d'état, professa devant le peuple pour la mémoire des Gracques et pour la loi sempronia [1]. On pourrait, il est vrai, regarder cette vénération comme un trait d'habileté de Cicéron, alors consul, et qui, sachant combien la mémoire des Gracques et de leurs lois étaient chère au peuple, croyait devoir se le concilier par cet hommage, qui ne l'engageait à rien au moment où il attaquait une nouvelle loi agraire, dont l'idée était toujours agréable à la multitude. Il réussit à faire rejeter le projet de Rullus.

Les partages des terres confisquées ou conquises, autorisés par les lois de Sylla, de César et d'Auguste, furent les dernières lois agraires.   A. DE V.

AGRÉÉ. (*Législation.*) C'est le nom qu'on donne à des jurisconsultes ou à des hommes d'affaires qui postulent devant certains tribunaux de commerce, avec l'autorisation et l'agrément de ces tribunaux.

---

[1] « Ce n'est pas, dit l'orateur romain, que je désapprouve toutes les » lois qui concernent le partage des terres. Il y en a que je révère. Je con- » serve chèrement la mémoire des deux Gracques, de ces illustres frères » qui sacrifièrent leur vie pour procurer au peuple des terres dont des » particuliers s'étaient emparés injustement. La loi sempronia sera tou- » jours respectable aux gens de bien. »

La loi, pour donner à la procédure devant les tribunaux de commerce plus de simplicité, d'économie et de promptitude, y a très sagement affranchi les plaideurs de l'obligation qui leur est imposée devant les tribunaux civils, de recourir pour comparaître et pour conclure, au ministère forcé des avoués. Mais, dans les grandes villes, l'absence d'officiers publics pouvait inonder l'enceinte des tribunaux de praticiens sans aveu, et de ces cupides solliciteurs de procès qui sont le fléau de la justice. La crainte de ce danger et le besoin des affaires ont favorisé, dans les grandes villes commerciales, la formation d'un corps d'*agréés* qui représentent les parties, sans que leur ministère soit obligatoire. (*Voyez* Avoué.)

AGRÉGAT. (*Histoire naturelle.*) *Voyez* Agglomérat.

AGRÉGATION, ou attraction a petites distances. (*Physique.*) Indépendamment de l'attraction qu'exercent les corps l'un sur l'autre, ou de la gravitation universelle, il en est un autre qui ne se manifeste que très près du contact, et de molécule à molécule. Cette attraction peut produire deux effets bien distincts, l'un de combiner entre elles des molécules d'une nature différente; alors elle prend le nom d'*affinité* (*voyez* Affinité): l'autre d'unir, de lier plus ou moins fortement des molécules entre elles, sans les altérer; dans ce cas on la nomme *force d'agrégation*. C'est de cette dernière dont nous allons nous occuper.

Cette force ne se manifeste qu'à une distance insensible, et son intensité s'accroît à mesure que les molécules se rapprochent. Cependant elles ne parviennent jamais à un tel degré de proximité qu'il ne reste aucun intervalle entre elles (*voyez* Porosité), à cause de la chaleur qui pénètre l'intérieur de tous les corps et tend constamment à désunir leurs molécules; aussi, à mesure qu'on abaisse la température d'un corps, il se condense, ses molécules se rapprochent, et il faut faire de plus grands efforts pour les séparer. On obtient le même effet, dans certains cas, par

la compression , et notamment lorsque les corps sont restés
long-temps comprimés ; mais si on élève leur température ,
le contraire a lieu ; ils se dilatent ; la force qui unissait leurs
molécules s'affaiblit , et ils passent à l'état liquide ou gazeux.
Il en est cependant qui , soumis à de très hautes températures , restent à l'état solide ; mais la pression qu'exerce
l'atmosphère devient sensible sur les autres , et il est même
des liquides qui passeraient subitement à l'état gazeux si
on la supprimait.

La force d'agrégation n'est pas la même pour tous les
corps , et les résultats que produisent ses effets sont très variés. Ainsi le fer, qui a beaucoup de ténacité, supporte, sans
se rompre, à égale dimension , un poids plus considérable
que le platine , et cependant il résiste moins à l'action de la
chaleur que ce dernier. Le plus dur de tous les corps, le diamant, qu'aucun autre ne peut user, se divise par l'effort du
marteau. On a désigné ces divers degrés d'agrégation par les
mots *dur, mou, tenace, ductile, friable,* etc.; il paraît qu'ils
proviennent de la nature des molécules et de leur arrangement, qui éprouve toujours des modifications par les
influences de la température de l'humidité , etc. En effet ,
l'acier , par exemple , lorsqu'il est trempé , devient dur et
cassant , et acquiert un peu plus de volume; il faut pour
cela que ses molécules prennent un arrangement différent
de celui qu'elles auraient eu si on les avait laissées refroidir
lentement. Le verre trempé acquiert plus de dureté et est
excessivement friable. Si , lorsqu'il est en fusion , on en
laisse tomber une larme dans l'eau froide , et qu'ensuite
on en brise la moindre partie, il se réduit en poudre. Il est
probable que le refroidissement subit a atteint d'abord les
molécules extérieures , leur a permis de se joindre avant
que celles de l'intérieur, encore dilatées, fussent refroidies ;
et comme le verre est mauvais conducteur du calorique ,
il leur faut du temps pour qu'il se soit dissipé ; alors elles
ont trop d'espace et prennent un état d'agrégation forcé ,
qu'elles abandonnent dès qu'une portion de l'enveloppe

est rompue. Cet effet n'aurait pas lieu si, après avoir fait fondre derechef une de ces larmes de verre, elle perdait sa chaleur lentement. Il est d'autres corps qui, placés dans les mêmes circonstances, acquièrent des propriétés différentes et quelquefois tout opposées. Nous citerons un alliage, composé de soixante-dix-huit parties de cuivre et vingt-deux d'étain, qui, dur et cassant lorsqu'il se refroidit lentement, devient flexible, malléable, et d'une couleur toute différente lorsqu'il est trempé. L'écrouissage, le recuit, etc., modifient l'agrégation dans certains corps. (*Voyez* ÉLASTICITÉ.)

Aux articles *Adhésion* et *Cohésion* on voit que deux corps superposés sont retenus par une force qui n'est qu'une tendance à l'agrégation, et elle s'effectuerait si l'on pouvait les rapprocher suffisamment pour que leurs molécules entrassent dans la sphère d'activité de leur attraction. Ainsi des plaques de fer, de plomb, si on pouvait les presser assez fortement, s'uniraient de manière à ne former qu'un même corps, comme le feraient deux plaques de poix, de cire, etc. Mais on supplée la force, en chauffant les points de contact jusqu'à la fusion : leurs molécules, par ce moyen, peuvent se rapprocher suffisamment pour s'agréger. Les mastics, les colles, les soudures, etc., ne sont qu'une agrégation facile de molécules qui, après le refroidissement ou la sécheresse, restent unies aux corps auxquels on les a appliquées, et leur servent de lien.

Les murs construits en pisé, c'est-à-dire en terre bien pressée, deviennent, après un laps de temps, aussi durs que la pierre, pourvu qu'ils soient à l'abri de l'humidité. Les ciments que l'on trouve dans les fondements d'anciens édifices ont surtout une dureté extraordinaire.

Nous voyons, d'après cela, que tous les corps, toutes les masses se composent de corpuscules unis par leur force attractive. On a vainement cherché à connaître les lois que suivait cette force; on a trouvé seulement qu'elle n'agissait qu'à une distance inappréciable, et que son énergie s'accroissait rapidement, à mesure que les corps étaient plus rapprochés. Enfin, on a cru s'apercevoir que, dans certains cas, son action se manifestait aux deux pôles des molécules : c'est surtout en considérant la manière dont se forment les cristaux (*voyez* CRISTALLISATION) dont les molécules prennent un arrangement régulier et symétrique. Lorsqu'aucune cause étrangère ne les empêche d'obéir à leur attraction, ils forment des feuillets qui enveloppent un noyau et se détachent facilement lorsqu'on' sépare les points où ils se joignent. Ainsi, il faut que ces feuillets soient composés de molécules dont la force s'exerce vers deux points, puisque les faces latérales n'adhèrent que faiblement entre elles. Cette polarité, si elle existe, servirait à rendre compte de diverses modifications qu'éprouvent les corps dans leur agrégation. Les molécules pourraient être considérées comme des aimants qui, tournés dans tel ou tel sens, auraient des forces attractives différentes. On explique très bien par là comment des corps superposés adhèrent plus fortement après un certain temps ; c'est qu'il se forme des pôles vers les points de contact, et que la force attractive se porte de plus en plus vers ces pôles. Au reste, cette polarité des molécules est entièrement hypothétique, car on n'est pas même sûr qu'il existe des molécules fixes et invariables. Il serait possible que la matière fût continue et susceptible d'être divisée à l'infini ; mais il est très commode de la supposer composée de molécules, pour faciliter l'explication d'une multitude de phénomènes. L.

AGRÈS ET APPARAUX. (*Marine.*) Terme qui désigne tous les objets qu'il est nécessaire d'ajouter à la coque d'un bâtiment pour le mettre en état de prendre la mer et de naviguer.

AGRICULTURE. (*Antiquités.*) Les Égyptiens faisaient honneur de son invention à Osiris ; les Grecs, à Cérès ou à Triptolème son fils, ou plutôt à tous les deux ; les premiers habitants de l'Italie, à Saturne et à Janus. Le nom même de *Saturnus*, dérivé de *sator*, le semeur, l'indique. L'agriculture fut le premier objet du culte des Romains, comme le prouve l'institution de la fête des *ambarvales*, ou de la procession autour des champs, et du collège des douze prêtres, nommés *fratres arvales*, ou les frères des champs, dont Romulus faisait partie. Dès le temps de ce premier roi des Romains, les terres étaient divisées en portions égales entre tous les citoyens sans distinction : ces portions étaient exemptes d'impôt. L'état avait de grands domaines ou pâturages appelés *saltus*, selon Varron. Les portions des citoyens n'étaient point sujettes à des redevances pour des seigneurs particuliers, car on n'en connaissait point ; chacun était seigneur sur son domaine. Les prêtres ne recevaient point les dîmes des récoltes ; le peuple offrait seulement aux dieux les prémices des fruits de son champ. Romulus fixa la portion de chaque citoyen à deux jugères, c'est-à-dire à un peu plus d'un de nos arpents ; et il ne fut permis à personne d'en posséder davantage. Marcus Curius, après ses triomphes et les nombreuses provinces qu'il avait conquises et ajoutées à l'empire romain, disait qu'il regardait comme dangereux pour la république un citoyen qui n'était pas content de sept jugères de terre. « Cette quantité, dit Pline (liv. II, chap. III), était le partage assigné au peuple après l'expulsion des rois. » Paucton pense que la population dut croître chez les Romains dans la raison que les terres de l'état furent divisées entre un plus grand nombre de familles, et qu'elle dut décroître au contraire dans la proportion que le nombre de ces familles libres fut diminué par les trop vastes possessions de chacun. C'est cette grande division des propriétés, d'où résulta une meilleure culture et une plus grande abondance, qui fut le principe de la grandeur romaine, et qui lui valut l'empire du monde. Ce sont, au contraire, les grandes possessions d'un petit nombre de favoris de la fortune qui furent la cause de sa chute. Des mains libres, ne cultivant plus la terre, ne surent plus la défendre.   .   E. J.

AGRICULTURE. Les faibles connaissances que la tradition nous a conservées sur l'existence des premiers hu-
mains et l'état des peuplades de l'Amérique, lors de la
découverte de cette partie du globe, nous font connaître
que la chasse et le soin des troupeaux furent les moyens
qu'ils employèrent d'abord pour se procurer la nourriture.
Quand leur multiplication les obligea d'ajouter d'autres
substances à la chair et au lait des animaux, la pêche et
les fruits spontanés de la terre leur procurèrent de nouveaux aliments ; mais des siècles durent s'écouler avant
qu'on eût l'idée de cultiver la terre dans l'espoir d'en
tirer des produits certains pour la subsistance des peuples.
Cependant les familles se multipliaient dans quelques cantons, et l'accroissement de la population dut en déterminer les habitants à employer leur industrie pour multiplier autour d'eux les végétaux qui pourraient leur fournir
des aliments grossiers, à la vérité, mais qui à cette époque, où l'on ne connaissait que les vrais besoins, et où la
sensualité était inconnue, firent considérer comme des
bienfaiteurs de l'humanité, comme des êtres supérieurs,
ceux qui les premiers donnèrent l'idée et l'exemple de la
culture de quelques plantes.

Quelle fut la première nation ou plutôt la première peu-
plade qui, habitant dans un climat tempéré une terre facile
à défricher, et se trouvant dans la nécessité de la cultiver
pour suffire à ses besoins, laboura le premier champ et lui
confia des semences ? Quels instruments employa-t-elle
dans les commencements, et comment parvint-elle à les
perfectionner ainsi que sa culture ? Je n'ai point à résoudre
ces questions, dont on s'est déjà beaucoup occupé ; et mon
devoir, dans cet article, est seulement de faire connaître
les progrès de l'agriculture depuis trente ans en France,
et d'indiquer les moyens qui me paraissent les plus sûrs
pour la porter à la perfection. Je ferai seulement remarquer que l'agriculture est une science de fait, qu'elle
suppose de longues observations, et que lorsqu'on considère

les grandes difficultés qu'oppose dans son exécution le premier instrument de labour, on doit admettre que l'industrie humaine n'est parvenue à construire une charrue et à creuser un sillon qu'après une longue succession de siècles.

Lorsque Louis XVI réunit les états généraux, on commençait en France à étudier la théorie de l'agriculture, et la pratique se perfectionnait de jour en jour. On s'y était déjà aperçu que cet art ne pouvait marcher isolément, et qu'on ne pouvait lui faire faire de grands progrès sans lui appliquer les découvertes qui, depuis deux siècles, changeaient journellement la situation des peuples sous les rapports scientifiques, et remplaçaient les mots dont on se contentait depuis si long-temps par des faits bien constatés qui pouvaient servir de base à une sage théorie. L'application d'une pareille théorie aurait détruit les préjugés, fourni les moyens d'établir une excellente pratique et de tirer le meilleur parti des terres.

Nos rois, François Iᵉʳ, Charles IX et Henri III, avaient déjà voulu favoriser l'agriculture par leurs ordonnances ; mais les guerres civiles avaient promptement détruit le bien qui en était résulté. Henri IV, après avoir rétabli l'ordre en France, avait, sous ce rapport, excité l'émulation par des encouragements et par des primes. L'ouvrage d'Olivier de Serres prouve que l'agriculture fit pendant quelque temps des progrès rapides ; mais elle fut bientôt entravée dans sa marche par la guerre civile, puis par la défense de l'exportation des blés sous Louis XIV, par la dépopulation des campagnes à la fin de son règne, ensuite par l'administration de Law et du cardinal de Fleury. L'édit solennel de 1754 la ranima ; mais la grande impulsion fut produite par les malheurs de la France et par sa situation à la fin de la guerre de sept ans. Ce royaume, privé de la plupart de ses colonies, sentit la nécessité de tirer parti de son sol, et de perfectionner son agriculture et son industrie, s'il voulait remonter au rang dont les suites de cette guerre l'avaient fait descendre.

Les moyens les plus sûrs de parvenir promptement au but qu'on désirait atteindre étaient, 1° de s'approprier les connaissances des autres peuples de l'Europe en agriculture; d'établir des fermes expérimentales pour faire l'essai de nouvelles découvertes, pour répandre toutes celles dont l'utilité serait reconnue, et pour former des cultivateurs capables d'en tirer le meilleur parti; 2° de donner à toute la classe des cultivateurs une instruction primaire qui la mît dans la possibilité d'apprécier la bonté et la nécessité des changements qu'on aurait à leur proposer dans leur pratique de culture, et de distinguer les préjugés dont ils étaient imbus des vérités qu'on aurait à leur annoncer; 3° de répandre dans les campagnes un ouvrage à la portée des plus simples journaliers, qui, par sa clarté et l'intérêt qu'il pourrait inspirer, ferait disparaître ces almanachs dans lesquels on ne trouve que l'annonce de la pluie et du beau temps, et d'autres prophéties dignes du dixième siècle; 4° de rendre plus facile la circulation des denrées, qu'il est inutile de faire croître si l'on n'en trouve pas de débouchés, en détruisant les barrières de province à province, en favorisant l'exportation de celles qu'on pouvait vendre à l'étranger, et en créant des routes et des canaux qui rendraient les transports moins dispendieux dans beaucoup de cantons, et possibles dans ceux où ils ne l'étaient pas. Ces moyens réunis auraient excité le zèle et l'émulation des cultivateurs pour faire produire à la terre, dans leur intérêt, beaucoup de subsistances dont le débit certain leur procurerait la rentrée de leurs avances avec un bénéfice assuré.

Plusieurs causes empêchaient malheureusement l'exécution d'un pareil plan. La France ne formait pas encore un tout régi par les mêmes lois; plusieurs provinces, par l'acte de leur réunion directe à la monarchie, avaient stipulé la conservation de leurs lois particulières et de leurs priviléges; c'étaient autant d'états séparés qui mettaient obstacle à l'exécution d'un plan général dans le royaume. Ils

tenaient d'autant plus aux priviléges dont leurs anciens
souverains les avaient gratifiés, qu'ils avaient été privés de
tous les droits attachés à la nature de l'homme, et ils s'opposaient à toute innovation dans leur situation, quelque
avantageuse qu'elle pût être, parcequ'ils supposaient toujours que tous les changements proposés par le gouvernement n'avaient d'autre but que son intérêt particulier.

Les simples cultivateurs croupissaient dans une ignorance profonde, et les préjugés existants tendaient à les
y maintenir. S'ils n'étaient plus assujettis au joug de la
glèbe dans la presque totalité des provinces de la France,
grâce à la bienfaisance et aux intérêts bien entendus de la
famille régnante, ils étaient considérés comme une espèce
inférieure et bien distincte des hommes qui seuls jouissaient de tous les priviléges et avantages de la société. En
vain quelques uns de nos rois avaient voulu leur donner
un peu de considération. Quelle considération pouvait-on
attacher à un état dont les membres vivaient dans la plus
crasse ignorance, et qu'ils ne quittaient pour la plupart
que pour remplir les fonctions de la domesticité? On ne
pouvait songer à détruire cette ignorance, parceque les
privilégiés étaient convaincus que, dès que la classe inférieure de la nation serait instruite, elle formerait une masse
de demi-savants qui ne voudraient subir aucun joug,
pas même celui des lois les plus salutaires, et dont aucun
n'embrasserait l'état de son père. On n'avait pas encore
l'exemple moderne d'un royaume voisin tel que l'Angleterre, lequel, divisé en trois parties, l'Écosse, l'Angleterre
et l'Irlande, a démontré que le moyen le plus sûr de maintenir les bonnes mœurs, l'ordre et l'amour de son état
dans la classe ouvrière des habitants, est de donner à chacun une éducation relative à l'art qu'il doit exercer. Il est
maintenant reconnu que la classe des journaliers de l'Écosse
est plus instruite que celle de l'Angleterre, et que les Irlandais sont plus ignorants que les Anglais. L'expérience
a également démontré que lorsque, sur un nombre donné

1.   26

d'habitants, on voit un Écossais paraître aux assises pour crime, il y a quatre Anglais et onze Irlandais en jugement dans ces mêmes tribunaux. Il en résulte que, bien loin de craindre que l'instruction ne pénètre dans la classe des cultivateurs et des ouvriers, un bon gouvernement doit désirer que chaque membre de la société qu'il gouverne acquière les connaissances les plus étendues sur les parties essentielles à son état comme sur les devoirs dont il aura à s'acquitter dans le cours de sa vie. Ce principe est principalement applicable à la France. En effet, les services que la maison régnante a rendus à la masse de la nation en détruisant sa servitude ont habitué le peuple français à attribuer tout le bien dont il jouissait à son roi. Il est donc certain que plus il sera instruit et heureux, plus il s'attachera à ses princes.

Les routes étaient dans le plus mauvais état, et on ne voyait que deux canaux dans le royaume pour la navigation intérieure. Des plans conçus par des hommes éclairés et dévoués à la France restaient sans exécution par l'impossibilité de se procurer des fonds, et l'on doit, dans l'état malheureux des finances, considérer comme un prodige tout ce qu'on fit sous le règne de Louis XV pour établir quelques grandes routes, surtout si on calcule les difficultés que le gouvernement éprouva de la part des propriétaires.

Tel était l'état des choses lorsque Louis XVI monta sur le trône. Ce prince aimait les cultivateurs, et rendit en leur faveur plusieurs ordonnances utiles; mais la nature ne lui avait pas donné le caractère ferme de son aïeul, Henri IV, pour l'exécution de ses projets. La guerre qu'il eut à soutenir, et dont les dépenses augmentèrent beaucoup les embarras et l'arriéré du trésor, le mit dans l'impossibilité d'exécuter les plans qui auraient amélioré la culture comme la situation du cultivateur. Il réussit néanmoins dans deux entreprises très utiles à l'agriculture. Il parvint à tirer d'Espagne le premier troupeau de mérinos et à fixer l'attention des cultivateurs sur cette race précieuse de moutons. Deux autres importations eurent lieu pendant le règne de ce prince, et celle de 1786 fut l'origine du beau troupeau de Rambouillet, lequel a fourni la preuve évidente qu'avec des soins cette race pouvait se conserver en France sans dégénération. Ce monarque fonda aussi les deux écoles vétérinaires d'Alfort et de Lyon, qui ont fourni beaucoup d'hommes instruits dans cette partie si essentielle et si négligée jusqu'à cette époque. Enfin il continuait de protéger les sociétés d'agriculture fondées par son prédécesseur, lorsqu'il réunit les états généraux, plus connus sous le nom d'assemblée constituante.

Je n'ai à considérer la conduite de cette assemblée que par l'effet de ses lois sur la culture et les cultivateurs. Sous ce rapport, elle produisit des effets étonnants. La destruction de toutes les lois féodales encore subsistantes, l'abolition des corvées, la division des fortunes colossales par le partage égal entre tous les enfans, d'où résulta la division des terres ; la suppression de toutes les barrières qui entravaient la circulation des denrées ; celle de plusieurs impôts, tels que celui sur le sel, substance si nécessaire dans les campagnes, tant comme nourriture des bestiaux que comme engrais ; enfin celle de la dîme, débarrassèrent tout-à coup l'agriculture d'une partie des obstacles principaux qui entravaient sa marche. D'une autre part, la présence d'un simple cultivateur dans cette assemblée en qualité de député, et la nomination d'un grand nombre d'entre eux aux places de maire et d'officiers municipaux, rendirent, pendant quelque temps, à leur art la considération qu'il avait eue jadis quand la charrue était conduite par la main triomphante des consuls et des dictateurs romains. Aussi beaucoup de propriétaires ne rougirent plus de cultiver eux mêmes leurs terres, et ils se procurèrent facilement des bras par la disparition du sol français de toutes les congrégations religieuses.

L'élan donné était tel que la tyrannie de la convention et ses réquisitions forcées d'hommes et de denrées ne purent que l'affaiblir sans parvenir à l'arrêter entièrement. Sous le gouvernement directorial, l'émulation se ranima dans tous les départements qui ne furent pas exposés à la guerre civile, le plus terrible des fléaux qui font le malheur de l'humanité. Sous ce gouvernement, de nouvelles importations de mérinos eurent lieu, et répandirent cette race précieuse dans plusieurs départements. On employa les béliers, trop multipliés en raison du nombre des brebis, pour couvrir celles de race française; et il en résulta une nouvelle source de richesses par la prompte multiplication d'une race de métis qui fournirent une toison plus belle et plus pesante que celles de leurs mères. Les soins à donner aux mérinos et à leurs métis, lesquels exigeaient une nourriture plus abondante et meilleure que celle qu'on donnait aux races communes, et le désir d'en augmenter le nombre, firent adopter un nouvel assolement par lequel on diminua beaucoup la quantité des terres en jachères pour les remplacer par des prairies artificielles.

L'agriculture faisait des progrès rapides quand Napoléon parut. Cet homme, extraordinaire sous plusieurs rapports, aurait accéléré le perfectionnement de l'art le plus utile, s'il eût reçu une autre éducation, ou ou moins s'il eût eu la possibilité de se livrer plus spécialement aux arts qui rendent les empires florissants et qui font le bonheur des peuples ainsi que de ceux qui les gouvernent : mais, élevé dans une école militaire, accoutumé de bonne heure aux principes d'une obéissance passive, et ne connaissant d'autres lois que la voix de ses supérieurs, il crut, dès qu'il fut chef, que sa volonté devait seule être écoutée, et dès lors les bases du gouvernement despotique furent posées avec des apparences de liberté. Il suivit la marche de l'empereur Auguste, avec cette différence que, sentant sa supériorité pour la guerre, et avide de conquêtes, il occupa principalement les Français de la gloire miltaire, et mit au premier rang ceux qui se rangèrent sous ses étendards.

Mais, pour faire la guerre à des peuples braves et accoutumés aux dangers, il fallait beaucoup d'hommes et de numéraire : il était en outre nécessaire de maintenir l'esprit militaire par des récompenses. Pour y parvenir, il créa des honneurs, répandit l'or avec profusion, et rétablit la noblesse héréditaire. Il fut donc indispensable de priver l'agriculture d'une partie des bras qui vivifiaient les champs français, et, en doublant au moins les impôts, d'enlever aux propriétaires une partie des capitaux destinés à l'exploitation de leurs terres; enfin le rétablissement des priviléges, en anoblissant d'autres états, diminua nécessairement la considération pour celui de cultivateur.

Dans le commencement, les succès surprenants des armées françaises, les contributions considérables tirées des peuples vaincus, et l'espoir d'une paix prochaine, firent espérer l'établissement d'un ordre stable d'autant plus avantageux qu'on comptait que les produits de l'industrie française continueraient à circuler librement chez les peuples vaincus, et que l'agriculture ne manquerait ni de bras ni d'argent.

Mais la guerre continuait, les levées d'hommes devenaient plus considérables, les contributions plus fortes; et bientôt Napoléon, pour se créer de nouvelles ressources, crut pouvoir traiter les cultivateurs comme les soldats, non par des primes, comme l'avait fait Henri IV lorsqu'il avait voulu encourager la culture des mûriers blancs pour la nourriture des vers à soie; non par les récompenses qu'il prodiguait aux militaires et à ses courtisans, mais par un seul acte de sa volonté. Il suffit d'indiquer un ou deux faits pour prouver que Napoléon pensait que ses ordres pouvaient à son gré créer tous les genres d'industrie.

Le sucre manquait en France : un ordre émané du trône força tous les cultivateurs de couvrir tant d'arpents de terre de betteraves, plante qui contient un sucre identique à celui de la canne à sure. L'ordre était donné et exécuté avant qu'on eût établi la dixième partie des fabriques nécessaires pour l'emploi de ces betteraves. Les cultivateurs se dégoûtèrent d'une culture qui, étendue en raison seulement des moyens d'emploi de ces racines, aurait produit un bénéfice suffisant pour encourager l'agriculteur et le fabricant de sucre, comme l'expérience le démontre en ce moment, où cette culture commence à reprendre faveur. Les mérinos, répandus dans toute la France, et qui eussent bientôt fourni autant de laine que les fabriques pouvaient en consommer, parurent à Napoléon un moyen sûr de vivifier l'agriculture et d'augmenter les impôts. Bientôt des agents, sous le nom d'inspecteurs, se répandirent dans les campagnes, vinrent y troubler les cultivateurs dans leur domicile, et leur intimer l'ordre de traiter leurs mérinos conformément à leurs instructions, et de n'en vendre qu'avec leur participation. Dans le même temps, des milliers de balles de laine, prises aux Espagnols par le droit de la force, étaient importées, vendues à vil prix en France, et mettaient les cultivateurs dans l'impossibilité de tirer partie des produits de leurs troupeaux.

Un pareil ordre de choses devait arrêter les progrès de l'agriculture et répandre l'inquiétude dans toute la classe des cultivateurs. Le découragement en fut la suite nécessaire, et il était tel en 1814 que les propriétaires de mérinos cherchaient à s'en défaire à tout prix. Si le gouvernement eût à cette époque accordé la permission de l'exportation des brebis de mérinos, en permettant celle des laines, la France aurait perdu la plus grande partie de ces animaux précieux.

Depuis la restauration, l'agriculture n'a pas pu faire de progrès aussi rapides qu'en 1790. L'invasion des alliés, en 1814 et 1815, a ruiné les cultivateurs dans plusieurs provinces. Le commerce, considérablement diminué, ne fournit plus autant de moyens d'exportation. Les impôts, montés à un taux extraordinaire, privent les propriétaires d'une

grande partie des fonds qui pourraient être employés en améliorations. Néanmoins, si ses développements ne sont plus
aussi considérables, sa marche est loin d'être stationnaire.
Les efforts du gouvernement réunis aux travaux des sociétés
d'agriculture, qui n'ont encore d'autre esprit de corps que
celui du bien public, excitent une émulation qui produit
des effets d'autant plus salutaires que les découvertes utiles pour cet art se répandent promptement dans tous les
départements du royaume.

Il est facile de s'assurer des progrès de l'agriculture par
la comparaison des connaissances acquises comme des
moyens employés eu 1789, et de ceux connus aujour-
d'hui, et dont la pratique s'étend de plus en plus.

En 1789 on n'avait que de faibles données sur la théorie de l'agriculture. On connaissait très peu l'air, l'eau et
les autres fluides et gaz qui pénètrent continuellement dans
les végétaux et qui les parcourent en tous sens. Les cultivateurs ignoraient la décomposition de l'air, de l'eau, de
l'acide carbonique, et comment ces substances pouvaient
servir à la nutrition des plantes. On avait vainement essayé d'appliquer le fluide électrique à la végétation, et on
n'était parvenu qu'à étioler les plantes. Depuis les travaux
de Duhamel, consignés dans sa physique des arbres, la
marche de la végétation, l'anatomie des végétaux, les
effets de leurs organes sur les fluides, et réciproquement des fluides sur le développement des organes, n'a-
vaient fait presque aucun progrès. Grâce aux travaux des
Cavendish, des Priestley et de l'infortuné Lavoisier, l'air
et l'eau ont été décomposés. On a connu leurs éléments,
et on a su qu'ils entraient dans la composition des plantes
en se solidifiant. On a découvert la marche du fluide électrique, et apprécié ses effets sur la végétation. (*Voyez*
Électricité.) Si la structure des végétaux et l'impossibilité
d'en séparer toutes les parties et d'en suivre toutes les
ramifications comme dans les animaux n'ont pas permis
de donner à l'anatomie végétale les mêmes développements

qu'à l'anatomie animale, on a néanmoins acquis, sur cette partie, des connaissances qu'on ne pourra désormais étendre qu'en perfectionnant les microscopes. (*Voyez* ANATOMIE VÉGÉTALE.) La physiologie a, au contraire, marché à pas de géant. Aidée de la chimie, elle a procuré aux cultivateurs beaucoup de données pour perfectionner l'agriculture. (*Voyez* les mots NUTRITION DES PLANTES, PHYSIOLOGIE VÉGÉTALE, FLEURS DOUBLES, VÉGÉTATION.)

Quant à la pratique de l'art de l'agriculture, ses progrès ont dû suivre ceux de la théorie. On a analysé les terres et reconnu leurs diverses propriétés pour la culture de tels ou tels végétaux, la décomposition qui s'y opère des substances végétales et animales, le mélange des substances qui accélèrent cette décomposition. les nouveaux produits qui se forment et qui constituent l'humus, principale nourriture des végétaux. On a calculé les pertes de la terre en substances nutritives pour la production des récoltes, et on a cherché des moyens de remplacement par la découverte de nouveaux engrais, par une meilleure préparation, comme par un emploi plus sage des anciens, suivant la qualité des terres. (*Voyez* les mots TERRE, ENGRAIS.)

On s'est convaincu que la terre ne se reposait que dans la saison où sa sécheresse, ou bien le défaut de chaleur, arrêtait dans son sein la circulation des fluides, la décomposition des animaux et des végétaux enfouis, etc., opérations indispensables pour la nutrition des plantes; mais que, dans les autres temps, elle produisait d'autres plantes inutiles ou nuisibles si on ne la couvrait pas de celles utiles aux besoins des hommes et des animaux. On a alors reconnu le tort qu'on avait de laisser les terres sans culture, ou plutôt sans rien produire la troisième année de l'assolement, et on a trouvé qu'en y semant des plantes qui exigent plusieurs binages, on débarrassait les terres en labour des végétaux parasites qui en détruisent l'humus, aussi bien qu'en sacrifiant leurs produits pendant une année sur trois. Dès lors le système des jachères a été abandonné comme funeste à la culture, et on s'est livré au perfectionnement des assolements. (*Voyez* ASSOLE-MENT.)

Deux plantes, auparavant fort négligées, ont pu, par ce moyen, être cultivées en grand. Je veux parler du maïs et de la pomme de terre. La culture de cette dernière a pris des développements d'autant plus considérables que les Allemands nous ont appris a en extraire de l'eau-de-vie en augmentant les moyens de nourriture des bestiaux, et que la chimie nous a fait connaître les autres propriétés de ce tubercule, soit comme farine, soit comme fécule, soit comme sirop.

Les prairies artificielles ont reçu une extension d'autant plus grande que la conservation et la multiplication d'animaux aussi précieux que les mérinos en ont fait un devoir. (*Voyez* PRAIRIES ARTIFICIELLES.) Pour y parvenir, on a fait alterner avec les végétaux déjà soumis à la culture plusieurs autres espèces inconnues ou au moins négligées dans la plupart des départements de la France : et la botanique proprement dite a fourni à cet égard beaucoup de renseignements utiles : elle a procuré de nouveaux végétaux aux cultivateurs, et elle les a classés, pendant que la chimie en faisait connaître les éléments et les propriétés. On est parvenu, par ce nouveau mode d'assolement, à améliorer les terres en récoltant les plantes à la fleur, ou même en enfouissant une récolte médiocre à la fleur, pour en obtenir d'autres plus lucratives.

La nouvelle méthode de cultiver exigeait de meilleurs instruments : on a perfectionné les anciens, et on en a inventé de nouveaux. (*Voyez* INSTRUMENTS ARATOIRES.) Une émulation digne d'éloges a déterminé des mécaniciens et des agriculteurs à se livrer à ce genre de recherches, et on a vu dernièrement le chef d'un état libre et puissant, M. Jefferson, président des États-Unis de l'Amérique, employer ses instants de loisir à la construction d'une charrue dont la forme et les dimensions ont été soumises aux règles les plus sévères du calcul. Les instruments hydrauliques n'ont pas été négligés. Les constructions utiles à l'agriculture, telles que le logement des cultivateurs, les écuries, les étables, les serres tant pour la culture que pour la conservation de ses produits, ont reçu de grandes améliorations. (*Voyez* ces mots.)

L'art vétérinaire a fourni de puissants moyens de mieux soigner les animaux utiles, d'en perfectionner les races, de prévenir leurs maladies et de les guérir. La physiologie végétale et l'histoire naturelle ont également fait découvrir les causes des maladies des plantes utiles, et procuré des secours puissants. (*Voyez* les mots CARIE, MALADIES DES PLANTES.) De nouveaux moyens de conserver les blés ont été inventés et présentés au gouvernement, ainsi que les moyens de prévenir les disettes. (*Voyez* BLÉ.) Enfin le gouvernement actuel, en faisant réparer les routes et en construisant de nouveaux canaux, a rendu les communications plus faciles. Il a également fourni de nouveaux moyens de faire circuler les nouvelles découvertes, comme d'en faire d'autres, et de les appliquer sagement, en formant des sociétés d'agriculture dans tous les départements.

Tels sont les progrès de l'art agricole en France depuis 1789; et le sol de ce royaume eût réellement changé de face dans toutes ses parties si les connaissances acquises avaient été répandues dans tous ses cantons et y avaient été mises à profit. Mais pour arriver à ce but, aussi important pour le gouvernement que pour les administrés, il aurait fallu pouvoir employer à l'éducation des cultivateurs, comme au perfectionnement de l'agriculture, une partie, quoique légère, des impôts, à l'effet de généraliser les écoles primaires dans les campagnes, d'établir une ferme expérimentale dans chaque département, et de faire de petits ouvrages, tels que des almanachs du cultivateur, à la portée des simples laboureurs, qui n'ont ni les fonds nécessaires pour acheter les grands traités d'agriculture, ni assez de temps pour les méditer, ni les connaissances requises pour les lire avec fruit.

Malheureusement les guerres continuelles que la France a soutenues jusqu'au mois de juillet 1815, et les suites des quatre dernières campagnes, ont non seulement absorbé les revenus de l'état, mais ont en outre grevé le trésor par un arriéré considérable dont il faut payer les intérêts. Un nouvel ordre dans les finances et la diminution des dépenses par une sage économie pourront fournir au gouvernement une réserve pour venir au secours de l'agriculture sans ajouter aux impôts, et la culture augmentera à son tour les ressources du gouvernement en multipliant les produits qui sont soumis aux taxes, et en fournissant plus de matière première à l'industrie française.

Alors il ne restera pour porter l'agriculture à son plus haut degré de perfection qu'à faire aimer cet art à ceux qui le cultivent, et il suffira à cet effet de les faire jouir de la considération qui leur est due à raison de leurs services; mais, pour y parvenir, il est nécessaire qu'ils jouissent d'une douce liberté, qu'ils soient protégés par les lois, qu'ils ne soient point exposés aux exactions de ces armées de commis qui les fatiguaient sans cesse autrefois, et qu'ils ne redeviennent plus l'objet des mépris des classes privilégiées qui les ont tenus jadis sous le joug de la glèbe.

L'agriculture aime la paix comme la liberté. Elle ne peut prospérer dans l'anarchie ni sous le despotisme; elle redoute d'autant plus les priviléges héréditaires que la plupart de ceux qui les possèdent rougiraient de se livrer à la pratique de cet art, et que les cultivateurs sont d'autant moins considérés qu'il existe des membres de la société qui leur sont supérieurs par le seul fait de leur naissance. L'exemple de ces derniers a toujours empêché beaucoup de propriétaires riches de se livrer à la culture de leurs terres abandonnées aux soins de fermiers qui ont

d'autant moins d'intérêt de les bonifier ou de les améliorer qu'une pareille conduite les exposerait à une augmentation de prix, au renouvellement d'un bail souvent
trop court pour s'indemniser avec avantage de leurs
avances et de leurs travaux. Il se peut qu'une saine politique ou des circonstances impérieuses aient présidé
au rétablissement de la noblesse héréditaire en France, au
lieu d'en créer une personnelle qui eût excité l'émulation
en forçant les enfants à s'instruire et à rendre des services
à l'état pour se rendre dignes des honneurs et des titres
dont leurs pères ont joui; mais il eût été à désirer, dans
l'intérêt de l'agriculture, que le gouvernement n'eût distribué que des honneurs et des titres à vie. Les priviléges
entraînent presque toujours l'égoïsme à leur suite, et il
est de l'essence de ceux qui les possèdent de travailler à
les étendre. S'ils y parviennent, et qu'ils puissent rivaliser
de puissance avec le monarque, ils entravent ses meilleures
opérations et arrêtent les effets des lois les plus sages
et des intentions bienfaisantes du chef de l'état. L'anarchie prend alors la place de l'ordre, et fait rétrograder
la marche des arts les plus utiles. Si les privilégiés sont
forcés à céder, ils adoptent le principe de l'obéissance passive envers le monarque, qui devient absolu, et ils en pro-
fitent pour exercer un pouvoir arbitraire sur les autres
classes de la société. Alors la tranquillité règne dans le
royaume; mais l'émulation s'éteint, la population diminue,
la bonne agriculture disparaît, et la monarchie perd sa
splendeur et sa puissance.

C'est ce qu'on a vu arriver dans plus d'un état. On
n'ignore pas que l'agriculture fut presque anéantie sous le
despotisme des empereurs romains, et que ce fut une des
causes principales de la destruction de cet empire immense, dont la culture était confiée à des esclaves incapables de le défendre comme de conserver et d'étendre
les bons principes d'un art qui est la base fondamentale
d'un état très étendu. On sait également que l'anarchie

qui a long-temps régné dans le royaume de Pologne, par le fait de la noblesse, a constamment nui aux progrès de son agriculture, comme elle a causé le partage de ses provinces. La France même peut servir d'exemple pour prouver ce que j'avance. Pendant qu'elle fut livrée au système féodal, ses terres furent mal cultivées, et l'on perdit de vue jusqu'aux leçons qu'on avait reçues des Romains et des Grecs. L'agriculture y a fait des progrès à mesure que le servage a été aboli et que les cultivateurs y ont été plus ménagés et plus considérés. Le comté de Flandre ou les Pays-Bas, régis par des lois plus douces que les autres parties de la France, est la première province où l'agriculture fut en quelque sorte régénérée, et elle est devenue une terre classique, où les autres peuples de l'Europe sont venus apprendre à tirer un bon parti de leur sol.   F...n.

AGRONOMIE. (*Agriculture.*) Ce mot, que l'on emploie souvent comme synonyme d'agriculture, désigne plus particulièrement la science de l'économie rurale. Ainsi l'agriculture est la pratique de l'art dont l'agronomie enseigne les théories.

AGUILANLEU ou AGUILANNEU, pour *à gui l'an neuf* ou au gui de l'an nouveau, *ad viscum anni novi.* (*Antiquités.*) On appelle encore ainsi, en diverses provinces, les étrennes du premier de l'an, qui, dans la religion des druides, consistaient à donner, à distribuer au peuple le gui du nouvel an, comme une chose sainte, un préservatif, un remède universel. Les Espagnols appellent *aguinaldo* les présents que l'on fait à la fête de Noël. En Basse-Normandie, les pauvres, le dernier jour de l'an, disent *hoguinanno*, en demandant l'aumône. Dans le Vendômois et dans le Maine, le peuple et les enfants courent les rues le dernier et le premier jour de l'an, demandent à tous ceux qu'ils rencontrent *le gui-l'an-neu;* et chantent aux portes des chansons dont le refrain est toujours, Donnez-nous *le gui-l'an-neu.* Dans le Perche, le peuple appelle les étrennes *éguilas;* dans le pays char-

train, *éguilables;* dans la Haute-Normandie, *éguinètes*
ou *aguinètes.*

Dans la commune de Saint-Hilaire-de-Chaléons, département de la Loire-Inférieure, le 31 décembre au soir,
les marguilliers des deux années précédentes et ceux en
charge se réunissaient et faisaient ensemble un souper
qui se prolongeait fort avant dans la nuit. Le souper fini,
chaque convive, armé d'une pique, se mettait en marche
vers un bois appelé *le bois de Noir-Breuil* (le *lucus* noir),
distant d'environ deux lieues; ils cueillaient des pommes
de pin, et chacun d'eux en plaçait une sur le bout de
sa pique, qui ressemblait alors à un thyrse de Bacchus. Ce
dieu a dû être honoré sous le nom d'*Hilaris* par les anciens
Pictavi, qui se peignaient le corps en son honneur, ainsi
que les *Agathyrses* et les *Britanni* ou *Picti,* et qui devaient célébrer ses mystères dans la dernière nuit de
l'année. Pour représenter le passage du soleil des signes
descendants aux signes ascendants, ces marguilliers partaient de ce bois de *Noir-Breuil,* symbole des signes
descendants, de manière à se trouver à la pointe du jour
sur la chaussée d'un étang appelé *Champ-Blanc,* symbole
des signes ascendants, dont le premier est celui de l'amphora figuré par cet étang; là ils se partageaient, pour
figurer le partage qui se fait des douze signes en deux
bandes au solstice inférieur, et parcouraient deux à deux
les fermes et les hameaux, en chantant une chanson dont
le refrain était, comme dans le Maine, Donnez-nous *le gui-
l'an-neu.* Chaque maître de maison, après leur avoir fait
servir largement à boire comme à des initiés aux mystères
de Bacchus, leur donnait du blé, du lin, de la toile,
un jambon, etc. Les objets provenants de cette quête, et
les pommes de pin que les quêteurs avaient portées au bout
de leurs piques pendant leur tournée symbolique, étaient
vendus dans le cimetière, le premier jour de l'an, au profit
de la fabrique, et souvent très cher, parcequ'on leur attribuait la vertu de préserver du tonnerre et de tout maléfice.

La *guignannée* est aussi le nom d'une fête semblable
qu'on fait à Morlaix, selon Ménage, le dernier jour de
l'an. (*Voyez* son *Dictionnaire étymologique*, à ce mot.)
Elle consiste en des présents que les riches font aux
pauvres, qui, à chaque porte où on leur donne, font des
cris et des acclamations entendus dans toute la ville.
Ces pauvres sont armés de grands bâtons (qui étaient
autrefois des thyrses) pour rompre les portes s'il s'en
trouvait de fermées. Personne ne peut donc se dispenser
de leur donner leurs étrennes, leur *guignannée*, chacun
selon son pouvoir. Cette fête, qui est un reste des saturnales et des bacchanales, remonte au culte du *gui de la
nouvelle année* chez les druides. Merula l'a très bien remarqué dans sa *Cosmographie*, part. 2, liv. 3, chap. 11 :
Sunt qui illud, au gui-l'an-neuf, *quod hactenus quot-
annis pridie kalendas januarii vulgo publice cantari
in Gallia solet, ab druidis manasse autumant : ex hoc
forte Ovidii,*

Ad viscum, viscum druidæ cantare solebant.

*Solitos enim aiunt druidas per suos adolescentes viscum
suum cunctis mittere, eoque quasi munere, bonum,
faustum, felicem et fortunatum omnibus annum precari.*

En effet, Pline nous apprend, liv. 16, chap. 44, que
les druides révéraient le gui de chêne ; qu'ils choisissaient
les forêts de cet arbre sacré pour leurs sacrifices ; que
c'est de là qu'ils étaient appelés *druides*, nom qui vient
en effet du grec δρῦς, en breton *deru, derv* ou *dero*,
chêne ; que lorsqu'ils trouvaient du gui sur cet arbre,
ils le regardaient comme un don du ciel, et le cueillaient,
au sixième jour de la lune, en grande dévotion et avec de
grandes cérémonies ; qu'ils l'appelaient en leur langue d'un
nom qui signifie *omnia sanans*, guérit tout. *Omnia sa-
nantem*, dit-il, *appellantes suo vocabulo. Sacrificio epu-
lisque rite sub arbore præparatis, duos admovent can-
didi coloris tauros, quorum cornua tunc primum vin-*

ciantur. Sacerdos candida veste cultus arborem scandit. Falce aurea demetit. Candido id excipitur sago. Tunc demum victimas immolant, precantes ut suum donum Deus prosperum faciat his quibus dederit. Fecunditatem eo poto dari cuicumque animali sterili arbitrantur, contraque venena omnia esse remedio. Tanta gentium in rebus frivolis plerumque religio est ! Le gui est le même symbole que le rameau d'or, et l'âge d'or, par ses baies d'or et ses feuilles jaunes. Le chêne, qui dans sa vieillesse porte ce nouveau rejeton, est le symbole de l'intersection solsticiale du tropique du caper et de l'écliptique, qui finit et commence l'année : c'est l'arbre du bien et du mal; c'est Janus à deux visages. (*Voyez* GUI.)   E. J.

AI

AIDE-MAJOR. *Voyez* SERVICE DE SANTÉ.

AIDE-MAJOR ET AIDE-MAJOR-GÉNÉRAL. *Voyez* ÉTAT-MAJOR.

AIDE DE CAMP. (*Art militaire.*) La dénomination d'*aide de camp* est ancienne; les fonctions, fort inexactement désignées par elle, le sont davantage. C'est, en effet, en considérant comme *aides de camp* les officiers spécialement attachés aux commandants des armées que Quintus Icilius fut un des *aides de camp* de César.

Il y eut de tout temps, et sous différents noms, des *aides de camp* dans nos armées.

Sous la première race de nos rois, des barons [1] étaient leurs *aides de camp*.

Avant Philippe-Auguste, des places d'*aide de camp* des rois de France furent remplies par les connétables et les maréchaux, dont les attributions étaient mal déterminées.

Les rois de France, commandant leurs armées, ont toujours eu auprès d'eux, et comme *aides de camp*, plusieurs

---

[1] *Barons*, de baro, pour *vir*, homme vaillant, etc.

seigneurs, au nombre desquels leur écuyer était de droit. *Ces seigneurs*, dit Lerouge [1], *furent les seuls qui eurent sous eux d'autres aides de camp ; et ces derniers, pris parmi les pages de la grande et petite écurie* [2].

Les *aides de camp* ne furent pas toujours de simples porteurs d'ordre ; ils eurent des fonctions particulières, et même des commandements. Ils étaient brevetés par le roi, distinction qui prouvait la juste importance que l'on mettait à leur choix.

Bientôt cependant ce titre *d'aide de camp* se donna aux officiers qui *aidaient* le maréchal *de camp* à faire la répartition des différents quartiers dans un campement [3].

Plus tard on attacha des *aides de camp* à chacun des officiers généraux employés dans les armées.

Lors de la révolution, il y avait en France un corps de trois cents *aides de camp*.

Ce corps fut détruit ; et les généraux prirent dans les régiments d'infanterie et de cavalerie des *aides de camp* [4], dont le nombre et les grades varièrent en raison de l'élévation de grades ou de l'emploi des généraux.

Ces dispositions ont été remplacées en 1818 par la création du corps royal de l'état major, corps alimenté par une école spéciale, et dans lequel seul les *aides de camp* peuvent être pris aujourd'hui.

Il est difficile de déterminer, de préciser les attributions

[1] Auteur du *Parfait aide de camp*. Paris, 1760.

[2] Il y eut, sous Louis XIII, et au commencement du règne de Louis XIV, *des aides de camp d'armées* ; il y eut, sous le ministère du duc de Choiseul, des *aides de camp de régiment*. Les premiers n'eurent rien de commun avec les aides de camp des généraux ; les seconds étaient, dans l'acception actuelle du mot, les aides de camp des colonels ; ils sont devenus les adjudants des régiments. En Allemagne, en Russie, etc., les aides de camp se nomment *adjudants de généraux* ; en Espagne et en Italie, *adjudants de camp*.

[3] Dans l'armée du roi, commandée par le duc d'Enghien, au siége de Thionville en 1643, il y eut, dit Lerouge, jusqu'à vingt-deux *aides de camp*.

[4] Pendant la terreur, les généraux purent prendre pour *aides de camp* jusqu'à des soldats.

1.   27

et les fonctions de ces officiers, presque tout résultant à cet égard de leur zèle et de leur mérite.

Entièrement au choix des généraux, il doivent tout faire pour mériter leur confiance.

Rien de ce qu'un général peut désirer savoir, vérifier, connaître, n'est au-dessus de la position d'un *aide de camp,* et ne doit être au-dessous de son dévouement.

Les reconnaissances, les visites, les tournées, sont éminemment de leur ressort.

Les moindres détails relatifs aux individus, aux services, aux localités, à la discipline et aux opérations de la guerre, sont de leur compétence.

Toujours auprès de leurs généraux, ne les quittant que pour remplir avec célérité les missions qu'ils reçoivent, signalant leur zèle, leur activité par tous les moyens possibles, et également hommes d'épée, de cheval et de plume, les *aides de camp* doivent être, dans les marches, les batailles, les manœuvres, l'œil et l'oreille de leurs généraux; dans les cabinets, les rédacteurs de leur correspondance, et hors de là les porteurs de leurs ordres écrits ou verbaux.

On le voit, dans l'intérêt des généraux et des troupes, les places d'*aides de camp* ne devraient être occupées que par des sujets instruits et distingués; et cependant des considérations personnelles les ont trop souvent fait confier à des jeunes gens sans capacité, sans modestie et sans expérience.

Il est au reste peu de preuves de valeur et de talents que des *aides de camp* n'aient données dans le cours de nos immortelles campagnes; et plusieurs d'entre eux, parvenus aux premiers grades militaires, ont honorablement attaché leurs noms à cette grande époque de guerre devant laquelle pâlissent les plus mémorables faits d'armes des temps anciens et modernes, et qui, dans les siècles les plus éloignés, brillera comme un météore. (*Voyez* ÉTAT MAJOR.)

G^{al} TH... T.

AIGLE. (*Antiquité.*) Ce roi des oiseaux a été consacré à Jupiter depuis le jour qu'ayant consulté les augures
dans l'île de Naxos, avant d'entreprendre la guerre contre
les titans, il parut un aigle qui lui fut d'un heureux présage. La fable dit aussi qu'un aigle eut soin de fournir à
Jupiter du nectar pendant son enfance; et pour l'en ré-
compenser le père des dieux plaça cet oiseau parmi les
astres. L'aigle se voit ordinairement dans les images de Jupiter, tantôt aux pieds du dieu, tantôt tenant la foudre
entre ses serres. Les Grecs observaient le vol de l'aigle
quand ils prenaient les auspices. Priam, voulant attaquer
la flotte des Grecs pour ravoir son fils Hector, pria Jupiter de lui annoncer sa protection par l'apparition d'un aigle
volant à sa droite. C'est d'une apparition semblable, dont
Romulus fut favorisé lors de la fondation de Rome, que
vient l'enseigne des légions romaines, qui était une aigle
d'or ou d'argent posée sur une pique les ailes ployées et
tenant un foudre dans une de ses serres. Par suite, les
Romains rendaient un culte aux aigles, aux enseignes
militaires, et aux empereurs déifiés, dont elles portaient les
médaillons, *clypei*. Ils faisaient des libations en leur honneur, les frottaient avec des parfums et les couronnaient
de fleurs. Une aigle avec le mot *consecratio* désigne sur
les médailles l'apothéose d'un empereur. On trouve quelquefois des aigles pour marquer la consécration des princesses, tel que Marciana. Cette apothéose est ordinairement annoncée par le symbole du paon, parceque cet oiseau était le symbole de Junon, comme l'aigle était celui
de Jupiter. On voit des aigles sur les médailles, sur les
arcs de triomphe et sur les colonnes. La figure de l'aigle
y est quelquefois surmontée de la représentation d'un petit
temple.   E. J.

AIGLE. (*Histoire naturelle.*) Habitués à la servitude
presque dès l'origine de l'état social, les hommes la virent
partout. Comme ils avaient des rois, ils imaginèrent que
les animaux en devaient avoir. Pour eux l'aigle devint celui

des oiseaux, et le lion fut le roi des quadrupèdes. La force, l'audace, un goût de rapine et l'habitude de verser le sang, furent les marques auxquelles on crut reconnaître les dominateurs de créatures qui, plus indépendantes que nous, n'en ont jamais reconnu. La mythologie fit de l'aigle l'oiseau de Jupiter, parceque, dans son vol hardi, il semblait s'élancer aux cieux, où l'on plaçait le trône de la divinité.

Les aigles ont le bec fort et tranchant, les pieds nerveux, les doigts robustes, armés d'ongles puissants et très aigus, les ailes étendues et infatigables, la vue perçante, l'air farouche, et le caractère féroce. Ils se retirent dans les rochers inaccessibles, où l'énorme quantité de nourriture qu'exige leur insatiable appétit les force à vivre solitaires au milieu des ossements blanchis de leurs victimes.

Long-temps les aigles ont été pour les naturalistes un genre d'oiseaux de rapine que leur force et leur taille semblaient isoler au milieu des êtres que l'on regardait comme leurs sujets. Linné, que n'a point ébloui une suprématie purement hypothétique, n'a vu en eux que de simples faucons, et les a rangés avec la plupart des oiseaux de proie, soit qu'ils fussent réputés nobles, soit qu'on les regardât comme ignobles, dans un seul et même genre, dont ils ne forment véritablement qu'une simple section. (*Voyez* Faucon.)

Comme l'aigle était sensé l'oiseau du maître du tonnerre, on en fit aussi le symbole de la puissance, et le compagnon de tous les dominateurs. De là l'usage d'en porter l'image en tête des gens de guerre, usage qui, des légions romaines transmis jusqu'à nous, se perpétua d'empire en empire, parcequ'il est de la nature humaine d'imiter toujours ce qui se fit une fois. Et comme l'adoption de l'aigle pour insigne de l'empire passa des Romains aux peuples modernes dans ces temps de barbarie où l'ignorance fut presque toujours la compagne du pouvoir, en devenant un caractère héraldique, le nom de l'animal changea de genre ; de sorte qu'en terme de blason , on dit l'aigle autrichienne ou impériale , tandis que dans le langage scientifique ou habituel le mot aigle est masculin. On appelle aiglon le petit de l'aigle.

Cependant en cherchant dans la force et dans la férocité de l'aigle l'image de la royauté , on ne cessa de l'ennoblir ; partout ce compagnon de Jupiter le suit et veille à la garde de ses foudres vengeurs : mais , soit que Jupiter courroucé punisse les hommes en les exterminant par les eaux d'un déluge , soit qu'il les frappe et les anéantisse des feux de son tonnerre , il ne fait jamais de son aigle l'exécuteur de ses sentences sanglantes ou le bourreau de ses victimes ; c'est le vautour qui, dans de telles circonstances , est chargé d'un horrible ministère que les rois de la terre n'ont pas toujours regardé comme indigne d'eux. Dans un temps voisin de l'époque actuelle , on a vu un monarque réformateur d'un grand empire , dont l'aigle est aussi l'emblème , couper lui-même la tête des coupables qu'il avait condamnés.

L'énorme quantité de nourriture qu'exige le vorace appétit de l'aigle le force à vivre solitaire ; à peine souffre-t-il que la femelle habite le domaine où il s'est établi. Avide de carnage , il méprise pourtant une proie timide et trop facile : ce n'est que lorsque la faim l'y oblige qu'il se jette sur les petits oiseaux. Il dévore la chair palpitante , il se délecte du sang encore vivant; c'est le tigre de l'air. La plus grande détresse peut seule l'obliger à s'abattre sur des cadavres ; nous l'avons vu plus d'une fois planant dans les cieux au-dessus d'un champ de bataille dédaigner d'y descendre , tandis que l'abject vautour y déchirait le corps des braves demeurés sans sépulture. L'aigle supporte des jeûnes rigoureux, et peut vivre long-temps sans manger; il n'en devient que plus redoutable. Quelques espèces vivent de poisson. Ce sont celles-ci qui sont fort grandes et qu'on aperçoit quelquefois perchées, immobiles sur les rochers du rivage dont elles ont la couleur, guetter au loin leur

proie à travers les vagues, soit pendant le jour douteux des
tempêtes, soit pendant les jours sans nuage des temps les
plus sereins, sans que jamais l'obscurité ou l'immense lumière paraisse fatiguer leurs yeux perçants. Les aigles distinguent du plus haut des airs l'humble reptile rampant
sur l'herbe, et ne dédaignent pas de fondre sur lui comme
un trait. S'il faut en croire Klein, leur existence s'étendrait
à plusieurs siècles.

Les naturalistes ont décrit un assez grand nombre d'aigles de toutes les contrées de l'univers où ces oiseaux se
trouvent répandus. Parmi ces espèces on doit citer l'*aigle
impérial*, dont la femelle n'a pas moins de trois pieds de
hauteur. Cet oiseau, dont le cri est sonore et menaçant, quitte
rarement les hautes montagnes; il donne la chasse aux
daims et aux chevreuils, dont il emporte des quartiers entiers
dans son aire, établi dans les rochers inaccessibles, et qui
devient un charnier infect par la continuité de tels repas.
Ce nid, bâti solidement avec de fortes pièces de bois qui
l'étaient, est, comme celui des autres aigles, large et plat;
il reçoit chaque année deux et quelquefois trois œufs ovales-
alongés; l'incubation dure trente jours, et dès que les
petits sont assez grands pour pourvoir à leur nourriture,
ils sont aussitôt chassés non seulement de l'asile paternel,
mais encore du canton, qui bientôt ne pourrait plus suffire
à la consommation de la famille augmentée.

Le *Jean-le-Blanc*. Ce nom, bien ignoble pour un aigle, fut imposé par Buffon; l'oiseau qui le porte construit
son aire sur les sapins les plus élevés des grandes forêts de
la France et de l'Allemagne; il donne de préférence la chasse
aux reptiles.

Le *pygargue*, dont l'orfraie ou grand aigle de mer
n'est qu'un état dans le jeune âge, est celui qui préfère le
poisson aux animaux à sang chaud. On admire l'adresse
avec laquelle il le saisit de ses serres à la surface d'un
étang; sa chair en contracte un goût insupportable.

L'*aigle royal*, celui de Jupiter, ou le plus commun,

habite nos grandes forêts, et n'en sort que pour se jeter sur nos troupeaux; les faons, les agneaux et les lièvres composent ordinairement ses repas. Il vient enlever audacieusement les seconds au milieu de leurs pareils, sans que les cris des bergers paraissent l'effrayer beaucoup.

On a quelquefois étendu le nom d'aigle à d'autres animaux de classe différente au sein des mers, ainsi une raie qui figure assez bien un aigle volant a-t-elle été appelée par les naturalistes *raia aquila*. Il n'est pas jusqu'à une coquille qui porte le nom d'aigle; celle-ci (*bulimus bicarinatus*, Brug.), qui appartient au genre agatine du savant M. de Lamark, était naguère une des plus rares et hors de prix. On n'en connaissait guère que trois dans les collections; elle s'y est récemment un peu plus répandue, mais n'y est pas moins encore estimée 150 francs. B. DE ST.-V.

AIGRE. (*Agriculture.*) On dit d'une terre qu'elle est aigre quand elle est essentiellement marneuse. Cette nature de terrain est difficile à cultiver; elle offre une texture impénétrable à l'eau, devient dure comme de la pierre par la sécheresse, et se transforme en marais par la pluie.

AIGU. (*Musique.*) Se dit d'un son perçant ou élevé par rapport à un autre son. On voit par cette définition que le mot *aigu* est opposé au mot *grave*, mais qu'il faut toujours une comparaison entre deux sons pour donner une idée juste du grave et l'aigu; car un son grave, par rapport à un plus aigu, peut devenir lui-même aigu par rapport à un plus grave; mais, pour la définition la plus juste, il faut dire que, dans deux sons comparés, plus les vibrations du corps sonore sont fréquentes, plus le son est aigu.   B...N.

AIGUADE. (*Marine.*) Lieu où les navires peuvent trouver de l'eau douce pour remplacer celle qu'ils ont consommée à la mer.

AIGUILLE. (*Architecture.*) Monument égyptien dont les Grecs ont fait ὀβελός, qui signifie broche. (*Voyez* OBÉLISQUE.)

De nos jours, on appelle ainsi l'espèce de pyramide en charpente qu'on élevait sur le comble et au centre de la croisée des églises gothiques.

Cette construction prend son nom d'une pièce de bois principale appelée aiguille, qui, placée au centre de la pyramide, s'élève de sa base jusqu'à son sommet. (*Voyez* Flèche.)

AIGUILLE AIMANTÉE. (*Marine.*) *Voyez* Boussole.   D... t.

AIGUILLE AIMANTÉE. (*Physique.*) *Voyez* Magnétisme.

AIGUILLES. (*Technologie.*) On rencontre dans les arts industriels une grande quantité de petits instruments, la plupart en acier poli, qui portent le nom d'aiguilles, et sont employés à des usages différents. A l'exception des aiguilles de boussole, des aiguilles de montre et de pendule, de celles qui servent au métier à bas, et de quelques autres encore, mais de bien peu d'importance, on peut considérer les aiguilles comme destinées à réunir des parties séparées d'une ou de plusieurs substances, d'une certaine consistance, pour en faire un tout solide, à l'aide d'un fil formé d'une substance flexible dont l'aiguille aide et facilite l'introduction dans les diverses parties qu'on veut rapprocher. Le tailleur, la lingère, emploient des aiguilles de cette espèce pour coudre les étoffes; le chirurgien se sert des instruments semblables pour rapprocher des parties qu'il a été obligé de séparer par une opération sur le corps humain, etc., etc. Toutes ces différentes sortes d'aiguilles ne varient guère que par leur forme, et peuvent être ramenées, pour la fabrication, à celle des aiguilles à coudre qu'il importe le plus de connaître. Nous allons donc, aussi succinctement qu'il est possible, donner une idée de ce genre de manufacture, et nous parlerons plus tard des autres sortes d'aiguilles.

Une aiguille à coudre peut être considérée sensiblement comme un cylindre dont le diamètre et la longueur varient selon les cas, mais dont un bout est en pointe très déliée, et l'autre bout, appelé *tête*, porte un trou ordinairement oblong pour recevoir le fil qu'on veut introduire dans l'étoffe au moyen de l'aiguille qui ouvre le passage.

Quand on considère, 1° la *simplicité* d'une aiguille, 2° sa *petitesse*, 3° son *prix modique*, on serait porté à croire que ce petit instrument n'exige ni un long travail ni une main d'œuvre compliquée. Cependant, lorsqu'on apprend que chaque aiguille, quelle que soit sa dimension, passe entre les mains de plus de cent vingt ouvriers différents avant d'être entièrement terminée, on ne peut se défendre d'un mouvement de surprise.

Les aiguilles sont fabriquées avec de l'acier très pur, tiré à la filière d'un diamètre convenable à la grosseur de celles qu'on veut faire. (*Voyez* TRÉFILERIE.) Le premier soin du fabricant est de s'assurer si l'acier qu'on lui envoie en bottes de la tréfilerie est de bonne qualité, et s'il est d'une grosseur uniforme dans toute sa longueur. Pour s'assurer de sa qualité, il en coupe quelques bouts de chaque botte; il les fait rougir dans un petit fourneau, les trempe dans l'eau froide, et les casse ensuite entre les doigts. Il rejette les bottes de ceux qui plient sans casser, et met à part ceux qui cassent le plus nettement pour les employer à fabriquer les aiguilles dites *anglaises*.

On se sert d'une jauge pour s'assurer que le fil est d'égale grosseur partout. La jauge du fabricant d'aiguilles est une plaque en acier sur les bords de laquelle on pratique des trous d'environ une ligne de diamètre, puis avec une lime très mince on fait une entaille qui crève dans le trou. Chaque entaille est d'une largeur différente, selon la grosseur des aiguilles. On présente par ci par là, à l'entaille de la jauge, des fils de la botte dans laquelle on a d'abord essayé le fil, mais sans la délier, et s'ils entrent tous avec la même facilité, on reçoit la botte; dans le cas contraire, on la renvoie à la tréfilerie.

Le fil est d'abord dévidé sur un rouet d'une forme particulière, et la nouvelle botte est coupée avec de grosses cisailles aux deux extrémités du même diamètre : ces fils sont ensuite coupés de la longueur de deux aiguilles, à l'aide d'un mandrin qui fixe la longueur d'une manière invariable pour les aiguilles de même qualité.

Un ouvrier dresse ces fils au nombre de six mille à la fois avec la plus grande facilité ; un autre les aiguise par les deux bouts pour faire les pointes ; il en aiguise environ soixante à la fois, en les faisant rouler entre le pouce et l'index. Cette opération, qu'on nomme *dégrossissage*, se fait sur une meule à sec. On coupe les fils de la longueur que doit avoir l'aiguille à l'aide d'un second mandrin, et on les donne au *palmeur* chargé d'aplatir la tête des aiguilles. Cet ouvrier range dans une boîte les aiguilles, au fur et à mesure qu'il les *palme*, les pointes toutes d'un côté. Après qu'on a recuit les aiguilles dans un four, on les donne au *perceur* : celui-ci les pose sur un tas, les perce avec un poinçon, d'abord sur un côté, ensuite sur l'autre ; on appelle cette opération *marquer* : il les donne au *troqueur* qui ouvre le trou et le termine. Ce sont des enfants qui font ces deux dernières opérations avec une vitesse incroyable. Ils se font un jeu de percer avec un poinçon le cheveu le plus fin, et ils font passer un autre cheveu au travers.

Un autre ouvrier, nommé l'*évideur*, fait la cannelure et arrondit la tête. On marque d'un *Y* les aiguilles soignées ; on les redresse ensuite, et on les trempe. (*Voyez* Tremper.) On les décrasse, et on les recuit, afin qu'elles ne soient pas aussi cassantes. On redresse à l'aide d'un petit marteau tranchant celles qui se sont faussées, et on les livre au *polisseur*.

Le polissage est l'opération la plus longue et la plus coûteuse, elle dure plusieurs jours ; mais cette lenteur est compensée par la grande quantité d'aiguilles qu'on polit à la fois. On en forme des paquets qui en contiennent cinq cent mille, et la même machine, qu'un seul homme dirige et qu'un courant d'eau fait agir, polit en même temps vingt ou trente paquets, c'est-à-dire dix ou quinze millions d'aiguilles.

Après le polissage, on dégraisse les aiguilles dans un tonneau avec de la sciure de bois; on les vanne pour séparer la sciure et les autres saletés, et on les arrange dans une boîte. Les cinq opérations du polissage se répètent jusqu'à dix fois chacune, ensuite on essuie les aiguilles avec un linge, et l'on jette de côté celles qui sont cassées.

On procède au *triage* dans un atelier très sec. Un ouvrier *détourne* les aiguilles, c'est-à-dire qu'il met toutes les têtes d'un même côté; il sépare toutes celles qui sont défectueuses. Un autre les sépare en deux qualités, en raison du poli plus ou moins brillant. Un troisième ouvrier met à part les aiguilles dont la pointe est cassée. Ce triage se fait avec une grande vitesse et beaucoup de facilité. Un quatrième ouvrier redresse sur un tas celles qui se sont courbées. Un cinquième les sépare en trois parties, selon leurs diverses longueurs.

La mise en paquets et l'affinage sont les dernières opérations; elles occupent encore beaucoup d'ouvriers. L'un coupe les carrés de papier, un second les plie au tiers de leur largeur; un troisième compte d'abord cent aiguilles, il les pèse ensuite, et c'est de ce poids qu'il se sert pour les diviser par centaines; il les met dans le papier : un quatrième achève de plier les paquets. Un cinquième, nommé *bleueur*, imprime à la pointe, sur une très petite meule, un poli bleuâtre qui a donné le nom à cet ouvrier. Un sixième écrit sur les paquets le numéro des aiguilles, le nom du fabricant et ses marques particulières. Un septième met le sceau de la fabrique. Un huitième enfin réunit dix paquets en un pour former des milliers. Les aiguilles ordinaires sont liées avec du fil blanc; les aiguilles dites *anglaises* avec du fil rouge.

Les véritables aiguilles anglaises sont aisées à distinguer de celles qui n'en sont que l'imitation : les premières ont toujours leurs pointes dans l'axe, ce qu'on aperçoit facilement en les faisant rouler entre le pouce et l'index, tandis que les autres ont le plus souvent leur pointe hors de l'axe.

En considérant une manufacture d'aiguilles, on ne tarde pas à reconnaître que cette variété d'opérations nombreuses, auxquelles chaque aiguille est soumise porte le cachet de la perfection à laquelle cette fabrication est parvenue. Dans les arts mécaniques, *diviser le travail*, c'est l'*abréger;* multiplier les opérations, c'est le *simplifier;* attacher exclusivement un ouvrier particulier à chacune d'elles, c'est obtenir à la fois *vitesse* et *économie.*

Les aiguilles du métier à bas, celles à faire les réseaux et les filets, celles des métiers à tissu, celles du piqueur d'étuis, du chandelier, du gaînier, du blanchisseur de cire, etc., etc., seront décrites dans les différents arts qu'elles concernent.

Les aiguilles des chirurgiens ne se font pas en manufacture, leur débit n'est pas assez important. Les couteliers qui s'adonnent à la fabrication des instruments de chirurgie les font à la main et une à une.

Les grosses aiguilles d'emballage, les carrelets, etc., sont des ouvrages grossiers qui ne présentent aucune difficulté, et nous ne décrirons pas leur fabrication, qui a beaucoup d'analogie à celle des aiguilles à coudre.

Aiguille de boussole. On prend une lame d'acier fondu mince, d'une longueur proportionnée au cercle sur le centre duquel elle doit se mouvoir et en couvrir le diamètre. Après qu'elle a été bien limée, trempée, revenue bleue et polie, on fixe au milieu de sa longueur une *chape* en laiton, ou mieux une agate. Cette chape est creusée d'un trou conique, très évasé, et bien poli, destiné à recevoir la pointe d'un pivot d'acier trempé et poli qui a la forme d'une fine aiguille à coudre, dont la pointe est un peu émoussée, arrondie et parfaitement polie. A l'aide de ces précautions, l'aiguille se meut librement et presque sans aucun frottement, de manière que sa

pointe peut parcourir tous les points de la circonférence
du cercle au centre duquel elle est placée. On a soin,
en limant l'aiguille, et avant de la polir, de laisser, du
côté qui doit se tourner vers le *sud*, un peu plus de matière dans son épaisseur, afin que l'aiguille se maintienne
horizontale après qu'elle sera *aimantée*. L'action de l'*aimant* fait incliner l'aiguille du côté du *nord*, et c'est dans
la vue d'équilibrer cette force qu'on laisse un peu plus de
matière du côté *sud*. Lorsque l'aiguille est terminée on
bleuit le côté qui doit se trouver vers *nord*, et après
qu'elle est ainsi confectionnée, il ne reste plus qu'à l'*ai-
manter*.   L. Seb. L. et M.

AIGUILLON. (*Histoire naturelle.*) (*Voyez* ARMES.)
AILE. (*Art militaire.*) (*Voyez* ARMÉE.)
AILERON, (*Histoire naturelle.*) (*Voyez* AILES.)
AILES. (*Antiquités.*) Les Étrusques, à l'exemple
des anciens Grecs, ont représenté presque toutes leurs
divinités avec des ailes : Jupiter, Diane, Minerve, Vénus,
les nymphes, en portent dans leurs monuments. Ils en
mettaient aussi à la tête de plusieurs autres divinités,
telles que l'Amour, Proserpine, Méduse et les Furies, et
aux chars des dieux : cet usage leur était encore commun
avec les Grecs, qui mettent des ailes au pétase, aux épaules
et aux talons du messager des dieux. Euripide donne au
soleil un char ailé; les médailles d'Éleusis représentent
Cérès sur un semblable char, et la fable parle d'un char
ailé de Neptune. Les Grecs cependant ne donnaient ordinairement de grandes ailes qu'à la Victoire et quelquefois à Diane. Quelques divinités égyptiennes portent des
ailes qui ressemblent à celles des chérubins. On voit sur
les médailles de Malte deux figures placées l'une vis-à-
vis de l'autre, avec des ailes fort longues aux hanches.
Le psalmiste donne aussi des ailes au Dieu des Hébreux :
Sub umbrâ alarum tuarum protege me. Isaïe en donne
six à chacun des deux séraphins qui se tenaient au-dessus
de son trône : *Seraphim stabant super illud : sex alæ*

uni , et sex alœ alteri : duabus velabant faciem ejus, et duabus velabant pedes ejus, et duabus volabant (c. 6, v. 2.) L'Apocalypse en donne six à chacun des quatre animaux symboliques qui entourent ce trône (c. 4, v. 6), et deux seulement à la femme qui parut dans le ciel couverte du soleil , ayant la lune sous ses pieds, et à la tête une couronne de douze étoiles (c. 12 , v. 1 et 14). E. J.

AILES. (*Histoire naturelle*,) Organes de la locomotion dans l'air ; véritables rames que l'être qui en est muni plie ou développe, selon leurs ressorts et sa volonté, pour trouver un point d'appui suffisant sur le fluide qui l'environne. Les ailes ne sont pas un attribut de l'oiseau ou de l'insecte seulement ; tandis qu'il est des oiseaux et des insectes auxquels la nature refusa des ailes, il est des mammifères , des reptiles, et jusqu'à des poissons qu'elle en dota : les chauve-souris, par exemple, sont des quadrupèdes auxquels le développement de membranes interdigitales et un appareil musculaire approprié ont donné la faculté précieuse de parcourir les airs ; chez ces animaux , des mains et des bras sont devenus de véritables ailes. Il n'en est pas de même des membres ou extensions de la peau, appelées improprement ailes, qui se voient dans quelques autres animaux d'ordre supérieur, tels que le galéopithèque et l'écureuil volant, ainsi que dans trois espèces de phalangistes. Ces prétendues ailes, qui facilitent, à la vérité , le saut et la rapidité de la course des créatures qui en sont pourvues, n'ouvrent cependant point à celles-ci les routes de l'atmosphère : elles ne sont pas positivement propres au vol, n'étant munies d'aucun appareil qui détermine cette puissance ; leur rôle est celui de parachutes ou de voiles, bien plus que celui de rames ou de gouvernail,

Un genre de saurien fossile et perdu, qu'on avait d'abord pris pour un ornitholithe ou oiseau pétrifié, et dont M. Cuvier sut reconnaître les rapports naturels, était muni d'ailes ainsi que les chauve-souris ; on l'a nommé ptérodactyle : un seul individu en a été trouvé dans les schistes d'OEningen. Aujourd'hui un autre animal de cette même famille des lézards, le dragon, voltige à l'aide de fausses ailes situées horizontalement de chaque côté de l'épine du dos, entre les quatre pates. Ces parties supplémentaires, membraneuses, couvertes de fines écailles remplaçant les plumes ou les poils, soutenues chacune par six fausses côtes alongées en rayons cartilagineux, portent en l'air, durant quelques instants, le frêle reptile auquel elles ont mérité un nom trop fameux; mais elles ont bien plus de rapport avec les nageoires des poissons qu'avec l'attribut de l'oiseau ou de la chauve-souris, et c'est d'ailleurs l'une des propriétés des nageoires des poissons qu'elles s'alongent quelquefois aussi en forme d'ailes. Dans ce cas, l'habitant des eaux que la nature favorisa d'un développement extraordinaire de nageoires partage, à certains égards, le privilége accordé par elle aux tribus aériennes; ainsi l'on voit des muges, ou des exocets, échapper aux poursuites des carnaciers de l'Océan en s'élançant hors des vagues pour voltiger à leur surface, où bientôt ils deviennent la proie des oiseaux voraces. C'est un sort digne de pitié que celui de ces pauvres petites bêtes, dit Legat, ancien voyageur, qui remarqua dans ses courses au-delà du cap de Bonne-Espérance, où il fut abandonné sur une île déserte, que la faculté de nager et de voler accordée aux poissons volants n'était guère que celle de choisir leur tombeau, qu'il trouvent toujours dans l'estomac d'une dorade ou d'un pétrel. Quant à la forme des nageoires de certains poissons, ainsi qu'à la manière dont ils les agitent, celles de la plupart des raies peuvent être comparées à des ailes : et de là le nom d'aigle, de colombe, et même d'ange, donné par les pêcheurs de tous les pays à des mourines, à des rhinobates, et autres chondroptérygiens, ou poissons dépourvus d'arêtes.

L'aile des oiseaux est plus complète et plus développée que toutes celles dont il vient d'être question ; c'est l'aile

par excellence. Elle est composée d'un appareil solide autour duquel viennent se réunir les tendons, les muscles et
les téguments destinés à fixer et rassembler les plumes
qui la recouvrent et lui donnent son principal caractère.
Sans ces plumes, l'aile ne serait qu'un bras, un avant-bras
et une main, autrement constitués que les mêmes parties
dans l'homme et les autres mammifères. On y trouve l'hu-
mérus, qui est attaché à une omoplate ainsi qu'à la cla-
vicule, un radius et un cubitus, enfin un véritable carpe
et le métacarpe : ces dernières parties sont celles qui ont
le plus perdu de la forme qu'elles ont ordinairement
dans les mammifères, et quelquefois même il n'est pas facile de les reconnaître. Les plumes qui les garnissent diffèrent quant à la taille, à la forme et à la consistance, suivant leur position sur l'aile; aussi leur a-t-on imposé des
noms différents. On appelle rémiges, ou pennes, celles qui
composent l'aile proprement dite. Les dix extérieures, dont
quatre garnissent la longueur des doigts, sont les rémiges
primaires; les secondaires, dont le nombre dépasse ordinairement dix, ont leur attache le long de l'avant-bras; toutes
sont aiguës, et d'autant plus roides qu'elles se rapprochent
davantage de l'extrémité de l'aile; on aperçoit, en outre,
trois ou cinq plumes beaucoup plus petites et plus étroites
que les rémiges, qui sont insérées au poignet le long du pouce:
elles forment l'aileron ou le fouet de l'aile. Les plumes
molles qui reçoivent les rémiges sont appelées tectrices.

Quelques oiseaux ont entre l'aile et le flanc une touffe plus
ou moins volumineuse de plumes légères, qui paraît destinée à faciliter encore leur vol; c'est elle qui fait le plus bel
ornement des oiseaux de paradis, et qu'on pourrait appeler
l'aile supplémentaire. La forme inférieurement concave de
l'aile est la plus favorable à l'oiseau pour mieux saisir la
colonne d'air sur laquelle il appuie; les muscles qui font
mouvoir ce merveilleux appareil sont épais et puissants, attachés à un sternum considérable dont la forme en ba-
teau facilite encore l'action du vol. Le rapport de l'aile

avec la main est encore plus marqué dans certains oiseaux, où une matière cornée, attachée en forme de griffe, termine l'un et quelquefois les deux doigts du métacarpe, disposition qui rappelle assez bien l'ongle qui termine ou revêt les doigts du mammifère.

Dans quelques oiseaux, l'aile très développée facilite un vol soutenu : ainsi l'on voit l'aigle disparaître dans la nue, la frégate, l'albatros, et plusieurs habitants aériens des lointains parages, se transporter jusqu'à quatre cents lieues des continents, où, suspendus à la surface des mers, ils peuvent promener leurs regards perçants dans un horizon sans bornes. Les petits oiseaux de proie et les hirondelles sont aussi munis d'ailes très fortes qui leur donnent la faculté de voler long-temps et de se reposer dans l'atmosphère en y planant ; d'autres oiseaux ont, au contraire, l'aile tellement imparfaite qu'ils sont condamnés à ne pas quitter la terre : telle est l'autruche, où les rudiments de ces organes ne servent qu'à accélérer la course dans les déserts ; tels sont les pingoins, dont la position habituellement verticale rappelle celle de l'homme, et qui ne se servent de deux moignons dépourvus de plumes et couverts d'une peau écailleuse que comme de rames lorsqu'ils parcourent les eaux, élément dans lequel ils se plaisent d'autant plus que la faculté de fendre les airs leur a été refusée.

L'aile n'est pas seulement dans les oiseaux l'appareil propre au vol, elle est encore l'abri protecteur qu'une mère offre à ses petits durant la fraîcheurs des nuits ou bien à l'approche du danger.

De tout temps les hommes, jaloux de la faculté de parcourir l'atmosphère, dont la nature sembla vouloir faire le domaine des oiseaux, voulurent imiter les ailes qui pouvaient leur en donner les moyens. L'histoire de Dédale et d'Icare vient évidemment de quelques essais faits pour rivaliser avec les peuplades de l'air : de telles tentatives se sont renouvelées de nos jours ; mais aucune n'a pu et ne

1. 28

pourra réussir, parceque c'est moins l'aile, facile à imiter,
qui sert pour le vol, que le puissant appareil musculaire
qui lui sert d'attache, et dont la composition est au-dessus de nos ressources.

Dans les insectes, les ailes jouent aussi un rôle important : leur nombre, leur nature, leur position, leur nudité,
ou la manière dont elles sont recouvertes par des étuis durs,
servent de caractères principaux pour établir de grandes
coupes dans leurs nombreuses légions. Les uns en ont quatre,
d'autres en ont deux, quelques uns n'en ont point. Ces ailes
ne se développent qu'à une certaine époque de la vie ; elles
sont tantôt transparentes comme du verre, et munies d'un
réseau de nervure qui les fait ressembler à de la gaze, tantôt opaques et revêtues d'une poussière ou d'écailles colorées ; telles sont celles des papillons, sur lesquelles la nature se plut à répandre les plus brillantes couleurs. Dans
les coléoptères, elles se replient sous des enveloppes dures
qui les garantissent de tout ce qui pourrait les déchirer ; et
comme elles sont plus longues que ces espèces d'étuis,
l'extrémité se replie quand l'insecte est au repos ; cette
partie repliée, comparée à l'extrémité de l'aile de l'oiseau,
a été appelée l'aileron. C'est à l'article *Insecte* que nous
donnerons les caractères qui ont été tirés des ailes pour
établir la classification de ces animaux. (*Voyez* aussi les
mots BALANCIERS et BOURDONNEMENT.)

Les botanistes ont adopté le mot d'aile, dans les plantes, pour désigner des appendices minces et membraneuses qui s'étendent autour de quelques semences, et qui
donnent au vent la facilité de les transporter à de grandes
distances ; ils l'ont également appliqué aux deux pétales
irréguliers et latéraux qui donnent aux fleurs papilio-
nacées quelque ressemblance avec un insecte. Ils ont
encore étendu cette dénomination aux parties des plantes
qui présentent quelque ressemblance avec des ailes ; ains
ils disent *des feuilles* ou *des tiges ailées*, quand les feuilles
présentent des folioles disposées sur deux rangs, ou quand

les feuilles sont décurrentes sur les tiges. (*Voyez* Feuilles
et Tiges.)   B. DE ST. V.

AILES. (*Architecture.*) Ailes d'un palais, d'une maison,
sont des bâtiments qui, adhérents au corps-de-logis principal, se retournent d'angle sur ses extrémités; — d'une
église, se dit de ses bas côtés; — d'un théâtre, c'est l'espace
qui, tant à droite qu'à gauche de la scène, et dans toute
sa profondeur, se trouve déterminé par la saillie des pieds-
droits du proscénium sur les murs latéraux du théâtre :
c'est dans cet espace que se fait le reculement des châs-
sis et qu'a lieu la circulation des acteurs et des ouvriers
de service; — de pavé, sont les deux côtés inclinés d'une
chaussée, depuis le tas droit jusqu'aux bordures ou au ruisseau, s'il y a des revers.

Strabon appelle ailes les murs latéraux du *pronaos* des
temples égyptiens. Dans les temples grecs, on appelait
ailes les colonnades qui environnaient la *cella*.   D...T.

AIMANT, *magnes.* (*Antiquités.*) Cette pierre fameuse
a été connue des anciens. Onomacrite l'appelle *magnetes*
(μαγνήτης) ; Hippocrate la désigne par cette périphrase
λίθος ήτις τὸν σίδηρον ἁρπάζει, la pierre qui attire ou ravit le
fer ; Sextus Empiricus a exprimé cette phrase par ce seul
mot, σιδηραγωγὸς ; Sophocle l'a nommée λυδία λίθος, la pierre
de Lydie ; Aristote, ἡ λίθος, la pierre par excellence. Le
premier et l'avant-dernier nom viennent du lieu où l'aimant a d'abord été découvert, de la ville de Magnésie en
Lydie ; si *magnesia* plutôt ne vient pas de μάγνης, *magnes
lapis*, et *lydia* de λίθος. Les anciens n'ont guère connu de
l'aimant que la propriété d'attirer le fer. Lucrèce fait mention
de la propagation de la vertu magnétique au travers des corps
les plus durs. Pline dit que l'architecte Dinocrate, d'A-
lexandrie, avait commencé de bâtir avec des aimants la
voûte d'un temple qu'un des Ptolémées faisait élever à Ar-
sinoé, sa sœur et sa femme, afin d'y tenir suspendue en
l'air la statue de cette princesse, qui devait être de fer ;
mais c'est une fable mythologique. C'est par une erreur

                                     28.

populaire qui a une même origine qu'on a cru et qu'on croit peut-être encore que le tombeau de Mahomet est un coffre de fer suspendu à la voûte de la grande mosquée de Médine par une pierre d'aimant.

On attribuait à l'aimant des propriétés merveilleuses, et par conséquent allégoriques, telles que celles de resserrer les nœuds de l'amitié fraternelle et de l'union conjugale, de faire parler les femmes infidèles pendant le sommeil, et de servir aux opérations magiques. Les basilidiens s'en servaient pour faire les talismans ou préservatifs nommés *abraxas*. Ils y gravaient les noms des génies favorables, pour les opposer aux démons.   E. J.

AIMANT, ou PIERRE D'AIMANT. (*Histoire naturelle.*) Fer oxydulé de Haüy. Cristallisé ordinairement en octaèdres réguliers, ce métal, d'un gris sombre, possède au plus haut degré la propriété magnétique, ainsi appelée du mot *magnes,* par lequel les Latins le désignaient.

Sous le point de vue géologique, le fer joue un rôle important dans la formation de notre globe; mais l'espèce la plus remarquable est, sans contredit, le fer oxydulé : sa vertu polaire, qu'il peut communiquer au nickel et au cobalt, a été l'un des moyens les plus puissants dont la civilisation se soit servie pour étendre son empire jusqu'aux limites de l'Océan.

L'aimant se trouve en abondance dans les régions boréales; il y forme souvent des montagnes, comme dans la province de Smoland en Suède. Il se répand en couches épaisses dans les terrains primitifs. C'est toujours avec les *gneiss*, avec le *talc*, dans les granites anciens, comme en Angleterre, en Suède, en Sibérie, à la Chine, en Corse et à l'île d'Elbe; avec le *quartz* et le *mica*, comme en Norwège; dans le *schiste micacé,* comme en Bohême et en Piémont, qu'on le rencontre communément ; enfin on le trouve dans les *basaltes* (*voyez* ce mot), dans les terrains volcaniques et dans les laves du Vésuve. M. Bory de Saint-Vincent en a observé une montagne entière dans la Sierra de Ronda, au midi de l'Espagne.

Une force inconnue semble avoir accumulé ce métal vers le nord, de même qu'une force inconnue entraîne dans la même direction le barreau aimanté; mais un phénomène, qui depuis long-temps a excité l'attention de tous les physiciens, c'est sa déclinaison du point nord, déclinaison variable selon les contrées, et son inclinaison sur le plan de l'horizon. Pour expliquer l'irrégularité de la marche de l'aiguille aimantée, quelques auteurs, et entre autres Æpinus, ont admis dans l'intérieur de notre globe l'existence d'un noyau métallique analogue à l'aimant, ou la présence de mines de fer considérables : cette supposition n'expliquerait pas les variations de l'aiguille à différentes époques de l'année et à diverses heures du jour. L'homme est condamné à ignorer la composition du centre de la terre; mais les substances que nous remarquons dans ses couches extérieures et dans cette partie que nous pouvons appeler son enveloppe étant généralement composées d'oxydes métalliques, on est porté à croire, par analogie, que la terre est un globe formé de la réunion de divers métaux qu'une cause particulière a oxydés à sa surface jusqu'à une certaine profondeur; que le centre, nécessairement plus dense que l'enveloppe, est composé de métaux réduits à un certain degré de pureté, et que de tous ces métaux le fer est très probablement le plus abondant; qu'il agit alors avec une grande énergie sur le barreau aimanté, et que, suivant l'opinion de Lamétherie, les phénomènes que présentent ses variations sont dus aux influences qu'exercent sur le fluide magnétique d'autres fluides analogues que contiennent les corps qui se meuvent dans l'espace.　J. H.

AIMANT. (*Physique.*) (*Voyez* MAGNÉTISME.) Ce mot a pris une nouvelle acception, vers la fin du dernier siècle, quand les observations de Mesmer firent donner à une certaine action de l'homme sur les corps organisés le nom de *magnétisme animal.* (*Voyez* ce mot.)

AINÉ, AINESSE. *Voyez* MAJORAT.

AIR. (*Antiquités.*) Les Grecs en avaient fait une divinité qu'ils adoraient sous le nom de Junon, et sans doute aussi sous celui d'*Æthra*, d'αἴθρα, air serein. Cette Junon et cette Æthra devaient être *Juno novella* ou *lucina*, l'étoile du matin et du soir, car αἰθρινὸς, dérivé d'αἴθρα, signifie *matutinus*, d'αἴθριος, *ætherius*, *serenus*; et ils lui donnaient la Lune pour femme, et pour fille la Rosée : c'était donc *lucifer* le matin; le serein, ou *vesper*, le soir; ce qui donne la clef de la fable mythologique d'*Æthra*, amante d'Ægée, roi d'Athènes, et mère de Thésée. Hésiode dit que l'*Ether* naquit avec le jour du mariage de l'Érèbe et de la Nuit, enfants du chaos.

Par un génie fiscal, qui paraît avoir devancé le temps d'une semblable conception, les empereurs grecs ne craignirent pas de charger l'air que respiraient leurs sujets d'un impôt particulier, sous cette dénomination odieuse, *pro haustu aëris*, pour la respiration de l'air. Entre cet impôt et celui des portes et fenêtres il n'y a de différence que dans le nom. Il provient sans doute de l'opinion où sont les rois qu'ils sont maîtres de la vie de leurs sujets.

E. J.

AIR. (*Physique.*) L'air est cette substance fluide, transparente, qui environne le globe jusqu'à une hauteur considérable. Quoique invisible, sans odeur ni saveur, c'est une substance possédant tous les principaux attributs de la matière; il est impénétrable, pesant, compressible, dilatable, parfaitement élastique; et ses molécules obéissent, comme celles des autres corps, aux actions chimiques.

Pour prouver l'impénétrabilité de l'air, les physiciens font une expérience bien simple; ils placent un flotteur sur l'eau, le recouvrent avec une cloche de verre, et plongent la cloche verticalement : l'air compris entre la surface du liquide et le fond de la cloche diminue de volume, mais il conserve toujours une portion de l'espace, et le liquide ne monte jamais jusqu'au fond du vase, quelque effort que l'on fasse pour le plonger profondément ; le liquide ne peut donc pas pénétrer l'air : le flotteur sert à indiquer jusqu'où s'élève le liquide.

Au reste, sans recourir à l'expérience, tout le monde connaît la résistance que l'air oppose au mouvement des corps qui lui présentent, pour vaincre son inertie, une surface de quelque étendue, tels que les ventilateurs, les parachutes, les cerfs-volants. On connaît aussi la force avec laquelle il imprime le mouvement à ceux qui se trouvent sur son passage, comme les voiles des vaisseaux, les ailes des moulins ; et sa force est quelquefois si considérable qu'il déracine les arbres et abat les édifices. (*Voy.* VENTS.) Ainsi il est impossible d'élever des doutes sur l'impénétrabilité de l'air.

Il est pesant ; pour s'en assurer, il faut tarer d'abord un grand ballon vide, et le peser ensuite lorsqu'il est plein d'air ; la différence donnera le poids de celui qui est contenu dans le ballon. On a trouvé, par ce procédé, qu'un litre d'air bien sec, pris à la température zéro et sous la pression barométrique de $0^m,76$, pèse 1 gr. 30 ; et ce poids, comparé à celui de l'eau, est comme le nombre 1 à 770. (Galilée découvrit le premier que l'air est pesant.)

D'après cela, la couche d'air qui nous environne exerce une pression proportionnée à son poids sur tous les points du globe ; c'est la cause de l'ascension des liquides dans les corps de pompes aspirantes, les siphons, le baromètre. Pour l'obtenir, il suffit de plonger dans un liquide exposé à l'air libre l'orifice d'un tube vide d'air et fermé de l'autre bout ; le liquide pressé par l'air extérieur s'élève dans le tube jusqu'à ce que le poids de sa colonne fasse équilibre à celui de l'air : dans cette expérience, l'eau monte à environ 32 pieds, et le mercure à 28 pouces, pourvu que le liquide soit à peu près au niveau de la mer ; car sa hauteur varie en raison de l'inégalité du poids des colonnes d'air qui le pressent, et l'expérience justifie cette observation : le mercure du baromètre s'abaisse à mesure

qu'on s'élève, et monte lorsqu'on descend. Cette observation a conduit les physiciens à mesurer les hauteurs à
l'aide du baromètre. (*Voyez* BAROMÈTRE.)

On a calculé, d'après ces données, que le poids de l'air
qui presse dans tous les sens un homme de taille moyenne
est d'environ 33,000 livres. Cependant ses mouvements
n'en sont pas gênés, parceque cette pression est balancée
par la réaction des fluides qui remplissent les cavités intérieures du corps ; mais cet équilibre serait rompu si
l'homme s'élevait brusquement à une grande hauteur :
l'air y étant beaucoup plus rare, les fluides intérieurs se
dilateraient, et il en résulterait des accidents funestes.

Pour rendre ce phénomène sensible par une expérience,
il faut placer sur le plateau de la machine pneumatique un
cylindre de métal ouvert aux deux extrémités, et attacher une vessie à son ouverture supérieure ; cette vessie
sera fortement comprimée par l'air extérieur et rompue
lorsqu'on fera le vide au-dessous d'elle.

L'air est compressible ; lorsqu'on presse une quantité
d'air renfermée, ses molécules se rapprochent, et on lui
fait occuper des espaces moindres.

Mariotte a démontré que ces espaces diminuent en raison des pressions, c'est-à-dire que les volumes d'une masse
d'air comprimée par degrés sont toujours réciproques aux
pressions. Pour trouver cette loi, ce physicien prit un tube
de verre recourbé, à branches d'inégale longueur, exactement graduées : après avoir scellé l'ouverture de la plus
courte branche, il introduisit une petite quantité de mercure suffisante pour qu'il s'élevât à la même hauteur dans
les deux branches ; l'air renfermé dans la plus courte contre balançait, par son ressort, le poids de l'atmosphère. Il
en ajouta ensuite jusqu'à ce que cet air n'occupât que la
moitié de l'espace précédent ; alors il trouva que la colonne de mercure de la longue branche dépassait le niveau
de l'autre d'environ 28 pieds ou 0^m,76^c, ce qui équivaut
au poids d'une atmosphère : ainsi l'air, pressé par deux at-

mosphères, se déprime de moitié. Il continua de verser du
mercure dans la longue branche, et trouva que le poids
de 2, 3, 4, etc., atmosphères réduisait l'air qui le sup-
portait à 1/2, 1/3, 1/4, etc., de son volume primitif.

Si l'on répète cette expérience, il faut donner le temps au
calorique qui se dégage de se dissiper. (*Voy.* CALORIQUE.)

Il paraît que la compression de l'air serait indéfinie si
l'on avait des moyens mécaniques assez énergiques pour
l'exercer; mais jusqu'à ce jour on n'a pu parvenir à le
réduire qu'au 1/8ᵉ de son volume. (*Voyez* POMPES DE
COMPRESSION.)

La dilatabilité de l'air consiste en ce qu'un volume d'air
renfermé montre une tendance à occuper un plus grand
espace; en conséquence il exerce une pression égale, dans
tous les sens, sur les parois des vases qui le contiennent,
et cette pression s'accroît ou s'affaiblit à mesure qu'il est condensé ou raréfié, pourvu que la température soit la même.

Dans l'expérience précédente, on a vu que l'air, qui était
réduit au 1/4 de son volume, revient de nouveau à 1/3, à 1/2
et à la totalité du volume primitif, lorsqu'on supprime le
poids de 1, 2, 3 atmosphères. A la vérité, parvenu à ce
point, il ne se dilate plus, à cause du poids de l'atmosphère qui communique avec lui; mais si l'on intercepte
cette communication, et qu'on lui livre un espace vide,
sa dilatation n'aura d'autres bornes que les limites de cet
espace : ainsi une vessie dont on a ôté presque tout l'air
s'enfle, pourvu qu'il en reste quelques atomes, si on l'enferme sous le récipient d'une machine pneumatique au
moment où on y fait le vide. (*Voyez* MACHINE PNEUMA-
TIQUE, BALLON DE HÉRON, FUSIL A VENT, etc.)

Il suit de là que la dilatation de l'air produit des effets
exactement opposés à ceux de sa compression : il n'en est
pas de même pour les corps solides; l'intensité de la force
qui unit leurs molécules s'accroît rapidement à mesure
qu'on les rapproche : celle du calorique, qui lui est opposée,
n'acquiert pas proportionnellement autant d'énergie, et

elle ne suffit pas dans certains cas (cette force varie avec la nature des corps) pour ramener exactement ces molécules où elles étaient avant la compression, tandis que celles des fluides élastiques permanents, dont l'agrégation est toujours presque nulle, n'obéissent qu'à l'action du calorique, qui, dans les mêmes circonstances, reproduit les mêmes effets.

L'élasticité étant la propriété qu'a un corps de reprendre sa première forme lorsque la force qui l'avait altéré n'agit plus sur lui, il résulte de ce que nous avons dit que l'air est parfaitement élastique.

Les applications utiles que l'on a faites dans les arts des propriétés de l'air sont si multipliées qu'il serait impossible de les énumérer : nous nous bornerons à dire que ce fluide est le principal moteur d'un grand nombre de machines.

Propriétés chimiques de l'air.

Les anciens croyaient que l'air était un être simple, un des quatre éléments qui, d'après leur système, servaient à la composition de tous les autres corps. Les chimistes modernes, à la tête desquels on doit placer Lavoisier, découvrirent qu'il est composé de deux corps qui paraissent élémentaires, savoir l'oxygène et l'azote. Les expériences les plus précises ont démontré que ce fluide, pris sur divers points du globe, et même à une grande hauteur, était composé de vingt-une parties d'oxygène, soixante-dix-huit d'azote, d'une partie d'acide carbonique, et de quelques atomes d'hydrogène.

L'air réfracte les rayons lumineux, et son pouvoir réfringent est en raison de sa densité. (*Voyez* Réfraction.)

Il est propre à acquérir la vertu électrique, et il refuse, lorsqu'il est bien sec, un libre passage à l'électricité qui tend à s'échapper des corps électrisés : ce pouvoir est dû plutôt à la nature de ses molécules qu'à la pression mécanique qu'il exerce sur ces corps. (*Voyez* Électricité.)

Soumis à l'action de la plus haute chaleur ou du froid le

plus intense, il se dilate ou se condense; mais il n'éprouve aucune altération.

Si on le comprime brusquement, il se dégage beaucoup de chaleur, et l'on aperçoit une vive lumière : il s'introduit dans l'intérieur des corps par les moindres fissures, et y adhère fortement; le charbon surtout en absorbe une grande quantité (*voyez* CARBONE) : l'eau et tous les liquides en recèlent toujours; ce n'est qu'en les chauffant fortement qu'on parvient à les en purger.

Presque tous les corps combustibles l'altèrent à une température élevée, qui varie pour chacun d'eux; ils s'emparent tous de son oxygène, avec dégagement plus ou moins vif de chaleur et de lumière, et forment des acides ou des oxydes : il faut pourtant en excepter le phosphore, qui, à une basse température, se combine à l'oxygène et à l'azote, et produit, avec le premier, de l'acide phosphoreux; avec le deuxième, l'azote phosphoré : l'humidité de l'air et la fusion du phosphore favorisent cette combinaison.

Mis en contact avec les substances végétales et animales, il les altère promptement, surtout quand il est humide, et donne à quelques unes des propriétés acides : il blanchit le lin, le chanvre, la soie, et augmente l'éclat de plusieurs couleurs.

L'air est indispensable à la vie de tous les êtres organiques; les animaux le respirent sans cesse et l'altèrent : une partie de son oxygène est transformée en acide carbonique, et cette combinaison produit du calorique, qui contribue en grande partie à l'entretien de la chaleur animale. (*Voyez* RESPIRATION.)

Les végétaux s'emparent du carbone que contient l'acide carbonique répandu dans l'air. L'air est l'agent de la combustion; les molécules des corps se combinent avec son oxygène, et il y a chaleur et lumière produites. (*Voyez* COMBUSTION.) Enfin l'air est le principal véhicule du son. (*Voyez* SON.)   L.

AIR. (*Chimie.*) *Voyez* GAZ.

AIR ATMOSPHÉRIQUE. (*Médecine.*) Répandue autour du globe terrestre, cette masse gazeuse joue un rôle très
important dans une foule de phénomènes naturels. Par sa
force d'élasticité, l'air empêche la volatilisation d'un grand
nombre de substances. Il dessèche ou humecte, forme ou
décompose, oxyde ou acidifie les corps; il diminue ou augmente leur masse, avive ou éteint leurs couleurs. C'est un
immense laboratoire où se passent sans cesse les opérations
chimiques les plus variées. C'est un vaste réservoir qui, après
avoir reçu sous forme de vapeurs les eaux de la terre, va les
déposer sur le sommet des montagnes, d'où elles redescen-
dent en ruisseaux ou en torrents. Rapide véhicule, il trans-
porte à des distances prodigieuses le pollen, ou la graine des
végétaux, et les œufs de beaucoup d'animaux. Enfin il entretient la végétation dans les plantes, la respiration dans les
animaux. Mais ces derniers absorbent continuellement dans
l'acte inspiratoire une certaine quantité d'oxygène, et ils
expirent une quantité égale d'acide carbonique; ils tendent donc à vicier sans cesse l'air au milieu duquel ils vivent. Les parties vertes des végétaux, au contraire, soumises
aux rayons solaires, absorbent le carbone et rejettent
l'oxygène pur. Ainsi, par une admirable compensation,
l'air se trouve purifié par les végétaux à mesure que les
animaux l'altèrent.

Les corps organisés privés de vie, mis en contact avec
l'air, se décomposent surtout rapidement lorsque cet air
est saturé d'humidité, et qu'il est à la température de 10
à 15 degrés. Très sec et souvent renouvelé, l'air absorbe
l'humidité et retarde la putréfaction.

L'influence de l'air sur l'économie animale est variable
selon ses différents degrés de pesanteur, de température,
d'humidité.

On ne connaît guère par l'expérience quelle pourrait
être l'influence d'un air trop dense et trop pesant. Les individus qui passent leur vie dans les mines, où l'air doit
être nécessairement plus condensé qu'à la surface de la

terre, ont, à la vérité, une santé assez languissante; mais, au milieu des causes nombreuses d'insalubrité qui environnent cette classe d'hommes, il est difficile de distinguer l'influence de l'augmentation de pesanteur de l'air.

On connaît mieux les effets d'un air plus rare. L'observation a démontré que la pression atmosphérique à laquelle le corps des animaux est ordinairement soumis ne peut devenir beaucoup moindre sans que de graves accidents n'en résultent. Les physiciens qui se sont élevés dans des ballons à de grandes hauteurs, les voyageurs qui ont gravi le sommet des Cordilières, ont éprouvé une gêne extrême dans la respiration, des hémorrhagies, des éblouissements, etc. Ces accidents peuvent être reproduits à volonté chez un animal placé sous le récipient de la machine pneumatique. L'accélération que la respiration subit dans un air rare s'explique facilement par la moindre quantité d'oxygène que chaque inspiration introduit dans les poumons; un air encore plus rare produirait la mort par asphyxie. Les oiseaux, à la vérité, s'élèvent impunément jusque dans des régions où l'air est beaucoup plus rare que sur la terre. Mais observons que les oiseaux sont construits de manière à pouvoir rétablir sans cesse l'équilibre entre l'air et leurs fluides intérieurs. Chez eux l'air ne pénètre pas seulement dans les poumons, leur cavité abdominale, leurs os même en sont remplis; et il est possible que, par la fréquence et l'étendue plus ou moins grande de leurs inspirations, ils remplissent ou vident plus ou moins complètement leurs cellules aériennes, selon qu'ils s'abaissent ou qu'ils s'élèvent dans l'atmosphère.

L'air rare est funeste aux individus dont la poitrine est naturellement délicate. Cet air, en activant les fonctions des organes respiratoires et circulatoires, rend ces organes plus susceptibles de s'enflammer.

L'homme, ainsi que les autres animaux à sang chaud, possède la faculté de résister également et à une grande chaleur et à un froid très vif. Ce serait sortir de notre

sujet que de relater ici les expériences qui ont servi à
constater ce fait, et les explications plus ou moins hypothétiques qui en ont été données.

Sous l'influence d'une atmosphère très chaude, toutes
les fonctions perdent leur énergie, si ce n'est l'exhalation
cutanée, qui devient excessivement abondante. Les facultés intellectuelles et morales languissent également. Sous
le ciel brûlant de l'Éthiopie, l'esprit n'est pas moins énervé
que le corps.

Dans des climats moins chauds, tels que les contrées
méridionales de l'Europe, l'homme retrouve son énergie.
L'imagination est surtout la qualité dominante des habitants de ces heureux pays. Si chez eux des institutions
fortes secondent les élans d'une imagination exaltée, ils
enfanteront des prodiges. Défendue par quelques hommes
libres, la Grèce bravera les efforts de l'Asie ; quelques cabanes bâties par Romulus seront le berceau des dominateurs du monde.

Dans les climats chauds, les maladies du cerveau, de
la peau, des voies digestives, sont les plus fréquentes. C'est
là que les affections contagieuses trouvent les conditions
les plus propices à leur développement. Nuisibles aux individus bilieux, aux mélancoliques, etc., ces climats exercent au contraire la plus favorable influence sur les personnes
atteintes de scrophules, de scorbut, de rhumatisme, etc.

L'air froid, comme l'air chaud, a des effets variables,
selon ses différents degrés.

A son plus haut degré d'intensité, l'air froid tue les animaux qui y sont soumis, ou du moins il détermine chez
eux la mort de quelques parties, de celles surtout qui sont
le plus éloignées du centre de la circulation.

A un plus faible degré, tel qu'il existe, par exemple,
pendant les hivers rigoureux de nos climats, l'air froid agit
en sens contraire de l'air chaud ; il resserre les tissus, il
fait refluer le sang des parties extérieures vers l'intérieur,
et prédispose ainsi aux inflammations internes. En accu

mulant le sang dans les poumons, il produit des accès d'asthme chez les individus dont les organes thorachiques ne sont pas bien conformés.

L'air modérément froid est utile aux personnes assez vigoureuses pour que chez elles une forte réaction succède à l'impression du froid sur la peau; il est nuisible aux individus plus faibles, qui ne peuvent pas développer assez d'énergie pour que cette réaction ait lieu.

Les climats très froids sont aussi défavorables à l'intelligence que les climats très chauds. Sous un ciel moins sévère, dans les contrées septentrionales de l'Europe par exemple, les facultés intellectuelles renaissent; mais elles sont remarquables par d'autres qualités que celles qui caractérisent l'intelligence de l'habitant du midi. De là la direction spéciale imprimée aux travaux de l'esprit chez les différents peuples, de là les nuances de leurs mœurs, les variétés de leur gouvernement, etc.

L'air humide exerce sur l'économie une influence différente, selon qu'il est chaud ou froid.

L'air humide et chaud est une des constitutions atmosphériques les plus défavorables. Toutes les fonctions s'exécutent mal; la circulation est languissante, la respiration gênée, l'intelligence obtuse, les mouvements pénibles. Malgré les observations de Fontana et de Keil, il n'est pas encore bien prouvé que, plongé dans une atmosphère chaude et humide, le corps augmente de poids. Si ce fait est exact, il pourrait aussi bien s'expliquer par la diminution de la transpiration que par l'augmentation de l'absorption cutanée.

Si cette constitution persiste pendant long-temps, elle favorise le développement d'un certain nombre de maladies : c'est alors que se manifestent surtout les fièvres intermittentes, simples ou pernicieuses, le scorbut, les hydropisies; c'est alors que les affections contagieuses et épidémiques sévissent avec la plus grande activité possible.

Les personnes lymphatiques, scrophuleuses, ne seront pas soumises sans inconvénient à l'influence d'un air chaud et humide ; il pourra être de quelque utilité aux individus d'un tempérament sec et irritable.

L'air froid et humide exerce sur l'économie une influence encore plus fâcheuse que l'air humide et chaud. Les maladies des membranes muqueuses, les affections vermineuses, s'observent fréquemment sous cette constitution. Les inflammations qui se déclarent alors semblent affecter souvent un caractère spécial, et dans leur traitement les émissions sanguines ne doivent être employées qu'avec une certaine réserve. Les excitants légers, soit en aliments, soit en boissons, soit en médicaments, sont au contraire moins redoutables que dans les autres constitutions atmosphériques.

Les différents états de l'air que nous venons de passer en revue ne sont pas les seuls qui réclament notre attention. L'électricité que l'air contient en quantité variable, les rayons lumineux qui le traversent, exercent sur les êtres vivants une puissante influence. Privés du contact des rayons solaires, les hommes, comme les plantes, s'étiolent et se flétrissent. Différents miasmes, soit qu'ils s'exhalent du corps des animaux vivants, soit qu'ils émanent de substances animales ou végétales en putréfaction, se mêlent à l'air, en altèrent la pureté, et vont porter au loin le germe d'une foule de maladies endémiques, épidémiques ou contagieuses. La médecine semble surtout acquérir des droits sacrés à la reconnaissance publique alors que, par une application savante des règles de l'hygiène, elle arrête ou prévient ces maladies, assainit de vastes contrées, et arrache à la mort de nombreuses générations.   M. et A...f.

AIR. (*Histoire naturelle.*) *Voyez* Respiration, Végétation et Vie.

AIR. (*Technologie.*) Le fluide qui nous environne exerce une grande influence sur la plupart des opérations des arts ; il est même quelquefois l'agent principal, comme dans la combustion, dans la préparation de quelques oxydes et de plusieurs produits chimiques, et dans les phénomènes de la végétation et des fermentations : c'est à sa seule puissance mécanique qu'est due la rotation des moulins à vent et la marche des navires à voiles ; et personne n'ignore que l'air est absolument indispensable pour entretenir la respiration et la vie dans les animaux et les végétaux.

Tant d'emplois importants rendent l'étude de l'air infiniment intéressante ; aussi n'est-il aucune de ses propriétés que l'industrie n'ait mise à profit pour en tirer avantage. Donnons un tableau succinct des principales applications.

L'air est pesant : dès lors il doit tendre à faire élever les corps plus légers que lui, comme l'eau fait surnager le liége ; c'est sur cette propriété qu'est fondée l'invention des aérostats, qui, remplis d'un gaz treize fois moins pesant, doivent monter à raison de cette différence de pesanteur.

L'air se dilate par la chaleur et devient plus léger : de là l'origine des *montgolfières* ou des ballons entretenus par le feu. La légèreté de l'air chauffé produit dans le tuyau de nos cheminées ce courant ascensionel qui nous débarrasse agréablement de la fumée incommode du foyer. La même cause produit un courant semblable dans les ventilateurs à feu et dans les fourneaux d'appel, qui nous donnent des moyens efficaces de renouveler et de purifier l'air des lieux infectés, des hôpitaux, des fabriques insalubres, des salles de spectacle, etc.

L'air dilaté par la chaleur acquiert une force élastique plus grande : de là son emploi comme moteur dans les machines à air et à feu, ou pyro-pneumatiques, dont la puissance mécanique peut être d'autant plus avantageuse que l'air, pour être chauffé, exige, à poids égal, moins de chaleur que l'eau.

L'élasticité de l'air est utilisée dans les fusils à vent pour lancer des projectiles ; dans les réservoirs d'air que l'on adapte aux moteurs et aux machines dont le mouvement est irrégulier, à l'effet de régulariser la vitesse et d'éviter les secousses ; dans les machines à compression pour élever l'eau , comme la fontaine de Héron, la machine de Schemmitz , etc.

La mobilité extrême de l'air produit des courants atmosphériques dont la puissance est très grande et est livrée gratuitement à l'homme. Aussi, depuis un temps immémorial , le commerce et la navigation ont mis cette force à contribution pour faire mouvoir de vastes maisons flottantes , qui voiturent sur les mers les marchandises et les voyageurs. Les moulins à vent offrent une application non moins remarquable de la force de cet agent naturel et économique. C'est encore en vertu de cette mobilité de l'air qu'on peut y exciter des courants artificiels par des ventilateurs mécaniques, et les employer, soit à renouveler une atmosphère viciée par des miasmes ou des exhalaisons insalubres , soit à la dessiccation rapide des différentes matières préparées dans les arts, en formant des séchoirs artificiels, à courant d'air, pour les étoffes, pour les grains, pour la poudre , etc.

La pression que l'air exerce sur tous les corps est employée avec succès dans les machines à vapeur, à simple effet, pour faire redescendre le piston et entretenir le mouvement alternatif dans ces machines; la même cause produit l'ascension de l'eau dans les pompes aspirantes. Cette pression est mesurée par la hauteur du mercure dans le tube du baromètre ; et comme l'intensité de cette force décroît successivement à mesure qu'on s'élève, il est résulté de cette observation le nouvel art de mesurer la hauteur des montagnes par l'abaissement du mercure dans le tube barométrique.

L'action chimique de l'air est de la plus haute importance pour le manufacturier; c'est à ce puissant agent que l'on doit la plupart des phénomènes d'oxydation, de coloration, de blanchîment, qui s'opèrent dans nos ateliers ; il produit l'efflorescence et la déliquescence des sels ; il donne lieu à l'évaporation des liquides qu'il dissout et qu'il entraîne; il entretient la combustion dans les fourneaux, et rien ne peut le remplacer pour la production de la chaleur nécessaire à la pratique de presque tous les arts; il n'est pas moins indispensable à l'entretien et même à la création de nos lumières artificielles, soit que nous les tirions de l'air comprimé dans le briquet pneumatique, soit que nous les fassions jaillir de la collision des corps durs.

L'influence de l'air sur les phénomènes de la vie se montre à tout moment dans les travaux de l'agriculture et de l'économie rurale; la germination des graines, la végétation et l'accroissement des plantes, la floraison, la fructification et le dépérissement des végétaux dépendent en grande partie de l'action de l'air. Nous laisserons aux physiologistes le soin d'exposer les lois de la respiration des plantes et des animaux, les causes de la production de la chaleur dans les êtres animés, etc.; qu'il nous suffise d'avoir indiqué les fonctions les plus essentielles et les usages les plus importants que l'air puisse remplir dans son état de pureté.

Mais ce fluide n'est pas toujours pur; il est souvent mélangé avec d'autres matières qui le rendent impropre à certains emplois et particulièrement à la respiration.

Parmi les causes qui peuvent altérer la pureté de l'air on peut regarder les suivantes comme les plus communes : l'eau ou l'humidité, l'acide carbonique, les miasmes végétaux ou animaux, l'hydrogène sulfuré, et les émanations dangereuses des fabriques.

Quelle que soit la cause qui ait vicié l'air, si cette cause est passagère, il suffit d'une simple ventilation pour renouveler et purifier l'atmosphère des lieux infectés; mais si cette cause est de nature à reproduire sans cesse ces émanations délétères, on peut en neutraliser les effets nuisibles soit en dirigeant au loin les gaz insalubres qui se dégagent, soit en décomposant les exhalaisons elles mêmes par des agents chimiques à mesure qu'elles se produisent.

L'air des appartements, surtout dans les lieux bas, est

souvent altéré par l'humidité qui pénètre les murs et le sol. Dans cet état, il pourrit promptement les meubles, les étoffes, ou autres effets qu'on laisse dans ces pièces humides. On se garantit de ces inconvénients en revêtant les murs de boiseries, ou mieux encore en les tapissant de feuilles minces de plomb ou de papier métallique de M. Allard. On peut aussi absorber l'humidité d'une chambre ou d'une armoire en y mettant un peu de chaux ou d'hydro-chlorate de chaux bien sec, qu'on renouvelle de temps en temps.

L'acide carbonique se forme dans tant de circonstances qu'il n'est pas étonnant qu'il soit une des causes les plus fréquentes de l'altération de l'air. L'exhalation des plantes, la respiration des animaux, la combustion, la fermentation, sont autant de causes qui le produisent. On s'en débarrasse ordinairement en l'entraînant par des courants d'air, ou en le neutralisant avec de la chaux récemment préparée.

Les miasmes qui se développent dans tous les lieux où se trouvent entassées un grand nombre de personnes, dans les hôpitaux, dans les prisons, et quelquefois dans les salles de spectacle, sont détruits avec la plus grande efficacité par l'emploi du chlore, d'après le procédé de Guyton Morveau.

L'air est fréquemment vicié par les exhalaisons de gaz hydrogène sulfuré qui se dégage des fosses d'aisance et des égouts; on emploie encore dans ce cas le chlore pour purifier l'air qui contient quelques parties de ce gaz si dangereux.

Plusieurs fabrications importantes laissent échapper dans leurs ateliers des vapeurs métalliques ou acides, et des exhalaisons extrêmement nuisibles aux ouvriers et à tout le voisinage; aussi un certain nombre de ces fabriques sont-elles reléguées dans les campagnes et isolées de toute habitation. M. d'Arcet a entrepris et exécuté un système d'assainissement applicable à la plupart des travaux insalubres, et les heureux succès qu'il a déjà obtenus ne laissent aucun doute sur l'efficacité de son procédé, et sur la facilité qu'on aura à l'étendre à un grand nombre d'autres fabrications. Sa méthode est très simple; elle consiste à entretenir, dans les ateliers, des courants d'air continus, qui entraînent les gaz nuisibles dans des cheminées à tuyaux élevés, et qui les lancent au loin dans l'atmosphère. Le courant d'air est sollicité par des fourneaux d'appel, et quelquefois par de simples lampes d'Argant. C'est par de tels moyens que M. d'Arcet a déjà rendu parfaitement sains les travaux des doreurs sur bronze, des affineurs d'or et d'argent, les laboratoires de chimie, les laboratoires d'essai de la monnaie, les cabinets d'aisance, etc., etc.   L. Séb. L. et M.

AIR. (*Musique.*) Cette dénomination se donne en musique à un morceau dont le sens peut être compris étant exécuté par une seule voix ou un seul instrument, et lorsque ce morceau a toute l'étendue voulue pour constituer, d'après les règles de l'art, une pièce de musique bien complète.

Un bon *air*, pour mériter cette qualification, doit être un petit poëme musical : il doit avoir son exposition, son nœud et son dénouement, et surtout cette unité si recommandée et si recommandable dans les beaux-arts lorsque l'on veut plaire et charmer. (*Voyez* les mots ARIETTE, CAVATINE, RONDEAU, POLONAISE, BARCAROLLE, NOCTURNE, ROMANCE, COUPLET, VAUDEVILLE, pour connaître leurs droits de parenté avec l'*air* dont ils sont issus, et savoir à quel degré de filiation les placent leurs titres.)   B...N.

AIR DE VENT. (*Marine.*) *Voyez* RHUMB.

AIRE. (*Mathématiques.*) Nom qu'on donne à l'étendue superficielle qui est renfermée entre des limites marquées, ou plutôt au nombre de fois que l'unité de surface y est contenue. C'est dans cette acception qu'il faut entendre ces expressions usitées : *l'aire d'un triangle, l'aire d'un cercle, d'un cône,* etc.

Pour évaluer le nombre d'unités superficielles contenues dans une aire donnée, on convient d'abord de choisir cette unité, et, quoiqu'on puisse la prendre d'une figure arbitraire, on préfère celle qui est la plus simple à tracer et à introduire dans les calculs; c'est le *carré*. Ainsi on formera un carré dont le côté sera d'un mètre, ou d'un pied, ou d'une toise, ou etc.; ce sera l'*unité de surface*. Mesurer une aire donnée, c'est chercher combien de fois cette unité s'y trouve contenue. Lorsqu'on dit qu'un arpent a cent perches, cela signifie que, quelle que soit la figure des limites, cette étendue est décomposable en cent carrés égaux à celui qu'on a pris pour unité, et qui est la *perche carrée*.

C'est la géométrie qui apprend quelles sortes d'opérations doivent être exécutées pour faire l'évaluation des aires. Nous ne nous arrêterons pas ici à donner les procédés de calcul que cette science indique, parcequ'ils sont exposés à chaque mot qui caractérise la forme des limites de l'aire. (*Voyez* PARALLÉLOGRAMME, TRIANGLE, CERCLE CÔNE, CYLINDRE, ELLIPSE, etc.)

On donne aussi quelquefois le nom d'*aire* a une surface plane, préparée dans un but spécial: ainsi l'aire d'une grange est la surface sur laquelle on bat le grain pour le détacher de l'épi; l'aire d'un bassin est un massif fait à chaux et ciment qui en forme le fond, etc.   F.

AIRE. (*Architecture.*) Se dit d'une surface plane, affermie de manière à pouvoir y marcher, battre des grains, tracer des épures, recevoir des enduits, des parquets ou carrelages.

Aires antiques. Lorsqu'une aire se faisait à rez de chaussée, on commençait par bien dresser et battre le sol sur lequel elle devait être établie: on étendait dessus une première couche appelée *statumen*, composée de chaux et de pierres de la grosseur d'un œuf: sur cette première couche on en mettait une seconde nommée *rudus*, faite de pierrailles beaucoup plus petites, et dans la proportion de cinq mesures contre trois de chaux.

Lorsque ces couches commençaient à sécher, on les rendait massives avec des battes de bois, jusqu'à ce que, d'un pied qu'elles avaient environ d'épaisseur, elles fussent réduites à huit pouces. Sur ces deux couches s'en posait une troisième appelée *nucleus*, consistant en trois parties de tuiles pilées et une de chaux, bien broyées ensemble. Cette dernière avait environ quatre pouces d'épaisseur. C'est sur cet enduit qu'au moyen d'un bain de pure chaux on posait le carrelage ou la mosaïque. Quelquefois aussi on se contentait de la couvrir d'une poudre de marbre très fine, qui, venant à faire corps avec l'enduit, devenait susceptible d'un très beau poli.

Aire sur plancher. Lorsqu'on voulait établir une aire sur plancher, on avait le plus grand soin de n'employer que des planches de chêne de même qualité, et surtout très faibles d'épaisseur lorsqu'on se servait de chêne dur, parcequ'en l'arrêtant avec des clous sur chaque solive, on les empêchait plus facilement de se tourmenter par l'humidité; on y appliquait ensuite les enduits que nous venons de décrire, avec la précaution de poser sur les planches un lit de paille ou de fougère pour les garantir de l'action de la chaux.

Aire sur terrasse. Lorsque l'aire devait se poser sur un plancher formant terrasse, les solives étaient recouvertes de deux épaisseurs de planches croisées à contre-fil, et clouées avec soin. Sur la fougère s'étendait le *statumen*, puis le *rudus*, mais en plus grande épaisseur que dans tout autre cas; ce dernier se composait d'un tiers de tuileau, deux parties de pierrailles et deux de chaux. Quant au *nucleus*, qui recouvrait le tout, il était fait de la manière ci-dessus décrite.

Il arrivait quelquefois que, pour donner une plus grande solidité à ces terrasses, on posait sur le *rudus* des tuiles d'environ deux pieds carrés, en laissant entre elles un joint d'à peu près six lignes, qu'on remplissait de chaux pulvérisée et broyée avec de l'huile.

C'est sur cette espèce de carrelage qu'on étendait le *nucleus*, qui se battait jusqu'à presque dessiccation, et sur lequel on posait, à l'aide de chaux vive, des briques rangées en épi, ainsi qu'on en voit encore dans les galeries du Colisée à Rome, à la ville Adrienne, à Pompéia, etc. La pente de ces terrasses était d'à peu près deux pouces par toise. On avait soin, chaque année, de leur donner une couche d'huile pour les préserver de l'humidité et de la gelée.

Selon Vitruve, les Romains fabriquaient pour leurs salles à manger et leurs chambres d'hiver une autre espèce d'aire à la manière des Grecs, et qu'ils appelaient ἀσάρωτον ; elles ne se composaient que d'une forte couche de *rudus*, et d'une plus faible de *nucleus*, dans laquelle ils ajoutaient du charbon pilé, qui, bien broyé avec le tuileau et la chaux, formait un stuc presque noir, et fort agréable à la vue. La prrpriété de cet enduit était d'absorber à l'instant le vin que les convives pouvaient répandre, ou toute autre cause d'humidité.

Aires modernes. Les aires qui s'exécutent de nos jours, tant à Naples qu'à Rome et autres contrées de l'Italie, se font presque de la même manière que les aires antiques ; le *lastrica* des Napolitains, avec lequel ils font non seulement leurs planchers intérieurs, mais aussi les terrasses qui couvrent leurs bâtiments, est composé de deux parties pouzzolane, une partie tuile, et deux parties chaux vive.

L'aire à la vénitienne, appelée *composto*, est également composée de pouzzolane, brique pilée et chaux vive ; mais avec cette différence que la deuxième couche, qu'on pourrait appeler *nucleus*, est faite de chaux, de pouzzolane passée au tamis, et de fragments de marbres les plus précieux. C'est avec étonnement qu'on remarque dans le plancher de la grande salle du palais du doge, non seulement du porphyre et du serpentin, mais encore des jaspes et jusqu'à du lapis.

Depuis dix ans l'aire à la vénitienne s'exécute à Paris, non seulement avec le plus grand succès comme solidité, mais encore avec une telle précision qu'on en fait des compartiments dont le seul tracé présente de grandes difficultés. Dans ce genre, nous devons à MM. Percier et

Fontaine l'aire de la colonnade du Louvre, du côté de Saint-Germain-l'Auxerrois.

Aire de plâtre. C'est l'enduit qui se fait sur le lattis des planchers.

Aire de grange. Se pratique au moyen de mortier, de ciment, ou même de salpêtre fortement massivé.

On fait encore des aires en plâtre gâché, avec une eau de colle forte, de la suie, ou avec du sang de bœuf. Ces aires acquièrent une grande solidité si, surtout lorsqu'elles sont bien ressuyées, on a soin de passer dessus une forte couche d'huile chaude.   D...T.

AIRE. (*Marine.*) Vitesse d'un navire. On dit d'un bâtiment qu'il a beaucoup ou peu d'*aire*, c'est-à-dire qu'il se meut vite ou lentement.

AIRES (PRINCIPE DES). (*Mécanique.*) Lorsqu'il arrive que les forces accélératrices qui sollicitent un point matériel ont des moments égaux et contraires par rapport à un point fixe, pris pour origine des coordonnées, les équations du mouvement conduisent à une conséquence remarquable, qui constitue ce qu'on nomme en mécanique le *principe des aires*, et qu'on peut énoncer ainsi : les aires comprises entre les rayons recteurs, menés de l'origine à trois points d'une trajectoire, étant projetées sur un plan quelconque qui passe par le point pris pour origine, sont proportionnelles aux temps employés à décrire les arcs interceptés, lorsque le mobile ne se meut qu'en vertu d'une impulsion, ou lorsque les forces accélératrices qui l'animent sont constamment dirigées vers cette origine. La réciproque de cette proposition est également vraie.

Nous ne nous arrêterons pas à démontrer ce théorème, qui n'est qu'une conséquence des équations de mouvement; on la trouvera développée ailleurs. (*Voyez* MOUVEMENT.)

Il faut en dire autant du principe de la *conservation des aires*, dont nous nous contenterons de donner l'énoncé. Dans le mouvement d'un système de points matériels, liés fixement entre eux, soumis à leur attraction mutuelle, et qui ne sont sollicités par aucune force accélératrice, les sommes des aires décrites autour d'un point quelconque sont proportionnelles aux temps employés à les décrire, lorsqu'il n'existe aucun point fixe dans le système.

Le principe des aires reçoit en astronomie une application d'une grande importance. Comme chaque planète se meut dans une orbite elliptique dont le soleil occupe le foyer (du moins lorsqu'on fait abstraction des *perturbations*), et que cette révolution est produite par l'attraction mutuelle que ces deux astres exercent l'un sur l'autre, on se trouve dans les circonstances où nous venons de dire que le principe des aires a lieu. Si on imagine une droite menée du soleil à la planète, droite qui est appelée *rayon recteur*, et si la planète entraîne cette ligne avec elle dans son mouvement, elle formera dans ses positions successives des secteurs elliptiques, dont la surface sera constante, si on la considère après des intervalles de temps égaux quelconques. Ainsi, lorsque la planète sera plus rapprochée du soleil, elle devra courir avec plus de rapidité, pour que, dans le temps dont il s'agit, le secteur décrit ait la même surface; la hauteur de ce secteur étant plus petite, il faut que la base soit plus longue pour que l'aire reste la même. Au contraire, et par la même raison, quand la planète se trouvera dans la région la plus éloignée du soleil, elle devra aller plus lentement.

C'est en cette proposition que consiste la première des *lois de Képler,* qu'on énonce ainsi : le rayon recteur d'une planète décrit autour du soleil des aires proportionnelles aux temps employés à les parcourir. Les conséquences de ce théorème seront développées. (*Voyez* Lois de Képler.) Nous montrerons que les variations de vitesse dues au mouvement elliptique d'une planète autour du soleil sont principalement déterminées par cette propriété qui donne la première et la plus forte inégalité, connue sous le nom d'*équation du centre.*   F.

AIS. (*Architecture.*) Signifie en général une planche

d'une longueur et d'une largeur indéterminées, sans avoir égard à la qualité du bois. Il se disait autrefois plus particulièrement des planches à coulisse qui servaient à fermer la devanture des boutiques.

AITRES. (*Architecture.*) Vieux mot qui signifie les dépendances d'un bâtiment; de là est venu *connaître les êtres d'une maison.*

A J

AJOURNEMENT. (*Législation.*) *Voyez* CITATION.

AJUSTEMENT. (*Architecture.*) On entend par ajustement la disposition des formes ou des ornements employés à la décoration tant intérieure qu'extérieure des édifices.

AJUSTEUR. (*Technologie.*) Dans l'art du monnayage, on appelle ajusteur l'ouvrier qui est chargé de donner aux flans des monnaies le poids déterminé par la loi. Les flans sont des pièces de métal rondes, destinées à être frappées sous le balancier. Avant de recevoir l'empreinte, le poids en est vérifié par l'ajusteur, qui les met dans une balance nommée *ajustoir*, à cause de son usage; les flans qui se trouvent peser trop ou trop peu sont ramenés au poids légal par une soustraction ou une addition de matière, sauf une légère tolérance accordée pour la facilité de l'opération.

Les flans de monnaies doivent peser, savoir :

La pièce d'argent de	1 franc —	5 grammes.
	2	10
	5	25
La pièce d'or de	20	65
	40	130

Dans plusieurs arts mécaniques, on donne encore le nom d'ajusteur à l'ouvrier qui rassemble les parties d'une machine, les fait cadrer les unes avec les autres, et les fait fonctionner. C'est souvent la partie la plus difficile et la plus délicate d'un art, et surtout celle qui exige le plus d'exactitude et de précision. L'ouvrier qui ajuste les pièces d'horlogerie est connu sous le nom de *finisseur*.

L. Séb. L. et M.

AJUTAGE. (*Mécanique.*) Lorsqu'on veut régler la dépense d'eau d'un réservoir, on adapte à la bouche par où se fait l'écoulement un tube court, en cône tronqué, d'un diamètre déterminé par la quantité de liquide qu'on veut fournir en un temps donné : ce tube prend le nom d'*ajutage*. On s'en sert aussi dans les *jets d'eau*, pour coercer le fluide à son orifice de sortie, et ne lui laisser qu'un étroit passage par lequel on le fait jaillir. Ces deux circonstances étant l'objet de théories différentes doivent être traitées à part.

Nous donnerons, au mot *Écoulement*, les lois d'hydrodynamique qui se rapportent à la vitesse d'un fluide qui s'échappe d'un orifice, et à la dépense qui en résulte.

Quant aux ajutages dont on se sert pour produire dans les jardins ces effets d'eau si agréables, la pression atmosphérique en rend la théorie difficile et douteuse : comme la résistance de l'air exerce sur la marche ascensionelle du liquide une action retardatrice très forte, l'eau ne s'élève pas à beaucoup près au niveau où elle se trouve dans le réservoir, ainsi que cela aurait lieu dans le vide ou dans un siphon. (*Voyez* ce mot et FLUIDE.) C'est à l'observation qu'il faut recourir pour déterminer la relation qui existe entre cette hauteur du réservoir, celle que le jet atteint, et enfin les dimensions de l'ajutage. Les expériences de Mariotte sont celles qui servent de base à la pratique des gens de l'art. Selon ce savant physicien, l'excès de la hauteur de l'eau dans le réservoir sur celle à laquelle le jet peut s'élever est le carré du dixième de cette hauteur du jet, exprimée en mètres. Ainsi un jet de 10 mètres de hauteur suppose un réservoir de 11 mètres d'élévation, parceque le carré de 1 ajouté à 10 donne 11 : si le jet a 20 mètres, comme le carré de 2 est 4, le réservoir a 24 mètres de hauteur.

Mais cette règle suppose que l'ajutage n'est pas rigoureusement vertical, car alors les gouttes d'eau, en retombant sur celles qui s'élèvent, en affaibliraient la vitesse, et l'ascension n'aurait plus lieu à la même hauteur. Aussi donne-t-on aux ajutages une légère obliquité relativement au sol.

Quant aux dimensions des ajutages, l'expérience apprend encore qu'elles sont déterminées lorsqu'on veut que le jet s'élève le plus possible ; si le niveau du réservoir est à 52 pieds de hauteur, le tuyau doit avoir environ 3 pouces de diamètre, et l'ajutage 6 lignes d'ouverture : sans cela il y aurait perte de vitesse ascensionelle. Nous renverrons au *Traité du mouvement des eaux*, par Mariotte, pour de plus amples développements sur ce sujet.

Mais on n'a pas toujours pour but de beaucoup élever le jet d'eau ; la forme des ajutages donne à ces effets des dispositions très variées : les *gerbes*, les *berceaux*, les *girandes*, les *bouillons*, etc., produisent dans les jardins des vues singulièrement pittoresques. On trouvera dans le *nouveau dictionnaire de technologie* les détails relatifs à ce sujet au mot AJUTAGE.   F.

AL

ALABASTRITE. (*Architecture.*) Espèce d'albâtre, ou concrétion de nature gypseuse, d'une très grande transparence. Les anciens s'en servaient pour garnir leurs fenêtres. Néron fit bâtir un temple dédié à la Fortune, dans lequel il ne fit point percer de fenêtres, parceque, dit-on, la lumière y pénétrait à travers les murs et par la couverture.

De nos jours, on voit encore dans le chœur de l'église de San-Mimato, à Florence, quatre croisées garnies de dalles d'alabastrite qui rappellent parfaitement l'usage qu'en faisaient les anciens.   D...T.

ALAMBIC. (*Technologie.*) Vase en cuivre étamé ou en étain, et quelquefois en verre, dont on se sert pour distiller les liquides et les substances volatiles que contiennent certains solides. (*Voyez* Distillation.)

Un alambic ordinaire se compose de l'assemblage de trois pièces distinctes : la *chaudière* ou *cucurbite*, le *chapiteau*, et le *réfrigérant* ou *condenseur*. La meilleure forme des chaudières est celle d'un cône tronqué renversé, dont les deux diamètres diffèrent peu entre eux. La chaudière est enfermée dans un *fourneau* en briques jusqu'à son rebord qui repose sur le fourneau. Elle a une gorge qui en rétrécit un peu l'orifice. Sur la gorge sont placées une douille et deux anses. Elle doit être solidement étamée en dedans. (*Voyez* Étamage.)

La chaudière est couverte par le *chapiteau* en cuivre étamé ou en étain, dont la forme est celle d'un cylindre surmonté d'une calotte sphérique, au centre de laquelle est une douille. Sur le côté du cylindre est soudé un gros tuyau, légèrement conique, qu'on nomme *bec du chapiteau*.

Le *réfrigérant*, ou *condenseur*, est un vase dont la forme a beaucoup varié, et qui est immergé dans l'eau froide ; la partie supérieure s'ajuste avec le bec du chapiteau. La forme la plus ordinaire d'un réfrigérant est celle d'un tuyau contourné en hélice, il se nomme *serpentin*. L'usage de l'alambic en fera concevoir plus facilement toutes les parties.

Quelquefois la chaudière est plongée dans un autre vase qui contient de l'eau. Dans ce cas, le feu n'est pas appliqué immédiatement sous la chaudière ; la chaleur lui est communiquée par l'eau bouillante au milieu de laquelle elle se trouve : le vase qui contient l'eau se nomme *bain-marie*.

Après avoir rempli la chaudière des liqueurs qu'on veut distiller, on la recouvre du chapiteau, dont on fait entrer le bec dans l'orifice supérieur du serpentin, et on lute exactement toutes les ouvertures. (*Voyez* Lut, Luter.) La chaleur met bientôt le liquide en ébullition ; les vapeurs qui s'élèvent montent dans le chapiteau et passent dans le réfrigérant : là elles trouvent une atmosphère plus froide, elles se condensent, et tombent en liquide, par l'orifice inférieur, dans le récipient destiné à les recevoir.

En 1801, Édouard Adour perfectionna le mode de distillation des eaux-de-vie et des esprits, et changea la forme de l'appareil qui servait à cette opération importante. Il plaça entre le chapiteau et le réfrigérant une série de vases remplis de vin. Il fit traverser, par la vapeur qui sortait de la chaudière, tout le liquide contenu dans ces vases. La seule chaudière était exposée au feu du fourneau, et toute la masse du liquide entrait en ébullition. Au mot *Distillation* nous expliquerons la théorie de ce perfectionnement : il ne s'agit ici que de la construction des appareils.

Presque en même temps, Solimani et Isaac Bérard, se fondant sur d'autres principes, se bornèrent à placer entre la chaudière et le réfrigérant un vase particulier, qu'ils ont appelé *condensateur*, immergé dans de l'eau plus ou moins chaude. La fonction de ce vase consiste à séparer, par la différence de température, les vapeurs aqueuses des vapeurs alcooliques, en transmettant seulement ces dernières à la condensation. Par ce moyen ingénieux ils ont beaucoup hâté la distillation, et obtenu par une seule *chauffe* des produits plus parfaits et plus purs.

Enfin, en 1813, M. Cellier Blumenthal prit un brevet d'invention pour un appareil propre à opérer la distillation continue. M. Charles Derosne, aujourd'hui propriétaire de ce brevet, a beaucoup perfectionné cet appareil, dont la description exigerait trop d'espace. Nous nous bornerons à dire qu'à l'aide de cet instrument la distillation ne s'arrête jamais, et que les résidus sont évacués au fur et à mesure que de nouveau vin entre dans les diverses pièces qui le composent. Au mot *Distillation* nous entrerons dans tous les détails nécessaires pour faire concevoir les avantages de tous ces nouveaux appareils, en développant la théorie sur laquelle leur construction repose.

L. Séb. L. et M.

ALARME. (*Art militaire.*) *Voyez* ALERTE.

ALBANAIS. (*Géographie.*) Peuple de l'Europe méridionale, qui habite la partie de la côte occidentale de la Turquie bornée au sud par le golfe de l'Arta, au nord par le Drin, à l'ouest par la mer Ionienne. C'est une portion de l'Épire et de la Macédoine, et un pays hérissé de montagnes. Ce peuple, qui se donne à lui-même le nom de Skypétar, parle une langue particulière qui ne ressemble à aucun des idiomes en usage chez les nations voisines; il est très vraisemblable qu'ils descendent des anciens Illyriens. Parmi les peuplades de la Macédoine occidentale, Ptolémée nomme les Albanais et leur ville Albanopolis sur les rives du Scombi; c'est Elbassan sur le Tobi; leurs descendants y demeurent encore. Ce géographe nomme aussi les Skirtones parmi les peuples de l'Illyrie voisins de la Macédoine; or ce nom se rapproche beaucoup de Skyrtar, manière abrégée et assez usitée de prononcer Skypétar. Pline parle des Scirtari, peuple du même pays, et dit qu'il se compose de douze tribus. Sans doute les Skypétars suivirent le sort du royaume de Macédoine, et restèrent enveloppés sous la dénomination générale d'Illyriens et de Macédoniens. Leur pays finit par tomber sous la domination romaine. A l'époque du partage de la grande monarchie, il fit, ainsi que toute la Grèce, partie de l'empire d'Orient; l'Illyrie méridionale devint la province d'*Epirus nova.*

L'invasion des barbares causa de grands maux à cette province : d'abord elle ne souffrit pas beaucoup de la marche des Visigoths au cinquième siècle; les entreprises des Bulgares lui furent ensuite plus funestes. Ils y fondèrent un royaume que les empereurs d'Orient renversèrent. Au milieu de ces guerres et de ces dévastations continuelles, les habitants des montagnes de l'Épire se conservèrent en corps de nation; ils reparurent sous le nom d'Albanais vers le commencement du quatorzième siècle. L'empereur Jean Cantacuzène parle d'eux comme de montagnards libres. Ils ne tardèrent pas à se montrer des ennemis de l'empire de

Constantinople aussi dangereux que les Bulgares l'avaient été ; ils s'emparèrent de toutes les montagnes du côté de la Macédoine, de la Dardanie, et de toute l'Épire. Ces pays furent alors compris sous le nom général d'Albanie ; cependant ils étaient partagés entre plusieurs petits princes. Cette division facilita les progrès des Turcs, qui sur ces entrefaites étaient entrés en Europe : ces petits souverains furent soumis les uns après le autres, et leurs troupes augmentèrent les armées des Ottomans. Scanderbeg seul soutint pendant quelque temps son indépendance. Il n'avait que huit mille cavaliers et sept mille fantassins ; avec des forces si disproportionnées, il brava des armées de cent mille hommes, commandées par Amurat II et Mahomet II, deux des plus vaillants et des plus habiles guerriers qui aient régné sur les Turcs. Les prodiges de valeur de Scanderbeg rappelaient les exploits de Pyrrhus et d'Alexandre, ses compatriotes. Les preux de la France et de l'Allemagne venaient combattre à ses côtés. Vainement Amurat l'assiégea dans Croïa sa capitale, il fut obligé de se retirer. Mahomet fit négocier avec lui une trève. Après une lutte de vingt-trois ans il succomba, ayant inutilement attendu des secours du pape, du roi de Naples et de la république de Venise ; il fut réduit à quitter ses états, et mourut à Lissus, sur le territoire vénitien.

Les Skypétars devinrent sujets des Turcs. Ceux-ci les nomment *Arnaoutes*, mot que l'on peut regarder comme une corruption d'*Arvanité*, dénomination par laquelle les Grecs les désignent. Ils forment quatre grandes familles : les Gheghes et les Mirdites, les Toxides, les Iapys et les Khamides. Tous sont grands, robustes, braves jusqu'à la témérité, féroces, vindicatifs, adonnés au brigandage. Quelques uns ont un habillement dans lequel on retrouve l'ancien costume héroïque ; d'autres font parade de leur saleté comme d'une marque de valeur : ils laissent pourrir sur leur corps le linge grossier et la bure dont ils se vêtissent. Chez quelques hordes d'Albanais, les femmes partagent avec les hommes les dangers de la guerre. Celles qui ne sont pas flétries par l'esclavage auquel leurs maris les réduisent, et par les travaux auxquels ils les condamnent, se font remarquer par leur beauté.

Convertis de bonne heure au christianisme, les Skypétars se partagèrent ensuite entre les églises de Rome et de Constantinople ; plus tard une partie d'entre eux a embrassé l'islamisme. Divisés par la religion, ils se sont souvent fait une guerre à outrance. Les Mirdites ont conservé leur liberté ; ils ont contracté des capitulations avec les Turcs, et, quand ils en sont légalement requis, ils leur fournissent des troupes.

« Chaque canton libre, dit M. Pouqueville, se compose de villages indépendants, et ces hameaux de pharès ou partis reçoivent volontairement l'impulsion d'un ou de plusieurs chefs que chacun d'eux se choisit. Une phara se forme à son tour d'une famille ; les plus nombreuses ou les plus opulentes sont toujours les plus puissantes, en raison du nombre d'hommes qui lui appartiennent ou qu'elle peut soudoyer. Cet ordre a de l'analogie avec les turbulentes sociétés des Indiens de l'Amérique, parceque les haines tiennent toujours non seulement les pharès, mais les familles, et souvent même les individus qui en font partie, dans la défiance, et à proprement parler dans un état d'hostilité permanente. Par suite de cette habitude des esprits qui les rend nécessairement inquiets et soupçonneux, il arrive que les bourgades et les villages albanais ont dans leur construction une forme particulière et distinctive des autres hameaux. Chaque maison est crénelée, ou bien percée de meurtrières masquées par un enduit extérieur, et toujours isolée hors de la portée d'une autre habitation. Les familles d'un même parti ou d'une souche commune, en s'éloignant, comme par branches collatérales, du chef dont elles descendent, forment par échelons des quartiers autours d'un mamelon, ou sur un plateau escarpé, de manière à pouvoir se secourir, sans cesser d'être en garde contre les entreprises des gens

de leur phara. Ainsi, comme à Sparte au temps des dioscures, une ville est une suite de villages habités par des
individus retranchés dans leurs tristes demeures, où ils
se barricadent dès qu'il est nuit, dans la crainte d'une surprise... Cette vie, remplie de dangers, a pour eux des
charmes incomparables : ils sont esclaves, et ils ne peuvent
concevoir comment un homme obéit à un autre... Des
pharès entières ont souvent des inimitiés implacables ;
elles ne passent que de nuit et furtivement dans certaines
rues. Chaque circonscription a ses puits, ses citernes, ses
sources et son marché à part, et on se dispense d'aller
à l'église ou à la mosquée pour n'y pas rencontrer un ennemi. Cet état malheureux est uniquement propre à la
cité : les soins de l'agriculture et des troupeaux ne souffrent
que très rarement des effets de la discorde ; car, hors des
bourgs et des villages, chaque tribu vit en paix, vaque
à ses occupations, et on ne se bat que dans ses foyers.
Ainsi j'ai vu les moissonneurs faire tranquillement la récolte, dans la vallée de Drynopolis, tant que le jour durait,
et se fusiller après souper lorsqu'ils étaient rentrés en
ville ; danser aux jours du bayram, chômer les panégyries,
et passer des fêtes au combat, traitant la chose aussi légèrement qu'une partie de chasse ou un passe-temps. »

M. Pouqueville observe que les guerres ordinaires de ces
peuplades donnent peut-être plus qu'on ne pense la juste
mesure de celles des temps héroïques. « Souvent, dit-il, le
siége d'un village placé dans une position avantageuse, et
ils sont presque tous bâtis dans des lieux escarpés, dure
aussi long-temps que le siége de Troie. Il faut voir les héros de la Grèce moderne, embusqués sans se retrancher,
se provoquer, s'insulter, attendre qu'un homme se présente pour tirer, et s'enfuir quand ils ont du pire. Pour
bien comprendre les combats décrits dans l'Iliade, il faut
surtout entendre chacun se vanter après une action, assister aux festins où l'on mange les agneaux volés, qui sont
rôtis en plein air, pour jouir des scènes que la poésie a si

brillamment parées de la richesse de ses couleurs. Rien n'a changé à cet égard sur la terre des demi-dieux et des héros; et si on labourait les champs d'Ilium tandis que les Grecs assiégeaient la capitale de Priam, si les Troyens de leur côté vendangeaient sur les coteaux du mont Ida pendant le blocus, il arrive souvent aux Albanais de lever un siége à la veille du succès pour aller ensemencer leurs terres, faucher leurs prés, ou bien chercher dans leurs familles les provisions qui leur manquent. »

Le vols et les larcins sont traités avec indulgence par un peuple chez qui le brigandage est considéré comme une partie de l'industrie nationale. Le vol public est regardé comme un essai de la bravoure. Lorsqu'on est heureux, c'est un moyen de parvenir aux premières dignités de l'empire, si à ce titre on joint celui de musulman.

Les Skypétars qui habitent le long de la côte portent au loin leurs regards pour découvrir des vaisseaux et se mettre à leur poursuite : quelques uns trompent par des feux les navires qu'ils aperçoivent, afin de les attirer au milieu des écueils; et, au signal du naufrage qu'ils ont provoqué par leurs artifices, ils fondent sur le bâtiment échoué, enchaînent les malheureux que la tempête a épargnés, et pillent la cargaison.

Les femmes des Skypétars fabriquent avec le poil de chèvre une sorte de bure épaisse qui sert, comme dans l'antiquité, au vêtement des matelots, des soldats et des paysans ; elle tissent aussi des toiles de coton pour les besoins du ménage : c'est à ces travaux et à quelques tricots que se borne l'industrie de ce peuple.

Les Skypétars se sont, à différentes époques, établis dans diverses parties de la Grèce et ailleurs. Sous le règne de Scanderbeg une colonie se fixa dans la Pouille, province du royaume de Naples. Après la mort de ce chef l'émigration augmenta. En 1800 ils occupaient dans ce pays cinquante-neuf villages.

Ils ont fourni des soldats à plusieurs puissances chrétiennes. On vit des Albanais parmi les troupes auxiliaires qui servaient en France sous les drapeaux de Henri IV. Charles III, étant roi de Naples, avait un régiment royal-macédonien qui était composé d'Albanais. Les Skypétars mahométans ne s'expatrient que pour servir les Turcs.

Leurs colonies, répandues dans la Morée et dans les contrées voisines, ont vivifié ces terres long-temps vouées à la désolation. Les Albanais forment le fond de la population des îles d'Hydra et de la Spezzia, qui font depuis long-temps un commerce très étendu dans la Méditerranée, et dont les flottes bravent aujourd'hui les armées navales des Ottomans. Ainsi une partie des Hellènes qui cherchent à conquérir leur existence sociale est composée d'Alba-nais.

Les Skypétars mahométans, restés sur leurs rivages ro-cailleux, commencent aussi à quitter le métier de pirate pour se livrer au commerce; mais, inquiets et soupçon-neux, ils n'abordent qu'avec une certaine crainte les terres de la chrétienté.

Les anciens connaissaient au pied du Caucase, le long de la mer Caspienne, des Albaniens dont on a prétendu que ceux de l'Illyrie descendaient; aucun monument ne le prouve, et les écrivains qui ont soutenu cette hypothèse ont été réduits à dire que les *Albani* du Caucase étaient venus en Illyrie de temps immémorial. Or ce qui s'est passé alors n'étant plus du ressort de l'histoire ne peut être admis par la saine critique. L'Albanie du Caucase ré-pondait au Chirvan et au Daghestan. Les portes Albaniennes (*Albaniæ pylæ*), un des défilés de ces monts, par lesquelles on peut pénétrer d'Asie en Europe, ou réciproquement, sont à Derbend, où la montagne avance jusque sur le bord de la mer Caspienne. Une rivière coulait vers cette mer: son nom actuel de *Bilbana* ne diffère pas beaucoup de celui d'*Albana* qu'elle portait jadis. La ville d'Albana était située à son embouchure. Quelques savants ont pensé que ces Albani d'Asie pouvaient avoir une origine européenne, tout aussi bien que les Albani d'Europe une origine asiatique.

Même avant les Romains, le nom d'*Albania* désignait la partie montagneuse du nord de l'Ecosse; il ne diffère pas beaucoup d'*Albin*, qui est celui dont les habitants faisaient usage. On peut croire qu'il était connu par Pythéas, qui l'avait appris dans ses voyages aux contrées du nord de l'Europe.

Mannert. *Geographie der Griechen und Rœmer.* Nürnberg, 1789, etc.., 9 vol. in-8°.

Pouqueville. *Voyage dans la Grèce.* Paris, 1821, 5 vol, in-8°.

Ptolémée, Strabon, Etienne de Byzance, d'Anville. *Géographie ancienne.*

Ortelius. *Thesaurus geographicus.*

E...s.

ALBATRE. (*Histoire naturelle.*) Nom donné communément, suivant la nomenclature du célèbre Haüy, à la *chaux sulfatée compacte*, appelée aussi *albâtre gypseux*. Cette variété de chaux se trouve en masses considérables dans les terrains primitifs, tels que ceux auxquels appartient la chaîne des Alpes; cependant on la rencontre communément dans les terrains calcaires de troisième formation : les carrières de Lagny en fournissent une belle variété; elle est translucide, d'un grain fin et serré, et susceptible de recevoir un beau poli. Cette substance, très tendre, étincelle quelquefois sous le briquet, ce qui est dû alors à la présence de quelques parties de silice. Cet albâtre, dont la blancheur éclatante a passé en proverbe, est employé en Italie à divers objets d'art et d'ornement : on l'exploite en Toscane, et c'est à Florence que, sous le ciseau du statuaire, il prend les formes les plus variées et les plus élégantes.

Le nom d'albâtre appartient principalement à une *chaux carbonatée concrétionnée* ou albâtre calcaire, auquel on donne l'épithète d'oriental lorsque ses couleurs sont vives et brillantes. Il est légèrement translucide sur ses bords. Il diffère autant du précédent par ses caractères extérieurs que

par sa composition chimique. Le premier est composé de
32 parties de chaux, de 46 d'acide sulfurique, et de 22 d'eau;
le second donne à l'analyse 55 parties de chaux, 34 d'acide
carbonique, et 11 d'eau.

Sa formation est due aux suintements d'une eau qui, après
avoir traversé la chaux carbonatée et en avoir dissous quelques parties, arrive à une cavité où elle se dépose par
couches successives dont la disposition forme des bandes jau-
nâtres, rouges ou brunes, diversement nuancées. Souvent
ces bandes sont disposées parallèlement en lignes droites
un peu ondulées, comme dans la *chaux carbonatée strati-
forme* de Montmartre et de Pantin; d'autres fois, comme à
Antiparos, l'albâtre se forme en tuyaux cylindriques appelés
stalactites, dont la section perpendiculaire à leur axe présente des zones concentriques. La surabondance de cette
chaux, dissoute par l'eau de cristallisation, tombe de ces
stalactites sur la paroi inférieure de la cavité qu'elles garnissent, et se dispose de bas en haut en concrétions qui reçoivent le nom de *stalagmites.* Celles-ci présentent la réunion
d'un grand nombre de tubercules, qui, sciés transversalement, offrent les veines le plus richement nuancées : on en
fait des coupes et des vases quelquefois d'une grande dimension.

L'albâtre calcaire se rencontre dans les *terrains primitifs*, comme dans ceux de *seconde* et de *troisième formation.* (*Voyez* CHAUX.) Les montagnes calcaires situées à
l'occident de la mer Rouge en fournissent une belle variété.

On voit dans plusieurs contrées des grottes dont les concrétions d'albâtre éprouvent des changements journaliers
par leur accroissement continuel; ce qui avait fait croire à
Tournefort que les minéraux subissaient une véritable végétation. Cette opinion erronée a trouvé des partisans parmi
les gens du monde; il en est encore beaucoup qui croient
que les pierres croissent dans le sein de la terre.   J. H.

ALBATRE. (*Technologie.*) La finesse du grain de cette
pierre, l'homogénéité de sa pâte, le beau et doux poli

qu'elle reçoit, sa demi-transparence, sont des qualités qui la rendent très précieuse pour la sculpture et pour la fabrication de toutes sortes de vases d'ornement. Sous le ciseau du sculpteur, l'albâtre a pris mille formes variées et agréables qui n'ont pas peu contribué à en répandre le goût dans la plupart des pays.

L'albâtre se forme naturellement dans certaines fontaines qui donnent un dépôt d'un blanc jaunâtre. La plus célèbre dans ce genre est celle des bains Saint-Philippe en Toscane. L'eau de cette source, presque bouillante, coule sur une masse énorme de stalactites qu'elle a formée, et l'albâtre paraît y être tenu en dissolution par du gaz hydrogène sulfuré, qui se dégage dès que l'eau a le contact de l'air. On a tiré parti de cette propriété d'abord pour faire des bas-reliefs, qui sont d'un très beau blanc et d'une assez grande dureté. On se sert de moules de soufre, qu'on place très obliquement contre les parois de plusieurs cuves de bois ouvertes par les deux fonds : ces cuves sont surmontées à leur ouverture supérieure d'une croix de bois assez large. L'eau de la source, après avoir déposé hors de l'atelier du moulage le sédiment le plus grossier, est amenée au-dessus des croix de bois : elle s'y divise en tombant, et dépose dans les moules un sédiment calcaire d'autant plus fin que la position de ces moules approche davantage de la verticale. Il faut d'un à quatre mois pour terminer ces bas-reliefs, selon l'épaisseur qu'on leur donne. Par des procédés analogues, on est parvenu à mouler des vases, des figures, et autres objets en relief de toutes formes, qu'on n'a plus ensuite qu'à réparer et à polir lorsqu'on les a sortis des moules.   L. Séb. L. et M.

ALBATROS. (*Histoire naturelle.*) Il est peu de relations de voyages de long cours où l'on ne trouve le nom de cet oiseau, désigné vulgairement par les matelots sous le nom de *mouton du Cap*, que lui valurent sa taille et sa couleur. L'albatros est le plus gros des oiseaux de mer; et malgré son volume, qui semblerait devoir le condamner à ne pas quitter la surface des eaux, où ses pieds palmés lui facilitent les moyens de nager comme les canards, l'albatros est encore l'un des oiseaux qui volent le mieux et le plus long-temps. C'est vers le tropique méridional, et surtout lorsqu'on double le midi de l'Afrique, que les marins commencent à en rencontrer l'espèce la plus commune, espèce à laquelle Linné imposa le nom de *diomedea exulans*. Ce grand naturaliste, qui fit un usage si heureux de la nomenclature des héros d'Homère et de tous les personnages de la mythologie, voulut faire allusion par ce choix à la métamorphose des compagnons de Diomède : en effet l'on a vu souvent des albatros, fatigués d'un trajet de quatre cents lieues, se posant en grande quantité sur les agrès d'un vaisseau, y rappeler ces guerriers grecs que l'imagination brillante du poëte fit sortir de leur flotte pour venger une divinité irritée, et qui furent métamorphosés en oiseaux.

L'albatros qu'on trouve au cap de Bonne-Espérance a le corps très gros, le bec très fort, le dos couvert de plumes roussâtres, et les parties inférieures, qu'il présente pendant son vol, d'un blanc assez pur ; ses ailes ont plus de quatre pieds d'ouverture d'une pointe à l'autre : l'animal ne craint pas, avec leur secours, de s'éloigner du rivage à d'énormes distances. Il est fort vorace et enlève les poissons volants au moment où, quittant la vague dans l'épaisseur de laquelle un autre ennemi les poursuivait, ils croyaient échapper à la mort par les routes de l'air. L'albatros n'attend quelquefois pas que sa victime soit exondée, il la saisit dans l'eau, quand il ne préfère pas s'emparer de la dorade ou du scombre qui poursuit une proie trop chétive.

Nous avons vu des albatros posés sur l'eau, non comme y sont ordinairement les oiseaux aquatiques avec les parties inférieures et les pattes plongées, mais leurs larges pieds ouverts, étendus à la surface des vagues, comme ceux de tout autre palmipède le sont sur l'arène du rivage quand ils s'y arrêtent ; dans cette position, l'albatros

peut reprendre aisément son vol, ce qu'il fait en étendant peu à peu ses ailes et en les agitant quelque temps
pour prendre l'air nécessaire à son ascension sans mouiller
ses remiges.

La chair de l'albatros est dure et son goût est désagréable;
cependant elle a été quelquefois d'un grand secours à des
marins, qui, après de longues privations, préféraient la chair
fraîche aux viandes salées, dont on se fatigue sitôt dans une
traversée. L'albatros vient pondre sur les côtes désertes,
et s'y construit en argile de grands nids fort élevés, où la
femelle dépose une plus grande quantité d'œufs que n'en
pondent ordinairement les grands oiseaux. On connaît deux
autres espèces de ces oiseaux, dont l'une est des mers de la
Chine.   B. DE ST.-V.

ALBIGEOIS. (*Religion.*) On comprenait sous ce nom
en France, au treizième siècle, tous ceux qui, prêchant
la liberté de conscience, s'écartaient des canons de l'église
et refusaient de reconnaître l'autorité des papes en matière
de foi. Ce mot n'avait jamais été pris auparavant dans
cette signification, qui d'ailleurs resta toujours vague,
parcequ'il désignait non seulement des hérétiques de
sectes très différentes, mais encore ceux qui ne faisaient
que favoriser leurs progrès, ou qui en prirent la défense
quand on leur fit une guerre ouverte.

Tout le monde connaît la dissolution des mœurs et la
dépravation qui, depuis la fin du dixième siècle, s'étaient
assez généralement répandues tant parmi le peuple et ses
insolents barons que parmi le clergé; on sait encore que
les évêques et les abbés songeaient alors bien plus aux
jouissances de toute espèce, et aux moyens d'en faire les
frais, qu'au salut des fidèles et à leurs devoirs pontificaux.
Il est impossible de nier ce malheureux état; et les épîtres
du célèbre Grégoire VII seraient là pour convaincre les
incrédules de cette vérité. Mais dans ces temps de détresse et de scandale, on vit paraître plusieurs hommes
distingués qui, indignés des désordres qui souillaient

l'église, firent tous leurs efforts pour l'en retirer et la ramener vers la simplicité et l'austérité des premiers siècles. Dans la France méridionale, *Pierre de Bruys* et *Henri de Lausanne* s'élevèrent contre le baptême des enfants, le sacrifice de la messe, l'adoration de la croix et l'efficace des bonnes œuvres ; *Arnaud de Bresce* y attaqua la hiérarchie des prêtres, et s'efforça de ramener dans l'église le régime presbytérial ou républicain ; les *Patarins* et les *Cathares* signalèrent de nouveaux abus, et augmentèrent le nombre toujours croissant des hérétiques, connus alors sous les noms de *Pétrobusiens*, de *Henriciens*, etc.

La Gascogne, le Languedoc, et surtout le *comté d'Albi*, étaient le siége principal de ces réformateurs : c'est ce dernier pays qui, dans la suite, fit donner à tous les sectaires indistinctement le nom général d'*Albigeois*, quoique ces sectes religieuses n'aient point eu entre elles unité de croyance. Divisés sur plusieurs points de leur profession de foi, ils étaient d'accord dans le désir d'une réformation de l'église, de l'épuration des mœurs, et dans la ferme conviction que la *parole divine écrite* peut seule faire autorité en matière de religion. Ces hommes courageux furent partout expulsés, partout condamnés, mais jamais réfutés : toutefois leur zèle ne se refroidit point ; ils employèrent tous leurs efforts à dessiller les yeux de leurs concitoyens, à leur faire apercevoir leur malheureuse situation et leurs vrais besoins, et à les faire revenir de leur attachement superstitieux et débonnaire pour les moines. Plusieurs d'entre eux, surtout leurs chefs, expièrent leur audace au milieu des flammes. Mais les sectes se multiplièrent en raison directe des persécutions qu'on leur faisait éprouver.

Pierre de Vaud (Petrus Valdus) attaqua avec une nouvelle force les abus de l'église dominante, vers l'an 1170. C'était un honnête négociant de Lyon, qui, frappé par la mort inopinée d'un de ses amis, se concentra en lui-même, et médita sur les voies inconcevables de la providence. Ses réflexions le portèrent insensiblement plus loin, et une Bible latine qu'il trouva acheva de former sa conviction sur la doctrine catholique romaine. Il s'entoura d'un petit nombre d'auditeurs, mit entre leurs mains une traduction du nouveau Testament, des Psaumes et de plusieurs chapitres tirés des ouvrages des Pères de l'église, et commença à leur en expliquer le texte et à en interpréter le sens. Sa réputation s'agrandit; un grand nombre de Lyonnais demandèrent à être admis à ses instructions, et plusieurs de ses disciples allèrent publier au loin sa nouvelle doctrine, qui alors faisait le sujet de toutes les conversations, et en faveur de laquelle la majorité de la nation semblait disposée. Les principaux points de cette doctrine étaient les suivants : « Les décisions de l'église, en matière de foi, ne sont de nulle autorité; la Bible seule peut décider. Le sacrifice de la messe, l'adoration des saints, le trafic des indulgences, ne peuvent être tolérés. Le chrétien doit être pauvre, car les biens de ce monde l'éloignent de l'amour de son Dieu. Les cérémonies sont inutiles, ne font qu'embrouiller le culte, et les prêtres ne sauraient avoir le privilége d'administrer les sacrements. » Quelque opinion que l'on se soit formée de ces doctrines, on a de tout temps été forcé de convenir de la pureté, de la simplicité et de l'austérité de mœurs qui caractérisaient les *Vaudois;* on a rendu à leur moralité et à leur conduite politique une éclatante justice : d'ailleurs ils pensaient que tout ce dont ils demandaient la réforme n'appartenait point au christianisme primitif, n'en faisait pas une partie intégrante et nécessaire, mais s'y était glissé dans la suite des temps.

Le clergé poussa de grands cris; car ils ne s'étaient point bornés à réformer la doctrine, ils menaçaient ses intérêts les plus chers, et s'en firent ainsi un ennemi irréconciliable. Ils furent condamnés comme *hérétiques*, persécutés sur tous les points du pays; et les rois de France et d'Angleterre étaient même disposés à les exterminer par le fer et le feu, quand on jugea préférable de créer cette horrible *inquisition* dont le coup d'essai fut le carnage de ces malheureux. Les hérétiques se dispersèrent, et portèrent leur doctrine sur d'autres points du royaume, que les persécutions à la fin les forcèrent de quitter [1]. Ils fondèrent presque aussitôt à Metz et à Strasbourg des établissements considérables, malgré les bûchers qui les attendaient, et reparurent immédiatement dans le Languedoc, où la ville de Toulouse devint leur siége principal.

Roger, comte d'Albi, et Raymond VI, comte de Toulouse, étaient accusés de les favoriser, et furent soumis à des expiations humiliantes; mais le désir de s'emparer de leur beau pays contribua bientôt à faire éclater la guerre qu'on leur déclara sous le prétexte de la religion. Innocent III fit prêcher une croisade contre les Albigeois; Simon de Montfort et les légats Arnaud de Cîteaux et Milon la commandaient. Elle commença en 1209. La ville de Béziers fut prise; environ soixante mille de ses habitants furent livrés au fer et aux flammes; les plus belles contrées de la France furent horriblement ravagées, et l'on disposa à volonté du patrimoine des malheureux comtes. Les indulgences que le pape accordait à pleines mains multipliaient continuellement le nombre des croisés; et les Albigeois, après une défense vigoureuse, durent enfin succomber. La paix fut conclue en 1229; l'inquisition se chargea d'achever la conversion de ces malheureux, d'extirper l'hérésie dans ses racines, et leur pays se couvrit de nouveaux bûchers. Cette affreuse oppression les força encore une fois à chercher un asile dans la Lombardie et le Piémont, au milieu des paisibles vallées des Alpes, qui cependant ne suffirent pas pour les garantir des nouvelles horreurs que leur préparèrent, de l'aveu d'Innocent VIII, Albert de Capitaneis et Hugues des Marais. Toutes ces persécutions cependant ne servirent qu'à invétérer leur haine contre l'église dominante et à retremper leur courage; ils subsistèrent sous le nom d'*Eglise française* jusqu'au temps de la réformation. (*Voyez*

[1] Pierre de Vaud paraît avoir terminé ses jours dans la Bohême.

à l'article Huguenots la suite des progrès de l'hérésie en France.)   J. H. S.

ALBINOS. (*Histoire naturelle.*) Ce nom nous est venu des Espagnols, qui l'appliquèrent à des hommes, variété monstrueuse de l'espèce nègre. La peau de l'albinos est d'un blanc mat, ses poils blancs et cotonneux, avec la pupille rose, qui ne peut supporter l'éclat du jour. De tels malheureux, disgraciés de la nature, ordinairement à demi-imbéciles, excitant le mépris parmi les peuplades chez lesquelles ils naissent, sont aussi nommés *bedos*, *chacrelacs*, et *dondos*. Leur couleur blanche et sans incarnat, ou plutôt leur absence de couleur, est le résultat d'une existence maladive, qui peut se transmettre de génération en génération, soit en totalité, soit en partie. Nous avons vu dans l'île de Mascareigne une négresse cafre produire un métis qu'elle avait eu d'un albinos venu de Madagascar; et ce métis, chez lequel la teinte noire dominait, avait sur le corps des places entières où la peau était semblable à celle du père; ses cheveux étaient comme mélangés de laine noire et de coton blanc, sa pupille était sensiblement rose et sa vue faible.

Parmi les animaux il se trouve des albinos : tels sont les lapins blancs, les souris blanches, des corbeaux, des merles, et des races de pigeons. Il en est chez lesquels cet état n'est pas permanent, et qui, devenant blancs pendant l'hiver, reprennent leur couleur spécifique avec toute leur vigueur dans la saison des amours. (*Voyez* Homme.) B. de St.-V.

ALBUM. (*Antiquités.*) On donnait ce nom à un mur blanchi qui servait d'affiche. Le côté extérieur de la ville de Pompeï était blanchi pour cet objet, et l'on voit encore sur l'enduit des inscriptions tracées avec une couleur rouge. De là *album decurionum*, tableau des décurions, muraille blanchie sur laquelle les décurions ainsi que les membres du sénat faisaient écrire leurs noms; *album prætoris*, tableau du préteur, sur lequel on publiait *in albo* les ordonnances du préteur avant qu'on prononçât un jugement légal ; *album judicum*, tableau des juges tirés des centuries, qui devaient siéger à certaines époques ; *album senatorum*, tableau des sénateurs qui se renouvelait chaque année, et qui était placé dans la curie : c'est Auguste qui l'établit.   E. J.

ALBUM. On donne ce nom à un cahier ou à un livre dont toutes les pages blanches sont destinées à recevoir ce qu'on y voudra tracer, prose ou vers, musique ou dessin.

Un *album* rempli est la collection la plus incohérente qu'on puisse imaginer ; formé sous l'influence du hasard, c'est un véritable pot-pourri, c'est un livre sans queue ni tête.

Quelle est l'origine des *album* ? La même, je crois, que celle des journaux de voyage. Quelques voyageurs ayant invité les personnes avec lesquelles ils avaient eu des rapports dans les villes où ils s'étaient arrêtés, à laisser sur leur journal quelques traces de leur talent en signe de leur souvenir, cela passa en usage ; et, la plupart du temps, ce journal de voyage ne fut plus qu'un livret exclusivement destiné à recevoir ce que les étrangers y voudraient bien consigner. Tel est l'*album* proprement dit.

Des personnes très sédentaires, les dames surtout, adoptèrent bientôt cet usage, qui fut importé d'Allemagne en France vers le commencement de ce siècle. Pas une dame qui n'ait un *album*. Une femme à la mode ne se donne pas de repos qu'elle n'ait mis à contribution le peintre, le poëte, le musicien et le prédicateur en vogue pour remplir son *album*.

Méfiez-vous en général de la prose et des vers d'un *album* : les trois quarts ne sont, sous ce rapport, qu'un livre d'office spécialement composé pour la sainte dont le nom est en tête. Mais dans ce livre d'office, comme dans les autres, on trouve parfois de belles images. Nos premiers artistes, en essayant leurs crayons dans plusieurs *album*, leur ont donné une valeur bien supérieure à celle de tout autre livre.

L'*album* qui contient des vers de Parny, de Ducis ou de Chénier, écrits par eux-mêmes, est sans doute une chose curieuse ; mais l'*album* qui contient un dessin de Gérard, d'Horace Vernet, ou une fleur de Redouté, est surtout une chose précieuse.

Le livre qui doit recevoir tant de richesses est ordinairement fabriqué avec une recherche particulière : la reliure d'un *album* ne saurait être trop magnifique. Le maroquin et le tabis sont prodigués pour sa confection. Les pierres fines, les perles, la turquoise, brillent souvent dans l'or des agrafes qui le ferment, et dans celui qui protège les angles de sa couverture. Les *album* les plus riches ne sont cependant pas toujours les plus estimés : leur magnificence, comme celle de certains habits, ne revêt quelquefois qu'un corps sans esprit ou sans âme.

Le nom d'*album* se donne aussi à l'une des colonnes d'un registre où l'on recueille le bien ou le mal relatif à un individu. La colonne du bien se nomme *album*, par opposition à celle du mal, qui se nomme *nigrum*. C'était dans ces formes-là qu'en 1796 un libelliste célèbre avait établi une balance publique des réputations.

Un pareil registre, tenu avec franchise, ne serait pas sans utilité pour l'historien. C'est ce que sentait cet homme d'esprit qui disait que, pour bien apprécier la révolution, il faudrait lui ouvrir un compte en parties doubles.

A. V. A.

ALBUMINE. (*Chimie.*) Cette substance se rencontre dans un grand nombre de matières animales; elle forme presque en entier le blanc de l'œuf et le sérum du sang. A l'état liquide, elle est toujours mêlée avec des sels dont il est impossible de la dégager sans l'altérer ; elle est alors transparente, insipide, inodore, plus ou moins visqueuse, et mousse par l'agitation. Presque tous les acides sont capables de former avec elle des composés blancs et insolubles. Ces composés sont détruits, et l'albumine redevient liquide par la présence d'un alcali, si toutefois il ne s'est pas dégagé beaucoup de chaleur pendant la combinaison de l'acide avec l'albumine. Tous les sels métalliques la précipitent aussi de sa dissolution aqueuse; le sublimé corrosif est surtout un excellent réactif pour déterminer sa présence dans un liquide. Le tannin la précipite en flocons abondants. La chaleur vers 74°, et l'alcohol, la font coaguler en une masse dure, opaque et blanche : on ne peut expliquer ce résultat qu'en admettant un changement dans la combinaison des éléments de l'albumine, ou un arrangement différent de ses parties intégrantes. Une fois coagulée, elle ne peut plus se dissoudre dans l'eau.

L'albumine sert à clarifier les liquides, et à faire des ciments. Elle est composée d'oxygène, d'hydrogène, d'azote, et de carbone.

On rencontre dans la pomme de terre, et dans les amandes des fruits à noyaux, une substance analogue qui a la propriété de se coaguler par la chaleur et par l'alcohol; cependant elle n'est pas identique à l'albumine animale. S.

ALCALI ou ALKALI. (*Chimie.*) De al-kali, nom arabe de la plante d'où l'on retirait anciennement la soude. On l'avait appliqué d'abord à la soude elle-même, et par suite à la potasse et à l'ammoniaque, qui offraient des propriétés analogues. Les alcalis avaient pour caractère d'être âcres et caustiques, de verdir les infusions bleues des végétaux, d'être fusibles, de se dissoudre dans l'eau, et d'avoir une grande affinité pour les acides. Dans cette classe de corps vinrent se ranger successivement la chaux, la baryte, la strontiane, la lithine, et les bases salifiables tirées des végétaux. Enfin on a désigné par le mot *alcalinité* l'ensemble des propriétés par lesquelles les bases salifiables se distinguent des acides; alcalinité dans ce sens est l'opposé du mot *acidité,* qui exprime de même la somme des propriétés caractéristiques des acides. (*Voyez* ACIDE, et chacun des alcalis en particulier.) S.

ALCALI. (*Technologie.*) Les alcalis sont employés dans plusieurs manufactures importantes, dans les verreries, dans les savonneries, dans les ateliers de blanchîment, dans la fabrication de l'alun, etc. ; et leur consommation s'est accrue depuis quelques années d'une manière prodigieuse, par la facilité qu'on a eue de se procurer des soudes artificielles à très bas prix. Nous ne décrirons pas ici les procédés de fabrication des alcalis qui varient pour chacun d'eux, et qu'on trouvera aux mots POTASSE, SOUDE, AMMONIAQUE; mais nous indiquerons les moyens que l'on emploie pour reconnaître leur degré de pureté, et par suite leur valeur relative.

Les alcalis du commerce se trouvent toujours mélangés avec une grande quantité de matières étrangères qui n'ont aucune valeur, et qui rendent l'acheteur très incertain sur l'évaluation de cette marchandise. Pendant long-temps on n'a jugé du degré de force des alcalis que pas leurs caractères physiques extérieurs, ou par l'impression qu'ils faisaient sur la langue, ou même par l'*embarillage* particulier à certaines potasses ou soudes étrangères. Ces signes étaient très équivoques, et ne suffisaient pas pour prévenir la fraude. M. Vauquelin eut le premier l'idée de mesurer le degré d'alcalinité par la quantité plus ou moins grande d'acide qui se trouverait nécessaire à la saturation de chaque qualité d'alcali. M. Descroisilles a réalisé l'idée de ce savant chimiste par un procédé pratique que tous les fabricants peuvent exécuter, à l'aide d'un instrument qu'il a nommé *alcalimètre*. (*Voyez* ce mot.) M. Descroisilles a rendu ainsi un service bien important à la classe manufacturière, en faisant cesser pour toujours une dangereuse incertitude, qui embarrassait les transactions commerciales, et nuisait aux opérations industrielles.

L. Séb. L. et M.

ALCALIMÈTRE. (*Technologie*.) C'est un instrument destiné, comme son nom l'indique, à mesurer les alcalis.

L'alcalimètre, que nous devons à M. Descroisilles, n'est autre chose qu'un tube de verre de la contenance de 5 centilitres, et divisé en 100 parties appelées degrés.

Lorsqu'on veut essayer un alcali, on en prend 5 grammes que l'on fait dissoudre dans de l'eau pure; on remplit ensuite l'alcalimètre d'eau acidulée avec un dixième d'acide sulfurique concentré, et on le vide doucement, et peu à peu, dans la dissolution alcaline, jusqu'à ce que celle-ci soit saturée, et commence même à devenir acide, ce qu'on reconnaît en y plongeant du papier bleu de tournesol ou de mauve qui doit virer aussitôt au rouge; on examine alors jusqu'à quel point le tube s'est vidé, et si l'on trouve par exemple 36 degrés, on en conclura que l'alcali essayé est à 36°; mais ordinairement on retranche un degré, à cause de la petite quantité d'acide qu'on a mis de trop au-delà du point de saturation de la liqueur alcaline; ce qui réduit la force de l'alcali à 35°.

Si, pour un autre échantillon, on trouvait 70°, on en conclurait que ce nouvel alcali a un pouvoir saturant, double de celui du premier, et que sa valeur vénale doit être par conséquent double, et ainsi de suite pour les autres proportions.

On voit que l'alcalimètre est combiné de manière que les degrés qu'il marque indiquent les centièmes d'acide sulfurique que chaque alcali est capable de saturer. Ainsi les deux échantillons qu'on a trouvés marquer 35° et 70° sont susceptibles de neutraliser $\frac{35}{100}$ ou $\frac{70}{100}$ de leur poids d'acide sulfurique; et si l'on a soin de prendre l'acide sulfurique d'épreuve, constamment au même degré de concentration, il s'ensuit qu'on obtiendra toujours à l'alcalimètre des résultats exacts et comparables entre eux.

MM. Welter et Gay-Lussac ayant reconnu que certains alcalis contenaient des sulfures et des sulfites de soude, qui atténuent les indications de l'alcalimètre, ont obvié à cet inconvénient en faisant calciner l'alcali qu'ils voulaient soumettre à l'essai dans des vases de platine, où ils ajoutent un peu de chlorate de potasse; alors les sulfures et les sulfites se changent en sulfates, qui n'ont aucune influence sur le degré alcalimétrique.   L. Séb. L. et M.

31.

ALCARAZAS. (*Technologie.*) La difficulté de se procurer des boissons fraîches dans les pays chauds a suggéré aux peuples qui vivent sous le ciel brûlant de la zone torride un moyen ingénieux pour rafraîchir les liquides destinés à leur usage, et pour calmer avec délices la soif ardente qui les dévore. Cette invention, que les Égyptiens ont connue depuis un temps immémorial, a passé en Espagne avec les Arabes, et de nos jours elle s'est introduite en France.

Les vases réfrigérants nommés alcarazas sont formés d'une espèce de poterie très légère et très poreuse, qui laisse facilement suinter l'eau à travers ses parois; le liquide se filtrant, pour ainsi dire, par tous les pores du vase, en imprègne d'humidité toute la surface extérieure, et donne lieu à une évaporation d'autant plus vive que la température de l'air est plus élevée, ou que le vase est exposé à un plus grand courant d'air. Cette évaporation ne peut avoir lieu qu'en absorbant la chaleur du liquide contenu dans le vase, dont la température s'abaisse, en conséquence, de plusieurs degrés, et produit une boisson d'une fraîcheur délectable.

La propriété réfrigérante des alcarazas résulte donc uniquement de la transsudation qui a lieu dans ces sortes de vases, et cette transsudation est elle-même le résultat d'une texture peu serrée que l'on parvient à donner à la terre cuite. Il est rare de trouver une terre argileuse qui, dans son état naturel, puisse convenir à la fabrication des alcarazas; celle de Malaga cependant jouit de cette propriété: dans cette ville on fabrique ces vases de la même manière que la poterie commune, dont ils ne diffèrent qu'en ce qu'ils ne sont point vernis. A Anduxar, dans l'Andalousie, les fabricants mélangent avec leur argile trop compacte une certaine quantité de sel marin, qui a pour effet de diviser la matière, d'en écarter les molécules, et d'y produire, en se dissolvant, une infinité de petits trous. Ce mélange, qui a lieu à raison d'une livre de sel pour vingt livres de terre plus ou moins, se fait lors du pétrissage de la pâte, après avoir préparé la terre comme pour la poterie commune; on fait ensuite cuire les vases dans un four de potier, mais en ne donnant qu'une demi-cuisson, qui dure de dix à douze heures.

M. Fourmy, déjà connu par l'invention de ses poteries salubres qu'il a nommées hygiocérames, s'est occupé le premier en France de la fabrication des alcarazas; et il a trouvé des procédés particuliers pour faire des vases à rafraîchir, auxquels il a donné le nom d'*hydrocérames*. (*Voyez* ce mot.)   L. Séb. L. et M.

ALCHIMIE. (*Antiquités.*) Pline raconte, liv. XXIII, chap. IV, que Caligula fit des essais pour tirer de l'or de l'*orpiment (auripigmentum)*. Mais le premier auteur qui parle de la transmutation des métaux et des moyens de faire de l'or est Zozime, de Panopolis en Egypte, qui vivait dans le troisième siècle selon les uns, dans le cinquième selon les autres; il a écrit un *traité sur l'art divin de faire de l'or et de l'argent*. Ce manuscrit est à la bibliothèque du roi. On ne trouve aucune trace de la recherche du remède universel, ou du moyen de rajeunir, avant Geber, auteur arabe, qui vivait dans le septième ou neuvième siècle; car on varie également sur l'âge où il florissait. Lenglet du Fresnoy a recueilli tout ce qui le concernait dans le premier volume de son Histoire de la philosophie hermétique. On lit dans ses écrits : « L'or ainsi préparé guérit la lèpre et toutes sortes de maladies. » Dans son langage, la lèpre est le métal le plus bas, et l'or désigne ceux qui se portent bien. Quand donc il dit « Je voudrais guérir six lépreux, » il entend qu'il voudrait les convertir en or. Suidas, qui vivait dans le neuvième ou le dixième siècle, dit que l'empereur Dioclétien fit brûler tous les livres des Égyptiens, et que ces livres contenaient les mystères de l'alchimie. C'est donc de là qu'*Égyptien* en français se dit pour bohémien, diseur de bonne aventure; et *gypsy* ou *gipsy* en anglais, pour *égyptienne, bohémienne,* sorcière qui court le

monde , disant la bonne aventure Ce remède universel ,
ce moyen de rajeunir , cet art de faire de l'or , cette pierre
philosophale, qui font l'objet des recherches de l'alchimiste,
ne sont que des allégories prises pour des réalités. Le remède ou la panacée universelle, c'est le soleil réparateur
de la nature. C'est lui qui fait de l'or en passant des âges
d'airain et de fer , ou des signes descendants , aux signes
ascendants. C'est lui qui, au solstice inférieur, est la pierre
philosophale , la pierre de la philosophie et de la sagesse ,
du bon conseil, du bon sens, la pierre fondamentale, la
pierre angulaire du monde , le dieu Terme, le Jupiter
lapis; tandis que la pierre de la folie, de mauconseil,
est le soleil au solstice supérieur , qui va à rebours , à contre-sens, dans les signes descendants.   E. J.

ALCHIMIE. Ce mot signifie proprement la chimie par
excellence ,. et on l'a quelquefois employé pour désigner
l'art de procéder aux opérations les plus subtiles et les plus
compliquées de cette science, telles, par exemple, que
la préparation du cinabre , à l'aide d'une combinaison de
soufre et de mercure, opération à laquelle la nature emploie des années et même des siècles , et que la chimie accomplit en quelques heures.

Mais on entend plus communément par alchimie les
folles recherches qui ont pour objet la pierre philosophale,
ou l'art de faire de l'or , et la découverte de la panacée ou
du remède universel, que l'on fait consister en un sel neutre
mystique, ou sel aérien. Dans ce sens l'alchimie est à la
chimie ce que l'astrologie est à l'astronomie.

Les temps où règne l'ignorance sont ceux où l'étude des
fausses sciences excite le plus d'émulation. Aussi est ce
surtout pendant les ténèbres plus ou moins épaisses qui
ont précédé Bacon et Descartes qu'a régné la manie de
l'alchimie comme celle de l'astrologie

Le premier écrivain qui ait parlé de l'art de faire de l'or
est Zozime , auteur grec qui vivait au commencement du
cinquième siècle. D'autres auteurs anciens de cette nation

désignent l'alchimie par le mot grec χρυσοποιητίκη (fabrication de l'or), et l'alchimiste par l'expression χρυσοποιητής (fabricateur d'or). Au dire de Suidas, les anciens Égyptiens, dont Dioclétien fit brûler les livres, y avaient consigné les secrets de l'alchimie.

Au septième siècle, Geber, auteur arabe, signala le premier dans la recherche de la panacée, ou du remède universel, l'objet principal de la science alchimique.

Les écrivains les plus connus pour s'être livrés à ces vaines recherches sont : Geber, le moine Roger Bacon, Raymond Lulle, Théophraste Paracelse, Ripley, Jean-Isaac le Hollandais, Van-Helmont, Van-Zuchten, Sendigovius, le moine qui s'est caché sous le nom de Basilius Valentinus, Starkey, Welling, auteur de l'*Opus mago cabalisticum*, et l'écrivain qui a composé l'*Aurea catena Homeri*.

Le célèbre Goëthe nous apprend, dans ses Mémoires, qu'à l'époque de sa première jeunesse, ces recherches eurent beaucoup d'attrait pour lui.   A. DE V.

ALCOHOL. (*Chimie.*) *Voyez* FERMENTATION.

ALCOHOL. (*Technologie.*) L'alcohol, qu'on appelait autrefois *esprit-de-vin*, parcequ'on avait commencé par l'extraire de cette liqueur fermentée, se retire maintenant, pour les besoins du commerce, de beaucoup d'autres substances, et particulièrement des matières sucrées ou amilacées. C'est après avoir fait subir à ces matières une fermentation convenable qu'on en obtient, par la distillation, de l'alcohol ou des eaux-de-vie. C'est ainsi qu'on prépare le rhum ou le tafia, qui est le produit de la distillation du suc de canne fermenté; le kirschwasser, qui provient de la cerise noire ou merise; le rack, qui se fait avec le riz préalablement germé et soumis ensuite à la fermentation; et enfin l'eau-de-vie de grain ou celle de fécule, qui se préparent, l'une avec les graines céréales, et l'autre avec l'amidon de blé, mais surtout avec la fécule amilacée de la pomme de terre, d'abord saccharifiée, ensuite fermentée et distillée.

Ces diverses espèces d'esprits se ressemblent beaucoup pour le fond de leur composition, mais ils diffèrent entre eux par une saveur plus ou moins aromatisée qu'on nomme bouquet, et qui paraît dériver d'une huile essentielle et particulière à chacune de ces substances.

L'alcohol ne peut s'extraire du vin ni de toute autre liqueur spiritueuse dans un état complet de pureté; il est toujours mélangé à une certaine quantité d'eau extrêmement variable, et son prix change selon les proportions de ce mélange. C'était une question très importante pour le commerce que de pouvoir reconnaître la quantité absolue d'alcohol contenu dans une liqueur donnée, et on est parvenu à la résoudre en observant que, l'alcohol étant beaucoup plus léger que l'eau, son mélange avec ce liquide devenait de plus en plus dense à mesure qu'on augmentait la proportion d'eau, et la question s'est trouvée réduite à une simple mesure de la densité ou de la pesanteur spécifique du mélange : c'est ce qu'on a effectué avec l'*aréomètre*.

Il restait cependant la difficulté de se procurer de l'alcohol pur pour en mesurer la densité. L'alcohol le plus rectifié du commerce, celui qui marque 36°, ne pouvait remplir cette condition, parcequ'il contient encore une certaine quantité d'eau que ne peut lui arracher aucune distillation subséquente, quelque réitérée qu'on suppose cette opération. Mais Richter, en ajoutant de l'hydro-chlorate de chaux fortement desséché dans la cornue ou l'appareil de distillation, est parvenu à distiller un alcohol extrêmement concentré et qu'on nomme alcohol absolu. Sa densité est de 0,792 à la température de 20° centigrade. C'est de cette base qu'on est parti pour calculer les tables qui donnent la pesanteur spécifique de divers mélanges d'eau et d'alcohol dans toutes les proportions, et qui servent concurremment avec l'aréomètre à en déterminer la force spiritueuse et la valeur.

L'alcohol change de nom pour prendre celui d'eau-de-vie, lorsque n'étant pas assez concentré, ou ayant souffert l'addition d'une certaine quantité d'eau, il ne marque plus à l'aréomètre que 22 ou moins de 22°.

Nous renvoyons aux articles FERMENTATION et DISTILLATEUR les descriptions des procédés pour fabriquer les eaux-de-vie et esprits. Toutefois nous ferons connaître ici le nouveau genre d'industrie dont s'est enrichie promptement la France, et qui doit son origine à une découverte de Kirchoff, célèbre chimiste de Russie. Ce savant ayant observé que les fécules amilacées pouvaient être converties en matière sucrée fermentescible par la réaction prolongée de l'acide sulfurique très affaibli, l'industrie s'empara de ce fait, et les perfectionnements marchèrent avec tant de rapidité qu'on parvint en très peu de temps aux résultats les plus satisfaisants.

La première opération de ce procédé a pour objet la conversion de la fécule en sucre ou en sirop : elle s'effectue aujourd'hui très promptement : quatre heures suffisent pour transformer 1000 kilogrammes de fécule en sucre ou sirop, et même les fabriques qui emploient des chaudières autoclaves ont trouvé l'opération en moins de deux heures.

On verse dans une chaudière de l'eau acidulée dans la proportion de 3 d'acide sulfurique pour 100 de la fécule à employer. On chauffe la liqueur jusqu'à l'ébullition, on y verse uniformément, au moyen d'une petite trémie, de la fécule bien desséchée, et on agite vivement. A mesure que la fécule se délaie avec l'eau acidulée bouillante, elle se dissout immédiatement, sans que la liqueur prenne de consistance. On soutient l'ébullition pendant quelques heures ; et lorsqu'on juge que la réaction est complète, on enlève l'acide sulfurique, en le précipitant au moyen de la craie et en décantant la liqueur. Le sirop ainsi purifié est ensuite soumis à l'évaporation pour être concentré au degré convenable. Lorsqu'on l'a concentré à 39° de l'aréomètre, on retire 150 kilogrammes de sirop pour 100 de fécule; si l'on pousse à 45°, on obtient 100 pour 100, et enfin 90 seulement de sucre sec.

Le sirop est immédiatement converti en liqueur vineuse ou alcoholique; on s'y prend à cet effet de la même manière que pour faire fermenter toute autre liqueur sucrée; ainsi on met le sirop à 7 ou 8° de l'aréomètre, on y délaie de la levûre, et on abandonne la cuve à elle-même pendant un temps plus ou moins long, suivant la masse en fermentation. L'opération ne se fait bien qu'à une température un peu chaude, de 20 à 25°, soutenue uniformément et répartie également partout. Bientôt une espèce de bouillonnement dû au dégagement de l'acide carbonique annonce la marche rapide de la fermentation et la formation de l'alcohol. A mesure que celui-ci se développe, la densité de la liqueur descend successivement à 1° et même à 0°. L'effervescence s'apaise et cesse d'avoir lieu : on procède aussitôt à la distillation; car cette espèce de vin artificiel tournerait promptement à l'aigre, si l'on y apportait quelque retard. Le *distillateur* retire communément 15 litres d'esprit à 22°, à raison de 100 litres de sirop de fécule. Cet alcohol est de bonne qualité, et n'a pas la saveur désagréable qui caractérise les eaux-de-vie de grain ou de marc. Aussi s'est-il élevé en peu de temps un nombre considérable de fabriques qui en ont répandu dans le commerce des quantités immenses, et qui en ont trouvé facilement les débouchés, surtout dans les pays du nord, où aucun autre produit ne peut remplacer avec autant d'avantage l'eau-de-vie de vin.

La plus grande consommation de l'alcohol a lieu comme boisson, soit à l'état d'eau-de-vie, soit à l'état de liqueur. (*Voyez* Liquoriste.) Il sert dans la fabrication des vernis pour dissoudre les résines; il est employé dans la préparation de plusieurs médicaments et de quelques cosmétiques; il entre dans la composition des éthers, des esprits aromatiques, etc. On l'emploie pour conserver des fruits, des légumes, des préparations anatomiques et divers objets d'histoire naturelle, dont il prévient la fermentation ou la putréfaction. Enfin les chimistes font un fréquent usage de cet utile réactif, soit pour des analyses, soit pour extraire des huiles, des résines, des graisses, etc. , de leur combinaison avec d'autres substances.   L. Séb. L. et M.

ALCOHOLIQUES. (*Médecine.*) Nous rassemblerons dans cet article tout ce qui est relatif aux propriétés médicinales de l'alcohol et de ses divers composés médicamenteux désignés par les termes de teintures, eaux spiritueuses, élixirs, baumes, esprits aromatiques : nous ferons observer que ces dénominations vieillies ont été remplacées par celle d'*alcoholats*, qu'on divise en simples et en composés.

L'alcohol à son état de pureté peut à juste titre être placé au rang des médicaments irritants. Appliqué à la peau, il en détermine promptement la rubéfaction ; mis en contact avec l'appareil digestif, il produit un sentiment pénible de chaleur et de brûlure, la fièvre s'allume, et le cerveau en ressent une excitation plus ou moins considérable, suivant la dose qu'on a mise en usage ; ces désordres peuvent aller jusqu'à l'inflammation la plus intense et la plus funeste.

On n'emploie jamais l'alcohol pur à l'intérieur : ses effets sont ceux d'un poison plutôt que d'un médicament ; à l'extérieur, on s'en sert comme d'un excitant très actif, lorsqu'on veut augmenter l'action de la peau, ou celle des parties sous-jacentes ; c'est ainsi que dans l'accouchement, des frictions alcoholiques sur l'abdomen hâtent les contractions ralenties de l'utérus ; que dans les rétentions d'urine par atomie, le même moyen amène l'excrétion désirée. Quelquefois aussi quand on a besoin d'une vésication prompte et énergique, on enflamme de l'alcohol à la surface de diverses parties du corps.

La pharmacie tire de cet agent des ressources multipliées. Aucun véhicule n'est plus favorable pour saisir la partie active des médicaments ; il dissout avec facilité ceux qui sont réfractaires à la plupart des autres menstrues ; tels sont le camphre, le musc, les résines, les térébenthines, etc. ; il entre dans la confection des éthers.

Les alcoholats, indépendamment de la propriété stimu-

lante de l'alcohol qui en fait la base, jouissent des vertus
propres aux médicaments qui les composent; ils sont toniques, antispasmodiques, fébrifuges, etc. L'action de l'alcohol se perd assez souvent, parceque les alcoholats se
donnent, pour la plupart du temps, dans un véhicule plus
ou moins abondant. Cependant il en est qu'on administre
isolément, par exemple la teinture de gentiane, l'élixir de
Garus.

Les médicaments alcoholiques étaient jadis d'un usage
énorme en France; il est encore considérable chez les Anglais, les Allemands, les Russes. Depuis la réforme opérée
par la doctrine physiologique, cette médication n'est plus
mise en œuvre que dans un petit nombre de cas et avec
beaucoup de réserve. (*Voyez* les articles EXCITANTS, STI-
MULANTS, BROWNISME.)

ALCORAN. *Voyez* KORAN (LE).

ALCOVE. (*Architecture.*) Dérive du mot arabe *El-Kauf*,
qui signifie cabinet où l'on dort, tente, dont les Espagnols
ont fait *alcoba*. C'est la partie d'une chambre à coucher
dans laquelle se place le lit. Espèce de cabinet ou eniche-
ment fait en menuiserie et décoré de draperies, quelquefois aussi fermé de portes : par ce dernier moyen une
chambre à coucher sert aussi de salon.

Dans les maisons royales l'étiquette est de fermer l'alcove par le devant au moyen d'une balustrade ouvrante
dans laquelle sont rangés des siéges.

Le plus souvent les alcoves sont ornées de colonnes. Les
bas-reliefs et peintures antiques offrent beaucoup d'exemples de la disposition que nous pouvons appeler alcove.
Chez les Grecs et chez les Romains, elle consistait en une
niche ou renfoncement pratiqué dans la construction, et fréquemment en une draperie attachée sur des panneaux de
menuiserie ou des colonnes, qui renfermaient le lit, lequel
était ordinairement élevé sur une estrade ou gradin.

D...T.

ALÉGE. (*Architecture.*) Petit mur sur lequel est posé

l'appui d'une croisée, et qui n'a que l'épaisseur du tableau, l'ébrasement étant élégi du reste de l'épaisseur du mur. (*Voyez* ÉBRASEMENT.)

ALÉNIER, fabricant d'alènes. (*Technologie.*) L'alène est un poinçon droit ou courbe destiné à percer le cuir pour le coudre. Ce petit outil, peu important au premier coup d'œil, est cependant un exemple frappant de la perfection qu'amène successivement une industrie long-temps exercée, dans les instruments des arts, comme dans les produits des fabriques.

Les premières alènes étaient droites, c'était tout simplement de petites pointes de forme conique qui faisaient un trou rond dans le cuir. On ne tarda pas à s'apercevoir que cette forme était mauvaise, parceque le trou n'était jamais rempli qu'à moitié par les deux fils qu'on y fait entrer simultanément pour coudre le cuir; il restait un vide latéral de chaque côté qui rendait la couture lâche, peu adhérente et d'un effet désagréable à la vue.

Le premier perfectionnement fut d'aplatir le poinçon conique en lui donnant une forme ovale dans sa coupe. Ensuite on trouva plus avantageux de le limer à quatre faces en forme de losange, dont les angles sont tranchants, comme on les voit aujourd'hui; l'outil perce mieux le cuir sans le forcer ni le déchirer, et le trou retient plus fortement la couture : mais l'alène était toujours droite. On ne pouvait percer de trous sans refouler le cuir vers les bords, auxquels on donnait ainsi une forme ondulée ou festonnée que le tranchet redressait ensuite, mais aux dépens de la solidité. L'alène droite d'ailleurs ne pouvait servir que pour les coutures saillantes; elle devenait d'un usage incommode pour les autres, et surtout pour celles que l'on voulait masquer; on imagina donc de courber l'alène et de s'en servir en tournant sa convexité du côté opposé au bord du cuir. Il n'y eut plus de refoulement vers le bord, et l'alène put pénétrer partout. Un autre perfectionnement non moins utile consisterait à donner exactement la même courbure à toutes les alênes. On éviterait par là un grave inconvénient qui se renouvelle toutes les fois qu'un ouvrier casse ou perd son alêne, et qu'il est obligé d'en prendre une autre qui se trouve très rarement de la même forme que la première : pour percer chaque trou, l'ouvrier est obligé de donner un tour de main particulier qui dépend de la courbure de son outil ; il en prend bientôt l'habitude, et la couture va très vite : mais s'il est réduit à changer d'alêne, celle-ci n'ayant pas la même courbure que la première, il faut qu'il change son tour de main ; il devient gauche, maladroit, et se désespère tout le temps que dure ce nouvel apprentissage. Il serait facile de lui épargner ce désagrément en donnant aux alênes une courbure uniforme ; ce qui ne souffre d'ailleurs aucune difficulté, comme on le verra.

Les alênes sont en acier et se font à la forge et à la lime ; on commence par les faire droites, et on les courbe ensuite. Pour cela, les uns les frappent avec un petit maillet de bois sur un tasseau de plomb, mais ils n'obtiennent jamais par ce moyen des alênes d'une forme semblable. D'autres ont un mandrin creusé suivant la forme et la courbure de l'alêne et qui leur sert de matrice ; ils les courbent dans ce mandrin à l'aide d'un petit maillet, et pour peu qu'ils y apportent de soin, les alênes qui sortent de la même fabrique ont à peu de chose près une courbure uniforme. Il serait à désirer que tous les fabricants adoptassent ce dernier procédé, ainsi que l'usage d'une matrice parfaitement pareille.

Les alênes sont ensuite trempées, recuites, et redressées par l'ajusteur, lorsque la trempe en a altéré la forme. On les polit en les agitant dans des sacs de peau avec de l'émeri et de l'huile ; on répète cette opération, et on les dégraisse enfin en les faisant tourner dans un tonneau avec de la sciure de bois.   L. Séb. L. et M.

ALERTE. (*Art militaire.*) Ce mot a deux acceptions différentes : selon la première, il se dit de quelqu'un qui joint la vigilance à la plus grande activité ; ainsi on recommande au chef d'un poste avancé d'être *alerte* pour éviter les surprises.

Dans la seconde acception le sens du mot *alerte* se rapproche de celui du mot *alarme*, car il exprime une vive émotion occasionée par un événement imprévu ; mais ce qui constitue la différence entre ces deux mots, c'est que *alarme* entraîne après lui une certaine idée de *crainte* et de *terreur panique* qui ne se trouve pas dans *alerte*: ainsi, quand on dit qu'il y a eu au camp une vive *alarme*, il semble qu'il y ait eu frayeur et désordre parmi les troupes, tandis qu'*alerte* ne donne pas une semblable idée, car il peut y avoir *alerte* sans *alarme*. Il ne faut donc se servir du mot *alarme* que lorsque les troupes ont montré peu de courage et agi en désordre lors de l'événement qui a troublé la tranquillité du camp ; mais si elles ont fait preuve de résolution, pris les armes avec ordre, et agi avec calme, on doit dire qu'il y a eu *alerte* et non *alarme*.

Un chef militaire peut avouer la possibilité d'une *alerte*, car elle est indépendante de la bravoure des troupes ; mais comme il ne doit pas admettre qu'il puisse survenir une *alarme*, il ne doit pas dire, en donnant ses ordres, on fera telle chose en cas d'*alarme*, mais bien en cas d'*alerte*. Par la même raison on devrait, ce me semble, dire le canon d'*alerte* au lieu du canon d'*alarme*.

Il y a de véritables et de fausses *alertes* : ces dernières sont bien plus fréquentes, parcequ'il n'y a de véritables *alertes* que celles produites par l'arrivée imprévue de l'ennemi, ce qui est fort rare ; tandis qu'une foule d'événements peu importants par eux-mêmes, mais qui arrivent journellement, tels qu'un cheval qui s'échappe, des chiens qui se battent, quelques hommes qui rentrent trop tard, un fusil qui part au repos, etc., etc., etc., peuvent donner l'*alerte* dans un camp ou dans une place.

Il ne faut cependant pas mépriser les fausses *alertes*, parcequ'on pourrait y être trompé, et prendre dans l'occasion une véritable *alerte* pour une fausse.

Une des plus célèbres fausses *alertes* qui aient eu lieu dans nos armées, pendant les dernières guerres, est celle qui advint la veille de la bataille d'Eylau.

L'armée française bivouaquait sur la neige à cinq cents toises de l'ennemi. Vers minuit, des voltigeurs du septième corps, qui avaient été aux vivres, rentrent au camp, amenant avec eux plusieurs bêtes à cornes, parmi lesquelles était un énorme taureau. Cet animal qui, jusque là, s'était laissé conduire assez facilement, fut effarouché à l'aspect de plusieurs lignes de feux, au milieu desquelles on voulait le faire passer. Il refusa d'avancer; et un voltigeur l'ayant alors piqué avec sa baïonnette, le taureau devient furieux, échappe à ses conducteurs, et s'élançant au milieu du camp, il renverse les baraques, les faisceaux d'armes, blesse plusieurs hommes et chevaux, et foule aux pieds tout ce qui se trouve sur son passage.

L'*alerte* fut des plus vives, on crut les Russes dans le camp; mais la conduite des troupes fut admirable, et telle qu'on devait l'attendre de ces vieilles bandes habituées dès long temps à braver tous les périls de la guerre.

Éveillés en sursaut, et croyant les ennemis au milieu d'eux, les soldats français n'en furent cependant pas *alarmés;* mais s'élançant hors de leurs baraques, et saisissant leurs fusils, ils formèrent leurs rangs et leurs bataillons avec une telle promptitude, qu'en un clin d'œil toutes les divisions furent sous les armes et prêtes à recevoir l'ennemi s'il eût paru.

Une véritable *alerte* eut lieu le soir même de la bataille de Wagram, au centre de l'armée française. Elle fut occasionée par l'arrivée imprévue de quelques escadrons autrichiens, qui pénétrèrent jusqu'au milieu de nos bivouacs. Cette *alerte* aurait pu avoir de fâcheux résultats; mais les chasseurs du onzième s'élançant sur leurs chevaux à demi bridés, chargèrent à l'instant même avec le plus grand courage les cavaliers ennemis, qu'ils forcèrent à la retraite.

Quelle que soit la force d'un corps de troupes, et la position qu'il vient occuper devant l'ennemi, le chef ne doit jamais faire rompre les rangs avant d'avoir désigné le lieu du rassemblement en cas d'*alerte*.

En temps de guerre, il est utile et même indispensable que le commandant d'un camp, ou d'une place forte, fasse donner quelques fausses *alertes*, pour voir si le service se fait bien, et juger de l'activité et de l'intelligence des officiers, ainsi que de la résolution des soldats, tenir tout le monde à son poste, et connaître ce qu'il doit attendre de ses troupes en cas d'attaque réelle. Mais ces essais doivent être infiniment rares, et faits avec la plus grande circonspection; car si les fausses *alertes* étaient trop fréquentes, les troupes finiraient par s'y habituer, et il en résulterait une sécurité dangereuse en cas d'alerte véritable.

D'après le perfectionnement des armes à feu, les causes d'*alerte* sont devenues plus fréquentes, parceque les armées campent en ligne de bataille, et occupent un terrain immense qu'elles ne peuvent retrancher chaque soir, comme on le faisait dans les temps où les armées campaient en carré sur un terrain très circonscrit. Cependant dans les guerres modernes on n'a pas employé aussi souvent qu'on l'aurait pu ce moyen de nuire à son ennemi en portant la nuit le désordre dans son camp.

Celui qui commande aux troupes auxquelles on donne l'*alerte* doit conserver tout son sang-froid; car outre qu'en pareil cas le danger réel est presque toujours infiniment moins grand qu'il ne le paraît à la multitude, ce n'est qu'en montrant beaucoup de calme que les chefs parviendront à prévenir ou à faire cesser le désordre qu'une *alerte* un peu vive jette ordinairement parmi des troupes peu habituées à la guerre.

Il faut sur toute chose défendre de tirer sans ordre, et ne le donner que lorsque l'on est positivement assuré de la présence de l'ennemi; autrement, à la moindre *alerte*, quelques soldats feront feu au hasard, et la fusillade se prolongera dans un instant sur toute la ligne, ce qui peut avoir les plus fâcheux résultats, surtout la nuit, et expose les troupes d'une même armée à tirer les unes sur les autres, ainsi que cela arriva à l'armée française en Italie, pendant la campagne de 1796, où le général Laharpe fut tué dans une *alerte* par une brigade de sa propre division, qui, croyant tirer sur les ennemis, fit feu sur un escadron français qui rentrait de nuit au camp, ayant en tête le général Laharpe et son état major.

Rien n'est plus nuisible en cas d'*alerte* que la précipitation et la confusion qu'elle fait naître. Il faut donc habituer les troupes à prendre les armes et à se former promptement, mais avec ordre, et à attendre ensuite avec calme qu'on les emploie selon les circonstances.

Dès que l'*alerte* est donnée, il faut que celui qui commande sur le point où elle a lieu prescrive de suite à un officier brave et intelligent de prendre deux ou trois soldats des plus adroits, et surtout des plus intrépides, de se porter avec eux, à toutes jambes, dans la direction par où l'alerte est venue, et de pousser en avant jusqu'à ce qu'il ait vu l'ennemi ou reconnu le sujet de l'*alerte*.

Comme rien n'affecte plus le moral des troupes, lorsqu'il y a une *alerte* au camp, que d'entendre les cris des cantiniers, vivandières et valets qui courent en tous sens dans le plus grand désordre, il faut habituer tous les non-combattants à se retirer en silence, en cas d'*alerte*, en emmenant avec eux, vers le lieu désigné, leurs chariots, bêtes de somme et bagage.

L'*alerte* qui a lieu pendant qu'on est en marche peut devenir très dangereuse si l'on marche par le flanc et par file; aussi, dans ce cas, faut-il sur-le-champ se mettre en bataille, ou se former en colonnes d'un ordre plus ou moins profond, suivant la nature du pays et le genre de troupes qu'on a; et si l'on conduit un parc ou un convoi, il faut prévenir les soldats du train qu'en cas d'*alerte* ils doivent

rester à leur chariot, et qu'on tirera sur ceux qui cherche-
raient à couper les traits pour s'enfuir avec leurs chevaux.

Lorsqu'on commande dans une place assiégée, il faut
(surtout si elle est située en pays ennemi) prévenir les
habitants qu'en cas d'*alerte* il leur est défendu de s'assembler sur les places et de courir dans les rues, mais qu'ils
doivent rentrer dans leurs maisons et s'y tenir tranquilles.

Une *alerte* est plus à craindre dans un camp de cavalerie que dans celui de l'infanterie, parceque les fantassins
n'ont que leur fusil à prendre pour être prêts à recevoir
l'ennemi : la cavalerie ne saurait donc être trop exercée à
monter lestement à cheval, et à agir avec ordre et promptitude en cas d'*alerte*.

En général, le meilleur moyen de prévenir les *alertes*
de nuit, qui sont si dangereuses en rase campagne, c'est
d'environner les bivouacs d'une chaîne de petites pa-
trouilles volantes, qui, continuellement en marche, et
communiquant l'une avec l'autre, éclaireront au loin et
de tous les côtés les approches du camp.   Le C^l M...T.

ALGÈBRE. Lorsqu'on veut résoudre une question numérique, c'est-à-dire trouver certains nombres d'après la
connaissance d'autres nombres liés au premier par des
conditions données, on est conduit à faire des raisonnements et des calculs pour arriver aux résultats demandés.
Mais on remarque bientôt que ces raisonnements sont indépendants des grandeurs données, et que la succession
des opérations numériques resterait la même si on changeait ces grandeurs, sans cependant altérer en rien les
conditions de la question. L'algèbre est la science qui a
pour objet de rechercher quelle est la suite de calculs qui
résolvent les problèmes proposés, d'en former des tableaux,
d'indiquer les simplifications possibles, etc., et cela quels
que soient les nombres eux-mêmes qui font la base de ces
opérations. Des exemples feront concevoir cette exposition.

Qu'on demande l'intérêt à 5 pour cent de 10,000 fr.,
on voit de suite qu'il faut poser cette *proportion* : si 100 fr.

de capital rapportent 5 fr. d'intérêt, combien 10,000 fr. rapporteront-ils? On trouve 500 fr. pour solution de ce problème.

Mais si on demande l'intérêt de 12,000 fr. à 6 pour cent, il faudra poser de même 100 : 6 :: 12,000 : x, et on aura 720 fr. pour l'intérêt demandé.

En réfléchissant à ce genre de questions, on voit que les données peuvent différer entre elles par la valeur du capital, et par le tant pour cent : mais, quels que soient ces nombres, il est clair que la proportion qu'on sera obligé de former conduira à multiplier le centième du capital par l'intérêt de 100 fr.; cela est vrai pour toute somme placée, et pour tous les taux d'intérêts; telle est donc la suite des calculs qu'il conviendra d'exécuter dans tous les problèmes de ce genre, indépendamment des nombres sur lesquels le calcul sera fait.

Autre question. Quel est le nombre qui, multiplié par 10 et par 7, donne deux produits dont l'excès de l'un sur l'autre soit 27? Il est clair que 10 fois moins 7 fois le nombre inconnu reviennent à 3 fois ce même nombre; ainsi la question proposée est la même que celle-ci : quelle est la quantité dont le triple est 27? Et la réponse 9 est facile à trouver.

Mais si on demandait le nombre qui, multiplié par 8 et par 3, donne des produits dont la différence fût 35, il est clair qu'il faudrait retrancher 3 de 8, et chercher la quantité qui, prise 5 fois, donne 35; et on obtiendrait 7 pour solution.

Quels que soient les nombres qui sont les éléments de cette question, il est aisé de reconnaître que, pour trouver la réponse, il faut diviser le résultat donné (27 dans le premier cas, 35 dans le second) par la différence des multiplicateurs; cette règle est l'énoncé des procédés de calcul à faire pour obtenir la solution, indépendamment de la grandeur des nombres donnés.

Chaque question ne peut de même être résolue que par

une suite d'additions, soustractions, multiplications, divisions, etc., qu'on ne doit pas faire au hasard, mais qui
résultent des conditions qu'elle assigne. L'énumération de
ces opérations ne suffit pas pour la résoudre, il faut encore
les effectuer; mais comme la partie matérielle du calcul
ne peut présenter de difficultés, qu'elle est tout au plus
longue et fastidieuse, sans que rien s'oppose à l'exécution,
il est clair que le principal obstacle qu'on puisse trouver
pour résoudre les problèmes consiste réellement à découvrir la suite des calculs qui donneront la solution quand
on aura pris la peine de les faire. Or il s'en faut de beaucoup que les questions soient, comme les précédentes,
assez simples pour qu'on puisse de suite saisir la liaison
des données aux inconnues et en conclure les diverses opérations qui amènent au résultat. C'est l'objet principal de
l'algèbre d'assigner ces relations et d'en former, pour ainsi
dire, le tableau, dans une sorte de langage qui est très
propre au but qu'on s'est proposé.

Ainsi l'algébriste ne raisonne pas plus sur tel nombre
pris en particulier que sur tout autre; la grandeur définie
ne lui importe en rien, puisqu'il n'a pas le dessein d'exécuter des opérations numériques, mais seulement d'indiquer s'il faut multiplier ou diviser, ajouter ou soustraire.
Aussi est-il dans l'usage de représenter ordinairement les
nombres par des lettres, des symboles, des figures arbitraires, qui tiennent simplement lieu des nombres, et sur
lesquelles il raisonne sans s'inquiéter s'ils sont tels ou tels,
grands ou petits. Il se sert aussi, pour abréger, de quelques signes qui marquent les diverses opérations; ces signes sont:

$+$, qu'on énonce *plus*, indique une *addition*; $4 + 7$,
équivaut à 4 plus 7, ou 4 ajouté avec 7, ce qui donne 11.

$-$, qu'on énonce *moins*, marque une *soustraction*; il
faut soustraire le nombre affecté de ce signe $-$: par
exemple $7 - 4$, qui revient à 4 retranché de 7, ou 7
moins 4, donne 3.

× ou un simple point mis entre deux nombres, est le signe de la *multiplication* : 4×7, ou 4.7, signifient que 4 doit être pris 7 fois : on lit ainsi ce symbole, *4 multiplié par 7*, ou 4 fois 7, et on a 28 pour résultat.

: mis entre deux nombres indique que celui qui est à gauche doit être divisé par l'autre; $12 : 4$ se lit ainsi, 12 divisé par 4, ce qui donne le quotient 3 : comme la fraction $\frac{12}{4}$ revient aussi à la même chose, le trait de cette fraction peut aussi être considéré comme un signe qui indique une division.

= mis entre deux grandeurs indique qu'elles sont égales; ainsi on peut écrire $4 + 7 = 3 + 8 = 11$; cet assemblage s'appelle une *équation*: on la lit de la sorte, 4 plus 7 égale 3 plus 8 égale 11. On nomme *terme* toute expression séparée d'une autre par un signe + ou —. Ainsi $4 + 7$ a deux termes, c'est ce qu'on appelle un *binôme*; 4×7 n'a qu'un seul terme, aussi-bien que $12 : 4$; ce sont des *monômes*. Le *trinôme* a trois termes, comme $4 \times 7 + 12 : 4 + 11$; enfin le *polynôme* en a plusieurs, sans en fixer la quotité.

Le signe > indique une inégalité entre deux quantités; la moindre se place du côté de la pointe : $4 > 2$, $\frac{1}{3} < \frac{1}{2}$, se lisent ainsi, *4 est plus grand que 2*, $\frac{1}{3}$ *est plus petit que* $\frac{1}{2}$.

Lorsqu'une quantité est multipliée par elle-même, comme 5×5, on écrit 5^2; si 5 était trois fois *facteur*, ou $5 \times 5 \times 5$ on écrirait 5^3. En un mot, on marque par un petit chiffre placé à droite et un peu élevé, le nombre de fois que la quantité est facteur dans le produit; ce chiffre est ce qu'on nomme un *exposant* : on lit encore cette expression en disant que 5 est élevé à la 2e ou 3e *puissance*, ce qui équivaut à dire que le nombre 5 est 2 ou 3 fois facteur.

Réciproquement pour désigner qu'on prend la *racine* d'un nombre, c'est-à-dire qu'on descend de la puissance au nombre dont elle est provenue, on emploie le caractère ⌐/, en mettant dans les branches un chiffre qui marque le degré de cette *extraction*. $\sqrt[3]{125} = 5$ signifie qu'on veut parler du nombre 5 qui trois fois facteur produit 125. De même $\sqrt{25} = 5$, $\sqrt[4]{16} = 2$, etc.

Outre ces signes, on en emploie encore divers autres qui ont tous des significations fixes, c'est-à-dire qui désignent qu'on entend faire une opération déterminée par ce caractère; par la suite, ces signes et leurs usages seront expliqués en leur lieu. Mais les algébristes se servent surtout de caractères qui n'ont pas de significations spéciales; telles sont les lettres de l'alphabet, qui désignent toutes sortes de nombres. Par exemple, dans les problèmes d'intérêt dont nous avons fait l'analyse précédemment, que la lettre c désigne un capital quelconque, et i le tant pour cent, ou l'intérêt de 100 fr., on voit que l'opération à faire pour obtenir l'intérêt x de cette somme c, sera exprimée par l'équation $x = \dfrac{c \times i}{100}$, ou simplement $x = \dfrac{ci}{100}$, attendu qu'on est convenu de sous-entendre le signe $\times$ de la multiplication entre deux lettres, ou entre un nombre et une lettre: toutes les fois qu'aucun signe ne sera interposé, l'esprit doit le rétablir; l'absence d'un signe tient lieu de celui de la multiplication. Cette convention simplifie l'expression sans lui rien ôter de sa signification claire et précise.

Observez que les lettres c et i qui, dans notre exemple, sont employées à désigner tous les nombres possibles, parceque le capital placé et le tant pour cent peuvent être quelconques, dans une autre circonstance pourront être employées à désigner des grandeurs de toute autre espèce. Ce sont, comme on voit, des signes dont la nature varie au gré de l'algébriste, et qui peuvent représenter tous les nombres possibles. Une pareille expression $x = \dfrac{ci}{100}$ est ce qu'on appelle une *formule algébrique*: c'est l'expression d'une suite de calculs à effectuer sur les nombres qui sont ici représentés par les lettres c et i, calculs qui conduisent à des résultats différents quand ces grandeurs changent,

mais dont la nature reste la même dans la question générale dont cette formule donne la solution. La formule revient à ce long énoncé: *Pour trouver l'intérêt d'un capital*
placé à i pour cent, multipliez ce capital c par l'intérêt i
de cent francs, et divisez le produit par 100.

Dans la seconde question que nous avons prise pour
exemple, désignons par *a* et *b* les multiplicateurs d'un
nombre inconnu, et par *c* la différence de leurs produits,
et on aura $ax - bx = c$, savoir $x \times (a - b) = c$ et $x = \dfrac{c}{a - b}$.
Les parenthèses qui enferment $a - b$, indiquent que la
multiplication ne doit être faite qu'après avoir soustrait
b de *a*. Voici donc une autre formule qu'on énoncera
ainsi : *Pour trouver le nombre qui multiplié par* a *et par*
b *donne des produits dont la différence soit* c, *divisez* c
par la différence a — b.

Chaque problème considéré sous un point de vue général, c'est-à-dire en y désignant les valeurs numériques
par des lettres, conduit à une solution exprimée par ces
lettres entremêlées de signes ; c'est ce qui constitue une *for-*
mule: c'est une sorte de tableau des opérations à exécuter
pour obtenir la réponse au problème.

On conçoit d'après cela quelle est la différence entre
les solutions arithmétiques et algébriques. Les premières
donnent la valeur numérique d'un problème proposé, et
les autres indiquent la suite des calculs à effectuer pour
obtenir cette valeur, non seulement dans le cas proposé,
mais encore dans tous les problèmes qui n'en différe-
raient que par les grandeurs données: changez celles-ci,
les calculs seront de même nature, mais faits sur ces
nouveaux nombres, et conduisant par conséquent à une
autre valeur, obtenue par la même série d'opérations.

Qu'un algébriste voie cette formule $x = \dfrac{ab - cd}{m + n}$, voici l'i-
dée que cette expression doit présenter à son esprit: un problème proposé contenait 6 nombres donnés, qu'on a dési-

gnés par a, b, c, d, m et n. Or pour obtenir la solution il
faut multiplier les deux premiers l'un par l'autre, en faire
autant des deux suivants, retrancher ce second produit du
premier, enfin diviser cette différence par la somme des
deux derniers. Tout ce long énoncé est absolument compris dans la *formule* et aussi clairement que dans le texte
même, mais bien plus simplement.

Nous dirons en passant qu'on a coutume de représenter
les inconnues par les dernières lettres de l'alphabet x,
y, z, t, v... et les données des problèmes par les autres
a, b, c, d... Mais il faut avoir soin, dans chaque cas, d'attribuer aux lettres, dans la formule, la valeur qui leur appartient. La lettre c, par exemple, représente bien toute grandeur; mais, dans tel problème, cette grandeur se trouve
donnée, et il n'est permis ni de la changer, ni de confondre cette valeur avec celle qui appartient à toute autre
lettre.

Un nombre placé devant une lettre est ce qu'on nomme
un *coefficient*; $4a$, $5b$, $7(c + d)$, sont des exemples de
cette sorte d'opération, qui désigne une multiplication,
quoiqu'on ait supprimé le signe qui caractérise cette opération : $3a$, veut dire que a doit être pris 3 fois. On évi-
tera de confondre $3a$ avec a^3, car $3a$ signifie 3 fois le nombre a, ou $a + a + a$; tandis que a^3 exprime $a \times a \times a$.
Si a est 4, $3a$ vaut 12, et a^3 vaut $4^3 = 64$.

Un avantage attaché aux formules algébriques, c'est de
dispenser de tout raisonnement celui qui veut résoudre un
problème du genre de ceux auxquels l'une de ces formules
convient. Il ne s'agit plus que de pratiquer, pour ainsi dire,
machinalement de certains calculs, selon les indications
de cette formule, sans avoir à méditer sur les causes qui
déterminent à préférer ces opérations à d'autres. Le raisonnement d'où on a déduit ces combinaisons a été fait une
fois pour toutes; le matériel du calcul changera dans chaque cas avec les nombres donnés, mais l'ordre et la nature
de ces opérations resteront invariables. Il ne sera même pas

nécessaire de concevoir les motifs qui ont dirigé l'algébriste quand il est parvenu à cette formule; il suffira de la certitude qu'il n'a pas erré dans son jugement, et on pourra s'en servir comme lui et même avec toute l'habileté qu'il y eût lui-même appliquée, s'il eût été dans la nécessité de s'en servir.

Qu'on propose cette question : Quelle est la somme des 200 premiers termes de cette suite 3, 5, 7, 9, 11... qui croissent sans cesse de 2 unités? on pourra se trouver conduit à de longs calculs pour trouver la solution. Mais qu'un algébriste reconnu pour infaillible affirme que si on nomme a le premier terme, n la quotité de termes, d la différence, la somme est exprimée par $s = n\left(a + \dfrac{d\,(n-1)}{2}\right)$, et non seulement on obtient de suite la solution de la question, mais on aurait encore celle de tout autre problème de même espèce, où les nombres donnés seraient différents. Dans le cas présent $a = 3$, $d = 2$, $n = 200$, en substituant ces nombres aux lettres dans la formule, on a $s = 200\left(3 + \dfrac{2 \times 199}{2}\right)$ $= 200 \times 202$ ou enfin $s = 40400$. N'est-il pas évident que, pour celui qui sait quel est le sens qu'on doit attacher aux signes algébriques, la solution de tous les problèmes de cette espèce sera aussi facile qu'elle le serait pour le mathématicien qui a trouvé la formule dont il s'agit?

Dans cette autre question, trouver la somme des 17 premiers termes de la suite 2, 7, 12, 17, 22,... dont la différence est 5, on fera $a = 2$, $n = 17$, $d = 5$, et on aura $s = 17\left(2 + \dfrac{5 \times 16}{2}\right) = 17 \times (2 + 40)$, ou $s = 17$ fois $42 = 714$; c'est la solution demandée. (*Voyez* Progressions.)

Mais comment s'y prendre pour découvrir, dans une question proposée, la succession des calculs qui en donnent la solution? Il s'en faut beaucoup que les problèmes soient tous aussi simples que ceux que nous avons considérés, où, avec un peu d'attention, la force ordinaire du calcul

numérique pouvait conduire au résultat. Il sera donc nécessaire de donner les moyens de parvenir aux formules.
Nous exposerons au mot *Problème* la méthode dont on se
sert pour obtenir l'équation qui exprime la liaison des
grandeurs connues et inconnues qui entrent dans toute
question ; et au mot *Equation* nous donnerons les procédés qu'il faut suivre pour en tirer la valeur des inconnues ,
c'est-à-dire pour arriver à la formule qui indique la suite
des calculs numériques propres à faire trouver ces quantités.

Dans cet exposé, nous n'avons eu d'autre objet que
d'expliquer ce que c'est que l'*algèbre* et quel est le but de
cette science , ce qui nous a conduit à des développements
propres à en faire concevoir l'utilité et l'application. Nous
avons même remarqué qu'il n'est nullement nécessaire de
comprendre les méthodes qui servent à trouver les formules pour en faire usage et les appliquer aux questions qui
leur ont donné naissance : l'arithméticien routinier peut,
avec plus de promptitude même que l'algébriste , en tirer
parti , sans y rien entendre ; il lui suffit pour en faire usage
d'en croire celui qui les a trouvées, et de savoir lire
cette espèce d'hiéroglyphe. Sans doute on doit faire beaucoup de cas de cette faculté intellectuelle qui, par des raisonnements plus ou moins délicats , se rend assez maîtresse
de la question qu'elle analyse pour la résoudre complètement
et en suivre toutes les conséquences : mais c'est un avantage qu'on ne doit pas négliger, de pouvoir appliquer les
formules algébriques, lors même qu'on n'a pas su les obtenir. D'ailleurs le mathématicien, qui est à chaque moment
capable de reproduire les raisonnements d'où il a tiré ses
formules, ne fatigue pas son attention à ces répétitions de
formes logiques, et réserve sa force et son temps pour
de nouvelles recherches : il prend la formule qu'il a
découverte pour une vérité évidente et en fait aveuglé-
ment l'application. Quand on a démontré avec soin le
procédé qu'on suit dans les calculs de la multiplication ,
de la division , de la réduction des fractions à la plus

simple expression, etc., on se garde bien de reproduire ces raisonnements chaque fois qu'on veut faire ces opérations : on regarde ce procédé comme évident par lui-même, comme s'il n'avait jamais eu besoin de démonstration, et on l'emploie avec confiance ; cette évidence résulte même d'une fréquente répétition des mêmes calculs, parceque l'esprit en acquiert de jour en jour davantage la conviction. De même, en algèbre, lors même qu'on sait démontrer et trouver les formules applicables aux diverses questions, on s'en sert ensuite comme de *propositions évidentes.* Ce sont de véritables théorèmes qu'on emploie à la manière de ceux de la géométrie, sans même s'efforcer de renouveler à l'esprit les éléments de leur certitude.

Nous n'avons point parlé ici du calcul algébrique proprement dit, c'est-à-dire des procédés à suivre pour ajouter, soustraire, multiplier, diviser, etc., des quantités formées de lettres et de signes. On conçoit assez que puisqu'une expression telle que $\frac{ab+cd}{m+n}$ représente un nombre, elle doit être susceptible d'être multipliée par un autre nombre, tel que 10, 20,... ou même par une autre expression algébrique, telle que $\frac{ci}{100}$, ou toute autre. De même que l'arithmétique observe des règles dans les diverses combinaisons des nombres, l'algébriste en suit d'analogues dans le calcul des *expressions littérales.* Mais ces procédés seront décrits chacun aux mots qui leur sont relatifs. (*Voyez* ADDITION, SOUSTRACTION, MULTIPLICATION, etc.)

La science qui fait l'objet de cet article a donné naissance à plusieurs ouvrages où les procédés qu'elle met en usage sont méthodiquement exposés. Le *Cours de mathématiques pures* que j'ai publié renferme une exposition générale de toutes les théories algébriques ; l'*Algèbre* de M. Lacroix, celle de M. Bourdon, celle d'Euler, avec des notes de Lagrange, sont les traités les plus complets et les plus estimés sur cette matière　F.

ALGUES. (*Histoire naturelle.*) Ce mot, chez les anciens, désignait les plantes aquatiques sans apparence,

soit qu'elles végétassent au fond des eaux douces, soit
qu'on les trouvât sur les rochers dans les profondeurs de la
mer ou jetées sur le rivage. *Vilior alga* est l'expression qui
les désigne dans Virgile, et *algæ steriles* dans Ovide. Le
mot algue a été assez exactement traduit sur nos côtes de
France par celui de *goémon*. Quelques botanistes l'avaient
restreint aux zostères, qui croissent indifféremment dans
l'Océan ou dans la Méditerranée, plantes dont les feuilles
sont extrêmement longues et qui servent dans la verrerie
pour emballer les glaces, les carreaux de vitres et les bouteilles. Les algues du vulgaire sont en outre employées dans
les pays maritimes comme engrais; sur les côtes du Poitou et
de la Bretagne, particulièrement, on ramasse avec soin celles
que les flots jettent sur l'estran; on les y réunit en tas, et,
soit après les avoir laissées quelque temps dans cet état, soit
après les avoir réduites en cendres, on en couvre les champs.

Depuis Linné le nom d'algues avait pris une tout autre
signification pour les botanistes : ceux-ci ont enfin retiré
de la famille à laquelle ce nom avait été plus particulièrement imposé, une foule d'êtres qui ont été reconnus appartenir au règne animal, en y comprenant plusieurs végétaux d'une nature très différente. Ainsi, pour Linné et pour
ses disciples, les varecs (*fucus*), les ulvacées, les conferves, les lichens, les hépatiques, étaient des algues. Aujourd'hui le nom d'algues n'est presque plus employé; les
plantes qu'on regarde comme telles n'ayant effectivement
entre elles que peu de rapport. Le mot *hydrophyte* a prévalu pour les espèces aquatiques, et nous y renvoyons le
lecteur.   B. DE ST.-V.

ALGUES. (*Agriculture.*) Sur les bords de la Méditerranée, ce mot désigne particulièrement la zostère marine;
sur les côtes de l'Océan, c'est une qualification générique
de toutes les plantes marines rejetées par les flots; ce sont,
par exemple, les conferves, les ulves, les varecs, etc.

On les recueille pour en extraire la soude, ou pour les
utiliser comme engrais.

Dans le premier cas, on procède à leur incinération dans des fosses plus profondes que larges, et proportionnées à la quantité de matières que l'on veut brûler. La combustion étant établie au fond de la fosse, à l'aide de quelques branches sèches, on jette les algues dans le foyer par petites portions, afin de les brûler lentement; et lorsque toutes les algues se trouvent ainsi consumées, on recouvre la fosse avec des gazons. Les cendres qui en résultent sont, en général, peu riches en sous-carbonate de soude; les meilleures en contiennent à peine 12 p. °/o. On peut les employer brutes pour les lessives ordinaires; mais, pour la fabrication des savons durs, il est nécessaire de les épurer et d'isoler le carbonate de soude par lixiviation, évaporation et calcination. (*Voyez* SOUDE.)

Il paraît que les algues offrent plus d'avantages à être employées comme engrais. Elles agissent alors comme tous les engrais végétaux et conviennent à toute espèce de terrain, l'alcali qu'elles retiennent paraissant spécialement destiné à réagir sur la matière végétale de manière à en accélérer la décomposition. Cependant le sel marin qu'elles retiennent en assez grande quantité pourrait souvent nuire à la végétation, si l'on ne prenait la précaution de les laisser pendant quelque temps exposées à la pluie avant de les porter sur les terres. C'est sous ce rapport que les algues récoltées sur les rochers sont préférées par le cultivateur à celles que les flots de la mer viennent déposer sur les rivages.

Pour employer les algues comme engrais, on les convertit d'abord en terreau en les stratifiant avec de la terre qu'on alterne avec elles en couches d'un demi-pied d'épaisseur. Dans cet état, le terreau peut être employé au bout de deux ans; l'addition d'une petite quantité de chaux répandue sur les algues lors de leur stratification en couches accélère leur fermentation et réduit à un an le terme de leur conversion en terreau. (*Voyez* ENGRAIS.)

D.

ALIBI. (*Législation.*) Ce mot latin, devenu français, signifie *ailleurs*, *dans un autre lieu;* il est employé dans les matières criminelles ou correctionnelles, ou même de simple police, par la personne traduite en jugement, lorsqu'elle offre de prouver, 1° qu'elle était présente dans tel lieu déterminé, autre que celui où la contravention, le délit ou le crime a été commis; 2° qu'elle y était présente au moment déterminé où il a été commis.

A ces deux circonstances qui doivent concourir, mais qu'il est souvent impossible de prouver avec quelque précision, il faut en ajouter une troisième, sans laquelle l'alibi serait vainement allégué; il faut que du lieu où l'action a été commise, au lieu que l'accusé a indiqué pour alibi, la distance soit considérable. De tous les faits justificatifs l'alibi est sans contredit le plus péremptoire. Il peut se prouver par des actes authentiques ou publics, il peut se prouver par des témoignages.

ALIDADE. (*Mathématiques.*) Les instruments qui servent à mesurer les angles, tels que le graphomètre, la boussole, etc., sont munis de visières, les unes fixes, les autres mobiles, qu'on dirige vers les objets dont on veut évaluer les positions relatives. Cet appareil est ce qu'on appelle une alidade. On la remplace avec avantage par une lunette, qui permet à la vue de s'étendre plus loin, et de mieux ajuster les signaux. (*Voyez* ce mot et l'art. PLANCHETTE.) L'alidade de ce dernier instrument étant sa partie la plus essentielle, nous en remettrons la description à cet article.   F.

ALIÉNATION. (*Législation.*) C'est la transmission d'une main dans une autre de la propriété ou de la possession d'un objet, par la volonté du propriétaire ou du possesseur.

L'aliénation peut être faite à titre gratuit ou à titre onéreux, au moyen d'une donation, d'une vente ou d'un échange. En aliénant sa chose, on use d'un droit inhérent à la propriété; cependant, lors même qu'elle recon-

naît ce droit dans la personne du propriétaire, la loi civile a cru devoir en renfermer l'exercice dans certaines limites; ainsi la femme mariée et le mineur ne peuvent
aliéner leurs biens. Même à l'égard des personnes jouissant de la plénitude de leurs droits, les aliénations à titre
gratuit ne peuvent excéder les bornes que la loi a fixées,
lorsqu'elles laissent de proches parents. (*Voyez* Testament.)

Ceux qui jouissent en vertu de l'envoi en possession
provisoire, ne peuvent aliéner ni hypothéquer les immeubles de l'absent. Le mari peut aliéner les biens de la communauté sans le concours de la femme; mais il ne peut
aliéner les immeubles personnels de la femme sans son
consentement. Ces dispositions, consacrées par la loi civile, sont une conséquence du principe que le droit d'a-
liéner suppose la qualité de propriétaire.

Les rédacteurs du code ont presque toujours employé
concurremment les mots *aliéner* et *hypothéquer*. En effet
l'hypothèque consentie sur un immeuble est une sorte
d'aliénation, et elle peut toujours en produire l'effet (la
dépossession du propriétaire) si celui-ci ne rembourse pas
la créance pour laquelle il a consenti l'hypothèque.

Ainsi, relativement à la prohibition prononcée dans certains cas, et relativement à la capacité de celui qui la con-
sent, l'aliénation et l'hypothèque sont toujours placées sur
la même ligne.   C...s.

ALIÉNATION MENTALE. (*Médecine.*) *Alienatio*, d'*a-
lienus*, étranger, terme générique consacré par quelques
auteurs célèbres pour exprimer le caractère commun de diverses espèces de maladies mentales. Ce serait donc ici le
lieu de nous livrer à des considérations générales sur ces
maladies, pour éviter des répétitions inutiles dans la description de chacune d'elles, si nous ne préférions renvoyer
aux articles *Délire, Folie, Maisons d'aliénés* et *Passions.*

A l'article *Maisons d'aliénés*, nous rechercherons les
conditions principales, celles que l'observation a signalées

comme les plus favorables à la guérison des aliénés ; nous
tracerons rapidement l'état de ces malheureux avant la
publication du *Traité de l'aliénation mentale,* et les amé
liorations immenses introduites par le vénérable professeur
Pinel, par son digne disciple M. Esquirol, et par quelques
autres amis de l'humanité.

En traitant des *Passions* j'aurai principalement pour
but de prouver que l'encéphale, organe des facultés intellectuelles, est également l'organe des facultés affectives,
des passions ; je combattrai l'erreur si généralement accré-
ditée relative à leur siége dans le système nerveux organique, avec d'autant plus de zèle que cette erreur tend à
perpétuer les idées les plus fausses sur le siége des maladies
mentales et nerveuses.

A l'article *Délire* nous chercherons surtout à apprécier
les analogies et les différences des affections mentales avec
le *délire* des maladies aiguës, de l'ivresse et de l'empoisonnement.

A l'article *Folie* j'examinerai l'influence de l'action im-
modérée du cerveau comme cause des maladies mentales,
et l'influence des autres organes malades sur la production
des mêmes affections. L'exposé des causes présenté de cette
manière me paraît plus convenable que la méthode reçue,
pour démontrer que très certainement il y a des folies sympathiques, mais que, dans la généralité des cas, la folie
est une maladie idiopathique de l'encéphale. Je m'efforcerai
aussi de prouver que l'anatomie pathologique n'est pas stérile pour la connaissance des maladies mentales. En rap-
prochant les symptômes et les altérations pathologiques,
j'espère parvenir de cette manière à suivre, dans un
grand nombre de cas, l'enchaînement des causes et des effets. Poussant un peu plus loin les inductions, j'essaierai
de préciser les signes auxquels on peut distinguer, pendant
la vie, si une folie est due primitivement à la lésion des
membranes ou à la lésion de l'encéphale, ou bien encore
à l'existence successive ou simultanée de ces deux lésions :

résultat d'une utilité majeure , s'il peut être obtenu, et pour la justesse du pronostic et pour la juste appréciation de l'influence de l'hérédité , en même temps que cette connaissance rendrait les indications thérapeutiques beaucoup plus positives.

Est-il nécessaire de prévenir qu'en cherchant à rattacher les symptômes de la folie aux altérations que présentent les organes après la mort, nous ne prétendons pas chercher à expliquer l'*essence* du délire? Il faudrait , pour arriver à la solution de ce problème, connaître le mode d'action de l'encéphale pour l'accomplissement des hautes fonctions qui lui sont dévolues ; or l'essence de cette action est impénétrable comme l'*essence* de tout autre phénomène naturel. Mais , en n'attribuant pas le délire aux modifications organiques appréciables par les sens, n'est-ce point faire de l'aliénation mentale un être abstrait, existant par lui-même; faire enfin un pas rétrograde , et admettre des maladies de l'âme, des affections mentales essentielles? C'est s'exposer aux contradictions les plus absurdes , c'est supposer mille changements dans un être spirituel qui est immuable de sa nature , c'est reconnaître que les facultés intellectuelles et morales sont le produit exclusif de l'âme, et nier, en présence des faits les plus nombreux et les plus concluants, que l'encéphale est la condition physique indispensable pour leur manifestation.   F...T.

ALIGNEMENT. (*Art militaire.*) C'est la disposition de plusieurs hommes sur une même ligne droite.

Comme en géométrie deux points déterminent les lignes droites , ils déterminent aussi l'alignement. Autrefois c'était presque un art que de bien faire aligner les soldats d'un bataillon et les bataillons entre eux : mais depuis le père du grand Frédéric, qui le premier a introduit dans son armée l'alignement successif, individuel et par troupes , il n'y a pas un sous-officier de l'armée française qui n'en sache les principes , et ne soit dans le cas de les bien faire exécuter.

S'il est vrai de dire que l'alignement est dans une troupe la base de l'ordre, et en fait la principale force, il ne faut pas entendre les alignements au cordeau, pour lesquels certains officiers se tourmentent si fort, ces manœuvres si bien dessinées sur une esplanade, mais si impraticables devant l'ennemi. Il faut qu'une troupe soit bien alignée, mais il semble qu'il y a de la folie à chercher là-dessus une précision rigoureuse, inutile dans la pratique, et vicieuse même pour deux raisons : 1° parcequ'on n'y peut parvenir qu'aux dépens de la célérité (chose capitale à la guerre), et que l'on prend la funeste habitude de manœuvrer pesamment ; 2° parceque cette précision géométrique étant impossible devant l'ennemi, à cause de l'irrégularité du terrain, tout alors paraît dans le désordre à la troupe accoutumée à une régularité minutieuse ; et de l'opinion du désordre naît un désordre réel.

ALIGNEMENT. (*Architecture.*) C'est la situation de plusieurs objets sur une ligne droite. Il se dit aussi d'un mur mitoyen entre deux maisons ou héritages voisins.

Dans les villes où s'exerce le droit de voirie, un particulier ne peut faire bâtir un mur de face sur la rue sans faire reconnaître l'alignement par le voyer, sous peine de démolition.

ALIMENTS. (*Histoire naturelle.*) *Voyez* NUTRITION.

ALIMENTS. (*Médecine.*) On désigne sous ce nom toute substance solide ou liquide qui, introduite dans le canal digestif des animaux, et portée avec le sang dans tous les tissus, s'assimile aux organes et répare leurs pertes. L'homme et les autres animaux ne se nourrissent que d'êtres organisés ; les végétaux, au contraire, ne puisent à peu près leur nourriture que dans le règne inorganique.

Selon que l'animal est appelé à se nourrir de parties végétales, ou à dévorer d'autres animaux, la disposition de ses organes, la nature de ses mœurs, le degré de développement de ses facultés sensitives et intellectuelles, subissent

33.

de nombreuses modifications. D'après la seule inspection des organes d'un animal, il est facile d'annoncer son genre de nourriture, et, réciproquement, d'après son genre de nourriture, on peut prédire son organisation.

Habitant de tous les climats, l'homme est essentiellement omnivore, ou mieux polyphage. La disposition et les mouvements de son articulation temporo-maxillaire, la forme et le nombre de ses dents, la structure de son canal digestif, plus long que le canal des carnivores, plus court et moins large que le tube alimentaire des herbivores, tout démontre que l'homme peut également choisir sa nourriture parmi les substances végétales ou animales. Lors même que les connaissances physiologiques ne le prouveraient pas suffisamment, ce fait serait mis hors de doute par le témoignage des historiens, par les relations des voyageurs.

Lorsque Helvétius avançait que l'homme était un animal essentiellement carnivore, lorsque J.-J. Rousseau regardait l'homme qui se nourrissait de viandes comme un animal dépravé, ces philosophes méconnaissaient également la nature physique de l'homme.

Les aliments dont se nourrit l'espèce humaine varient d'ailleurs selon les climats. L'usage des viandes est plus général dans les contrées septentrionales; dans les pays chauds, l'homme est instinctivement porté à se nourrir plus exclusivement de végétaux. Lorsque les premiers ordres monastiques s'établirent dans les déserts brûlants de la Thébaïde, ils s'imposèrent sans peine un régime purement végétal. Transportés en Europe, ils furent bientôt obligés d'adoucir une règle trop sévère, et de se permettre l'usage des œufs et des poissons. Pythagore, interdisant l'usage des viandes aux habitants de l'Italie méridionale, dut avoir de nombreux sectateurs; mais, sous une température moins chaude, les principes de Pythagore eussent cessé d'être d'accord avec les lois éternelles de la nature, et il aurait trouvé des disciples moins soumis.

Sous le même climat, un sentiment instinctif nous porte
encore à varier nos aliments avec les saisons; nous recher-
chons de préférence un régime animal pendant l'hiver, et
une nourriture végétale pendant l'été. Par une admirable
harmonie, c'est pendant les saisons chaudes que la terre
se couvre de toutes parts de végétaux rafraîchissants.

Le régime alimentaire doit d'ailleurs beaucoup varier,
sous le rapport de sa quantité et de ses qualités, selon les
tempéraments et la constitution des individus, leur âge,
leur état de santé ou de maladie, leur genre de vie, etc.

L'expérience a démontré combien est grande l'influence
exercée par la nature des aliments sur la composition des
différentes parties du corps. En nourrissant des animaux
avec des substances non azotées, M. Magendie a vu la
bile et l'urine d'animaux carnivores prendre les caractères
de bile et d'urine d'herbivores: ainsi la bile contenait
beaucoup de picromel; l'urine devenait alcaline, et l'on
n'y trouvait plus ni acide urique ni phosphate. D'une autre
part, quelques uns des principes dont l'analyse chimique
démontre la présence dans nos tissus ne semblent pas y
avoir été apportés par les aliments. C'est donc dans le parenchyme même des organes que ces principes paraissent
avoir été formés de *toute pièce* par une action chimique
dont le mode est inconnu. Les tissus animaux contiennent,
par exemple, beaucoup plus de phosphate de chaux que
les aliments n'en fournissent; cela devient surtout évident
chez les vieillards, dont plusieurs organes tendent à s'en-
croûter de sels calcaires. M. Vauquelin a nourri des poules
avec des aliments dont il connaissait bien la composition,
et il a trouvé que la coquille de leurs œufs contenait beaucoup plus de carbonate de chaux que les poules n'avaient
pu en avaler.

La nature des aliments n'influe pas seulement sur l'organisation physique de l'homme, elle modifie puissamment
son caractère et ses mœurs. Dans les pays, dit Cabanis,
où la classe indigente vit presque uniquement de châtai-

gnes, de blé sarrasin, ou d'autres aliments grossiers, on observe que dans cette classe l'intelligence est très obtuse; c'est surtout à l'époque où l'on mange la châtaigne verte que l'engourdissement des facultés intellectuelles devient plus marqué. Parmi les peuples sauvages, dont aucune institution politique n'a modifié les mœurs, les voyageurs ont observé que ceux dont la principale nourriture est la chair sont plus courageux, plus intelligents, plus actifs que les tribus qui se nourrissent surtout de végétaux. Mais prenons garde d'attribuer ici à la seule influence des aliments ce qui peut dépendre d'autres causes; n'oublions pas que les peuples carnivores ont besoin d'une bien plus grande activité intellectuelle et physique pour s'emparer de la proie qui doit les nourrir, pour l'arracher aux bêtes féroces qui leur en disputent la conquête.

Quelque nombreux que soient les aliments parmi lesquels l'homme choisit sa nourriture, leurs principes nutritifs sont moins variés qu'on ne pourrait le croire; et, sous ce rapport, les aliments peuvent être tous rangés dans un assez petit nombre de classes. Nous allons passer en revue ces différents principes.

La fécule est le principe qui forme la base de toutes les farines nourrissantes. On la rencontre à peu près pure dans l'orge, le riz, le sagou, le maïs, le millet; unie à une substance sucrée dans le blé sarrasin, l'avoine, les haricots, les pois, les lentilles, la châtaigne, etc. Les farines où la substance sucrée est mêlée à la fécule fermentent aisément dans le canal digestif; de là les aigreurs, les flatuosités qu'elles produisent. Quelques unes contiennent une matière colorante, un principe aromatique qui stimule légèrement l'estomac et en facilite la digestion; telles sont les haricots rouges, les lentilles.

Dans la racine de manioc, dont les nègres se nourrissent, dans la bryone et l'arum, la pureté de la fécule est altérée par un principe âcre et vénéneux, que l'on en sépare facilement par la simple expression dans l'eau froide.

D'autres fois la fécule est unie à des huiles grasses, à des mucilages : les amandes, les noix, les avelines, le cacao, nous présentent ce mélange. Ces substances se digèrent plus difficilement que les précédentes.

Enfin, dans quelques farines, la fécule est combinée, soit avec du gluten, soit avec un mucilage visqueux qui s'en rapproche ; c'est ce qu'on observe dans le froment, le seigle, la pomme de terre. Ces farines, mêlées à l'eau, ont seules la propriété de former une pâte qui se lève en fermentant et qui constitue le pain. Le pain le mieux levé est celui qui se digère le plus facilement ; mais il est moins nourrissant, parcequ'il contient moins de gluten.

Après les farines, nous trouvons dans le règne végétal les différents légumes, essentiellement composés de principes mucilagineux ou gommeux ; les fruits, formés des mêmes principes qui s'y trouvent unis, soit à des matières sucrées ou acides, soit à des arômes, soit à des extractifs ; enfin les huiles grasses ; celles-ci sont généralement d'une digestion pénible. Quant aux légumes et aux fruits, ils nourrissent d'autant plus qu'ils sont plus chargés de mucilages. Leur degré de digestibilité est en raison de leur acidité plus ou moins grande, de la quantité d'eau qu'ils contiennent, de la fermeté de leur parenchyme, de la consistance et de la nature de leurs sucs, de la tendance à leur fermentation.

Examinons maintenant les substances animales.

La fibrine est un principe nutritif au moins aussi usité que la fécule, puisqu'elle constitue la base de la chair des animaux. Elle y est unie à l'albumine, à l'osmazôme, et à de la graisse.

Les proportions variables de ces principes, selon l'âge, le sexe, et l'espèce des animaux, donnent aux différentes chairs les qualités nutritives les plus dissemblables.

Les chairs blanches, gélatineuses, qui ne contiennent point d'osmazôme, telles que la chair de veau, conviennent aux individus dont l'estomac est irrité. Ces mêmes chairs occasionent au contraire des indigestions, de la diarrhée chez les individus dont l'estomac et les intestins sont naturellement faibles. On a trop souvent confondu ces deux états de l'estomac: dans le premier état, les aliments les plus doux sont les plus convenables; dans le second, les aliments ne sont bien digérés qu'autant qu'ils sont doués de légères qualités stimulantes. On se trouve alors très bien de l'usage des chairs colorées et chargées d'osmazôme, telles que celles de bœuf, de mouton, etc.

Les viandes présentent encore des qualités fort différentes, selon leur mode de préparation.

Le *rôti* retient toutes les parties solubles de la viande; c'est la préparation la plus saine et la plus nutritive.

Lorsqu'on fait bouillir la viande, on obtient, sous le nom de *bouillon*, une décoction de toutes les parties solubles, gélatine, albumine et osmazôme; la viande n'est plus alors composée que de fibrine: celle-ci, dépouillée d'osmazôme, devient d'une digestion plus difficile. En variant d'ailleurs l'intensité du feu, on peut obtenir à volonté un bouillon plus chargé, ou un bouilli plus suave et plus nourrissant.

Dans la *friture*, comme dans le rôti, la viande retient toutes ses parties solubles; mais, enveloppée d'une couche épaisse de graisse et d'huile, elle est plus difficilement digérée.

D'autres aliments sont presque entièrement composés d'albumine, tels sont spécialement les œufs de gallinacées. Le blanc d'œuf est de l'albumine pure; dans le jaune, l'albumine est unie à une huile grasse animale et à une matière colorante. Les œufs frais doivent être considérés comme un aliment très nutritif, d'une digestion facile, et convenable, sous ce double rapport, aux convalescents dont on cherche à réparer promptement les forces.

Au nombre des aliments essentiellement albumineux, nous placerons encore quelques mollusques, tels que les moules et les huîtres.

A côté des aliments dont l'albumine est la base, nous rangerons les substances dont le caséum forme la partie principale, savoir le lait et le fromage. Considéré soit comme aliment, soit comme médicament, le lait pourrait devenir le sujet de longs développements. Nous aurions à faire ressortir les différences des laits de femme, de vache, d'ânesse et de chèvre; l'avantage de la diète lactée dans plusieurs maladies, ses inconvénients dans d'autres cas; son influence sur les facultés physiques et morales; enfin ses effets très variables selon les dispositions individuelles.

Les gelées animales ayant pour base la gélatine nourrissent beaucoup sous un très petit volume. La plus douce de ces gelées est celle que l'on fait avec la colle de poisson; vient ensuite la gelée de corne de cerf, puis les gelées de viande blanche, et enfin les gelées de mouton et de bœuf, qui, contenant de l'osmazôme, sont plus aromatiques et plus excitantes.

Privé des substances qui constituent sa nourriture ordinaire, l'homme a cherché trop souvent à assouvir sa faim soit avec les productions herbacées que broutent les ruminants, soit avec des viandes malsaines ou corrompues; mais des maladies funestes ont résulté de l'usage de ces substances, dont les unes étaient insuffisantes à la nutrition, et dont les autres étaient essentiellement délétères.

Les substances les plus nutritives, les plus salutaires du règne végétal, se transforment aussi quelquefois en dangereux poisons. Qui ne connaît les effets pernicieux du seigle ergoté?

En raison de dispositions individuelles inexplicables, certains aliments ne peuvent être impunément introduits dans l'estomac de quelques personnes. Une femme, au rapport de Dumas, était prise d'une fièvre intermittente toutes les fois qu'elle mangeait des choux. Stoll a parlé d'une jeune personne qui ne pouvait boire du lait sans avoir des fleurs blanches. Camérarius cite l'exemple d'un homme qui était affecté d'urticaire lorsqu'il mangeait des fraises.

Si le maintien de la santé dépend en grande partie du choix des aliments, l'observation d'un régime alimentaire convenable devient, dans l'état de maladie, la première condition de la guérison. Des notions exactes sur la nature des aliments sont donc très importantes. D'un autre côté, c'est dans les aliments que doit être placée la cause d'un assez grand nombre d'états morbides; et, sous ce rapport, la connaissance de la composition des aliments, de leurs propriétés, des préparations qu'on leur fait subir, des altérations qu'ils peuvent éprouver, des falsifications dont ils sont l'objet, constitue une des branches les plus étendues de l'hygiène publique.   M. et A...F

ALIMENTS. (*Technologie.*) La conservation des substances alimentaires forme la base d'un art nouveau, qui a reçu de grands perfectionnements depuis quelques années. On a senti vivement l'utilité dont pouvaient être ces procédés, non seulement pour la marine et pour les hôpitaux, mais encore pour l'économie domestique. Supposez les méthodes de conservation assez parfaites, nous pourrons jouir dans toutes les saisons des productions particulières à chacune: nous consommerons en hiver les produits abondants de l'été, et nous aurons dans la saison des fleurs les fruits succulents de l'automne. La nature, si variable dans ses bienfaits, tantôt si prodigue et tantôt si avare de ses biens, ne nous fera plus courir de chances funestes, parceque nous saurons, dans les années d'une abondance ruineuse, recueillir les produits superflus et les conserver pour les années de disette. Le commerce pourrait nous apporter les productions délicieuses des contrées équinoxiales, que nous goûterions dans toute leur fraîcheur; et le même lieu réunirait les productions des climats brûlants de la zone torride avec celles des zones tempérées du nord et du midi. Mais les procédés de conservation des substances alimentaires ont présenté jusqu'ici beaucoup plus de difficultés que l'art de les produire. Dans ce dernier cas la nature agit avec nous et nous prête ses forces, tandis que dans l'autre nous luttons contre elle pour l'empêcher de détruire son propre ouvrage. Les productions du règne organique ne peuvent se conserver spontanément que dans l'état de vie ; une fois éteintes, elles subissent plus ou moins promptement la fermentation ou la putréfaction qui en dissocie les éléments et forme de nouveaux composés. Il faudrait donc, pour conserver les substances végétales ou animales, empêcher ou retarder le moment de cette altération spontanée qui finit par les détruire.

Parmi les causes qui tendent à accélérer la fermentation, on en a remarqué trois principales : la présence d'un ferment d'une nature particulière, celle de l'air ou de l'oxygène, et l'humidité. Si l'on supprime une de ces trois causes, la fermentation est empêchée, ou du moins l'altération des substances est considérablement retardée.

Le procédé de conservation des aliments en les privant d'humidité est connu et pratiqué depuis long-temps ; c'est ainsi qu'on dessèche les viandes, les fruits, les légumes qu'on veut conserver : mais cette méthode a le défaut d'altérer certaines substances, d'en rendre d'autres moins nutritives, et de leur enlever, dans tous les cas, leur fraîcheur naturelle.

La salaison et le fumage des viandes, quoique agissant d'une autre manière, produisent les mêmes effets ; et ces opérations ont de plus l'inconvénient de mêler à la matière alimentaire des substances hétérogènes et nuisibles, dont on ne peut les débarrasser à l'aide de lavages répétés que très imparfaitement et aux dépens de la substance nutritive qui est entraînée en partie.

Un enduit qui serait imperméable à l'humidité et à l'air pourrait très bien conserver sans altération les substances solides qu'on en recouvrirait : c'est par un moyen de ce genre que l'on conserve aisément les œufs ; on les plonge dans de la cire fondue ou dans un lit de chaux, et on les retire revêtus d'un enduit mince de cire ou de chaux, qui suffit pour en empêcher la putréfaction. D'autres fois on se contente de les recouvrir de cendres.

Il serait à désirer qu'on pût trouver un vernis qui, sans attirer l'humidité, fût un peu élastique, point sujet à s'écailler ni insalubre, mais facilement enlevable à l'eau bouillante ou autrement; un vernis de cette espèce serait très propre pour la conservation des substances animales qu'il garantirait complètement de l'influence de l'air sec ou humide. Les expériences faites à ce sujet par M. Herpin, et consignées dans les Annales de l'industrie, avril 1823, montrent qu'on n'est pas éloigné d'avoir atteint le but.

On conserve plusieurs substances animales ou végétales en les tenant plongées dans de l'alcohol: les fruits à l'eau-de-vie et les préparations d'histoire naturelle sont dans ce cas.

Le vinaigre, ou l'acide pyro-ligneux, est encore un excellent anti-septique; mais son emploi change la saveur des substances conservées de cette manière, et des viandes marinées n'auront jamais ni le goût ni la fraîcheur des viandes récentes.

Il serait trop long d'exposer ici tous les moyens que l'on a proposés ou essayés pour la conservation des substances alimentaires. Nous nous bornerons à la description de la méthode de M. Appert, qui nous a paru la plus étendue et la plus efficace, quoiqu'elle laisse plusieurs choses à désirer[1]; elle a d'ailleurs pour elle la sanction d'une longue expérience et l'approbation de plusieurs sociétés savantes.

Le procédé de M. Appert s'applique à toutes les substances végétales ou animales, solides ou liquides; il consiste principalement:

1° A renfermer dans des bouteilles ou des bocaux les substances que l'on veut conserver;

---

[1] Par exemple, la fragilité et la petitesse des vases dans lesquels M. Appert renferme les substances, car ce sont des bouteilles ou des bocaux de verre qu'il emploie; on les met aujourd'hui dans des vases de fer-blanc parfaitement soudés à la manière des Anglais.

2° A boucher ces différents vases avec la plus grande attention, car c'est surtout du bouchage que dépend le succès ;

3° A soumettre ces substances ainsi renfermées à l'action de l'eau bouillante d'un bain-marie pendant plus ou moins de temps, selon leur nature ;

4° A retirer les bouteilles du bain-marie au temps prescrit.

Ce procédé est simple ; voyons comment il atteint le but. Les substances végétales ou animales fraîches contiennent naturellement une certaine quantité de ferment et d'eau, et acquièrent promptement, par le contact de l'oxygène de l'air, une disposition à la fermentation ou à la putréfaction. Si donc on les renferme dans des vases bien clos, on supprime par là l'action de l'oxygène de l'air, et par suite on détruit la cause la plus active d'altération : mais les substances organiques avaient déjà absorbé de l'oxygène, durant leur présence dans l'atmosphère et avant d'être renfermées ; d'ailleurs le vase lui-même en contient un peu, soit dans les interstices des matières, soit dans le petit vide qu'on y laisse à dessein, puisqu'on ne le remplit pas en entier. Cette petite quantité d'oxygène suffirait pour développer la fermentation : aussi, pour en prévenir les effets, soumet-on la substance renfermée dans le vase à l'action de l'eau bouillante ; l'oxygène libre ou absorbé forme alors une nouvelle combinaison qui n'est plus propre à exciter la fermentation ou la putréfaction, et qui devient concrète par la chaleur de la même manière que l'albumine.

M. Appert a gardé par ce procédé et pendant plusieurs années toutes sortes d'aliments, de la viande, du gibier, du bouillon, du lait, des œufs, des légumes, des fruits, des boissons, des ragoûts ; tout s'est parfaitement conservé. M. le capitaine Freycinet avait emporté, pour son voyage autour du monde, des vivres préparés suivant la même méthode, et à son retour il en a fait manger à plusieurs personnes qui s'y sont trompées et ont pris de la volaille cuite depuis plus d'un an pour de la viande récemment préparée. L'efficacité de ce procédé est donc hors de doute, et nous pensons que, lorsqu'il aura reçu toute l'extension possible, il procurera tous les avantages dont nous avons parlé au commencement de cet article.

Nous ne traiterons pas ici de la conservation des grains ni de la préparation des substances alimentaires. (*Voyez* Boulanger, Cuisinier, Patissier, Vermicellier, etc.)

L. Séb. L. et M.

ALIMENTS. (*Législation.*) On désigne sous ce nom tout ce qui est nécessaire à la vie, la nourriture, le vêtement et le logement.

L'obligation de fournir aux besoins de ceux qui lui doivent l'existence est imposée par la nature à l'homme comme à tous les animaux.

La loi divine a dû aller plus loin à cet égard que la loi naturelle ; non seulement elle ordonne de fournir aux besoins de ses enfants, de son époux, ou des auteurs de ses jours, mais, considérant le genre humain comme une seule famille, elle prescrit de donner des aliments à tous ceux qui sont dans le besoin.

Des peuples de l'antiquité ont consacré à cet égard des dispositions pleines de sagesse. On trouve dans le Recueil de Pratcius (édition de Lyon, 1559, in-8°, p. 50, 51 et suivantes) plusieurs sages règlements de la législation grecque sur cette matière importante.

Plusieurs lois romaines avaient consacré l'obligation entre proches parents de se fournir des aliments ; et cette obligation était même plus étendue qu'elle ne l'a jamais été d'après la législation française.

D'après notre code civil, les père et mère doivent nourrir, entretenir et élever leurs enfants naturels ou adoptifs. (*Voyez* Adoption.) A leur tour ces derniers sont tenus de fournir des aliments à leurs père et mère et autres ascendants, lorsqu'ils sont dans le besoin. La même obligation est imposée aux époux entre eux. A l'égard des gendres et belles-filles, le code les oblige aussi à four-

nir des aliments à leurs beau-père et belle-mère , à moins
que la belle-mère n'ait convolé à de secondes noces , ou que
l'époux qui produisait l'affinité ne soit décédé , ainsi que les
enfants issus du mariage.

Les aliments ne sont accordés que dans la proportion du
besoin de celui qui les réclame avec la fortune de celui qui
les doit ; aussi l'obligation de fournir des aliments peut-
elle cesser lorsque l'une des parties n'en a plus besoin ,
ou que l'autre est hors d'état de les fournir. Presque toujours celui qui doit des aliments est condamné à payer à
celui qui les réclame une pension suffisante pour fournir à
ses besoins ; mais les tribunaux sont autorisés, dans certains cas , à ordonner que la partie qui doit des aliments
recevra dans sa demeure , nourrira et entretiendra la partie
qui est fondée à les réclamer.

L'adoption étant une fiction légale de la paternité , l'o-
bligation de se fournir des aliments est consacrée par l'article 349 du code entre l'adopté et le père adoptif.   C...s.

ALIQUOTE. (*Mathématiques.*) Lorsqu'on a remarqué
qu'un nombre en divise exactement un autre , on dit qu'il
en est partie aliquote : ainsi 2 , 3 , 4 , 6 sont des aliquotes
de 12 , parceque ces nombres divisent 12 sans reste. Nous
donnerons au mot *Facteur* les règles qu'on suit pour
trouver toutes les parties aliquotes d'un nombre donné
quelconque.   F.

ALIQUOTES. (*Musique.*) En musique , on entend par
parties aliquotes les sons secondaires qu'un corps sonore
mis en vibration fait entendre en même temps que le son
principal. Quand on frappe ou pince un corps sonore , si
l'on y prête attention , on entend vibrer plusieurs sons, mais
celui qui frappe le plus l'oreille après le son principal ,
c'est la douzième et ensuite la dix-septième. Ces deux sons ,
rapprochés de la tonique ou son principal , donnent la
quinte et la tierce ; et comme le son de cette quinte ou
douzième domine sur tous les sons secondaires on la nomme
dominante (*Voyez* ACCORD.)   B...N.

ALLAITEMENT. (*Histoire naturelle.*) Action par laquelle les femelles des mammifères donnent à leurs petits une nourriture appropriée aux premiers besoins de ceux-ci. L'allaitement, étant commun à tous les animaux à sang chaud munis de mamelles, est un caractère important, par lequel l'immortel Linné fut averti que les baleines et autres cétacés (*voyez* ce mot) n'étaient point des poissons, encore que la forme extérieure de ces colosses et l'élément qu'ils habitent les eussent fait confondre avec eux par l'ignorante antiquité. Les cétacés, qui sont munis de mains que le vulgaire prend pour des nageoires, allaitent leurs petits au milieu des mers en les tenant embrassés contre leur sein. Il en est à peu près de même de la femelle de l'homme et de celle du singe, qui, portant les mamelles sur la poitrine, sont aussi dans l'usage de porter leurs petits dans leurs bras pour les élever jusqu'aux réservoirs dans lesquels ils doivent puiser la vie. Les autres mammifères ayant leurs mamelles autrement disposées, leurs petits sont, dès leur naissance, poussés par un instinct qui les leur fait chercher. Les sarigues et les kanguroos offrent une particularité très remarquable : peu de temps après la conception, le fœtus sort du corps de sa mère, encore informe et à peine visible ; il passe dans une sorte de poche que celle-ci porte sous le ventre, et qui est garnie de mamelons sur sa surface intérieure ; rendu dans cet asile, il y embrasse avec sa langue l'un de ces mamelons, qu'il n'abandonne plus tant qu'il n'est pas entièrement formé ; on prétend même qu'il s'y réfugie encore durant quelque temps, lors même que, devenu un animal parfait, il peut courir autour de celle qui lui donna l'être.

Quelque temps avant l'accouchement, la nature se prépare à fournir les moyens de subvenir aux besoins du nouvel individu : les mamelles de la mère se distendent, les fluides y affluent ; il se fait un commencement de sécrétion, d'abord limpide, et qui devient peu à peu du lait. Le mammifère trouve ainsi dès sa naissance un aliment approprié aux forces de son estomac. La durée de l'allaitement varie selon chaque espèce; il est, en général, en raison de l'accroissement comme de la durée de la vie et de la gestation, et sous ce rapport l'allaitement chez la femelle de l'homme est des plus longs. (*Voyez* GÉNÉRATION.)

B. DE ST.-V.

ALLAITEMENT. (*Médecine.*) L'enfant naissant ne peut encore se nourrir que d'aliments liquides, et la nature a préparé pour lui dans le sein maternel une nourriture qu'aucune autre substance ne saurait alors convenablement remplacer.

L'allaitement maternel, lorsqu'il est possible, est le plus salutaire soit pour l'enfant, soit pour la mère elle-même. Cet allaitement présente surtout le grand avantage que les qualités du lait se trouvent en rapport avec les forces assimilatrices de l'enfant. Le premier lait qui est sécrété, connu sous le nom de *colostrum*, est éminemment séreux; il possède une propriété légèrement laxative qui favorise l'expulsion du *méconium*. A mesure que les organes digestifs de l'enfant acquièrent une plus grande énergie, le lait devient de plus en plus consistant et nutritif.

Les femmes qui ne nourrissent pas sont exposées plus que les autres à voir leurs seins s'enflammer et s'abcéder; la glande mammaire, le tissu cellulaire ou les ganglions lymphatiques qui l'entourent, deviennent le siége d'engorgements qui sont souvent le germe funeste d'affections cancéreuses. En outre, la sécrétion du lait ne peut pas être brusquement interrompue avant le terme assigné par la nature, sans que d'autres organes ne soient menacés de devenir le siége du travail qui devait s'opérer dans les mamelles : de là la fréquence plus grande des métrites, des péritonites, chez les femmes qui ne nourrissent pas; de là une foule de maladies que le vulgaire regarde à tort comme l'effet du lait *répandu*. Ce n'est pas sans raison qu'on a conseillé aux femmes prédisposées à la phthisie pulmonaire de donner à téter à leurs enfants pendant les quinze ou vingt

1.   34

premiers jours : on cherche ainsi à fixer sur les mamelles une fluxion qui ne se porterait pas impunément sur les poumons.

Quelque utile que soit la lactation et pour la mère et pour l'enfant, il est cependant des cas où l'allaitement maternel cesse d'être possible. Les principales causes qui s'opposent à ce qu'il ait lieu, sont un lait trop peu abondant, trop séreux, ou vicié par quelque virus ; la mauvaise conformation des mamelons, l'état de grossesse, et l'existence des menstrues, qui modifient ordinairement les qualités du lait. Une femme en proie à des émotions vives, à des passions violentes, devient incapable de nourrir : sous l'influence de ces causes morales, si communes au sein des grandes villes, le lait s'altère d'une manière non douteuse ; il peut même devenir un véritable poison pour l'enfant, produire des convulsions, de véritables attaques d'épilepsie, de funestes diarrhées.

Les femmes d'une constitution faible ne peuvent continuer à nourrir pendant quelque temps sans tomber dans un état d'épuisement qui serait aussi fatal pour elles que pour leur enfant. Enfin, il est des femmes qui, fortes et bien constituées en apparence, sont obligées de renoncer à nourrir, parceque l'enfant *ne profite pas à leur sein*.

La mère qui veut allaiter doit bien se pénétrer de toute l'étendue, de toute la rigueur des devoirs qu'elle s'impose. Si les plaisirs du monde la captivent encore ; si, entraînée par eux, elle abandonne souvent son enfant à des mains étrangères, qu'elle cesse de remplir une fonction dont elle n'est pas digne : mieux vaut alors une nourrice mercenaire.

Le lait par lequel on remplace le plus ordinairement le lait de femme est le lait de chèvre ou de vache. L'analyse chimique apprend que le lait d'ânesse ou de jument est celui qui, par sa composition, se rapproche le plus du lait de femme ; il semble donc que généralement cette espèce de lait conviendrait davantage à l'enfant. Il faudrait en excepter peut-être les enfants éminemment lymphatiques et scrophuleux, qui semblent se mieux trouver de l'usage du lait de chèvre. Dès les premiers temps de la naissance, le lait d'ânesse pourrait être donné pur sans inconvénient : le lait de chèvre ou de vache au contraire doit être coupé avec une quantité de liquide d'autant plus considérable que l'enfant est plus jeune.

L'enfant peut prendre le lait soit immédiatement au pis même de l'animal, soit au biberon. On peut facilement dresser une chèvre de manière à ce que l'enfant puisse la téter sans accident. Pris au pis, le lait a une saveur qu'il perd dès qu'il a été exposé au contact de l'air : il cesse alors d'être une liqueur vivifiante; il semble n'être plus aussi nutritif, et se digère plus difficilement.

C'est une opinion généralement répandue, que les enfants nourris avec le lait de chèvre prennent quelque chose des mœurs de cet animal : aucun fait bien observé ne démontre l'exactitude de cette assertion.

Si l'enfant se porte bien, on doit commencer à lui donner du lait quatre ou cinq heures après la naissance. Toutes les fois que l'enfant présente quelque symptôme de malaise, s'il est agité ou assoupi, s'il a de la fièvre, des vomissements, de la diarrhée, on doit sur-le-champ diminuer la quantité de lait qui lui est habituellement donnée. L'observation a appris que les inflammations gastro-intestinales causent ou compliquent chez les enfants un grand nombre d'affections; et chez eux, comme chez les adultes, des aliments introduits dans un estomac irrité ne peuvent qu'être funestes. Nous avons cru devoir insister sur ce point, parceque beaucoup d'enfants périssent victimes des préjugés de leurs parents ou de leurs nourrices, qui ne connaissent d'autre moyen d'apaiser leurs cris ou de calmer leurs souffrances que de les gorger de lait.

M. et A...F.

ALLÉGER. (*Marine.*) Rendre un vaisseau plus léger en diminuant les poids qui sont à bord.

ALLÉGORIE. (*Littérature.*) L'allégorie remonte à la

34.

naissance du langage primitif. L'homme ne fut d'abord frappé que des objets physiques : le besoin fit naître bientôt les termes nécessaires pour les exprimer. Quand les choses intellectuelles se présentèrent à la pensée de l'homme, manquant de mots pour les rendre, il leur donna en quelque sorte une forme vivante, et les fixa dans son esprit à l'aide du nom des objets qui faisaient des images à ses yeux. L'allégorie est la figure universelle par laquelle le genre humain tout entier entra dans l'ordre intellectuel et moral. Partout où se rassemblent en quelques familles les éléments d'un peuple, l'allégorie vient au secours de la société naissante, et met dans le commerce général quelques idées nécessaires à tous. Loin donc que dans ce début des intelligences l'allégorie soit un voile, elle est au contraire une lumière ; elle rend sensible ce que le discours ne pourrait encore expliquer d'une manière claire et précise.

Chaque peuple ayant créé tour à tour les signes vivants du petit nombre de pensées devenues communes, les chefs, qui voulurent instruire leurs semblables, durent se servir de l'allégorie comme d'un interprète nécessaire : de là l'usage constant de représenter les idées abstraites par les images des objets corporels ; de là le caractère symbolique du langage des premiers poëtes, qui paraissent avoir été partout les instituteurs des nations. Leurs chants, remplis d'obscurités pour nous, et même pour des peuples qui n'étaient séparés d'eux que par quelques siècles, étaient compris de tous ceux pour lesquels ils avaient été créés ; mais avec le temps on perdit le sens primitif des allégories, on s'en tint à la lettre, on divinisa les êtres fictifs, et le paganisme couvrit la terre de dieux chimériques. Alors, comme chez les Égyptiens par exemple, l'allégorie devint une langue cachée, mystérieuse, interdite aux profanes, et réservée aux seuls prêtres, qui voulurent intercepter, par des ténèbres épaisses, la lumière de la vérité. Pythagore et d'autres philosophes grecs transportèrent cette langue dans leur pays, mais ils en gardèrent les énigmes pour eux, ou ne les dévoilèrent qu'à un petit nombre d'initiés, après de longues épreuves pour les rendre dignes de cette communication. Pour tout le reste, la fable fut une religion riante et voluptueuse, facile et pleine d'allégories que l'on n'entendait pas, quoique quelques unes fussent d'une extrême évidence. Ainsi on ne voyait plus dans Minerve et Vénus, dans Mars et Apollon, des êtres allégoriques pour désigner la prudence, la beauté, le génie de la guerre, et la lumière du soleil, mais de véritables divinités, faites par l'homme à son image, parceque sa faiblesse n'aurait pu les comprendre sans ce rapprochement de leur nature avec la sienne.

Le chancelier Bacon, Blacwel son compatriote; l'abbé Conti, noble vénitien; Basnage, dans son Histoire des Juifs; l'abbé Pluche, dans son Histoire du ciel; Court de Gebelin, Dupuis, et d'autres encore, ont cherché à expliquer les allégories mythologiques. Leurs savants travaux ont jeté un grand jour sur cette matière. Grâce à ces hardis investigateurs de l'antiquité, on suit avec une espèce de certitude l'origine, les mystères, les progrès, la durée, la décadence des religions, presque toutes filles de l'allégorie, et marquées à l'empreinte de leur mère. On voit la vérité ressembler souvent à un astre qui brille de la plus vive lumière, disparaître bientôt, comme lui, sous un voile de nuages; mais l'éclipse de l'astre n'est que passagère et ajoute à son éclat, celle de la vérité dure quelquefois des siècles et la rend au monde encore tout obscurcie de ténèbres: il faut un long espace de temps pour les effacer. Dans une pareille situation des esprits, l'allégorie existe encore; elle entre dans les formes du langage, mais personne, ou du moins presque personne, n'y soupçonne un sens caché: je me sers de cette modification, parcequ'à aucune époque il ne manque parmi les nations quelques intelligences privilégiées qui représentent la raison humaine, et sont comme des dépositaires chargés de conserver et de perpétuer la vérité dans le monde.

Les Grecs, les Romains, et les modernes, qui ne sont qu'une froide et pâle contre-épreuve de ces deux grands peuples, entendent par le mot allégorie, dans son sens le plus étendu, cette fiction dont l'artifice consiste à offrir à l'esprit un objet de manière à lui en représenter un autre avec lequel il a du rapport.

L'allégorie, dans le langage des rhéteurs, est une figure du discours qu'on peut regarder comme une métaphore prolongée.

Toutes les espèces d'allégories obligent les écrivains et les lecteurs à mettre en jeu leur imagination, les uns pour revêtir de formes vivantes la pensée ou les sentiments qu'ils veulent éveiller, les autres pour comprendre le sens du problème offert à leur intelligence. Le premier mérite de l'allégorie est la justesse continue des termes de la comparaison; le second doit consister dans cette clarté, dans cette transparence qui laisse voir la vérité à travers un voile qui ne l'obscurcit jamais.

L'allégorie est souvent un moyen adroit de donner une leçon à des hommes que l'aveuglement de leurs passions ou l'orgueil du pouvoir rendrait sourds ou rebelles à la vérité. L'allégorie devient nécessairement la figure favorite de l'esclave qui veut faire entendre ses plaintes légitimes sans courir le risque d'irriter son maître. L'ingénieux langage et la voix timide de l'allégorie ont plus d'une fois désarmé un despote assez ombrageux pour s'offenser de la liberté même de la prière directe. Aucun peuple n'est plus riche en allégories de cette espèce que les Orientaux, parcequ'aucun peuple n'est plus voisin du soleil, qui enflamme toutes les imaginations, et plus à la merci du despotisme, qui contraint tous les sentiments. Peut-être les peuples de l'Asie actuelle n'entendent-ils plus le sens mystérieux de leurs allégories religieuses, mais ils font, comme leurs pères, un usage utile des détours de l'allégorie. Espérons que la vérité, qui pénètre chez eux avec les connaissances de l'Europe, leur permettra un jour de lever

tous les voiles dont ils sont encore forcés de couvrir la
vérité qu'ils n'osent montrer toute nue à leurs maîtres, et
qu'alors l'allégorie ne sera plus pour eux que ce qu'elle est
pour nous, un heureux ornement du discours.

Quand les peuples libres sont corrompus par la fortune
et par l'ivresse du pouvoir, ils ressemblent aux tyrans : le
courage lui-même se voit forcé de leur voiler la vérité.
Ainsi ce Démosthène, que l'on comparait au Jupiter ton-
nant, était quelquefois contraint de recourir à l'allégorie
pour aborder les passions des Athéniens. Peut-être Socrate n'aurait pas bu la ciguë s'il eût consenti à tempérer
par des allégories l'éclat de la vérité, trop vive pour des
yeux faibles et des esprits malades. Presque toute la prudence humaine consiste dans cet art de ménager la lumière
en la répandant ; mais il y a des devoirs auprès desquels la
prudence devient presque de la faiblesse. Une mort sublime est le plus éclatant des témoignages que la vertu
puisse donner d'elle-même : frappé de ce grand sacrifice,
le genre humain adopte avec ferveur et conserve avec respect la vérité qu'un sage a scellée du sang de l'innocence
méconnue.

Chez les peuples modernes, la religion chrétienne d'un
côté, les lumières de l'autre, ont beaucoup restreint l'u-
sage de l'allégorie. Autrefois les prophètes eux-mêmes se
croyaient obligés d'envelopper et de préparer les avis sévères qu'ils donnaient aux princes. Ils n'osaient pas plus
attaquer en face les crimes du saint roi David ou les vices
de son fils, que les fureurs de Jézabel ou d'Athalie ; mais,
malgré ces précautions, plusieurs d'entre eux payèrent de
leur tête la généreuse entreprise de mettre un frein aux
passions des grands. Plus libres que les prophètes, les
Bourdaloue, les Bossuet, les Massillon, tout en appliquant
à leurs sermons les nombreuses allégories de la Bible, ont
donné plus de force et d'éclat à la vérité par l'opposition
des ménagements qu'elle consentait à garder chez les Hébreux, avec la franchise et la liberté des censures qu'elle

fulminait chez nous du haut de la tribune sacrée. Que
d'allégories auraient contenues, il y a trois mille ans, les
discours de Massillon devant le David et le Salomon du dix-
septième siècle! Sans doute la bonne foi, l'entraînement,
la flatterie, et l'illusion qu'il faisait à son siècle, ont produit beaucoup de magnifiques mensonges en faveur de
ce prince imposant; mais nos orateurs sacrés méritent
de grands éloges pour lui avoir donné en face des leçons qu'il n'eût jamais voulu entendre s'il eût été un roi
d'Asie.

Indépendamment de la religion, qui, d'accord en ce
point avec la philosophie, proclame sans nul déguisement
les principes éternels de la morale, et traite, dans
ses instructions, les rois comme les peuples, l'accroissement des connaissances humaines, qui se communiquent
de proche en proche, rend l'allégorie d'un usage beaucoup
moins fréquent : de jour en jour elle deviendra plus rare.
Nous marchons vers une époque où chaque vérité se mon-
trera nue, sans voile, et sous les formes les plus capables
de la rendre populaire. Alors l'allégorie, presque bannie
de la prose, excepté comme figure de style, se réfugiera
dans la poésie, qui a besoin, même chez les peuples où
elle est séparée de sa rivale par des différences mieux
marquées que dans la langue française, de se créer un
génie particulier, d'avoir des mystères, des figures, des
formes, des expressions et une harmonie qui n'appartiennent qu'à elle. L'imagination est le domaine propre de la
poésie; il faut qu'elle s'y élance avec plus d'audace que
jamais, et qu'elle parcoure, sans s'égarer, des champs
presque sans limites. La fiction de Virgile servant de guide
au Dante dans deux mondes surnaturels, l'enfer et le purgatoire, est une image du rôle que la raison doit jouer
auprès de l'imagination, de même que la Divine Comédie
nous offre l'exemple le plus frappant des écarts de l'imagination lorsque, semblable à un élève fougueux, elle
s'emporte à tout moment et méconnaît l'autorité de son

maître. Ajoutons cependant que Virgile pèche quelquefois
par un excès de timidité, que ses proportions, comme
modèle inspirateur, ne sont pas toujours assez grandes, et
qu'un poëte de nos jours peut devenir plus digne de sa
mission nouvelle en marchant sous les ailes du génie et
du bon sens d'Homère que sous les auspices du chantre de
Troie.

L'allégorie entre dans tous les genres de composition.
Toutes les formes du discours et du style lui conviennent;
tour à tour sérieuse et badine, toujours morale, souvent
dramatique, elle peut prendre un vol sublime, et descendre
au ton le plus familier, effrayer par la menace, ou corriger
par le ridicule.

Les Écritures, qui ont souvent le caractère de la poésie
lyrique, offrent beaucoup d'allégories: celle de Nathan
envoyé par Dieu à David pour lui reprocher son adultère
avec Bethsabée ainsi que la mort d'Urie, est d'autant plus
belle, que jamais le courage d'un sujet n'a mieux employé
le secours du génie pour éveiller le repentir dans le cœur
d'un roi qui jouit avec sécurité des fruits de son crime.
Quand la poésie sert ainsi d'interprète à la morale offensée,
elle est entendue de tous les peuples et paraît destinée à
vivre autant que le monde. On remarquerait comme un
heureux artifice, dans une composition profane, la circonstance historique de la mort de l'enfant de l'adultère, tout-
à-coup frappé par le Seigneur, pour la punition de David.
Rien de plus touchant que le deuil et les prières de ce
prince avant la perte de la jeune victime; mais on éprouve
un étonnement que la simple raison ne peut faire cesser,
en lisant ce verset dont l'expression est d'une naïveté
exquise: « David ensuite consola sa femme Bethsabée; il
dormit avec elle, et elle eut un fils qu'elle appela Salomon.
Le Seigneur aima cet enfant. »

Jérémie se sert tantôt de l'allégorie, tantôt du langage
direct, pour conjurer la ruine de Jérusalem et désarmer
le bras du Seigneur en réveillant le repentir dans le cœur

du peuple d'Israël. Dieu lui-même emprunte le langage de l'allégorie lorsqu'il accuse les Hébreux devant son serviteur qui veut les sauver de leur ruine.

La prophétie de Joad me paraît une allégorie sublime; elle réunit la haute inspiration des prophètes avec la hardiesse lyrique des chœurs d'Eschyle, et nous montre ce qui manque aux plus belles odes de Jean-Baptiste Rousseau. Le véritable poëte sacré, chez nous, est l'auteur d'Esther et d'Athalie.

On trouve dans le Prométhée d'Eschyle une allégorie éminemment dramatique; elle paraît signifier que la puissance tyrannique trouve toujours la force prête à exécuter ses décrets, et que le véritable courage ne cède jamais la victoire à l'injustice. Horace a fait un tableau hors de nature, peut-être, en peignant le sage debout et sans effroi sous les ruines du monde qui vont l'accabler; le Prométhée d'Eschyle, enchaîné par la force, attaché par la violence avec des clous de diamant à son rocher, et foudroyé enfin par Jupiter, sans avoir voulu ni fléchir, ni prier, ni donner un signe de repentir, est un modèle de cette constance inflexible et passionnée que rien ne peut dompter. Un tel caractère a le grandiose d'une création allégorique, sans excéder les bornes du possible et du vrai. Peut-être pourrait-on penser que le Prométhée offre encore deux allégories cachées : la première ferait allusion à la jalouse inquiétude du pouvoir, porté dans tous les temps à regarder comme ennemis les talents qui se consacrent à éclairer les peuples; la seconde nous rappellerait que la témérité, qui cherche les périls extrêmes, que la violence et l'orgueil, qui ne cessent d'irriter nos ennemis, amènent notre ruine inévitable.

On ne cesse de citer comme un modèle parfait de l'allégorie l'ode d'Horace qui commence par ces vers :

> O Navis, referent in mare te novi
> Fluctus! ô quid agis? fortiter occupa
> Portum.

Mais elle est immédiatement suivie d'une autre allégorie d'un caractère plus grand et plus dramatique : le poëte y semble frémissant de colère, et armé, comme Lucile, d'un glaive nu pour punir et frapper. Il s'agit de la prédiction de Nérée. En levant le voile de la fiction la plus ingénieuse, en séparant les idées-mères du sujet des formes matérielles que le génie leur a données, on trouve dans une composition aussi remarquable par l'unité, le mouvement, la chaleur et la variété,

Le crime de l'hospitalité violée,

Son éclat dans le monde,

Son ivresse du moment,

Ses plaisirs fugitifs,

Les cris du remords qui corrompent sa félicité trompeuse, et qui ressemblent aux menaces prophétiques de Nérée,

La colère des dieux,

La chute d'un empire perdu par la faute d'un seul homme,

Et enfin la foudre qui tombe sur le coupable, en enveloppant sa famille et tout un peuple.

Avec un homme doué de tant d'esprit et de sens, avec un poëte qui méditait ses sujets aussi profondément qu'Horace, on ne craint pas de supposer au génie des intentions aussi dignes de lui. Au reste, mon interprétation n'acquiert que plus de force si l'on admet, avec plusieurs savants critiques, l'opinion qui voit, dans l'ode sur les amours d'Hélène et de Pâris, une allusion à la folle et criminelle passion qui perdit en même temps le rival d'Auguste et la reine d'Égypte.

Timothée, ou la Fête d'Alexandre, par Dryden, est aussi une allégorie sublime, et l'une des plus belles créations de la poésie lyrique. Peut-être surpasse-t-elle encore par le mérite d'une action vive et variée, par la succession des mouvements passionnés que le génie excite dans le cœur orageux d'Alexandre, l'invocation de Lucrèce à Vénus,

qui se termine par cette admirable allégorie : « O déesse,
fais que la terre et l'onde voient enfin tomber et s'assou-
pir les fureurs du cruel génie de la guerre ; seule tu peux
consoler les mortels par les douceurs de la paix. C'est
Mars qui régit en arbitre souverain le jeu barbare des combats, et l'on sait que Mars, enchaîné à ton pouvoir par la
blessure d'un éternel amour, vient souvent se rejeter dans
tes bras : c'est là que, renversé sur tes genoux, levant sur
toi ses yeux avides, il se repaît du plaisir de contempler
ta beauté, et demeure suspendu à ton sourire ! O illustre
mère des Romains, quand ce dieu repose sur ton corps
sacré, incline-toi vers lui, et, laissant couler de ton cœur
des paroles pleines de charme, demande pour ton peuple
le bonheur de la paix ! »

Il y a de belles allégories dans Pétrarque et dans le
lyrique Filicaja ; mais l'ode à la Fortune de Guidi me
semble mériter une attention particulière : grecque sous le
rapport de l'imagination, romaine par la hauteur des pensées, française par la justesse des rapports de la fiction
avec la vérité, italienne par l'éclat et la profusion des
images, elle marque des différences sensibles entre quatre
grandes littératures, et devient encore la meilleure censure
de la froide et longue apostrophe de Jean-Baptiste à la
déesse que le genre humain tout entier adore comme un
ouvoir inconnu que la raison désavoue sans pouvoir déra-
ciner, même dans les sages, une idolâtrie secrète du cœur.

Les épopées d'Homère abondent en allégories, les unes
sublimes, les autres riantes et naïves. Certes, Homère n'a
point voulu faire de l'Iliade et de l'Odyssée une longue
allégorie. Cette prétention aurait glacé sa verve et ôté la
vie à ses créations ; mais il a employé avec art des ornements ingénieux qui donnent un corps à des sentiments ou
à des pensées. Les prières, la ceinture de Vénus, la plante
qui avait la puissance de suspendre pendant un jour les
plus grandes douleurs, ce népenthès dont la belle Hélène
exprime les sucs dans la coupe de Télémaque pour faire

cesser les larmes que lui arrache le souvenir d'Ulysse, sont des allégories.

Virgile, moins riche et moins prodigue des trésors de la poésie qu'Homère, a fait un usage discret de l'allégorie. Celle de l'amour caché sous les traits d'Ascagne, assis comme un enfant sur les genoux de Didon, réchauffant de son souffle un cœur tiède et déshabitué d'aimer, effaçant un souvenir, qui est encore une image vive, par une passion nouvelle, où la puissance de la beauté suprême qui éclate tout-à-coup dans Énée, l'admiration pour la gloire, la pitié pour le malheur, la ressemblance des infortunes, et tous les genres de surprise et d'illusions sont réunis par Vénus et son fils contre la reine de Carthage, constitue une des allégories les plus justes, les plus ingénieuses, les mieux soutenues que l'on puisse rencontrer dans un poëme. Je n'en dirai pas autant de la maigre fiction qui représente Vénus et Junon à l'hymen fortuit de Didon et d'Énée.

La scène conjugale que le bon Homère nous représente entre Jupiter et la reine des dieux, qui emprunte la ceinture de Vénus pour plaire à son époux, nous apprend comment la poésie renouvelle et embellit les choses les plus vulgaires. Sans doute on a eu raison de louer ici la pudeur de Virgile; mais il fallait, en conservant le prodige nécessaire qui conduit la reine à l'écueil de sa vertu, appeler le secours des grâces pour répandre du charme sur la faute. Il fallait faire une opposition entre l'affreux orage excité par Junon et les enchantements de la grotte. On devrait y sentir la présence de Vénus, qui sème partout des fleurs sur ses pas. La séduction des lieux entre pour beaucoup dans l'amour, et il y a des conseils de volupté jusque dans l'air embaumé qu'on respire. Armide, parmi toutes les surprises qu'elle ménage au jeune Renaud, prodigue les fleurs et leurs parfums autour de lui. C'est aussi parmi les fleurs que Milton a placé la couche des deux premiers époux du monde.

Ce que j'appellerais l'allégorie de composition n'est pas marqué au coin du génie dans Virgile ; mais celle qui consiste dans une figure du style est presque toujours un modèle de sentiment et de goût. Toutes les comparaisons de Virgile sont des allégories aussi remarquables par la justesse que par le prix qu'elles ajoutent à des choses où l'on croirait qu'il a épuisé tous les secrets de l'art d'émouvoir les cœurs.

Les trois poëmes du Dante abondent en allégories. Il y en a dont le sens est perdu pour nous, parcequ'elles tiennent à des allusions qui s'appliquent à des choses du temps que nous ignorons. D'autres, semblables à ce que Boileau appelait du galimatias double, étaient peut-être inexplicables pour le Dante lui-même : un grand nombre paraît à jamais répudié par la raison et le goût. Mais d'autres, marquées au fer chaud d'une satire implacable, comme celle d'Archiloque, et quelquefois au caractère de cette justice éternelle qui mesure ses sévérités à la grandeur des coupables, étincellent de génie, de raison, et de verve poétique. Le début du premier chant de l'Enfer contient, suivant les commentateurs, une allégorie aux passions de la jeunesse, de l'âge mûr et de la vieillesse, c'est-à-dire la luxure, l'ambition et l'avarice. Mais peut-être, dit Rivarol, ce triple emblème ne regarde-t-il que la cour de Rome, qui, pour asservir l'Italie, était tour à tour panthère séduisante, lionne superbe, ou louve avare? Si Béatrix est, comme on le suppose, une image allégorique de la religion, jamais un poëte n'a fait un plus heureux usage de la faculté de créer. Béatrix a aimé le Dante sur la terre, elle l'aime encore dans le ciel : occupée à regarder les merveilles du séjour céleste, elle n'oublie pas le poëte chéri qui lutte seul contre les écueils des passions. Distraite un moment de lui par les ravissements de la contemplation, elle le voit tout-à-coup errant parmi les ombres, égaré dans le grand désert du vide. Effrayée de ses périls, elle court à Virgile, et lui dit : O belle âme de Mantoue, vous dont la renommée dure encore dans le monde et vivra autant que le mouvement de l'univers! mon ami, et non celui de la fortune, est embarrassé dans une plaine déserte et dans un chemin pénible où la peur peut l'égarer ; je crains qu'il ne soit déjà perdu ; je crains d'avoir trop tard quitté les cieux pour venir à son aide. Allez à lui, je vous en conjure ; que le charme de la parole d'un poëte et le secours d'un art divin le sauvent et me consolent. Je suis Béatrix : c'est moi qui vous implore ; je viens d'un séjour où je dois retourner bientôt ; c'est l'amour qui m'envoie et qui me fait parler. »

En pardonnant au Dante le mélange du profane et du sacré, on ne peut que louer ici des allégories si belles et si transparentes : l'une fait de la religion un amour immortel, qui mêle les choses du ciel à des pensées de la terre, et a pour compagne la pitié qui plaint les peines de l'humanité ; l'autre transforme la poésie en un guide envoyé par une femme céleste au secours d'un homme qu'elle veut arracher aux séductions du vice, et rappeler à la vertu par le commerce du génie et les souvenirs de l'amour.

Solon avait rendu une loi pour ordonner à tout citoyen de prendre un parti dans les dissensions civiles. Voici comment le pinceau du Dante peint ces hommes qui, lorsqu'il s'agit des intérêts de la patrie, gardent une neutralité coupable, se refusent aux sacrifices qu'elle impose, et se réservent pour être la proie du vainqueur. Le poëte, effrayé par des imprécations, des accents de rage et des cris de désespoir, demande à connaître ceux qui sont ainsi accablés de douleur. « Ce sont, reprend Virgile, les tristes âmes de ceux qui vécurent sans vertus et sans vices ; elles sont confondues avec le chœur des lâches qui ne furent ni rebelles ni fidèles à Dieu, et n'eurent de dieu qu'eux-mêmes. Le ciel les chassa pour ne rien perdre de sa beauté ; l'abîme infernal n'a point voulu les recevoir, parceque les compagnons de Satan ne pouvaient tirer d'honneur d'une

telle compagnie... Ces malheureux n'ont plus l'espérance
de mourir; leur existence est si basse et si remplie de
ténèbres qu'il n'est point de condition qui ne leur fasse
envie. Le monde ne se fatigue point à parler d'eux ; la
miséricorde et la justice les méprisent également : n'en
parlons plus désormais : regarde et passe. »

Je ne rappellerai point les allégories du Tasse : ce poëte
est devenu si familier à tout le monde en France, grâce
à la connaissance de la langue italienne et à nos belles traductions de la Jérusalem, que les lecteurs devanceront
toutes mes réflexions. Peut-être pourrait-on croire que le
Tasse, qui avait à la fois l'imagination d'un poëte et une
certaine subtilité dans l'esprit, a voulu nous insinuer dans
l'épisode d'Armide qu'il ne faut pas jouer avec l'amour si
l'on ne veut pas s'y laisser prendre. La puissante Armide,
douée des charmes, des attraits de toutes les séductions, de
tous les attributs différents de la Vénus antique, cette magi-
cienne qui a composé un art de plaire dont les secrets semblent être pour elle des inspirations ou des présents de la
nature, cette nouvelle Hélène qui enflamme tout un camp
de chrétiens dans l'Asie, éprouve à la fin la passion qu'elle
a voulu inspirer à Renaud ; et du moment où elle est vraiment touchée, son cœur change : on dirait qu'elle a pris
les vertus de l'amour avec ses tendres émotions et ses joies
inquiètes. L'amour a pour elle des enchantements plus doux
que tous ceux qu'elle prodigue autour de Renaud. Mais la
gloire entraîne le fils de la belle Sophie, et nous voyons
Armide, d'abord tendre et suppliante comme Didon, tomber aussi dans un affreux désespoir. Elle éclate en imprécations comme si Renaud avait surpris sa candeur et trompé
sa sincérité. Le dernier trait de l'allégorie semble appartenir à la Grèce : à peine Renaud est parti, que le palais,
les jardins d'Armide, et tous les prodiges opérés par l'a-
mour, disparaissent pour ne plus laisser voir qu'un affreux
désert.

Élève de Moïse et d'Homère, nourri d'Eschyle et des pro-

phètes, imitateur du Dante et du Tasse, Milton est rempli
d'allégories. Chez lui le péché est représeuté par une belle
femme dont le corps se termine en serpent, tandis que des
chiens, pareils à ceux de Scylla, environnent sa ceinture;
il nous peint la mort sous la figure d'une ombre de substance noire comme la nuit, terrible comme les furies, horrible comme l'enfer, secouant un dard redoutable, et portant sur sa tête informe et décharnée l'apparence d'une
couronne royale; Satan lui-même reste étonné devant ce
monstre. La fiction continue à dégénérer en un mélange
d'horreurs, qui ne peuvent, a dit Voltaire, que révolter
un lecteur délicat. La création d'un pont élevé par la mort
et le péché sur l'abîme du chaos, et sur lequel le genre humain doit passer tout entier pour aller s'engloutir dans
l'abîme, a au contraire quelque chose d'une grandeur
sauvage et gigantesque, que la raison ne rejette point,
parcequ'elle aperçoit des idées variées, mêlées à des
croyances religieuses, sous le voile de la fiction. Si le personnage d'Ève n'était pas donné par la Bible, s'il ne devait pas l'existence à la volonté divine et au génie de Moïse,
on pourrait regarder l'épouse d'Adam comme une création
allégorique de Milton pour effacer la Vénus antique. La présence de la jeune Ève, le type de la beauté suprême, produit sur le paradis terrestre, sur les anges, et sur Dieu
lui-même, qui la regarde avec complaisance après l'avoir
formée avec amour, le même effet que la reine de Gnide
sur toute la nature et sur l'olympe, qui l'admirent également. Mais la mère du genre humain a pour compagnes
deux grâces nouvelles, l'innocence et la pudeur: voilà
pourquoi elle nous paraît plus belle que la Vénus d'Homère.

Le fond de la comédie d'Aristophane intitulée *Plutus*,
est une allégorie aussi ingénieuse que philosophique. On
peut regarder comme une des plus belles allégories morales de l'antiquité la fable d'Hercule entre le Vice et la
Vertu, composée par Prodicus de Céos, et dont Xénophon nous a conservé un extrait dans son livre des dits mé-

morables de Socrate. La Psyché d'Apulée, traduite souvent avec bonheur par La Fontaine, et qui a inspiré à Lebrun des vers pleins d'une mollesse et d'une grâce trop rares dans ses ouvrages, ne le cède point en célébrité à la fiction de Prodicus. Les ouvrages de Lucien sont semés d'allégories, tantôt ingénieuses, tantôt naïves, qui renferment beaucoup de sens.

Dans l'idylle antique, Théocrite et Virgile offrent de nombreux exemples d'allégories. Le premier de ces poëtes en a deux remarquables : celle qui a pour titre *les Fêtes de Cérès* représente un berger enfermé dans une arche d'airain, et que les muses, dont il était chéri, faisaient nourrir par un essaim d'abeilles ; dans sa onzième idylle (*le Cyclope*), le poëte a voulu montrer, d'une manière différente et plus dramatique, que les muses ont un charme pour guérir ou du moins pour calmer les plus cuisantes peines de l'âme.

Le Pollion de la quatrième églogue de Virgile cache, sous des images allégoriques, une allusion à la naissance d'un enfant dont le nom reste encore un mystère, malgré tous les efforts des érudits pour l'expliquer.

L'idylle française revendique, comme un titre de gloire, la brillante allégorie de madame Deshoulières sur sa famille, comparée à un jeune troupeau que son pasteur se voit forcé d'abandonner. Toute l'inspiration de ce petit poëme semble due à quelques vers de Virgile, qui commencent par cet adieu si tendre :

Ite, meæ, felix quondam pecus, ite, capellæ.

Toutes les belles choses ont une postérité qui laisse toujours voir l'empreinte originale à travers les mutations de formes qu'elles subissent dans les emprunts du génie au génie.

L'allégorie forme presque tout le tissu de cette longue suite de fables ingénieuses, de ce chef-d'œuvre d'imagination, où, suivant l'expression originale de Piron, le lecteur boit la poésie à pleine coupe; je veux parler des *Métamorphoses d'Ovide*. Au nombre des plus belles allégories qu'elles contiennent, il faut citer la fiction de l'Envie et la chute de Phaéton. Cette dernière fable est une véritable action dramatique qui contient la leçon la plus forte que la raison ait jamais pu offrir à l'orgueil et à la témérité; et cette leçon a encore le mérite de présenter une scène de la vie humaine avec une étonnante fidélité de couleurs. L'allégorie de Ceyx et de sa jeune épouse, changés en alcyons, offre encore un dernier exemple qui mérite une attention particulière, parceque la métamorphose est à la fois la plus charmante image du passé, le complément de l'action, et une consolation pour le lecteur, heureux de voir renaître les deux jeunes époux en deux oiseaux fidèles, dont la mer elle-même respecte les amours.

Les Anglais ont beaucoup de poëmes allégoriques : tels sont l'*Histoire de l'âme*, par Prior; *Hudibras*, de Samuël Butler, allusion perpétuelle et vraiment comique à la guerre civile du temps de Cromwel; la *Reine des Fées*, sous l'image de laquelle Spencer a voulu personnifier la gloire, et représenter la reine Elisabeth.

On trouve dans le *Ministre de Wakefield*, de Goldsmith, une courte et belle allégorie sur la faute et la honte, considérées comme des compagnes inséparables. La peine attachée aux traces du coupable le laisse quelquefois échapper, ou ne l'atteint qu'après de longs délais : la honte le saisit au moment même de la faute : elle est la première vengeance de la vertu offensée; elle précède cette terreur qui fait pâlir le crime en dedans, suivant l'énergique expression de Perse.

Parnell a composé une célèbre allégorie sur l'homme; en voici une légère esquisse :

Un nouveau Prométhée, le Souci, mécanicien habile et laborieux, a réuni une âme, créée par Jupiter, à un corps formé du limon terrestre; de cette réunion résulte un être appelé l'*homme*.

Jupiter, prenant intérêt à cette créature mixte, se propose de l'adopter, de la perfectionner, d'en faire une merveille sous le ciel, lorsque la Terre se présente devant lui, en disant : « Grand Jupiter, cet objet a été formé de ma propre substance ; ses mains, son cœur, sa tête, m'appartiennent : pourquoi veux-tu t'en emparer et le traiter comme tien ? » « Je t'entends, répond Jupiter ; mais cet être que tu réclames tient de moi ce qui fait mouvoir ses mains, son cœur et sa tête. »

Le Souci, présent à cette querelle, s'écrie : « Ma part ! ma part ! Toi, Jupiter, tu revendiques l'âme de l'homme ; toi, Terre, tu demandes son corps ; et moi, je le réclame tout entier, pour avoir uni son âme à son corps. »

Le Temps survient ; on le prend pour juge du débat, et il prononce la sentence suivante :

« Puisque c'est Jupiter qui a fait l'âme, que l'âme retourne à Jupiter ; que le corps retourne à la Terre, puisque c'est d'elle qu'il a été formé ; mais comme c'est l'union de l'âme et du corps qui constitue l'homme, le Souci, auteur de cette union, restera en possession de l'homme, jusqu'au moment où son corps retournera à la Terre et son âme à Jupiter. »

» A la bonne heure, dit Jupiter ; j'y consens : et puisque l'homme reste au pouvoir du Souci et de tout son cortége, les âmes, qui m'appartiennent, ne tarderont pas à revenir vers moi. »

Ne dirait-on pas que cette allégorie sur l'immortalité de l'âme nous vient de quelque poëte grec ?

Les Portugais, les Espagnols et les Allemands sont riches en allégories, témoin l'*Adamastor* du Camoëns, et divers épisodes de la belle tragédie de Cervantes, intitulée *Numance*. Je me contenterai d'en citer un seul.

La guerre paraît sur la scène, une pique à la main, accompagnée de la Maladie, marchant appuyée sur une béquille, et de la Famine, vêtue d'une robe de couleur jaune, image de sa pâleur. La Guerre parle la première en ces termes : « Famine, Maladie, ministres de mes terribles et sévères commandements, dévoratrices de la santé et de la vie, inflexibles divinités, sur lesquelles n'ont de prise ni les prières, ni les droits, ni les ordres, vous connaissez mes intentions, et je n'ai pas besoin de vous les expliquer de nouveau. Combien je serai contente et satisfaite de voir votre prompte obéissance à exécuter mes volontés ! La force irrésistible du sort, dont les arrêts ne sont jamais vains, me contraint à seconder les efforts des belliqueux enfants de Rome. Ils vont donc triompher pour un temps, et pour un temps seront abattus les Espagnols ; mais le jour viendra où je changerai, où j'abaisserai le superbe et je viendrai au secours du faible : car je suis la Guerre, la puissante Guerre, en vain si détestée des mères et des épouses. Ceux qui me maudissent ont tort quelquefois, et ne connaissent pas la force de cette main. Grâce à la valeur espagnole, je deviendrai maîtresse de la terre entière, à l'heureuse époque où règneront un Charles, un Philippe, un Ferdinand. »

Convaincues d'avance, et plus pressées que jamais de la soif de la destruction, la Famine et la Maladie promettent à la Guerre d'exterminer les Numantins, et tiennent parole.

Cette fiction est tout-à-fait dans le genre du Prométhée d'Eschyle. Les Euménides du même poëte représentent encore, sous le voile d'une allégorie aussi terrible que dramatique, le supplice des remords qui déchirent le parricide.

Les Français, dont l'exacte raison et le goût sévère coupent un peu trop souvent les ailes à l'imagination de leurs poëtes, au lieu de leur donner toute la liberté que le génie demande, ont pourtant des modèles parfaits de l'allégorie appliquée à des genres opppposés. Nous pouvons citer avec quelque orgueil national l'épisode de la Haine dans l'opéra d'*Armide;* la fable de l'Amour et de la Folie, semblable à une création de Platon, lorsqu'ayant renoncé à l'Amour, pour lequel il avait toutefois réservé une place sur le seuil de l'académie, comme il avait conservé un autel pour les Muses dans sa maison, il laissait échapper des fictions de poëte dans ses traités sur la morale. Boileau, que ses détracteurs accusent de manquer de grâce, nous a donné dans la Mollesse du *Lutrin* un modèle digne de lutter avec ce que les anciens nous ont laissé de plus parfait, pour la justesse des idées, la vraisemblance de la fiction, l'élégance des formes, et la savante mélodie des vers. Après avoir lu cet épisode, on se demande si la muse de Racine aurait pu surpasser ou atteindre ici la perfection du maître qui lui avait appris à faire difficilement des vers faciles. (*Voyez* MYTHOLOGIE et PEINTURE.)   P.-F.T.

ALLEMAGNE. (*Géographie.*) Grand pays de l'Europe centrale, borné au nord par la mer d'Allemagne, le Danemark et la mer Baltique; à l'est par la Prusse, la Pologne et la Hongrie; au sud par la mer Adriatique, l'Italie et la Suisse; à l'ouest par la France et les Pays-Bas. Elle s'étend de 2° 30′ 16° 40′ de longitude est, et de 44 à 45° de latitude nord; sa longueur est de 250 lieues, sa largeur de 240 lieues, sa surface de 32,632 lieues carrées.

La nature a partagé ce pays en Allemagne septentrionale et méridionale: la première depuis la frontière du sud jusqu'à 51° de latitude, la seconde depuis ce point jusqu'à la limite du nord. La première est généralement montagneuse. Les Alpes se prolongeant à l'est y forment les chaînes rhétiques et noriques ou tyroliennes, salzbourgeoises, stiriennes, où l'on remarque le Gross-Glockner qui a 2163 toises de hauteur, l'Ortelspitz 2469, le Hochhorn 1772, le Gross-Kogel 1517, au-dessus du niveau de la mer. Plusieurs parties de ces montagnes contiennent des glaciers. Au sud des Alpes noriques, les Alpes juliennes et carniques se prolongent vers la Dalmatie et la Croatie; le Terglou s'y élève à 1699 toises. Les Alpes noriques, en s'étendant à l'est jusque dans la Hongrie, s'abaissent en envoyant au nord le Kahlenberg et le Wienerwald, qui, par des chaînons, se rattachent à l'est aux Carpathes, à l'ouest aux Sudètes, dont

les monts des Géants sont la partie la plus haute. Au-delà,
vers 51°, ils diminuent d'élévation et se confondent avec les
plaines; au nord-ouest, les Alpes noriques se rattachent
à l'Arlberg, qui joint les Alpes de Souabe : celles-ci atteignent à l'ouest le Rauhe-Alp, branche du Schwarzwald
(Forêt-Noire) qui se rattache au nord avec le Spessart.
Celui-ci envoie vers l'est des ramifications au Fichtelberg et
à l'Erzgebirg, qui, vers 51°, se joint aux monts des Géants.
La prolongation au sud-est, est le Bœhmischerwald, qui, en
se dirigeant plus loin au nord, forme les monts de Moravie,
dont l'extrémité au nord-est se confond avec les Sudètes.
L'Erzgebirg se joint au nord-ouest au Thuringerwald, dont
le Hartz fait le point extrême vers 51°. Dans le sud-ouest
du Hartz, un pays montagneux s'étend jusqu'au Westerwald, qui, dans le sud, atteint le Hundsruck, dans le nord-
ouest l'Eiffel et les Ardennes, et dans le sud-est le Spessart. A l'extrémité septentrionale des ramifications du
Westerwald, on observe beaucoup de volcans éteints, de
même que dans le point où il se rattache au Hundsruck,
dans le pays montagneux du côté du Hartz, entre l'Erzgebirg et le Bœhmischerwald et dans quelques autres endroits.

La partie de l'Allemagne située au nord de 51° n'offre
qu'une plaine dans laquelle le cours des rivières n'est séparé
que par des plateaux peu élevés. Cette plaine, généralement
sablonneuse, est occupée en plusieurs endroits par des landes et des bruyères, quelquefois par des terrains marécageux
assez souvent fertiles. Le long de la côte de la mer d'Allemagne et de la Baltique, le sol est si bas qu'il faut le garantir par des levées et des digues contre la fureur de l'Océan.

Le climat est tempéré et même chaud dans le sud,
froid et assez âpre dans le nord et sur les montagnes,
très sain partout, excepté dans le voisinage des marais.

De grandes rivières arrosent l'Allemagne. Dans l'ouest, le
Rhin, après être sorti de la Suisse, avec laquelle il forme la
limite, en sert ensuite avec la France, puis coule sur les

terres germaniques jusqu'à la frontière des Pays-Bas. Il reçoit à droite le Necker, le Mein, la Rurh et la Lippe; à gauche la Moselle, qui vient de la France, et l'Erft.

L'Ems, le Weser, l'Elbe, l'Oder, prennent leur source en Allemagne, en parcourent différentes parties dans le centre, le nord et l'est, et ont leurs embouchures, les trois premiers dans la mer du Nord, le quatrième dans la mer Baltique; plusieurs affluents de celui-ci viennent de la Pologne.

Le Danube sort du Schwarzwald, à peu de distance des bords du Rhin, coule vers l'est en traversant plusieurs chaînes de montagnes, et entre en Hongrie. Il reçoit à droite l'Iller, le Lech, l'Isar et l'Inn; à gauche l'Altmülh, le Naab et la March.

On compte en Allemagne plus de six cents lacs; le plus célèbre est le lac de Constance, qui est limitrophe de la Suisse. Quelques uns de ces lacs sont salés. Les eaux minérales sont très nombreuses, notamment dans le Westerwald et le Bœhmischerwald.

Les mines du Hartz et de l'Erzgebirg sont les plus riches. On trouve en Allemagne tous les métaux: leur exploitation et leur préparation y ont été très perfectionnées. Quelques montagnes renferment des pierres précieuses; la houille est abondante; la terre à porcelaine, l'argile à potier, la terre à foulon, s'y offrent à l'industrie humaine. Les cantons voisins des anciens volcans donnent des pierres ponces, du tuf, du trass que l'on emploie pour les constructions sous l'eau, des meules; le granit, le gneiss, le schiste, le porphyre, composent plusieurs masses de montagnes. Le grès, notamment le rouge, la pierre calcaire, se rencontrent dans différents endroits; mais au-delà du 51° degré, l'on ne trouve presque partout que du sable. Les sources salées et le sel gemme sont assez communs.

L'Allemagne conserve encore plusieurs de ces grandes forêts dont le nom *wald* a servi à désigner les hauteurs qu'elles couvraient: elles renferment tous les arbres de l'Europe tempérée; on en tire de très beaux bois de construction. L'aménagement des forêts est conduit avec beaucoup d'intelligence; la culture est soignée partout où le sol le permet; on récolte toutes les céréales propres au climat; des racines, des graines utiles à l'économie domestique, aux arts et à la médecine; du houblon, du chanvre, du lin. La vigne ne s'arrête qu'au 51e degré; on fait de bon vin dans divers endroits: ceux du Rhin, du Mein et du Danube ont de la réputation; l'olivier croît sur les bords de la mer Adriatique.

Plusieurs cantons d'Allemagne ont de très bons chevaux, surtout dans le nord. On élève beaucoup de bœufs; les moutons réussissent bien dans les contrées sablonneuses; dans quelques autres, les cochons forment une branche essentielle de l'économie rurale, et les jambons de Westphalie font les délices des gourmets. La rigueur du climat rend l'âne rare dans le nord. Les montagnes et les forêts recèlent beaucoup d'animaux carnassiers et de bêtes fauves. Le gibier est très commun. Les oies font, dans plusieurs cantons, le fond des basses-cours avec les volailles. Les lacs, les rivières et la mer nourrissent beaucoup de poissons.

L'industrie est très florissante; on fabrique des toiles de lin, des draps, des tapis, des étoffes de soie, des toiles de coton, du papier, de la porcelaine, du verre, des glaces, des cristaux, des miroirs, de la faïence, des dentelles, des cuirs, de la quincaillerie, des armes blanches, des armes à feu, des faux, des limes, toutes sortes de produits chimiques, des instruments de musique, et une multitude d'autres objets. Ils fournissent, avec plusieurs des productions naturelles, le fond d'un commerce très considérable avec l'étranger. Il n'est pas jusqu'aux jouets d'enfants qui ne fassent une branche de trafic importante. Le peu d'étendue des côtes d'Allemagne s'y oppose au développement du commerce maritime. Celui de l'intérieur est facilité par soixante rivières navigables et par des canaux.

C'est par leur secours que l'on expédie aux ports de mer les marchandises et les denrées indigènes, et que l'on reçoit celles qui manquent, telles que vin, tabac, fruits secs, épiceries, sucre, café, thé, soie, coton, draps fins, mousseline, soieries, modes et objets de fantaisie.

On compte en Allemagne 30,376,000 habitants, qui appartiennent à des peuples d'origine différente; notamment 24,700,000 Teutons, 5,040,000 Slaves : il y faut ajouter 249,000 juifs, 175,000 Italiens, 25,000 Français et Vallons. Quant à la religion, il y a 16,016,000 catholiques, 12,030,000 luthériens, 2,049,000 réformés, 25,000 herrnhuters, 5,000 mennonites, 2,000 grecs.

Les Allemands sont généralement grands et robustes, et dans le nord plus communément blonds que bruns. Ils sont graves, réfléchis, laborieux, persévérants; cependant on observe chez eux de la lenteur et de l'inertie; ils se mettent difficilement à l'ouvrage, et quand il est question d'agir, ils ne savent pas lutter contre les difficultés. Ils se distinguent par leur bon sens, leur sincérité, leur fidélité, leur respect pour la morale; s'ils n'ont pas l'imagination mobile, en revanche elle est très ardente; leur tête s'exalte facilement, et leur esprit, à force de s'élever, se perd dans le vague.

Les gens du peuple ont des formes assez grossières, surtout quand on veut heurter leur manière d'être habituelle. Tous ont beaucoup d'attachement pour les anciennes mœurs. Leur bienveillance est extrême; ils la manifestent par des révérences respectueuses et une politesse remplie de formalités, que les étrangers ont souvent tournée en ridicule. Cette habitude donne quelquefois un air affecté aux gens les plus sincères. Les poêles, la bière et la fumée de tabac forment autour des gens du peuple une atmosphère lourde et chaude dont ils n'aiment pas à sortir. Cette atmosphère, dit madame de Staël, de laquelle on emprunte ce tableau, nuit à l'activité, qui est au moins aussi nécessaire à la guerre que le courage; les résolutions sont lentes,

le découragement est facile, parcequ'une existence d'ordinaire assez triste ne donne pas beaucoup de confiance
dans la fortune.

La démarcation des classes de la société, beaucoup plus
positive en Allemagne qu'elle ne l'était en France, n'a rien
d'offensant; la bonhomie se mêle à tout, même à l'orgueil
aristocratique; et les différences de rang se réduisent à
quelques priviléges de cour, à quelques assemblées qui ne
donnent pas assez de plaisir pour mériter des regrets.

Les femmes allemandes, ajoute madame de Staël, ont un
charme qui leur est tout-à-fait particulier, un son de voix
touchant, des cheveux blonds, un teint éblouissant; elles
sont modestes et sentimentales; leur éducation est soignée;
leur société n'est pas bien amalgamée avec celle des
hommes.

Les familles souveraines se répandent volontiers dans la
société, savent se mêler noblement à la nation, s'iden-
tifient dans tous les cœurs avec la patrie.

Dans le nord, les grands cultivent les sciences et les
lettres; on ne s'astreint point chez eux à la séparation de
rang, si nuisible à l'agrément de la société.

La nation allemande est celle de l'Europe chez laquelle
l'instruction est le plus généralement répandue. Tout le
nord est rempli des universités les plus savantes de cette
partie du monde; l'éducation intellectuelle est parfaite. Depuis la réformation, les universités protestantes sont incontestablement supérieures aux universités catholiques.

Le goût pour la musique est inné chez les Allemands;
les habitants des villes et des campagnes, les soldats et les
laboureurs, la savent presque tous, et chantent fort juste.

Toute la nation montre beaucoup de dispositions pour la
mécanique; on lui doit une foule de procédés nouveaux
dans les arts. On attribue l'invention de la poudre à canon
à un Allemand; c'est un Allemand qui a inventé l'imprimerie.

La langue allemande dérive du teuton; elle se divise

en deux branches principales, distinguées par la dénomination de haut et bas allemand. Les rois francs en faisaient usage; Charlemagne et son fils Louis I la cultivèrent; celui-ci ordonna de traduire la Bible dans cette langue, et l'employa même dans la rédaction de plusieurs lois. Sous le règne d'Othon IV (1108 à 1118), on commença à s'en servir dans les diètes et dans les actes publics. Elle a eu ses diverses périodes de culture et de perfectionnement. (Voyez *Littérature allemande.*)

L'Allemand ne porte pas dans sa langue le nom par lequel nous le désignons; il se donne celui de *Deutsch*, au pluriel *Deutsche*, et appelle son pays *Deutschland*. C'est par un malentendu que les Français ont attribué à cette nation le nom d'Allemand.

Les *Alemani* ou *Allemanni*, *Allamanni*, *Alabani*, étaient des guerriers teutons, qui, dans le troisième siècle de l'ère chrétienne, se formèrent en confédération dans le pays compris entre le lac de Constance, le Danube, le Rauhe-Alp, le Mein et la Lahn. A l'est, ils confinaient avec les Suèves, et plus loin avec les Bourguignons. Leur territoire était divisé en cantons, quelques uns nommés d'après leurs habitants. Leur nom, qui se traduit par *tous hommes*, dénote également et leur origine mélangée et la bravoure commune à tous. Ce fut d'abord une armée, qui ne tarda pas à devenir un peuple puissant.

Les Romains ressentirent bientôt les effets de la valeur de ce peuple, qui s'était établi sur les frontières de l'empire, où il fit des invasions fréquentes. Les Allemands combattaient principalement à cheval; et leur cavalerie était d'autant plus formidable, qu'ils la mêlaient à de l'infanterie légère, choisie parmi les jeunes gens les plus déterminés et les plus actifs, qu'un long exercice avait habitués à suivre le cavalier dans les marches les plus longues, les charges les plus rapides, ou les retraites les plus précipitées.

Ce fut sous le règne de Caracalla qu'on entendit pour la

première fois parler des Allemands. Cet empereur avait de l'affection pour eux ; il adopta leurs vêtements et leurs mœurs ; il fit construire dans leur pays des forts et des bains ; des Allemands furent admis dans les rangs des armées romaines. Caracalla étant parti pour l'Asie, les Allemands vinrent occuper la rive droite du Rhin, et envahirent la Gaule. Alexandre Sévère marcha contre eux ; il fut assassiné au milieu de ses préparatifs. Maximin, son successeur, les repoussa ; mais ils continuèrent à infester les frontières, et augmentèrent le désordre général qui suivit la mort de Décius. Ils dévastèrent plusieurs riches provinces de la Gaule, et, suivant la remarque de Gibbon, soulevèrent les premiers le voile qui couvrait la majesté débile de l'Italie. Un corps nombreux d'Allemands pénétra par les Alpes rhétiques dans les plaines de la Lombardie, s'avança jusqu'à Ravenne, et déploya presque à la vue de Rome ses enseignes victorieuses.

Le danger ralluma dans le sénat quelques étincelles de son ancienne vertu ; les deux empereurs Gallien et Valérien étaient occupés au loin ; il prit de nouveau la défense de l'état. On fit sortir les prétoriens laissés en garnison, les rangs furent remplis par les plus robustes des plébéiens qui offrirent leurs services. Les Allemands, étonnés de l'apparition soudaine d'une armée qui leur était supérieure, se retirèrent, chargés de dépouilles, en Germanie. Gallien conclut avec eux un traité qu'ils enfreignirent ; ce prince les défit dans les plaines de la Lombardie. Après sa mort, ils passèrent le Rhin ; Probus les repoussa de l'autre côté. Sous ses successeurs, ils ravagèrent en vainqueurs la Gaule jusqu'à Langres ; Constance Chlore les chassa au-delà du fleuve. Ils profitèrent plus tard des troubles de l'empire pour revenir dans la Gaule ; s'établirent à demeure à l'ouest du Rhin, et s'emparèrent de toutes les forteresses romaines le long de ce fleuve ; cependant ils ne s'y cantonnèrent pas, parceque, suivant l'expression d'Ammien Marcellin, ils aimaient tant la liberté qu'ils regardaient les villes commes des prisons. Julien, étant césar, leur fit sentir encore une fois la puissance des armes romaines. Il les battit près de Strasbourg, les alla ensuite attaquer au-delà du Rhin, et les contraignit à faire la paix. Ils rentrèrent dans les Gaules en 363, sous le règne de Valentinien, qui remporta sur eux une victoire complète, et les renvoya au-delà du fleuve. A l'époque de la grande migration des peuples, au cinquième siècle, les Allemands traversèrent le Rhin, prirent possession de la rive gauche, chassèrent les Bourguignons, s'étendirent au nord jusqu'à l'embouchure de la Lahn; et au sud, poussèrent leurs conquêtes dans l'Helvétie jusqu'au Jura et au lac de Genève. Jaloux des progrès de Clovis dans les Gaules, ils prirent la résolution de partager ses acquisitions; ils envahirent le royaume de Cologne. Alors le roi des Francs marcha contre eux, et les défit entièrement à la fameuse bataille de Tolbiac ou Zulpich, dans le pays de Juliers, en 486. Leur roi fut tué dans la mêlée; ils devinrent sujets de Clovis, et, cessant de faire un peuple à part, ils furent incorporés dans la nation des Francs. Cependant ils conservèrent, sous des ducs héréditaires, l'Alsace avec les pays situés au-delà du Rhin, et bornés au nord par le Necker, la Muhr et la Iaxt. Ces ducs reconnaissaient la haute souveraineté du roi des Francs. Une partie des Allemands passa dans la Rhétie et la Norique, où ils furent reçus par Théodoric, roi d'Italie. Ils restèrent dans la dépendance du royaume des Ostrogoths jusqu'au déclin de cette monarchie, vers le milieu du sixième siècle, époque à laquelle ils passèrent sous la domination des Francs.

Leurs incursions continuelles dans les Gaules, et les établissements qu'ils y formèrent, ayant accoutumé les habitants de ces contrées à les connaître plus que les autres peuples teutons, firent tomber en désuétude ce dernier nom et celui de Germains, et l'usage prévalut, à la rive gauche du Rhin, d'appeler Allemands tous les peuples de

race germanique. (*Voyez* GERMAINS, FRANCS, EMPIRE
D'ALLEMAGNE, CONFÉDÉRATION GERMANIQUE.)

Géographies de l'Allemagne. — Busching, Hasselt, Stein.
Hérodien, Ammien Marcellin, Spartien, Aurélius Victor. — Pfeffel.
Abrégé chronologique de l'histoire et du droit public d'Allemagne. Paris,
1777, 2 vol. in-12. — Koch. *Tableau des révolutions de l'Europe.* Paris,
1814, 4 vol. in-8°.   E...s.

ALLÉSOIR. (*Mécanique.*) On donne ce nom à tout
instrument destiné à percer un trou rond dans une pièce de
bois ou de métal, l'agrandir, le polir intérieurement; et,
sous ce rapport, les vrilles et les équarrissoirs sont des allé-
soirs; mais on applique plus particulièrement cette dénomination aux grandes machines dont on se sert pour arron-
dir les tuyaux de bois ou de métal dans lesquels on fait
jouer un piston de pompe, les coussinets qui doivent porter
un arbre tournant, et autres ouvrages de même sorte. Ce
serait sortir de notre sujet que de décrire ici ces instruments, dont les plus parfaits sont figurés dans le nouveau
Dictionnaire de technologie, et dans le numéro de janvier 1823 du Bulletin de la société d'encouragement, ouvrages auxquels nous renvoyons les personnes qui désire-
raient de plus amples développements sur ce sujet.   F.

ALLIAGE. (*Mathématiques.*) Il y a deux sortes de
règles d'alliage; savoir, celles où, donnant les quantités à
mélanger et leurs prix, on demande le prix de l'unité du
mélange; et celles où, donnant au contraire les prix des
substances, on veut mêler de telles proportions de chacune que le prix du mélange se trouve fixé d'avance. Voici
les procédés relatifs à ces deux sortes de problèmes.

I. Si je mêle 25 bouteilles de vin à 50 centimes chaque,
avec 35 bouteilles à 80 centimes, pour trouver ce que
coûte chaque bouteille du mélange, j'opère ainsi qu'il suit:

25 bouteilles à 50 c. . . font . . 1,250 c.

35 . . . . . à 80 2,800

60 bouteilles coûtent. . . . . . 4,050 c.

Donc, en divisant 4,o5o par 6o, je trouve que la bouteille du mélange revient à 67 centimes et demi.

Dans l'exemple suivant, le mélange est formé de substances à trois prix différents. On a du blé à 24, à 27 et à 3o fr. l'hectolitre; on en veut mêler ensemble 1o, 15 et 9 hectolitres à ces prix respectifs, on demande ce que vaudra l'hectolitre du mélange.

1o hectolitr. à 24 fr. . . font . .	24o fr.
15 . . . . . à 27	4o5
9 . . . . . à 3o	27o
34 hectolitr. coûtent	915 fr.

Ainsi, en divisant 915 fr. par 34, on trouvera que l'hectolitre du mélange vaut 26 fr. 91.

On a fondu ensemble un lingot de 4 kilogrammes d'or au titre de o,95 (*voyez* ce mot) avec un autre de 5 kilogrammes à o,86, on demande quel est le titre du mélange.

4 kilogram. à o,95 . . font . .	3,8o
5 . . . . . à o,86	4,3o
9 kilogram.	8,1o

En divisant 8,1o par 9, le quotient indique que l'or du mélange est à o,9 de fin.

Dans tous ces calculs, on admet que les substances mêlées n'exercent les unes sur les autres aucune action chimique; en sorte qu'il ne se produit ni condensation, ni dilatation, ni perte de matière. L'expérience est en général contraire à cette supposition; mais le résultat du calcul est considéré comme donnant une grande approximation.

II. Pour résoudre les questions d'alliage de seconde espèce, on opère comme nous allons le faire sur le premier de nos problèmes présenté en ordre renversé. Combien doit-on mêler de bouteilles de vin à 5o c. et à 8o c., pour que le prix de la bouteille du mélange soit

67 c. $\frac{1}{2}$? Je dispose les nombres donnés dans l'ordre suivant :

Prix moyen, 67 $\frac{1}{2}$; prix donnés, $\begin{cases} 50 \dots \text{diff. } 12\frac{1}{2}. \\ 80 \dots \text{diff. } 17\frac{1}{2}. \end{cases}$

Le prix du mélange doit nécessairement être intermédiaire entre ceux des liqueurs à mêler ; 67 $\frac{1}{2}$ est plus grand que 50, et plus petit que 80. Je prends les différences entre ce premier nombre et chacun des deux autres, et j'écris ces différences en ordre inverse, c'est-à-dire la première, 17 $\frac{1}{2}$, sur la 2ᵉ ligne, et la seconde, 12 $\frac{1}{2}$, sur la 1ʳᵉ ligne. Ces nombres m'apprennent que, si je mélange 12 bouteilles $\frac{1}{2}$ de vin à 50 c. avec 17 $\frac{1}{2}$ à 80 c., le vin reviendra à 67 c. $\frac{1}{2}$, ainsi qu'on peut s'en convaincre par le calcul qui se rapporte aux questions de la première espèce.

Observez que ces problèmes sont INDÉTERMINÉS (*voyez* ce mot), c'est-à-dire qu'ils ont une multitude infinie de solutions. Dans notre exemple, si on double les résultats, on aura 25 et 35, qui conviendront aussi bien que 12 $\frac{1}{2}$ et 17 $\frac{1}{2}$: on pourrait de même tripler, quadrupler... et en général multiplier ces deux derniers nombres par telle quantité qu'on jugerait à propos, soit entière, soit fractionnaire.

Si donc on voulait emplir avec de ce vin mélangé un tonneau dont la capacité serait de 240 litres, il faudrait poser ces proportions :

Si 12 $\frac{1}{2}$, plus 17 $\frac{1}{2}$, ou 30 c., répondent à 12 $\frac{1}{2}$, à combien 240 c. ?

Si 30 répondent à 17 $\frac{1}{2}$, à combien 240 ?

Ces calculs, qui sont de véritables règles de société, montrent qu'il faut mêler 100 bouteilles de vin à 50 c. avec 140 à 80 c., pour composer 240 bouteilles à 67 c. $\frac{1}{2}$.

La question suivante présente toutes les difficultés de ces sortes de problèmes. On demande de composer 7 kil. 54 d'argent à 0,9 de fin, en alliant des poids convenables de ce métal aux titres de 0,97 et de 0,84 : combien doit-on prendre de chacun ?

Titre moyen, 0,9; titres donnés, $\begin{cases} 0,97 \ldots \text{diff. } 0,06. \\ 0,84 \ldots \text{diff. } 0,07. \end{cases}$

On doit prendre 0,06 de l'un sur 0,07 de l'autre, ou 6 kil. sur 7, pour que le titre du mélange soit 0,9; mais, pour que l'alliage ait le poids fixé de 7 kilogrammes 54, on posera $13 : 6 :: 7,54 : x = 3,48$: ainsi, en prenant 3 kil. 48 d'argent au titre de 0,97, et par suite 4 kil. 06 à 0,84, l'alliage sera au titre de 0,9, et pèsera 7 kil. 54.

Quant à la démonstration du procédé de calcul que nous venons d'exposer, nous emprunterons le secours de l'algèbre pour la donner. Supposons que p et p' soient les poids mélangés de deux substances, savoir, k de la première, k' de la seconde ; il est clair que $p + p'$ est le poids total, et que le prix est $p\,k + p'\,k'$; ainsi le prix de l'unité du mélange étant appelé m, ou a,

$$m\,(p + p') = p\,k + p'\,k' \qquad (1)$$

D'où . . . . . $m = \dfrac{p\,k + p'\,k'}{p + p'} \qquad (2)$

Jusqu'ici nous avons raisonné comme s'il ne s'agissait que de résoudre un problème de la première espèce, où on veut trouver m, connaissant les poids p, p' et les prix k et k'. Mais si on donne le prix moyen m, et les prix k, k', des deux substances, pour obtenir les poids p, p', de chacune dans le mélange, il faudrait tirer de l'équation unique (1) les valeurs des deux inconnues p et p'; ce qui justifie ce que nous avons avancé, que le problème est indéterminé. On peut en conséquence disposer à volonté de la grandeur de l'une de ces quantités p, p', ou de leur somme, ou de leur différence, ou de toute autre relation entre elles.

En tirant la valeur de p, on trouve :

$$p = -\dfrac{p'\,(k' - m)}{m - k}$$

Et, puisque la quantité p' est arbitraire, on peut la prendre égale au dénominateur, ou $p' = m - k$; d'où résulte $p = k' - m$. Ainsi p et p' sont, comme nous l'avons dit, égaux aux différences réciproques des poids donnés au poids moyen.

Et puisque l'équation est encore satisfaite quand on double, ou triple, etc., les deux membres, on voit qu'on peut faire varier p et p' comme on voudra, pourvu que ces quantités conservent le même rapport, qui est

$$\frac{p}{p'} = \frac{k' - m}{m - k} \qquad \text{F.}$$

ALLIAGE. (*Chimie.*) Composé résultant de la combinaison réciproque de deux ou de plusieurs métaux. On donne le nom particulier d'*amalgame* aux alliages dont le mercure fait partie. Nous ne parlerons ici que des alliages principaux employés dans les arts. Quant à la théorie de leur composition, voyez celle des proportions définies.

Amalgame d'étain, employé pour étamer les glaces. Sur une feuille d'étain laminée, posée bien horizontalement, on verse une couche de mercure assez épaisse; le mercure y adhère aussitôt. Glissant ensuite une glace aussi près que possible de la feuille d'étain, on chasse tout l'excès de mercure; et ayant soin de charger la glace de poids, l'amalgame qui se forme s'attache fortement à la surface du verre.

Amalgame d'or. Ayant fait chauffer du mercure dans un creuset, on y introduit un sixième de son poids d'or en lames rougies au feu. L'amalgame ne tarde pas à se former. Quand il est bien homogène, on le retire du feu, et on le soumet, dans une peau de chamois, à une pression suffisante pour expulser l'excès de mercure à travers les pores du cuir. Celui-ci retient une masse jaunâtre, de la consistance du beurre, formée d'une partie d'or et de deux de mercure. On emploie cet amalgame dans la dorure des métaux. S'agit-il, par exemple, de dorer de l'argent, on plonge celui-ci dans de l'acide muriatique pour en nettoyer

la surface; on le lave à l'eau, et, lorsqu'il est sec et légèrement chauffé, on étend l'amalgame, qui y adhère aussitôt. On chauffe ensuite un peu plus fortement pour en
dégager le mercure; par le refroidissement, on trouve le
métal recouvert d'une légère couche d'or, qu'on frotte
avec une brosse métallique, qu'on ravive par une bouillie
composée d'eau, d'ocre rouge, d'alun, etc., et par la chaleur. Enfin on donne le poli au brunissoir. Quand il s'agit
de dorer un métal qui a moins d'affinité pour l'or, comme
le laiton, on commence par le bien décaper et par le plonger dans une solution de nitrate de mercure. Le mercure
s'y attache de suite, et l'on peut, après cette préparation,
y appliquer l'amalgame comme précédemment.

Alliage d'étain et de plomb. Celui qui est formé d'une
partie d'étain et de deux de plomb sert à souder le plomb
et l'étain lui-même, parcequ'il est plus fusible que ces
métaux.

Alliage d'étain et de cuivre. Celui qui contient onze
parties d'étain et cent de cuivre sert à couler les bouches
à feu et les statues de bronze. Le tam-tam des Orientaux
est formé d'un alliage d'une partie d'étain sur quatre de
cuivre. Pour le travailler au marteau, il faut le tremper à
chaud dans l'eau froide; il acquiert alors une grande ductilité, tandis qu'il est très aigre et très sonore lorsqu'il se
refroidit lentement. C'est ce qui arrive à tous les composés
d'étain et de cuivre. Les miroirs des télescopes résultent
d'un alliage d'une partie d'étain sur deux de cuivre. Pour
faire les cloches, on combine vingt-deux parties d'étain
avec soixante-dix-huit de cuivre, en y ajoutant, si l'on
veut, un peu de zinc et de plomb. Enfin l'étain sert à
étamer le cuivre.

Alliage d'étain et de fer. Le fer-blanc n'est que du fer
laminé dont on enlève la rouille en le frottant avec du
sable et en le plongeant pendant vingt-quatre heures dans
une eau acidulée, qu'on nettoie bien avec du linge, qu'on
plonge préalablement dans un bain de suif, puis dans un

bain d'étain fondu et recouvert lui-même de suif ou de toute autre matière grasse pour le préserver du contact de l'air. Après l'en avoir retiré, on le frotte avec de la sciure de bois, et, par un mécanisme quelconque, on rend uniforme la couche d'étain adhérente au fer.

Alliage d'antimoine et de plomb. Quatre parties de celui-ci et une partie de l'autre, mêlées d'un peu de cuivre, forment un alliage avec lequel se fondent les caractères d'imprimerie.

Alliage de zinc et de cuivre ou *laiton;* formé d'une partie de zinc sur quatre de cuivre, ou de deux de l'un sur trois de l'autre. Ses usages sont nombreux et trop connus pour qu'il soit nécessaire d'en parler ici.

Alliage d'argent et de cuivre. Les divers alliages formés de ces deux métaux s'obtiennent en les chauffant ensemble dans un creuset. Leurs proportions légales sont, en France, 9 d'argent et 1 de cuivre, pour la monnaie d'argent; 1 d'argent et 4 de cuivre, pour la monnaie de billon; $9\frac{1}{2}$ d'argent et $\frac{1}{2}$ de cuivre pour les vases, les couverts et la vaisselle; 8 d'argent et 2 de cuivre pour les bijoux, etc. Ces différentes proportions dans lesquelles on allie l'argent au cuivre constituent ce qu'on appelle les *titres* de l'argent. Outre les usages précédents, on se sert encore de l'alliage de cuivre et d'argent pour souder ce dernier métal; mais alors, pour le rendre fusible, on le forme de 3 à 4 de cuivre et de 10 d'argent.

Alliage d'or et de cuivre, plus dur que le premier de ces métaux. La monnaie d'or en France est un alliage de 9 parties d'or et d'une partie de cuivre. Il y a trois titres pour les vases et tous les ustensiles d'or : savoir, 92 d'or et 8 de cuivre, 84 d'or et 16 de cuivre, 75 d'or et 25 de cuivre.

S.

ALLIAGE. (*Technologie.*) En alliant les métaux, on obtient des composés qui ont souvent des propriétés différentes de celles de leurs éléments. Les uns sont plus durs, plus sonores, plus inaltérables à l'air et à l'eau;

d'autres sont plus brillants, plus fusibles, plus faciles à travailler et à polir. C'est donc en quelque sorte multiplier les métaux et leurs usages, que de multiplier les alliages métalliques.

Ces composés se préparent, en général, en fondant à l'aide de la chaleur les métaux que l'on veut combiner, et en brassant le mélange liquide pour le rendre bien homogène. Cette dernière précaution est surtout nécessaire lorsque les métaux alliés diffèrent beaucoup par leur pesanteur spécifique ; car le plus pesant tend toujours à se précipiter au fond du bain métallique, et à se séparer du plus léger.

Pour réunir plusieurs pièces métalliques, on emploie le procédé connu de la soudure, qui consiste à coller leurs surfaces par l'interposition d'un alliage dont la fusibilité doit être nécessairement plus grande que celle des métaux qu'on veut souder. Cet alliage doit en outre être susceptible de s'unir facilement à ces métaux. Il suit de là que chaque métal exige, pour ainsi dire, une soudure particulière. Ainsi la soudure de l'or est un alliage d'or et d'argent, ou d'or et de cuivre ; celle de l'argent, un alliage d'argent et de cuivre ; celle de cuivre est ou de l'étain pur pour les pièces qui ne doivent point aller au feu, ou un alliage nommé soudure forte, et composé de zinc et de cuivre. La soudure du plomb et celle de l'étain est un alliage de ces deux métaux, comme la soudure des plombiers.

L'arsenic, allié à la plupart des métaux, même à une dose excessivement faible, les rend cassants et très aigres ; mais il en augmente la fusibilité. On s'en sert pour fabriquer certains ustensiles d'un alliage appelé *cuivre blanc*, ainsi nommé parcequ'il est de couleur d'argent ; il est formé de dix parties de cuivre et d'une d'arsenic, mais il est très fragile.

L'alliage fusible, trouvé par M. d'Arcet, jouit de cette propriété singulière de fondre dans l'eau bouillante, et par conséquent à une chaleur moindre que 100°. Il est composé de huit parties de bismuth, cinq de plomb, et trois d'étain. On peut encore augmenter sa fusibilité en y ajoutant une petite quantité de mercure; on s'en sert alors pour injecter des pièces anatomiques, et les dentistes l'emploient pour boucher les cavités des dents cariées. En changeant convenablement les proportions des trois métaux qui le composent, on obtient des alliages fusibles au degré qu'on veut. On se sert de ces alliages pour former des soupapes de sûreté pour les marmites autoclaves et les chaudières des machines à vapeur; on écarte ainsi tout danger d'explosion, car la soupape fond et laisse une issue libre à la vapeur bien avant que la chaleur puisse devenir assez grande pour produire l'explosion redoutée.

L'acier de l'Inde, nommé wootz, paraît être un alliage de l'acier fondu avec l'aluminium ou le silicium : il est extrêmement dur, et semble doué, plus que les autres aciers, de la faculté de cristalliser par le refroidissement; ce qui fait qu'il conserve, quoique fondu à plusieurs reprises, la propriété particulière de présenter une surface damassée par l'action des acides affaiblis.

MM. Stodart et Faraday ont formé un alliage qui présente tous les caractères du meilleur acier de l'Inde. Il se damasse comme le wootz, et le procédé suivi par ces savants donne lieu de croire que la composition en est à peu près la même.

L'acier et l'argent s'allient très difficilement; mais lorsque ces métaux sont combinés dans le rapport d'une partie d'argent contre 500 d'acier, l'alliage devient homogène, et même supérieur au meilleur acier de l'Inde.

Les mêmes auteurs ont obtenu un autre alliage en fondant parties égales d'acier et de platine. Ils annoncent que ce composé prend le plus beau poli; il est inaltérable à l'air: sa couleur est la plus belle et la plus avantageuse qu'on puisse désirer pour la confection des miroirs. Le rhodium, combiné avec l'acier dans la proportion d'un à deux pour cent, donne un alliage d'une dureté et d'une ténacité excessives.

M. Bertier a obtenu des alliages remarquables d'acier et de chrôme, qui se font distinguer par la facilité de les travailler et par leur beau damassé argentin. M. Boussingault a fait d'autres expériences, dans lesquelles il a allié le silicium à l'acier. (*Voyez*, pour plus de détails, ANNALES DE CHIMIE ET DE PHYSIQUE, octobre 1820, et janvier 1821.)

Les alliages du mercure avec les autres métaux seront traités au mot *Amalgame*.   L. Séb. L. et M.

ALLIANCE DE MOTS. (*Littérature.*) On appelle, en littérature, *alliance de mots*, le rapprochement de deux idées, de deux termes qui semblent s'exclure, réfléchissent l'un sur l'autre une partie du sens qui leur est propre, se modifient, se tempèrent, s'adoucissent mutuellement, acquièrent par leur union plus de grâce ou d'énergie, et présentent, heureusement accolés, un sens distinct de celui qu'ils auraient eu séparément.

On peut comparer l'*alliance de mots* aux races habilement croisées par l'hymen, aux rameaux heureusement unis par la greffe, et qui produisent ainsi des fruits d'une qualité supérieure et différente.

L'alliance des mots supplée aux expressions déterminées quand elles nous manquent pour peindre notre pensée, et sert à en définir toutes les nuances, comme l'alliance des couleurs supplée, sous le pinceau d'un peintre habile, aux tons composés qui ne lui sont point donnés par les couleurs primitives.

L'influence d'un mot sur un autre est suffisamment démontrée par ce principe grammatical, *deux négations valent une affirmation*. Cette influence n'est pas toujours aussi positive; elle ne change pas toujours le sens, elle le rend plus ou moins direct, l'augmente ou l'atténue, selon les mots que l'on rapproche pour exprimer, par leur union, l'idée que l'on n'aurait pu rendre avec un seul.

L'écrivain, l'orateur et le poëte trouvent, dans l'ingénieux rapprochement des mots, des ressources contre la pauvreté d'expressions reprochée justement à notre langue. Ainsi que le dit Millevoye,

> Une plume exercée habilement rassemble
> Ces termes qui, surpris et charmés d'être ensemble,
> D'un hymen favorable empruntant le secours,
> Fécondent la pensée, échauffent le discours.

C'est dans Corneille et dans Racine que l'on rencontre le plus fréquemment de ces alliances de mots, inusitées jusqu'à eux, dont ils offrent encore les plus beaux modèles, et que le génie seul peut imiter. Ils ont étendu les limites d'une langue qui ne se prêtait point suffisamment au développement de leurs pensées, non en créant des termes plus nombreux, mais en multipliant ou agrandissant, par des rapprochements nouveaux, la signification des termes adoptés par l'usage. Ils ont prouvé qu'il n'y a point de langue ingrate pour de grand écrivains, et que les combinaisons variées de quelques mots, changeant de valeur selon la place qu'ils occupent, suffisent à l'expression de toutes les pensées, comme les combinaisons diverses de quelques chiffres suffisent à l'expression de tous les nombres. Racine, qui faisait admirer à ses enfants ce beau vers de Corneille,

> Et monté sur le faîte, *il aspire à descendre*,

a dit lui-même avec une hardiesse égale :

> Dans une longue *enfance* ils l'auraient fait *vieillir*.

Il n'est pas nécessaire de faire remarquer tout ce qu'il y a de grand et d'expressif dans la réunion de ces termes, qui peignent avec tant de bonheur, et d'un seul trait, la situation des personnages auxquels ils s'appliquent.

Racine n'a pas été moins bien inspiré quand il a dit, dans *Phèdre*,

> Déjà de l'insolence *heureux persécuteur*.

On sent que l'alliance des mots fait ici d'une épithète injurieuse un titre honorable.

Destouches, dans le *Glorieux*, ne pouvait peindre en termes mieux choisis la bassesse d'un fils orgueilleux, qu'il ne l'a fait dans cette apostrophe remplie de justesse et d'éloquence :

> J'entends : *la vanité* me déclare *à genoux*
> Qu'un père malheureux n'est pas digne de vous.

M. Baour-Lormian, dans sa traduction de la *Jérusalem délivrée*, offre un exemple remarquable de la manière dont on peut rapprocher, dans la poésie descriptive, les termes les plus opposés.

> On voit le long des murs que bat l'airain terrible,
> En balles se gonfler une laine flexible,
> Qui trompe le bélier, sans relâche grondant,
> *Combat par sa mollesse, et résiste en cédant.*

Lebrun a dit, dans une de ses *épîtres*, et c'était avant le temps où s'imprime ce livre,

> *S'élever en rampant à d'indignes honneurs.*

Ses poésies offrent un grand nombre de ces alliances heureuses qui lui ont valu, de la part de Ginguené, les vers suivants, qu'il ne sera pas inutile de citer :

> D'un plaisir inquiet tu nous vois tressaillir
> A ces expressions neuves, inattendues,
> Richesses du langage, en tes vers répandues ;
> A cet accord de mots jusqu'alors ennemis,
> Qui, placés avec art, et désormais unis,
> Portent, sans murmurer, une commune chaîne,
> Et ne sont plus surpris que de leur vieille haine.

Les poëtes et les orateurs présentent une foule de ces rapprochements de mots qui forment image, mais dont il faut se garder d'abuser.

> Le bon goût en prescrit l'emploi sage et discret.
>   Millevoye.

Ce qu'on doit éviter surtout, ce sont les alliances de termes ambitieux et bizarres, qui frappent quelquefois au premier aspect, mais que l'esprit et la raison repoussent bientôt, si un lien intime et naturel ne les légitime. Dans ce genre, comme dans tout autre, les hardiesses de la médiocrité sont toujours décolorées et froides; les hardiesses seules du génie sont sublimes.   E. D.

ALLIANCE. (*Politique.*) *Voyez* Traités.

ALLOCUTION. (*Art militaire.*) Discours, harangue d'un général à son armée. L'usage en était fréquent dans l'antiquité, et l'habitude d'assister aux discussions publiques le rendait nécessaire pour des hommes qui, sous les armes, furent long-temps citoyens; les généraux ne dédaignaient pas de leur expliquer les motifs de la guerre, et d'invoquer la victoire au nom de la justice.

Quelques écrivains ont prétendu que les belles allocutions que nous lisons dans *Thucydide*, dans *Polybe*, et surtout dans *Tite-Live*, étaient l'ouvrage de ces historiens. Ils ont eu raison en ce sens, que chaque auteur a mis dans ses harangues ses propres idées et les a empreintes de la couleur de son style; mais on ne peut pas douter que des discours de ce genre n'aient été tenus. Tous les restes de l'antiquité l'attestent. Sur la colone *trajane*, l'empereur debout parle aux troupes réunies autour de lui. Plusieurs médailles de *Néron*, de *Galba*, de *Septime-Sévère*, les représentent haranguant leurs soldats.

Ces allocutions devaient produire un grand effet: la mâle assurance du général, son geste animé, sa voix forte, ses regards brillants d'ardeur et d'espérance, électrisaient les soldats et élevaient toutes les âmes au niveau de la sienne. Souvent un mot d'inspiration, un trait inattendu suffisait pour ranimer le courage et assurer la victoire. *Léonidas* arrive aux *Thermopyles*, quelqu'un lui crie: *Voilà les Perses qui s'approchent de nous.* — *Nous approchons d'eux*, répondit le héros. — *Le soleil sera obscurci par les flèches de nos ennemis.* — *Tant mieux, nous combattrons à l'ombre.* Près des défilés de *Tégyre*, un Thébain effrayé s'écrie: *Nous sommes tombés entre les mains des Lacé-*

démoniens. — *Dites plutôt qu'ils sont tombés entre les nôtres,* réplique *Pélopidas.* Avant de livrer la bataille qui décida de l'empire du monde, *César* fit aplanir les remparts, combler les fossés, et dit aux soldats étonnés : *Nous irons dormir dans le camp de Pompée.* Guillaume le conquérant brûle la flotte qui l'avait apporté, et jette la première torche en disant : *Nous irons à Londres, c'est notre seul asile. Annibal,* avant lui, avait remercié les dieux de l'avoir placé entre la *victoire et la mort.*

Les allocutions varient suivant les lieux, les époques et les motifs de la guerre. A *Rome,* à *Sparte,* à *Athènes,* on parlait au nom de la patrie. *Alexandre* promettait les dépouilles de l'Asie. C'était aux cris magiques d'indépendance et de liberté que combattaient les compagnons de *Tell* et les soldats des *Nassau.* Les bataillons de *Gustave,* invoquant le Dieu des armées, répétaient les prières que prononçait le grand roi avant de donner le signal à *Lutzen.* Aussi braves, mais plus passionnés, et surtout plus avides, étaient les disciples de *Mahomet,* à qui le calife *Omar* disait avant la bataille : *Combattez pour Dieu; il vous donnera la terre.*

Mus par un sentiment de haine et de vengeance, quelques historiens hollandais ont prétendu que *Luxembourg,* marchant en 1672 pour attaquer *Leyde* et *la Haye,* avait dit à ses soldats : *Tuez, pillez, violez; tout est permis à ceux qui savent vaincre.* Ce langage, qui ne convient qu'à un chef de flibustiers, ne peut pas être celui d'un général de Louis XIV.

Il n'est pas d'ailleurs nécessaire, pour animer les soldats français, de leur parler au nom du ciel, ni de leur promettre les biens de la terre. L'honneur, la renommée de leur corps, la gloire de nos armes, suffisent pour leur faire braver la mort. Il semblerait, au premier coup d'œil, que les idées vagues ou complexes ne doivent agir que sur des gens instruits qui peuvent les définir et les analyser; mais nos mœurs en ont fait le patrimoine de toutes les classes, de tous les rangs. Le général veut remplir l'univers de son nom, l'officier veut être cité dans l'armée, le soldat dans son régiment. Ce sont des cercles concentriques : les plus petits, il est vrai, sont tracés sur le sable, sont effacés par le moindre souffle; mais l'expérience ne désabuse pas, et l'on meurt tout entier en rêvant l'immortalité.

Condé, qui connaissait si bien les Français, jetait dans les retranchements de *Fribourg* son bâton de commandement, en criant : *Allons le chercher.* A *Lens*, il disait : *Amis, souvenez-vous de Rocroy, de Fribourg et de Nordlingue.*

Henri IV parcourt à *Ivry* la ligne de ses troupes, et leur montrant le panache qui flottait sur son casque, il dit : *Enfants, si les cornettes vous manquent, voici le signe de ralliement : il sera toujours sur la route de l'honneur et de la victoire.* Il s'écrie dans cette même bataille : *Je suis votre roi, vous êtes Français, voilà l'ennemi : donnons!*

Un autre Béarnais, devenu roi, *non par droit de conquête et par droit de naissance*, mais par le choix libre et spontané d'une nation forte et généreuse, a dit depuis, au passage du *Tagliamento*, lorsqu'il était général français : *Soldats de l'armée du Rhin, l'armée d'Italie vous regarde. Moreau*, dont la mort a flétri la vie, disait au cinquante-septième, qui, à Maeskirk, soutenait les efforts des Autrichiens : *Rappelez-vous que Bonaparte, en Italie, vous a salués du nom de Terrible.*

L'immense étendue de terrain qu'occupe une armée, l'impossibilité de réunir toutes les armes sur un même point, ont fait remplacer les harangues par des *ordres du jour*, qui, lus à la tête de chaque bataillon, produisent moins d'effet sans doute, mais initient les soldats aux pensées et aux projets des chefs.

Kléber reçoit en Égypte une sommation de l'amiral *Keith*, il la fait mettre à l'ordre de l'armée, et il ajoute : *Soldats, on répond à de telles insolences par la victoire :*

préparez-vous à combattre; et les Turcs furent vaincus !
Après la mort de *Kléber, Menou,* qui le remplaça, fut
moins heureux : son langage avait cependant été aussi
énergique. Voici l'ordre du jour du 15 ventôse an 9 (6
mars 1801) : *Soldats, une armée navale anglaise de cent
trente-cinq voiles est sur les côtes d'Egypte; si des troupes
débarquent, vous les culbuterez dans la mer. Une armée
d'Osmanlis fait des mouvements vers El-Arish; si elle
marche sur l'Egypte, vous l'anéantirez dans le désert.*

Bonaparte, général en chef, consul, empereur, a laissé
dans ce genre des modèles qui feront l'admiration de la postérité. « Soldats, disait-il en 1796 à son armée d'Italie, vous
» avez en quinze jours remporté six victoires, pris vingt et
» un drapeaux, cinquante pièces de canon, plusieurs places
» fortes, conquis la partie la plus riche du Piémont. Jus-
» qu'ici vous vous étiez battus pour des rochers stériles, il-
» lustrés par votre courage, mais inutiles à la patrie. Dénués
» de tout, vous avez suppléé à tout ; vous avez gagné des
» batailles sans canons, passé des rivières sans ponts, bi-
» vouaqué sans eau-de-vie, et souvent sans pain. Grâces
» vous soient rendues ! les plus grands obstacles sont fran-
» chis sans doute : vous avez encore des combats à livrer,
» des villes à prendre, des rivières à passer; en est-il d'entre
» vous dont le courage s'amollisse ? en est-il qui préféreraient
» de retourner sur les sommets de l'Apennin et des Alpes
» essuyer patiemment les injures de cette soldatesque es-
» clave ?... Non, il n'en est pas parmi les vainqueurs de
» *Montenotte,* de *Millesimo,* de *Dego* et de *Mondovi :*
» tous brûlent de porter au loin la gloire du nom français;
» tous veulent dicter une paix glorieuse; tous veulent en
» rentrant dans leurs villages pouvoir dire avec fierté :
» *J'étais de l'armée conquérante de l'Italie.* »

Ce dernier trait est une expression simple et sublime du
caractère national : il rend ce besoin de gloire, de considération et d'estime qui agite tout cœur généreux et vraiment français. Aussi Bonaparte l'a-t-il reproduit plusieurs

fois. Après la bataille d'Austerlitz il rappelle à ses soldats tous leurs triomphes, il en promet la récompense : « Vous » avez décoré vos aigles d'une immortelle gloire. Une armée » de cent mille hommes, commandée par les empereurs de » Russie et d'Autriche, a été en quelques heures coupée et » dispersée ; ce qui a échappé à votre fer s'est noyé dans les » lacs. Quarante drapeaux, les étendards de la garde impé- » riale russe, cent vingt pièces de canon, vingt généraux, » plus de trente mille prisonniers, sont le résultat de cette » journée à jamais célèbre. Cette infanterie tant vantée n'a » pu résister à votre choc, et désormais vous n'avez plus de » rivaux. Soldats, je vous ramènerai en France ; là vous » serez l'objet de mes plus tendres sollicitudes, et il vous » suffira de dire, *J'étais à la bataille d'Austerlitz*, pour » que l'on réponde, *Voilà un brave.* »

Avant que le canon de *Mojaïsk* se fît entendre, *Napoléon* encourageait cette armée que les éléments devaient dé- truire : « Voici la bataille que vous avez tant désirée : dé- » sormais la victoire dépend de vous ; elle est nécessaire, » elle vous donnera l'abondance, de bons quartiers d'hiver, » et un prompt retour dans la patrie. Conduisez-vous » comme à *Austerlitz*, à *Friedland*, à *Vitepsk*, à *Smo-* » *lensk*, et que la postérité la plus reculée cite avec orgueil » votre conduite dans cette journée ; que l'on dise de vous : » *Il était à cette grande bataille sous les murs de Moscou.* »

Le rapprochement des dates, des époques, des circon- stances, est encore un trait caractéristique des discours que Bonaparte adressait à son armée. *César, Frédéric, Crom- well*, avaient employé le même moyen. Rien en effet n'est plus propre à ébranler les imaginations que la puissance des souvenirs. Les Romains avaient des jours heureux et des jours funestes (*dies atri, dies inominales, dies religiosi*) où leurs généraux n'auraient pas osé aborder l'ennemi ; de ce nombre était le 17 août, marqué par la mort des trois cents *Fabius*.

Après la bataille de *Friedland* l'empereur s'exprimait

ainsi : « Vous célébrâtes à *Austerlitz* l'anniversaire du cou-
» ronnement; vous avez cette année dignement célébré celui
» de Marengo. » En 1806, dans les champs de la Pologne, il
disait encore : « Soldats, il y a aujourd'hui un an, à cette
» heure même, que vous étiez sur le champ mémorable
» d'*Austerlitz*; les bataillons russes épouvantés fuyaient en
» déroute ou rendaient les armes à leurs vainqueurs. Au-
» jourd'hui ils vous bravent! Eux et nous, ne sommes-nous
» pas les soldats d'*Austerlitz?* »

Nous pourrions multiplier ces exemples, et, comparant
les discours des généraux à diverses époques, y chercher
des inductions sur ce qui agit le plus puissamment sur
les hommes; il nous serait facile d'agrandir encore le
cercle, et de rapprocher les discours adressés à des nations
qui diffèrent de caractères, de mœurs et d'institutions;
mais il faudrait aborder alors des questions qui exigeraient
de longs développements, et nous ne devons pas dépasser
les bornes que nous nous sommes prescrites.   M. L.

ALLUCHONS. (*Mécanique.*) C'est le nom qu'on donne
aux fuseaux de bois dont on garnit une roue pour la faire
engrener avec une *lanterne.* La forme des alluchons est
déterminée, ainsi que leur nombre, par les mêmes principes que les dents des roues.

ALLUMETTES. (*Technologie.*) S'il est un art qui paraisse peu fait pour attirer l'attention, c'est certainement
celui de l'allumettier. Rien de plus simple que les petits
brins de bois qu'il nous fournit, et de tous les produits de
l'art, aucun n'est d'une valeur si exiguë. Cependant l'exi-
guité même de cette valeur est une chose digne de remarque, et l'étonnement augmenterait si l'on faisait attention
qu'une allumette, pour être propre à la vente, n'exige
pas moins de huit opérations distinctes, qui souvent sont
exécutées par autant d'ouvriers différents. Aussi, pour
parvenir à les livrer à si bas prix, a-t-il fallu considérablement perfectionner les procédés de fabrication, et ils
le sont tellement aujourd'hui, que l'ouvrier fendeur d'al-

lumettes peut aisément dans sa journée en fendre ou débiter jusqu'à huit cent mille.

On choisit pour faire les allumettes un bois sec et léger. Les allumettiers préfèrent le bois de tremble; ils le scient en petits billots de la longueur qu'ils veulent donner à l'allumette, et qui est ordinairement d'un décimètre. Ils le choisissent, autant qu'il est possible, sans nœuds, afin qu'il se fende bien, et ils le font sécher au four.

Cela fait, ils le prennent pour le refendre, selon la direction des fibres, en petites feuilles ou tablettes, à l'aide d'une plane ou couteau à main disposé sur l'établi comme le couteau des boulangers.

Le billot, refendu d'abord dans un sens en petites tablettes, est ensuite retourné et fendu transversalement dans l'autre sens, de sorte que tous les feuillets sont à la fois transformés en petites bûchettes carrées: un autre ouvrier prend tous ces petits brins par poignées pour en former des paquets; il les lie avec de la ficelle, ou, pour plus d'économie, avec des *pennes*, sorte de fil qui reste sur le métier du tisserand après qu'on en a enlevé la toile.

Le paquet étant lié passe à un autre ouvrier, qui le frappe avec une palette, afin que les petits brins ne dépassent point la superficie des deux bouts, mais présentent une surface unie et propre à recevoir le soufre uniformément.

Enfin un dernier ouvrier ayant devant lui une terrine pleine de soufre fondu, y plonge les paquets pour imprégner les bouts de cette matière inflammable.

M. Pelletier a substitué à la plane un rabot à plusieurs lames, qui est d'un usage aussi facile, et qui fait sauter douze allumettes à chaque fois et tout d'un coup, au point qu'un seul ouvrier peut en expédier plus de soixante mille par heure, lesquelles, soufrées et comptées au prix d'un centime le cent, produisent une valeur de six francs, ou, par journée de douze heures, soixante-douze francs.

Allumettes oxygénées. Ces allumettes, récemment inventées, sont très commodes pour se procurer immédiatement de la lumière ; il suffit d'en plonger l'extrémité dans un flacon contenant de l'acide sulfurique concentré, et de l'en retirer à l'instant. Aussitôt le bout prend feu et enflamme l'allumette.

Pour les préparer, on fait un mélange d'une partie de soufre et de trois de chlorate de potasse légèrement gommé. On broie ces deux substances à part, précaution nécessaire pour éviter le danger d'une explosion qui pourrait résulter de la chaleur produite par le frottement ; on mélange ensuite les deux poudres, et on leur donne de la consistance avec un peu de gomme adragant ; on y ajoute un peu de lycopode, et on colore en rouge avec du cinabre, ou en bleu avec de l'indigo. Les allumettes sont soufrées d'abord, mais un peu plus qu'à l'ordinaire, et par un bout seulement ; on trempe ensuite ce bout dans le mélange ci-dessus, ce qui en fait des *allumettes oxygénées*.

La cause de l'inflammation instantanée de ces allumettes est facile à concevoir. L'acide sulfurique dans lequel on les plonge décompose subitement, et avec production de chaleur, le chlorate de potasse et même l'acide chlorique ; l'oxygène de ce dernier se porte immédiatement sur le lycopode et le soufre, matières très inflammables, et il y produit une vive combustion qui allume ensuite les brins de bois.

On trouve dans le commerce, et à très bas prix, des étuis qui contiennent une provision d'allumettes et le flacon d'acide sulfurique. Il y a dans celui-ci de l'amiante qui tient lieu d'éponge, et empêche que l'allumette ne se charge d'un excès d'acide, et ne le projette d'une manière incommode sur les vêtements. On se sert d'amiante pour excipient de l'acide sulfurique, parceque ce fil minéral n'est pas attaquable par les acides comme le serait le coton ou une éponge. Ce petit nécessaire, ainsi disposé, a reçu le nom de briquet oxygéné.   L. Séb. L. et M.

ALLURE. (*Marine.*) Littéralement, manière d'aller. C'est la route et la situation du vaisseau par rapport à la direction du vent. Il y a trois *allures* principales : *le plus près du vent, le largue* et *le vent arrière.* (*Voyez* ces mots.)

ALLUSION. (*Littérature.*) L'allusion est une figure de rhétorique qui aide à faire sentir le rapport que les personnes ou les choses ont entre elles, et qui emploie des expressions naturelles pour rappeler une idée autre que celle que les mots semblaient d'abord destinés à faire naître. L'allusion est une sorte d'allégorie qui consiste ordinairement dans un mot, dans une phrase, et qui insinue plutôt qu'elle ne désigne le rapprochement qu'on a l'intention de faire. Ce rapprochement est le plus souvent un trait de satire ou de louange, quelquefois un conseil ou une leçon. C'est une manière adroite et délicate de faire passer ce qu'il y aurait de trop fade dans la louange, de trop amer dans la critique, de trop audacieux dans le conseil ou dans la leçon. C'est une balle qui, détournée de la ligne droite, frappe sur un corps étranger, et arrive au but par ricochet. Quand Boileau, dans sa première épître, faisait reprocher à Pyrrhus, par Cinéas, son humeur guerroyante, et l'engageait à se reposer, il faisait allusion à la manie des conquêtes qui s'était emparée de Louis XIV, et s'adressait indirectement à ce prince, à qui il n'eût peut-être pas été prudent de reprocher en face son ardeur pour la guerre. Racine employa le même moyen pour détourner ce monarque de paraître sur le théâtre, d'y chanter et d'y danser. Il ne s'adressa point à Louis XIV, il fronda Néron : l'allusion était claire ; le roi la sentit et se corrigea. Les courtisans la sentirent aussi, et crurent plaire au maître en dénigrant *Britannicus.*

Les poëtes ont toujours employé l'allusion pour donner des leçons aux rois et aux peuples. Le théâtre d'Eschyle, d'Euripide et d'Aristophane, est rempli d'allusions aux événements du temps. Ménénius, dans la fable *des membres et l'estomac*, qu'il adressa au peuple retiré sur le mont Aventin, se servit de l'allusion pour le ramener dans Rome; et Stésichore, le plus ancien poëte sicilien, inventa l'a-

37.

pologue *du cheval et l'homme* pour détourner ses concitoyens d'implorer contre leurs ennemis le secours du
tyran Phalaris, qui aurait bien pu ensuite leur donner des
fers.

C'est dans la fable surtout que brille l'allusion, elle y
est indispensable. Chaussard a dit dans sa *poétique secondaire :*

> Un masque offre les traits des divers animaux,
> Mais sous ce masque est l'homme avec tous ses défauts :
> Lui-même en a souri. Qu'un docte badinage
> Échange finement noms, titres et langage ;
> Et de *l'allusion* que le miroir secret
> De vos mœurs en profil révèle le portrait.

La Fontaine est le maître dans ce genre. Toutes ses
fables sont des allusions ingénieuses à nos vices, à nos
travers, à nos défauts. Dans tous les animaux qu'il fait
parler, on reconnaît l'homme.

Dans un genre plus élevé, l'allusion plaît lorsqu'elle offre
une image neuve et belle, comme dans ce passage du septième chant de la *Henriade :*

> Ton roi, jeune Biron, te sauve enfin la vie,
> Il t'arrache sanglant aux fureurs des soldats,
> Dont les coups redoublés achevaient ton trépas ;
> Tu vis, songe du moins à lui rester fidèle.

Ce dernier vers fait allusion à la conspiration du maréchal
de Biron.

Quand l'allusion est employée par la louange, elle doit
être fine et délicate, comme dans ces vers improvisés par
mademoiselle de Scudéri, à l'aspect des œillets que le
prince de Condé avait cultivés à Vincennes, pendant sa
captivité :

> En voyant ces œillets qu'un illustre guerrier
> Arrose de la main qui gagna des batailles,
> Souviens-toi qu'Apollon bâtissait des murailles,
> Et ne t'étonne pas que Mars soit jardinier.

Voiture, qui était fils d'un marchand de vin, jouant

un jour aux proverbes dans une société, madame Desloges lui dit: « Celui-là ne vaut rien, *percez-nous-en* un
autre. » On voit que madame Desloges rappelait par là
l'état du père de Voiture. L'allusion que faisait madame
Desloges était une impertinence, et prouvait qu'avec de
l'esprit une femme orgueilleuse et vaine peut n'être qu'une
sotte.

Molière, en annonçant la défense de jouer le *Tartufe*,
ajouta: *M. le premier président ne veut pas qu'on le joue.*
L'allusion était vive, sanglante, et le double sens la rendait aussi adroite que spirituelle.

Ce petit nombre d'exemples suffira pour démontrer tout
le parti qu'on peut tirer de l'allusion. Dans les temps de
trouble, de fureur et de haine, elle devient un bouclier
contre le danger d'exprimer franchement sa pensée. La
vérité se retranche alors derrière l'allusion, mais plus d'un
arrêt nous a démontré que ce rempart n'est pas inexpu-
gnable.   E. D.

ALLUVION. (*Législation.*) On appelle ainsi les atter-
rissements et accroissements qui se forment successivement et imperceptiblement aux fonds riverains d'un fleuve
ou d'une rivière. L'alluvion est considérée par la loi civile
comme un moyen d'acquérir la propriété. Elle profite au
propriétaire riverain, soit qu'il s'agisse d'un fleuve ou d'une
rivière navigable, flottable ou non; à la charge toutefois,
dans ce premier cas, de laisser le marchepied ou chemin
de halage, conformément aux règlements.

Le besoin d'établir des règles générales a dû déterminer
le législateur à consacrer ici une sorte d'injustice. Ainsi,
il a assimilé à l'alluvion proprement dite le relais que
forme l'eau courante qui se retire insensiblement de l'une
de ses rives pour se porter sur l'autre; le propriétaire de
la rive découverte profite de l'augmentation de son terrain,
sans que le propriétaire de l'autre rive soit admis à réclamer le terrain qu'il a perdu.

L'alluvion n'a pas lieu à l'égard des lacs et des étangs

dont le propriétaire conserve toujours le terrain que l'eau couvre quand elle est à la hauteur de la décharge de l'étang, encore que le volume de l'eau vienne à diminuer. Réciproquement, le propriétaire de l'étang n'acquiert aucun droit sur les terres riveraines que son eau vient à couvrir dans des crues extraordinaires. On n'a pas dû assimiler à l'alluvion l'enlèvement subit d'une partie du terrain contigu à une rivière, que la violence des eaux porterait vers un champ inférieur ou sur la rive opposée. Une sorte d'action en revendication est alors accordée au propriétaire de la partie enlevée : mais cette action doit être formée dans l'année, si le propriétaire voisin a pris possession de la partie accrue à son terrain. C... s.

ALLUVIONS. (*Agriculture.*) Les alluvions sont utiles à l'agriculture en ce qu'elles étendent le domaine des terres arables. Que de pays en effet acquis à la culture par ce jeu de la nature dont l'art a su tirer parti ! La basse Égypte, la Hollande (nord), le bas Languedoc, la basse Vendée et la Camargue sont des alluvions du Nil, du Rhin, de la Loire et du Rhône; et nous en trouvons encore de considérables produites par le fleuve Saint-Laurent, celui des Amazones, le Mississipi et l'Indus. Ajoutons à ces alluvions importantes les nombreuses accrues acquises aux propriétés riveraines par les courants inégaux d'une foule d'autres fleuves et de rivières.

Sans les soins de l'art et de la culture, les alluvions, et particulièrement les alluvions marines, pourraient rester stériles pendant des siècles, si le propriétaire riverain ne s'occupait de les féconder. Il faut pour cela commencer par les étayer par des pieux enfoncés profondément et avec force, entrelacer ces pieux de clayonnage, et planter le sol d'osiers, de chalefs, de roseaux, de massettes, de rubaniers, d'iris, ou autres plantes aquatiques et aréneuses, à racines traçantes qui retiennent les terres, anettent la vase, et favorisent ainsi la fertilisation et l'exhaussement de l'alluvion. Avec de semblables dispositions, au bout de deux ans, on peut souvent confier à l'alluvion des plantations d'oliviers rouges et de saules, jusqu'à ce qu'elle puisse être convertie en prairie artificielle ou consacrée à d'autres cultures.

D.

ALMANACH. (*Astronomie.*) Table qui fait principalement connaître le nombre et l'ordre des mois, des jours et des fêtes de l'année. On y trouve encore ordinairement les phases de la lune et l'annonce des éclipses. Pendant long-temps ce genre de productions a été un dépôt d'erreurs et de préjugés : c'était la voie par laquelle l'astrologie faisait circuler le mensonge des palais aux plus humbles chaumières. (*Voyez* ASTROLOGIE.) Les almanachs contenaient des prédictions relatives à l'agriculture, à la météorogie, aux destinées des princes, aux affaires des nations, etc. Souvent les rois ont été obligés d'en interdire la publication. Aujourd'hui de pareilles mesures ne sont plus nécessaires : les progrès des sciences ont frappé du mépris public ce honteux moyen de spéculer sur la crédulité des peuples.

Depuis long-temps les prédictions ont fait place à des choses plus positives. Les almanachs sont devenus des espèces d'*agenda* que l'on approprie au goût et à l'usage des diverses classes de la société. On en compte un grand nombre chez toutes les nations civilisées. En France, la cour, les départements, les grands corps de l'état, les sociétés savantes, les arts, l'industrie, le commerce, etc., ont chacun le leur. Tous ces almanachs ont pour fondement la table des jours et des fêtes de l'année, suivie d'indications à chaque instant nécessaires aux particuliers à qui ces *agenda* sont adressés. C'est ainsi que l'almanach royal, dont l'origine remonte à l'année 1679, donne la chronologie des rois et des reines de France de la troisième race ; les naissances et alliances des rois, reines, princes et princesses de l'Europe ; la composition de la maison du roi et celle des maisons des princes et princesses de la famille royale ; les listes et les adresses des membres de la chambre des pairs, de la chambre des députés, des conseillers d'état; l'organisation des ministères; les tableaux des départements, du clergé de France, des cours royales et tribunaux divers, etc., etc. Nous ne ferons pas l'énumération des almanachs généralement connus, dont le nombre et la forme d'ailleurs varient souvent d'une année à l'autre; mais nous ne terminerons pas sans citer particulièrement celui que le bureau des longitudes publie sous le titre d'*Annuaire*. Les hommes instruits y trouvent chaque année le calendrier ordinaire, les phases de la lune et l'annonce des éclipses; les passages au méridien de Paris, les levers et couchers du soleil, de la lune et des principales planètes; un grand nombre de tables et d'articles d'un haut intérêt sur le système du monde, la géographie, la statistique générale et les sciences physiques. Ce petit volume est extrait en partie de la *Connaissance des temps*, autre genre d'almanach formé pour l'avantage de l'astronomie, de la géographie et de la navigation, dont on parlera au mot *Éphéméride*. (*Voyez* l'article CALENDRIER, pour les principes sur lesquels on fonde la construction des almanachs.)   N...T.

ALPHABET. *Voyez* SIGNES (THÉORIE DES).

ALTÉRANTS. (*Médecine.*) Les anciens auteurs admettaient deux grandes divisions en matière médicale, les évacuants et les altérants; ces derniers étaient des médicaments dont l'action ne s'accompagnait d'aucune évacuation humorale sensible. Cette distinction chimérique ayant été abandonnée, on a conservé le nom d'altérante à une méthode thérapeutique dans laquelle l'action curative de la substance médicamenteuse est en quelque sorte moléculaire, et ne se manifeste que peu ou point au dehors, en provoquant des excrétions insolites. Presque tous les médicaments peuvent être administrés de cette manière, et l'on en voit des exemples dans le traitement antisyphilitique au moyen des préparations mercurielles, lorsqu'on ne le pousse pas jusqu'à la salivation, et dans celui des scro-

fules par les toniques. Mais la médication altérante la plus
certaine et la plus énergique est celle qu'exerce l'hygiène; et l'on pourrait prouver peut-être que, dans un grand
nombre de cas, l'action altérante attribuée aux médicaments dépendait du régime seul. L'air, le changement
d'habitudes, les différentes diètes animales, végétales,
lactées, les exercices, les vêtements, les bains, sont des
modificateurs de l'économie bien autrement puissants que
quelques substances médicamenteuses données à des doses
trop faibles pour produire des effets physiologiques appréciables. On est porté à croire que la médication altérante
se bornera désormais à ces moyens, dont le père de la médecine a consacré l'usage par des observations que plus de
vingt siècles n'ont point démenties.   F. R.

ALTÉRATION. (*Musique.*) S'emploie pour désigner
le changement que l'on fait subir à tel ou tel intervalle de
l'échelle, en l'élevant ou l'abaissant d'un demi-ton : les
dièses, *bémols* et *bécarres* servent pour cette opération.

ALTERNATION. *Voyez* COMBINAISON.

ALUMINE. (*Chimie.*) Du mot latin *alumen*, alun, d'où
elle se retire; autrefois *argile pure*, parceque, mêlée avec
la silice, elle constitue la base de toutes les argiles. Blanche, douce au toucher, insipide, happant à la langue par
l'avidité qu'elle a pour l'eau, avec laquelle elle fait pâte,
malgré son insolubilité. Elle est infusible au feu de forge,
et abandonne seulement son eau en se contractant plus ou
moins; c'est sur cette propriété que repose la construction
du pyromètre de Wedgevood, destiné à évaluer les hautes températures. (*Voyez* PYROMÈTRE.)

L'alun étant un sulfate double d'alumine et de potasse ou
d'ammoniaque, si dans une dissolution de ce sel on verse
un excès d'ammoniaque, celle-ci prendra la place de l'a-
lumine, qui sera précipitée sous forme de gelée. Il faut ensuite la mettre sur le filtre, et la laver un grand nombre
de fois pour l'avoir pure. On peut encore l'obtenir sans le
secours de l'ammoniaque; il suffit pour cela de calciner

jusqu'au rouge le sulfate d'alumine et de potasse; le sulfate d'alumine seul est décomposé, et lorsqu'on projette
la matière dans l'eau, le sulfate de potasse s'y dissout, et
l'alumine se précipite. Enfin, en calcinant le sulfate d'alumine et d'ammoniaque, tout l'acide sulfurique et toute
l'ammoniaque s'en vont, et l'alumine reste seule au fond
du creuset.

Bien que l'alumine n'ait point encore été décomposée,
on la regarde, par analogie avec les autres bases salifiables,
comme formée d'une substance simple nommée *aluminium* et d'oxygène, dans le rapport de 53 à 47.   S.

ALUMINE. (*Technologie.*) *Voyez* ALUN, ARGILE, Dé-
GRAISSEUR, FOULONNIER.

ALUN. (*Technologie.*) L'alun est un des sels le plus
fréquemment employés dans les manufactures; il est surtout utile à l'art de la teinture, dont il est en quelque sorte
l'âme. Il sert à préparer plusieurs mordants, et il est lui
même un mordant très précieux pour un grand nombre
de couleurs, parcequ'il a beaucoup d'affinité pour les parties colorantes, avec lesquelles il se fixe plus ou moins solidement sur les étoffes.

On se sert encore de l'alun dans la fabrication du bleu
de Prusse; on l'emploie pour conserver les peaux avec
leurs poils, pour préserver les substances animales de la
putréfaction, pour garantir les bois de l'incendie, et pour
préparer l'alumine pure. Il est en usage dans la fabrication
du papier et dans le raffinage du sucre, dans la préparation de la colle forte et du suif de chandelle, qu'il rend plus
ferme. En chirurgie, on l'emploie à l'état d'*alun calciné*
pour cautériser les chairs, et, en médecine, comme astrin-
gent et à l'intérieur.

On prépare aussi, par la calcination de l'alun avec le
charbon, un produit particulier nommé pyrophore, à cause
de sa propriété de s'enflammer spontanément à l'air.

L'alun varie dans sa composition: tantôt ce sel est un
sulfate acide d'alumine et de potasse; tantôt un sulfate

acide d'alumine et d'ammoniaque ; tantôt enfin, et le plus souvent, un sulfate acide d'alumine, de potasse et d'ammoniaque. Dans les deux premiers cas, il constitue un sel double, et dans le troisième un sel triple ; mais, quelle que soit sa composition, il est également propre aux usages de la teinture, ainsi qu'à tout autre de ses emplois.

La Syrie fut long-temps en possession de nous fournir exclusivement ce sel, que le commerce faisait venir sous le nom d'alun de roche. Dans le quinzième siècle, l'extraction et la fabrication de l'alun se répandirent dans l'Italie, principalement à la Solfatara près de Pouzzole, à la Tolfa près de Rome, et à Piombino: plusieurs autres exploitations de mines d'alun s'élevèrent successivement en Allemagne et en Espagne au dix-septième siècle ; et une fabrique de ce genre se forma en Angleterre sous le règne d'Elisabeth. L'alun préparé à la Tolfa, et connu dans le commerce sous le nom d'alun de Rome, est obtenu constamment à un grand degré de pureté, et jouit, à ce titre, d'une grande réputation. Mais ces diverses espèces d'alun se trouvaient toutes formées dans le sein de la terre, principalement aux environs des volcans ; on n'avait qu'à les extraire et à les purifier. De nos jours, les chimistes français sont parvenus à fabriquer l'alun de toutes pièces, en combinant directement les éléments de ce sel. De nombreuses fabriques se sont établies, qui, en peu de temps, ont livré au commerce des aluns comparables, sinon supérieurs, aux aluns de Rome, et ont ainsi procuré à la France un nouveau genre d'industrie.

Le traitement des mines où l'alun se rencontre tout formé est fort simple ; il se borne à l'extraction d'un sel soluble et cristallisable contenu dans des quantités plus ou moins considérables de matières étrangères et insolubles.

A la Solfatara, on ramasse le minerai, on le fait dissoudre dans l'eau, on laisse déposer la matière insoluble, et la dissolution étant bien éclaircie, on l'évapore et on la concentre dans des chaudières de plomb ; on laisse refroi-

dir, et on obtient de petits cristaux d'alun brut, qu'on purifie en les dissolvant et en les faisant cristalliser une
seconde fois; ce qui donne des masses de cristaux bien
formés.

A la Tolfa, le minerai se présente à l'état de sous-sul-
fate de potasse et d'alumine impur, en masses pierreuses
et compactes : on les concasse et on les calcine dans un
four, où on les grille à l'air libre. On détrempe ensuite le
minerai pour en former une pâte qu'on traite successivement par lixiviation et deux cristallisations, comme nous
l'avons dit pour l'alun de la Solfatara. On obtient ainsi
l'alun très estimé et très pur connu sous le nom d'alun de
Rome.

Les mines de *pyrites alumineuses* ou de *schistes pyriteux*, quoique variables dans leur composition, subissent
un traitement à peu près uniforme. Composées des mêmes
principes, mais dans des proportions plus ou moins inégales,
elles contiennent du sulfure de fer et de chaux, de la silice,
de l'alumine, de la magnésie, de l'oxide de fer, et acciden-
tellement une matière bitumineuse inflammable; elles se
présentent en masses dures, compactes, feuilletées, et se
réduisent par la percussion en morceaux tout plats.

On commence par concasser ces schistes en fragments
de cinq centimètres de grosseur, et on en forme des tas
de trois à quatre mètres de hauteur. On les laisse exposés
pendant plusieurs mois à l'action de l'air et de la pluie. Le
schiste se délite et s'effleurit peu à peu; ses principes réagissent les uns sur les autres par le concours des actions
de l'air, de la chaleur et de l'humidité, et il se produit
une espèce de fermentation minérale. Lorsque l'efflorescence marche trop lentement en raison de la compacité
du schiste, on active la réaction en mettant le feu au tas.
Enfin toute la masse de pyrites délitées et effleuries se réduit en une poussière plus ou moins ténue à laquelle on a
donné le nom de *cendre*.

Dans cette réaction spontanée des principes pyriteux, le

sulfure de fer se décompose par le concours de l'eau et de l'air; peu à peu la combustion simultanée du fer et du soufre occasione une forte chaleur; l'acide sulfurique qui se produit se combine avec l'alumine et avec l'oxide de fer, et il se forme à la fois du sulfate d'alumine et du sulfate de fer; mais ce dernier est en petite quantité.

Lorsqu'on a obtenu les cendres pyriteuses, il s'agit d'en séparer les parties solubles par des lessivages successifs, en décantant ou en filtrant les dissolutions. Cette opération se fait dans des baquets ou de vastes caisses de bois garnies d'un fond à claire-voie sur lequel on dépose une couche de trois décimètres de cendres; on y verse l'eau par lotions successives, et le liquide traverse la couche en dissolvant et en entraînant le sulfate d'alumine ainsi que d'autres matières solubles.

On porte les dissolutions obtenues dans des chaudières de plomb, où on les évapore jusqu'à 25 ou 30° de l'aréomètre; on les verse dans de grands bassins, où elles déposent un sédiment de sels insolubles de fer et d'alumine, plus, de la silice, etc. La liqueur est ensuite soutirée claire, pour être concentrée jusqu'au point de cristalliser assez abondamment par le refroidissement: il s'en sépare des cristaux de sulfate de fer, et les eaux-mères ne retiennent plus qu'une petite quantité de ce sel mêlé à une plus forte proportion de sulfate d'alumine, sel tout-à-fait incristallisable. Dans cet état, ces eaux-mères sont propres à la formation de l'alun par l'addition d'un *cristallisant* [1].

On procède donc de suite à cette opération; cependant, si l'atelier de fabrication et de raffinage de l'alun est éloigné de la mine, et qu'il soit nécessaire par conséquent d'y transporter les sulfates d'alumine, on rapproche la liqueur davantage, jusqu'au point où elle se prenne en masse par le refroidissement; on la coule dans des baquets, où elle se

---

[1] On nomme ainsi les sels de potasse ou d'ammoniaque, qui, ajoutés au sulfate d'alumine, rendent ce dernier cristallisable, et complètent la formation de l'alun.

forme en pains que l'on expédie aux fabriques d'alun sous le nom de *magmas*.

On nomme *brevetage* l'opération qui consiste à ajouter un sel de potasse ou d'ammoniaque, ou un mélange de l'un et de l'autre [1], dans le sulfate d'alumine pour en faire de l'alun. On fait une dissolution avec un de ces deux sels, ou plus facilement avec tous les deux ; on la porte à 20° du thermomètre, et on la verse dans la dissolution de sulfate d'alumine ou dans les eaux-mères ; on agite le mélange, et les cristaux se forment à l'instant et se précipitent en abondance. On met les cristaux à égoutter sur des filtres, et on les lave en les arrosant successivement à plusieurs petites eaux, pour en séparer le sulfate de fer, qui est entraîné par les eaux du lavage : celles-ci sont utilisées dans la fabrication de la couperose.

L'alun ainsi obtenu est en petits cristaux : on en fait une dissolution à 50° Baumé, que l'on verse dans des cristallisoirs en forme de cônes tronqués. L'alun s'y prend en masse ; on le retire et on le casse en morceaux pour le livrer au commerce. Afin de l'obtenir plus pur, on peut le refondre et le faire cristalliser une seconde fois. Si la dissolution de l'alun refondu était étendue jusqu'à 25 ou 30° au lieu de 50°, l'alun, au lieu de s'y cristalliser en masse, s'y formerait en petits cristaux réguliers, et serait d'une plus grande pureté ; c'est ainsi que l'on prépare l'*alun fin*, destiné à remplacer l'alun de Rome pour tous les usages où il doit être très pur.

Pour faire l'alun de toutes pièces, on commence par combiner l'acide sulfurique avec l'alumine, pour obtenir une dissolution de sulfate d'alumine ; puis l'on ajoute à cette dissolution le *cristallisant*, qui la transforme en alun, de la même manière que nous venons de le décrire. Ainsi

[1] On emploie de préférence le sulfate de potasse, résidu de la fabrication de l'acide nitrique ou de l'acide sulfurique ; le sous-carbonate de potasse impur, ou potasse du commerce ; et enfin le sulfate d'ammoniaque préparé pour cet usage par la distillation des matières animales.

ce dernier genre de fabrication ne diffère du précédent que par la préparation du sulfate d'alumine, les opérations subséquentes, savoir le brevetage et la cristallisation, étant absolument semblables.

La terre alumineuse ou terre glaise destinée à la formation du sulfate d'alumine, est choisie exempte, autant que possible, de fer et de terres calcaires; on la calcine pour en séparer l'eau qu'elle contient, on la pulvérise à la meule, et on passe la poudre à un tamis de toile métallique.

On mêle exactement 100 parties de cette poudre fine avec 45 d'acide sulfurique à 45° Baumé. On aide la combinaison en exposant le mélange à une chaleur de 70°, et en le mettant ensuite en tas dans un endroit chaud et humide de l'atelier, où il reste un mois et plus.

On reprend ensuite cette pâte alumineuse pour en extraire le sulfate d'alumine par lixiviation; on sépare les eaux de lavage par décantation, et la dissolution de sulfate d'alumine ainsi obtenue est concentrée au degré nécessaire dans des chaudières de plomb, et amenée au point convenable pour faire l'alun par le procédé de brevetage décrit ci-dessus.

Tous les aluns du commerce contiennent quelques dix-millièmes de sulfate de fer, sel très nuisible en teinture pour les couleurs de garance et de gaude; il est donc utile aux manufacturiers de pouvoir s'assurer de la présence de ce sel. Pour cela, on versera dans une dissolution d'eau pure et d'alun quelques gouttes de prussiate de potasse; bientôt il se formera un précipité bleu, d'autant plus abondant, et d'une couleur d'autant plus intense, que l'alun contiendra plus de fer. On peut purifier l'alun par ce même procédé, et recueillir le précipité, qui forme une belle couleur appelée *bleu de Prusse*. Voici les proportions de sulfate de fer que contiennent les divers aluns du commerce: alun d'Angleterre, 0,0012; de l'Aveyron, 0,0011: de Liége, 0,0010; de Javelle, 0,0008;

de Rome, 0,0005; alun en petits cristaux fabriqué en France, 0,0005 : ce dernier est en outre exempt de 2 ou 3 centièmes de matières insolubles que contient l'alun de Rome, et est par conséquent le plus pur de tous. Celui d'Angleterre est le plus impur; il contient d'ailleurs une matière animale huileuse.   L. Séb.L. et M.

ALUN. (*Chimie.*) *Voyez* SULFATE.

ALVÉOLES. (*Histoire naturelle.*) Ce mot, dans la véritable et primitive acception, désigne les cavités qui reçoivent les dents et qui sont creusées dans les os des mâchoires. Tous les animaux vertébrés, à l'exception des fourmillers, des pangolins, des baleines parmi les mammifères, et des oiseaux, ont les racines de leurs dents plantées dans des alvéoles. Dans le jeune âge, les alvéoles n'existent point, ils forment en commun un sillon dans lequel sont rangés les germes dentaires; les cloisons s'établissent plus tard, et l'alvéole ne se complète que lorsque la dent qu'il chausse se trouve entièrement formée. (*Voyez* DENTS.) On a étendu le nom d'alvéoles aux cellules que se construisent les guêpes et les abeilles dans le dessein d'y renfermer leurs provisions et d'y élever leurs larves. (*Voyez* ABEILLES.) Quelques oryctographes ont aussi appelé alvéoles des corps fossiles pierreux, concaves d'un côté et convexes de l'autre, souvent isolés ou quelquefois réunis, et qu'on sait aujourd'hui s'être formés dans les cavités des bélemnites. (*Voyez* ANIMAUX PERDUS.)   B. DE ST.-V.

FIN DU PREMIER VOLUME.